प्राचीन भारत में व्यवहार-विधि

प्राचीन भारत में व्यवहार-विधि

लेखक
डॉ० श्याम नारायण सिंह
रीडर एवं अध्यक्ष प्राचीन इतिहास विभाग
काशी नरेश राजकीय स्नातकोत्तर महाविद्यालय
ज्ञानपुर, संत रविदास नगर-भदोही
(उ० प्र०)

स्वाति पब्लिकेशन्स
दिल्ली-110052

लेखक – डॉ. श्याम नारायण सिंह (1955)

प्रथम संस्करण – 2005

प्रकाशक :
स्वाति पब्लिकेशन्स
34, सैन्ट्रल मार्केट, अशोक विहार,
दिल्ली–110052
फोन–27212195, 27401485-86
फैक्स–91-11-27401485

लेज़र टाइपसैटिंग :
एलीगैंट प्रिंटोग्राफिक्स
319, तीसरी मंजिल, आर. जी. काम्प्लैक्स,
सैक्टर–14, रोहिणी, दिल्ली–110085

मुद्रक :
चावला ऑफसैट
सैन्ट्रल मार्केट, अशोक विहार,
दिल्ली–110052

सुव्यवस्थित विधि-व्यवस्था की
आधारशिला रखने वाले
प्राचीन विधिवेत्ताओं को
सादर समर्पित

मुखबन्ध

प्राचीन भारतीय साहित्य में प्राप्त सन्दर्भों से यह इंगित होता है कि भारत में विधि एवं न्यायिक-व्यवस्था का अंकुरण वैदिक युग में ही हो गया था तथा इसका प्ररोह एवं पल्लवन भारतीय संस्कृति के विभिन्न अवयवों के विकास के साथ क्रमशः परवर्ती शताब्दियों में हुआ। वैदिक वाङ्मय में 'ऋत' और 'धर्म' का उल्लेख अनेकत्र विधि के अर्थ में हुआ है। ऋत में जहाँ अखिल ब्रह्माण्डीय व्यवस्था का बोध होता है, वहीं धर्म सामाजिक व्यवस्था का प्रतिनिधित्व करता है। भाव-बोध की दृष्टि से हम ऋत को नैसर्गिक विधि और धर्म को सामाजिक विधि कह सकते हैं। ऋत के द्वारा देवता, प्रकृति और मनुष्य सभी शासित हैं। वरुण को ऋत का गोपा कहा गया है। किन्तु वरुण भी ऋत द्वारा ही नियंत्रित है, अतः ऋतवान है। अनेकत्र ऋत, सत्य और धर्म के पर्याय के रूप में वर्णित है। ऋत का रक्षक होने के कारण सामाजिक नियम भी वरुण की ही इच्छा या आदेश माने जाते थे। ऋग्वेद के दशम् मण्डल के यम-यमी संवाद में यम अपनी बहन के प्रणय-प्रस्ताव को ठुकराते हुए यह कहता है कि उसका प्रस्ताव वरुण के नियमों के विरूद्ध है, अतः पूर्णतः अस्वीकरणीय है। स्पष्टतः समाज में प्रचलित आचार और नियमों को भी दैवी इच्छा का अंग मानते हुए अनुलंघनीय तथा ऋत के अंतर्गत माना जाता था। कालान्तर में क्रमशः ऋत के स्थान पर धर्म प्रतिष्ठित हुआ जिसे सामाजिक विधि के रूप में मान्यता प्राप्त हुई। वस्तुतः धर्म भी समाज द्वारा स्वीकृत नियमों और आचारों का ही समुच्चय था। महाभारत की एक उक्ति से ज्ञात होता है कि जब राजा और राज्य दोनों ही नहीं थे, तो लोग धर्म के माध्यम से ही एक दूसरे की रक्षा करते थे। सामाजिक विधि के रूप में प्रचलित धर्म के अंतर्गत नैतिकता, सदाचार और लोकाचार अविभाज्य रूप से समाहित थे। आगे चलकर धर्मसूत्रों एवं स्मृतियों के काल में धर्म को ही विधि के पर्याय के रूप में मान्यता मिली तथा धर्मसूत्रों एवं स्मृतियों को विधि-संहिताओं के रूप में समाज और राज्य द्वारा स्वीकृति मिली। यहाँ यह उल्लेखनीय है कि पाश्चात्य विधि के विपरीत प्राचीन भारतीय विधि को राजकीय प्रभुत्त्व से मुक्त रखा गया तथा सामाजिक मान्यताओं को ही विधि के अंतर्गत स्थान दिया गया। इसलिए प्राचीन भारत में राजा और राज्य को विधि का उत्स नहीं माना गया। राजा केवल धर्म अथवा सामाजिक विधि का रक्षक था। कौटिल्य ऐसा पहला लेखक है जो राजशासन को विधि के अंग के रूप में स्वीकार करता

है किन्तु राजकीय विधि को वहीं तक स्वीकृति प्रदान करता है जहाँ तक वे शास्त्रों एवं मान्य आचारों के विरूद्ध न हों।

प्राचीन भारतीय न्यायालयों में विधि के स्रोत के रूप में मुख्यतः श्रुति, स्मृति एवं सदाचार ही मान्य थे। कालान्तर में धर्म के उपादानों के रूप में पुराण, न्याय, मीमांसा, अर्थशास्त्र, स्मृतियों की टीकाओं आदि को भी मान्यता प्रदान की गयी। किन्तु इनकी महत्त्ता प्रायः पूरक स्रोतों के रूप में ही स्वीकृत हुई। श्रुति, स्मृति एवं सदाचार के विपरीत होने पर उन्हें न्यायालयों के लिये प्रामाणिक नहीं माना गया। समय की गति के साथ अनेक वैदिक परंपरायें क्रमशः अप्रासंगिक होती गयी। अतः न्यायिक-प्रक्रिया में भी व्यावहारिक धरातल पर स्मृतियों की ही लोकप्रियता बढ़ी। स्मृतिकारों ने यथाशक्ति शिष्टाचार एवं लोकाचार को समन्वित करने का प्रयत्न किया तथा न्याय की दृष्टि से जातियों, जनपदों, श्रेणियों, नैगमों, पाषण्डियों एवं अन्य विविध समुदायों की रीति-नीति को उनके पारस्परिक विवादों में मान्यता प्रदान की। स्मृतिकारों ने यहाँ तक व्यवस्था दी कि राजा को कृषकों, वणिकों, पशुपालकों, शिल्पियों आदि को अपने-अपने समूहों में प्रचलित धर्म, व्यवस्थाओं के पालन में छूट देनी चाहिये। स्मृतिकारों ने राजा द्वारा विजित नये क्षेत्र में प्रचलित आचार पद्धति का सम्मान करने का भी निर्देश दिया है। इस प्रकार यह स्पष्ट है कि विधि-संहिता के रूप में स्मृतियों का स्वरूप अत्यन्त व्यापक था। इनके द्वारा इस बात का ध्यान रखा गया कि समाज के सभी वर्गों को उनकी प्रचलित मान्यताओं के अनुसार न्याय मिल सके। किन्तु इसके साथ ही श्रुति एवं स्मृति की प्रामाणिकता को सर्वोपरि घोषित करते हुए सामाजिक मूल्यों के मानकीकरण की प्रक्रिया भी निरंतर गतिशील रही।

जहाँ तक न्यायिक प्रक्रिया का प्रश्न है, इसका प्राग्रूप ही वैदिक साहित्य में देखने को मिलता है। सभा जैसी वैदिक संस्थायें अपने बहुउद्देशीय कार्यों के साथ-साथ न्यायिक कार्य भी करती थीं। उल्लेखनीय है कि अथर्ववेद में सभा के लिए 'नरिष्ठा' विशेषण का प्रयोग है। टीकाकार सायण के अनुसार नरिष्ठा उस निर्णय को कहते थे जो अनुलंघनीय हो। इससे इतना तो इंगित होता ही है कि सभा स्थानीय जनों के पारस्परिक विवादों को निपटाने का काम भी करती थी। वैदिकोत्तर काल में जब राज्य संस्था विकसित हुई और उसमें सम्प्रभु शक्ति का उत्कर्ष हुआ तब राजकीय न्यायालयों का स्वरूप स्पष्ट होने लगा। न्याय-व्यवस्था को राज्य के कर्त्तव्यों में स्थान दिया गया। धर्मसूत्रों में स्पष्टतः राजा को न्यायिक प्रशासन का प्रधान माना गया। किन्तु धर्मसूत्रों के रचनाकाल में न्यायिक व्यवस्था पूर्णतः विकसित नहीं हो पाई थी। कौटिल्य के अर्थशास्त्र में कदाचित पहली बार धर्मस्थीय और कंटकशोधन जैसे न्यायालयों का उल्लेख मिलता है। स्थूलतः धर्मस्थीय न्यायालय की तुलना आज की दीवानी अदालतों से की जा सकती है जिनमें परिवार, सम्पत्ति, संविदा आदि से सम्बन्धित विवादों

का समाधान होता था। कंटकशोधन आज की फौजदारी अदालतों से तुलनीय थे जिनमें मुख्यतः दण्डापराध विधि से संबंधित विवाद निपटाये जाते थे। तथापि धर्मस्थीय और कंटकशोधक न्यायालयों में वाद सम्बन्धी विषयों का पूर्णतः वैज्ञानिक विभाजन नहीं दिखाई देता। ग्राम-स्तर के सामान्य विवादों का निर्णय प्रायः ग्राम सभायें करती थीं, जिनमें वैदिक सभा की परंपरा सुरक्षित दिखाई देती है। मौर्योत्तर काल में न्यायालयों तथा न्यायिक प्रक्रिया में पर्याप्त परिष्कार हुआ। मनुस्मृति, याज्ञवल्क्य स्मृति तथा बृहस्पति स्मृति में न्यायिक प्रक्रिया का अपेक्षाकृत विस्तार से वर्णन मिलता है। बृहस्पति ने न्यायालय के दस अंशों का उल्लेख करते हुए राजा, प्राड्विवाक, सभ्य, स्मृति, स्वर्ण, अग्नि, जल, गणक, लेखक एवं पुरुष का उल्लेख किया है। इन स्मृतियों में व्यवहार के विभिन्न विषयों के साथ-साथ व्यवहार की प्रक्रिया का भी विस्तारपूर्वक निरूपण है। इनमें आगम, आह्वान, न्यायालय शुल्क, आसेध, प्रतिभू, साक्ष्य तथा निर्णय आदि सम्बन्धी नियमों का विस्तारपूर्वक प्रतिपादन है। न्यायिक प्रक्रिया के विकास के परिणामस्वरूप गुप्त तथा गुप्तोत्तर काल तक राजकीय न्यायालय न्याय-व्यवस्था के सर्वाधिक महत्वपूर्ण केन्द्र बन गये। ये न्यायालय राजशक्ति से युक्त थे। अतः इनका निर्णय बाध्यकारी था। यद्यपि राजकीय न्यायालयों में न्यायाधीशों की नियुक्ति उनके ज्ञान और चरित्र को दृष्टि में रखते हुए की जाती थी, तथापि शूद्रक के मृच्छकटिकम् नाटक से ज्ञात न्यायालय सम्बन्धी दृश्य यह इंगित करता है कि राजकीय न्यायालय भ्रष्टाचार से मुक्त नहीं थे। राजकीय न्यायालयों के अतिरिक्त स्मृतियों में कुल, श्रेणी, गण, पूग आदि के अशासकीय न्यायालयों का भी उल्लेख मिलता है, जो अपने विवादों का निपटारा स्वयं कर लेते थे।

प्रस्तुत ग्रन्थ के विद्वान लेखक डॉ० श्याम नारायण सिंह ने प्राचीन भारतीय व्यवहार-विधि के विविध पक्षों को समेटते हुए विषय का प्रामाणिक एवं विस्तृत विवेचन किया है। लेखक ने वैदिक युग से लेकर छठी सदी ईस्वी तक की भारतीय न्यायिक-प्रक्रिया के विकास को उपयुक्त साक्ष्यों के आलोक में तिथिक्रमिक दृष्टि से रेखांकित किया है। विषय का विवेचन तर्कसंगत एवं वैज्ञानिक है। हिन्दी भाषा के माध्यम से प्रस्तुत यह ग्रन्थ प्राचीन इतिहास तथा हिन्दू विधि में रुचि रखने वाले जिज्ञासु जनों तथा छात्रों के लिये समान रूप में उपयोगी सिद्ध होगा। मेरा यह विश्वास है कि लेखक की यह कृति भगवती भारती के भण्डार की श्रीवृद्धि में सहायक सिद्ध होगी।

विजय बहादुर राव
अवकाश प्राप्त प्रोफेसर एवं अध्यक्ष
प्राचीन इतिहास, पुरातत्व एवं संस्कृति विभाग
दीनदयाल उपाध्याय गोरखपुर विश्वविद्यालय, गोरखपुर

15 अगस्त, 2004

आमुख

उत्तरं यत् समुद्रस्य हिमाद्रश्चैव दक्षिणम्।
वर्ष तद् भारतं नाम भारती यत्र संततिः॥

विष्णु पुराण 33.1

निःसंदेह भारतवर्ष का अतीत अत्यन्त गौरवशाली रहा है। विश्व के अन्य देशों ने जहाँ अपनी जीवन पद्धति में भौतिकवाद को प्रमुखता दी, वहीं भारत अतीत काल से ही अपनी विशिष्ट जीवन-पद्धति, जिसमें भौतिकता के स्थान पर आध्यात्मिकता एवं ज्ञानमूलक प्रवृत्तियों को स्वीकृति प्राप्त हुई, के कारण जगविश्रुत हुआ। वेदों, ब्राह्मणों, आरण्यकों, उपनिषदों, वेदाङ्गो, महाकाव्यों, स्मृतियों एवं पुराणों आदि में विवृत उल्लेखों से जहाँ एक ओर भारतीय जीवन-पद्धति के विविध आयामों पर प्रकाश पड़ता है, वहीं प्रशासनिक एवं वैधानिक जीवन के अनेक पक्ष भी उद्घाटित होते हैं।

पाश्चात्य विधि-विशेषज्ञों के इस मत से सहमत नहीं हुआ जा सकता है कि प्राचीन भारत में विधि का अस्तित्व ही नहीं था। वस्तुतः पाश्चात्य विधि-विशेषज्ञों ने पाश्चात्य विधि के उद्गम के समान ही सम्प्रभु की इच्छा को ही विधि के रूप में ढूंढने का प्रयास किया, जिसमें उन्हें निराशा ही मिली, क्योंकि यहाँ बिम्बसार जैसा शक्तिशाली शासक भी एक बार जब यह आदेश प्रसारित करता है कि जिसके घर में आग लगेगी, उसे अरण्य में भेज दिया जायेगा, तो स्वयं भी उसी आदेश में बँध जाता है तथा राजमहल में आग लग जाने पर अरण्यगमन के लिए मंत्रिपरिषद से निवेदन करते हुए दृष्टिगत होता है। पाश्चात्य विधि-विशेषज्ञों ने इस यथार्थ की ओर ध्यान नहीं दिया कि भारतवर्ष में राजकीय विधि के प्रचलन के पूर्व ही 'धर्म' के रूप में सामाजिक विधि एवं 'ऋत' के रूप में नैसर्गिक विधि का प्रचलन था। यह भी उल्लेखनीय है कि विधि के मुख्य स्रोत श्रुति, स्मृति एवं सदाचार थे। राजा धर्मप्रवर्तक न होकर मात्र धर्मरक्षक था। इसीलिए उसे 'धर्मस्य गोप्ता' कहा गया है। धर्मशास्त्रों एवं स्मृतियों में उपलब्ध विवरण स्वतः प्रमाण है कि प्राचीन भारतीय व्यवहार-विधि अत्यन्त विकसित थी। अनेक दृष्टियों से प्राचीन भारतीय व्यवहार-विधि आधुनिक युग में प्रचलित व्यवहार-विधि से तुलनीय है, जिसका उल्लेख प्रस्तुत ग्रंथ में उपयुक्त स्थलों पर किया गया है।

प्राचीन भारतीय विधि-व्यवस्था पर अनेक मूर्द्धन्य विद्वानों ने महत्वगूर्ण ग्रंथों का प्रणयन किया है। इस संदर्भ में उल्लेखनीय है - पी॰ वी॰ काणे - 'हिस्ट्री ऑफ धर्मशास्त्र, वाल्यूम-2', के॰ पी॰ जायसवाल 'हिन्दू पॉलिटी' तथा 'मनु एण्ड याज्ञवल्क्य', ए॰ एस॰ अल्टेकर - 'स्टेट एण्ड गवर्नमेंट इन एन्शियण्ट इण्डिया', एस॰ वरदाचार्य - 'हिन्दू ज्युडिसियल सिस्टम', एन॰ सी॰ सेनगुप्ता - 'इवोल्यूशन ऑफ एन्शियन्ट इण्डियन लॉ', सर हेनरी मेन - 'हिन्दू लॉ एण्ड यूसेजेस', राबर्ट लिंगत, 'दि क्लासिकल लॉ ऑफ इण्डिया', बी॰ए॰ सालेटोर - 'एन्शियन्ट इण्डियन पोलिटिकल थॉट एण्ड इंस्टीच्यूशन्स', एस॰ डी॰ शर्मा - 'एडमिनिस्ट्रेशन ऑफ जस्टिस इन एन्शियण्ट इण्डिया', शिवाजी सिंह - 'इवोल्यूशन ऑफ स्मृति लॉ', श्रद्धाकर सुपकार - 'दि लॉ आफ प्रासेज्योर एण्ड जस्टिस इन एन्शियण्ट इण्डिया' तथा 'दि लॉ ऑफ एविडेन्स इन एन्शियन्ट इण्डिया', हरिहर नाथ त्रिपाठी - 'प्राचीन भारत में राज्य और न्यायपालिका', अच्छेलाल यादव - 'प्राचीन हिन्दू विधि' एवं मुरलीधर चतुर्वेदी - 'प्राचीन भारतीय विधि व्यवस्था (मनुस्मृति के विशेष संदर्भ में)' आदि विद्वज्जन एवं उनकी कृतियाँ।

यद्यपि उपर्युक्त विद्वानों तथा विधि विशेषज्ञों ने धर्मशास्त्रों एवं स्मृतियों द्वारा प्रदत्त स्त्रोतों का दोहन कर प्राचीन भारतीय विधि सम्बन्धी परिकल्पनाओं को विविध रंगों की तूलिकाओं से चित्रित किया है, तथापि इन विद्वानों के अध्ययन का क्षेत्र इतना व्यापक रहा है कि प्राचीन भारतीय न्यायिक प्रक्रिया का स्वतन्त्र एवं विस्तृत विश्लेषण इनकी कृतियों में सम्भव नहीं था। इसके विपरीत कुछ विद्वानों ने काल विशेष की न्यायिक प्रक्रिया के संदर्भ में ही सारगर्भित एवं तथ्यपरक लेखन कार्य किया है। ऐसी स्थिति में विभिन्न कालों के साहित्य से उपलब्ध सूचनाओं के संकलन के आधार पर प्राचीन भारत में प्रचलित न्यायिक-प्रक्रिया का वस्तुनिष्ठ विवरण आवश्यक था, जिससे प्राचीन भारतीय व्यवहार-विधि के श्रृंखलाबद्ध इतिहास एवं क्रमबद्ध विकास का विश्वसनीय विवरण प्रस्तुत किया जा सके। प्रस्तुत ग्रंथ इस दिशा में मेरा विनम्र प्रयास है। ग्रन्थ का कथ्य बीर बहादुर सिंह पूर्वांचल विश्वविद्यालय जौनपुर में मेरे द्वारा पी.-एच.डी. उपाधि प्राप्त करने हेतु प्रस्तुत शोध-प्रबंध पर आधारित है। शोध के समय ही इस अति गंभीर विषय को सुधी विद्वज्जनों के लिए उपलब्ध कराने की आकांक्षा थी। ग्रंथ का वर्तमान स्वरूप मेरी इसी आकांक्षा की सुखद परिणति है। इसमें निरंतर परिवर्तनशील सामाजिक-आर्थिक व्यवस्था की पृष्ठभूमि में व्यवहार-विधि के विकास-क्रम को निरूपित करने का प्रयत्न किया गया है। विषय की व्यापकता एवं दुरूहता को दृष्टि में रखते हुए प्रस्तुत ग्रंथ में व्यापक टिप्पणियों के साथ सूक्ष्मातिसूक्ष्म व्याख्याएं प्रस्तुत करने का भी प्रयत्न किया गया है। अपने इस प्रयत्न में मैं किस सीमा तक सफल हुआ हूँ इसका आकलन सुधी विद्वज्जन ही कर सकते हैं।

ग्रन्थ छः अध्यायों में विभक्त है। प्रथम अध्याय के अंतर्गत पाश्चात्य विधि विशेषज्ञों की इस अवधारणा कि प्राचीन भारत में विधि का अस्तित्व नहीं था - का खंडन करते हुए इस तथ्य का प्रतिपादन किया गया है कि भारतीय इतिहास के उषःकाल में वैधानिक एवं कृत्रिम विधि की कोई आवश्यकता नहीं थी। नैसर्गिक विधि के रूप में 'ऋत' एवं सामाजिक विधि के रूप में प्रचलित 'धर्म' ही भारतीयों को सत् मार्ग पर अग्रसर करने एवं असत् मार्ग से दूर रखने में सक्षम थे। उनके सरल

एवं धर्मभीरु जीवन में विवाद के लिए विशेष स्थान नहीं था। क्रमशः आर्थिक संसाधनों पर अधिकार को लेकर सम्बन्धों में 'मात्स्य-न्याय' की स्थिति उत्पन्न हुई, जिसके फलस्वरूप कृत्रिम विधि की आवश्यकता प्रतीत हुई। ऐसी अराजक स्थिति से बचने के लिए भारतीय विचारकों ने विधि-व्यवस्था की स्थापना की तथा प्रजारंजन, निष्पक्ष न्याय सम्पादन एवं निष्पक्ष दण्डविधान को राजा का मुख्य कर्त्तव्य निर्धारित किया।

राजा के निष्पक्ष न्याय सम्पादन के आदर्श के सफल मूर्तन के लिए यह आवश्यक था कि उसका आधार सुनिश्चित किया जाय, क्योंकि आधारहीन नयाय-व्यवस्था कभी भी स्थायित्व नहीं प्राप्त कर सकती थी। प्रारंभ में विधि के मूल स्रोत के रूप में वेदों को ही आधार माना गया। कालान्तर में 'श्रुति' (वेद) के साथ 'स्मृति', 'सदाचार', 'शिष्टाचार' एवं 'परम्पराएं' विधि की मूल स्रोत बनीं। गुप्तकाल तक इनके साथ ही 'आत्मतुष्टि' एवं 'सम्यक् संकल्प' को भी सम्मिलित कर लिया गया। तथापि, विधि का मूल स्रोत श्रुति ही बनी रही। इसी के समानान्तर विधि के गौण स्रोतों की एक आनुषंगिक परम्परा भी प्रचलन में रही, जिसमें पुराणों, न्याय-मीमासा ग्रंथों, अर्थशास्त्र, विविध धर्मग्रन्थों एवं स्मृतियां आदि पर लिखी हुई टीकाओं एवं निबंध ग्रंथों आदि को स्थान प्राप्त हुआ। ग्रंथ के द्वितीय अध्याय में तदनुरूप ही हिन्दू विधि के मूल स्रोत के रूप में श्रुति, स्मृति, सदाचार, आत्मतुष्टि एवं सम्यक् संकल्प की व्याख्या, उनके भेद, उनमें पारस्परिक सम्बन्ध एवं उनके सापेक्षिक महत्त्व का व्यापक टिप्पणियों एवं दृष्टान्तों के साथ यथार्थपरक विवेचन किया गया है। इसके साथ ही विधि के गौण स्रोत के रूप में वेदाङ्ग, पुराणों, अर्थशास्त्र, निबंध एवं टीका ग्रंथों तथा - 'परिषद' के महत्व पर प्रकाश डाला गया है।

ग्रन्थ का तृतीय अध्याय न्यायालयों के स्वरूप एवं संगठन से संबंधित है, जिसके अंतर्गत वैदिक युग से गुप्त युग की दीर्घावधि के मध्य न्यायालयों के क्रमिक विकास, स्वरूप, संगठन एवं उनके स्तरीकरण के संदर्भ में गंभीर एवं तथ्यपरक चिन्तन किया गया है। वैदिक युग में राज्य अपने विकास की शैशवावस्था में था। अतः न्यायालयों का स्वतंत्र एवं पृथक् रूप से गठन नहीं हो पाया था। न्यायालयों का विकसित स्वरूप प्रथमतः मौर्य युग में ही दृष्टिगत होता है। इसके पूर्व 'सभा', 'समिति' एवं 'परिषद' जैसी बहुउद्देशीय संस्थाएँ ही न्यायिक कार्य का सम्पादन भी करती थीं। मौर्ययुग तक स्थूलतः अर्थमूलक एवं हिंसामूलक विवादों की पहचान सुनिश्चित हो चुकी थी। फलतः शासकीय वर्ग के अंतर्गत दो प्रकार के न्यायालयों - 'धर्मस्थीय' एवं 'कण्टकशोधन' का अस्तित्व प्रकाश में आया। ये दोनों न्यायालय क्रमशः आधुनिक दीवानी एवं फौजदारी न्यायालयों के तुल्य थे। धर्मस्थीय न्यायालयों का भी 'जनपद संधि' (दो ग्रामों) 'संग्रहण' (10 ग्रामों), 'द्रोणमुख' (400 ग्रामों) एवं 'स्थानीय' (800 ग्रामों का न्यायालय) के रूप में वर्गीकरण हो चुका था। इनके अतिरिक्त अशासकीय न्यायालय के रूप में 'ग्राम सभाएं' भी छोटे-मोटे स्थानीय विवादों का निष्पादन करती थीं। मौर्ययुग से गुप्त युग की दीर्घावधि में न्यायालयों का अपेक्षाकृत परिष्कृत एवं विकसित रूप दृष्टिगत होता है। बृहस्पति ने विशिष्ट न्यायालय के अतिरिक्त चार अन्य प्रकार के न्यायालयों - 'प्रतिष्ठिता' (किसी पुर अथवा नगर में प्रतिष्ठित न्यायालय) 'अप्रतिष्ठिता' (अस्थायी न्यायालय), 'मुद्रिता' (राजमुद्रा का उपयोग करने वाला न्यायालय) एवं शासिता (शासक का न्यायालय) का उल्लेख किया है।

अप्रतिष्ठिता न्यायालय आधुनिक लोक अदालतों का स्मरण कराते हैं,जो स्थान विशेष पर प्रतिष्ठित न होकर विभिन्न स्थानों एवं समयों में अस्थायी रूप से प्रतिष्ठित होते थे। इस दीर्घावधि में अशासकीय न्यायालयों का भी व्यापक प्रचलन दृष्टिगत होता है। अब ग्राम सभाओं के अतिरिक्त संगठनात्मक स्तर पर पूग, श्रेणी, कुल एवं गण आदि व्यापारिक संघों के न्यायालयों का भी गठन हुआ। ये न्याधालय भी अपने अपने संघों के छोटे-छोटे विवादों का निपटारा करने लगे। फलतः उच्चस्तरीय न्यायालयों में पहुँचने वाले विवादों की संख्या नियन्त्रित होने लगी। ग्रन्थ के इस अध्याय के अंतर्गत प्राचीन भारतीय न्यायालयों के विकासोन्मुख एवं विकसित स्वरूप का क्रमबद्ध, कालबद्ध एवं तथ्यपरक विवेचन किया गया है, जिससे तत्कालीन न्यायपालिका का स्पष्ट स्वरूप प्रतिबिम्बित होता है।

धर्मग्रन्थों में न्यायालयों के संगठित स्वरूप का भी प्रतिबिंबन हुआ है। तत्कालीन अनेक व्यवस्थाएं आधुनिक न्यायपालिकाओं की दृष्टि से तुलनीय है। प्राचीन भारत में भी जूरी प्रथा का प्रचलन था, भूयसी मत (बहुमत) को प्रोत्साहन दिया जाता था, प्राड् विवाक (मुख्य न्यायाधीश) एवं सभ्यों (सहायक न्यायाधीश) की नियुक्ति हेतु अर्हताएँ सुनिश्चित की गई थीं, जिनमें उनकी शुचिता, सच्चरित्रता, निष्पक्षता एवं तर्कशीलता आदि गुणों की प्रमुखता अपेक्षित थी। यद्यपि प्राचीन भारत में आदर्श एवं निष्पक्ष न्यायाधीशों का ही बाहुल्य था, तथापि अपवाद स्वरूप कुछ उत्कोचक (घूसखोर) न्यायाधीश अवश्य थे। ऐसे भ्रष्ट न्यायाधीशों की पदच्युति के लिए विधान सुनिश्चित थे। न्यायाधीशों के परिधान सुनिश्चित थे। न्यायकक्ष में प्रवेश करने, आसन ग्रहण करने तथा कार्यवाही प्रारंभ करने के नियम निर्धारित थे। न्यायकक्ष की संरचना वास्तुशास्त्रीय विधि-विधानों के अनुरूप की जाती थी। बृहस्पति ने न्यायकक्ष के 10 घटकों का उल्लेख किया है - राजा, प्राड्विवाक, सभ्य, स्मृति, संगणक, लेखक, स्वर्ण, अग्नि, जल एवं स्वपुरूष। इससे संकेतित होता है कि न्यायकक्ष को दिव्य एवं पवित्र समझा जाता था। न्यायालयों में न्यायदान की बेला निर्धारित थी। मास की छः पवित्र तिथियों को न्यायालयीय अवकाश सुनिश्चित था। ग्रंथ के प्रस्तुत अध्याय में ही न्यायालय-संगठन से सम्बन्धित उपर्युक्त तथ्यों का सूक्ष्म विवेचन किया गया है।

ग्रन्थ का चतुर्थ अध्याय विवाद-विषयों (व्यवहार-पद) से सम्बन्धित है। प्राचीन भारतीय आचार्यों ने न्यायालय में प्रस्तुत किये जाने वाले विवादों को उनकी प्रकृति के आधार पर अर्थमूलक एवं हिंसामूलक कोटि में विभाजित किया था। उन्होंने ऋणादान (ऋण सम्बन्धी विवाद), निक्षेप (गिरवी) अस्वामिविक्रय (विना स्वामी हुए ही किसी वस्तु का विक्रय) सम्भूयसमुत्थान (साझेदारी), दत्तस्यानपाकर्म (दान सम्बन्धी विवाद), वेतनादान (पारिश्रमिक विवाद), अभ्युपेत्याशुश्रूषा (सेवा सम्बन्धी विवाद), क्रय-विक्रीयानुशय (क्रय-विक्रय सम्बन्धी विवाद), स्वामिपाल-विवाद (पशुओं के स्वामित्व सम्बन्धी विवाद), सीमा-विवाद, स्तेय (चोरी), स्त्री-पुंधर्म (पति-पत्नी से सम्बन्धित विवाद) विभाग (साम्पत्तिक विवाद) एवं द्यूत-समाह्वय (द्यूत-सम्बन्धी विवाद) को अर्थमूलक विवादों की श्रेणी में तथा वाक्-पारुष्य (गाली-गलौज), दण्ड-पारुष्य (मारपीट, आक्रमण), साहस (लूटपाट) एवं स्त्री-संग्रहण (बलात्कार) जैसे अपराधों को हिंसामूलक विवादों की श्रेणी में समाविष्ट किया। अन्य शेष विवादों को, जो इन कोटियों में समाविष्ट न हो सके, 'प्रकीर्णक' के अंतर्गत स्थान दिया। विवाद पदों की व्याख्या से तत्कालीन सामाजिक-आर्थिक स्थिति एवं उनमें होने वाले क्रमिक परिवर्तनों पर

महत्वपूर्ण प्रकाश पड़ता है। इसके साथ ही व्यवहार के समाजशास्त्र पर भी सुन्दर प्रकाश पड़ता है। अध्ययन से यह संकेत मिलता है कि मौर्य काल में राज्य की ओर से व्यवहार का प्रारंभ प्राय: राज्य के प्रति विद्रोह जैसी गंभीर स्थितियों में ही अपवादपूर्ण स्थिति में किया जाता था, सामान्यत: नहीं। परंतु गुप्तकाल तक आते-आते राज्य जनहित सम्बन्धी अनेक विवादों में स्वयं पक्षकार बनने लगा। इसी प्रकार कौटिल्य, मनु, याज्ञवल्क्य एवं नारद जैसे व्यवस्थाकारों द्वारा निर्दिष्ट व्यवहार विषयों में विवादों की उत्तरोत्तर वर्द्धमान संख्या (क्रमश: 16, 18, 20 एवं 100) यह इंगित करती है कि मौर्य, शुङ्ग एवं गुप्तयुग में विवादों की संख्या में उत्तरोत्तर वृद्धि होती जा रही थी। फलत: विवादों के अनेक उपभेद भी परिगणित होने लगे। विवादों में उत्तरोत्तर यह वर्द्धमान संख्या समाजशास्त्रियों की इस मान्यता का भी समर्थन करती हैं कि सामाजिक विकास के साथ ही विवादों एवं अपराधों में वृद्धि होती है। प्रस्तुत अध्याय के अंतर्गत मौर्यकाल से गुप्तकाल के मध्य होने वाले सामाजिक एवं आर्थिक परिवर्तनों के परिप्रेक्ष्य में न्याय व्यवस्था के उत्तरोत्तर विकास को रेखांकित किया गया है।

व्यवहार-प्रक्रिया जैसे अत्यन्त व्यापक क्षेत्र वाले व्याख्या प्रधान विषय का मात्र एक अध्याय के अंतर्गत संयोजन करना दुष्कर है। साथ ही यह वर्ण्य विषय को असन्तुलित भी कर देता है। अत: अध्ययन क्षेत्र के अंतर्गत अधिकतम तथ्यों को समाविष्ट करने के उद्देश्य से इसे दो भागों में संयोजित किया गया है।

आधुनिक न्यायिक प्रक्रिया को स्थूलत: चार चरणों में विभक्त किया जा सकता है। प्रथम चरण में विवाद के न्यायालय में प्रवेश से लेकर वाद की स्वीकृति एवं न्यायालय द्वारा प्रतिवादी के आह्वान तक की, द्वितीय चरण में अपने विरुद्ध वादी द्वारा लगाये गये आरोपों की अभियुक्त द्वारा प्रत्युत्तर की, तृतीय चरण में साक्ष्य-सम्पादन की एवं चतुर्थ चरण में साक्ष्य-मींमासा से लेकर निर्णय, पुनर्विचार एवं निर्णय के विरुद्ध सक्षम न्यायालय में अपील तक की प्रक्रिया सम्मिलित है। इस दृष्टि से आधुनिक न्याय पद्धति पर प्राचीन न्यायिक प्रक्रिया का स्पष्ट प्रभाव दृष्टिगत होता है। प्राचीन भारत में भी व्यवहार-विधि चार चरणों (पादों) में विभक्त थी। इसीलिए 'व्यवहार' को 'चतुष्पाद' की संज्ञा प्रदान की गई। चतुष्पाद के अंतर्गत 'पूर्वपक्ष', 'उत्तर पक्ष', 'क्रियापाद' एवं 'साध्यसिद्धि' (निर्णय) की प्रक्रिया सम्मिलित रही।

ग्रन्थ के पंचम अध्याय के अंतर्गत व्यवहार-प्रक्रिया से सम्बन्धित प्रथम दो पादों का विवेचन किया गया है, जिसमें इस तथ्य को विशेषत: उद्घाटित करने का प्रयत्न किया गया है कि प्राचीन न्याय पद्धति एवं आधुनिक न्याय पद्धति में अनेक दृष्टियों से साम्यता है। न्यायिक-प्रक्रिया का प्रारंभ प्रथम सूचना रिपोर्ट (First Information Report) से होता है, जिसे प्राचीन न्याय-व्यवस्था में 'आगम' 'आवेदन' अथवा 'प्रतिज्ञा' आदि संज्ञा प्रदान की गई है। प्रतिज्ञा की शुद्धता पर विशेष बल दिया जाता था, क्योंकि वही व्यवहार-प्रक्रिया की मूल होती है। अशुद्ध, भ्रामक, मिथ्या एवं अस्पष्ट प्रतिज्ञा व्यवहार-प्रक्रिया को आगे बढ़ाने में बाधक होती है। राज्य मुकदमेबाजी को कम करने के लिए प्रयत्नशील था। अत: सामान्यत: राज्य विवादों में स्वयं पक्षकार नहीं होता था, परंतु जनहित सम्बन्धी विवादों के प्रति उदासीन नहीं था। ऐसी स्थिति में वह न्यायालय में स्वयं पक्षकार बनता था। सामान्यत: छोटे-मोटे पारिवारिक विवादों, अनुत्तरदायी लोगों द्वारा प्रस्तुत विवादों एवं निरर्थक विविध विवादों को

अनादेय (अविचारणीय) मानते हुए प्रथम दृष्ट्या समाप्त कर दिया जाता था। आधुनिक न्याय प्रणाली की भाँति ही वादों की पैरवी के लिए प्रतिनिधि-प्रेषण की व्यवस्था थी व्यवहारजीवियों (वकीलों) का व्यावसायिक वर्ग के रूप में संगठन हो चुका था। आधुनिक रूप में तो न्यायालय-शुल्क की व्यवस्था नहीं थी। निधि-स्थापन, आसेध (निषेधाज्ञा) प्रतिभू (जामिन) जैसी व्यवस्थाएँ आधुनिक न्याय पद्धति की रीढ हैं। ये व्यवस्थाएँ प्राचीन न्याय पद्धति में भी विद्यमान थीं।

व्यवहार-प्रक्रिया का द्वितीय पाद प्रतिवादी के उत्तर से सम्बन्धित था। वादी द्वारा लगाये गये अपने विरुद्ध आरोप पत्र के संदर्भ में उत्तर में प्रतिवादी आरोप पत्र को पूर्णतः अस्वीकार कर सकता था एवं उसे 'मिथ्या' (Denial) कह सकता था, आरोपपत्र को पूर्णतः स्वीकार कर सकता था ('सत्य' अथवा 'सम्प्रतिपत्ति', Admission/Confession), आरोप पत्र को आंशिक रूप में कारण सहित स्वीकार कर सकता था (प्रत्यस्कन्द, Demurrer), अपने पक्ष में प्राङ्ग न्याय (Pre Judgement/Judicate) का आश्रय ले सकता था अथवा संकर उत्तर (Mixed Answer) देते हुए कुछ आरोपों को सकारण स्वीकार एवं कुछ को अस्वीकार कर सकता था। प्रतिवादी के द्वारा आरोप पत्र स्वीकार कर लेने की स्थिति में वादी को उसके विरुद्ध एकपक्षीय निर्णय का लाभ मिल जाता था एवं व्यवहार-प्रक्रिया वहीं समाप्त हो जाती थी। न्यायालय में साक्ष्य प्रक्रिया की कार्यवाही के प्रारंभ के पूर्व एवं प्रतिवादी के मध्य 'संधि' के लिए एक अवसर मिलता था। परस्पर संधि न होने की स्थिति में ही विवाद अग्रिम चरण में प्रविष्ट होता था। ग्रंथ के इस अध्याय में न्यायिक-प्रक्रिया से सम्बन्धित इन सभी पक्षों का सम्यक् अनुशीलन किया गया है।

ग्रंथ का षष्ठ एवं अंतिम अध्याय व्यवहार-प्रक्रिया के तृतीय एवं चतुर्थ पाद (क्रियापाद एवं साध्य सिद्धि) से सम्बधित है। वादी के द्वारा प्रतिवादी पर लगाये गये आरोपपत्र को प्रतिवादी द्वारा अस्वीकार कर देने के पश्चात् वाद तृतीय पाद में प्रविष्ट होता है, जिसमें साक्ष्य एवं साक्षी सम्बन्धी कार्यवाही सम्पन्न होती है। आधुनिक न्याय पद्धति में भी साक्ष्य की विशिष्ट महत्ता है। प्राचीनभारत में न्याय व्यवस्था का विकसित स्वरूप प्रारंभ में दृष्टिगत नहीं होता है। जिस प्रकार प्रारंभ में राज्य एवं राजा दैवी प्रभाव से पूर्णतः मुक्त नहीं थे,उसी प्रकार न्याय-व्यवस्था भी दैवी प्रभाव से पूर्णतः मुक्त नहीं रह सकी। इसका स्पष्ट प्रभाव साक्ष्य पद्धति पर देखा जा सकता है। प्राचीन साक्ष्य विधि स्थूलतः दो रूपों में विभक्त थी – दैवी साक्ष्य एवं मानुषी साक्ष्य। 'घट' (तुला) 'अग्नि', 'जल', 'विष', 'कोश', 'तन्दुल', 'तप्तमास' 'फाल' एवं 'धर्मज' प्रमुख दिव्य साक्ष्य थे। कालान्तर में न्यायिक प्रक्रिया के विकास के अग्रिम चरण में अनेक प्रकार के मानुषी साक्ष्यों-'अनुमान', 'अनुश्रुत', 'साक्षी', 'लिखित' एवं 'भुक्ति' का प्रचलन हुआ। जहाँ तक दोनों में प्राथमिकता का प्रश्न है, स्मृतिकारों ने मानुषी को ही वरेण्य समझा। दिव्य साक्ष्य वस्तुतः एक आदिम क्रिया है, जो मानव समाज के विकास की शैशवावस्था में प्रचलित थी एवं परंपरागत रूप में अग्रगामी रही। विश्व की अनेक संस्कृतियों में इसके प्रचलन के संकेत प्राप्य हैं। इसके मूल में यह विश्वास था कि अग्नि, जल, विष, तुला आदि दैवी शक्तियों से युक्त हैं तथा दैवी न्याय करते हैं। किन्तु शनैः शनैः सामाजिक विकास के साथ-साथ इनका महत्व शिथिल होता गया।

प्राचीन व्यवस्थाकारों ने मानुषी साक्ष्य के अंतर्गत विविध प्रकार के विवादों में पृथक्-पृथक् साक्ष्यों को वरीयता दी। सामान्यतः प्रत्यक्ष साक्ष्य को वरीयता दी जाती थी, किन्तु अनुमान एवं अनुश्रुत साक्ष्य को भी उनके साथ आनुषंगिक साक्ष्य के रूप में स्थान दिया जाता रहा। दीवानी विवादों में लेख्य (दस्तावेजी साक्ष्य) एवं भुक्ति (भोग, आधिपत्य) को प्राथमिकता दी गई तो फौजदारी विवादों में प्रत्यक्ष साक्ष्य को वरीयता दी गई। परंतु इसके अभाव में अनुमान अथवा अनुश्रुत साक्ष्य के माध्यम से भी यथार्थ का विश्लेषण करने का प्रयत्न किया गया। वस्तुतः उनका उद्देश्य यह था कि वादकारी न्याय से वंचित न हो। प्रस्तुत अध्याय में साक्ष्य की इन विधियों की विवेचना, उनकी स्वीकृति-अस्वीकृति, ग्राह्यता-अग्राह्यता आदि पर विस्तृत प्रकाश डाला गया है।

व्यवहार का अंतिम चरण साध्यसिद्धि (निर्णय) है। साक्ष्यमीमांसा के पश्चात् जब वाद का वादी के पक्ष में निर्णय हो जाता था तो उसे 'जयपत्र' प्रदान किया जाता था। इसके विपरीत पराजित वादी को 'हीनपत्रक' दिया जाता था। आधुनिक न्याय व्यवस्था के अनुरूप ही अपने विरूद्ध हुए निर्णय के लिए पीड़ित पक्ष प्रथमतः उसी न्यायालय में पुनर्विचार (Review) के लिए आवेदन दे सकता था। इस स्तर से भी असंतुष्ट रहने पर वह सक्षम न्यायालय में पुनर्वाद (Appeal) हेतु आवेदन दे सकता था। अंतिम पुनर्वाद हेतु राजा के यहाँ आवेदन किया जा सकता था।

इस प्रकार यह स्पष्ट है कि अनेक दृष्टियों से प्राचीन न्याय पद्धति आधुनिक न्याय पद्धति के तुल्य थी। प्राचीन न्याय पद्धति की एक महत्वपूर्ण विशिष्टता शीघ्रातिशीघ्र न्यायदान पद्धति रही। अधिकतम एक वर्ष की अवधि में ही विवाद का अंतिम निर्णय कर दिया जाता था।

अन्ततः प्रस्तुत ग्रंथ में जिज्ञासु जनों की सुविधा की दृष्टि से प्राचीन भारतीय न्याय व्यवस्था से सम्बन्धित महत्वपूर्ण शब्दों की 'शब्दानुक्रमणिका' दी गई है। इसके साथ ही 'पारिभाषिक शब्दावली' के अंतर्गत कुछ महत्वपूर्ण न्याय-सम्बन्धी शब्दों के शब्दार्थ एवं प्रासङ्गिक भावार्थ प्रस्तुत किये गये हैं। ग्रंथ में वेदों, स्मृतियों, पुराणों, महाकाव्यों तथा लौकिक साहित्य से संकलित सूचनाओं के तुलनात्मक अध्ययन एवं तथ्यों के पूर्वाग्रहमुक्त विवेचन के आधार पर निष्कर्ष निकालने का प्रयत्न किया गया है। साथ ही व्यवहार-विधि में होने वाले परिवर्तनों की तर्कसङ्गत व्याख्या सामाजिक-आर्थिक परिवेश के संदर्भ में की गयी है। यथा स्थान व्यवहार सम्बन्धी नियमों के पीछे निहित कारणों के उद्घाटन का भी प्रयास हुआ है। तथापि इस ग्रंथ में निश्चय ही कुछ न्यूनताएँ एवं त्रुटियाँ रह गई होंगी, जिनके लिए मैं विद्वज्जनों से क्षमा प्रार्थी हूँ। आशा है कि विद्वज्जन मेरी अल्पविषयामति एवं विषय की गंभीरता को दृष्टि में रखते हुए उसके प्रति क्षमाभाव ग्रहण करेंगे। यदि यह ग्रंथ विद्वज्जनों के लिए परितोषदायक सिद्ध हुआ, तो मैं अपने श्रम को सार्थक समझूँगा।

भाद्रपद कृष्ण सप्तमी,
06 सितम्बर, 2004 — ***श्याम नारायण सिंह***

कृतज्ञता-ज्ञापन

प्रस्तुत ग्रन्थ के लेखन में मुझे अनेक गुरुजनों एवं विद्वानों से समय-समय पर महत्वपूर्ण सहायता मिली, एतदर्थ मैं उन सभी का हृदय से आभारी हूँ। सर्वप्रथम मैं पूज्य गुरुवर प्रो. विजय बहादुर राव, अवकाश प्राप्त विभागाध्यक्ष, प्राचीन इतिहास, दीन दयाल उपाध्याय गोरखपुर विश्वविद्यालय के प्रति हार्दिक कृतज्ञता ज्ञापित करता हूँ, जिनके स्नेह एवं आशीष ने मेरे कार्य को सुगम बनाया। इस ग्रंथ का 'मुखबन्ध' लिखकर उन्होंने मुझे कृतार्थ किया। अपने शीघ्र प्रबन्ध के निर्देशक डॉ. ओम प्रकाश सिंह, रीडर एवं विभागाध्यक्ष, प्राचीन इतिहास, तिलकधारी स्नातकोत्तर महाविद्यालय, जौनपुर, का मैं अत्यंत आभारी हूँ, जिन्होंने मेरा निरंतर उत्साहवर्द्धन किया। मैं डॉ. ज्योतिष प्रकाश यादव, प्राचार्य, राजबहादुर स्नातकोत्तर महाविद्यालय, गुलालपुर, जौनपुर एवं डॉ. राजवन्त राव, रीडर, प्राचीन इतिहास, दीन दयाल उपाध्याय गोरखपुर विश्वविद्यालय गोरखपुर का भी अत्यंत आभारी हूँ, जिन्होंने समय-समय पर महत्वपूर्ण परामर्श देकर लेखन कार्य में मेरी सहायता की। अपने विभागीय एवं महाविद्यालयीय सहयोगियों, डॉ. अशोक कुमार शाही, डॉ. विजय प्रताप सिंह, डॉ. नागेश्वरनाथ मिश्र, डॉ. राजीव मोहन, डॉ डी. पी. चतुर्वेदी एवं डॉ. रामसूरत के प्रति मैं आभार व्यक्त करता हूँ, जिन्होंने मेरा निरंतर उत्साहवर्द्धन किया एवं समय-समय पर महत्वपूर्ण परामर्श देकर ग्रंथ के लेखन कार्य को सुगम बनाया।

अपने पिता श्री रघुवंश सिंह, माता सुमित्रा सिंह एवं पितृव्य श्री हरिवंश सिंह के प्रति मैं श्रद्धावनत हूँ, जिनके नैसर्गिक स्नेह, वात्सल्य एवं पथ प्रदर्शन के कारण ही मैं आज इस बिन्दु का स्पर्श कर सका। अनुज श्री ब्यंकटेश नारायण सिंह के सहयोग के अभाव मे ग्रंथ का प्रकाशन संभव नहीं था। एतदर्थ मैं उन्हें साधुवाद देता हूँ। अपनी धर्ममार्या श्रीमती उषा सिंह को धन्यवाद देना मात्र औपचारिकता होगी, जिनका इस बौद्धिक यज्ञ के सम्पादन में भी अन्य रूप में सहयोग प्राप्त हुआ। अपने सम्बन्धी श्री संत बहादुर सिंह से प्राप्त सहयोग को मैं विस्मृत नहीं कर सकता। एतदर्थ मैं उनका भी आभारी हूँ।

'शब्दानुक्रमणिका' तैयार करने जैसे श्रमसाध्य एवं अरुचिकार कार्य के सम्पादन के गुरुतर दायित्व मेरे शोधछात्रों - डॉ॰ नीलेश कुमार शुक्ल, कु॰ अनुभा सौम्य एवं श्रीमती कीर्ति श्रीवास्तव ने संभाला। एतदर्थ मैं उन्हें विशेष साधुवाद देता हूँ। अंत में मैं डॉ. अगम प्रसाद के प्रति भी आभार व्यक्त करता हूँ, जिन्होंने स्वाति पब्लिकेशन्स, नई दिल्ली द्वारा ग्रंथ को

उत्साहपूर्वक प्रकाशित कराकर मुझे अनुग्रहीत किया।

भाद्रपद कृष्ण सप्तमी,
06 सितम्बर, 2004

– ***श्याम नारायण सिंह***

संकेत सूची

अर्थव॰	–	अथर्ववेद
आप॰, आप॰ध॰सू॰	–	आपस्तम्ब धर्मसूत्र
आप॰गृ॰सू॰	–	आपस्तम्ब गृह्य सूत्र
आश्वा॰गृ॰सू॰	–	आश्वालायन गृह्य सूत्र
आश्वा॰ध॰सू॰, आश्वा॰	–	आश्वालायन धर्म सूत्र
ऐत॰आ॰	–	ऐतरेय आरण्यक
ऐत॰ब्रा॰	–	ऐतरेय ब्राह्मण
ऐत॰सं॰	–	ऐतरेय संहिता
का॰सं॰	–	काठक संहिता
कात्यायन	–	कात्यायन स्मृति
काम॰	–	कामन्दक नीति सार
कौटिल्य	–	कौटिलीय अर्थशास्त्र
गोभिल॰	–	गोभिल स्मृति
गौ॰गृ॰सू॰	–	गौतम गृह्य सूत्र
गौतम॰,गौ॰ध॰सू॰	–	गौतम धर्म सूत्र
छा॰उप॰	–	छान्दोग्य उपनिषद
जैमिनी॰	–	जैमिनीय सूत्र
जैमिनी॰ ब्रा॰	–	जैमिनीय ब्राह्मण
तैत्ति॰आर॰	–	तैत्तिरीय आरण्यक
तैत्ति॰ उप॰	–	तैत्तिरीय उपनिषद
तैत्ति॰ ब्रा॰	–	तैत्तिरीय ब्राह्मण
तैत्ति॰ सं॰	–	तैत्तिरीय संहिता
देवल॰	–	देवल स्मृति
नारद॰	–	नारद स्मृति
पराशर॰	–	पराशर स्मृति

परा॰माध॰	–	पराशर माधवीय
पंच॰ब्रा॰	–	पंचविंश ब्राह्मण
पितामह॰	–	पितामह स्मृति
बौधायन, बौधा॰, बौधा॰ध॰सू॰	–	बौधायन धर्म सूत्र
बौधा॰गृ॰सू॰	–	बौधायन गृह्य सूत्र
बृह॰, व्य॰का॰	–	बृहस्पति स्मृति, व्यवहारकाण्ड
भाग॰पु॰	–	भागवत पुराण
मनु॰	–	मनु स्मृति
महा॰	–	महाभारत
मैत्रा॰ सं॰	–	मैत्रायणी संहिता
यम॰	–	यम स्मृति
याज्ञ॰	–	याज्ञवल्क्य स्मृति
रामा॰	–	रामायण
वशिष्ठ॰, वशिष्ठ ध॰सू॰	–	वशिष्ठ धर्मसूत्र
विष्णु॰	–	विष्णु धर्मसूत्र
वृद्ध गौतम॰	–	वृद्ध गौतम स्मृति
व्य॰प्र॰	–	व्यवहार प्रकाश
व्य॰ मयूख	–	व्यवहार मयूख
वाज॰सं॰	–	वाजसनेयी संहित
व्यास॰	–	व्यास स्मृति
शत॰ब्रा॰	–	शतपथ ब्राह्मण
शबर॰	–	शबर स्वामिन
शंख॰	–	शंख स्मृति
शुक्र॰	–	शुक्रनीतिसार
हारीत॰	–	हारीत स्मृति

विषय-सूची

पारिभाषिक-शब्द

अकृत साक्षी	साक्षी का एक प्रकार
अग्नि साक्ष्य	दिव्य साक्ष्य की एक विधि
अघ्न्या	न मारने योग्य
अदत्त दान	अवैधानिक दान
अदेय दान	दान के निमित्त निषिद्ध वस्तु का दान
अदेयदेयदत्त	दान देकर वापस माँगना, अर्थमूलक विवाद का एक प्रकार
अधिकरण	न्यायालय
अधिकर्मकृत	भृत्यों का अधीक्षक
अनागम भुक्ति	ऐसा भोग, जिसमें आधिपत्य हो परंतु भोग को वैधानिकता न हो
अनुमान	मानुष साक्ष्य का एक प्रकार
अनुशय	अमानत, बयाना
अनुश्रुत साक्ष्य	मानुष साक्ष्य का एक प्रकार
अन्तेवासी	आचार्य के पास रहकर शिल्प विद्या सीखने वाला शिष्य
अन्यवादी	उत्तर का एक प्रकार
अन्वाहित	स्त्रीधन का एक प्रकार
अप्रतिष्ठिता	मौर्योत्तरकालीन न्यायालय का एक प्रकार
अम्युपेत्याशुश्रूषा	पारिश्रमिक विवाद, अर्थमूलक वाद का एक प्रकार
अर्थवाद	विहित/अविहित कार्य के सकारण सम्पादन/निषेध की आज्ञा
अव्याहत त्रिपुरुषी भुक्ति	तीन पीढ़ियों तक अविच्छिन्न उपभोग
अस्वामिविक्रय	विना स्वामी हुए वस्तु का विक्रय करना, अर्थमूलक विवाद का एक प्रकार
अक्षदेवन	द्यूत-विवाद, अर्थमूलक विवाद का एक प्रकार
अक्ष पटल	अभिलेखागार
अक्षपरि	पासे के खेल में पराजय
आगम	प्रथम सूचना रिपोर्ट (F.I.R.)

आक्षद्यूतिक	द्यूत क्रीड़ा से उत्पन्न वैर
आक्षिक	पासों से जुआ खेलने वाला
आचार (Usage)	रीति-रिवाज, चलन
आधि	बन्धक, धरोहर
आसेध	रोक, निषेधाज्ञा
आहूत प्रलापी	न्यायालय में पुकारे जाने पर पलायित होने वाला अभियुक्त
आह्वान	Summon
आह्वान-पत्र	Summons
आज्ञापत्र	राजाज्ञा का एक प्रकार
उत्कोच	घूस
उत्कोचक	घूसखोर
उत्क्षेपक	उचक्का
उत्तर पक्ष/पाद	व्यवहार का द्वितीय चरण/पाद
उत्तरसाक्षिन्	अनुश्रुत (Hearsay) साक्षी का एक प्रकार
उपनिधि	धरोहर
उपरम्स्वत्व	पिता की मृत्यूपरांत स्वामित्व की प्राप्ति
उपादान स्त्रोत (विधि का)	(विधि का) गौण स्रोत
ऋणादान	ऋण वापसी से सम्बन्धित विवाद, अर्थमूलक विवाद का एक प्रकार
कष्टक शोधन न्यायालय	मौर्यकालीन फौजदारी न्यायालय
कण्टकोद्धरण	न्याय-प्रशासन
कन्या-प्रकर्म	कुमारी कन्या से व्यभिचार
कर्मकर	दास
कर्मकर कल्प	पारिश्रमिक विवाद, अर्थमूलक विवाद का एक प्रकार
कर्मासेध	विवाद से सम्बन्धित कोई विशेष कार्य करने सम्बन्धी निशेधाज्ञा
कायिका	वृद्धि (ब्याज) का एक प्रकार
कारिका	वृद्धि (ब्याज) का एक प्रकार
कारिता	वृद्धि (ब्याज) का एक प्रकार
कार्यचिन्तक	व्यापारी संघों की कार्य देखने वाली सभा
कार्यमध्यागत	अकृत साक्षी का एक प्रकार
कार्यसिद्धि	निर्णय

कालासेध	काल (समय) से सम्बन्धित निषेधाज्ञा
कालिका	वृद्धि (ब्याज) का एक प्रकार
कुलाचार	कुल सम्बन्धी रीति-रिवाज, परम्पराएँ
कुल्य	अकृत साक्षी का एक प्रकार
कुसीद	वृद्धि (ब्याज)
कुसीदी	ब्याज लेने वाला
कूट लेख्य	जाली दस्तावेज
कूट साक्षी	जाली साक्षी, धूर्त साक्षी
कृतकाल	सीमित काल के लिए रखी गई आधि
कृत साक्षी	साक्षी का एक प्रकार
क्रय-विक्रयानुशय	क्रय-विक्रय सम्बन्धी विवाद, अर्थमूलक वाद का एक प्रकार
क्रियाद्वेषी	न्यायालय में प्रतिवादी द्वारा दिये जाने वाले उत्तर का एक प्रकार
क्रियापाद	व्यवहार का तृतीय पाद
क्रियालोपी	साक्षी/उत्तर का एक प्रकार
क्रीतानुशय	क्रय सम्बन्धी विवाद
खाटिकाग्राही	गणक
खाटिग्रहिक	लेखक
गर्ता	वैदिक 'सभा' में रखा जाने वाला लकड़ी का तख्त
गूढ़ साक्षी	कृत साक्षी का एक प्रकार
गोप्य	रक्षा करने योग्य आधि
ग्रन्थिभेदक	पाकेटमार
ग्रामणी/ग्रामिक	ग्राम का मुखिया, वैदिक रत्निपरिषद का सदस्य
ग्लह	द्यूतक्रीड़ा में लगने वाला बाजी का धन
घट (साक्ष्य)	दिव्य-साक्ष्य की एक विधि
घट-सर्प (साक्ष्य)	दिव्य-साक्ष्य की एक विधि
चतुः स्थान/चतुः साधन/ चतुष्कारी/चतुष्पाद/चतुर्व्यापी चतुर्विध/चतुर्हित	व्यवहार का संख्यात्मक विशेषण
चरित्र	व्यवहार का तृतीय पाद
चरित्रबन्धक	प्रतिभू का वह प्रकार जिसमें-चरित्र का वास्ता दिया जाता है।
चिकित्सा	व्यवहार का तृतीय पाद

चिरक/चीरक	जानपद लेख का एक प्रकार
चित्रदण्ड	कष्टयुक्त मृत्युदण्ड
छल	शुक्र द्वारा उल्लिखित अपराध का एक प्रकार
जंगम	चल सम्पत्ति
जनपदसन्धि	मौर्यकालीन न्यायालय का एक प्रकार
जनपति	वैदिक जनों का प्रधान, राजा
जन्मनास्वत्व	जन्म लेते ही स्वामित्व की प्राप्ति
जयपत्र	न्यायालय के द्वारा वादी के पक्ष में दिया जाने वाला निर्णयपत्र
जल	दिव्य साक्ष्य की एक विधि
जात्याचार	जातियों के रीति रिवाज, परम्पराएँ
जूरी	न्यायाधीश को न्याय में सहायता देने वाले विशिष्ट व्यक्ति
जेट्ठक/ज्येष्ठ्क	निगम अथवा श्रेणी का अध्यक्ष
तन्दुल(साक्ष्य)	दिव्य साक्ष्य की एक विधि
तप्तमास (साक्ष्य)	दिव्य साक्ष्य की एक विधि
तिरित/तीरित	निर्णीत
तुला (साक्ष्य)	दिव्य साक्ष्य की एक विधि
दण्डधर	दण्ड शक्ति धारण करने के कारण राजा की एक संज्ञा
दण्डपारुष्य	फौजदारी विवाद, मारपीट
दण्डयापराध विधि	Criminal Law
दत्त	दी हुई वह वस्तु जिसका प्रत्यावर्तन न हो सके
दत्ताप्रदानिक/दत्तस्यानपाकर्म	दान के नियम का अतिक्रमण, अर्थमूलक विवाद का एक प्रकार
दशावरा	दश धर्मज्ञ ब्राह्मणों की सभा
दाण्डिक	दण्ड देने के कारण राजा की एक संज्ञा
दाय	पैतृक सम्पत्ति
दाय भाग	पैतृक सम्पत्ति के विभाजन का उपरमस्वत्व सिद्धांत
दायाद	पैतृक सम्पत्ति के उत्तराधिकारी
दूतक	साक्षी का एक प्रकार
देय	देने योग्य वस्तु
देशाचार	देश, स्थान सम्बन्धी रीतिरिवाज, परंपराएँ
दैविकी	दैवी साक्ष्य

द्रोणमुख	मौर्यकालीन न्यायालय का एक प्रकार
द्विगति/द्विद्वार/द्विपद/द्विफल/ द्विरुत्थान/द्विलक्षण/द्वस्कन्ध	व्यवहार का संख्यात्मक विशेषण
द्यूत-समाह्वय	द्यूत सम्बन्धी विवाद, अर्थमूलक विवाद का एक प्रकार
द्यूताध्यक्ष	कौटिल्य के 'अर्थशास्त्र' में उल्लिखित द्यूत विभाग का अध्यक्ष
धम्मपणिक	धर्म-विक्रेता, वकील का पूर्ववर्ती स्वरूप
धर्मज	दिव्य साक्ष्य की एक विधि
धर्म निर्णय	धर्म के आधार पर लिया गया निर्णय
धर्म प्रवक्ता	प्रधान न्यायाधीश
धर्ममूल	विधि का मूल स्रोत
धर्मस्थ	न्यायाधीश
धर्मस्थान	विधि का गौण स्रोत (वेदाङ्ग पुराणादि/न्यायसभा)
धर्मस्थीय न्यायालय	मौर्यकालीन दीवानी न्यायालय
धर्मस्थीय विवाद	अर्थमूलक विवाद
धर्मज्ञ	न्यायाधीश
धर्माधिकारी	प्रधान न्यायाधीश
धर्माधिकरण	न्यायालय
धमध्यिक्ष	प्रधान न्यायाधीश
धर्मासिन	न्याय सभा
धर्मज्ञ	न्यायाधीश
ध्वजिनी	ध्वज तुल्य ऊँचे वृक्षों द्वारा निर्मित सीमा
नगर वियोहालक	नगर-न्यायाधीश
नरिष्ठा	वैदिक सभा का एक विशेषण (अनुलंघनीय)
नामधेय	विभिन्न वस्तुओं/ऋषियों का नाम
निक्षेप	गिरवी, धरोहर
निघण्टु	वैदिक शब्दकोश
निधि	भण्डार, द्रव्य
निधिस्थापन	निर्णय अवधि तक विवादित सम्पत्ति के उपभोग से वादी/प्रतिवादी को न्यायालय द्वारा रोकने की व्यवस्था
नियम्य	मार्ग व्यय, भोजनभत्ता

नियुक्त/नियोजन	मुकदमें की पैरवी के लिए वादी/प्रतिवादी के द्वारा नियुक्त किया जाने वाला प्रतिनिधि
निरागम भुक्ति	ऐसी भुक्ति जिसमें आधिपत्य (कब्जा) हो, परंतु भोग को वैधानिकता न हो
नि:सृष्टि	राजाज्ञा का एक प्रकार
नैधानी	गुप्त चिह्नों वाली निर्मित सीमा
न्यास	धरोहर, थाती
पद	शुक्र द्वारा उल्लिखित अपराध की एक कोटि
परदाराभिदर्शन	परायी स्त्री का अपहरण
परिदान	राजाज्ञा का एक प्रकार
परिषद/परिसा	विद्वत्सभा
परिषत्पमान	अग्नि का एक नाम
परीहार/परिहार	राजाज्ञा का एक प्रकार
पशुपाल	चरवाहा
पांथमुण्ड	पथिकों को लूटने वाला
पाषण्ड	वेद विरोधी पंथ/सम्प्रदाय
पुनर्न्याय	Re-Judgement
पुनर्भव विधि/पुनर्विचार	Review
पुनर्वाद	Appeal
पुंश्चली	वेश्या
पूग	व्यापारियों का एक संगठन
पूर्वपक्ष	व्यवहार का प्रथम चरण, वादी का बयान
पोगन्द	8-16 वर्ष के मध्य का बालक
प्रकीर्णक	विविध (Miscellaneous)
प्रजारंजन	प्रजा को प्रसन्न रखना
प्रतिभू	जमानत लेने वाला
प्रतिभूति	जमानत
प्रतिलेख	राजाज्ञा का एक प्रकार
प्रतिश्रुतदान	संकल्पित दान
प्रतिष्ठिता	मौर्योत्तर कालीन न्यायालय का एक प्रकार
प्रतिज्ञा	वादी का लिखित बयान, तहरीर

प्रत्यवस्कन्द	Demurrer, उत्तर का एक प्रकार
प्रत्याकलित	व्यवहार के तृतीय एवं चतुर्थ चरण के मध्य की कार्यवाही
प्रदेष्टा	पुलिस मजिस्ट्रेट
प्रमगन्द	अत्यधिक सूदखोर कुल में पैदा हुआ व्यक्ति
प्रवासासेध	प्रवास सम्बन्धी निषेधाज्ञा
प्राङ्ग न्याय	Pre-Judgement
प्राड् विवाक	प्रधान न्यायाधीश
प्रावृत्तिक	राजाज्ञा का एक प्रकार
प्रीतिभाव्य	स्त्रीधन का एक प्रकार
फलसिद्धि	निर्णय
फाल (साक्ष्य)	दिव्य साक्ष्य की एक विधि
भयवर्जिता	पारस्परिक सहमति द्वारा निर्मित सीमा
भद्रासन	प्रधान न्यायाधीश का आसन
भुक्ति	स्वामित्व (Possession)
भूयसी	बहुमत
भृतक्	पारिश्रमिक पर रखा हुआ भृत्य
भृत्यदान	पारिश्रमिक विवाद, अर्थमूलक विवाद का एक प्रकार
भोग्य	भोग के योग्य
मत्स्यिनी	मछलियों (जलाशयों) से निर्मित सीमा
ममिल्नु	डकैत
मनुष्य मारण	मानव हत्या
महामात्य	प्रधान अमात्य, प्रधानमंत्री
मानुषी	मानुष साक्ष्य
मिथ्योत्तर	मिथ्या उत्तर, उत्तर का प्रकार
मिथ्या साक्ष्य	झूठी गवाही, साक्ष्य की एक प्रकार
मुद्रिता	मौर्योत्तर कालीन न्यायालय का एक प्रकार
मृतान्तर	अनुश्रुत साक्षी का एक प्रकार
याचितकबन्धक	किसी उत्सव के समय उधार ली गई वस्तु, आभूषण
यदृच्छाभिज्ञ / यादृच्छिक	स्वयं साक्षी, साक्षी का एक प्रकार
रत्नि परिषद	वैदिक युगीन राज परामर्शदात्री संस्था,
राज परिषद	मंत्रिपरिषद

राजशासननीता	राजा द्वारा निर्धारित सीमा
रिक्थ	उत्तराधिकार
रीति	Custom
लग्नक	प्रतिभू, जामिन
लेख्य	लेखपत्र, दस्तावेज
लौकिक लेख	लेख का एक प्रकार
वाक्पारुष्य	गाली-गलौज, हिंसामूलक वाद का एक प्रकार
वार्धुक	वृद्धि, ब्याज
वार्धुषिक	ब्याजग्रहीता, सूदखोर
विक्रीतक्रीतानुशय/ विक्रीयासम्प्रदान	विक्रय सम्बन्धी विवाद, अर्थ मूलक वाद का एक प्रकार
विभाग	विभाजन, अर्थमूलक वाद का एक प्रकार
वियोहाल (व्यवहार) समता	न्याय समता
विश	जन्मन समूह, प्रजा
विशपति	विश (प्रजा) का स्वामी (राजा)
विष (साक्ष्य)	दिव्य साक्ष्य की एक विधि
वृद्धि	ब्याज
वेतनादान/वेतनास्यानपाकर्म	पारिश्रमिक विवाद, अर्थमूलक वाद का एक प्रकार
व्यवहार विषय	ऐसे विवादित विषय, जिनके कारण न्यायालय में वाद दायर किया जाता है
व्यवहारासन	न्यायपीठ
व्यवहारोपजीवी	वकील
शतशाख	सौ शाखाओं वाला, व्यवहार का एक विशेषण
शलाकापरि	द्यूतक्रीडा में पराजय
शंकारूपकर्माभिज्ञ	स्तेय विवाद, अर्थमूलक वाद का एक प्रकार
शासिता	मौर्योत्तर कालीन न्यायालय का एक प्रकार
शिखावृद्धि	वृद्धि का एक प्रकार
शुद्ध दण्ड/शुद्ध प्राणदण्ड	कष्टरहित मृत्युदण्ड
शोध्य	दिव्य ग्रहण करने वाला व्यक्ति
श्रुति	वेद
श्रोत्रिय	विद्वान ब्राह्मण

सदाचार	विधि के मूल स्त्रोतों में एक महत्वपूर्ण स्त्रोत
समयाचार	समय के साथ प्रचलित आचार
सभापति	सभा का अध्यक्ष
सभासद	सभा का सदस्य
सभिक	जुआ खिलाने वाला
सभेय	सभा में वाक्पटु चतुर सदस्य
सत्यङ्कार	बयाना
सागम मुक्ति	ऐसी भुक्ति जिसमें स्वामित्व का अधिकार निहित हो
साध्यसिद्धि	निर्णय
सन्धि विग्रहिक	संधि एवं विग्रह का मंत्री
साहस	लूटपाट, हिंसामूलक वाद का एक प्रकार
सार्वत्रग	राजाज्ञा का एक प्रकार
सूचक	जासूस
सेट्ठि/श्रेष्ठिन्	निगम अथवा श्रेणी का अध्यक्ष
सौमात्रणी इष्टि	एक प्रकार का वैदिक यज्ञ
संग्रहण	बलात्कार, हिंसामूलकवाद का एक प्रकार
संग्रहण न्यायालय	मौर्यकालीन न्यायालय का एक प्रकार
संधि	समझौता
संधिभेत्ता	सेंध मारने वाला
सभ्य	सभासद, सहायक न्यायाधीश
सम्भूयोत्थान/सम्भूयसमुत्थान	साझेदारी, अर्थमूलक वाद का एक प्रकार
संविदव्यतिक्रम/संविद्वातिक्रम /समस्योनपाकर्म	संविदाभंग से सम्बन्धित विवाद, अर्थमूलकवाद का एक प्रकार
संकर उत्तर	मिश्रित उत्तर, उत्तर का एक प्रकार
सम्प्रतिपत्ति	सत्य (Admission/Confession), उत्तर का एक प्रकार
स्वस्वामि विक्रय	विक्रय-विवाद, अर्थमूलक वाद का एक प्रकार
स्थानीय न्यायालय	मौर्यकालीन न्यायालय का एक प्रकार
स्थानासेध	स्थान विशेष से अन्यत्र न जाने की निषेधाज्ञा
स्थावर	अचल सम्पत्ति
स्मारित	साक्षी का एक प्रकार
स्वामिपाल विवाद	पशु स्वामित्व सम्बन्धी विवाद, अर्थमूलक विवाद का एक

	प्रकार
स्तेय	चोरी विवाद, अर्थमूलक विवाद का एक प्रकार
स्तेन	चोर
स्तोभक	मुखबिर
स्त्री पुंधर्म/स्त्री पुंसयोग	पति-पत्नी से सम्बन्धित विवाद, अर्थमूलक विवाद का एक प्रकार
स्त्री-संग्रहण	बलात्कार, हिंसामूलक विवाद का एक प्रकार
हीनपत्रक	पराजय पत्र
हीनवादी	पराजित वादी
हृत	हरण की हुई वस्तु
क्षेत्रज विवाद	सीमा सम्बन्धी विवाद
त्रियोनि	व्यवहार का संख्यात्मक विशेषण
त्र्यवरा	तीन धर्मज्ञ सदाचारी ब्राह्मणों की परिषद

अध्याय प्रथम

व्यवहार - विधि का उदय और उसकी सामाजिक - राजनीतिक पृष्ठभूमि

व्यवहार का अर्थः-

धर्मशास्त्रों एवं अभिलेखों में न्याय सम्पादन के लिए व्यवहार शब्द का प्रयोग किया गया है। 'व्यवहार' शब्द संस्कृत के वि-अव √हृ+घञ्, अक्षरों से बना है, जिसका शाब्दिक अर्थ मुकदमा या मुकदमों की जाँच-पड़ताल है।[1]

व्यवहार शब्द धर्म सूत्रों एवं स्मृतियों में अनेक अर्थों में प्रयुक्त हुआ है। कहीं-कहीं पर इसका प्रयोग लेन-देन के सन्दर्भ में हुआ है।[2] नारद ने व्यवहार का अर्थ आचरण एवं मुकदमा दोनों किया है।[3] गौतम ने इसका प्रयोग लेन-देन में प्रविष्ट होने से सम्बन्धित वैधानिक शक्ति के रूप में किया है।[4] अन्यत्र उन्होंने इसका प्रयोग किसी विषय को निश्चित करने के साधन के रूप में भी किया है।[5] परन्तु अधिकांशतः इस शब्द का प्रयोग मुकदमा अथवा न्यायालय में गये हुए विवादों एवं न्यायिक - प्रक्रिया के सन्दर्भ में ही हुआ है।

मनु ने राजा को निर्दिष्ट किया है कि वह व्यवहारों को देखने की इच्छा से ब्राह्मणों एवं गुप्त बात जानने वाले अमात्यों के साथ विनीत भाव से

सभा में प्रवेश करे।[6] याज्ञवल्क्य के अनुसार राजा को क्रोध एवं लोभरहित भाव से विद्वान ब्राह्मणों के साथ धर्मशास्त्रानुसार व्यवहारों पर विचार करना चाहिए।[7] शुक्र का कथन है कि राजा को क्रोध एवं लोभ रहित होकर प्राड्विवाक, अमात्य, ब्राह्मण एवं पुरोहित के साथ सावधानीपूर्वक न्यायार्थ प्रस्तुत व्यवहारों को क्रमबद्ध ढंग से देखना चाहिए।[8]

इस प्रकार स्पष्ट है कि 'व्यवहार' शब्द का प्रयोग अधिकांशतः मुकदमों के सन्दर्भ में ही हुआ है। महाभारत,[9] वशिष्ठ धर्मसूत्र[10] तथा विष्णु धर्मसूत्र[11] में भी व्यवहार शब्द का प्रयोग न्यायिक कार्य के अन्तर्गत मुकदमों के सन्दर्भ में ही हुआ है। कालिदास[12] ने न्यायपीठ के लिए 'व्यवहारासन' शब्द का प्रयोग किया है। बौद्ध ग्रंथों में न्याय-मन्त्री के लिए 'वोहारिक महामत्त' शब्द प्रयुक्त हुआ है।[13]

इस प्रकार स्पष्ट है कि बौद्धकाल से गुप्तकाल के मध्य व्यवहार शब्द मुकदमा, न्याय एवं न्यायिक प्रक्रिया के अर्थ में प्रचलित हो चुका था।

साहित्यिक साक्ष्यों के अतिरिक्त अभिलेखिक साक्ष्यों से भी उपर्युक्त निष्कर्ष की पुष्टि होती है। अशोक के दिल्ली-टोपरा चतुर्थ स्तम्भ लेख[14] में 'वियोहाल समता' का प्रयोग 'दण्डसमता' के साथ हुआ है, जिसका अर्थ 'न्याय समता' है। उसके धौली शिलालेख[15] में भी नगर न्यायाधीश के लिए 'नगर वियोहालक' शब्द प्रयुक्त हुआ है। कलिंगराज खारवेल को उसके हाथी गुम्फा लेख[16] में 'ववहार विधि विसारद' कहा गया है।

आपस्तम्ब[17] तथा नारद[18] ने व्यवहार एवं व्यवहारविधि के प्रसंग में 'विवाद' शब्द का प्रयोग किया है। विवाद शब्द संस्कृत के वि√वद+घञ् अक्षरों से बना है, जिसका अर्थ है- प्रतिवाद, मुकदमा या अभियोग। पी.वी. काणे ने विवाद का अर्थ व्यवहार किया है।[19]

व्यवहार की परिभाषाः-

विभिन्न स्मृतिकारों तथा टीकाकारों द्वारा 'व्यवहार' शब्द की व्याख्या की गई है। कात्यायन ने कहा है कि व्यवहार शब्द वि+अव+हार का समाहार

है। 'वि' का अर्थ 'विभिन्न', अव का अर्थ 'संशय' तथा 'हार' का अर्थ 'हरण करना' अथवा निराकरण करना है। इस प्रकार विविध प्रकार के संशयों का निराकरण करने के कारण ही इसका नाम 'व्यवहार' है।[20] इसके द्वारा ऋणादानादि विविध प्रकार के संशयों का निराकरण किया जाता है। अतः यह व्यवहार है।[21]

अन्यत्र कात्यायन इसे परिभाषित करते हुए कहते हैं कि जब प्रयत्न साध्य धर्म नामक न्याय का विचार समाप्त हो गया, तब किसी निर्णय पर पहुंचने के लिए जो विस्तार प्रारम्भ हुआ, उसे 'व्यवहार' कहते हैं।[22]

शुक्र का मत है कि जिसके द्वारा 'सत्' और 'असत्' विषय का अच्छी तरह से विचार करने से अपनी प्रजा की धर्म में स्थिति तथा कार्यों की भलीभाँति सिद्धि होती है, वह व्यवहार है।[23] हारीत की दृष्टि में जिस क्रिया द्वारा स्वयं धर्म की प्राप्ति तथा दूसरे के धर्म का प्रवर्जन होता है, उसे 'व्यवहार' कहते हैं।[24] मिताक्षरा के अनुसार एक ही विषय में दो पक्षों के विवाद और निर्णय में प्रयुक्त होने वाली प्रक्रिया ही व्यवहार है।[25]

स्पष्ट है कि विविध प्रकार के विवादों के प्रारम्भ होने से लेकर समापन तक की वैधानिक प्रक्रिया को ही व्यवहार-विधि कहा गया है। शुक्र ने व्यवहार का सम्बन्ध सत् एवं असत् विषयों के निराकरण से जोड़कर व्यवहार को दर्शन से सम्बन्धित कर दिया है। वस्तुतः व्यवहार एवं दर्शन, दोनों के उद्देश्यों में अत्यधिक साम्यता है। व्यवहार का मुख्य उद्देश्य भी सत्यान्वेषण ही है। व्यवहार भी विवाद की यथार्थता का पता लगाता है, जिससे निष्पक्ष न्याय सम्पादित हो सके, किन्तु जहाँ दर्शन समय की परिधि से मुक्त होता है, वहीं व्यवहार समय की परिधि में अनुबंधित होता है, अन्यथा न्यायपालिका के प्रति श्रद्धा समाप्त हो जाती है।

विधिः-

विधि शब्द संस्कृत के वि √ धा + कि वा √ विधि + इन शब्दों से बना है, जिसका अर्थ है- कार्य करने की रीति, प्रणाली, ढंग, आज्ञा, आचरण, व्यवहार-सृष्टि एवं रचना।[26] प्रस्तुत सन्दर्भ में विधि का तात्पर्य धर्मशास्त्र की आज्ञा या आदेश से है, जिसे परवर्ती कानून का पूर्ववर्ती रूप माना जा सकता है।

विधि की व्याख्या के सन्दर्भ में भारतीय एवं पाश्चात्य विचारकों के दृष्टिकोण में पर्याप्त अन्तर है। पाश्चात्य विधि अधिनायकवादी एवं सम्प्रभु का पक्षधर है। वह सम्प्रभु की इच्छा को ही विधि मानती है। ऑस्टिन के सम्प्रभु की इच्छा ही विधि है तथा वह विधि में परिवर्तन एवं संशोधन करने में सक्षम है।[27] इस परिप्रेक्ष्य में निश्चय ही भारत में विधि का अस्तित्व दृष्टिगत नहीं होता है। अतः नेल्सन का मानना है कि भारत में विधि का अस्तित्व ही नहीं था।[28] परन्तु इस मत से सहमत हो पाना कठिन है। निश्चय ही यह दृष्टिकोण एकाङ्गी है और पाश्चात्य इतिहासकारों के दूषित दृष्टिकोण- भारतीय इतिहास लेखन से पूर्णतः अनभिज्ञ थे- का स्मरण कराता है।

वस्तुतः भारतीय दृष्टिकोण सर्वथा भिन्न है। भारतीय दृष्टिकोण के अनुसार विधि की शक्ति विधि द्वारा ही संचालित होती है।[29] यह शासन का परिणाम नहीं हो सकती है।[30] भारतीय धर्मशास्त्रों में इसे क्षत्र का भी क्षत्र कहा गया है तथा सम्राट को भी इसके अधीन किया गया है।[31] ऐसा प्रतीत होता है कि भारत में विधि की सर्वोच्चता के साथ सम्प्रभु को स्वयं विधि के अधीन कर विधि की पाश्चात्य व्याख्या की अवधारणा को ही बदल दिया गया।[32] अतः सर हेनरी मेन का यह विचार समीचीन प्रतीत होता है कि नेल्सन ने भारतीय परम्परा और विधि की शक्ति को समझे बिना ही इस प्रकार का उपहास किया[33]। भारत में कभी भी सम्राट को निरंकुश नहीं होने दिया गया। वह रोमन सम्राट की भांति यह नहीं कह सकता था कि उसे विधि बाँध ही नहीं सकती है, जबकि भारतीय सम्राट आदर्श का पर्याय था। उसके आदेश प्रजा के लिए तो पालनीय थे ही, स्वयं उसके लिए भी। बिम्बिसार जैसा शक्तिशाली शासक भी जब एक बार यह आदेश प्रसारित करता है कि जिसके घर में आग लगेगी, उसे अरण्य में भेज दिया जायेगा, तो स्वयं भी उसी आदेश से बंध जाता है तथा राजमहल में आग लग जाने पर अरण्य में जाने के लिए मंत्रिपरिषद से निवेदन करता है।[34]

भारतीय विधि का प्राकूरूप-

भारतीय सभ्यता का प्रादुर्भाव वैदिक काल से प्रारम्भ प्रतीत होता है। वैदिक समाज नैसर्गिक समाज का परवर्ती रूप था। वैदिक समाज में विधि का प्राकूरूप तो दृष्टिगोचर होता है, विकसित रूप नहीं। वैदिक विधि - व्यवस्था पर

नैसर्गिक समाज का स्पष्ट प्रभाव दृष्टिगोचर होता है। नैसर्गिक समाज का संचालन एवं नियन्त्रण नैसर्गिक विधि द्वारा ही होता था। नैसर्गिक विधि से आशय प्राकृतिक और सार्वभौम विधि से है। यह मानव एवं चेतन, दोनों समाजों पर समान रूप से व्यवहृत होती है, क्योंकि इस विधि के क्रियान्वयन के लिए किसी वाह्य हस्तक्षेप की आवश्यकता ही नहीं है। सृष्टि के पश्चात् विनाश, जन्म के पश्चात् मृत्यु एवं उत्थान के पश्चात् पतन नैसर्गिक विधि है।

वास्तव में वैदिक काल के प्रारम्भ में किसी कृत्रिम विधि की आवश्यकता ही नहीं थी, अपितु नैसर्गिक विधि ही तत्कालीन शुद्ध, सरल एवं कालुष्यहीन हृदय वाले आर्यो को नियन्त्रित करने के लिए पर्याप्त थी। इस नैसर्गिक विधि को ही वेदों में ऋत कहा गया है।

'ऋत' की कल्पनाः-

वैदिक समाज में नैसर्गिक विधि का रूप ऋत की कल्पना में स्पष्टतः परिलक्षित होता है। 'ऋत' शब्द ऋग्वेद में सर्वोच्च या सर्वातिशायी नियम था। यह व्यवहार (कानून) अथवा अखिल ब्रह्माण्ड की व्यवस्था का द्योतक है, जिसके द्वारा अखिल विश्व, यहाँ तक कि देवगण भी शासित होते हैं।[35] वैदिक साहित्य में ऋत शब्द का प्रयोग संज्ञा, विशेषण एवं क्रिया-तीनों रूपों में हुआ है। यथा यज्ञ, जल, आदरणीय, सम्यक्, नैतिकता एवं सत्य आदि। अखिल विश्व ऋत पर ही आधृत था।[36] अनेक स्थलों पर देवताओं को 'ऋत' से उद्भूत माना गया है।[37] कुछ स्थलों पर 'ऋत' की उत्पत्ति देवताओं से भी स्वीकार की गई है।[38] एक स्थल पर ऋत की उत्पत्ति तप से भी स्वीकार की गई है।[39] स्पष्टतः 'ऋत' का सम्बन्ध देवताओं से, देवताओं का सम्बन्ध तप से एवं तप का सम्बन्ध ऋत से होने के कारण सभी एक दूसरे के पूरक कहे जा सकते हैं।

अनेकत्र 'ऋत' को सत्य का पर्याय माना गया है। कहीं-कहीं पर ऋत का उल्लेख जीवनदायक जल के रूप में किया गया है।[40] यज्ञ के रूप में 'ऋत' स्वर्ग प्रदान करने वाला है।[41] वस्तुतः 'ऋत' दैवी व्यवस्था का नियन्ता था। उषा 'ऋत' मार्ग का अनुसरण करती है[42] तथा सविता सायंकाल 'ऋत' के द्वारा ही अपने किरणों को शान्त करता है।[43] 'ऋत' से प्रेरित होकर ही द्युलोक एवं पृथ्वीलोक विस्तीर्ण[44] हुए।

ऋग्वेद में एक स्थल पर ऋत का न्यायाधीश का स्वरूप दृष्टिगोचर होता है। ऋत उस शक्ति का नाम है, जो मानव को सत्पथ पर अनुगमन के लिए प्रेरित करती है। ऋत की बुद्धि पापों को नष्ट कर देती है तथा 'ऋत' का विचार नियमानुल्लंघनों को हटाता है।[45]

वैदिक साहित्य में 'ऋत' का मानवीकरण किया गया है। 'ऋत' के शरीर दृढ़, धारण करने वाले, आनन्ददायक एवं अनेक हैं।[46] ऋत का व्यक्तित्व अत्यन्त कल्याणकारी है। यह इन्द्रियों को उत्तम कर्म की ओर प्रवृत्त करता है।[47] ऋत के कल्याणकारी स्वरूप का वर्णन करते हुए कहा गया है कि ऋत का अनुसरण करते हुए तीन शक्तियाँ आयी- धर्म, ऊर्जा एवं रक्षा, जिनसे प्रजा को जीवन शक्ति, ऊर्जा एवं रक्षण की प्राप्ति होती है।[48]

इस प्रकार स्पष्ट है कि ऋत की भावना जनकल्याणकारी है एवं वहीं सर्वशक्तियों का उद्‌गम है। ऋत के बन्धन से कोई भी मुक्त नहीं है। वेदों में विधि और न्याय के प्रशासक मित्रावरूण माने गये हैं।[49] अपने संरक्षक मित्रावरुण को भी शक्ति प्रदान करने वाला ऋत ही है।[50] वह भी अनियन्त्रित एवं स्वेच्छाचारी न होकर ऋतवान है।[51]

ऋत सत्य और धर्म का रूप धारण करने के कारण कालान्तर में कर्तव्य का पर्याय बन गया।[52] वास्तव में वैदिक काल में किसी ऋतविहीन समाज की कल्पना ही नहीं की जा सकी। वैदिक युग में ऋत और विधि परस्पर पर्याय बन गये थे। निश्चय ही यहां विधि से आशय किसी मानव निर्मित विधि से न होकर नैसर्गिक विधि से ही है। कोई भी प्राणी इस विधि से इतर नहीं हो सकता था। वैदिक युग में विधि का यह स्वरूप दैवी रूप धारण करने के कारण सर्वोच्च शक्ति के रूप में प्रस्तुत होती है, जिसकी उपेक्षा नहीं की जा सकती थी। शिवाजी सिंह ने विधि के दो स्वरूपों का उल्लेख करते हुए 'ऋत' को अपरिवर्तनीय विधि के अन्तर्गत स्थान दिया है।[53]

इस प्रकार स्पष्ट है कि वैदिक काल में विधि, नैतिकता और धर्म में तादात्म्य स्थापित होने के कारण किसी वैधानिक कानून की आवश्यकता ही नहीं थी। इस आवश्यकता की पूर्ति करने में 'ऋत' ही सक्षम था। यह कर्तव्य

का पर्याय बन गया था। इसकी स्तुतियाँ जीवित वधिरों के कर्ण को खोलती थी।[54] सत्य का प्रतीक ऋत वैदिक जनों को सन्मार्ग पर अग्रसर कर स्वर्ग तक पहुंचाने में सक्षम था। नैसर्गिक विधि मानव विधि की तुलना में अधिक शक्तिमान होती है, क्योंकि मानव विधि नैसर्गिक विधि की अवहेलना नहीं कर सकती है, जबकि नैसर्गिक विधि मानवविधि की अवहेलना कर सकती है।

ऋग्वेद में ऋत के साथ 'व्रत' का उल्लेख हुआ है,[55] जिसे परिवर्तनशील धर्म (विधि) माना गया,[56] क्योंकि इसकी परिवर्तनशील समाज के लिए आवश्यकता थी।

धर्म (विधि) की अवधारणाः-

परवर्तीकाल में ऋत और सदाचार का स्थान धर्म ने ग्रहण कर लिया। धर्म की व्याख्या सामाजिक विधि के रूप में की जा सकती है। 'धर्म' शब्द संस्कृत के 'धृ' धातु से बना है, जिसका तात्पर्य है- धारण करना, अवलम्बन देना और पालन करना आदि। ऋग्वेद में इस शब्द का प्रयोग अनेक अर्थो में हुआ है। कहीं-कहीं पर इस शब्द का प्रयोग प्रथम विधि के रूप में हुआ है।[57] एक स्थल पर इसका प्रयोग प्राचीन विधि के रूप में भी हुआ है।[58] कुछ स्थलों पर इसका प्रयोग निश्चित नियम या आचरण-नियम के रूप में हुआ है।[59] अथर्ववेद में इस शब्द का प्रयोग धार्मिक क्रिया संस्कार करने से अर्जित गुण के अर्थ में हुआ है।[60] ऐतरेय ब्राह्मण में 'धर्म' शब्द समस्त धार्मिक कर्तव्यों के अर्थ में प्रयुक्त हुआ है।[61] छान्दोग्य उपनिषद में 'धर्म' शब्द आश्रमों के विलक्षण कर्तव्यों की ओर संकेत देता है।[62]

इस प्रकार 'धर्म' शब्द का अर्थ समय-समय पर परिवर्तित होता रहा है, किन्तु अन्ततः यह मनुष्य के विशेषाधिकारों, कर्तव्यों, आर्यो की आचारविधि का परिचायक एवं वर्णाश्रम धर्म का द्योतक बन गया।[63]

धर्म आचरण की वह संहिता है, जिसके माध्यम से व्यक्ति समाज के सदस्य के रूप में नियन्त्रित होता हुआ क्रमशः विकसित होता है एवं अन्ततः चरम उद्देश्य को प्राप्त करता है।[64] जिन सिद्धान्तों के अनुसार व्यक्ति अपना दैनिक जीवन व्यतीत करता है, जिसके द्वारा सामाजिक बंधनों एवं सामञ्जस्य की स्थापना

होती है, वही धर्म है। धर्म जीवन का सत्य है एवं हमारी प्रकृति को निर्धारित करने वाली शक्ति है।[65] धर्म को कर्तव्यों का संग्रह भी माना गया है।[66] ऐसे कर्तव्यों एवं नैतिक नियमों के पालन से व्यक्ति का व्यवहार नियन्त्रित होता है, जिससे उसे लौकिक और पारलौकिक सुखों की प्राप्ति होती है।

ऐसा प्रतीत होता है कि ब्राह्मण काल में 'ऋत' का स्थान धर्म के रूप में सामाजिक विधि ने ग्रहण कर लिया। 'ऋत' सम्पूर्ण जगत की व्यवस्था थी, जो अपने विरोधी तत्व 'अनृत' में भी नैतिक व्यवस्था स्थापित करना चाहती थी।[67] 'ऋत' का स्थान क्रमशः धर्म ने ले लिया। यद्यपि हिन्दू विचारकों ने धर्म के अनेक विभेद किये हैं, परन्तु सामान्यतः छः प्रकार के धर्म उल्लेखनीय है- वर्णधर्म, आश्रम धर्म, वर्णाश्रम धर्म, गुणधर्म, नैमित्तिक धर्म एवं साधारण धर्म।[68] इन्हें ही 'षड्धर्म' कहा गया है, जिसके अनुकूल आचरण कर राजा से प्रजा की रक्षा की अपेक्षा की गयी है। इसके अतिरिक्त देश, काल एवं परिस्थितियों के अनुरूप भी धर्म के विभेद किये गये हैं। यथा सामान्य धर्म, विशिष्ट धर्म एवं आपद्धर्म आदि।

सामाजिक विधि के रूप में धर्म का नैतिकता एवं सदाचार से अविभाज्य सम्बन्ध रहा है। वस्तुतः अधिकांश धर्मो का लक्ष्य मोक्ष्य-प्राप्ति ही था। इस लक्ष्य की प्राप्ति के लिए सदाचार पर विशेष बल दिया गया। मनु ने सदाचार को धर्म के चार लक्षणों में से एक माना है।[69] गौतम ने भी शीलगत आचरण को धर्म का मूल स्वीकार किया है।[70] याज्ञवल्क्य ने सदाचार को विशिष्ट स्थान दिया है।[71] वास्तव में आचार से ही धर्म फलीभूत होता है।[72] इस प्रकार स्पष्ट है कि धर्म, जो सभी प्राणियों का रक्षक है, का आधार नैतिक नियम एवं सदाचार है। इसी आधार पर सभी प्राणियों की रक्षा एवं धारणा होती है।

श्रीमद्भागवत् में सामान्य धर्म के अग्रलिखित लक्षण उल्लिखित किये गये हैं- सत्य, तप, शुचिता, दया, कष्टसहिष्णुता, यथार्थपरक दृष्टि, मानसिक नियन्त्रण, इन्द्रिय संयम, ब्रह्मचर्य, त्याग, अहिंसा, स्वाध्याय, सन्तोष, सरलता, सम्यक् दृष्टि, सेवा, शनैः-शनैः सांसारिक त्याग वृत्ति, सांसारिक सुख के प्रति उदासीनता, मौन, आत्मचिन्तन, सभी प्राणियों में अपने आराध्य का दर्शन, सत्सङ्ग, ईश्वर का गुणगान, ईश्वर का चिन्तन एवं सेवा, पूजा एवं यज्ञ का अनुसरण, ईश्वर के प्रति दासत्व

भाव, ईशवन्दना, सौख्यभाव एवं ईश्वर के प्रति आत्म समर्पण।[73] निश्चित ही धर्म का क्षेत्र अत्यन्त व्यापक है। धर्म के उपर्युक्त लक्षण सदाचार से ही सम्बन्धित है। ये कर्म व्यक्ति को सद्मार्ग का अनुसरण करने की ओर प्रवृत्त करते हैं तथा व्यक्ति के नैतिक पतन का निषेध करते हैं। धर्म व्यक्ति के स्वकल्याण में सहायक है ही, सामाजिक कल्याण में भी सहायक है।

धर्म का सामाजिक विधि सम्बन्धी रूप ब्राह्मण साहित्य तथा परवर्ती साहित्य में अनेकत्र दृष्टिगोचर होता है। शतपथ ब्राह्मण में एक स्थल पर कहा गया है कि जल धर्म है। इसके अभाव में निर्बल पर सबल शासन करने लगता है।[74] महाभारत में भी धर्म के ह्रास होने से अराजकता की स्थिति उत्पन्न होने का उल्लेख प्राप्त होता है।[75] अतः यहां धर्म से आशय सामाजिक विधि से है, जिसे राज्य से भी अधिक महत्व दिया गया है, क्योंकि अराजकता की स्थिति राज्य के अभाव में न उत्पन्न होकर विधि के अभाव में उत्पन्न होती है।

स्वयं ब्रह्मा में भी शक्ति धर्म (विधि) के द्वारा ही प्राप्त होता है।[76] विधि की शक्ति से ही ब्रह्मा ने चारों वर्णो की रचना की है। विधि सामाजिक संगठन का आधार एवं उसकी नियन्त्रण सीमा दोनों है। समाज के घटक विधि से नियन्त्रित हैं, किन्तु उनके विकास विधि के स्वरूप को परिवर्तित करते हैं।[77] वास्तव में धर्म के रूप में विधि का स्वरूप निरन्तर परिवर्तित होता रहा है। विधि के स्वरूप में परिवर्तन एवं परिवर्द्धन समाज के राजनैतिक, आर्थिक एवं सामाजिक उत्थान का तथा विधि का स्थायित्व पर बल देना समाज के राजनीतिक, आर्थिक एवं सामाजिक संकट का द्योतक है।[78]

राजशासन-

राजशासन से आशय राज्य द्वारा निर्मित कानून अथवा राजाज्ञा से है। वास्तव में वैदिक काल में राजा की स्थिति ही इतनी सुदृढ़ नहीं थी कि वह राजकीय विधि अथवा राजाज्ञा का सृजन कर सके एवं प्रजा को उसका पालन करने के लिए बाध्य कर सके। वैदिक काल में 'समिति' एक महत्वपूर्ण संस्था थी। समिति के प्रतिकूल होने पर राजा का अपने पद पर आरूढ़ रह पाना ही दुष्कर था। वैदिक काल में 'रत्नि-परिषद' एक महत्वपूर्ण परिषद थी, जिसे मंत्रिपरिषद

का पूर्वरूप माना जा सकता है। रत्नि-परिषद के रत्नियों का पद अत्यन्त महत्वपूर्ण था। वाजपेय यज्ञ के अवसर पर राजा स्वयं रत्नियों के यहां जाकर 'रत्नि बलि' प्रदान करता था। रत्नियों को राजा को राज्य देने वाला कहा गया है।[79] राजा की स्थिति अभी इस सीमा तक सुदृढ़ नहीं हुई थी कि वह प्रजा से अधिकार पूर्वक नियमित रूप से कर प्राप्त कर सके। अतः इन्द्र से यह प्रार्थना की गई है कि वह प्रजा से 'बलि' प्राप्त कराने में राजा की सहायता करे।[80] अथर्ववेद में भी इसी प्रकार का उल्लेख प्राप्त होता है।[81] वास्तव में जब राजा ही इतना निरीह हो कि वह प्रजा से नियमित रूप से कर की प्राप्ति भी न कर सके, तो उसके द्वारा स्वतन्त्र रूप से राजाज्ञा निर्गत कर प्रजा के द्वारा उसे परिपालनीय बना पाना निश्चय ही कठिन था। अतः वैदिक काल में राज्य या समिति कोई भी विधि-विधान बनाने का दावा नहीं करती थी। स्मृतिकाल में भी यही स्थिति बनी रही।[82]

धर्मशास्त्रों के काल में भी स्थिति लगभग पूर्ववत बनी रही। राजा का कार्य शास्त्रसम्मत एवं परम्परानुमोदित धर्म का पालन करना निर्धारित किया गया।[83] मनु ने राजा को निर्दिष्ट किया है कि उसे जाति, जानपद, कुल तथा श्रेणी आदि आर्थिक संगठनों की आचार, परम्परा का उल्लंघन नहीं करना चाहिए।[84] राजा अपने अधिकार से उनमें कोई परिवर्तन नहीं कर सकता था।

कालान्तर में स्थिति में कुछ परिवर्तन अवश्य हुआ। इसका कारण यह था कि परवर्ती काल में कुछ ऐसी अवस्थाएं उत्पन्न हुई, जिनके निराकरण के लिए धर्मशास्त्रों एवं नीति शास्त्रों में कोई उल्लेख ही नहीं प्राप्त था अथवा प्राप्त होने वाले उल्लेख परस्पर विरोधी थे। यथा - यह जटिल प्रश्न उपस्थित होने लगा कि श्रुति, स्मृति, आचार एवं परम्पराओं आदि की व्याख्याएं यदि परस्पर विरोधी हों, तो किसे स्वीकार किया जाय? इसके अतिरिक्त कुछ आचार एवं परम्पराएं अपनी प्रासंङ्गिकता खोती जा रही थीं। ऐसी स्थिति में ऐसा प्रतीत होता है कि शासकीय निर्देश की आवश्यकता प्रतीत होने लगी। कौटिल्य ने भी राजशासन (राजाज्ञा) के महत्व को स्वीकार किया है।[85]

ऐसा प्रतीत होता है कि उपर्युक्त परिस्थितियों में प्रारम्भिक चरण में शासक को शासनादेश निर्गत करने का आंशिक अधिकार तो अवश्य प्राप्त हुआ,

परन्तु इस प्रतिबंध के साथ कि वे शास्त्र एवं आचार के विरूद्ध न हों। कौटिल्य ने नवीन या प्राचीन आचारों में से केवल उन्हीं को मान्यता दी, जो राज्य अथवा समाज के लिए अकल्याणकारी न हों।[86] उन्होंने भी राजा को इतना अधिकार नहीं दिया कि वह विशुद्ध रूप से स्वविवेक से कानून का निर्माण कर सके। इसके बावजूद कौटिल्य ने राजशासन की अवहेलना नहीं किया तथा उसे धर्मशास्त्रों से भी अधिक प्रामाणिक माना है।[87]

अतः स्पष्ट है कि राजा का कार्य साधारणतः श्रुति, स्मृति, सदाचार और परम्पराओं आदि द्वारा निर्दिष्ट विधि व्यवस्था का पालन करना था। कालान्तर में तृतीय शताब्दी ई०पू० के लगभग राजा को विधि-नियम बनाने के कुछ अधिकार प्राप्त हुए। अल्टेकर का मत है कि इस समय तक सभा और समिति विलुप्त हो चुकी थी। अतः राजा अपने सचिवों से परामर्शपूर्वक इस अधिकार का उपयोग करता था। व्यवहार, दण्ड व उत्तराधिकार के नियम स्मृतियों और लोकाचार द्वारा निर्दिष्ट थे और राजशासन का इन पर विशेष प्रभाव नहीं था। शासन एवं कर ग्रहण के क्षेत्र में राजा अनेक संशोधन एवं परिवर्तन कर सकता था और अशोक की भांति नयी-नयी नीति निर्धारित कर सकता था।[88] ऐसा प्रतीत होता है कि अशोक ने प्रजापालन के उद्देश्य से न केवल प्रशासनिक दृष्टि से नयी-नयी राजाज्ञाओं को निर्गत किया, बल्कि न्यायिक क्षेत्र में भी उसने अपने इस 'विशेषाधिकार' का प्रयोग किया। उसने 'व्यवहार समता' एवं 'दण्ड समता' प्राप्त करने के लिए रज्जुकों को अपने विवेक से कार्य करने की छूट प्रदान की।[89] उसने इन राजाज्ञाओं को विविध प्रकार के पाषाण खण्डों पर उत्कीर्ण कराकर अभिलेखों के रूप में अपने साम्राज्य में स्थापित कराया। शुक्र ने भी राजशासन लिखकर सार्वजनिक स्थानों (चतुष्पथों) पर उत्कीर्ण कराने का निर्देश दिया है।[90]

उपर्युक्त विवरण से हम इस निष्कर्ष पर पहुंचते हैं कि वैदिक काल तक विधि अविकसित अवस्था में थी। वैदिक काल में नैसर्गिक विधि 'ऋत' के रूप में प्रचलित थी, जिसका आधार सत्यता एवं नैतिकता थी। धर्मसूत्रों के काल में धर्म के रूप में सामाजिक विधि ने स्थान ग्रहण कर लिया। धर्म कर्तव्य का पर्याय था। लगभग तृतीय शताब्दी ई०पू० तक भारतीय न्यायपालिका के इतिहास में राजकीय विधि का अभाव दृष्टिगोचर होता है। इसके पश्चात् राजकीय विधि

का अविकसित रूप दृष्टिगोचर होता है, जब शासक को कुछ प्रतिबन्धों के साथ सीमित क्षेत्रों में विधि निर्माण का अधिकार प्राप्त हो जाता है। अब भी व्यवहार, दण्ड, उत्तराधिकार आदि के नियम स्मृतियों एवं लोकाचार पर ही आधारित थे। अशोक के काल से प्रशासनिक क्षेत्र के साथ-साथ न्यायिक क्षेत्र में भी राजाज्ञा अपना प्रभाव स्थापित करने लगती है। कालान्तर में जैसे-जैसे राजा शक्तिशाली होने लगता है, न्यायिक क्षेत्र में भी राजाज्ञाएं महत्वपूर्ण होती जाती हैं तथा श्रुति, स्मृति, सदाचार एवं पारम्परिक नियम आदि शिथिल होने लगते हैं।

व्यवहार के उदय की पृष्ठभूमिः-

प्राचीन भारतीय साहित्य, राज्यशास्त्र से सम्बन्धित ग्रंथ, अभिलेख तथा विकासवाद का सिद्धान्त सभी इस मत के पोषक हैं, मानव सभ्यता के आदिकाल में एक ऐसी अवस्था थी, जब 'राज्य' नामक संस्था का जन्म नहीं हुआ था। यह वह अवस्था थी, जब आदिम मानव 'व्यक्तिगत स्वत्व' की भावना से पूर्णतः अपरिचित था। यहां तक कि व्यक्तिगत सम्पत्ति तथा परिवार जैसी संस्था की उत्पत्ति नहीं हो सकी थी। यह पृथ्वी 'राज्यविहीन' थी।[91]

आदिम अवस्था में लोग स्वच्छन्द थे तथा फल-मूल का आहार करते थे।[92] कृषि योग्य भूमि पर सामूहिक स्वत्व हुआ करता था। चारागाहों पर सामूहिक रूप से पशु चरा करते थे।[93] कोई वस्तु न तो अपनी थी और न ही परायी।[94] लोग एक पत्नीव्रत की परम्परा से नहीं जुड़े थे तथा पुरुष का स्वामित्व स्त्री पर नहीं था।[95] फ्रेंच विचारक रूसो के अनुसार उस स्थिति में लोग सुखी और सन्तुष्ट थे।[96] प्लेटो ने इस स्थिति को 'स्वर्णयुग' की स्थिति माना है।[97] जनसमूह का सार्वजनिक जीवन अत्यन्त स्वच्छ था। सामाजिक परम्पराएं ही जनसमूह के जीवन को नियन्त्रित करती थी।[98] राज्य की उत्पत्ति की व्याख्या करने वाले अधिकांश सन्दर्भो में इस स्वर्णयुग की स्थिति की कल्पना की गई है।[99]

सम्भव है कि आदिम मानव का कुछ समय आनन्द एवं परितोष की स्थिति में व्यतीत हुआ हो, किन्तु प्राप्त साक्ष्यों से विदित होता है कि यह स्थिति स्थायी रूप से नहीं रह सकी। कृषियोग्य भूमि तथा चारागाहों पर सामूहिक स्वत्व के स्थान पर व्यक्तिगत स्वत्व की स्थापना प्रारम्भ हो गई। व्यक्तिगत स्वत्व की

स्थापना के पश्चात 'परिवार' का उदय हुआ। जीवन में व्यक्तिवाद के समावेश के कारण लोग स्वार्थ के वशीभूत होने लगे।

स्वार्थ के बाहुल्य ने 'मात्स्य न्याय' की स्थिति को जन्म दिया। समाज में चतुर्दिक अराजकता की स्थिति उत्पन्न हो गई। ब्राह्मण, बौद्ध एवं जैन साहित्य तथा अभिलेखों में अनेक स्थलों पर इस अराजक स्थिति को 'मात्स्य-न्याय' के रूप में उल्लिखित किया गया है। मनु के अनुसार इस संसार में राजा के न होने पर बलवान लोगों के भय से प्रजा इधर उधर भागने लगी।[100] यह उल्लेख 'मात्स्य-न्याय' की स्थिति की ओर संकेत देता है। अन्यत्र भी मनु ने कहा है कि यदि राजा आलस्य त्याग कर दण्डनीय लोगों को दण्ड न दे, तो सबल लोग दुर्बल मनुष्यों को उसी प्रकार पका लें, जैसे शूल पर मत्स्यों को पकाते हैं।[101] रामायण में भी कहा गया है कि दण्ड के अभाव में मत्स्य की भाँति लोगों का भक्षण होता है।[102] महाभारत के अनुसार दण्डविधान के अभाव में सारी प्रजा विनष्ट हो जाती है एवं जिस प्रकार जल में बड़ी मछली छोटी मछली का भक्षण करती है, उसी प्रकार बलवत्तर लोग दुर्बल लोगों का भक्षण करते हैं।[103] दण्ड के प्रसंग में कामन्दक ने भी कहा है कि दण्ड के अभाव में विनाशकारी 'मात्स्य-न्याय' प्रवर्तित होता है।[104] 'मात्स्य-न्याय' की स्थिति का विवरण साहित्य में अयत्र भी प्राप्त होता है।[105]

साहित्यिक परम्परा में जिस 'मात्स्य-न्याय' की स्थिति का उल्लेख किया गया है, अभिलेखों से भी उसका समर्थन होता है। धर्मपाल के खालिमपुर लेख में गोपाल को 'मात्स्य-न्याय' का समापन करने वाला कहा गया है।[106]

इस प्रकार स्पष्ट है कि ब्राह्मण, बौद्ध, जैन तथा अभिलेखिक सभी परम्पराओं में मानव सभ्यता के उदय के प्रारम्भिक चरण में समाज में 'स्वर्णयुग' की स्थिति स्वीकार की गयी है। 'स्वर्ण युग' की स्थिति में व्यक्ति 'स्व विहीन' था, समूह ही प्रधान था। कालान्तर में इस आदर्श स्थिति में ह्रास आया। चतुर्दिक अराजकता की स्थिति उत्पन्न हो गयी, जिसका उल्लेख 'मात्स्य-न्याय' के रूप में हुआ है। यह स्थिति कम से कम नवीं शताब्दी तक स्वीकार्य रही।

राज्य की उत्पत्तिः-

'मात्स्य-न्याय' की स्थिति के कारण उत्पन्न हुई अराजकता ने 'दण्ड' एवं 'दाण्डिक' अथवा 'राज्य' एवं 'राजा' के प्रादुर्भाव को आवश्यक कर दिया। राजा की अपेक्षा इसलिए की गई कि वह यथार्थ न्याय कर सके और अपराधियों को उनके अपराध के अनुरूप दण्ड दे सके।

ब्राह्मण, बौद्ध और जैन ग्रंथों में राज्य एवं राजा (प्रशासक, न्यायाधीश एवं दाण्डिक, तीनों रूपों में) की उत्पत्ति के विविध सिद्धान्तों का प्रतिपादन किया गया है। 'महाभारत', 'मनुस्मृति' तथा 'अर्थशास्त्र' जैसे ग्रंथों में राज्य की उत्पत्तिसे सम्बन्धित एकाधिक सिद्धान्तों का उल्लेख हुआ है। न्यायिक-प्रक्रिया के विकास के अध्ययन के क्रम में इन सिद्धान्तों का विवेचन अत्यन्त महत्वपूर्ण है।

दैवी उत्पत्ति का सिद्धान्तः-

इस सिद्धान्त का प्रतिपादन मुख्यतः ब्राह्मण ग्रंथों में हुआ है। महाभारत में कहा गया है कि कृतयुग में स्वर्णयुग था। इस स्थिति में प्रत्येक व्यक्ति आनन्दमय जीवन व्यतीत कर रहा था। उस समय राज्य एवं राजा किसी का भी अस्तित्व नहीं था।[107] कालान्तर में धर्म का ह्रास हुआ। धर्म के ह्रास होने से व्यक्तियों का ज्ञान नष्ट हो गया। ज्ञान के नष्ट हो जाने से अराजकता की स्थिति उत्पन्न हो गयी। इस 'अराजक युग' में मनुष्यों की कष्टप्रद स्थिति को देखकर देवगण द्रवित हो गये तथा ब्रह्मा की शरण में जाकर निवेदन किया कि मर्त्यलोक में यज्ञ एवं कर्मकाण्ड आदि क्रियाओं का लोप हो जाने के कारण उनका भी देवस्वभाव नष्ट हो रहा है। तब उनके कष्ट निवारण के लिए ब्रह्मा ने एक लाख अध्याय वाले नीतिशास्त्र की रचना की और कहा कि यह दण्डनीति सम्पूर्ण जगत की रक्षा करने में सक्षम होगी। तदपश्चात् देवताओं ने प्रजापति से ऐसे व्यक्ति का नाम बताने की प्रार्थना की, जो मनुष्यों में सर्वश्रेष्ठ पद प्राप्त करने का अधिकारी हो। ब्रह्मा ने उन्हें भगवान विष्णु के पास भेजा। भगवान विष्णु ने अपने तेज से मानस पुत्र 'विरजस' का सृजन किया और उसे राजा बनाया। उसी की सन्तति क्रमशः राज्य करने लगी।[108]

राजा के देवत्व का समर्थन -

यहाँ यह भी उल्लेखनीय है कि राज्य के साथ ही राजा के देवत्व का भी समर्थन किया गया, जिससे 'राज्य' नामक संस्था के अपने प्रारम्भिक चरण में होने पर भी राजा अपने समस्त प्रशासनिक कार्यों को संचालित कर सके। राजा को कभी भी मनुष्य समझकर उसकी अवहेलना नहीं करनी चाहिए, क्योंकि वह मनुष्य के रूप में देवता है।[109] मनु ने बालक राजा के आदेश की भी अवज्ञा न करने का निर्देश दिया है, क्योंकि वह मनुष्य के रूप में बड़ा देवता होता है।[110] नारद का तो यहाँ तक कथन है कि राजा में देवतांश होने के कारण दुष्ट राजा पर भी प्रहार करना पाप है।[111]

अनेक शास्त्रकारों ने यह माना है कि राजा की उत्पत्ति विभिन्न देवताओं के अंश को लेकर हुई है। मनु का कथन है कि इन्द्र, वायु, यम, सूर्य, अग्नि, वरुण, चन्द्रमा तथा कुबेर- इन आठ दिक्पालों के नित्य अंश से ईश्वर ने राजा को बनाया[112] इन लोकपालों के निरन्तर रहने वाले अंश को स्वयं में धारण कर अपनी तपस्या के प्रभाव से राजा स्थावर-जंगम जगत का स्वामी होता है।[113] विष्णु पुराण[114], व अग्नि पुराण[115] में भी इसी प्रकार का उल्लेख प्राप्त होता है।

अभिलेखों में भी राजा के देवत्व का उल्लेख प्राप्त होता है। सम्राट अशोक को प्रायः उसके सभी अभिलेखों में 'देवानां प्रिय' कहा गया है।[116] अशोक के पौत्र दशरथ ने भी यह उपाधि धारण की थी।[117] कुषाण युग में भी राजपद को दैवी माना जाता था। इसीलिए कनिष्क[118] तथा हुविष्क[119] ने भी देवपुत्र की उपाधि धारण की थी। प्रयाग प्रशस्ति में समुद्रगुप्त की समता कुबेर, वरुण, इन्द्र तथा यमराज से की गई है एवं उसे संसार में रहने वाला ईश्वर कहा गया है।[120] बासखेड़ा लेख में राज्यवर्द्धन प्रथम को कुबेर, वरुण और इन्द्र आदि लोकपालों से प्राप्त तेज वाला कहा गया है।[121]

मौद्रिक साक्ष्यों से भी राजा के देवत्व सम्बन्धी मान्यता का समर्थन होता है। इण्डोयूनानी शासकों के सिक्कों पर 'थियास' की उपाधि प्राप्त होती है,[122] जिसका अर्थ 'देवपुत्र' है। वीम कदफिस को उसके सिक्कों में उसे 'सर्वलोक ईश्वरस्य' कहा गया है।[123]

भारतीय ही नहीं विश्व की अन्य सभ्यताओं में भी राजपद को दैवी स्वीकार किया गया है। असीरियन शासक शमसदेव के अवतार माने जाते थे। मिस्त्र के शासक (फराओ) सूर्यदेव (रे) के प्रतिनिधि माने जाते थे। पारसीक शासक दारा प्रथम मानता था कि उसे राजपद अहुरमज्दा की कृपा से प्राप्त हुआ है। चाऊयुगीन शासक यह मानते थे कि शासक का पद पूर्वजों की इच्छा, व्यक्तिगत गुणों तथा देवकृपा से प्राप्त होता है।

मध्यकाल में पाश्चात्य देशों में भी इसी सिद्धान्त का समर्थन किया गया। शासक स्वयं को देव प्रतिनिधि मानने लगे। जेम्स प्रथम का कथन है कि "राजा को देवता कहना उचित है, क्योंकि वे दैवी शक्ति का पार्थिव प्रतिबिम्ब प्रस्तुत करते हैं। देवता निर्माण एवं विनाश कार्य में समर्थ हैं। अपनी इच्छानुसार निर्माण एवं अनिर्माण, जीवन अथवा मृत्यु प्रदान करने, सभी के लिए निर्णय करने एवं किसी के प्रति भी उत्तरदायी न होने का सामर्थ्य रखते हैं। राजाओं की शक्तियाँ भी देवताओं के समान होती हैं। राजा की दुष्टता प्रजा को कभी यह शक्ति प्रदान नहीं करती है कि वे अपने निर्णायक का निर्णायक बनें।"[124]

वास्तव में राजा के कार्य देवताओं के कार्य के तुल्य होते हैं। इसीलिए उसे देवतुल्य माना गया है। महाभारत में कहा गया है कि राजा अपने तेज से दुष्टों को भस्म कर देने के कारण अग्नि तुल्य है, अपने चरों द्वारा सब कुछ देख लेने के कारण सूर्य तुल्य है, अपराधियों को दण्ड देने में सक्षम होने के कारण यमतुल्य है तथा सुयोग्य को पुरस्कृत करने की प्रवृत्ति के कारण कुबेर तुल्य है।[125] शुक्रनीतिसार में भी इसी प्रकार का उल्लेख प्राप्त होता है।[126] कौटिल्य के अनुसार राजा प्रत्यक्षतः इन्द्र एवं यम का स्थानीय होता है। उसमें क्रोध और दया दोनों हैं। उसे अपमानित करने वाला दैवी दण्ड प्राप्त करता है।[127]

आलोचना-

वस्तुतः राज्य की दैवी उत्पत्ति के सिद्धान्त का मुख्य उद्देश्य राज्य के उद्‌गम की खोज करना नहीं प्रतीत होता है। ब्राह्मण साहित्य में राजा और राज्य के प्रति श्रद्धा उत्पन्न करने के लिए ही राज्य की उत्पत्ति दैवी मानी गई है, ठीक उसी प्रकार जैसे वर्णव्यवस्था की दैवी उत्पत्ति का सिद्धान्त प्रतिपादित किया गया।

राजा को देवत्व प्रदान करने का कारण ऐतिहासिक है। ब्राह्मण का समाज में आदरणीय स्थान था। उसमें समस्त देवताओं का निवास था। अतः उसे देवता माना गया था।[128] किन्तु इस 'देवता' की रक्षा का भार क्षत्रिय वर्ग पर था। अतः रक्षक को रक्षित के वर्ग से उत्कृष्ट कोटि का होना चाहिए। फलतः राजा और ब्राह्मण दोनों को धर्म के प्रतिष्ठापन में सहायक माना गया।[129] उनका परस्पर सहयोग शत्रु का उसी प्रकार विनाश करता है, जिस प्रकार वायु और अग्नि का सहयोग वन का विनाश करता है।[130]

अतः जब ब्राह्मण स्वयं को 'भूदेवता' कहते थे, तो राजा को भी 'देवत्व' प्रदान करने के लिए बाध्य थे, क्योंकि वही उनका रक्षक था। अतः राजा को ब्राह्मणों द्वारा देवत्व प्रदान किया गया और राजा ने ब्राह्मणों के विशेषाधिकारों की रक्षा की।[131]

यहाँ एक महत्वपूर्ण तथ्य पर विचार कर लेना प्रासङ्गिक होगा। वस्तुतः राजा को उसके कार्यों के कारण ही देवत्व प्रदान किया गया। अपने कर्तव्यों की अवहेलना करने वाला राजा कभी भी देवत्व का पात्र नहीं समझा गया। मनु ने कहा है कि जो राजा नीच, कामी और अनुचित दण्ड देने वाला होता है, वह दण्ड से मारा जाता है।[132] इस प्रसङ्ग में उन्होंने वेन, नहुष, सुदास, पैजवन तथा निमि जैसे अविनयी राजाओं का उदाहरण दिया है, जिनका विनाश हो गया।[133]

अतः स्पष्टतः राज्य की दैवी उत्पत्ति के सिद्धान्त की पृष्ठभूमि में कोई तार्किक आधार नहीं है। राजा के द्वारा अपने कर्तव्यों के लिए किसी के प्रति उत्तरदायी न रहने की भावना ने ही इस सिद्धान्त को बल प्रदान किया। यही कारण है कि राजाओं के वर्ग में यह सिद्धान्त प्राचीन काल से मध्यकाल तक पर्याप्त लोकप्रिय रहा।

सामाजिक अनुबंध का सिद्धान्त-

प्राचीन ग्रंथों में राज्य की उत्पत्ति के सामाजिक समझौते के सिद्धान्त का भी प्रतिपादन हुआ है।

महाभारत के 'शांति पर्व' (अध्याय-67) में कहा गया है कि 'अराजक युग'

प्रारम्भ से ही 'मात्स्य-न्याय' युग था। इस युग में प्रजा दस्युओं से त्रसित थी। धर्म लुप्त होने लगा। लोग एक दूसरे को विनष्ट करने लगे। किसी का अपने धन तथा स्त्री पर अधिकार सुरक्षित नहीं था। धन तथा स्त्रियों का बलपूर्वक अपहरण किया जाता था। जो दास नहीं थे, उन्हें भी दास बनाया जाता था। अतः अराजक अवस्था से पीड़ित होकर लोगों ने परस्पर 'समय' (समझौता) किया कि 'हमें कटुभाषी, वाक्-शूर, दण्ड-पुरुष, परस्त्रीगामी तथा परधन अपहर्ता को समाज से बहिष्कृत कर देना चाहिए।' कुछ समय तक यह नियम प्रचलन में रहा। कालान्तर में उसी दुर्व्यवस्था की पुनरावृत्ति होने लगी। तब प्रजा ने ब्रह्मा से प्रार्थना की कि राजा के अभाव में हम लोग नष्ट हो जायेंगे। अतः आप हम लोगों को ऐसा राजा दीजिए, जो शासन करने में समर्थ हो और हमारा पालन कर सके। तब ब्रह्मा ने मनु को राजा बनने का आदेश दिया। परन्तु मनु ने अनिच्छा प्रकट करते हुए कहा कि राज्य कार्य अत्यन्त कठिन है, विशेषकर मिथ्याचारी मनुष्यों पर। इस पर प्रजा ने मनु को आश्वासन दिया कि 'आप भयभीत न हों, पाप तो उसके कर्ता को लगेगा। हम लोग आप को कोष वृद्धि के लिए पशुओं तथा स्वर्ण का पचासवाँ भाग तथा अन्न कीउपज का दसवाँ भाग देते रहेंगे। इसके अतिरिक्त सर्वाधिक सुन्दर कन्या शुल्क के रूप में आप को भेंट करेंगे। प्रजा आप से अनुराग करेगी और आप उसका रक्षण। प्रजा के धर्म के चतुर्थांश के भी आप भागी होगें।'[134] तब मनु ने राजा बनना स्वीकार कर लिया।

यदि ब्रह्मा के आदेश पर मनु ने राजा बनना स्वीकार कर लिया होता, तो यह विवरण दैवी उत्पत्ति के सिद्धान्त का समर्थन करता। परन्तु ऐसा नहीं हुआ, बल्कि मनु ने प्रजा से आश्वासन प्राप्ति के पश्चात राजपद स्वीकार किया। अतः यह विवरण सामाजिक समझौते के सिद्धान्त के अन्तर्गत विवृत है।

'अर्थशास्त्र' में दो गुप्तचरों के वार्तालाप का विवरण इस प्रकार है - 'जिस प्रकार छोटी मछली बड़ी मछली को खा जाती है, पुराकाल में उसी प्रकार बलवान लोगों ने निर्बल लोगों का रहना कठिन कर दिया था। इस अन्याय से बचने के लिए प्रजा ने विवस्वान के पुत्र मनु को अपना राजा नियुक्त किया। तभी से धान्य का छठाँ भाग, पण्य का दसवाँ भाग तथा थोड़ा सुवर्ण राजा के लिए कर रूप में निर्धारित कर दिया गया था। प्रजा के निर्धारित भाग को पाकर राजा ने प्रजा के योग-क्षेम का सारा उत्तरदायित्व अपने ऊपर ले लिया।'[135]

पाश्चात्य विचारकों- हाब्स, लॉक और रूसो ने भी अनुबंध सिद्धान्त का प्रतिपादन किया है। सैद्धान्तिक मतभेद के बावजूद तीनों विचारक मौलिक तथ्यों के बारे में एक मत हैं। तीनों विचारक अतीत के एक ऐसे युग की कल्पना करते हैं, जब राज्य, शासक एवं कानून का अभाव था। प्राकृतिक नियमों एवं परम्पराओं द्वारा ही जनसमस्याओं का निराकरण होता था। ऐसी कोई सत्ता ही नहीं थी, जो नियमों के पालन को सुनिश्चित कर सके एवं लोगों को उसे स्वीकार करने के लिए विवश कर सके। यह अवस्था जनसंख्या वृद्धि एवं प्राकृतिक नियमों के पालन के प्रति अनिच्छा के कारण समाप्त हो गई थी। अतः एक अनुबंध के द्वारा राज्य का जन्म हुआ।[136]

हाब्स ने प्राकृतिक युग को मानवीय महत्वाकांक्षा एवं दुर्बलता का युग माना है, जिसका अन्त लोगों के अनुबंधनात्मक विचारों से हुआ। लोगों ने यह तय किया कि वे अपने अनियन्त्रित अधिकार एक शासक को सौंप दे। परन्तु प्रजा और राजा के मध्य कोई अनुबंध नहीं हुआ था। लोगों ने राजा को स्वतः अधिकार दिये थे। हाब्स जटिल एवं उग्र राजतन्त्र का समर्थक था। अतः उसका मत है कि इस अवस्था में शासक को जो अधिकार प्राप्त हुए, वे असीमित एवं अपरिवर्तनीय थे।[137]

लाक मर्यादित राजतन्त्र का समर्थक था।[138] उसके अनुसार राज्य की उत्पत्ति से पूर्व की अवस्था पर्याप्त अच्छी थी। लोग प्राकृतिक नियमों का पालन करते हुए सुखमय जीवन व्यतीत करते थे, किन्तु तार्किक बुद्धि के विकास के साथ ही नियमों की अपनी सुविधानुसार व्याख्या करने की प्रवृत्ति विकसित हुई और उनमें पारस्परिक टकराहट बढ़ने लगी। इस समय तक समाज में कोई अधिकृत रूप से न्याय करने वाला या दण्ड देने वाला नहीं था। अतः लोगों ने पारस्परिक सहमति से सरकार की स्थापना की। इस सहमति से राजा और प्रजा दोनों बँधे थे।[139]

रूसो प्रजातन्त्र का समर्थक था। उसकी मान्यता थी कि राज्य की उत्पत्ति प्रारम्भिक शांति स्थापना के लिए हुई। इस कार्य के लिए सामाजिक अनुबंध तो हुआ, परन्तु वह अनुबंध राजा और प्रजा के बीच न होकर सर्वसम्मति (General Will) से हुआ था। राजा सर्वसम्मति द्वारा निर्धारित कार्यों का सम्पादन करता था।[140]

इस प्रकार जहाँ हाब्स इस मत का समर्थक है कि राजा और प्रजा के मध्य कोई अनुबंध नहीं हुआ था, बल्कि अनुबंध परस्पर प्रजा के मध्य हुआ था, लॉक इस मत का समर्थक है कि लोगों ने पारस्परिक सहमति से राज्य की स्थापना की, जिससे राजा और प्रजा दोनों आबद्ध थे, वहीं रूसो सर्वसम्मति से राज्य की उत्पत्ति स्वीकार करता है।

आलोचना-

इस सिद्धान्त को स्वीकार करने में कठिनाई यह है कि अनुबंध में दो दलों का होना अनिवार्य है, जबकि यूरोपीय अनुबंध सिद्धान्त में केवल प्रजा में पारस्परिक अनुबंध की बात कही गयी है। अनुबंध में राजा को कहीं भी नहीं लाया गया है।[141] अल्टेकर का यह मत यथार्थ प्रतीत होता है कि सहमति द्वारा राजनीतिक दृष्टि से विकसित जातियों के द्वारा ही विशिष्ट राज्यों की स्थापना सम्भव है। सहमति उस समाज में तो सम्भव है, जहाँ लोग अपने तथा दूसरे के अधिकारों तथा कर्तव्यों को समझते हों, न कि वहाँ, जहाॅ लोग जंगली जीवन व्यतीत करते हों।[142]

जहाँ तक भारतीय विचारधारा का प्रश्न है, यह सिद्धान्त मुख्यत: बौद्ध और जैन साहित्य द्वारा प्रतिपादित हुआ है। पूर्वी भारत में गणतन्त्रों की व्यवस्था से बौद्ध साहित्य प्रभावित था, जिसमें निर्वाचन, समझौता तथा सहमति का महत्व था। इसीलिए बौद्ध एवं जैन साहित्य 'संविदा सिद्धान्त' का प्रतिपादन करते हैं एवं 'दीघ निकाय' प्रथम शासक को 'महाजनसम्मत' कहता है।[143]

रक्षार्थ राज्य की उत्पत्ति का सिद्धान्त -

भारतीय साहित्य में इस तथ्य के संकेत भी प्राप्त होते हैं कि राज्य की उत्पत्ति सामाजिक अराजकता को दूर करने के लिए हुई। मनु ने इस मत का समर्थन किया है।[144] शुक्र ने इस सम्बन्ध में कहा है कि यदि लोक में उत्तम रीति वाला नेता न हो, तो प्रजा उसी प्रकार विनष्ट हो जाती है जैसे कर्णधार के बिना नौका विनष्ट हो जाती है।[145] मत्स्यपुराण का उल्लेख भी इसी प्रकार का है।[146]

भोजकृत 'समराङ्गण सूत्राधार' में कहा गया है कि पीड़ित जनता को मुक्ति

दिलाने के लिए ब्रह्मा ने पृथु को राजा नियुक्त किया और प्रजा से कहा कि 'पृथु तुम्हारा स्वामी है। वह सत्पुरुषों की रक्षा करेगा और दुष्टों को दण्ड देगा।' इस पर प्रजा ने पृथु से कहा कि 'हम विपत्तियों के सागर में निमग्न हो रहे हैं। आप हमारी रक्षा कीजिए।'[147]

जैन लेखक जिनसेन ने भी कहा है कि सृष्टि के प्रारम्भ में पृथ्वी 'भोगभूमि' थी, जब लोग कल्पवृक्षों के माध्यम से अपनी कामनाओं की पूर्ति करते थे। कालान्तर में शनैः शनैः कल्पवृक्ष नष्ट हो गये एवं संसार में अराजकता फैल गयी। तब प्रथम तीर्थङ्कर ऋषभनाथ ने प्रजा में शान्ति एवं सुव्यवस्था स्थापित करने के लिए राजा एवं अधिकारियों को नियुक्त किया।[148]

युद्धगत आवश्यकताओं की पूर्ति के लिए उत्पत्ति का सिद्धान्त-

ऐतरेय ब्राह्मण में कहा गया है कि किसी समय देवताओं और असुरों के मध्य युद्ध हुआ, जिसमें देवता पराजित हुए। देवताओं ने पाया कि हमारा कोई राजा नहीं है, अतः हम पराजित हुए। अतः हम राजा चुन लें। इसे सभी ने स्वीकार किया।[149] इस विवरण से यह ज्ञात होता है कि राज्य की उत्पत्ति युद्ध सम्बन्धी आवश्यकताओं की पूर्ति के लिए हुई एवं राजतन्त्र प्रणाली को देवताओं (आर्यों) ने असुरों (अनार्यों) से ग्रहण किया।

वस्तुतः उपर्युक्त दोनों सिद्धान्त दैवी उत्पत्ति के सिद्धान्त के ही अंग हैं। अतः इनके पृथक् विश्लेषण की आवश्यकता नहीं है।

बल सिद्धान्त-

महाभारत के शांति पर्व के 90वें अध्याय में कहा गया है कि युधिष्ठिर ने भीष्म से पूछा कि यह कैसे सम्भव है कि जो बाहुबल एवं गुण में एक समान हैं, उनमें से कोई एक व्यक्ति सर्वश्रेष्ठ होकर अन्य मनुष्यों पर शासन करने लगे। इस पर भीष्म ने कहा कि जैसे क्रोध से भरे विषधर सर्प छोटे सर्पों को खा जाते हैं, पैरों से चलने वाले प्राणी न चलने वाले प्राणियों का उपभोग करते हैं, दाढ़ वाले जीव बिना दाढ़ वाले जीव को अपना आहार बनाते हैं, उसी प्रकार एक सबल मनुष्य बहुसंख्यक दुर्बल मनुष्यों पर शासन करने लगता है।[150]

यह सिद्धान्त वस्तुतः 'मात्स्य-न्याय' का ही स्मरण दिलाता है।

स्वेच्छया दान का सिद्धान्त-

कुछ विचारकों ने यह विचार भी प्रस्तुत किया है कि लोगों ने स्वेच्छया किसी व्यक्ति को शासन संचालन का भार प्रदान किया होगा। एक बार अधिकार प्राप्त कर लेने के पश्चात उस व्यक्ति ने उसे बनाये रखने की चेष्टा की होगी तथा सफलता मिलने पर राजा बन बैठा होगा।

परन्तु अल्टेकर का मत है कि सम्भव है कि कुछ जातियों में इस प्रकार शासन-संस्था की उत्पत्ति हुई हो, परन्तु आर्य जातियों में नहीं।[151]

पैतृक संयुक्त परिवार प्रणाली से राज्य की उत्पत्ति का सिद्धान्त -

अल्टेकर के अनुसार आर्यों की संयुक्त परिवार प्रणाली में राज्य संस्था के बीज निहित है।[152] आर्य लोग कुटुम्बों में रहते थे। इन कुटुम्बों में सदस्यों की संख्या बहुत अधिक होती थी। इन कुटुम्बों के गृहपति के अधिकार बहुत अधिक थे। उनका अधिकार और पद प्रागैतिहासिक काल में प्रायः राजा के समान ही था। कुटुम्ब के विकास के साथ ही गृहपति के अधिकार भी बढ़ते गये। वैदिक समाज कुटुम्बों, जन्मनों, विशों और जनों में विभक्त था।[153] सम्भवतः एक ही पूर्वज के वंशजों के ग्राम को 'जन्मन' कहते थे। इस प्रकार के कई 'जन्मनों' का समूह 'विश' कहलाता था और उसका मुखिया 'विशपति'। कई विशों को मिलाकर 'जन' बनता था, जिसके प्रमुख को 'जनपति' या 'राजा' कहते थे।[154]

अरस्तू का दृष्टिकोण भी इसी प्रकार का है। उसके अनुसार सर्वप्रथम परिवार का उदय हुआ था, परिवार से परिवार के समूह बने और उससे कबीला बना, जिसके पश्चात राष्ट्र का उदय हुआ।[155]

राज्य की उत्पत्ति से सम्बन्धित उपर्युक्त विवेचन से स्पष्ट है कि मानव सभ्यता के आदिकाल में न तो 'व्यवहार' की उत्पत्ति हुई थी और न ही उसकी आवश्यकता थी। आदिम मानव का जीवन नितान्त सरल एवं स्वच्छ था। उसमें स्वार्थ, लोभ, मोह एवं संकीर्णता का अभाव था। नैसर्गिक नियमों तथा परम्पराओं के द्वारा ही

लोगों का जीवन नियन्त्रित होता था। यह स्थिति 'स्वर्णयुग' की थी। इस स्थिति में विवाद और अपराध उस श्रेणी के अन्तर्गत नहीं आते थे कि प्राकृतिक नियमों के साथ-साथ वैधानिक नियम (कानून) की व्यवस्था सुनिश्चित की जाय।

कालान्तर में सभ्यता के विकास के साथ-साथ लोगों की आवश्यकताओं में भी वृद्धि हुई एवं व्यक्तिवाद का उदय हुआ। व्यक्तिवाद के उदय के फलस्वरूप उनमें स्वार्थ, लोभ, मोह एवं संकीर्ण विचार भी विकसित हुए। नैसर्गिक नियमों एवं परम्परागत मान्यताओं का स्थान गौण होता गया। नियमों की अपनी सुविधानुसार व्याख्या की प्रवृत्ति बढ़ने लगी। फलतः नगण्य मतभेदों ने 'विवाद' का रूप ग्रहण करना प्रारम्भ किया। विवादों में वृद्धि के फलस्वरूप अपराध एवं अपराध-वृत्ति में भी वृद्धि हुई। फलतः समाज में 'मात्स्य-न्याय' की स्थिति उत्पन्न हो गयी।

'मात्स्य-न्याय' के कारण उत्पन्न अराजक स्थिति के कारण लोग संत्रस्त होते गये। फलतः इस संत्रास की स्थिति से त्राण प्राप्ति हेतु चिन्तन प्रारम्भ हुआ। चिन्तन के फलस्वरूप कुछ नैतिक नियम निर्धारित किये गये और लोगों से उनके अनिवार्य रूप से पालन की अपेक्षा की गयी। यद्यपि परम्पराएं एवं नियम पूर्व में भी निर्धारित थे, परन्तु प्रारम्भ में लोग उनका पालन स्वेच्छया करते थे, जिनमें पारलौकिक भय एक प्रमुख प्रेरक तत्व था। किसी निर्देश की आवश्यकता नहीं थी। परन्तु अब उनसे यह अपेक्षा की जाने लगी कि वे पूर्व में निर्धारित नियमों एवं परम्पराओं का सम्यक् रूप से पालन करेंगें। उल्लेखनीय है कि इन नियमों एवं परम्पराओं की पृष्ठभूमि में कोई वैधानिक बाध्यता नहीं थी। ये नियम मात्र नैतिक नियम थे, कानून नहीं।

व्यवहार का उदय -

राज्य की उत्पत्ति के पश्चात कुछ समय तक तो उपर्युक्त नियम प्रभावी बने रहे, परन्तु कालान्तर में निष्प्रभावी होने लगे। फलतः व्यवहार का उदय हुआ। कात्यायन के अनुसार जिस समय मनु प्रजापति शासन कर रहे थे, लोग सत्यवादी और धर्मपरायण थे। उस समय कोई व्यवहार (मुकदमा) नहीं होता था और न ही द्वेष या ईर्ष्या ही थी। जब यह व्यवहार (आचरण) समाप्त हो गया, तब व्यवहार (मुकदमे) प्रारम्भ हुए।[156] बृहस्पति का मत है कि प्राचीन काल में लोग धर्म प्रधान एवं

अहिंसक थे। जब वे लोग और द्वेष के वश में हो गये, तब से 'व्यवहार' प्रारम्भ हुआ।[157] अब तक राज्य की उत्पत्ति के साथ ही राजा की उत्पत्ति हो चुकी थी। साथ ही राजा की स्थिति निरन्तर सुदृढ़ होती जा रही थी। अब ये नियम राजशक्ति का सम्बल पाने लगे। राजशक्ति से जुड़ जाने के साथ ही ये नियम अब सामान्य नियम न रह गये, बल्कि वैधानिकता को प्राप्त करके कानून बनते गये।

राजा से अपेक्षा की गई कि वह न केवल जन-कल्याण के लिए पूर्व निर्धारित नियमों को 'व्यावहारिक' स्वरूप प्रदान करेगा, बल्कि लोगों को इन व्यवहारों का पालन करने के लिए बाध्य करेगा। इस प्रकार अब राजा की स्थिति मात्र प्रशासक की ही नहीं थी, बल्कि एक 'व्यावहारिक' (न्यायाधीश) की भी थी। अब वह न केवल विधि का संरक्षक ही था, बल्कि विशेष परिस्थितियों में एक सीमा तक विधि निर्माता भी था।[158] कानून का पालन न करने वालों को दण्ड देने में समर्थ था, क्योंकि वह दण्डधर था।[159]

व्यवहार-विधि के विकास में कारक तत्व-

प्रजारंजन (प्रजा को प्रसन्न रखना)-

प्राचीन भारत में राज्य के तीन प्रमुख लक्ष्य निर्धारित किये गये थे - धर्म संवर्द्धन, अर्थ संवर्द्धन और काम संवर्द्धन। काम संवर्द्धन से आशय था - राज्य के प्रत्येक नागरिक को निर्बाध रूप से न्याय-जीवन व्यतीत करने का अवसर प्रदान करना।

काम संवर्द्धन का लक्ष्य प्रजारक्षण द्वारा ही पूरा किया जा सकता था। 'प्रजारक्षण' प्रारम्भ से ही राजा का अनिवार्य कार्य माना गया है। 'महाभारत' में इसे प्रधान धर्म कहा गया है।[160] रामायण में उसे चातुर्वर्णों का संरक्षक कहा गया है।[161] गौतम भी उसे सभी प्राणियों का रक्षक मानते हैं।[162] मनु का कथन है कि प्रजापालन ही क्षत्रिय का सर्वश्रेष्ठ धर्म है और ऐसा करके वह धर्मफल का भोक्ता बन जाता है।[163] कालिदास ने 'प्रजारंजन'[164] को राजा का प्रमुख कर्तव्य मानते हुए कहा है कि वस्तुतः प्रजा को प्रसन्न रखने के कारण ही वह राजा है।[165] अतः राजा को अपनी प्रजा की रक्षा उसी प्रकार करनी चाहिए, जिस प्रकार पिता अपनी संतान

की रक्षा करता है।[166] अभिलेखों में भी यह आदर्श दृष्टिगोचर होता है। अशोक सभी मनुष्यों को अपनी सन्तान समझता था।[167]

निष्पक्ष न्याय सम्पादन -

प्रजारंजन का कार्य निष्पक्ष न्याय के अभाव में कदापि व्यवहृत नहीं हो सकता है। अतः प्रायः सभी शास्त्रकारों ने राजा को न्यायपूर्वक प्रजा की रक्षा का निर्देश दिया है। कहा गया है कि न्यायपूर्वक प्रजा की रक्षा करने वाला राजा प्रजा से षष्ठांश प्राप्त करता है। महाभारत,[168] कौटिल्य,[169] कालिदास,[170] एवं नारद[171] आदि आय एवं उपज का षष्ठांश प्राप्त करने का उल्लेख करते हैं। याज्ञवल्क्य[172] प्रजा के पुण्य का षष्ठांश भाग तथा मनु[173] प्रजा के धर्म का षष्ठांश भाग प्राप्त करने का निर्देश देते हैं।

जहाँ राजा न्यायपूर्वक आरोपों को सुनता है, प्रजा उन्नति करती है।[174] निष्पक्ष न्याय सम्पादन से उसे पवित्र वैदिक यज्ञों के सम्पादन के फल[175] एवं स्वर्ग[176] की प्राप्ति होती है। मनु का कथन है कि जो राजा काम एवं क्रोध विहीन होकर धर्मपूर्वक व्यवहार करता है, प्रजा उसका अनुगमन उसी प्रकार करती है, जिस प्रकार नदियाँ समुद्र का अनुगमन करती हैं।[177] न्याय कार्य के समय राजा को निष्काम भाव से रजोगुणरहित होना चाहिए।[178] उसे लोभ एवं भयरहित होकर व्यवहार का सम्पादन करना चाहिए।[179]

निष्पक्ष न्याय प्रवृत्ति की अपेक्षा के कारण ही राजा को यमतुल्य माना गया है। मनु का विचार है कि जिस प्रकार यम प्रिय तथा द्वेष रखने वालों में मृत्यु के समय कोई भेद नहीं रखता है, उसी प्रकार राजा को पक्षपातरहित होकर न्याय करना चाहिए।[180] नारद का विचार भी इसी प्रकार का है।[181] राजा में ही नहीं सभ्यों में भी पक्षपातहीनता की अपेक्षा की गयी है।[182]

निष्पक्ष न्याय सम्पादन तभी सम्भव है, जब राजा एवं उसके कर्मचारीगण न्याय विद्या में पारङ्गत हों। खारवेल[183] तथा रुद्रदामन[184] न्यायविद्याा में पारङ्गत थे। चन्द्रगुप्त द्वितीय का सान्धिविग्रहिक वीरसेन शाब[185] न्याय एवं लोक व्यवहार का ज्ञाता था।

निष्पक्ष दण्ड विधान-

यथेष्ट दण्ड के अभाव में निष्पक्ष न्याय का सम्पादन असम्भव है। अतः शास्त्रों में अपराधियों को दण्डित करने एवं धर्मचारियों की रक्षा करने का निर्देश दिया गया है।[186] चोरों और दस्युओं का वध करना राज्य का प्रमुख कर्तव्य माना गया है।[187] बृहस्पति के अनुसार राजा तीन प्रकार से प्रजापालन करता है- शत्रु के आक्रमण से, चोरों के भय से तथा आततायी लोगों के भय से प्रजा को मुक्त कराकर।[188] अतः गौतम न्यायपूर्वक दण्ड देने का निर्देश देते हैं।[189] वस्तुतः अपराधियों का दमन राज्य के स्वयं के अस्तित्व के लिए भी अत्यावश्यक है। अतः अपराधियों का न्यायाधीश के सामने उपस्थित करना आवश्यक है।[190]

अपराधियों को दण्डित करना राजा का एक प्रमुख कार्य था, जिसकी वह अवहेलना नहीं कर सकता था। उसे अपराधी को अनिवार्यतः दण्ड देना ही पड़ता था, अन्यथा उसे स्वयं अपराधी के पाप का फल भोगना पड़ता था।[191] सज्जनों को पुरस्कृत एवं दुष्टों को दण्डित करने वाले राजा ही आदर्श राजा की श्रेणी में आते थे। समुद्रगुप्त सज्जनों के उत्कर्ष एवं दुर्जनों के अपकर्ष का कारण था।[192]

पक्षपातपूर्ण न्याय एवं दण्ड का निषेध-

जिस प्रकार निष्पक्ष न्याय और दण्ड की प्रशंसा की गई है, उसी प्रकार पक्षपातपूर्ण न्याय एवं दण्ड की भर्त्सना की गई है। राजा को यह निर्देश दिया गया है कि न्यायासन पर बैठकर वह पक्षपात न करे, क्योंकि ऐसा कृत्य महापाप है।[193] प्रायः सभी शास्त्रकारों ने एक स्वर से यह मन्तव्य प्रकट किया है कि ऐसा राजा जो दण्डनीय व्यक्ति को दण्ड नहीं देता है और अदण्डनीय व्यक्ति को दण्ड देता है, मृत्यूपरान्त नरकगामी होता है।[194] अतः न्यायिक कार्य के समय धर्म और अधर्म का पृथक्करण आवश्यक माना गया है, क्योंकि जिस सभा में अधर्ममिश्रित धर्म रहता है, वहाँ अधर्मरूपी बाण से बिंधे हुए सभासदगण धर्म की पीड़ा को दूर नहीं कर सकते हैं।[195]

दण्ड की व्याख्या के सन्दर्भ में मनु ने उल्लेख किया है कि यदि राजा सम्यक् विचारोपरान्त दण्ड देता है, तो त्रिवर्ग (धर्म, अर्थ और काम) की वृद्धि होती है,

परन्तु पतित, कामान्ध तथा अनुचित दण्ड देने वाला राजा उसी दण्ड द्वारा अपने बांधवों सहित मारा जाता है।[196] शुक्र का मत है कि अपनी प्रजा का दण्ड एवं भेद से पालन करने से राज्य का विनाश हो जाता है।[197]

संदर्भ-सूची

1. संस्कृत शब्दार्थ कौस्तुभ, पृष्ठ 1119
2. महा०, उद्योग पर्व 37.30
3. व्यवहार प्रकाश, पृ.3
4. गौतम०, 10.48
5. गौतम०, 10.19
6. मनु०, 8.1
7. याज्ञ०, 2.1
8. शुक्र०, 4.5.5-6
9. महा०, शांतिपर्व 69.28
10. वशिष्ठ०, 16.1
11. विष्णु०, 3.72
12. कालिदास, रघुवंशम् 8.18
13. महावग्ग, 1.40.3 चुल्लवग्ग, 6.4.9
14. एसा किंति वियोहाल समता च दण्ड समता चा। - दिल्ली टोपरा स्तम्भ (चतुर्थ)
    श्रीराम गोयल, प्राचीन भारतीय अभिलेख संग्रह भाग एक पृ०101
15. देवानं पियस वचनेन तोसलिय महामात्त नगलवियोहाल कावतविया - पृथक् कलिंग शिलालेख, धौली संस्करण गोयल, उपर्युक्त पृ० 72
16. लेखरूपगणनाववहार विधि विसारदेन - खारवेल का हाथी गुम्फा अभिलेख
    गोयल - उपर्युक्त पृ० 361
17. आप० 2.11.29.5
18. पारद०, 1/5, नारद०, 1.5
19. पी०वी०, काणे, धर्मशास्त्र का इतिहास भाग 2, पृ० 750.

20. वि नानाऽर्थेऽव संदेहे हरण हार उच्यते। नाना संदेह हरणाद, व्यवहार इति उच्यते॥ कात्यायन (व्यवहार प्रकाश, पृ०5)
21. ऋणादानादिनानाविवाद पद विषय: निराक्रियतेऽनेनिति नानासंशयहारी विचार: व्यवहार:। दीपमालिका पृ०36, पी०वी०काणे, धर्मशास्त्र का इतिहास भाग 2, पृ०706 से उद्धृत
22. प्रयत्नसाध्ये विच्छिन्ने धर्माख्ये न्यायविस्तरे। साध्यमूलस्तु यो वादो व्यवहार: स उच्यते॥ कात्यायन; व्यवहार-प्रकाश, पृ०3
23. स्वप्रजाधर्मसंस्थान सदसत्प्रविचारत:। जायते चार्थसंसिद्धिर्व्यवहारस्तु येन य: ॥
    शुक्र० 4.5.4.
24. स्वधर्मस्य यथा प्राप्ति: परधर्मस्यवर्जनम्। न्यायेन क्रियते तत्तु, व्यवहार: स उच्यते॥
    – हारीत, व्यवहार प्रकाश,पृ०5
25. याज्ञ० 2.1 पर मिताक्षरा
26. संस्कृत शब्दार्थ कौस्तुभ, पृष्ठ 1062
27. ऑस्टिन, जूरिस्प्रूडेन्स 11, पृष्ठ 535
28. हरिहरनाथ त्रिपाठी; 'प्राचीन भारत में राज्य और न्यायपालिका' पृष्ठ 57 पर उद्धृत
29. हरिहरनाथ त्रिपाठी, पूर्वोक्त पृ० 57
30. वाट, लीगल फिलॉसफी, पृष्ठ 18
31. बृह० उप० 1.4.14, ऐत०ब्रा० 14.4.2.23
32. हरिहरनाथ त्रिपाठी, पूर्वोक्त पृ० 57
33. वाट, पूर्वोक्त पृ० 18
34. बील, बुद्धिस्ट रिकार्ड्स ऑफ दी वेस्टर्न वर्ल्ड्स, पी.एन. बनर्जी, पब्लिक एडमिनिस्ट्रेशन इन एन्सियन्ट इण्डिया, पृष्ठ 74
35. ऋग्वेद, 1.68.2; 1.105.12; 1.142.7
36. ऋग्वेद, 4.23.9
37. सूर्य ऋतजा है। (ऋग्वेद 4.40.5), अग्निऋत प्रवीत है। (ऋगवेद 1.70.4); मरुतों का प्रादुर्भाव ऋत से हुआ है। (ऋग्वेद 4.2.13),

सभी मूर्त एवं अमूर्त ऋत से ही उत्पन्न है। (ऋग्वेद 10.190.1 एवं 3); देवगण ऋत का ही अनुसरण करते हैं। (ऋतस्य देवा अनुव्रता:।), ऋग्वेद (1.162.2)

38. विष्णु ऋतगोपा है। (ऋग्वेद 10.156.3) अग्नि ऋतगोपा है। (ऋग्वेद 1.1.8 एवं 10.8.5)
39. ऋग्वेद, 10.190.1-3
40. ऋग्वेद, 1.105.12 - सिन्धव: ऋतं अर्षन्ति।
41. ऋग्वेद, 1.142.7
42. ऋग्वेद, 1.24.8
43. ऋग्वेद, 8.86.5
44. ऋग्वेद, 5.23.10
45. ऋग्वेद, 4.23.8
46. ऋग्वेद, 4.23.9
47. तदैव
48. अथर्व॰ 8.8.13, काठक संहिता 39.10
49. ऋग्वेद, 1.151.3-4
50. ऋग्वेद, 1.2.8
51. ऋग्वेद, 5.68.1
52. हरिहर नाथ त्रिपाठी, प्राचीन भारत में राज्य और न्यायपालिका पृ॰60
53. शिवाजी सिंह : इवोल्यूशन ऑव स्मृति लॉ पृष्ठ 85
54. ऋग्वेद, 4.23.89
55. ऋग्वेद, 8.25.17
56. शिवाजी सिंह, उपर्युक्त पृ॰ 85
57. ऋग्वेद, 3.17.1 एवं 10.56.3
58. ऋग्वेद, 3.3.1
59. ऋग्वेद, 4.53.3, 3.63.7, 6.70.1 एवं 7.89.5
60. अथर्व॰ 4.53.3
61. ऐत॰ ब्रा॰ 7.17
62. छा॰उप॰ 2.28

63. पी०वी० काणे, धर्मशास्त्र का इतिहास भाग 1, पृ० 4
64. जिमर : फिलासफिज़ ऑफ इण्डिया, पृ० 28-35
65. राधाकृष्णन : रिलिजन्स एण्ड सोसायटी, पृ० 25
66. गोखले; इण्डियन थाट थ्रू दि एजेज, पृ० 25
67. जयशंकर मिश्र; प्राचीन भारत का सामाजिक इतिहास पृ० 261
68. याज्ञ० 1.1 पर मिताक्षरा
69. मनु०, 2.6-12
70. गौतम०, 1.1.2
71. याज्ञ०, 1.7
72. महा०, अनुशासनपर्व 54.9
73. श्रीमदभागवत, 7.11.8-12
74. शत०ब्रा० 11.1.6.24
75. महा०, शान्ति पर्व, 58.12
76. बृह० उप० 1.4.11-15
77. हरिहरनाथ त्रिपाठी, प्राचीन भारत में राज्य और न्यायपालिका पृ० 75
78. शिवाजी सिंह, पूर्वोक्त, पृ० 85
79. एते वै राष्ट्रस्य प्रदातारः, तै० ब्रा०, 1.8.3
80. अथा ते इन्द्रः केवली प्रजाबलिहितस्करन् - ऋग्वेद, 10.173.6
81. अथर्व०, 3.4.3
82. ए०एस० अल्टेकर, प्राचीन भारतीय शासन पद्धति, पृ० 113
83. बौधा० ध० सू०, 19.4
84. जातिजानपदान् धर्माञ्श्रेणीधर्मांश्च धर्मवित्।
    समीक्ष्य कुलधर्मांश्च स्वधर्म प्रतिपादयेत॥ - मनु०, 8.4
85. कौटिल्य, 3.1
86. कौटिल्य, 13.5
87. धर्मश्च व्यवहारश्च चरित्रं राजशासनम्।
    विवादार्थश्चतुष्पादः पश्चिमः पूर्वबाधकः॥ - कौटिल्य 3.1.
88. ए०एस० अल्टेकरः प्राचीन भारतीय शासन पद्धति, पृ० 115.
89. 'इछितविये हि एसा किंति वियोहालसमता च सिय दण्ड सभता चा।'

– दिल्ली टोपरा संस्करण चतुर्थ स्तम्भलेख, श्रीराम गोयल प्राचीन भारतीय अभिलेख संग्रह भाग एक पृ० 101

90. शुक्र०, 1.3.3.
91. विराडवा इद अग्रं आसीत्। अथर्व० 11.8.30
92. मार्गन : एन्सियण्ट सोसायटी, पृ० 20
93. कौटिल्य 3.10
94. ऋग्वेद 10.19.3-4
95. G. Guild : Man Makes Himself Ch. IV
96. ए०एस० अल्टेकर, स्टेट एण्ड गवर्नमेण्ट इन एन्सियण्ट इण्डिया से उद्धृत, पृ०27 से उद्धृत
97. उपर्युक्त
98. महा०, शान्तिपर्व 58.14
99. महा०, शान्तिपर्व, 58.12-16, 67.18-23, दीघनिकाय भाग 3, पृ० 84-86 आदिपुराण, भाग 3, 30, लीकॉक : इलीमेण्ट ऑफ पॉलिटिकल साइंस, पृ०26
100. मनु०, 7.3
101. मनु, 7.20
102. 'मत्स्या इव जना नित्य भक्षयन्ति।'- रामायण 2, अयोध्या०, 67.31
103. महा०, शांतिपर्व 15.30
104. 'दण्डाभावे परिध्वंसी मात्स्यो न्याय प्रवर्तते।' - कामन्दक 2.40
105. कौटिल्य, 1.3, नारद, 1.1.2, बृहस्पति, 1.1-16, आदिपुराण, 3.30, दीघनिकाय, भाग 3, पृ० 84-86
106. मात्स्यन्यायमपोहितुं च प्रकृतिभिर्लक्ष्म्या करं ग्राहितं। - कार्पस ऑफ बंगाल इन्सिक्रप्शन्स, पृ०96
107. नियतस्त्वं नरं व्याघ्रं श्रुणु सर्वमशेषतः।
    यथा राज्यं समुत्पन्नं आदौ कृतयुगेऽभवत्॥ - महा०, शांतिपर्व 58.12
    नैवं राज्यं न राजासीत् न दण्डो न दण्डिकः।
    धर्मेणैव प्रजाः सर्वा रक्षन्तिस्म परस्परम्॥ - महा०, शांतिपर्व 58.14
108. महा०, शांति पर्व, 93-112

109. न हि जात्ववमन्तव्यो मनुष्य इति भूमिपः।
महती देवता ह्येषां नररुपेण तिष्ठति॥ - महा०, शांतिपर्व, 68.40
110. वालोऽपि नावमन्तव्यो मनुष्य इति भूमिपः।
महती देवता ह्येषां नररूपेण तिष्ठति॥ - मनु०, 7.8
111. राजानि प्रहरेद्यस्तु कृताज्ञस्यपि दुर्गतिः।
शूलै तमग्नौ विपचैद ब्रह्महत्याशताधिकम॥ - नारद, 18131
112. मनु०, 7.4
113. शुक्र०, 1.71
114. विष्णु पुराण, 1.13.14
115. अग्निपुराण, 226.17-20
116. 'इयं धमलिपी देवानं पियेन पियदसिना लाजा लेखापिता।' - गिरिनार शिलालेख, प्रथम संस्करण, श्री राम गोयल - प्राचीन भारतीय अभिलेख संग्रह भाग एक, पृ० 31
117. 'बाह्यका कुमा दषलथेन देवानं पियेना।' - दशरथ का नागार्जुनी गुहालेख
श्री राम गोयल - उपर्युक्त, पृ० 143
118. 'महाराजस्य रजतिरजस्य देवपुत्रस्य कनिष्कस्य' - सूई विहार ताम्रपत्र लेख -
श्री राम गोयल - उपर्युक्त, पृ० 243
119. 'य चत्र पुष्यं तं देवपुत्रस्य षाहिस्य हुविष्कस्य' - हुविष्क का मथुरा पाषाण लेख, वर्ष 28, श्री राम गोयल - उपर्युक्त, पृ० 253
120. धनदवरुणेन्द्रन्तक समस्य ..... लोकधाम्नो देवस्य प्रयाग प्रशस्ति
पी०एल० गुप्त, प्राचीन भारत के प्रमुख अभिलेख, भाग-2, पृ०9
121. धनदवरुणेन्द्र प्रभृति लोकपाल तेजाः। - हर्ष का बासखेड़ा लेख, वासुदेव उपाध्याय, प्राचीन भारतीय अभिलेख प्रथम भाग, पृ० 363
122. बैसिलियास थियाउ एण्टिमेकाउ पी०एम०सी० 2-54
123. 'महरजस रजदिरजस सर्वलोकस्य ईश्वरस्य महेश्वरस्य वीम कडफिषस गदर'
पी०एम०सी० 17-31,33,34,36

124. पॉलिटिकल थॉट इन इंग्लैण्ड फ्राम बेकन टू हैलीफैक्स, पृ०87
125. महा० 12.67, 41-46
126. शुक्र० 1.73-77.
127. कौटिल्य, 1.8
128. तैत्ति० सं०, 1.7.31
129. गौतम०, 8.1
130. ब्रह्मक्षत्रेण सहितं क्षत्रं च ब्रह्मणा सह।
संयुक्तौ दहतः शत्रून वनानीवाग्नि मारुतौ॥ - महा० शांति पर्व, 185.25-27
131. ए०एस० अल्टेकर, स्टेट एण्ड गवर्नमेण्ट इन एन्सिएण्ट इण्डिया, पृ० 90
132. 'कामात्मा विषमः क्षुद्रो दण्डेनैव निहन्यते।' - मनु० 7.27
133. मनु०, 7.41
134. महा०, शांति पर्व 67.12-26
135. कौटिल्य, 1.8
136. लीकॉक : एलीमेन्टस ऑफ पॉलीटिकल साइंस, पृ० 26
137. ए०एस० अल्टेकर, स्टेट एण्ड गवर्नमेण्ट इन एन्सिएण्ट इण्डिया, पृ० 31
138. लीकॉक, पूर्वोक्त
139. ए०एस० अल्टेकर, पूर्वोक्त
140. लीकॉक, पूर्वोक्त
141. नेचर एण्ड ग्राउण्डस ऑफ पालीटिकल आब्लीगेशन्स इन हिन्दू स्टेट्स, पृ०64-65
142. ए०एस० अल्टेकर, पूर्वोक्त
143. दीघनिकाय, भाग 3, पृ० 84-86
144. मनु०, 7.3
145. शुक्र०, 1.65
146. मत्स्य पुराण, 1.226
147. समराङ्गण सूत्राधार, अध्याय 7

148. आदि पुराण, 3.30
149. ऐत० ब्रा० 1.4
150. महा०, शांति पर्व 90.19-20
151. ए०एस० अल्टेकर, पूर्वोक्त, पृ० 34
152. उपर्युक्त
153. ऋग्वेद, 8.26.3
154. उपर्युक्त
155. The family arises first.... when several families are united and association aims at something more than the village - when several villages are united in a single community prefect and large enough to nearly or quite self sufficiently the state come into existance. Politics, Book I, quoted from Leacock p. 38-39.
156. मनुः प्रजापतिर्यस्मिन् काले राज्यमवूभुजत्।
धर्मैकतानाः पुरुषास्तदासन सत्यवादिनः॥
तदा न व्यवहारोऽभून्न द्वेषो नापि मत्सरः।
नष्टे मृते व्यवहारेषु व्यवहारः प्रवर्तते॥ - कात्यायन, व्यवहार प्रकाश, पृ०4
157. धर्मप्रधानाः पुरुषाः पूर्वमासन्न हिंसकाः।
लोभद्वेषाभिभूतानाम् व्यवहार प्रवर्तते॥ - बृह०, व्यवहार प्रकाश पृ०5
158. गौतम०, 8.1
159. नारद०, 1.1.1
160. महा०, शांतिपर्व 68.1-4
161. धर्मेण चतुरोवर्णान् पलायने क्लेशमाप्नुहति। - रामायण, 2.106, 18-20
162. राज्ञीधिकमं रक्षणं सर्वभूतानाम्। - गौतम०, 7.50
163. मनु०7.144 एवं 1.89
164. राजा प्रजारंजन लब्धवर्णः - रघुवंशम्, 6.21
165. प्रकृति मण्डल मनुरञ्जयन्राज्यं करोति। - विक्रमोर्वशीय
166. प्रजाः प्रजानाथ पितेव पासि - रघुवंशम् 2.48
167. सव मुनिसा मे पजा - कलिङ्ग का दूसरा शिला लेख - श्री राम

गोयल, प्राचीन भारतीय अभिलेख संग्रह भाग एक, पृ०74

168. महा०, शांति पर्व, 69.25
169. कौटिल्य, 1.8
170. रघुवंशम्, 17.66
171. नारद०, 18.48
172. याज्ञ०, 1.335
173. मनु०, 8.304
174. मनु०, 7.25, विष्णुपुराण, 3.95, मत्स्यपुराण, 8.225
175. याज्ञ०, 1.359.360
176. रामायण, अयोध्याकाण्ड, 100.76
177. मनु०, 8.175
178. राज्यं रजोरिक्तमनाः शसास। - रघुवंशम् 14.85
179. शुक्र०, 8.8.5
180. मनु०, 9.307
181. नारद०, 1.34
182. वसिष्ठ०, 13.3-5, नारद०, 1.34 एवं 1.315
183. 'लेखरूपगणनाववहार विधि विसारदेन' - खारवेल का हाथीगुम्फा अभिलेख - श्रीराम गोयल, प्रा०भा०अ०सं० भाग एक, पृ० 361
184. 'पारणधारण विज्ञान प्रयोगावाप्त विपुल कीर्तिना ... ' रूद्रदामन का जूनागढ़ अभिलेख, श्रीराम गोयल, पूर्वोक्त, पृ० 324
185. 'शब्दार्थ न्याय लोकज्ञ' - चन्द्रगुप्त का उदयगिरि लेख, पी०एल० गुप्त, प्राचीन भारत के प्रमुख अभिलेख, भाग 2, पृ०40
186. 'नियन्तरमसाधूनाम् गोप्तारं धर्मचारिणाम्' - महा० 5.139.19-22
187. महा० 12.20, 13.20
188. बृह० व्य० का०, 1.39
189. गौतम० 11.29
190. 'स्थित्यै दण्डयतो दण्डयान' - रघुवंशम् 1.25
191. रामायण, किष्किन्धाकाण्ड 18.32

192. साधवसाधूस्य प्रलय हेतु पुरुषस्य - प्रयाग प्रशस्ति, पी०एल० गुप्त - पूर्वोक्त, पृ०9
193. महा०, शांति पर्व 69.27
194. बृह०, व्य०का०, 1.7 - याज्ञ० 1.356, विष्णु० 19.43, शुक्र० 4.1.52, मनु० 8.336
195. मनु०, 8.12
196. मनु०, 7.27-28
197. शुक्र०, 1.4.42

अध्याय द्वितीय

हिन्दू - विधि के स्रोत

निष्पक्ष न्याय सम्पादन के लिए यह आवश्यक था कि उसका आधार सुनिश्चित किया जाय, क्योंकि आधारहीन न्याय-व्यवस्था कभी भी स्थायित्व नहीं प्राप्त कर सकती थी। समाज के विकास के प्रारम्भिक चरण में ऋत, व्रत एवं सत्य के रूप में नैसर्गिक विधि प्रभावशाली रही। राज्य और न्यायपालिका का विकास ऋत की परम्परा को कार्यान्वित करने के लिए हुआ। द्वितीय चरण में नैसर्गिक विधि का स्थान धर्म के रूप में सामाजिक विधि ने ग्रहण कर लिया। परन्तु ऋत एवं सामाजिक आचारों में भी परस्पर विरोध की स्थिति आ सकती थी। 'ऋत' में क्रमबद्धता, स्थिरता एवं निश्चयात्मकता आदि गुण रहते हैं और सामाजिक विधियाँ गतिमान, विकासशील एवं अस्थिर रहती हैं। विधि का मूल ही यह असंगति दूर कर सकता था। अतः सामाजिक विधि नैसर्गिक विधि पर आधारित की गयी एवं नैसर्गिक विधि का सामाजीकरण किया गया।[1] प्राप्त साक्ष्यों से स्पष्ट होता है कि धर्म (विधि) के स्रोत के रूप में सर्वप्रथम वेदों को ही आधार माना गया। परवर्ती स्मृतिकारों ने विधि के विभिन्न स्रोतों को दो वर्गों में विभाजित किया-

(1) धर्ममूल - विधि का वैधानिक स्रोत अथवा मुख्य स्रोत।
(2) धर्म स्थान - विधि का उपादान स्रोत।

धर्ममूलः-

धर्ममूल के अन्तर्गत वे स्रोत परिगणित होते हैं, जिनसे आचार अथवा परम्पराएँ वैधानिकता को प्राप्त करती हैं। समाज द्वारा प्रारम्भ से ही मान्य होने के कारण ये विधि के विश्वसनीय हेतु हैं। इनमें वेदों का स्थान सर्वोपरि है। गौतम के अनुसार वेद ही धर्म का मूल है तथा वेद के ज्ञाताओं के आचार एवं परम्परा भी धर्म के स्रोत हैं।[2] आपस्तम्ब ने धर्म तथा वेद के ज्ञाताओं के समय (आचार) को प्रमाण माना है।[3] वशिष्ठ ने धर्म को श्रुति तथा स्मृति से बोधगम्य माना है तथा उसके अभाव में शिष्टाचार को प्रमाण स्वरूप स्वीकार किया है।[4] मनु ने अखिल वेद, स्मृति, शील, सज्जनों के आचरण तथा आत्मसंतुष्टि को धर्ममूल स्वीकार किया है।[5] याज्ञवल्क्य ने श्रुति, स्मृति तथा सदाचार के साथ ही आत्मप्रिय (जो स्वयं को अच्छा लगे) तथा सम्यक् संकल्प के उद्देश्य से उत्पन्न इच्छा को धर्ममूल स्वीकार किया है।[6]

उपर्युक्त विवरण से यह निष्कर्ष निकलता है कि धर्मसूत्रों के काल में मूलतः श्रुति, स्मृति, सदाचार शिष्टाचार तथा परम्पराएँ विधि के मूल स्रोत थे। गुप्तकाल तक आते-आते इनके साथ ही आत्मसंतुष्टि तथा सम्यक् संकल्प को भी सम्मिलित कर लिया गया तथा इन्हें भी धर्ममूल में स्थान दिया गया। परन्तु विधि का मूल स्रोत श्रुति ही बनी रही।

धर्म स्थानः-

इसी के समानान्तर में विधि के स्रोत की एक अन्य परम्परा भी दृष्टिगत होती है, जिसका स्पष्ट सम्बन्ध श्रुति और स्मृति से है, जिसे धर्मस्थान अथवा विधि का उपादान स्रोत अथवा गौण स्रोत कहते हैं। उल्लेखनीय है कि गौतम ने वेदों को जहां एक ओर धर्ममूल स्वीकार किया है, वहीं इन्हें धर्मशास्त्रों, अङ्गों (सहायक विद्या), उपवेदों तथा पुराणों के साथ 'व्यवहार' में सहायक माना है।[7] याज्ञवल्क्य ने धर्मस्थान के अन्तर्गत पुराण, न्याय, मीमांसा, धर्मशास्त्र आदि अंगों

तथा वेदों को स्थान दिया है।[8] महाभारत जहां एक ओर वेद, स्मृति एवं सदाचार- तीनों की धर्म का लक्षण कहता है, दूसरी ओर अर्थशास्त्र को धर्म का चतुर्थ लक्षण कहता है।[9] निश्चय ही महाभारत की दृष्टि में अर्थशास्त्र धर्म का गौण स्रोत है, अन्यथा इसे श्रुति, स्मृति एवं सदाचार से पृथक् नहीं किया गया होता। इसके अतिरिक्त विधि के सम्बन्ध में परामर्श देने के लिए 'परिषद' भी एक महत्वपूर्ण संस्था थी तथा अन्ततः राजा भी विधि का प्रमुख स्रोत था।

इस प्रकार स्पष्ट है कि विधि के स्रोत का मूल आधार श्रुति, स्मृति, विविध प्रकार के आचार एवं परम्पराएँ रहीं। इन्हीं के आधार पर धर्मशास्त्र, पुराण, न्याय और मीमांसा आदि गौण स्रोतों का समन्वय किया गया। इन सभी स्रोतों में वेद अपनी महत्ता बनाये रखने में समर्थ रहे। किसी भी विधि एवं आचार को 'आम्नाय' (वेद) के विरूद्ध प्रमाण नहीं माना गया। फलतः अवैदिक परम्पराएं या तो वैदिक परम्पराओं में समाविष्ट होने लगी अथवा मिट गयीं। ऊपर से 'परिषद' और नीचे से बिखरे हुए वेदज्ञों (ब्राह्मणों) की व्याख्याओं में अवैदिक परम्पराएँ स्थिर नहीं रह सकीं।[10] वस्तुतः प्राचीन भारतीय समाज का सम्पूर्ण जीवनचक्र वेदों एवं धर्मशास्त्रों में विहित मार्ग पर गतिमान था। उनकी विधि व्यवस्था, उनकी संस्थाएँ और उनके आदर्श इन्हीं धर्मग्रंथों में समाविष्ट दर्शनशास्त्र के उपोत्पाद थे।[11]

धर्ममूल स्रोत-

श्रुतिः-

विधि के स्रोतों में 'श्रुति' का स्थान सर्वोपरि है। इसे 'धर्ममूल' कहा गया है 'वेद' शब्द 'विद्' धातु से बना है, जिसका अभिप्राय 'ज्ञान' से है। वैदिक ज्ञान 'श्रुति' (सुनकर) के द्वारा प्राप्त किया जाता था, अतः वेदों को 'श्रुति' की संज्ञा प्रदान की गयी। मीमांसकों ने उसे 'अपौरूषेय' के रूप में वर्णित किया है, जिसका कोई मानव स्त्रष्टा नहीं है। यह स्वतः उत्पन्न है और स्वतः प्रमाण है (प्रामाण्यं स्वतः उत्पद्यते, प्रामाण्यं स्वतः ज्ञायते च)। इस प्रकार वेद स्वयं प्रमाण होने के कारण मानवीय दोषों से मुक्त हैं। वेदों को अपौरूषेय, शाश्वत ज्ञान तथा विधि का संग्रह माना गया है। वेदों के अपौरूषेय होने के कारण ही ऋषियों को 'मंत्रस्त्रष्टा' न कहकर 'मंत्रद्रष्टा' ही कहा गया है (ऋषियों मंत्रद्रष्टारः)। मीमांसकों

के अनुसार वेद के बहुत से अंश लुप्त हो गये और उनका ज्ञान सम्प्रदाय एवं परम्परा से ही हो सकता है। हरिहरनाथ त्रिपाठी ने मीमांसकों के इस दृष्टिकोण के प्रति आपत्ति प्रकट करते हुए लिखा है कि मीमांसकों के सम्प्रदाय एवं परम्परा ने उपलब्ध शब्दराशि के अर्थ करने का प्रकार भी निश्चित कर दिया, जिससे भिन्न कोई अर्थ की पद्धति हो ही नहीं सकती। आश्चर्य है कि मनुष्यकृत अर्थपद्धति से वेदों और मानव सम्प्रदाय एवं परम्परा से उपलब्ध होने वाले वेद को मीमांसक स्वतः प्रमाण और अपौरूषेय मानते हैं।[12]

इसी प्रकार मीमांसक नैयायिकों के इस विचार का भी खण्डन करते हैं कि वेद ईश्वरकृत है। हरिहरनाथ त्रिपाठी मीमांसकों द्वारा वेद की व्याख्याओं एवं उसके स्वरूप निर्धारण में उपस्थित की गई उक्तियों को आग्रहग्रस्त मानते हैं। उनके अनुसार वे बौद्धों एवं जैनियों से होने वाले वेद की अप्रामाणिकता का उत्तर दे रहे थे। अतः वे निष्पक्ष नहीं हो सके।[13]

मीमांसकों ने वेद को पांच भागों में विभक्त किया है- 'विधि', 'मन्त्र', 'नामधेय', 'निषेध' तथा 'अर्थवाद'।[14]

1- विधि- वेद विहित आचरण का सम्पादन करना। यथा- 'सत्यंवद, धर्मचर'।

2- मंत्र- वेदों में देवताओं को आह्वान करने की स्तुतियाँ।

3- नामधेय- विभिन्न ऋषियों या वस्तुओं का नाम।

4- निषेध- अविहित आचरण के सम्पादन का निषेध। यथा- 'स्वाध्याये प्रमादं मा कुरू'।

5- अर्थवाद- विहित या अविहित कार्य के सकारण सम्पादन या निषेध की आज्ञा। जैसे- यज्ञ में रजत् का प्रयोग निषिद्ध है। इसका कारण यह है कि रजत् की उत्पत्ति रुद्र के अश्रु से स्वीकार की गयी है और रुद्र के नेत्रों से अश्रु उस समय निकलते हैं, जब वे अत्यन्त क्रुद्ध होते हैं। अतः रजत् का यज्ञ में प्रयोग करना अनिष्टकारक हो सकता है।

विधि के स्रोत की दृष्टि से विधि, निषेध तथा अर्थवाद का विशेष

महत्व है। वेद-विभाग के मध्य परस्पर संघर्ष की स्थिति में विधि को प्राथमिकता दी जाती है। आपस्तम्ब ने विधि-वचन को ही विधि का आधार माना है।[15] कुमारिल एवं शबरस्वामी का मत है कि वेद के सभी अंश आधार है। इतना अवश्य है कि उनका प्रयोग निश्चित और नियमित क्षेत्रों में ही किया जा सकता है।[16]

वस्तुतः हिन्दू-विधि के विकास की प्रक्रिया ऋत से प्रारम्भ होती है। ऋत के सामाजिक सम्बन्धों, आचारों एवं नैसर्गिक व्यवस्था को व्यक्त करने वाले प्रथम संहिताबद्ध रूप वेद है।[17] किन्तु परवर्ती काल में समयाचार तथा अवैदिक जातियों की अन्य विधियों का विकास हुआ, जिनकी समग्र व्याख्या करने में वेद सफल नहीं सिद्ध हुए। विधि का सम्बन्ध समाज से होने से उसका प्रबलतम अंश 'समयाचार' के रूप में विकसित हुआ। वेद 'समयाचार' का स्रोत नहीं बन सका।[18] यही कारण है कि आपस्तम्ब ने वेद का नाम धर्मज्ञ, समय के पश्चात् दिया है। आपस्तम्ब धर्मसूत्र के टीकाकार हरदत्त की व्याख्या से ही यह संकेत मिलता है कि वेद ही एकमात्र विधि के स्रोत नहीं है।[19] फिर भी वेदों का महत्व अपने स्थान पर बना रहा क्योंकि ऋत से प्रत्यक्ष सम्बन्ध रखने वाले वेदों को ही समाज अपना आदर्श मानता रहा। वेदों का महत्व इसी से स्पष्ट है कि जिन विधियों का आधार वेद में नहीं मिलता, उन्हें लुप्त शाखाओं पर आधारित मान लिया गया तथा यह कहा जाने लगा कि सम्बन्धित अंश भी वेदविहित हैं।

इस प्रकार यह निष्कर्ष निकाला जा सकता है कि यद्यपि वेद प्राचीन भारत की विधि व्यवस्था के मूल आधार तो हैं, फिर भी मुख्यतः ज्ञान एवं कर्मकाण्ड मूलक होने के कारण विधि व्यवस्था से सम्बन्धित सभी नियमों की पूर्ण व्याख्या करने में समर्थ नहीं हो सकते हैं। विधि व्यवस्था से सम्बन्धित नियमों का वेदों में से चयन करना पड़ता है और उनमें विधि-व्यवस्था से सम्बन्धित समस्त नियमों का अभाव भी है।[20] इस सम्बध में पी.वी. काणे का यह कथन सत्य प्रतीत होता है कि वेद धर्म सम्बन्धी निबन्ध नहीं हैं। वहां तो धर्म सम्बन्धी बातें प्रसंगवश आती गयी हैं। यदि हम धर्म का व्यवस्थित एवं क्रमबद्ध रूप देखना चाहते हैं तो हमें स्मृतियों का अवलोकन करना होगा।[21]

श्रुति-वैविध्य :-

प्रायः सभी स्मृतिकारों ने धर्म के जानने वालों के लिए वेदों को ही उत्तम प्रमाण माना है।[22] परन्तु यह भी सम्भव है कि एक वेद में उल्लिखित निर्देश ही पृथक-पृथक हों अथवा दो वेदों के निर्देशों में ही मतैक्य न हो। जैसे- ऋग्वेद में अग्नि के लिए बाँझ (अनुबध्या) गायों की बलि देने का उल्लेख प्राप्त होता है।[23] किन्तु ऋग्वेद में ही कुछ स्थलों पर गाय को 'अघ्न्या' कहा गया है।[24] 'अघ्न्या' का अर्थ निरूक्त ने 'वह जो मारने योग्य न हो,' लगाया है।[25] ऋग्वेद में गाय को देवी भी कहा गया है।[26] स्पष्टतः यहां श्रुति में ही अन्तर्विरोध प्रदर्शित होता है। महाभारत में भी कहा गया है कि श्रुतियाँ भिन्न-भिन्न हैं। एक भी ऋषि नहीं है, जिसका मत मान्य हो।[27] स्पष्ट है कि महाभारतकार भी श्रुति-वैविध्य से अनभिज्ञ नहीं था।

अतः यहां प्रश्न यह उत्पन्न होता है कि ऐसी विषम स्थिति में किस निर्देश को वरीयता दी जाय? इस सम्बन्ध में स्मृतिकारों ने निर्देश दिया है कि जब दो वैदिक वचनों में विरोध उत्पन्न हो जाय, तो 'विकल्प' का आश्रय लेना चाहिए।[28] मनु ने एक दृष्टान्त दिया है:- यज्ञ तीनों कालों में होता है- सूर्योदय के पूर्व, जब तारे न दिखते हों तथा सूर्योदय के समय। ये तीनों ही श्रुति-वचन है।[29] आशय यह है कि श्रुति निर्देशों में परस्पर विरोध है। यहां तीनों ही मान्य है और कोई व्यक्ति अपनी सुविधानुसार इन तीनों ही मान्य है और कोई व्यक्ति अपनी सुविधानुसार इन तीनों कालों में कभी भी यज्ञ कर सकता है।

कुमारिल ने श्रुति एवं स्मृति की अपेक्षा श्रुति और श्रुति के विरोध को अधिक महत्व दिया है। उनके अनुसार श्रुति में परस्पर विरोध 'तुल्यकक्ष की प्रामाणिकता' का विरोध है। ऐसी स्थिति में 'विकल्प' अथवा 'विषय-व्यवस्था' से समाधान करना चाहिए।[30] अतः जिस परम्परा में श्रुति का जो अंश व्यवहार में प्रचलित हो, उसे ही महत्व दिया जाना उचित प्रतीत होता है।

स्मृतिः-

वेदों की ही भांति स्मृतियाँ भी विधि की मूल एवं गौण, दोनों स्रोतों के रूप में महत्वपूर्ण स्थान रखती हैं। ऐसा प्रतीत होता है कि वेदोत्तरकालीन युग

में विधि-व्यवस्था का विकास रूढ़िगत रूप से होता रहा, परन्तु उस युग के विषय में अधिक कुछ भी ज्ञात करना सम्भव नहीं है। भारत के भिन्न-भिन्न भागों में वेदों का पालन करने वाले आचार्यो ने वेदों की भिन्न-भिन्न व्याख्याएँ कीं और इसके फलस्वरूप वेदों की विभिन्न शाखाओं का जन्म हुआ। वेदों का पठन-पाठन करने वाले आचार्य कई भागों में बंट गये और पठन-पाठन की सुविधा के लिए सूत्रों का निर्माण हुआ। इस प्रकार धर्मसूत्रों, गृहयसूत्रों एवं कल्पसूत्रों का जन्म हुआ।[31] स्मृतियों को पूर्व-स्मृतियों एवं उत्तर-स्मृतियों के रूप में विभाजित करके उन्हें धर्मसूत्र एवं धर्मशास्त्र का नामकरण प्रदान किया गया है, यद्यपि इन दोनों को व्यापक रूप से धर्मशास्त्र के नाम से ही जाना जाता है।[32]

प्रायः समस्त व्यवस्थाकारों ने विधि के स्रोतों में स्मृतियों को द्वितीय स्थान पर रखा है।[33] ऐसा प्रतीत होता है कि प्रारम्भ में स्मृतियों का अर्थ संकीर्ण रूप में व्यक्त किया गया। गौतम, वशिष्ठ एवं बौधायन ने स्मृति को 'वेद के ज्ञाताओं का स्मरण' माना है।[34] मनु ने भी अपने पूर्ववर्ती शास्त्रकारों की व्याख्या को स्वीकार करते हुए स्मृति का अर्थ मात्र धर्मशास्त्र ही किया है।[35] दूसरी ओर तैत्तिरीय आरण्यक एवं पूर्वमीमांसा में 'स्मृति' शब्द व्यापक अर्थ में प्रयुक्त हुआ है।[36] वेदान्त सूत्र में भी स्मृति की व्याख्या व्यापक अर्थो में हुई है। यहां तक कि उसमें सांख्य दर्शन को भी सम्मिलित कर लिया गया है।[37] मनु पर टीका करते हुए मेधातिथि ने लिखा है कि वेद के ज्ञाताओं का यह स्मरण कि यह करणीय है और यह अकरणीय है, स्मृति है।[38]

उपर्युक्त विवरण से स्पष्ट होता है कि स्मृतियाँ मूलतः वेदों पर ही आधारित हैं। वेद के ज्ञाताओं का स्मरण ही स्मृति है तथा वेदज्ञों का आचार ही धर्म है। इसका परिणाम यह हुआ कि अवैदिक शिष्टों की स्मृति को भारतीय विधि व्यवस्था में स्थान नहीं मिला।[39] विद्वानों की घोषणा, उनके आचार तथा वैयक्तिक प्रस्ताव को मान्यता नहीं मिली। वेद समर्थित आचार को ही स्मृति के रूप में प्रमाण मिला।[40]

स्मृति संख्याः-

प्रारम्भ में स्मृतियों की संख्या बहुत कम थी। परन्तु युगधर्म के प्रभाव

के फलस्वरूप इनकी संख्या में उत्तरोत्तर वृद्धि होती गयी। गौतम एकमात्र मनुस्मृति का उल्लेख करते हैं।[41] बौधायन ने सात, वशिष्ठ ने पाँच तथा आपस्तम्ब ने दस स्मृतिकारों का उल्लेख किया है।[42] स्वयं मनु ने अपने अतिरिक्त छः स्मृतिकारों अत्रि, उतथ्यपुत्र[43] भृगु, वशिष्ठ वैखानस एवं शौनक का उल्लेख किया है। याज्ञवल्क्य ने एक स्थान पर स्वयंसहित बीस धर्मशास्त्र-प्रयोजकों का उल्लेख किया है, जिसमें उन्होंने शंख और लिखित को दो पृथक्-पृथक् व्यक्तियों के रूप में स्वीकार किया है।[44] मिताक्षरा इन स्मृतिकारों को अंतिम गणना के रूप में नहीं स्वीकार करती हैं, बल्कि इसे मात्र दृष्टान्त रूप में स्वीकार करते हुए बौधायन आदि को धर्मशास्त्रकार के रूप में स्वीकार किया है।[45]

पराशर ने याज्ञवल्क्य की सूची की ही भाँति स्वयं के अतिरिक्त उन्नीस नामों का उल्लेख किया है, परन्तु बृहस्पति, यम एवं व्यास के स्थान पर कश्यप, गार्ग्य एवं प्रचेता के नामों का उल्लेख किया है।[46] 'चतुर्विंशतिमत' नामक ग्रंथ में चौबीस स्मृतियों के नाम का उल्लेख हुआ है, जिसमें याज्ञवल्क्य-सूची में उल्लिखित कात्यायन एवं लिखित का नाम छोड़ दिया गया है और गार्ग्य, नारद, बौधायन, वत्स, विश्वामित्र तथा शंख (शांखायन?) का नाम जोड़ दिया गया है।[47] अंगिरा ने स्मृतियों के साथ ही उपस्मृतियों का भी उल्लेख किया है। वृद्ध-गौतम स्मृति में सत्तावन धर्मशास्त्रों का उल्लेख है।[48] वीर मित्रोदय में अट्ठारह मुख्य स्मृतियों, अट्ठारह उपस्मृतियों तथा इक्कीस अन्य स्मृतिकारों के नाम उल्लिखित किया हैं।[49] गरुड् पुराण और अग्निपुराण में स्मृतियों की संख्या क्रमशः अट्ठारह एवं बीस उल्लिखित की गई है।[50] यदि परवर्ती निबन्धों की मयूख सूचियों का अवलोकन करें, तो स्मृतियों की संख्या सौ के लगभग पहुंच जायेगी।[51]

गुरूमण्डल ग्रंथमाला, नवपुष्प कलकत्ता के तत्वावधान में चार भागों में मुद्रित 'स्मृति संदर्भ' नामक ग्रंथ में श्री मनसुखराम मोर ने चौवालीस उपलब्ध स्मृतियों का उल्लेख किया है- मनुस्मृति, नारदीय मनुस्मृति, अत्रिस्मृति, अत्रिसंहिता, प्रथम विष्णुस्मृति, विष्णुस्मृति, संवर्तस्मृति, दक्षस्मृति,आङ्गिरसस्मृति, शातातपस्मृति, पराशरस्मृति, वृहत् पराशर स्मृति, लघु हारीत स्मृति, वृद्ध हारीत स्मृति, याज्ञवल्क्य स्मृति, कात्यायनस्मृति, आपस्तम्ब स्मृति, लघुशंखस्मृति, शंख स्मृति, लिखित स्मृति, शंखलिखित स्मृति, वशिष्ठ स्मृति, औशनस स्मृति, औशनससंहिता, बृहस्पति स्मृति, लघुव्यास संहिता, व्यासस्मृति,

देवलस्मृति, प्रजापतिस्मृति, लघु आश्वालायन स्मृति, बौधायनस्मृति, गौतमस्मृति, वृद्धगौतम स्मृति, यमस्मृति, लघुयमस्मृति, वृहद्यमस्मृति, अरूण स्मृति, पुलस्त्यस्मृति, वुधस्मृति, वशिष्ठस्मृति, (द्वितीय) वृहद्योगियाज्ञवल्क्य स्मृति, ब्रह्भोक्त याज्ञवल्क्य संहिता, काश्यपस्मृति, तथा व्याध्रपाद स्मृति,।[52]

स्मृतियों का रचना कालः-

स्मृतियों की उत्तरोत्तर वर्द्धमान संख्या से स्पष्ट हो जाता है कि वे विभिन्नयुगों की रचनाएं हैं। इनकी रचना कई शताब्दियों तक होती रही। ये स्मृतियाँ छठी शताब्दी ई०पू० से लेकर नवीं शताब्दी ई० तक की रचनाएँ हैं। इनकी टीकाएं नवी शताब्दी से लेकर तेरहवीं शताब्दी तक लिखी गयीं। इतना ही नहीं 'वीर मित्रोदय' तथा 'व्यवहार मयूख' जैसे निबन्ध ग्रंथ तो सत्रहवीं शताब्दी ई० की रचनाएं हैं। समय-समय पर इनमें परिवर्तन एवं परिवर्द्धन भी होता रहा है। पी.वी. काणे ने कुछ प्रमुख धर्मसूत्रों, स्मृतियों एवं उनकी टीकाओं का रचनाकाल इस प्रकार निर्धारित किया है।[53]

ग्रंथों के नाम	*सम्भावित रचनाकाल*		
गौतम धर्मसूत्र, आपस्तम्ब धर्मसूत्र, बौधायन धर्मसूत्र, वशिष्ठ धर्मसूत्र आदि	600 ई०पू०	-	300 ई०पू०
मनुस्मृति	200 ई०पू०	-	100 ई०
याज्ञवल्क्य स्मृति	100 ई०	-	300 ई०
विष्णु धर्मसूत्र	100 ई०	-	300 ई०
नारदस्मृति	100 ई०	-	400 ई०
बृहस्पतिस्मृति	300 ई०	-	500 ई०
कात्यायन स्मृति	400 ई०	-	600 ई०
पाराशर, शंखर एवं देवल स्मृति	600 ई०	-	900 ई०
विश्वरूप (याज्ञ०स्मृति के टीकाकार)	800 ई०	-	850 ई०
मेधातिथि (मनुस्मृति के टीकाकार)	825 ई०	-	900 ई०
विज्ञानेश्वर (मिताक्षरा के लेखक)	1080 ई०	-	1100 ई०
अपरार्क (याज्ञ० स्मृति के टीकाकार)	1100 ई०	-	1130 ई०
कुल्लूक (मनुस्मृति के टीकाकार)	1150 ई०	-	1300 ई०

पी.वी. काणे के अनुसार इन स्मृतियों का काल निर्धारण इसलिए भी कठिन है कि कुछ स्मृतियाँ तो पुराने धर्मसूत्रों के पद्यवद्ध किये गये संशोधन मात्र ही हैं, यथा-शंखस्मृति। कभी-कभी दो या तीन स्मृतियाँ एक ही नाम के साथ चलती हैं, यथा-शातातत, हारीत एवं अत्रिस्मृति। कुछ स्मृतियों के प्रणेता तो प्रमुख स्मृतिकार ही हैं, परन्तु इन स्मृतियों में भेद करने के लिए बृद्ध, वृहत् एवं लघु शब्द जोड़ दिया गया है। जैसे-वृद्ध गौतम स्मृति, वृद्ध याज्ञवल्क्य स्मृति, वृहत् पराशर स्मृति एवं लघु हारीत स्मृति आदि।[54]

यहाँ यह भी उल्लेखनीय है कि यद्यपि स्मृति साहित्य पर्याप्त समृद्धिशाली है तथा इनकी परम्परा भी दीर्घकालीन हैं, किन्तु इस समृद्ध साहित्य की सभी स्मृतियाँ समान रूप से महत्वपूर्ण नहीं हैं। इसके अतिरिक्त एक अन्य तथ्य भी उल्लेखनीय है कि धर्मशास्त्रों के मध्य कुछ ऐसी स्मृतियों का भी उल्लेख प्राप्त होता है, जो आज अनुपलब्ध हैं। इस प्रकार लुप्तस्मृतियों का सिद्धान्त निर्मित हुआ। जो भी स्मृति आज उपलब्ध नहीं होती है तथा जिसका उल्लेख प्राचीन स्मृतियों में प्राप्त नहीं होता है, उसे इसी सिद्धान्त के अन्तर्गत रखा जा सकता है।

पारस दीवान स्मृतिकारों को दो भागों में विभक्त करते हैं- पूर्वस्मृतिकार एवं उत्तरवर्ती स्मृतिकार। पूर्व स्मृतिकारों में उन्होंने गौतम, आपस्तम्ब, हारीत, वशिष्ठ एवं विष्णु के धर्मसूत्रों का उल्लेख किया है तथा उत्तरवर्ती स्मृतिकारों में मनु, याज्ञवल्क्य, नारद, बृहस्पति तथा कात्यायन आदि को स्थान दिया है। पूर्ववर्ती स्मृतिकार 'आचार' एवं 'प्रायश्चित' खण्ड को अधिक महत्व देते हैं, जबकि उत्तरवर्ती स्मृतिकारों ने 'आचार' एवं 'प्रायश्चित' के साथ-साथ 'व्यवहार-विषय' की भी विस्तृत एवं क्रमबद्ध विवेचना की है। नारद जैसे कुछ उत्तरवर्ती स्मृतिकारों ने केवल व्यवहार-विषय की ही विवेचना किया है।[55]

एक अन्य दृष्टि से हम देखते हैं कि 600 ई० के पूर्व लिपिबद्ध स्मृतियों में मुख्यत: सामाजिक आचारों का संकलन है तथा 600 ई० के पश्चात् की स्मृतियों का स्वरूप प्राय: साम्प्रदायिकता है।

धर्मसूत्रों एवं स्मृतियों में विभेद-

कुछ विद्वान विधि के स्त्रोत के सदर्भ में धर्मसूत्रों एवं स्मृतियों का

एकीकरण कर देते हैं। परन्तु पी.वी. काणे ने प्राचीन धर्मसूत्रों और स्मृतियों के मध्य अन्तर्भेद का उल्लेख किया है। उनके अनुसार (1) प्राचीन धर्मसूत्रों के प्रणेतागण स्वयं को ऋषि या अतिमानव नहीं कहते हैं, जबकि मनु तथा याज्ञवल्क्य जैसे स्मृति लेखकों को ब्रह्मा के समकक्ष ला दिया गया है, अर्थात् इन्हें मानव नहीं, अतिमानव माना गया है। (2) धर्मसूत्र गद्य अथवा मिश्रित गद्य-पद्य में लिखे गये हैं, जबकि स्मृतियाँ पद्यबद्ध हैं। (3) धर्मसूत्रों की भाषा स्मृतियों की भाषा की अपेक्षा अधिक प्राचीन है। (4) धर्मसूत्रों का विषयवस्तु व्यवस्थित नहीं है, किन्तु स्मृतियों की विषय वस्तु प्रायः तीन प्रमुख शीर्षकों आचार, व्यवहार एवं प्रायश्चित के अन्तर्गत वर्णित है। (5) अधिकांश धर्मसूत्र स्मृतियों से प्राचीन है।[56]

उपर्युक्त अन्तर्भेद के आधार पर यह निष्कर्ष निकाला जा सकता है कि विधि के स्रोत की दृष्टि से धर्मसूत्रों की तुलना में स्मृतियाँ अधिक महत्वपूर्ण हैं। धर्मसूत्रों के काल में विधि व्यवस्था अपने प्रारम्भिक चरण में थी तथा उन पर वेदों का प्रभाव अधिक था। अतः धर्मशास्त्रों में विधि-व्यवस्था का मौलिक विकास सम्भव नहीं हो सका। परन्तु स्मृतियों तथा उनके टीकाग्रंथों की रचना द्वितीय शताब्दी ई०पू० से ग्यारहवीं शताब्दी ई० तक निरन्तर होती रही। यहाँ तक कि 'वीर मित्रोदय' जैसे ग्रंथ तो सत्रहवीं शताब्दी ई० में लिखे गये। अतः धर्मसूत्रों की तुलना में स्मृतिग्रंथों पर वेदों का प्रभाव कम पड़ा। अतः स्मृतियों पर अल्प श्रुति-प्रभाव होते हुए भी विधि का मौलिक विकास हुआ। ऐसा होना अनपेक्षित भी नहीं था, क्योंकि देशकाल और परिस्थितियों के अनुरूप निरन्तर नये-नये विवादों का जन्म हो रहा था। श्रुतियों में निर्दिष्ट नियम उनके निवारण में असमर्थ होते जा रहे थे। अतः स्मृतियों ने इन नयी आवश्यकताओं को पूरा करने का प्रयास किया। फलतः नयी-नयी विधियों का सृजन हुआ।

वस्तुतः स्मृतियाँ धर्मसूत्रों के अनन्तर होने वाले सामाजिक परिवर्तन की पृष्ठभूमि में सामने आती है। उस समय देश में अवैदिक जातियां, आचार, परम्पराएं एवं सम्प्रदाय विद्यमान थे। स्मृतियाँ समकालीन सदाचारों के संकलन एवं समस्याओं के समाधान में संहिताबद्ध हुई। इसमें उन्होंने एक ओर वैदिक आधार स्वीकार किया तथा दूसरी ओर नवीन स्थिति का समन्वय भी किया। ऐसी स्थिति में स्मृतियों में ऐसे तत्व भी आये, जो वेदों में उपलब्ध नहीं थे। उनका समाधान करने के लिए वेदों की लुप्तशाखा के अनुमान का सिद्धान्त प्रस्तुत हुआ।[57]

स्मृति वैविध्यः-

विविध स्मृतियों की रचना अवधि में लगभग 1500 वर्षों से अधिक का अंतराल है। अतः इनके वर्ण्य-विषय तथा व्याख्याओं में विविधता का होना स्वाभाविक है। देश, काल एवं परिस्थितियों के अनुरूप विविध प्रकार के नये-नये विचारों का जन्म हुआ। अतः उनके समाधान के लिए नये-नये नियम भी आये। विभिन्न क्षेत्रों एवं कालों में रचित स्मृतियों के नियमों में अंतर होना स्वाभाविक था। अतः यह विचार करना स्वाभाविक हो जाता है कि स्मृतियों का सापेक्षिक महत्व क्या है? क्या सभी स्मृतियों को समानरूप से प्रामाणिक माना जा सकता है?

पी.वी. काणे का मत है कि सभी स्मृतियाँ प्रामाणिक रूप से मान्य नहीं हैं। कुछ तो केवल व्याख्याओं में ही उल्लिखित है।[58] बृहस्पति ने स्मृतियों में परस्पर विरोधाभास की अवस्था में मनुस्मृति को अधिक प्रामाणिक माना है।[59] कुल्लूक का भी यही मत है।[60] मिताक्षरा ने मनुस्मृति को सामान्य स्मृतियों की कोटि से ऊपर का मानते हुए 'महास्मृति' की संज्ञा दी है।[61] 'गोभिल स्मृति' का निर्देश है कि जहां स्मृतिवचनों में विरोध हो, प्रामाणिकता उसी को मिलनी चाहिए, जो स्मृति वचनों के बहुमत से समर्थित हो, किन्तु जहाँ दो वचन समान रूप से प्रामाणिक हो, वहाँ तर्क का आश्रय लेना चाहिए।[62]

वस्तुतः स्मृतियों की संख्या के अधिक होने के कारण कभी-कभी ये एक दूसरे की विरोधिनी रही हैं। स्मृतियों के मध्य इस भिन्नता के अनेक कारण प्रतीत होते हैं। इस सन्दर्भ में सर्वप्रथम 'युगधर्म का सिद्धान्त' महत्वपूर्ण रहा है, जिसके अनुसार विभिन्न युगों (कालों) में पालन किया जाने वाला धर्म पृथक-पृथक होता है। स्मृतियों की रचना विभिन्न भौगोलिक क्षेत्रों में होने के कारण सम्बन्धित क्षेत्र की स्थानीय विशेषताओं के प्रभाव से उनमें सहज रूप में भिन्नता आ गयी। स्मृतियाँ एक काल की भी रचनाएं नहीं है। स्मृतियों की दीर्घकालीन परम्परा होने के कारण भी विभिन्न कालों की परम्पराएँ उन्हें प्रभावित करती रहीं। जो आचार एक समय में मान्य थे, परवर्तीकाल में अमान्य एवं अप्रचलित होते गये। पराशर का यह कथन महत्वपूर्ण है कि कृतयुग में मानवधर्म (मनुस्मृति) त्रेतायुग में गौतमस्मृति, द्वापर युग में शंखलिखित तथा कलियुग में पराशरस्मृति की प्रधानता होगी।[63] यह

उल्लेख 'युगधर्म' के सिद्धान्त का समर्थन करता है। मनु ने भी इस सिद्धान्त का उल्लेख किया है। उनके अनुसार युगों के अनुसार मनुष्यों के धर्म सतयुग, त्रेता, द्वापर एवं कलियुग में पृथक्-पृथक् होते हैं। सतयुग में तपप्रधान है, त्रेता में ज्ञान प्रधान है, द्वापर में यज्ञ प्रधान है तथा कलियुग में केवल दान ही मुख्य है।[64] महाभारत में भी युगधर्म के सिद्धान्त का उल्लेख प्राप्त होता है।[65]

इस सन्दर्भ में 'कलिवर्ज्य का सिद्धान्त' भी महत्वपूर्ण है। प्राचीन स्मृतियों का सम्मान करते हुए कुछ प्राचीन नियमों का यह कहकर निषेध किया गया कि कलियुग में ये आचार वर्ज्य हैं। यथा-प्राचीनकाल में गोवध धर्मविहित था। अतिथि सत्कार में वत्सतरी (बछिया) तथा अग्नि के लिए अनुबंध्या (बाँझ) गाय का वध किया जाता था। परन्तु कालान्तर में 'कलिवर्ज्य-सिद्धान्त' के अनुरूप इसका निषेध किया गया। इसी प्रकार वैदिक काल में नियोग-प्रथा धर्मसम्मत था, किन्तु कालान्तर में कलिवर्ज्य-सिद्धान्त के अनुरूप इसे निषिद्ध घोषित किया गया।

इस प्रकार 'युगधर्म सिद्धान्त' तथा 'कलिवर्ज्य सिद्धान्त' के प्रभाव के फलस्वरूप स्मृतियों के उल्लेख में विविधता का होना स्वाभाविक था। इस सन्दर्भ में मिताक्षरा का यह कथन यथार्थपरक प्रतीत होता है कि एक सर्वमान्य मत प्रतिपादित करने का प्रयास व्यर्थ होगा, क्योंकि शिष्यों के आचार में साम्य दृष्टिगत नहीं होता है।[66]

श्रुति एवं स्मृति का सापेक्षिक महत्वः-

निश्चय ही स्मृति का मूल आधार 'श्रुति' है तथा श्रुति एवं स्मृति में श्रुति ही अधिक प्राचीन है। वैदिक संहिताओं, ब्राह्मणों एवं उपनिषदों का काल 2000-1000 ई०पू० तथा स्मृतियों का काल 900 ई० तक निर्धारित किया गया है।[67] उनपर (स्मृतियों पर) टीकाएं तो सत्रहवीं शताब्दी ई० तक लिखी जाती रहीं। अतः 'युगधर्म सिद्धान्त' के अनुरूप श्रुति एवं स्मृति के वर्ण्यविषय, विवेचन तथा व्याख्याओं में विभिन्नता का होना अस्वाभाविक नहीं है। अतः अनिवार्यतः यह संशय उत्पन्न होता है कि श्रुति एवं स्मृति के मध्य किसे अधिक महत्व दिया जाय तथा उनमें किस प्रकार समन्वय स्थापित किया जाय? दोनों ही विधि के स्रोत हैं, फिर इनका सापेक्षिक महत्व क्या है?

वस्तुतः श्रुति एवं स्मृति के सापेक्षिक महत्व के सम्बन्ध में चिन्तन की परम्परा भी प्राचीन है। महाभारत के एक संदर्भ में कहा गया है कि विभिन्न युगों में मनुष्यों की सामर्थ्य के अनुसार कर्त्तव्यों का निश्चय किया गया था। अतः वेदों के निर्देश प्रत्येक युग के लिए समान महत्व वाले नहीं है। उनका महत्व तो केवल उनकी लोकप्रियता के कारण ही है। श्रुतियों से ही व्यापक क्षेत्र वाली स्मृतियां निकली हैं। अतः यदि वेदों को प्रत्येक युग के लिए उपयोगी माना जाय, तो स्मृतियों को भी वेदों पर आधारित होने के कारण ऐसा ही मानना पड़ेगा। फिर कभी-कभी तो श्रुतियों एवं स्मृतियों में भी मेल नहीं होता है। ऐसी स्थिति में किसे अधिक महत्व दिया जाय और किसे कम?[68]

यहां सर्वप्रथम वेदों की श्रेष्ठता पर विचार करना आवश्यक है। धर्म को 'वेदैकगम्य' कहकर वेदों की श्रेष्ठता को सिद्ध किया गया है। इसी प्रकार मीमांसकों ने धर्म को वह करणीय कार्य बताया है, जो वेदों से ही जाना जा सकता है (धर्म वेदवोधि तेष्ट प्रकारकः)। जैमिनि तथा शबरस्वामी ने वेदों को स्मृतियों की तुलना में अधिक महत्व दिया है। उन्होंने एक दृष्टान्त प्रस्तुत किया है कि मनु (8/416) पर निर्भर होकर पूर्वपक्ष यदि यह तर्क प्रस्तुत करे कि स्त्रियाँ अधन होती हैं। अतः वे यज्ञ नहीं कर सकती हैं, तो यह श्रुति विरोधी व्याख्या कही जायेगी और उसे मान्यता नहीं प्राप्त हो सकती हैं।[69] गौतम (1.5) पर टीका करते हुए लौगाक्षि एवं जाबालि ने यह मत प्रकट किया है कि श्रुति एवं स्मृति में विरोध की स्थिति में श्रुति को ही श्रेष्ठता प्राप्त होनी चाहिए। किन्तु यदि दोनों में किसी प्रकार का विवाद न हो तो स्मृति के वचन को ही यह मानकर मान्य ठहराया जा सकता है कि स्मृति का यह वचन श्रुतिसम्मत है।[70] स्मृति का महत्व श्रुति के उपरान्त द्वितीय स्थान पर है। 'रघुवंशम्' में कालिदास ने कहा है कि दिलीप नन्दिनी का उसी प्रकार अनुगमन करते हैं, जिस प्रकार श्रुति का अनुसरण स्मृति करती है।[71]

उपर्युक्त विवरण से यह निष्कर्ष निकाला जा सकता है कि गुप्तकाल तक विधि के क्षेत्र में स्मृति की तुलना में श्रुति का महत्व अधिक बना रहा। ऐसा होना अस्वाभाविक भी नहीं था, क्योंकि स्मृतियों के मूल-स्रोत वेद ही थे। किन्तु शनैः शनैः आचार में परिवर्तन होने लगा और श्रुति की महत्ता शिथिल होने

लगी। देश और काल के अनुसार सामाजिक आचार में परिवर्तन होना स्वाभाविक ही था, क्योंकि ऐसी स्थिति में धर्म कभी अधर्म और अधर्म कभी धर्म बन जाता है।[72] इस प्रकार का परिवर्तन परिस्थितियों के अनुरूप होता है। यथा-वैदिक युग में ब्राह्मण सुरापान करते थे। सौत्रामणी इष्टि में एक ब्राह्मण को पारिश्रमिक देकर सुरापान के लिए आहूत किया जाता था। यहां तक कि यदि कोई ब्राह्मण नहीं मिलता था, तो सुरा चीटियों के दूह पर उड़ेल दी जाती थी।[73] किन्तु स्मृतिकाल में ब्राह्मणों के लिए सुरापान पूर्णतः वर्ज्य माना गया।[74] इसी प्रकार वैदिक काल में विधवा-विवाह पर कोई प्रतिबन्ध नहीं था। ऋग्वेद में देवर को पति के रूप में वरण करने के लिए विधवा को परामर्श दिया गया है।[75] उत्तर वैदिक ग्रंथों में ऐसी पुत्रहीन विधवाओं का उल्लेख हुआ है, जो पुत्रप्राप्ति के लिए अपने देवर को पति बनाती है।[76] परन्तु मनु नियोग प्रथा के विरोधी हैं। उनका कथन है कि विवाह के मंत्रों में कहीं भी नियोग का उल्लेख नहीं हुआ है और न ही विवाह-विधि में विधवा विवाह।[77] उन्होंने इस प्रथा को 'पशुधर्म' कहा है।[78]

इस प्रकार स्पष्ट होता है कि जब समाज में नये-नये आचार सृजित होने लगे, तो पुराने आचार लुप्त होने लगे, यद्यपि औपचारिक रूप से वैदिक नियमों का अब भी सम्मान किया जाता रहा। यथा-मनु पर टीका करते हुए मेधातिथि ने लिखा है कि वेद विहित होने पर भी गोवध आचार त्याज्य है; किन्तु जो श्रुतियों द्वारा स्पष्टतः व्यक्त किया गया है, स्मृतियों द्वारा बाधित नहीं हो सकता है।[79] विश्वरूप का दृष्टिकोण भी कुछ इसी प्रकार का है।[80] ऐसा प्रतीत होता है कि स्मृतिकाल में वैदिककाल के उन नियमों, जो अब अनुपयोगी हो गये थे, का खण्डन 'कलिवर्ज्य के सिद्धान्त' के अन्तर्गत किया गया। जैसे-पराशर ने इसी सिद्धान्त का अवलम्बन लेकर पाँच प्रकार के शूद्रों के यहां भोजन करने के लिए ब्राह्मणों को अनुमति का निषेध किया है।[81]

उपर्युक्त विवरण के परिप्रेक्ष्य में श्रुति एवं स्मृति के सापेक्षिक महत्व के विषय में तीन प्रकार के मत दिये जा सकते हैं-

प्रथम मत के अनुसार श्रुति को सर्वश्रेष्ठ स्थान प्राप्त है। स्मृतियाँ श्रुतिमार्ग का ही अनुसरण करती हैं। मीमांसकों ने श्रुति को ही सर्वोच्च स्थान दिया। श्रुति का सम्बन्ध दैवी है तथा स्मृति का सम्बन्ध मानवीय।[82] साक्षात श्रुति वचन के

रहने पर स्मृति वचन अप्रमाण है।[83] श्रुति का विषय धर्म है और स्मृति का विषय अर्थ और काम अर्थात् लौकिक है।[84] कुमारिल के अनुसार स्मृति का आधार श्रुति है। फलतः अत्यन्त तुल्यहीन होने पर भी विशेष बाध्यता नहीं हो सकती है।[85] मीमांसकों ने स्मृतियों का यह कहकर उपहास किया कि स्मृतियां मानवनिर्मित (पौरूषेय) है। अतः धर्म के विषय में उनका प्रमाण स्वतन्त्र नहीं है, क्योंकि मनुष्य त्रुटिपूर्ण एवं झूठी बातें कह सकता है और यदि यह कहा जाय कि स्मृतियाँ वहीं कहती हैं, जो वेद द्वारा कहा गया है, तो यह कथन पुनरुक्ति-दोष युक्त एवं व्यर्थ है। यदि वे वेद नहीं है तो वे अनपेक्ष हैं और उनका तिरस्कार होना चाहिए।[86] जो स्मृति नियम श्रुति नियमों के विरोधी हैं एवं जिन स्मृति-वचनों में लौकिक नियमों का प्रतिबिम्ब हैं, वे न तो प्रामाणिक हैं और न ही उन पर अनुगमन आवश्यक है। किन्तु स्मृति के शेष नियम प्रामाणिक हैं। अतः श्रुति एवं स्मृति के किसी पाठ के मध्य वास्तविक विरोध होने पर तथा परस्पर सामञ्जस्य न स्थापित कर पाने की स्थिति में श्रुति का पाठ ही प्रभावी होगा, क्योंकि समस्त स्मृतिकारों ने श्रुतियों को ही प्रकट रूप में सर्वोच्च प्रमाण के रूप में स्वीकार किया है। मिताक्षरा में यह प्रस्थापना की गयी है कि स्मृति के किसी पाठ में कोई विशेष प्रस्थापना क्यों न की गयी हो, उसके द्वारा वेद की प्रस्थापना को अस्वीकृत नहीं किया जा सकता है। परन्तु यदि श्रुति एवं स्मृति के बीच कोई विरोध नहीं है, तो जो कुछ भी स्मृति में निर्धारित हैं, उसका पालन उसी प्रकार किया जाना चाहिए, मानों यह श्रुतिवचन है।[87]

द्वितीय मत समन्वयवादी प्रतीत होता है, जिसके अनुसार श्रुति एवं स्मृति का समान महत्व है। अतः उनमें सापेक्षिक महत्व का कोई प्रश्न ही नहीं उठता है। श्रुति एवं स्मृति के मध्य कोई यथार्थ संघर्ष नहीं होता है। जो संघर्ष दिखाई देता है, वह वाह्य होता है। मनु ने श्रुति एवं स्मृति दोनों को 'अमीमांस्य' माना है, क्योंकि इनसे ही धर्म की उत्पत्ति होती है।[88] जो द्विज इन दोनों धर्ममूलों का तर्कशास्त्र के द्वारा अपमान करता है, वह नास्तिक एवं वेदनिन्दक है और साधुजनों द्वारा समाज से निष्कासित किये जाने योग्य है।[89] बृहस्पति ने श्रुति एवं स्मृति को धर्म के दो चक्षु स्वीकार किया है।[90] इस प्रकार इस मत के अनुसार जो श्रुति एवं स्मृति में उल्लिखित है, दोनों परिपाल्य है। अतः यदि दोनों के मध्य किसी विन्दु पर विरोध हो, तो किसी का भी समर्थन किया जा सकता है।

तृतीय मत श्रुति की अपेक्षा स्मृति को अधिक महत्व देता है। इसका मुख्य कारण 'युगधर्म का सिद्धान्त' है। कालान्तर में मीमांसकों ने 'धर्म' शब्द का सम्बन्ध केवल यज्ञीय विधि तक ही सीमित कर दिया। कृषि, व्यापार और कला आदि धर्म के विषय नहीं रह गये। धर्म के व्यापक अर्थ को मीमांसकों ने अत्यन्त संकुचित कर दिया। स्मृति की व्यापकता होने से न्यायपालिका के समग्र अंश में उसे आधार माना गया। श्रुति की विधि न्यायपालिका में नहीं, यज्ञ में व्यवहृत होने लगी। इस प्रकार दोनों के कार्य क्षेत्र पृथक्-पृथक् कर विरोध का वास्तविक परिहार किया गया।[91]

न्यायपालिका की दृष्टि से श्रुति की अपेक्षा स्मृति अधिक प्रभावशाली प्रतीत होती है। प्रायः सभी मुख्य स्मृतियाँ न्यायपालिका एवं न्यायिक प्रक्रिया के विकास के साथ अथवा उसके पश्चात् की रचनाएँ हैं। अतः व्यावहारिक दृष्टि से वे ही समाज की ओर उन्मुख रहीं तथा सामाजिक विकास में उनका स्थान सर्वाधिक रहा। इसका स्पष्ट प्रभाव बंगाल में दृष्टिगोचर होता है, जहाँ मिताक्षरा की तुलना में दायभाग इसलिए अधिक प्रचलित हो गया कि वह वहां की सामाजिक समस्याओं के अधिक सन्निकट था।[92] सर हेनरी मेन के अनुसार श्रुति का कोई वैधानिक महत्व नहीं है। विधान में स्मृतियाँ ही अधिक मान्य है।[93]

सदाचारः-

इस अध्याय के प्रारम्भ में ही इस तथ्य का उल्लेख कर दिया गया है कि प्रायः समस्त विचारकों ने 'सदाचार' को विधि के स्रोत के रूप में तृतीय स्थान पर रखा है। गौतम वेद के पश्चात् वेदज्ञों के शील एवं परम्पराओं (स्मृति) को धर्ममूल मानते हैं। (स्मृतिशीले च तद्विदाम्)। यहां 'शील' से आशय व्यवहार अथवा आचरण से है। आपस्तम्ब ने 'सामयाचारिक धर्म' का उल्लेख किया है, जिसे पी.वी. काणे परम्पराओं एवं आचार, रीतियों से उद्भावित कर्म का अर्थ ग्रहण करते हैं।[94] आपस्तम्ब ने इसके अन्तर्गत धर्मज्ञों एवं वेदज्ञों के आचरण को प्रमाण माना है।[95] वशिष्ठ ने शिष्टों के आचरण को धर्म माना है तथा शिष्ट उन्हें माना है, जिनका हृदय लौकिक इच्छाओं से रहित हो तथा शिष्टों के वे कर्म धर्म हैं, जिनके पीछे कोई लौकिक कारण या वृत्ति न हो।[96] बौधायन ने शिष्टों की विशेषताओं का उल्लेख करते हुए लिखा है 'शिष्ट वे हैं जो मत्सर (ईर्ष्या) एवं अहंकार

से दूर हों, जिनके पास उतना ही अन्न हो, जो एक कुम्भी (हड़िया) में अट सके, जो लोभ, कपट, दर्प, मोह, क्रोध आदि से रहित हों। शिष्ट वे हैं, जो नियमानुकूल इतिहास एवं पुराणों के साथ वेदाध्ययन कर चुके हों और जो वेद में उचित संकेत पा सके तथा जो अन्य लोगों को वेद की बातें मानने के लिए प्रेरित कर सकें।[97] मनु तथा याज्ञवल्क्य ने क्रमशः साधुओं (सज्जनों) के आचार (आचाराश्चैव साधूनाम्) तथा 'सदाचार' को धर्ममूल स्वीकार किया है।

उपर्युक्त उल्लेख से हमें सदाचार एवं उससे सम्बन्धित कुछ शब्दों का ज्ञान प्राप्त होता हे। यथा-'सदाचार' 'आचार', 'शिष्टाचार', 'शील' एवं समय आदि। इनमें आचार, सदाचार, शिष्टाचार तथा शील[98] शब्द समानार्थी हैं। आपस्तम्ब ने 'आचार' एवं 'समय' दोनों शब्दों का प्रयोग किया है। पी.वी. काणे ने 'समय' का अर्थ समझौता अथवा परम्परा अथवा प्रयोग तथा 'आचार' का अर्थ व्यवहार अथवा रीति करते हुए इनके अन्तर्भेद को स्पष्ट किया है। उनके अनुसार 'परम्परा' में प्राचीनता का प्रतिबिम्ब मिलता है, जबकि 'प्रयोग' अथवा 'रीति' कुछ दिनों पूर्व से भी प्रचलित हो सकती है अथवा कुछ लोगों के दल के समझौते के रूप में हो सकती है। यथा-व्यापारियों की कोई रीति या समझौता।[99]

इस प्रकार स्पष्ट है कि सदाचार के अन्तर्गत आचार (Usage), परम्परा (Tradition), समय (Convention) एवं रीति (Custom) सभी का समाहार दृष्टिगत होता है।

यद्यपि धर्मशास्त्रों एवं स्मृतियों में सदाचार को परिभाषित करने का प्रयास अवश्य किया गया, परन्तु कोई निश्चित परिभाषा नहीं निर्धारित की जा सकी। द्वितीय शताब्दी ई०पू० तक सदाचार वेद एवं स्मृतियों के प्रभाव से मुक्त नहीं हो सका। इसीलिए मनु श्रुति एवं स्मृति में कहे गये आचार को 'परमधर्म' की संज्ञा देते हैं।[100] इतना ही नहीं यदि श्रुति एवं स्मृति का समर्थन करने वाले कूर्मपुराण का विश्लेषण करें तो यह काल आठवीं- नवी शताब्दी ई० तक पहुंच जाता है, क्योंकि कूर्मपुराण में भी कहा गया है कि उस आचार का पालन करना चाहिए, जो श्रुति एवं स्मृति से घोषित है और जिसका शिष्ट लोग सम्यक् आचरण करते हैं।[101]

परन्तु ऐसा प्रतीत होता है कि व्यवस्थाकारों ने ऐसे सदाचार के बारे में भी चिन्तन प्रारम्भ कर दिया था, जो श्रुति एवं स्मृति के प्रभाव से मुक्त हो। महाभारत में सज्जनों के आचरण को 'सदाचार' तथा सत् का आचरण करने वाले को 'सज्जन' कहा गया है एवं सदाचार को अलक्षण बताया गया है।[102] हारीत ने सदाचार की व्युत्पत्तिपरक परिभाषा दी है उनके अनुसार सदाचार शब्द सत् एवं आचरण से उद्भूत है। सत् का तात्पर्य अच्छे से लिया गया है तथा सत् पुरूष वह है, जो भौतिक अभ्युदय के प्रति उदासीन रहे। ऐसे पुरूष का आचरण ही सदाचार है।[103]

इस प्रकार स्पष्ट है कि प्रारम्भ में सदाचार के अन्तर्गत नैसर्गिक विधि के मूल 'ऋत' एवं 'सत्' तथा सामाजिक विधि के 'धर्म' दोनों का समावेश दृष्टिगोचर होता है अर्थात् सत्मूलक एवं धर्ममूलक आचरण को ही सदाचार की कोटि में स्थान प्राप्त हुआ। ऐसा प्रतीत होता है कि आरम्भिक काल में सदाचार अलिखित विधि के रूप में समाज में प्रचलित रहा। इन अलिखित नियमों का उल्लंघन नहीं किया जा सकता था, किन्तु शनैः शनैः इन्हें लिपिबद्ध किया जाने लगा। यही कारण है कि परवर्ती सभी स्मृतियों में प्रायः 'आचाराध्याय' नाम से एक पृथक् अध्याय ही लिखा गया। इसके बावजूद समाज में कुछ ऐसे आचार प्रचलित थे, जिन्हें श्रुति अथवा स्मृति में लिखित न होने पर भी ठुकराया नहीं जा सकता था। ऐसे आचार परम्परागत रूप से प्रचलित रहे।

आचार के भेदः-

सर हेनरी मेन ने आचार को अनेक भागों में विभक्त किया है। यथा- वैयक्तिक, धार्मिक, कौटुम्बिक, स्थानीय एवं दैशिक आचार।[104] क्षेत्रीय महत्व के आचारों को स्थूलतः तीन रूपों- कुलाचार, जात्याचार एवं देशाचार में स्वीकार किया जा सकता है:-

कुलाचार-

कात्यायन के अनुसार कुल धर्म (कुलाचार) वह है, जो वंश परम्परा से उसके सदस्यों द्वारा सम्यक् आचरण के रूप में पालित होता आया हो।[105] मनु ने निर्देश दिया है कि व्यक्ति को उसी मार्ग का अनुसरण करना चाहिए, जिस

पर (सज्जनों के) पिता एवं पितामह चलते आये हैं। ऐसा करने से उसकी कोई क्षति नहीं होगी।[106] किन्तु इसके अन्तर्गत मात्र कुल के सदस्यों के ही सम्यक् आचरण का अनुवर्तन सम्मिलित नहीं है। वास्तव में कुलाचार का तात्पर्य विभिन्न कुटुम्बों एवं कुलों में प्रचलित अलिखित आचार, परम्पराओं एवं नियमों से है। यथा-प्राचीन काल में शिखा-बन्धन 'प्रवर' के आधार पर होता था। पाँच प्रवर के लोग पांच शिखा, तीन प्रवर के लोग तीन शिखा एवं एक प्रवर के लोग मात्र एक शिखा बाँधते थे। इसी प्रकार एक गोत्र के लोगों की कुछ परम्पराएं थी, जो उन्हें अन्य गोत्र के लोगों से पृथक् करती थीं।

जात्याचारः-

इसका तात्पर्य विभिन्न जातियों में प्रचलित विविध प्रकार के पारम्परिक नियमों से है। इससे आशय मात्र जाति से न होकर विभिन्न वर्णों के कर्तव्यों, नियमों एवं उपनियमों से है। ब्राह्मण, क्षत्रिय, वैश्य एवं शूद्र- चारों वर्णो के कर्तव्य एवं नियम पृथक्-पृथक् निर्धारित थे।[107] यथा-वैवाहिक परम्पराएं, जिनके अनुसार ब्राह्मण के लिए ब्रह्म विवाह प्रशस्त माना गया है। इसी प्रकार महाभारत में क्षत्रिय के लिए राक्षस विवाह प्रशस्त माना गया है।[108] इसी प्रकार प्राचीन भारत में विभिन्न वर्ण के विद्यार्थी विभिन्न प्रकार की मेखला धारण करते थे। ब्राह्मण विद्यार्थी की मेखला मूँज की, क्षत्रिय की अयस् के खण्ड से युक्त मूँज की तथा वैश्य की ऊन की होती थी।[109] इसी प्रकार ब्राह्मण का उत्तरीय अजिन का, क्षत्रिय का रीख तथा वैश्य का गोचर्म अथवा अजाचर्म का होता था।[110]

देशाचारः-

कात्यायन के अनुसार जिस स्थान पर जो आचार दीर्घकाल से प्रचलित हो एवं श्रुति तथा स्मृति का विरोधी न हो, देशाचार कहा जाता है।[111]

विधिक दृष्टि से इन तीनों स्थानीय आचारों में से देशाचार सर्वाधिक महत्वपूर्ण है। इसका कारण यह है कि देशाचार विभिन्न भौगोलिक क्षेत्रों के आचारों एवं परम्पराओं का प्रतिनिधित्व करते हैं। यद्यपि कुलाचार एवं जात्याचार भी महत्वपूर्ण हैं, किन्तु इनका प्रचलन क्षेत्र कुल विशेष, वर्णविशेष एवं जाति विशेष के अन्तर्गत ही सीमित है। इनका प्रभाव क्षेत्र व्यापक नहीं है। इसके विपरीत कुछ क्षेत्रीय आचार

भी व्यापक हो जाते हैं। जैसे-होली का उत्सव क्षेत्रीय होते हुए भी व्यापक है। यदि कोई व्यक्ति पूर्व को छोड़कर उत्तर चला जाय तो भी वह वहां होली का उत्सव आयोजित कर सकता है, भले ही कोई प्राच्य व्यक्ति स्वयं उसे सम्पादित न करें।[112]

देश के विभिन्न भागों में विविध प्रकार के आचारों का प्रचलन था। अतः एक सहज समस्या यह उत्पन्न हो गई कि इन प्रचलित आचारों में से किन आचारों को किस सीमा तक प्रामाणिक माना जाय? इनमें से कुछ आचार तो एक दूसरे के विपरीत तो थे ही, एक दूसरे का निषेध भी करते थे। स्मृतिकारों द्वारा इस समस्या का समाधान प्रस्तुत करने का प्रयास किया गया। आपस्तम्ब का मत है कि संशय से युक्त विषय में व्यक्ति को उस परम्परा का अनुसरण करना चाहिए, जिसे आर्यों (ब्राह्मण, क्षत्रिय एवं वैश्यों) द्वारा स्वीकार कर लिया गया हो।[113] वशिष्ठ ने भी राजा के द्वारा इन परम्पराओं (धर्मों) को चारों वर्णों द्वारा पालन कराने का भी निर्देश दिया है।[114] यहां यह भी उल्लेखनीय है कि प्रायः समस्त व्यवस्थाकारों ने जाति, जनपदों (देशों), श्रेणियों (शिल्पियों के समुदायों या वर्गों), नैगमों (व्यावसायियों), पाषण्डियों (धार्मिक सम्प्रदायों)[115] एवं अन्य विविध समुदायों की विविध रीतियों को मान्यता देने का निर्देश दिया है, परन्तु इन रीतियों को श्रुति एवं स्मृति विरोधी नहीं होनी चाहिए।[116]

अधिकांश व्यवस्थाकारों का विचार है कि विभिन्न क्षेत्रों में प्रचलित स्थानीय आचारों को शासक को महत्व देना चाहिए। गौतम शासक को निर्देश देते हैं कि कृषक, वणिक, पशुपालक, कुसीदी तथा शिल्पी आदि अपने-अपने वर्गों के लिए धर्म व्यवस्थाएँ एवं रीतियाँ चला सकते हैं। इनका अध्ययन करने के पश्चात् ही शासक को अपना निर्णय देना चाहिए।[117] मनु ने तो किसी भी राज्य के विजेता शासक को विजित देश में प्रचलित आचार को भी पूर्ववत बनाये रखने का निर्देश दिया है।[118] याज्ञवल्क्य ने भी व्यवस्था दी है कि जब विजयी शासक किसी देश को जीतता है, तो वहां की परम्पराओं, कानूनों एवं व्यवहार-विधियों न्याय विधियों तथा पीढ़ियों से चली आयी हुई कुल-रीतियों को सुरक्षित रखना चाहिए।[119] मिताक्षरा ने राजा को सावधान करते हुए निर्देश दिया है कि विजेता राजा अपने देश की रीतियों को विजित देश पर थोपकर विरोध न उत्पन्न करें।[120]

इस प्रकार स्पष्ट है कि शास्त्रकारों द्वारा स्थानीय आचारों को पूर्ण महत्व दिया गया। उन आचारों को विशेष महत्व दिया गया, जो शास्त्र सम्मत हो एवं श्रुति विरोधी न हों। इसके बावजूद श्रुति द्वारा समर्थित न होने पर भी शासक को विजित राज्य की परम्पराओं एवं आचारों को भी महत्व देना पड़ता था। ऐसा प्रतीत होता है कि द्वितीय-तृतीय शताब्दी ई० तक स्थानीय आचारों एवं परम्पराओं पर श्रुतियों का प्रभाव बना रहा। कालातर में शनैः शनैः नये-नये आचारों एवं रीतियों के उद्भव होने के कारण श्रुतिसम्मत आचार शिथिल होते गये। यही कारण है कि मिताक्षरा के काल (ग्यारहवीं शताब्दी ई०) तक आते-आते स्थानीय आचार एवं परम्पराएँ अधिक सशक्त होती गईं। यहाँ तक कि नये राज्य का विजेता शासक भी उनके ऊपर अपने देश का पूर्व प्रचलित आचार एवं परम्परा बलात् थोप नहीं सकता था।

आचार वैविध्यः-

जिस प्रकार श्रुति एवं स्मृति के विवरण कभी-कभी परस्पर विरोधी होते हैं, उसी प्रकार विभिन्न भौगोलिक क्षेत्रों, जातियों, कुलों एवं संघों आदि में प्रचलित आचारों में भी परस्पर भिन्नता पायी जाती है। आचार का विकास 'युगधर्म सिद्धान्त' का प्रतिफल है। देश और काल के अनुसार कभी-कभी धर्म भी अधर्म एवं अधर्म भी धर्म बन जाता है।[121] बौधायन का मत है कि प्रत्येक देश की अपनी-अपनी परम्पराएं होती हैं। अतः इनके प्रचलन के आधार पर यह निष्कर्ष नहीं निकाला जा सकता है किस क्षेत्र की परम्परा स्वीकार्य है और किस क्षेत्र की परम्परा अस्वीकार्य हैं। उन्होंने उत्तरापथ और दक्षिणापथ की पाँच-पाँच ऐसी रीतियों का उल्लेख किया है, जो परस्पर विरोधी हैं। यथा-अधोलिखित पाँच नियम उत्तरापथ के लिए ग्राह्य हैं, जबकि दक्षिणापथ के लिए त्याज्य हैः-

1- ऊन बेचना न्याय संगत है एवं सामाजिक दृष्टि से मान्य है।
2- सीधु (एक ऐसा आसव, जो खाड़ अथवा शीरा से बनाया जाता है।) का पान मान्य है।
3- दो दाँत वाले पशुओं का व्यापार करना न्यायसंगत है।
4- आयुधजीवी होना अथवा अस्त्र-शस्त्र का पेशा करना मान्य है।

5- समुद्रयात्रा धर्मानुकूल है।

इसी प्रकार अधोलिखित पाँच नियम दक्षिणापथ के लिए ग्राह्य हैं तथा उत्तरापथ के लिए त्याज्य हैं:-

1- जिनका उपनयन न हुआ हो, उनके साथ एक ही पात्र में भोजन करना।
2- स्त्रियों के साथ एक ही पात्र में भोजन करना।
3- पर्युषित (बासी) भोजन करना।
4- 'मातुलदुहितृगमन' अर्थात् मामा की कन्या से विवाह करना।
5- 'पितृष्वदुहितृगमन' अर्थात् फूफा की कन्या से विवाह करना।[122]

बृहस्पति एवं शुक्र ने भी कुछ ऐसी रीतियों एवं परम्पराओं का उल्लेख किया है, जो एक देश, जाति एवं कुल के लिए तो मान्य हैं, परन्तु दूसरे देश, जाति एवं कुल के लिए सर्वथा अमान्य है। यथा- दक्षिण भारत के ब्राह्मण मामा की लड़की के साथ विवाह करते हैं, मध्य देश में कर्मकर एवं शिल्पी गोमांसभक्षी होते हैं, उत्तर देश के लोग मछली खाने वाले होते हैं, स्त्रियाँ व्यभिचारिणी एवं मद्यपान करने वाली होती हैं एवं वहां के लोग रजस्वला स्त्रियों का भी स्पर्श करते हैं। खस जाति के लोग विधवा भाभी से विवाह करते हैं। इन सभी निषिद्ध कर्मो को करने के पश्चात् भी ये राजा द्वारा प्रायश्चित एवं दण्ड के अधिकारी नहीं होते हैं।[123] इस प्रकार स्पष्ट है कि तृतीय शताब्दी ई० तक स्थानीय आचार अधिक मान्य हो गये थे, यहां तक कि ऐसे भी आचार, जो श्रुति एवं स्मृति विरोधी थे, प्रभावशाली हो गये थे।

मेधातिथि ने स्थानीय आचारों की व्याख्या करते हुए दो दृष्टान्त प्रस्तुत किया है। दक्षिण के कुछ स्थानों में पुत्रहीन विधवा को न्यायकक्ष में बैठने के लिए एक वर्गाकार आसन मिलता है, जहाँ उस पर न्यायिक कर्मचारियों द्वारा पासों को फेका जाता है। इसके उपरान्त उसे पति की सम्पत्ति प्राप्त होती है। इसी प्रकार उत्तर में यह परम्परा है कि जब कुछ लोग वर की ओर से विवाह के लिए वधू खोजने जाते हैं और कन्या के पिता के यहां भोजन कर लेते हैं, तो यह समझा जाता है कि मानों पिता ने उस वर को अपने दामाद के रूप में ग्रहण करने की स्वीकृति दे दी है।[124]

अब प्रश्न यह उठता है कि जब एक देश, जाति एवं कुल का आचार दूसरे देश, जाति एवं कुल के विपरीत हो जाय, तो किस आचार को मान्यता दी जाय। निश्चिय ही इस संशय की स्थिति के बारे में शास्त्रकारों को आभास था। सम्भवतः इसीलिए महाभारत में कहा गया है कि ऐसा कोई आचार, व्यवहार एवं रीति नहीं है, जो सबके लिए समान रूप से कल्याणकारी हो। अतः कौटिल्य ने यह व्यवस्था दी है कि राजा को धन-सम्पत्ति के उत्तराधिकार एवं विभाजन के विषय में देश, जाति, संघ एवं ग्राम के धर्म का पालन करना चाहिए।[125] इस उद्देश्य से उन्होंने अक्षपटल (Record Room) में देश, जाति, ग्राम, कुल, संघ आदि के धर्म (नियम, परम्पराएँ), व्यवहार, चरित्र एवं परिस्थितियों का उल्लेख करने का निर्देश दिया है।[126] याज्ञवल्क्य ने भी देशाचार को मुख्य मानते हुए उसके परिपालन पर बल दिया है।[127] देवल का भी विचार इसी प्रकार का है।[128] बृहस्पति ने राजा को देशों, जातियों एवं कुलों में प्रचलित पुरानी परम्पराओं को यथावत पालन करने का निर्देश दिया है तथा राजा को सावधान किया है कि ऐसा न करने से प्रजाजनों में असन्तोष पैदा होगा, क्रान्ति होगी तथा धन-जन की हानि होगी।[129]

उपर्युक्त विवरण से हम इस निष्कर्ष पर पहुंचते हैं कि प्रत्येक काल में शास्त्रकारों द्वारा स्थानीय आचारों, रीतियों एवं परम्पराओं आदि को मान्यता दी गयी। प्रारम्भ में जब विधि-व्यवस्था पर श्रुति का अधिक प्रभाव था, श्रुति समर्थित आचारों को ही विधि के स्त्रोत के रूप में मान्यता दी गयी किन्तु, कालान्तर में जैसे-जैसे श्रुति का महत्व शिथिल होता गया, स्थानीय आचार एवं परम्पराएं सशक्त होती गयीं। कुल, जाति एवं श्रेणी धर्म को भी शिष्टाचार के समकक्ष स्थान दिया गया।[130] आठवीं शताब्दी ई० तक आते-आते 'युगधर्म सिद्धान्त' के अनुरूप अनेक शास्त्रोक्त निषिद्ध कर्म भी क्षेत्र विशेष, जाति विशेष एवं वृत्ति विशेष के लोगों के लिए मान्य होते गये। किसी भी युग में देशाचार की अवहेलना नहीं की जा सकी। यहाँ तक कि वर्णव्यवस्था के प्रबल समर्थक मनु भी सरस्वती एवं दृषद्वती देवनदियों के मध्य के देवरचित ब्रह्मावर्त देश में समस्त वर्णों के साथ ही वर्णसङ्करों की परम्परा से चले आये आचार की अवहेलना नहीं कर पाये एवं उसे भी 'सदाचार' की संज्ञा प्रदान किये।[131] यद्यपि शास्त्रोनुमोदित आचारों को ही विधि के स्रोत के रूप में स्थान देने का प्रयास किया गया, किन्तु यह व्यवस्था पूर्णरूप से प्रभावी

नहीं हो पायी। मेधातिथि[132] ने कुछ ऐसी स्थानीय रीतियों का उल्लेख किया है, जो स्मृतिविरोधी प्रतीत होती है। यथा-बसन्त ऋतु में जो अन्न दिया जाता है, शरद ऋतु में दूनी मात्रा में वापस लिया जाता है। निश्चय ही यह स्मृतियों द्वारा निर्धारित व्याज की मात्रा के विरोध में जाता है। विधि व्यवस्था पर स्थानीय परम्पराओं का अल्प प्रभाव आधुनिक विधि व्यवस्था पर भी पड़ा है।

श्रुति, स्मृति एवं सदाचार का सापेक्षिक महत्वः-

विधि के स्रोत के रूप में श्रुति, स्मृति एवं सदाचार तीनों का प्रमुख स्थान है। यदि श्रुति, स्मृति एवं सदाचार-तीनों एक दूसरे के निर्देशों का पालन करते रहें, तो विधिक व्यवस्था सुचारू ढंग से चलती रहती है, परन्तु यदि तीनों एक दूसरे का सहयोग न करके एक दूसरे द्वारा निर्दिष्ट नियमों का उल्लंघन करते हैं तो विधिक कार्य अत्यन्त दुष्कर हो जाता है। ऐसी स्थिति में सहज रूप में ध्यान श्रुति, स्मृति एवं सदाचार के सापेक्षिक महत्व की ओर आकृष्ट होता है।

ऐसा प्रतीत होता है कि व्यवस्थापकों ने इस जटिल प्रश्न पर उस युग में भी विचार करना प्रारम्भ कर दिया था, जब श्रुति सर्वाधिक प्रभावशालिनी थी। महाभारत में इस सम्बन्ध में विस्तृत विवेचन प्राप्त होता है। अनुशासन पर्व में जहाँ एक ओर श्रुति, स्मृति एवं सदाचार को क्रमशः प्रथम, द्वितीय एवं तृतीय स्थान प्रदान किया गया है,[133] अरण्यपर्व में श्रुति की अपेक्षा सदाचार को अधिक महत्ता दी गयी है तथा श्रुति की महत्ता के प्रति इस आधार पर सन्देह व्यक्त किया गया है कि श्रुतियाँ भिन्न-भिन्न है। कोई एक ऋषि नहीं है, जिसका मत मान्य हो। अतः जिस पथ का अनुसरण श्रेष्ठ जन करते आये हैं, उन्हीं का अनुगमन करने को श्रेयकर माना गया है।[134] शांति-पर्व में इन तीनों की श्रेष्ठता के प्रति सन्देह व्यक्त किया गया है। कहा गया है कि 'धर्म केवल वेदों के पाठ मात्र से नहीं जाना जा सकता है। समस्थिति में किसी व्यक्ति का एक धर्म है, विषम स्थिति में उसका धर्म दूसरा है। केवल वेद पाठ से ही आपद्धर्म का ज्ञान कैसे हो सकता है? सत्पुरुषों का आचरण धर्म माना गया है और जिनमें धर्माचरण लक्षित होता है, वहीं सत्पुरुष माने गये हैं। ऐसी स्थिति में अन्योन्याश्रित सम्बन्ध होने के कारण सदाचार धर्म का लक्षण नहीं हो सकता है। वेदों का वचन सत्य है, यह कथन लोकरंजन मात्र है। वेदों से स्मृतियों का प्रचार हुआ, परन्तु यदि वेद ही

अप्रामाणिक हैं, तो स्मृतियाँ कैसे प्रामाणिक हो सकती है।'[135] भीष्म ने इस संशय का समाधान प्रस्तुत करते हुए कहा कि श्रुति, स्मृति एवं सदाचार पर आधारित धर्म ही सर्वश्रेष्ठ धर्म है। वह तर्क का आश्रय लेकर धर्म की जिज्ञासा करना उचित नहीं मानते हैं।[136] इस प्रकार महाभारत तीनों के स्तरीकरण के पक्ष में नहीं है।

इस विवाद को इस निष्कर्ष के साथ शान्त करने का प्रयत्न किया गया कि वस्तुतः श्रुति एवं स्मृति भी आचार संग्रह ही हैं। अतः तीनों में परिलक्षित संघर्ष यथार्थ नहीं होगा। यदि यथार्थपरक दृष्टि से विश्लेषण करेंगे, तीनों ही समान स्तर के प्रतीत होंगे। किन्तु ऐसा प्रतीत होता है कि यह बौद्धिक विवाद नित्य बना रहा कि यदि तीनों में परस्पर संघर्ष उत्पन्न हो जाय, तो किसे प्राथमिकता दी जाय?

जहां तक श्रुति एवं आचार के मध्य वरीयता का प्रश्न है, अधिकांश व्यवस्थाकारों ने श्रुति को सदाचार की अपेक्षा अधिक वरेण्य स्वीकार किया है। मिताक्षरा के अनुसार पारस्परिक संघर्ष की स्थिति में अन्य (स्मृति एवं सदाचार) की तुलना में प्रथम (श्रुति) अधिक बली होता है।[137] यथार्थतः 'आम्नायसंगत' आचार समाज द्वारा समर्थन प्राप्त किये तथा 'आम्नाय विरूद्ध' आचार समाज द्वारा समर्थन नहीं प्राप्त कर सके। यथा-यद्यपि परशुराम को विष्णु का अवतार माना गया, परन्तु परशुराम द्वारा की गई माँ रेणुका की हत्या को कभी भी आचारसम्मत नहीं माना गया। धर्मसूत्रों के युग में आचार पर श्रुति का इतना अधिक प्रभाव था कि श्रुति समर्थित आचार को ही मान्यता मिली। श्रुति विरोधी आचार सामाजिक समर्थन नहीं प्राप्त कर सके।[138]

एक अन्य प्रश्न स्मृतियों एवं आचार की सापेक्षता को लेकर उत्पन्न होता है। इस सन्दर्भ में तीन विकल्प प्रस्तुत किये गये हैं। प्रथम, दोनों समान रूप से बलवान हैं। अतः विरोध उत्पन्न होने पर विकल्प सहायक होता है। द्वितीय, स्मृति की अपेक्षा आचार अधिक बलवान हैं। तृतीय, दोनों में स्मृति अधिक बलवान है, क्योंकि दोनों का मूल वेद हैं। कुमारिल जैसे मीमांसकों ने श्रुति एवं स्मृति की तुलना में आचार को सदैव हीन स्थान दिया है। उनका निष्कर्ष है कि शिष्टों के आचरण का मूल स्मृति में एवं स्मृति का मूल श्रुति में निहित है। इस प्रकार श्रुति से स्मृति एक स्तर नीचे है एवं स्मृति से एक स्तर नीचे आचार है। श्रुति

से आचार दो स्तर नीचे है। अतः कुमारिल कहते हैं कि स्मृति एवं आचार की तुलना में स्मृति को वरीयता मिलनी चाहिए।[139]

किन्तु ऐसा प्रतीत होता है कि परम्परावादी व्यवस्थाकारों के ही समानान्तर में एक वर्ग यथार्थवादियों एवं हेतुवादियों का भी था, जो निर्णय में शिष्टाचार, आचार एवं तर्क को अधिक वरीयता देने के पक्ष में थे। याज्ञवल्क्य ने स्पष्टतः कहा है कि यदि दो श्रुतियों के मध्य परस्पर वैमत्य हो, तो न्याय की अपेक्षा व्यवहार (शिष्टपुरुषों का आचरण) अधिक बलवान होता है।[140] नारद का कथन है कि जब धर्मशास्त्र के वचनों में विरोध हो, तो ऐसा घोषित हुआ है कि तर्क का आश्रय लेना चाहिए, क्योंकि लोक व्यवहार (शिष्टों का आचरण) अधिक बलवान होता है और उनसे धर्मवचन (स्मृति वचन) अपेक्षाकृत दुर्बल पड़ जाता है।[141] बृहस्पति भी न्यायिक कार्य में लोक व्यवहार एवं तर्क के पक्षधर है। उनका कथन है कि केवल शास्त्रों के आधार पर निर्णय नहीं लेना चाहिए, अपितु दैनिक जीवन को ध्यान में रखकर ही कुछ करना चाहिए अन्यथा निर्णय में तर्क के अभाव में धर्म की हानि होती है।[142]

ऐसा प्रतीत होता है कि जैसे-जैसे समाज पर श्रुतियों का प्रभाव कम होता गया, स्मृतियों का प्रभाव बढ़ता गया, क्योंकि स्मृतियों का सम्बन्ध जनसामान्य से बना रहा। स्मृतियों की रचना दीर्घकाल तक होती रही। 'युगधर्म' प्रभाव के कारण इस दीर्घकालीन अवधि में एक ही बिन्दु पर विभिन्न स्मृतियों की व्याख्याओं में परस्पर विवाद उत्पन्न लगा। ऐसी परिस्थितियों में आचार एवं परम्पराएं अधिक प्रभावशाली होने लगीं। परवर्तीकाल में निरन्तर नये-नये सामाजिक, आर्थिक, राजनीतिक एवं धार्मिक संगठन अस्तित्व में आते गये। उनकी परम्पराएँ एवं रीतियाँ भी उनके संगठन को केन्द्रबिन्दु बनाकर विकसित हुईं। स्वाभाविक है कि इन संगठनों के कुछ ऐसे भी आचार, परम्पराएँ एवं रीतियाँ विकसित होती गई, जिनका उल्लेख तब तक श्रुतियों अथवा स्मृतियों में नहीं हुआ था। इस दृष्टि से वे 'आम्नाय संगत' भी नहीं थे। फिर भी शासक इन आचारों, परम्पराओं एवं रीतियों की अवहेलना नहीं कर सकता था। जहाँ कहीं भी श्रुति एवं स्मृति नियम स्थापित करने में सक्षम नहीं होते थे, राजा को देशों, जातियों एवं कुलों की परम्पराओं को सम्मान देना पड़ता था।[143]

यहाँ यह भी उल्लेखनीय है कि राजा बौद्ध, जैन एवं चार्वाक जैसे श्रुतिविरोधी धर्मों एवं सम्प्रदायों की परम्पराओं एवं रीतियों की भी इस आधार पर अवहेलना नहीं कर सकता था कि ये परम्पराविरोधी हैं तथा श्रुति एवं स्मृति द्वारा समर्थित नहीं हैं। इतना अवश्य था कि उनकी परम्पराएँ, रीतियाँ एवं आचार उन्हीं पर प्रभावी होती थी। स्पष्टत: वे व्यापक नहीं बन सकीं। शुक्र ने राजा को निर्देश दिया है कि जिन जाति, देश एवं कुलों के प्राचीनकाल से प्रचलित एवं उनके पूर्वजों द्वारा सदा पालन किये जाते हुए जैसे धर्म हों, उनका उसी रूप में पालन करना चाहिए तथा जिसका जैसा आचार हो, उसे वैसा ही करने देना चाहिए।[144]

वस्तुत: श्रुति एवं स्मृति भी लेखबद्ध आचार-संग्रह ही हैं। गौतम का कथन है कि उच्च या निम्न वर्ण में जो आचार या धर्म समान थे, उन्हें ही लिपिबद्ध किया गया।[145] आचारों की संख्या निरन्तर बढ़ती जा रही थी। सभी आचारों को लिपिबद्ध करना सम्भव नहीं था। यथा-विवाह के अवसर पर विभिन्न जातियों एवं क्षेत्रों में सम्पादित होने वाले सभी आचारों को लिपिबद्ध नहीं किया जा सकता था। अत: सर्वत्र प्रचलित सामान्य कर्मकाण्डों को ही लिपिबद्ध किया गया। इस आचार-वैविध्य की ओर ध्यान आकृष्ट करते हुए ही महाभारत में कहा गया है कि कोई भी आचार सभी लोगों के हित के लिए सम्प्रवर्तित नहीं होता है।[146] ऐसा प्रतीत होता है कि समय-समय पर कुछ ऐसी वैधानिक समस्याएँ उत्पन्न हुई, जिनका निराकरण श्रुति-स्मृति में निर्दिष्ट नियमों एवं उपनियमों के द्वारा नहीं हो सकता था। ऐसी दशा में आचार एवं परम्पराओं के रूप में प्रचलित अलिखित नियम अधिक वैधानिकता प्राप्त करते गये। इस दृष्टि से ग्यारहवीं-बारहवीं शताब्दी ई० के निबन्धकार असहाय का यह कथन अधिक महत्वपूर्ण प्रतीत होता है कि जिस देश में जो आचार परम्परागत रूप से चले आ रहे हैं, उन्हें शास्त्र के बल पर उल्लंधित नहीं किया जा सकता है।[147] वास्तव में क्षेत्रीय आचार एवं परम्पराएँ सामयिक अपेक्षाओं की पूर्ति के लिए भी जन्म लेती हैं, जिन्हें श्रुति-स्मृति में नहीं ढूढ़ा जा सकता है। जैसे-परवर्ती काल में इस्लाम धर्म के उदय के कारण बहुत से हिन्दू मुसलमान बन गये थे। ऐसे 'पर-धर्म दीक्षित' मुसलमानों को हिन्दू धर्म में किस प्रकार प्रत्यावर्तित किया जाय, इस उद्देश्य से कुछ नियम बनाये गये, जिन्हें पूर्ववर्ती श्रुतियों एवं स्मृतियों में नहीं ढूढ़ा जा सकता है, समसामयिक 'देवल स्मृति' जैसी परवर्ती स्मृतियों में कुछ नियमों को अवश्य ढूढ़ा जा सकता है।

इस प्रकार हम इस निष्कर्प पर पहुंचते हैं कि जब तक समाज पर श्रुति-स्मृति परक कर्मकाण्डों एवं विधानों का प्रभाव था, वे आचार की तुलना में अधिक प्रभावी रहे। कालान्तर में जहां एक ओर वैदिक कर्मकाण्ड हतोत्साहित होते गये, दूसरी ओर क्षेत्रीय संस्कृति के विकास के कारण समाज पर श्रुति-स्मृति का प्रभाव कम होता गया। ऐसी दशा में क्षेत्रीय आचार एवं परम्पराएँ महत्वपूर्ण होती गयी। यदि हम राजनीतिक दृष्टि से विचार करें, तो स्थिति स्पष्ट हो जाती है। गुप्तों के काल तक देश में राजनीतिक एकता स्थापित हो चुकी थी। समुद्रगुप्त जैसे प्रतापी शासक ने लगभग सम्पूर्ण भारत पर अपना प्रभाव स्थापित कर लिया था। फलतः क्षेत्रीय आचार एवं परम्पराएँ गौण बनी रहीं। गुप्तकाल के पश्चात् राजनीतिक विखण्डन का प्रारम्भ हुआ हर्षवर्द्धन एवं पुलकेशिन के काल में उत्तर भारत एवं दक्षिण भारत की भावना बलवती हो चुकी थी। इसके पश्चात् समुद्रगुप्त जैसा कोई ऐसा प्रतापी शासक नहीं हुआ, जो सम्पूर्ण भारत को राजनीतिक एकता के सूत्र में बांध सके। राजनीतिक अवसान के कारण अनेक छोटे-छोटे राजवंशों का उदय हुआ। उनके आचार, परम्पराएँ एवं रीतियाँ क्षेत्र विशेष तक ही सीमित रहीं। फलतः श्रुति एवं स्मृति में उल्लिखित सर्वदेशीय आचार अप्रासंगिक होते गये। एवं इनके स्थान पर क्षेत्रीय आचार महत्वपूर्ण होते गये। इन क्षेत्रीय आचारों एवं परम्पराओं की अवहेलना नहीं की जा सकती थी।

आत्मतुष्टि-

मनु एवं याज्ञवल्क्य जैसे स्मृतिकारों ने विधि के स्रोत के रूप में श्रुति, स्मृति एवं सदाचार के पश्चात् चतुर्थ स्थान पर आत्मसंतोष का उल्लेख किया है। मनु ने इसे 'आत्मतुष्टि' तथा याज्ञवल्क्य ने 'स्वस्य च प्रियमात्मनः' की संज्ञा प्रदान की है। यहाँ प्रश्न उठता है कि जब व्यवस्थाकारों ने श्रुति, स्मृति एवं सदाचार को विधि का मूल स्रोत स्वीकार कर लिया तथा इनके द्वारा व्याख्यापित विधि क्षेत्र व्यापक है, तो आत्मतुष्टि को भी विधि का मूल स्रोत घोषित करने की आवश्यकता क्यों प्रतीत हुई? ऐसा प्रतीत होता है कि एक ही विवाद के निवारण के संदर्भ में प्रथम तीन मूल स्रोतों के द्वारा पृथक्-पृथक् मार्गदर्शन के कारण यह यक्ष-प्रश्न उठा कि इनमें से किसे मान्यता प्रदान की जाय? श्रुति, स्मृति एवं सदाचार, इन तीनों के सापेक्षिक महत्व का प्रश्न बौद्धिक विवाद का प्रश्न बनता जा रहा था।

तीनों की वरीयता के सम्बन्ध में पृथक-पृथक दृष्टिकोण से तर्क रखे जा रहे थे। इस बौद्धिक विवाद के समाधान के लिए ही प्रारम्भ में मनु तथा याज्ञवल्क्य जैसे स्मृतिकारों ने स्वविवेक द्वारा यह निर्णय लेने की छूट दे दी कि मन जिसे उचित समझे, उसी के अनुसार आचरण करना चाहिए। कालान्तर में मेघातिथि, गोविन्दराज एवं नन्दपण्डित जैसे टीकाकारों ने भी इसका समर्थन किया।

परन्तु शास्त्रकारों ने इसे अंतिम विकल्प के रूप में ही स्थान दिया है। इसका प्रयोग उसी समय करना चाहिए, जब श्रुति, स्मृति एवं सदाचार के द्वारा किसी निष्कर्प पर न पहुंचा जा सके। वस्तुतः यह अधिकार भी निर्बाध नहीं है। इसका कारण यह है कि मनुष्य की इच्छाएं अनन्त होती है। विधि को इच्छा पर आधारित कर देने से धर्म-अधर्म, पाप-पुण्य व अच्छे-बुरे में कोई भेद न रह जाने का संशय था। यदि किसी व्यक्ति की इच्छा अनैतिक कार्य करने की हो, तो वह स्मृति-प्रदत्त आत्मतुष्टि का अवलम्बन लेकर उस अनैतिक कार्य को भी मान्यता दे सकता था। अतः स्मृतिकारों ने कभी भी वैयक्तिक इच्छा को स्वतन्त्रता नहीं दी। केवल वैकल्पिक विषय में ही अन्य किसी स्रोत द्वारा समाधान न हो पाने की स्थिति में ही इसका उपयोग किया जा सकता है। कालिदास के 'अभिज्ञान शाकुन्तलम्' में आत्मतुष्टि का सुन्दर उल्लेख मिलता है, जहाँ कहा गया है कि सन्देहास्पद वस्तुओं में सज्जनों की अन्तःकरण प्रवृत्तियाँ ही प्रभावित होती है।[148] निश्चय ही सन्देह वहीं उत्पन्न होता है, जहां दो तुल्यकोटिक विचार एक ही साथ मष्तिष्क में आते हैं। मेघातिथि, गोविन्दराज एवं नन्द पण्डित का निर्देश है कि आत्म की प्रियसंतुष्टि अवश्य ही उत्तम होनी चाहिए।[149]

वैकल्पिक स्रोत होते हुए भी आधुनिक भारतीय न्यायपालिका में भी यह सिद्धान्त एक सीमा तक मान्य है। आत्मतुष्टि से भारतीय न्यायपालिका में विवेक एवं व्यक्तिगत निर्णय के सिद्धान्त (Justice, equity and good Consciousness) का विकास हुआ।[150]

धर्मस्थान (धर्म के उपादान अथवा गौण स्रोत)-

पुराण-

विधि के उपादान स्रोत की दृष्टि से पुराण अत्यधिक महत्वपूर्ण हैं।

पुराण साहित्य प्राचीन परम्पराओं से सम्बद्ध है। अतः यह प्राचीन परम्पराओं की कामना करता है।[151] सर्ग (सृष्टि), प्रतिसर्ग (प्रलय); वंश (राजाओं की वंशावली) मन्वन्तर (पौराणिक काल गणना) तथा वंशानुचरित (ऋषियों तथा राजाओं का जीवन वृत्ताचार) पुराणों के पञ्चलक्षण हैं।[152] पुराण इतिहास से सम्बद्ध हैं। इतिहास आत्मा है एवं पुराण उसका शरीर है। पुराणी इतिहास की सूची हैं।[153] पी.वी. काणे का मत है कि जहां तन्त्रवार्तिक ने पुराणों, मनुस्मृति एवं इतिहास को सम्पूर्ण भारत के लिए सार्वजनीन माना है एवं मनुस्मृति को धर्ममूल कहा है, तो उनका आशय स्मृति के साथ पुराण से भी है।[154] रामायण एवं महाभारत जैसे महाकाव्यों की गणना इतिहास ग्रंथ के रूप में होती है। इनमें महाभारत विशेष उल्लेखनीय है। साहित्यिक एवं शिलालेखों से प्राप्त संकेतों से अनुमान लगता है कि पांचवी शदी ई० के आस-पास महाभारत का प्रमाण स्मृतियों के समान था। शांतिपर्व के राजधर्म एवं आपद्धर्म तथा समग्र अनुशासनपर्व विधि संहिता के रूप में स्वीकार किये जाते थे। वस्तुतः वे अध्याय मनु के समानस्तरीय भाव व्यक्त करते हैं।[155] भागवत पुराण के अनुसार स्त्रियों, शूद्रों तथा केवल जन्म से ज्ञात होने वाले ब्राह्मणों (अर्थात् ऐसे ब्राह्मण जिन्होंने वेदाध्ययन नहीं किया हो) पर कृपा करके व्यास ने महाभारत का प्रणयन किया।[156] पी.वी. काणे का मत है कि इन महाकाव्यों को निबन्धकारों ने धर्म के स्रोत के रूप में स्वीकार किया है।[157]

पुराण साहित्य से आशय धार्मिक अनुश्रुतियों तथा प्राचीन ऐतिहासिक आख्यानों के भण्डार से है। पुराणों की संख्या अठारह है- वायु, विष्णु, ब्रह्माण्ड, मत्स्य, भागवत ब्रह्म, पद्म, नारदीय, मार्कण्डेय, आग्नेय, भविष्य, लिंग, ब्रह्मवैवर्त, वाराह, स्कन्द, वामन, कूर्म एवं गरूड् पुराण। पुराणों का काल-निर्धारण कठिन है। भविष्य, ब्रह्माण्ड तथा मत्स्य पुराण सर्वाधिका प्राचीन हैं एवं उनकी रचना अवधि ई०पू० चतुर्थ शताब्दी भी हो सकती है।[158] परन्तु पुराणों के अनेक अंश परवर्ती काल तक जुड़ते रहे और उन्हें वर्तमान रूप चौथी-पाँचवी शताब्दी ई० में प्राप्त हुआ। उल्लेखनीय है कि पुराण केवल धर्मस्थान हैं, अतः धर्मशास्त्रों में इनका विशेष उल्लेख नहीं हुआ है; किन्तु निबन्ध ग्रंथों में इनके अनेक उद्धरण प्राप्त होते हैं। अतः विधिक दृष्टि से पुराणों का महत्व उत्तरोत्तर बढ़ता गया।

पुराण एवं स्मृति का सापेक्षिक महत्वः-

जहां तक पुराणों एवं स्मृतियों के सापेक्षिक महत्व का प्रश्न है, ऐसा प्रतीत होता है कि इस संदर्भ में पूर्व-मध्यकालीन विचारकों द्वारा पुराणों की अपेक्षा स्मृतियों को अधिक महत्व दिया गया।[159] अपरार्क ने श्रुति समर्थित धर्म को श्रेष्ठ माना है तथा पौराणिक धर्म को अवर (हीन) एवं अप्रधान घोषित किया है।[160] स्पष्ट है कि नवीं शताब्दी तक श्रुति-स्मृति की महत्ता बनी रहीं।

किन्तु मध्यकाल में स्थिति में कुछ परिवर्तन दिखायी देता है। मध्यकाल में लेखकों का एक ऐसा वर्ग दृष्टिगोचर होता है, जो श्रुति-स्मृति की अपेक्षा पुराणों का पक्षधर था। सत्रहवीं शताब्दी के लेखक मित्रमिश्र की दृष्टि में धर्मशास्त्र (अथवा स्मृति) पुराणों से अधिक प्रामाणिक नहीं है। अतः स्मृतिवचन एवं पुराण के विरोध में तर्क का आश्रय उसी भांति लेना चाहिए, जिस प्रकार दो स्मृतियों का विरोध होने पर लिया जाता है।[162] किन्तु इसके विपरीत नीलकंठ ने मनु एवं देवल को उद्धृत करते हुए 'व्यवहार - मयूख' में पुराणों की अपेक्षा स्मृतियों को ही अधिक महत्व दिया है।[163]

ऐसा प्रतीत होता है कि स्मृति समर्थित पौराणिक विधि को तो मान्यता प्राप्त हुई, परन्तु स्मृति विरोधी पौराणिक विधि उपेक्षित रहा। यथा-मनु एवं देवल ने जुड़वा उत्पन्न बच्चों में पहले उत्पन्न होने वाले बच्चे को ज्येष्ठ घोषित किया, परन्तु भागवत पुराण ने बाद में उत्पन्न होने वाले बच्चे को ज्येष्ठ माना। इन दोनों में तार्किक विश्लेषण के पश्चात् मनु एवं देवल के दृष्टिकोण को ही मान्यता प्राप्त हुई।

न्याय एवं मीमांसाः-

न्याय को तर्कशास्त्र भी कहा गया है। ऐसा प्रतीत होता है कि प्रारम्भ में तर्कशास्त्र को विधि के स्रोत के रूप में स्थान नहीं मिला। मनु ऐसे द्विजों, जो दोनों धर्ममूलों (श्रुति एवं स्मृति) का तर्क के द्वारा अवमानना करते हैं, को नास्तिक एवं वेद-निन्दक कहते हुए साधुजनों को उन्हें नगर से निष्कासित करने का निर्देश देते हैं।[164] निश्चय ही उन्होंने श्रुति-स्मृति के प्रति लोगों को श्रद्धालु बनाये रखने के लिए ही इस प्रकार का उल्लेख किया है, क्योंकि वे श्रुति एवं

स्मृति को तर्करहित मानते हुए इन्हीं से धर्म की उत्पत्ति मानते हैं।[165] परन्तु ऐसा प्रतीत होता है कि गुप्तकाल तक आते-आते युक्ति अथवा तर्क को भी विधि के उपादान स्रोत के रूप में स्थान प्राप्त हो गया। बृहस्पति का कथन है कि किसी विवाद के निर्णय में शास्त्रों पर ही निर्भर नहीं रहना चाहिए, क्योंकि निर्णय में तर्क के अभाव में धर्म की हानि होती है।[166] नारद का मत भी इसी प्रकार का है।[167] शुक्र ने तर्क का लक्षण स्पष्ट करते हुए कहा है कि जिसमें भाव एवं अभाव पदार्थो का प्रत्यक्ष, अनुमान, उपमान तथा शब्द आदि प्रमाणों के द्वारा विचार पूर्वक तर्क होता है तथा जो कणाद आदि वैशेषिक दार्शनिकों का मत है, उसे 'तर्क' अथवा 'न्याय' कहते हैं।[168] वस्तुतः तर्क द्वारा नियमों का विश्लेषण किया जाता है तथा तर्क द्वारा पुष्ट धर्म ही लोक मान्यता प्राप्त करता है। अतः तर्क को भी विधि का उपादान स्रोत स्वीकार किया गया है।

तर्क की भांति मीमांसा को भी विधि का उपादान स्रोत घोषित किया गया है। मीमांसा का सामान्य अर्थ गम्भीर विचार, शोध एवं अनुसंधान है। विधि की व्याख्या में मीमांसा की भी महत्वपूर्ण भूमिका है। मीमांसा-दर्शन में वेद के यज्ञपरक वचनों की व्याख्या तथा उनका समन्वय यत्नपूर्वक किया गया है।[169] इसके अन्तर्गत प्राचीन भारतीय साहित्य की टीकाएँ सम्मिलित हैं, जिनमें प्राचीन उदाहरणों के साथ समसामयिक प्रचलित आचारों का भी वर्णन मिलता है।

अर्थशास्त्रः-

महाभारत (शांतिपर्व 25/1/3) में सदाचार, स्मृति तथा वेद को 'त्रिविध धर्मलक्षण' तथा 'अर्थ' को पृथक रूप से 'चतुर्थ धर्मलक्षण' कहा गया है। स्पष्टतः यह भेद क्रमशः धर्ममूल (वेद, स्मृति एवं सदाचार) तथा धर्मस्थान (अर्थ) का द्योतक है। 'अर्थ' का तात्पर्य सम्भवतः 'अर्थशास्त्र' से है। विधि के उपादान स्रोत की दृष्टि से अर्थशास्त्र का महत्व रहा है, किन्तु प्रायः अधिकांश व्यवस्थाकारों ने स्पष्ट किया है कि जब धर्मशास्त्र एवं अर्थशास्त्र के नियमों में विरोध उत्पन्न हो जाय, तो अर्थशास्त्र का त्याग कर धर्मशास्त्र के निर्देश के अनुसार आचरण करना चाहिए।[170] मिताक्षरा में एक दृष्टान्त के माध्यम से अर्थशास्त्र पर धर्मशास्त्र की श्रेष्ठता स्थापित की गयी है। अर्थशास्त्र के अनुसार राजा को अपने लिए मित्र सुनिश्चित करना चाहिए, क्योंकि हिरण्य एवं भूमि अर्जन की तुलना में मित्र का

उर्जन अधिक महत्वपूर्ण है, परन्तु धर्मशास्त्र कहते हैं कि राजा को क्रोध एवं लोभ का त्याग करके निष्पक्ष होकर न्याय करना चाहिए, चाहे ऐसा करने से वह अपना ऐसा शक्तिशाली मित्र ही क्यों न खो दे, जिसके विरूद्ध उसने मामले को निर्णीत किया हो।[171] ऐसा प्रतीत होता है कि अर्थशास्त्र की अपेक्षा धर्मशास्त्र के नियमों को वरीयता देने का एक कारण यह भी है कि भारत में लौकिक सुख की अपेक्षा पारलौकिक सुख को अधिक महत्व दिया जाता रहा है। अतः धर्मशास्त्र के नियमों का सम्बन्ध पारलौकिक सुख की प्राप्ति होने के कारण अर्थशास्त्र पर उसे वरीयता मिली, क्योंकि इसका सम्बन्ध लौकिक सुख से है।

विधि के उपादान स्रोत के रूप में भी धर्मशास्त्र महत्वपूर्ण है। इसकी व्याख्या 'धर्ममूल' में स्मृतियों की व्याख्या के संदर्भ में पूर्व में की जा चुकी हैं।

वेद जहां धर्म के वैधानिक स्रोत के रूप में महत्वपूर्ण है, उपादान स्रोत के रूप में भी कम महत्वपूर्ण नहीं है। वेदों में यत्र-तत्र बिखरे हुए कुछ ऐसे भी मंत्र प्राप्त होते हैं, जो विधि के उपादान स्रोत के रूप में भी महत्वपूर्ण है। इन्हीं मन्त्रों के आधार पर स्मृतियों में नियमों का कलेवर निर्मित होता है। यथा - ऋग्वेद में 'अमाजू' (अविवाहित वयस्क कन्या) का उल्लेख प्राप्त होता है।[172] उसके अविवाहिता होने का कारण उसका भार्तृहीना होना है। कोई भी व्यक्ति उसके साथ इसलिए विवाह नहीं करना चाहता है कि विवाहोपरान्त उत्पन्न होने वाला उसका प्रथम पुत्र 'पुत्रिकापुत्र' के रूप में कन्या के पिता को देना पड़ेगा। सम्भवतः इसी आधार पर स्मृतियों में यह नियम प्रस्थापित हुआ कि अभ्रातृमती कन्याओं से विवाह नहीं करना चाहिए।[173] यहाँ वेद उपादान स्रोत के रूप में महत्वपूर्ण परिलक्षित होता है।

अन्य स्रोत-

परिषद-

विधि के उपादान स्रोत की परिधि में ही 'परिषद' नामक संस्था को भी स्थान दिया जा सकता है। वस्तुतः विधि के अनुसार अभियोग का निर्णय करना एवं संशय का निवारण कर सर्वमान्य व्याख्या प्रस्तुत करना 'परिषद' का कार्य था। परिषद का मूल वैदिक साहित्य से प्राप्त होने लगता है। धर्मसूत्रों एवं स्मृतियों

के काल तक विधि की व्याख्या एवं घोषणा में परिषद की महत्ता सर्वमान्य हो चुकी थी। यद्यपि परिषद न तो विधि की मौलिक स्रोत थी और न ही उपादान स्रोत, परन्तु धर्मविषयक संशय के निवारण में इसका महत्वपूर्ण स्थान था। महाभारत में कहा गया है कि यदि धर्म के निर्णय के विषय में संदेह उत्पन्न हो, तो दस वेद शास्त्रज्ञ अथवा तीन धर्मपाठक ब्राह्मण जो निर्णय दें, उसे ही धर्म मानना चाहिए।[174] परवर्ती काल में भी परिषद का अस्तित्व बना रहा। उल्लेखनीय है कि ये परिषदें किसी नयी विधि का सृजन नहीं करती थीं, बल्कि विधि सम्बन्धी संशय का निवारण करती थी। शासक इनकी व्याख्या एवं अनुशंसा को महत्व देता था। परिषदों का परिवर्तित रूप राष्ट्रकूट काल तक दृष्टिगोचर होता है।

राजा:-

विधि के उपादान स्रोत के अन्तर्गत ही राजा को भी स्थान देना उचित प्रतीत होता है। यद्यपि सामान्यत: राजा विधि निर्माता नहीं था, परन्तु विशेष परिस्थितियों में वह जनहित में राजाज्ञा निर्गत कर सकता था।[175] कौटिल्य ने राजाज्ञा को 'राजशासन' की संज्ञा दी है तथा यह दृष्टिकोण व्यक्त किया है कि धर्म,व्यवहार, चरित्र एवं राजशासन सामाजिक व्यवस्था के लिए अत्यन्त आवश्यक है। इनमें विरोध की स्थिति में राजशासन को ही प्रामाणिकता प्राप्त होती है।[176]

निबन्ध ग्रंथ एवं टीकाएँ:-

समय-समय पर प्रसिद्ध प्राचीन धर्मग्रंथों एवं स्मृतियों आदि पर टीकाएँ एवं भाष्य लिखे गये। इनके अतिरिक्त स्वतन्त्र रूप से भी कुछ निबन्ध ग्रंथ लिखे गये, इनमें भी विधि की व्याख्याएँ प्राप्त होती हैं। अत: विधि के उपादान स्रोत के रूप में इन्हें भी स्थान दिया जा सकता है।

ऐसे टीका एवं निबन्ध ग्रंथों में मेधातिथि, कुल्लूक एवं गोविन्दराज द्वारा मनुस्मृति पर लिखी गयी टीकाएँ एवं व्याख्याएँ, याज्ञवल्क्य स्मृति पर लिखी गयी विश्वरूप, अपरार्क, विज्ञानेश्वर ('मिताक्षरा') तथा शूलपाणि ('दीपमालिका') की टीकाएँ, लक्ष्मीधर का 'कृत्यकल्पतरू', जीमूतवाहन का 'दायभाग', 'कालविवेक' एवं 'व्यवहार मातृका', देवण्ण भट्ट की 'स्मृति चन्द्रिका', वरदराज का 'व्यवहार निर्णय', चण्डेश्वर का 'विवादरत्नाकर' माधवाचार्य की पराशर स्मृति पर टीका 'पराशर

माधवीय', मिसरूमिश्र का 'विवाद चन्द्र', दलपति का 'व्यवहार - सार', कमलाकर भट्ट का 'निर्णय सिन्धु' एवं 'विवाद ताण्डव', मित्रमिश्र का 'वीर मित्रोदय' एवं नीलकण्ठ का 'व्यवहार मयूख' आदि ग्रंथ उल्लेखनीय है। इनकी रचनाएँ नवी शताब्दी ई० से सत्रहवीं शताब्दी ई० तक होती रही है। इनमें से कुछ ग्रंथ उपादान स्रोत की दृष्टि से अत्यन्त उल्लेखनीय है। जैसे- जीमूत वाहन के 'दायभाग' तथा विज्ञानेश्वर के 'मिताक्षरा' नामक ग्रंथों के आधार पर ही कालान्तर में हिन्दू-उत्तराधिकार के दो सिद्धान्त इन्हीं ग्रंथों के नाम पर 'दाय भाग सम्प्रदाय' एवं 'मिताक्षरा सम्प्रदाय' के नाम से विकसित हुए, जिनमें क्रमशः उपरमस्वत्व सिद्धान्त एवं जन्मनावत्व सिद्धान्त का प्रतिपादन किया गया है। वैधानिकता की दृष्टि से इन ग्रंथों का विशेष महत्व न होते हुए भी, उपादान स्रोत की दृष्टि से ये ग्रंथ महत्वपूर्ण है।

उपर्युक्त समग्र विवेचन से स्पष्ट है कि भारतवर्ष में वैदिक काल से लेकर मध्यकाल तक विधि के नये-नये स्रोत विकसित होते रहे। वेदों से लेकर स्मृति-टीकाओं एवं निबन्ध ग्रंथों तक को विधि के स्रोत के रूप में स्थान दिया गया। यद्यपि विधि के स्रोतों की परम्परा दीर्घकालीन है, तथापि उनमें अद्‌भुत समन्वय दृष्टिगोचर होता है। इसका कारण भारतवर्ष की धर्मसहिष्णुता एवं समन्वयवादी परम्परा प्रतीत होती है। इन्हीं परम्पराओं के अनुकूल प्राचीन भारत में विभिन्न भौगोलिक क्षेत्रों, जातियों एवं संगठनों आदि की परम्पराओं, रीतियों एवं प्रथाओं आदि को विधि के स्रोत के रूप में सम्मिलित किया गया। इतना ही नहीं बौद्ध, जैन, चार्वाक सहित अन्य नास्तिक सम्प्रदायों (पाषण्डों) को भी प्राचीन भारतीय व्यवस्था के अन्तर्गत स्थान दिया गया। भारतीय विधि-व्यवस्था समाज से जुड़ी रही। फलतः समाज तथा विधि व्यवस्था के मध्य सामञ्जस्य स्थापित होना कहीं से भी आश्चर्यजनक नहीं प्रतीत होता है।

संदर्भ - सूची

1- हरिहरनाथ त्रिपाठी : प्राचीन भारत में राज्य और न्यायपालिका, पृ० 93

2- वेदो धर्ममूलम्। तद्विदाम् च स्मृतिशीले। - गौतम०, 1.1-2

3- धर्मज्ञ समयः प्रमाणम् वेदाश्च। आप०ध०सू०, 1.1.1-2

4- श्रुतिस्मृतिविहितो धर्मः। तदलाभे शिष्टाचार प्रमाणम्। - वशिष्ठ०, 1.4-7

5- वेदोऽखिलो धर्ममूलं स्मृतिशीले च तद्विदाम।
आचारश्चैव साधूनामत्मनस्तुष्टिरेव च॥ मनु०, 1.6

6- श्रुतिः स्मृति सदाचारः स्वस्य च प्रियमात्मनः।
सम्यक् संकल्पजः कामः धर्ममूलमिदम् स्मृतः॥ याज्ञ०, 1.7

7- तस्य च व्यवहारो वेदो धर्मशास्त्राण्यङ्गान्युपवेदाः पुराणम्।- गौतम०, 11.19

8- पुराण न्यायमीमांसा धर्मशास्त्राङ्ग मिश्रिताः।
वेदाः स्थानानि विद्यानां धर्मस्य चतुर्दशः॥ याज्ञ०, 1.3

9- सदाचारः स्मृतिर्वेदास्त्रिविधिं धर्मलक्षणम्।
चतुर्थमर्थमित्याहुः कवयोः धर्मलक्षणम्॥ महा०, शान्ति पर्व, 25.1.3

10- हरिहरनाथ त्रिपाठी, पूर्वोक्त पृ० 95

11- एस.डी. शर्मा, एडमिनिस्ट्रेशन ऑफ जस्टिस इन एन्सियन्ट इण्डिया, पृ० 2

12- हरिहरनाथ त्रिपाठी, पूर्वोक्त पृ० 97

13- हरिहरनाथ त्रिपाठी, पूर्वोक्त पृ० 96

14- हरिहरनाथ त्रिपाठी, पूर्वोक्त पृ० 96

15- आप०, 2.12-13

16- जैमिनी०, 1.2.1 पर शबरस्वामी, कुमारिल-तन्त्रवार्तिक पृ० 1

17- हरिहरनाथ त्रिपाठी, पूर्वोक्त पृ० 98

18- आप०, 2.29.3

19- आप०, 1.2-3 पर हरदन्त

20- मुरलीधर चतुर्वेदी : प्राचीन भारतीय विधि व्यवस्था (मनुस्मृति के विशेष सन्दर्भ में) पृ० 4

21- पी.वी. काणे: धर्मशास्त्र का इतिहास, भाग 1, पृ० 7

22- मनु०, 2.13, याज्ञ०, 1.40

23- ऋग्वेद, 10.91.14

24- ऋग्वेद, 1.164.27 एवं 40, 4.1.6, 5.83.8, 8.69.21

25- 'अध्न्या अहन्तव्या भवति अघघ्नी इति वा।' - निरूक्त, 10.43

26- ऋग्वेद, 8.101.16

27- महा०, वन पर्व, 3.3.317

28- गौतम०, 1.5, मनु० 2.14

29- मनु०, 2.15

30- 'विकल्प एव हि न्यायतुल्यकक्ष प्रमाणतः।' तन्त्रवार्तिक पृ० 107

31- पारस दीवान: आधुनिक हिन्दू विधि, पृ० 14

32- पारस दीवान: उपर्युक्त पृ० 15

33- आप 1.1.2 बौधायन 1.1.3, वशिष्ठ 1.4, गौतम 1.1, याज्ञ० 1.7, मनु०, 2.6

34- गौतम०, 1.2, वशिष्ठ 1.4, बौधायन, 1.1.3

35- 'श्रुतिस्तु वेदो विज्ञेयो धर्मशास्त्रं तु वै स्मृतिः।'- मनु०, 2.10

36- तैत्तिरीय आरण्यक, 1.2, पूर्वमीमांसा, 6.8.23, 12.4.42

37- वेदान्तसूत्र, 2.3.47, 3.1.14, 4.2.14

38- वेदार्थविदां इदम् कर्त्तव्यम् इदं न कर्तव्यमिति यत् स्मरणम् 1- मेघातिथि (मनु 2.10 पर टीका)

39- हरिहरनाथ त्रिपाठी : प्राचीन भारत में राज्य और न्यायपालिका, पृ० 100

40- आप०, 1.1.4, गौतम०, 8.2

41- गौतम, 11.19

42- पी.वी.काणे, धर्मशास्त्र का इतिहास, भाग-1, पृ० 41

बौधायन ने स्वयं के अतिरिक्त औपजंघनि, कात्य, काश्यप, गौतम, प्रजापति, भौद्गल्य तथा हारीत का एवं वशिष्ठ ने गौतम, प्रजापति, मनु, यम एवं हारीत जैसे अपने पूर्ववर्ती स्मृतिकारों का उल्लेख किया है।

43- मनु०, (3.16) में 'उतथ्यतनय' का उल्लेख हुआ है। मनुस्मृति के अधिकांश टीकाकारों ने इसे गौतम स्वीकार किया है, परन्तु टीकाकार रामचन्द्र ने इसे दीर्घतमस स्वीकार किया है।- एस.एन. मित्तल, प्राचीन भारतीय राजनीतिक विचार, पृ० 20

44- मन्वत्रि विष्णु हारीत याज्ञवल्क्योशनोङ्गिराः।
यमापस्तम्ब संवर्ता कात्यायन वृहस्पतीः॥
पराशर व्यास शंखलिखिता दक्षगौतमो।
शातातपो वशिष्ठश्च धर्मशास्त्र प्रयोजकाः॥ याज्ञ०, 1.4-5

45- नेयं परिसंख्या किन्तु प्रदर्शनार्थमेतत्। अतो बौधायनादेरपि धर्मशास्त्रत्वम् विरूद्धम्॥ याज्ञ०, 1.4.5 पर मिताक्षरा

46- पराशर, 1.13-16

47- पी.वी.काणेः धर्मशास्त्र का इतिहास भाग-1, पृ० 41

48- वृद्धगौतम०, 1.14-25

49- वीरमित्रोदय, परिभाषा प्रकाश पृ० 18

50- गरूड पुराण, 93.4-6, अग्निपुराण, 2, पृ० 148, कलकत्ता संस्करण 1876

51- पी.वी. काणेः उपर्युक्त, पृ० 41

52- प्रतिभा आर्य : स्मृतियों में राजनीति और अर्थशास्त्र, पृ० 5

53- पी.वी. काणेः धर्मशास्त्र का इतिहास, भाग-एक, पृ० 14-17

54- पी.वी. काणेः उपर्युक्त, पृ० 41-42

55- पारस दीवानः आधुनिक हिन्दू विधि, पृ० 17

56- पी.वी. काणेः धर्मशास्त्र का इतिहास भाग-1, पृ० 10

57- हरिहरनाथ त्रिपाठी : प्राचीन भारत में राज्य और न्यायपालिका, पृ० 104

58- पी.वी.काणेः धर्मशास्त्र का इतिहास, भाग एक, पृ० 42

59- वेदार्थोपनिबद्धत्वात् प्राधान्यं हि मनोः स्मृतम्।
मन्वर्थविपरीता तु या स्मृतिः सा न प्रशस्यते॥ - बृह० व्य०का० 29.17

60- तावच्छास्त्राणि शोभन्ते तर्क याकरणानि च।

धर्मार्थमोक्षोपदेष्टा मनुयविन्न दृश्यते॥ - कुल्लूक (मनु० 1.1)

61- मन्वादिमहास्मृति..........., याज्ञ०, 3.300 पर मिताक्षरा

62- अल्पानां यो विघातः स्यात्स बहुभिः स्मृतः।
प्राणसंमित (घ्राण?) इत्यादि वासिष्ठं वाधितं यथा॥
विरोधो यत्र वाक्यानां प्रामाण्यं तत्र भूयसाम्।
तुल्यप्रमाणकत्वे तु न्याय एवं प्रकीर्तितः॥ गोभिल०, 3.148-149

63- कृते तु मानवो धर्मस्त्रेतायाम् गौतमः स्मृतः।
द्वापरे शांखलिखितः कलौ पराशरः स्मृतः॥ पराशर 1.24

64- अन्ये कृतयुगे धर्मस्त्रेतायां द्वापरेऽपरे।
अन्ये कलियुगे नृणां युगह्रासानुरूपतः॥
तपः परं कृतयुगे त्रेतायां ज्ञानमुच्यते।
द्वापरे यज्ञमेवाहुदनिमेकं कलौयुगे॥ - मनु०, 1.85-86

65- भीष्म ने युधिष्ठिर को बताया कि चारों युगों में धर्म पृथक्-पृथक् थे-
अन्ये कृतयुगे धर्मास्त्रेतायां द्वापरेऽपरे।
अन्ये कलियुगे चैव यथाशक्ति कृता इव॥ - महा०, शान्तिपर्व-260.8
इसी प्रकार 'वनपर्व' में हनुमान ने चारों युगों के पृथक्-पृथक कर्तव्यों का उल्लेख किया है। -महा०, वनपर्व, अध्याय-149

66- याज्ञ०, 3.22 पर मिताक्षरा

67- पी.वी. काणे; धर्मशास्त्र का इतिहास, भाग-2 पृष्ठ 11-12

68- आम्नायवचनं सत्यमित्ययं लोकसंग्रहः।
आम्नायेभ्यः परं वेदाः प्रभृत्ताविश्वतोमुखाः॥
ते चेत्सर्वे प्रमाणं वै प्रमाणं तन्न विद्यते।
प्रमाणे चाप्रमाणे च विरोधेशास्त्रता कुतः॥ - महा०, वनपर्व, 207.9-10

69- फलोत्साहाविशेषातु। - जैमिनि, 6.1.13
यदि स्मृतिमनुरूध्यमाना परवशा निर्धना च स्यात्। यजेतेत्युक्ते सति न यजेत। तत्र स्मृत्याश्रुति वर्ध्यते। न चेतन्न् माध्यम्। तस्मात्फलार्थिनी सती स्मृतम प्रमाणी कृत्य द्रव्यं परिगृहणीयाद्यजेतचेति। -शबर, 6.1.13-14

70- विशेष विषयिण्यापि स्मृत्या श्रुतिवाधस्यान्याय्यत्वात् - याज्ञ०, 3.46 पर मिताक्षरा

71- श्रुतेरिवार्थम् स्मृतिरन्वगच्छत्, कालिदास, रघुवंशम् 2.2

72- भवत्यधर्मो धर्मों हि धर्माधर्मावुभावपि।
कारणाद्देशकालस्य देशकाल: स तादृश:॥ - महा०, शांतिपर्व, 11.3
73- तैत्तिरीय ब्राह्मण, 1.8.6 तथा शबर-जैमिनि, 3.5.14-15
74- गौतम०, 2.25, आप०, 1.5.17.21, मनु०, 11.95
75- को वा शत्रुवा विधवेव देवरमर्यम् न योपा कृणुते सधस्थ आ।- ऋग्वेद, 10.4.2
76- अथर्ववेद, 9.5.27-28, तैत्तिरीय संहिता, 2.2.4.4
77- मनु०, 9.65
78- मनु०, 9.66
79- न हि प्रत्यक्ष- श्रुतिविहितस्य स्मृत्या बाधो न्याय:। मनु०, 4.176 पर मेधातिथि
80- तेन विरूद्धाया स्मृतेर्वार्थ इति स्थिति:। याज्ञ०,1.7 पर विश्वरूप, पृ० 26
81- पराशर, 11.21
82- जैमिनि, 1.3.3-4
83- जैमिनि, 1.3.4
84- जैमिनि, 1.3.4 पर शबरस्वामी
85- नात्यन्तमेव बाध्यत्वं न चात्यन्ततुल्यता।- तन्त्रवार्तिका, पृ० 144
86- पी.वी. काणे, धर्मशास्त्र का इतिहास भाग-2, पृ० 953-954
87- श्रद्धाकर सुपकार : ला ऑफ प्रोसीजर एण्ड जस्टिस 3-1, एन्सियण्ट इण्डिया, पृ० 58
88- श्रुतिस्तु वेदो विज्ञेयो धर्मशास्त्रं तु वै स्मृति:।
ते सर्वार्थेष्वमीमांस्ये, ताम्यां धर्मो हि निर्वभौ। मनु०, 2.10
89- मनु० 2.11
90- श्रुतिस्मृती चक्षुबी द्वे द्विजानां न्यायवर्त्मनि।
मार्गे गुह्यन्ति तद्धीना: प्रपतन्ति पथश्चुता:॥ - बृह०, संस्कार काण्ड 1.11
91- हरिहरनाथ त्रिपाठी: प्राचीन भारत में राज्य और न्यायपालिका, पृ० 106
92- उपर्युक्त, पृ० 106-107
93- मेन, हिन्दू ला एण्ड यूसेज, पृ० 14
94- पी.बी. काणे; धर्मशास्त्र का इतिहास, भाग-2, पृ० 952
95- अथात: सामयाचारिकान्धर्मान् व्याख्यास्याम:। धर्मज्ञसमय प्रमाणं वेदाश्च।- आप०,

1.1.1.1-3

96- शिष्टः पुनरकामात्मा। अगृह्यमाणकारणो धर्मः। वशिष्ठ०, 1.4-7

97- शिष्टाः खलु विगतमत्सरा निरहंकारा।
कुम्भोधान्या अलोलुपा दम्भदर्पलाभमोह क्रोध विवर्जिताः॥
धर्मेणाविगतो येषां वेदः सपरिवृंहणः।
शिष्टास्तदनुमानज्ञाः श्रुतिप्रत्यक्ष हेतवः॥ - बौ०ध०सू०, 1.1.5-6

98- 'तथाहि ते शीलमुदारदर्शने, तपस्विनामप्युपदेशतां गतं।' कालिदास, कुमार सम्भव, 5.36

99- पी.वी.काणेः धर्मशास्त्र का इतिहास, भाग दो, पृ० 952

100- आचारः परमोधर्मः श्रुत्युक्तः स्मार्त एव च। - मनु०, 1.108

101- कूर्मपुराण (उत्तरार्द्ध 15.19)

102- सदाचार सतोधर्मः सन्तस्तु आचार लक्षणः।
साध्यासाध्यं कथं शक्यमाचारो हि अलक्षणम्॥ - महा०, शांति पर्व० 252.3

103- साधवः क्षीणदोषाः स्युः सच्छब्द साधुवाचकः।
तेषामाचरणं यत्तु स सदाचारः उच्यते॥ - हारीत (परा०माघ० 1, भाग-1, पृ० 144 पर उद्धृत)

104- मेन, हिन्दू ला एण्ड यूसेज, पृ० 50

105- गोत्रस्थितिस्तु या तेषां क्रमादायाति धर्मतः।
कुलधर्मं तु तं प्राहुः पालयेत् तथैव तु॥ - कात्यायन (स्मृति चन्द्रिका पृ० 27 पर)

106- येनास्यं पितरोयाता, येन याता पितामहाः।
तेन यायात्सतां मार्गं तेन गच्छन्नरिष्यति॥ - मनु०, 4.178

107- ब्राह्मण क्षत्रिय विशानां शूद्राणां च परन्तपः।
कर्माणि प्रविभक्तानि स्वभाव प्रभवैः गुणैः॥ - महा०, भीष्मपर्व 42.41

108- प्रसह्य हरणं चापि क्षत्रियाणां प्रशस्यते।
विवाह हेतुः शूराणामिति धर्मविदो विदुः॥ - महा० आदि पर्व 21.221

109- गौतम गृह्यसूत्र, 1.15, आश्वा गृह्य०, 1.19.11, बौधा०, गृह्यसूत्र 25.13, आप०, गृह्य०, 1.33.36

110- आश्वा०, गृह्य०, 1.19.8, बौधा०, गृह्य०, 2.5.16, वशिष्ठ धर्मसूत्र

11.61.63, आप०ध०सू०, 1.2.39-41

111- यस्य देशस्य यो धर्मः प्रवृतः सार्वकालिकः।
श्रुति स्मृत्य विरोधेन देशदृष्टः स उच्यते॥ - कात्यायन (स्मृति चन्द्रिका पृ-27 पर उद्‌धृत)

112- पी.वी. काणे: धर्मशास्त्र का इतिहास, भाग-2, पृ० 963

113- आप०ध०सू०, 2.11.29.14-15

114- वशिष्ठ०, 19.17

115- 'पाषण्ड' का अर्थ 'परम्परा विरोधी सम्प्रदाय' है। मनु इनके साहित्य को 'वेदवाह्य स्मृति' के नाम से पुकारते हैं। उन्होंने इनके ग्रंथों की यह कहकर आलोचित किया है कि वे तमोनिष्ट (अज्ञान) होने के कारण मृत्यूपरांत निष्फल हो जाती है-
या वेद बाह्याः स्मृतयोः याश्चकाश्च कुदृष्टयः।
सर्वास्ता निष्फलाः प्रेत्य तमोनिष्ठा हि ताः स्मृताः॥ - मनु०, 12.94
निश्चय ही अर्हत, चार्वाक एवं बौद्ध आदि वेद विरोधी सम्प्रदाय 'पाषण्ड' के अन्तर्गत ही परिगणित किये जाते हैं। 'चतुर्विशांतिमत' नामक ग्रंथ में इन सम्प्रदायों के वचनों का परित्याग करने का निर्देश दिया गया है, क्योंकि वे विप्रलम्भत (भ्रामक) हैं। चतुर्विशंतिमत (स्मृतिच० 1, पृ० 5)

116- गौतम०, 11.20-22, वशिष्ठ०, 1.7, मनु०, 8.46 याज्ञ०, 2.192
जातिजानपदान्धमन् श्रेणीधर्माश्च धर्मवित्।
समीक्ष्य कुलधर्माश्च स्वधर्म प्रतिपादयेत्॥ - मनु०, 8.41

117- देशजाति कुलधर्माश्चाम्नैरविरूद्धाः प्रमाणम्। कर्षकवणिक् पशुपाल कुसीदिकारवः स्वे स्वे वर्गे। तेभ्यश्च यथाधिकारमर्थान्प्रत्यबहुत्य धर्म व्यवस्था। - गौतम०, 11.20-22

118- मनु०, 7.203

119- याज्ञ०, 1.343

120- याज्ञ०, 1.343 पर मिताक्षरा

121- महा०, शांतिपर्व, 79.31

122- पञ्चधाविप्रतिपत्तिर्दक्षिणतस्तथोत्तरतः यानि दक्षिणस्तानि व्याख्यास्याम यथैतदनुपेतेन

सह भोजनं स्त्रियां सह भोजनं पर्युषितभोजनं मातुलपितृष्वसृदुहितृगमनमिति। अथोत्तरत उर्णाविक्रयः। सीधुपानमुभयतोदद्भिर्व्यवहार आयुधीयकं समुद्रसंयमनमिति। इतरदितरस्मिन् कुर्वन् दुर्ष्यतातर दितरस्मिन्। तत्र तत्र देशप्रामाण्यमेव स्यात्। मिथ्यैतदिति गौतमः उभय चैव नाद्रियेत शिष्ट स्मृति विरोध दर्शनाय। बौधायन, 1.1.19-26

123- बृह०, व्य०का०, 127-130, शुक्र०, 4.5.47-49

124- मनु०, 83 पर मेघातिथि

125- देशस्यजात्या संघस्य धर्मो ग्रामस्य वापियः। उचितस्तस्य तेनैव दायधर्म प्रकल्पयेत। कौटिल्य 3.7

126- कौटिल्य, 2.7

127- यस्मिन देशे य आचारो व्यवहारः कुलस्थितिः।
तथैव परिपाल्योऽसौ यदावंशमुपागतः॥ - याज्ञ०, 1.343

128- यस्मिन्देशे पुरे ग्रामे त्रैविद्ये नगरेऽपि वा।
यो यत्रविहितो धर्मस्तं धर्मं न विचारयेत॥ - देवल (स्मृति चन्द्रिका 1, पृ०-10)

129- देश जाति कुलानां च ये धर्मास्त प्रवर्तिताः।
तथैव ते पालनीयाः प्रक्षुभ्यन्त्यन्यथा प्रजाः॥
जनापरक्तिर्भवति बलं कोशश्च नश्यति। - बृह०, व्य०, का०, 126-127

130- महाभारत (आदि पर्व, 112.11-13) में कहा गया है कि ब्रह्मा ने जिस नीतिशास्त्र की रचना की थी, उसमें भी देश, जाति एवं कुलधर्म को स्थान दिया गया। भीष्म का स्पष्ट निर्देश है कि राजा को उसे मान्यता देनी चाहिए।

131- मनु०, 2.17.18

132- मनु०, 8.3 पर मेघातिथि

133- वेदोक्तः परमोधर्मः, स्मृतिशास्त्रगतोऽपरः।
शिष्टाचीर्णोऽपरः, प्रोक्तस्त्रयो धर्माः सनातनाः॥ महा०, अनु०, 141.65

134- महा०, अरण्य पर्व 108.57-65 तथा 3.3.117

135- महा०, शांतिपर्व 252.1-10

136- महा०, अनु० 162.20.1

137- एतेषां विरोधे पूर्व-पूर्वस्य बलीयस्तम्। याज्ञ० 1.7 पर मिताक्षरा
138- आप०ध०सू०, 1.1.4.8, 2.9.23.8-9
139- पी.वी.काणे : धर्मशास्त्र का इतिहास भाग-2, पृ० 962
140- स्मृत्योर्विरोधे न्यायस्तु बलवान व्यवहारतः। - याज्ञ०, 2.21
141- नारद०, 1.40
142- न्यायमनालोचयतो दोषमाहः वृहस्पतिः। केवलं शास्त्रमाश्रित्य न कर्तव्यो हि निर्णयः। मुक्तिहीने विचारे तु धर्महानिः प्रजायते। - व्य० मयूख पृ०-7
143- वशिष्ठ, 1.7
144- शुक्र०, 4.5.50-51
145- 'उच्चावचाः जानपदधर्मा यत् समान तत् ब्रूमः।' - गौतम०, 11.20
146- नहि सर्वहितः कश्चिदाचारः सम्प्रवर्तते। - महा०, शांति पर्व, 261.17
147- यस्मिन् देशे यो आचारः पारम्पर्यक्रमागतः।
तं शास्त्रबलान्नैव लङ्घनीय कदाचनः॥ - असहाय
148- सतां हि सन्देहपदेषु वस्तुषु प्रमाणमन्तःकरण प्रवृत्तयः।- अभिज्ञान शाकुन्तलम्
149- श्रद्धाकर सुपकारः लॉ ऑफ प्रोसीज्योर एण्ड जस्टिस इन एन्सिएण्ट इण्डिया, पृ० 55
150- हरिहरनाथ त्रिपाठीः प्राचीन भारत में राज्य और न्यायपालिका, पृ० 114
151- पद्म पुराण, 5.2.53
152- सर्गश्च प्रतिसर्गश्च वंशश्च मंन्वन्तराणि।
वंशानुचरितं चेति पुराणां पञ्चलक्षणम्॥ - शुक्र०, 4.93.94
153- पं भगवद्दतः भारत वर्ष का वृहद इतिहास, प्रथम भाग - पृ० 19
154- पी.वी. काणेः धर्मशास्त्र का इतिहास, भाग-2, पृ० 974
155- विन्टरनित्जः ए हिस्ट्री ऑफ इण्डियन लिटेरेचर - पृ० 127
156- स्त्रीशूद्र द्विजबंधूनां त्रयी न श्रुतिगोचराः।
इति भारतमाख्यानं कृपया मुनिना कृतम्॥ - भागवत पुराण 1.4.25
157- पी.वी. काणेः उपर्युक्त
158- एस.एन. भट्टाचार्यः भारतीय इतिहास कोश, पृ० 242
159- श्रुतिस्मृति पुराणानां विरोधोयत्र दृश्यते।
तत्र श्रौतं प्रमाणं स्यात् तयोर्द्वैधे स्मृतिर्वरा॥ - व्यास०, 1.4

श्रुतिस्मृतिपुराणेषु विरुद्धेषुपरस्परम्।
पूर्वपूर्ववलीयः स्यादिति न्यायविदो विदु॥ - संग्रहस्मृति (वर्णाश्रम) पृ०-7

160- अतः स परमोधर्मो यो वेदादधिगम्यते।
अवरः स तु विज्ञेयो यः पुराणादिषु स्मृतः॥ - व्यास (अपरार्क पृ० 9, परिभाषा प्रकाश पृ० ·29)

161- मनु०, 4.176, पर मेघातिथि

162- तेन पुराणाद्धर्मशास्त्रं स्मृत्यात्मकम् न बलवत्। किंतु स्मृत्योरिव स्मृति पुराणयोः परस्पर विरोधे न्यायद्बलावलम्। मित्रमिश्र, याज्ञ०, 2.31 पर

163- पुराणेषु स्मृति विरूद्धाचाराणां बहुशो दर्शनात्। देशचारतो व्यवस्था ज्ञेयेति केचित्। युक्तं तु पूर्वोक्तमेव। - व्यवहार मयूख, पृ० 97-98

164- मनु०, 2.11

165- मनु०, 2.10

166- न्यायमनालोचयतो दोषमाह बृहस्पतिः। केवलशास्त्रमाश्रित्य न कर्तव्यो हि निर्णयः। युक्तिहीने विचारे तु धर्महानिः पजायते। - व्यवहार मयूख (पृ० - 7), परा० माध० 3, पृ० 39

167- धर्मशास्त्र विरोधे तु युक्तियुक्तो विधिः स्मृतः।
व्यवहारो हि बलवान् धर्मस्तेनापचीयते॥ - नारद०, 1.34

168- भावाभावपदार्थानां प्रत्यक्षादिप्रमाणतः।
सविवेकोयत्रतर्कः कणादादि मतं यत्॥ - शुक्र०, 4.3.47

169- यत्-व्यवस्थिता चार्थकल्पना विधिभेदतः।
मीमांसा वेदवाक्यानां सैवन्यायश्च कीर्तितः॥ - शुक्र०, 4.3.46

170- आप०, 1.9.24.23, याज्ञ०, 2.21, नारद०, 1.39, मनु०, 7.1 पर मेघातिथि

171- 'हिरण्यभूमिलाभेभ्यो मित्रलब्धिर्बरा यतः। अतो यतेत तत्प्राप्तौ' इत्यर्थशास्त्रम्। 'धर्मशास्त्रानुसारेण क्रोधलोभविवर्जित्ः' इति धर्मशास्त्रम्। .... धर्मशास्त्रमनुसृतं भवति मित्रलब्धिर्विपरीता। तत्रार्थशास्त्राद्धर्मशास्त्रं वलवत्तम्। - याज्ञ०, 2.21 पर मिताक्षरा।

172- अमाजूरिव पित्रो स चा .... ऋग्वेद 2.17.7

173- मनु०, 3.11

174- महा०, शांति पर्व, 37.15

175- द्रष्टव्य - शोध प्रबन्ध के प्रथम अध्याय में 'राजशासन'

176- धर्मश्च व्यवहारश्च चरित्रं राजशासनम्।
विवादार्थश्चतुष्पादः पश्चिमः पूर्ववाधकः॥ - कौटिल्य, 3.1

अध्याय तृतीय

न्यायालयों का स्वरूप एवं संगठन

प्राचीन भारतीय व्यवस्थाकारों के द्वारा राजा के दो मुख्य कर्तव्य निर्धारित किये गये थे। प्रथम- प्रजा की आन्तरिक एवं बाह्य विपत्तियों से रक्षा करना तथा द्वितीय सामाजिक यथास्थिति अर्थात् वर्णाश्रम धर्म बनाये रखना। मनु ने द्वितीय कर्तव्य को अत्यन्त महत्वपूर्ण माना है। उनके अनुसार चारों वर्णों एवं चारों आश्रमों की रक्षा के लिए ही प्रजापति ने राजा को उत्पन्न किया है।[1] अतः राजा के कर्तव्यों के अन्तर्गत उन व्यक्तियों को दण्ड देना भी सम्मिलित किया गया, जो वर्णाश्रम धर्म की अवहेलना करते हुए ऐसे कार्य करते थे, जिन्हें लोक एवं वैयक्तिक अपकार की कोटि में रखा जा सकता था। प्राचीन भारत में विधि के दोनों स्त्रोत-धर्ममूल एवं धर्मस्थान-ज्ञात थे। अतः इनमें विवेचित नियमों के प्रतिकूल आचरण करना विधिक कार्यवाही का विषय बनता था। दूसरे शब्दों में प्राचीन भारत में निर्दिष्ट करणीय धर्म (कर्तव्य) का उल्लंघन एवं निषिद्ध धर्म का आचरण करना व्यवहार-विषय बनता था। कोई भी विधिक पद्धति तब तक पूर्ण एवं प्रभावी नहीं हो सकती है, जब तक उसके दोनों पक्ष-स्रोत एवं प्रक्रिया-समुचित रूप से विकसित न हों। अतः किसी भी विकसित विधि पद्धति के लिए दोनों प्रकार के नियमों के मध्य

सामञ्जस्य का होना अनिवार्य है।[2] इस दृष्टि से विचार करने पर हम देखते हैं कि प्राचीन भारत में व्यवहार का तात्पर्य विधिवाद, किसी न्यायालय के विवाद तथा विधिक प्रक्रिया से था।[3]

वस्तुत: प्राचीन व्यवस्थाकारों ने प्रक्रिया-विधि पर समग्र ध्यान दिया था, क्योंकि समुचित रूप से विकसित प्रक्रिया-विधि के अभाव में न्यायभावना की अनुभूति व्यावहारिक दृष्टि से सम्भव नहीं है। प्रक्रिया-विधि का प्रथम चरण वाद के न्यायालय में प्रवेश करने से अग्रसर होता है। अत: सर्वप्रथम प्राचीन भारत में न्यायालयों के स्वरूप, संगठन, न्यायाधीशों के गुण, उनकी नियुक्ति आदि के सम्बन्ध में विचार कर लेना आवश्यक है।

न्यायालयों का प्रारम्भिक स्वरूप-

जब हम प्राचीन भारत में न्यायालयों के स्वरूप पर विचार करते हैं, तो देखते हैं कि मौर्यकाल में न्यायालयों का स्वरूप निश्चित हो चुका था। दो प्रकार के 'अधिकरणों' (न्यायालयों)- धर्मस्थीय तथा कण्टकशोधन - का संगठन हो चुका था, परन्तु मौर्यकाल के पूर्व में न्यायालयों का स्वरूप एवं संगठन किस प्रकार का था, अधिक स्पष्ट नहीं हो पाता है। ऐसा प्रतीत होता है कि 'परिषद' एवं 'सभा' जैसी कुछ संस्थाएँ बहु-उद्देश्यीय राजकीय कार्यों के लिए संगठित की गयी थीं, जो अन्य कार्यों के साथ-साथ न्यायिक कार्य भी किया करती थीं। इन्हें विशुद्ध रूप से न्यायालय का प्राक्रूप नहीं माना जा सकता है।

उल्लेखनीय है कि वैदिक साहित्य में राजा मात्र प्रशासक के रूप में वर्णित है, न कि प्रधान न्यायाधीश के रूप में। अत: ऐसा प्रतीत होता है कि वैदिक युग तक न्यायालयों का स्वतन्त्र रूप से गठन नहीं हो पाया था। ऐसा होना आश्चर्यजनक भी नहीं है, क्योंकि वैदिक युग में राज्य अपनी शैशवावस्था में था, न कि विकसित रूप में। निश्चय ही परवर्ती युग में राजा मुख्य न्यायाधीश को भी कार्य करता था। अल्टेकर का विचार है कि यह अनुमान तो लगाया जाता है कि वैदिक काल में भी परवर्ती युग वाली स्थिति रही होगी, परन्तु इस सम्बन्ध में कोई निश्चित प्रमाण नहीं दिया जा सकता है।[2] परन्तु इसका यह अर्थ कदापि नहीं है कि वैदिक व्यवस्थाकार प्रजा के सुख-दु:ख के प्रति उदासीन थे। उस युग में भी 'परिषद'

एवं 'सभा' जैसी कुछ संस्थाएँ अवश्य थीं, जो एक ओर तो सामाजिक एवं राजनीतिक संस्थाओं के रूप में कार्य करती थीं, दूसरी ओर एक सीमा तक वे राजा को परामर्श देने का भी कार्य करती थीं।

परिषद-

'परिषद' नामक संस्था वैदिक युग से मध्य युग तक विद्यमान रही। यद्यपि इसके स्वरूप, संगठन एवं कार्यों में समय- समय पर परिवर्तन होता रहा। ऋग्वेद में असुरों एवं देवताओं दोनों की परिषद का उल्लेख पाप्त होता है।[5] स्पष्टतः यहाँ अवैदिक एवं वैदिक युग में परिषदों से आशय है। ऐसा प्रतीत होता है कि वैदिक युग में परिषद कोई एकाकी संस्था नहीं थी, बल्कि उनकी संख्या अनेक थी। हरिहरनाथ त्रिपाठी ने वैदिक परिषदों का दो कार्य माना है- सैनिक कार्य एवं साम्पत्तिक कार्य।[6] ऋग्वेद में वसु के लिए परिषद के लागों के द्वारा नृषद के पुत्र की हत्या के प्रयास का उल्लेख प्राप्त होता है।[7] यहाँ परिषद का सैनिक स्वरूप दृष्टिगोचर होता है। अन्यत्र 'गव्यम् परिषदन्तोऽगमत्' पद प्राप्त होता है।[8] इसका अर्थ 'गोसंघ' अथवा 'गायों से धनी परिषद' माना जा सकता है।[9] यहाँ परिषद का साम्पत्तिक स्वरूप दृष्टिगोचर होता है। स्पष्टतः वैदिक युगीन 'परिषद' को न्यायालय का पूर्व रूप नहीं माना जा सकता है।

उपनिषद युग तक आते- आते परिषद का स्वरूप स्पष्ट होने लगता है। इस युग में परिषद का स्वरूप विद्वानों की ऐसी सभा का हो गया, जहाँ गूढ़ प्रश्नों की विवेचना होती थी। उपनिषदों में 'समिति' एवं 'परिषद' का उल्लेख साथ-साथ हुआ है। बृहदारण्यक उपनिषद में श्वेतकेतु आरुणेय के पांचालों की परिषद में जाने का उल्लेख मिलता है।[10] छान्दोग्य उपनिषद में इस बात का उल्लेख मिलता है कि जब श्वेतकेतु आरुणेय पांचालों की समिति में गये, तो वहाँ उससे प्रवाहण जैवलि ने तत्वज्ञान एवं गूढ़ार्थ सम्बन्धी पाँच प्रश्न किये।[11] पांचालों की परिषद में राजा ही उसका अध्यक्ष होता था।[12] परिषद में अग्निदेव के उपस्थित रहने के कारण उनका एक नाम 'परिषत्पवमान्' भी पड़ गया था[13] परन्तु ऐसा प्रतीत होता है कि उपनिषद युग में परिषद का स्वरूप मात्र एक ऐसी विद्वत्-परिषद का रहा, जो राजा को धार्मिक कार्यों के सम्पादन में परामर्श देने एवं गूढ़ दार्शनिक प्रश्नों की विवेचना का कार्य करती थी। यद्यपि उपनिषद काल में परिषद के सदस्यों

के द्वारा राजा को परामर्श देने का संकेत तो प्राप्त होता है, परन्तु यह परामर्श मात्र दार्शनिक एवं बौद्धिक जिज्ञासा को शांत रखने तक ही सीमित प्रतीत होता है। न्यायिक कार्य से इसका कोई सम्बन्ध दृष्टिगत नहीं प्रतीत होता है।

धर्मसूत्रों के काल में भी स्थिति में विशेष परिवर्तन दृष्टिगोचर नहीं होता है। आपस्तम्ब का कथन है कि उसके द्वारा निर्दिष्ट अवकाशों के अतिरिक्त शेष अवकाश परिषदों द्वारा तय की जाती हैं।[14] स्पष्टतः यहाँ परिषद से आशय ऐसी विद्वत्-परिषद से प्रतीत होता है, जो सम्भवतः शैक्षणिक केलेण्डर बनाने का कार्य करती थी। साथ ही यह भी अनुमान लगता है कि अब एकाधिक परिषदें अस्तित्व में आ चुकी थी; जो राजा को परामर्श देने का कार्य करती रही होंगी। गौतम ने संदेहास्पद प्रश्नों का समाधान विद्वत्जनों से करने का निर्देश दिया है।[15] वशिष्ठ,[16] बौधायन[17] एवं पराशर[18] आदि ने भी परिषद के स्वरूप एवं संगठन का उल्लेख किया है। पी०वी० काणे का मत है कि ईसा से लगभग पाँच शताब्दी पूर्व परिषदों को इतना शक्तिशाली बना दिया गया था कि वे सभी प्रकार का निर्णय देने में समर्थ थीं। यथा- अध्ययन-अध्यापन के अवकाश निर्णय, गूढ़ प्रश्नों का विवेचन एवं प्रायश्चित सम्बन्धी व्यवस्था आदि[19] परन्तु ऐसा प्रतीत होता है कि इस युग में भी परिषद का स्वरूप एक विद्वत्-परिषद का ही रहा है न कि न्यायिक कार्य में राजा को परामर्श देने वाली किसी समिति की। अधिक से अधिक यही माना जा सकता है कि यह राजा को प्रायश्चित से सम्बन्धित शङ्काओं के निराकरण में परामर्श देती रही होगी।

महाभारत-काल तक परिषद एवं राजा का सम्बन्ध बना रहा है[20] परन्तु इस युग में भी परिषद का कार्य धर्म विषयक संशय का निराकरण करना ही निर्धारित किया गया था। शांति पर्व में कहा गया है कि यदि धर्म के निर्णय में संदेह उत्पन्न हो, तो दस वेद शास्त्रज्ञ अथवा तीन धर्मपाठक जो निर्णय दें, उन्हीं को धर्म मानना चाहिए।[21] स्पष्टतः यहाँ भी परिषद का स्वरूप मात्र राजा को धर्म विषयक परामर्श देने वाली एक समिति का प्रतीत होता है, न कि न्याय-दान में परामर्श देने वाली किसी समिति का।

वी०एस० अग्रवाल के अनुसार पाणिनि के समय में परिषद राजा की परामर्शदात्री हो चुकी थी एवं इसके सदस्य राजा को प्रभावित करने का प्रयास करते थे[22]

परन्तु ऐसा प्रतीत होता है कि पाणिनि के काल तक न्यायालयों का स्वरूप संगठित नहीं हो सका था। परिषद के सदस्यों द्वारा दिया जाने वाला परामर्श राजनीतिक, सामाजिक एवं शैक्षणिक ही अधिक रहा होगा, न्यायिक परामर्श नगण्य रहा होगा।

उल्लेखनीय है कि मौर्य काल तक न्यायालयों का स्वरूप एवं संगठन निश्चित हो चुका था। इसके बावजूद 'परिषद' का अस्तित्व बना रहा। यह स्थिति यह स्पष्ट करने का प्रबल प्रमाण है कि परिषद एवं न्यायालय दोनों पृथक संस्थाएँ थीं तथा परिषद को न्यायालयों का प्राक्रूप नहीं माना जा सकता है। 'परिषद' शब्द का प्रयोग अभिलेखों में भी हुआ है। अशोक के छठें शिलालेख में 'परिसा' शब्द का उल्लेख हुआ है।[23] इसका आशय 'परिषद' से ही है। वासुदेव उपाध्याय के अनुसार यह कहना कठिन है कि परिषद परामर्शदात्री संस्था थी अथवा पूर्णतः प्रजातन्त्रीय।[24] पी०एल०गुप्त 'परिषद' को मंत्रिपरिषद अथवा राजपरिषद मानते हुए इसे इतना अधिक प्रभावशाली मानते हैं कि यह राजा द्वारा महामात्तों अथवा अन्य लोगों को दिये गये मौखिक आदेश अथवा दान की घोषणा पर विचार विमर्श एवं पुनर्विचार का अधिकार रखती थी। अतः अशोक ने यह आदेश प्रसारित किया कि उनके इन आदेशों का यदि परिषद विरोध करे अथवा पुनर्विचार करे, तो उसे इस बात की तत्काल सूचना दी जाय, चाहे वह जिस अवस्था में हो।[25]

स्पष्ट है कि मौर्य काल में परिषद न्यायालय से पृथक् स्वतन्त्र रूप से एक शक्तिशाली संस्था थी, जो राजा के निर्णय पर पुनर्विचार कर सकती थी एवं राजा को परामर्श दे सकती थी। ऐसा प्रतीत होता है कि उसका यह परामर्श प्रशासनिक कार्यों के संदर्भ में ही था, न्यायिक कार्यों के सन्दर्भ में नहीं। अधिक से अधिक यही माना जा सकता है कि परिषद के कार्य क्षेत्र में जातीय विवाद आते रहे होंगे।

इतना ही नहीं परिषद का अस्तित्व शुंग एवं शुंगोत्तर काल में भी दृष्टिगोचर होता है। मनु अपने ग्रंथ के वर्ण्य विषय का उल्लेख करते हुए कहते हैं कि इस ग्रंथ में सामान्य रूप से सभी धर्म कहे गये हैं, परन्तु जो नहीं कहे गये हैं; उनके विषय में यदि कोई शंका हो, तो शिष्ट ब्राह्मण लोग जो निर्देश दें, निःसंदेह उसे ही धर्म जानना चाहिए।[26] निश्चय ही यहाँ शिष्ट ब्राह्मणों से आशय परिषद के सदस्यों से है, क्योंकि मनु ने अन्यत्र 'दशावरा' एवं 'त्र्यवरा' परिषदों का उल्लेख

किया है, जिनमें दस अथवा तीन सदाचारी धर्मज्ञ ब्राह्मण होते थे।[27] इसी प्रकार याज्ञवल्क्य का मत है कि दोषी अथवा अपराधी को विद्वान ब्राह्मणों के समक्ष अपने दोष अथवा अपराध कह देना चाहिए एवं परिषद के द्वारा जो प्रायश्चित करने का निर्देश दिया जाय, उसका पालन करना चाहिए।[28] देवल तथा विज्ञानेश्वर ने याज्ञवल्क्य स्मृति पर जो टीकाएँ लिखी हैं, उनसे भी यही संकेत मिलता है कि परिषद मुख्यतः प्रायश्चित सम्बन्धी निर्देश देती रही होगीं।[29] शंकराचार्य ने वृहदारण्यकोपनिषद के भाष्य में लिखा है कि धर्म के सूक्ष्म निर्णय में किसी परिषद का होना आवश्यक है।[30]

इस प्रकार स्पष्ट है कि वैदिक काल से लेकर मध्यकाल तक परिषद मुख्यतः धार्मिक संस्था ही बनी रही। न्यायिक संदर्भ में इसका प्रभाव लगभग नगण्य रहा। परिषद के संगठन के विश्लेषण से स्थिति और स्पष्ट हो जाती है।

संगठन–

धर्मसूत्रों में परिषद के सदस्यों के संगठन का विवरण प्राप्त होता है। प्रायः सभी धर्मशास्त्रकारों ने परिषद के सदस्यों की सामान्य संख्या न्यूनतम दस स्वीकार किया है। गौतम के अनुसार परिषद में चार वेदज्ञ, तीनों आश्रमों के तीन सदस्य तथा तीन धर्मशास्त्रज्ञ होने चाहिए।[31] स्पष्टतः यहाँ तीनों आश्रमों के तीन सदस्यों से आशय प्रथम तीन आश्रम के सदस्यों से है। वशिष्ठ, बौधायन एवं पराशर आदि ने भी परिषद के सदस्यों की संख्या दस ही स्वीकार किया है, परन्तु इनका विभाजन गौतम से पृथक् है। इनके अनुसार परिषद में चार वेदज्ञ, एक मीमांसक, एक षड् वेदांगज्ञ, एक धर्मशास्त्रज्ञ, एक गृहस्थ, एक वानप्रस्थी तथा एक संन्यासी होना चाहिए।[32]

ऐसा प्रतीत होता है कि परिषद के सदस्यों की न्यूनतम संख्या के सम्बन्ध में व्यवस्थाकार एक मत नहीं हैं, क्योंकि यह संख्या चार अथवा तीन भी स्वीकार की गई है, जिनमें प्रत्येक को वेदज्ञ, अग्निहोत्री एवं धर्मशास्त्रज्ञ होना चाहिए।[33] गौतम का तो यहाँ तक विचार है कि यदि तीन उपयुक्त व्यक्ति न प्राप्त हो सकें, तो संशय उपस्थित होने पर विशिष्ट गुणों से युक्त एक व्यक्ति का निर्णय ही पर्याप्त है,[34] परन्तु इससे धर्म निर्णय में बाधा पड़ सकती थी एवं किसी भी धर्मविद् के द्वारा मनमानी करने की सम्भावना हो सकती थी। अतः व्यवस्थाकारों ने यह

घोषित किया है कि जहाँ तक सम्भव हो, किसी व्यक्ति को ही परिषद न माना जाय। इस सन्दर्भ में बौधायन का निर्देश उल्लेखनीय है। उनके अनुसार 'धर्म की गति अति सूक्ष्म होती है, इसमें अनेक द्वार हैं। उसका अनुसरण करना अत्यन्त कठिन है। अतः बहुज्ञ होने पर भी संशय की स्थिति में नितान्त व्यक्तिगत रूप से धर्मविषयक उद्घोष नहीं करना चाहिए।'[35] पुराणों में भी इसी प्रकार का उल्लेख प्राप्त होता है।[36]

परन्तु इसका यह आशय भी नहीं है कि उन्होंने आधुनिक प्रजातान्त्रिक प्रणाली की भाँति बहुमत को निर्णायक रूप से सम्मान दिया, क्योंकि इससे कभी-कभी स्थिति हास्यास्पद हो सकती थी। अतः यह निर्देश दिया गया है कि अव्रती, वेदविहीन एवं केवल जातिबल से ही जीविका चलाने वाले सहस्त्रों ब्राह्मण परिषद का रूप नहीं धारण कर सकते हैं। ऐसे व्यक्तियों द्वारा किया गया धर्मविषयक उद्घोष सौ गुना पाप के रूप में बढ़कर उन्हीं के पास पहुँचता है।[37]

इस प्रकार स्पष्ट है कि परिषद कम से कम ग्यारहवीं शताब्दी तक अस्तित्व में अवश्य थी। परन्तु इसे अधिकरण (न्यायालय) एवं इसके सदस्यों को धर्मस्थ (न्यायाधीश) का स्थान नहीं मिला। परिषदों में मुख्यतः प्रायश्चित विषयक निर्णय ही होता था। मिताक्षरा का यह निर्देश कि पापी को एक गाय या एक बैल या इसी प्रकार का कुछ देकर परिषद के कार्यों का उद्घोष करना चाहिए,[38] स्पष्ट करता है कि परिषद के कार्यों का प्रारम्भ विधिक कार्यवाही से नहीं होता था, बल्कि पापी व्यक्ति स्वयं परिषद के समक्ष उपस्थित होकर अपने लिए प्रायश्चित की माँग करता था। निश्चय ही परिषद के सदस्यों के पास प्रायश्चित सम्बन्धी विवेचना का अधिकार तो रहा होगा, वैधानिक अधिकार नहीं रहा होगा, क्योंकि देवल का मत है कि जब पाप गम्भीर न हो, तो ब्राह्मण लोग राजा को विना बताये ही प्रायश्चित का निर्णय दे सकते हैं, किन्तु गम्भीर पाप की स्थिति में राजा तथा ब्राह्मण लोग सावधानीपूर्वक जाँच करके प्रायश्चित का निर्णय देते हैं।[39] पराशर ने ब्राह्मणों एवं राजा को परस्पर सहमति के द्वारा प्रायश्चित के उद्घोष करने का निर्देश दिया है, अन्यथा पाप बढ़कर सौ गुना हो जाता है।[40]

परिषदों को न्यायालय के रूप में इसलिए भी स्वीकार नहीं किया जा सकता है कि ये परिषदें उस युग में भी विद्यमान रहीं, जिस युग में न्यायालयों की स्पष्ट

रूप से स्थापना हो चुकी थी।

वस्तुतः परिषद के प्रायश्चित सम्बन्धी अपने पृथक् नियम थे। परिषद के न्यायिक प्रशासन में राज्य हस्तक्षेप नहीं करता था। राजा परिषद के द्वारा निर्धारित प्रायश्चित के कार्यान्वयन में उसकी सहायता अवश्य करता था। राज्य प्रायश्चित के कार्यान्वयन में निर्देश पुरोहित एवं परिषद से ही प्राप्त करता था। ऐसा प्रतीत होता है कि स्मृतिकाल में परिषद राजा के निर्देशों पर आश्रित हो गई थी, क्योंकि परिषद राजा की आज्ञा लेकर ही प्रायश्चित का विधान करती थी।

सभा-

वैदिक युग में 'सभा' एक महत्वपूर्ण संस्था थी। सभा का उल्लेख अधिकांशतः 'समिति' के साथ हुआ है। सभा एवं समिति के स्वरूप एवं कार्यक्षेत्र के विषय में विद्वानों में पर्याप्त मतभेद हैं। वैदिक साक्ष्यों[41] के आधार पर लुडविंग ने सभा का अर्थ 'न्यायालय' एवं ज़िमर ने 'स्थानीय विवादों का निर्णय करने वाला न्यायालय' स्वीकार किया है।[42] ऋग्वेद में एक स्थल पर उल्लिखित 'गर्ता' शब्द की व्याख्या में निरुक्त ने लिखा है कि गर्ता वह लकड़ी का तख्त है, जो सभा में रखा रहता है और जिस पर पुत्रहीन विधवा खड़ी होकर अपने पति के धन का अधिकार माँगती है,[43] परन्तु वास्तव में 'सभा' एवं समिति जैसे शब्दों का प्रयोग प्रधानतः शासन-व्यवस्था के संदर्भ में हुआ है, न कि न्याय सम्पादन करने वाली संस्था के सन्दर्भ में। इसके बावजूद न्यायपालिका के विकास के प्रारम्भिक क्रम में सभा का प्रधान अवश्य रहा। इस विश्लेषण से पूर्व सभा एवं समिति के वास्तविक स्वरूप अधिकार एवं कार्यक्षेत्र पर विचार कर लेना आवश्यक है।

अल्टेकर महोदय ने यह सम्भावना व्यक्त की है कि वैदिक भारत के विभिन्न भागों में अथवा विभिन्न समय या शताब्दियों में इन शब्दों का प्रयोग विभिन्न दृष्टिकोणों से हुआ होगा।[44] हिलब्राण्ड का मत है कि सभा कोई पृथक संस्था न होकर समिति की 'अधिवेशन स्थली' थी एवं समिति 'एकत्रित समूह' को कहते हैं।[45] मैकडानेल एवं कीथ ने सभा का अर्थ 'वैदिक आर्यों की असेम्बली' किया है,[46] परन्तु इस मत से सहमत नहीं हुआ जा सकता है; क्योंकि उत्तरवैदिक साहित्य में अनेक स्थलों पर दोनों का उल्लेख दो पृथक् संस्थाओं के रूप में हुआ है। अथर्ववेद के एक

सूक्त में सभा एवं समिति को प्रजापति की युग्म दुहिताएँ कहा गया है।[47] सालेटोर का मत है कि अथर्ववेद का यह उल्लेख स्पष्ट करता है कि हमें दोनों को समान महत्व देना चाहिए, परन्तु उनका सापेक्षिक महत्व क्या था, निश्चित रूप से नहीं कहा जा सकता है।[48] अन्यत्र इस बात का उल्लेख मिलता है कि किस प्रकार सभा, समिति एवं सेना के सदस्यों ने व्रात्य का अनुसरण किया।[49]

ऋग्वेद में एक स्थल पर सभा का वर्णन 'द्यूतगृह' के रूप में हुआ है।[50] ब्राह्मण ग्रंथों में भी सभा में द्यूत-क्रीड़ा का उल्लेख मिलता है।[51] कौरवों की द्यूत-सभा जग विश्रुत है। परन्तु सभा को इतने संकीर्ण दृष्टि से नहीं देखा जाना चाहिए। निश्चय ही यह सभा के प्रति एकाङ्गी एवं निषेधात्मक दृष्टिकोण है। ऋग्वेद में एक स्थल पर एक विप्र को 'सभेय' (सभा में चतुर अथवा प्रसिद्ध) कहा गया है।[52] लुडविंग जहाँ एक ओर सभा को द्वितीन सदन की भाँति मानते हैं, वहीं इसे सामान्य नागरिकों की संस्था न मानकर ब्राह्मण एवं मघवन (धनिक) वगै की संस्था मानते हैं, जिनमें सभेय एवं 'रयिसभावान' जन रहते थे।[53] सभा में भाग लेने वाले वैदिक समाज के उच्च वर्ण (सुजात) के लोग थे, उनमें दास एवं किरात वर्ग के सदस्य नहीं थे।[54] एन०सी० बन्दोपाध्याय के अनुसार सभा एक कौटुम्बिक संस्था थी, जिसमें व्यक्ति रक्तसम्बन्ध अथवा स्थानीय सानिध्य से बँधे हुए थे। इस प्रकार इसे राजनीतिक संस्था कहा जा सकता है।[56]

काशी प्रसाद जायसवाल ने सभा को समिति के अधीन रहकर कार्य करने वाली चुने हुए लोगों की स्थायी संस्था स्वीकार किया है।[56] यू०एन० घोषाल ने के०पी० जायसवाल के मत का समर्थन नहीं किया है; क्योंकि किसी अन्य प्रमाण से इसकी पुष्टि नहीं होती है।[57] पी०वी० काणे भी इसे के०पी० जायसवाल की धारण मात्र स्वीकार करते हैं।[58]

के०पी० जायसवाल का मत है कि सभा का निर्णय सभी के लिए अनुल्लंघनीय था।[59] अपने मत के समर्थन में उन्होंने अथर्ववेद में प्रयुक्त 'नरिष्ठा'[60] शब्द को आधार बनाया है। उनके अनुसार सायण ने इसकी व्याख्या में कहा है कि 'नरिष्ठा' बहुत से लोगों के उस निर्णय को कहते हैं; जिसका उल्लंघन न हो सके।[61] अनतिलंघ्य होने के कारण ही इसका नाम 'नरिष्ठा' पड़ा, परन्तु घोषाल महोदय ने के०पी० जायसवाल के मत की आलोचना करते हुए लिखा है कि यदि जायसवाल के

अनुसार समिति सार्वभौम संस्था थी एवं सभा समिति के अधीन रहकर कार्य करती थी, तो सभा का निर्णय अनुल्लंघनीय नहीं हो सकता था।[62]

ज़िमर का मत है कि सभा ग्राम संस्था थी तथा समिति सम्पूर्ण 'जन' की केन्द्रीय परिषद थी। सभा का प्रधान 'ग्रामणी' होता था।[63] अल्टेकर महोदय भी 'सभा' को ग्राम्य संस्था तथा 'समिति' को केन्द्रीय लोकसभा मानते हैं।[64] उनके अनुसार सभा में सामाजिक एवं राजनीतिक विषयों पर विमर्श किया जाता था। सभा में प्रायः ग्राम्यविपयक चर्चा होती थी। अपने मत के समर्थन में उन्होंने एक वैदिक मंत्र का उल्लेख किया है, जिसके अनुसार सभा में प्रायः गायों तथा उनके दूध के पौष्टिक गुण की प्रशंसा की जाती थी।[65] उनकी दृष्टि में सभा मुख्यतः गाँव की सामाजिक गोष्ठी थी, परन्तु आवश्यकता पड़ने पर ग्राम्य-विषयक छोटे-मोटे विवादों का भी निवारण करना तथा गाँव की रक्षा करना उसके प्रमुख विषय थे।[66] इसके विपरीत सालेटोर ने ए०एस० अल्टेकर के मत की आलोचना करते हुए लिखा है कि उनके विचार वास्तविकता की अपेक्षा अनुमान पर आधारित हैं।[67] उनके अनुसार सभा का 'ग्राम-परिषद' के रूप में राजनीतिक कार्यों को करने का कोई चिह्न नहीं है। यह भी नहीं समझा जा सकता है कि वह किस प्रकार मंत्रिमण्डल में परिवर्तित हो गई। जहाँ तक सभा के सदस्यों की स्थिति का प्रश्न है, वे राजा के समान बताये गये हैं। उन्हें भी राजकर एवं दशमांश लेने का अधिकार था।[68] गाँव के सदस्य कभी भी राजा की स्थिति की समानता नहीं कर सकते थे और न ही उपर्युक्त विशेषाधिकारों के सम्बन्ध में दावा कर सकते थे।[69]

वैदिक साहित्य में 'सभासद' शब्द का उल्लेख प्राप्त होता है।[70] सभासदों का पद पुरोहित अथवा उच्च राज्याधिकारी के समकक्ष होता था।[71] मैकडानेल एवं कीथ के अनुसार सभासद सम्भवतः कुटुम्ब के प्रधान सदस्य होते थे। इन सदस्यों की विशेष उपस्थिति उस समय होती थी, जब विधायिका सम्बन्धी विवादों के स्थान पर विवाद-निर्णय का अवसर आता था।[72] सभा का अपना 'सभापति' होता था।[73] डॉ० अल्टेकर का मत है कि धर्मसूत्रों के समय से पूर्व (500 ई०पू०) ही सभा एवं समिति अपना राजनीतिक स्वरूप खो चुकी थीं। परवर्ती साहित्य में 'सभासद' शब्द अवश्य प्राप्त होता है, पर उससे न्यायालय अथवा राज्यसभा के सदस्य निर्दिष्ट होते थे, न कि लोकसभा अथवा व्यवस्थापक सभा के।[74] यह भी

स्पष्ट नहीं होता है कि विवाद के निर्णय में सभा न्यायालय के रूप में कुछ चुने हुए सदस्यों के साथ कार्य करती थी अथवा सभी सदस्यों के साथ कार्य करती थी।[75]

इस प्रकार स्पष्ट है कि वैदिक काल में 'सभा' एवं 'समिति' दोनों समान स्तरीय सम्प्रभु संस्थाएँ रहीं। जहाँ तक 'सभा' का प्रश्न है, प्रारम्भ में यह ग्राम्य-संस्था अवश्य रही, किन्तु कालान्तर में यह कुछ चुने हुए लोगों की विशिष्ट संस्था बन गई। सभा के सदस्य धनी थे एवं सभा में जाते समय पूरी साजसज्जा से अलंकृत होते थे- अश्व अथवा रथ पर सवार होकर जाते थे।[76] परवर्ती काल में सभा न्यायपालिका की विशुद्ध संस्था बन गई। राजा की न्यायिक प्रशासन की शक्ति के उदय होने पर सभा की न्यायिक शक्ति राजा से सम्बद्ध हो गई।[77]

परवर्ती काल में न्यायालयों का स्वरूप-

वैदिक युग के पश्चात न्यायालयों का स्वरूप कुछ स्पष्ट होने लगता है। धर्मसूत्रों के काल में राजा स्पष्टतः न्यायिक प्रशासन का प्रधान हो जाता है, परन्तु इस युग तक भी न्यायालयों का सर्वाङ्गीण विकास नहीं होता है। अर्थशास्त्र एवं धर्मसूत्रों में पूर्ण विकसित न्याय प्रणाली का चित्र मिलता है, परन्तु यह विकास इस मध्यावधि में किस प्रकार हुआ, इसका ज्ञान हमें प्राप्त नहीं होता है।[78]

मौर्यकालीन न्यायालयों का स्वरूप-

मौर्य काल में विकसित न्यायप्रणाली दृष्टिगोचर होती है। कौटिल्य ने न्यायालयों के कार्य क्षेत्र को दो वर्गों में विभक्त किया है- 'धर्मस्थीय' एवं 'कंटकशोधन' । इस परिप्रेक्ष्य में दो प्रकार के न्यायालयों का अस्तित्व प्रकाश में आता है - 'धर्मस्थीय न्यायालय' एवं 'कण्टकशोधन न्यायालय'। धर्मस्थीय न्यायालय के कार्य क्षेत्र के अन्तर्गत संविद व्यतिक्रम, विवाह, स्त्री-धन, दाय विभाग, वास्तुक, ऋणादान, उपनिधि, दासकल्प, सम्भूयसमुत्थान, दत्तस्यानपाकर्म, अस्वामिविक्रय, स्वस्वामिविक्रय, साहस, वाक्पारुष्य, दण्डपारुष्य, द्यूतसमाह्वय एवं प्रकीर्णक जैसे विवादों को तथा कण्टकशोधन के अन्तर्गत शिल्पी, व्यापारी, दैवी विपत्ति एवं चोरों से प्रजा की रक्षा, आशुमृतक की परीक्षा, शुद्ध एवं चित्रदण्ड का परिगणन किया गया है।

शासकीय न्यायालय

कौटिल्य ने धर्मस्थीय न्यायालयों के अन्तर्गत चार प्रकार के न्यायालयों का उल्लेख किया है- जनपद संधि, संग्रहण, द्रोणमुख एवं स्थानीय।[79] इन न्यायालयों को शासकीय न्यायालय के अन्तर्गत स्थान दिया जा सकता है। इन न्यायालयों में न्यायाधीशों को वेतन राजकोष से दिया जाता था तथा न्यायालयों की व्यवस्था के लिए शासकीय कर्मचारी नियुक्त किये जाते थे। निश्चय ही उपर्युक्त चारों न्यायालयों के अधिकार क्षेत्र के अन्तर्गत क्रमशः अधिक ग्रामों का समावेश था। जनपद संधि दो जनपदों (गाँवों), संग्रहण 10 ग्रामों, द्रोणमुख 400 ग्रामों तथा स्थानीय 800 ग्रामों के लिए अवस्थित थीं।[80] पी०वी० काणे के अनुसार धर्मस्थीय (कचहरी) में 'धर्मस्थ' नामक तीन न्यायाधीश नियुक्त रहते थे।[81] इसके विपरीत हरिहरनाथ त्रिपाठी के अनुसार तीन धर्मस्थ (विधिज्ञ) एवं तीन न्यायाधीश नियुक्त रहते थे।[82] इन न्यायाधीशों को अमात्य की शक्तियाँ प्राप्त थीं।

कौटिल्य ने धर्मस्थीय के अतिरिक्त कण्टकशोधन का उल्लेख किया है। इसका विस्तृत उल्लेख इस शोधग्रंथ के द्वितीय अध्याय में 'कौटिल्य का कण्टकशोधन' के अन्तर्गत किया गया है। कण्टकशोधन के अन्तर्गत कौटिल्य ने कुछ ऐसे विषयों का उल्लेख किया है, जिसका निर्णय प्रदेष्टा के द्वारा किया जाता था। कौटिल्य ने प्रदेष्टा को आधुनिक कोरोनर एवं पुलिस मजिस्ट्रेट के समान माना है। कण्टक का तात्पर्य है - प्रजापीड़क व्यक्ति।[83] प्रजापीड़क व्यक्तियों का शोधन करना अर्थात ऐसे व्यक्तियों से प्रजा की रक्षा करना ही कण्टकशोधन है।

वैधानिक दृष्टि से के०वी० रंगास्वामी आयंगर ने कण्टकशोधन का अनुवाद पुलिस न्यायालय किया है।[84] राजाकुमुद मुकर्जी ने भी इसे पुलिस न्यायालय के समान माना है।[85] हरिहरनाथ त्रिपाठी का मत है कि सामान्यतः कण्टकशोन को दण्डपराध विधि (Criminal law)कहा जाता है, परन्तु इसे पुलिस न्यायालय कहना अधिक उचित होगा, जिसके द्वारा सामाजिक एवं राजनीतिक कण्टकों (व्यवधानों) का शोधन होता था। इसके अन्तर्गत दण्डपराध विधि के विषय अवश्य सम्मिलित हैं, किंतु उनका भी निर्णय पुलिस न्यायालय के ढंग से होता रहा।[86]

इस संदर्भ में यह ध्यान देना आवश्यक है कि वस्तुतः कौटिल्य ने 'कण्टकशोधन'

नामक अधिकरण में अपराध का उल्लेख कम किया है, अपराध तथा उसके कारणों का विश्लेषण अधिक किया है। इस अधिकरण में कौटिल्य ने राजकीय कर्मचारियों, ग्राम प्रधानों तथा न्यायाधीशों आदि की शुचिता के परीक्षण का उल्लेख किया है। ऐसा प्रतीत होता है कि मौर्यकालीन न्यायालयों में कुछ भ्रष्ट न्यायाधीशों को स्थान मिल गया था। निश्चय ही उनके द्वारा आवेदकों अथवा प्रतिवेदकों का दोहन किया जाता रहा होगा। अतः कौटिल्य ने अन्य भ्रष्ट एवं विवेकहीन अधिकारियों एवं कर्मचारियों के ही समान ऐसे न्यायाधीशों के लिए दण्ड की व्यवस्था की थी, जो आवेदकों अथवा प्रतिवेदकों को धमकाकर, कुटिल दृष्टि से चुप करा देते थे, गाली देते थे, निरर्थक प्रश्न पूछते थे, सुने-सुनाए मुकदमों को पुनः सुनते थे, साहस एवं बलात्कार सम्बन्धी मुकदमों में केवल अर्थदण्ड देकर छोड़ देते थे अथवा अन्य अनियमित कार्य करते थे।[87]

अतः इसमें वर्णित अधिकांश विषयों को राज्य के आरक्षी शक्ति के अन्तर्गत मानना अधिक उचित प्रतीत होता है। इस न्यायालय के न्यायाधीश का मुख्य कार्य हत्या एवं साहस जैसे गम्भीर अपराधों की जाँच के लिए आयोग नियुक्त करना, विवेक एवं वैयक्तिक अधिकार के प्रयोग के कारण निर्णय को विद्रूप होने से बचाना, राजकर्मचारियों एवं न्यायाधीशों से किसी प्रकार की न्यायिक दुर्व्यवस्था का निरीक्षण करना आदि था।

मौर्य काल में न्यायाधीश निर्णय में देश, काल एवं वर्गों के आचार को महत्व देते थे।[88] सामान्यतः निर्णय के आधार धर्म, व्यवहार, चरित्र एवं राजशासन थे।[89]

अशासकीय न्यायालय-

इन न्यायालयों के अतिरिक्त प्राथमिक न्यायालय के रूप में ग्रामसभाओं की न्यायालयें भी न्यायदान में महत्वपूर्ण योगदान देती थीं। ग्राम सभाओं में राज्य की ओर से वेतन प्रदान कर न्यायाधीशों की नियुक्ति नहीं की जाती थी। अतः इन्हें अशासकीय न्यायालय की श्रेणी में रखा जा सकता है। इन न्यायालयों में कर्षक, गोपालक, वृद्धजन तथा बाहर के अन्य अनुभवी पुरुष आवश्यकतानुसार व्यक्तिगत अथवा समवेत रूप में निर्णय लेते थे।[90] स्वाभाविक है कि इन ग्रामसभाओं के कार्यक्षेत्र में अधिकाशंतः घर, खेत, बाग-बगीचा, सीमा विवाद, तटाक एवं बाँध

जैसे विषय होते रहे होंगे। कौटिल्य ने निर्देश दिया है कि क्षेत्र विवाद का निपटारा प्रथमत: गाँव के मुखिया तथा वृद्ध व्यक्ति मिलकर करें। यदि उनमें परस्पर मतभेद हो जाय तो धार्मिक एवं पवित्र व्यक्ति, जिन्हें प्रजा स्वीकार करती हो अथवा किसी अन्य को मध्यस्थ बनाकर निर्णय किया जाय।[91] निश्चय ही यह 'पंच निर्णय' की ओर संकेत देता है। इनसे निर्णय न हो पाने की स्थिति में राज्य हस्तक्षेप कर विवादग्रस्त खेतों को अपने नियंत्रण में ले सकता था।[92] उल्लेखनीय है कि इन अशासकीय न्यायालयों के निर्णय का क्रियान्वयन शासकीय सहयोग के बिना नहीं किया जा सकता था। अत: इन्हें शासकीय सहयोग प्राप्त होता रहा।

मौर्योत्तरकालीन शासकीय न्यायालय-

मौर्य काल के पश्चात न्यायालयों का स्वरूप कुछ परिवर्तित होने लगता है। अब शासक केवल प्रशासक ही नहीं बल्कि प्रधान न्यायाधीश एवं न्यायिक प्रशासन का भी प्रधान बन जाता है। उसकी सभा मात्र राजसभा ही न रहकर न्यायसभा का भी स्वरूप ग्रहण करने लगती है। न्यायसभा के समय, भवन, स्थिति के नियम एवं अवकाश आदि के नियम निर्धारित होते गये।

मनुस्मृति में एक आदर्श न्यायालय को उस सभा के रूप में वर्णित किया गया है, जिनमें वेद के तीन प्रकाण्ड विद्वान एवं राजा के प्रतिनिधि विद्वान ब्राह्मण बैठते हैं और वह सभा 'ब्रह्म सभा' के नाम से जानी जाती है।[93] बृहस्पति ने सभा का मूर्त रूप में उल्लेख करते हुए उसके दस अंगों का उल्लेख किया है - राजा, प्राड्विवाक्, सभ्य, स्मृति, स्वर्ण, अग्नि, जल, गणक, लेखक एवं पुरुष।[94] राजा 'दाण्डिक' है। प्राड्विवाक् (मुख्य न्यायाधीश) व्यवहार (कानून) का उद्घोषक है। स्मृति से आशय धर्मशास्त्रों से है, जिससे विधिनिर्णय होता है। सभ्य लोग मामलों की जाँच करते हैं। स्वर्ण एवं अग्नि शपथ लेने के लिए होते हैं। जल प्यास को शांत करने के लिए होता है। गणक द्रव्य की गणना करने के लिए होता है। लेखक न्यायालय की कार्यवाही को लिखने वाला होता है। पुरुष अथवा साध्यपाल सभ्यों, प्रतिवादी एवं साक्षियों को बुलाता है। इन दसों अंगों की सावयव तुलना करते हुए बृहस्पति ने लिखा है कि सभा में राजा सिर, प्राड्विवाक मुख, सभ्य बाहु, स्मृति हस्त, गणक एवं लेखक जंघे; स्वर्ण, अग्नि एवं जल हृदय तथा पुरुष पाद तुल्य हैं।[95] राजा एवं अन्य कर्मचारीगण इसी क्रम में राजसभा में बैठते थे।[96]

उल्लेखनीय है कि आधुनिक विचारक न्याय विभाग को व्यवस्थापिका एवं कार्यपालिका दोनों के प्रभाव से पृथक रखने के पक्षधर हैं। प्राचीन भारतीय व्यवस्थाकार भी इसी मत के पोषक प्रतीत होते हैं। बृहस्पति ने सिद्धान्ततः राजा को सर्वोच्च प्रशासकीय एवं न्यायिक अधिकारी माना, फिर भी न्याय विभाग को प्राड्विवाक् के अधीन रखा। यद्यपि राजा न्यायसभा में उपस्थित रहता था, परन्तु न्याय प्राड्विवाक ही करता था। राजा का कार्य केवल निर्णय के कार्यान्वयन का था। न्यायाधीश के लिए अधिकांशतः 'प्राड्विवाक्,[97] शब्द का प्रयोग हुआ है, परन्तु कहीं-कहीं पर 'धर्माध्यक्ष'[98] 'धर्म प्रवक्ता'[99] अथवा 'धर्माधिकारी'[100] शब्दों का भी प्रयोग हुआ है। 'प्राड्-विवाक्' शब्द 'प्राड्' एवं 'विवाक्' दो शब्दों से बना है। 'प्राड्' शब्द 'प्रच्छ' धातु से बना है, जिसका अर्थ है - (मुकदमेबाजी से सम्बन्धित) प्रश्न पूछना तथा 'विवाक् शब्द 'वाक्' से बना है, जिसका अर्थ है - (सत्य) बोलना अथवा (सत्य का) विश्लेषण करना। बृहस्पति 'प्राड्विवाक्' शब्द की व्याख्या में दो प्रकार के दृष्टिकोणों का उल्लेख करते हैं। प्रथम दृष्टिकोण के अनुसार वह व्यवहाराश्रित प्रश्न करता है एवं विवाद को सुनने के पश्चात निर्णय देता है। अतः प्राड्विवाक् कहलाता है। दूसरे दृष्टिकोण के अनुसार वह पहले प्रश्न एवं प्रति प्रश्न करता है, तत्पश्चात निर्णय देता है। प्रिय पहले बोलता है, निर्णय बाद में देता है। अतः प्राड्विवाक् कहलाता है।[101]

राजा अथवा प्राड्विवाक् अकेले न्याय नहीं करते थे। अमात्य अथवा पुरोहित भी न्याय सभा में प्रशासकीय एवं धर्म सम्बन्धी दृष्टिकोण प्रस्तुत करते थे। इनके अतिरिक्त बृहस्पति ने तीन, पाँच अथवा सात कार्यदर्शक सभ्यों की नियुक्ति का समर्थन किया है, जो लोकवेदाङ्ग धर्मज्ञ विप्र होते थे।[102] उपर्युक्त दोनों प्रकार के अधिकारियों के अभाव में किसी भी वाद का निर्णय नहीं हो सकता था।

अन्यत्र धर्मवृक्ष के रूपक के रूप में बृहस्पति ने न्याय प्रशासन का वर्णन करते हुए लिखा है कि विप्र (न्यायाधीश एवं सभ्य) धर्मद्रुम का आदि अथवा मूल होता है। महीपति (राजा) स्कन्द एवं शाखाएँ होता है। सचिव पत्र एवं पुष्प होते हैं एवं न्यायपूर्वक पालन धर्मद्रुम का फल होता है।[103] सिद्धान्ततः न्यायिक प्रशासन में राजा को विशेप महत्व प्राप्त था। बृहस्पति के अनुसार यज्ञ में विष्णु की पूजा होती है एवं 'व्यवहार' में महीपति की।[104] इसके बावजूद न्यायविभाग

एक मंत्री के अधीन एवं मंत्रालय के रूप में होता था। यह मंत्री दो रूपों में कार्य करता था - विभागीय मंत्री के रूप में एवं प्राड्विवाक् (मुख्य न्यायाधीश) के रूप में।

अन्य शासकीय न्यायालय -

बृहस्पति ने उपर्युक्त विशिष्ट न्यायालय के अतिरिक्त चार अन्य प्रकार के न्यायालयों का उल्लेख किया है- 'प्रतिष्ठिता', 'अप्रतिष्ठिता', 'मुद्रिता' एवं 'शासिता'। 'प्रतिष्ठिता' वह न्यायालय है, जो किसी पुर अथवा नगर में प्रतिष्ठित रहे। 'अप्रतिष्ठिता' की तुलना आधुनिक लोक अदालतों से की जा सकती है। यह एक स्थान पर स्थायी रूप से प्रतिष्ठित न होकर विभिन्न ग्रामों में भिन्न-भिन्न समयों में स्थित होता था। 'मुद्रिता' न्यायालय राजा द्वारा नियुक्त होता था तथा राजा की मुद्रा (सील) को प्रयोग में ला सकता था। 'शासिता' वह न्यायालय है; जहाँ का न्याय स्वयं राजा करे।[105] निश्चय ही यह न्यायालय राजधानी में राजसभा में रहता होगा। इसे 'शास्त्रित' नाम भी दिया गया है।[106]

अशासकीय न्यायालय -

प्राचीन भारत में शासकीय न्यायालयों के अतिरिक्त अशासकीय न्यायालयों का अस्तित्व प्रारम्भ से ही रहा है। अशासकीय न्यायालयों का अस्तित्व वैदिक काल से ही दृष्टिगोचर होता है। वैदिक ग्रामसभाएँ सशक्त थीं। वे सम्भवतः न्यायदान भी करती थीं। कौटिल्य ने शासन पद्धति में केन्द्रीयकरण तो किया, किन्तु उनमें से कुछ विवाद अशासकीय न्यायालयों को ही सौंप दिया।[107] देव, ब्राह्मण, संन्यासी, स्त्रियों, नाबालिग एवं वृद्ध लोगों के मामले धर्मस्थों के द्वारा निर्णीत होते थे।[108] उल्लेखनीय है कि 'धर्मस्थ' अशासकीय विधि विशेषज्ञ होते थे।

यहाँ एक तथ्य विचारणीय है कि मनुस्मृति तथा धर्मसूत्रों में अशासकीय न्यायालयों का उल्लेख नहीं मिलता है। ए०एस०अल्टेकर का मत है कि सम्भव है कि अशासकीय होने के कारण ही न्यायालय के रूप में इनका उल्लेख न हुआ हो।[109] अशासकीय न्यायालयों का स्पष्ट उल्लेख सर्वप्रथम याज्ञवल्क्य के द्वारा किया गया है। इस श्रेणी में उन्होंने पूग, श्रेणी तथा कुल न्यायालयों का उल्लेख किया है।[110] नारद ने भी कुलों, श्रेणियों एवं गणों द्वारा न्यायदान का उल्लेख किया है।[111] बृहस्पति ने तीन

प्रकार के न्यायालयों का उल्लेख करते हुए लिखा है कि कुल न्यायालय के विरुद्ध श्रेणी न्यायालय में एवं श्रेणी न्यायालय के विरुद्ध पूग न्यायालय में अपील होती थी।[112] विभिन्न वर्गों से सम्बन्धित होने के कारण इनका नामकरण 'वर्गीय न्यायालय' भी किया गया।

कुल न्यायालय -

कुल न्यायालय अशासकीय एवं वर्गीय न्यायालयों के प्रथम सोपान थे। याज्ञवल्क्य एवं नारद के अतिरिक्त मनु ने 'कुलानि' शब्द का प्रयोग किया है। मेघातिथि तथा कुल्लूक ने इसका अर्थ 'सम्बन्धियों का दल' किया है।[113] स्मृति चन्द्रिका में इसका अर्थ 'मुकदमा लड़ने वाले दलों के कुटुम्ब के लोग' किया गया है।[114] अपरार्क ने इसका अर्थ 'कृषि कर्म करने वाले' किया है।[115] 'व्यवहार-प्रकाश' में 'कुलानि' का अर्थ- 'रिश्तेदारों एक ही कुल के लोगों एवं सम्बन्धियों अथवा मुकदमेबाजों की सभा अथवा संघ' किया गया है।[116] मिताक्षरा के अनुसार 'कुल न्यायालय' में निकट अथवा दूर के सम्बन्धी समझौता कराने का प्रयास करते थे।[117] वस्तुतः जब एक ही कुल के दो व्यक्तियों में परस्पर विवाद होता रहा होगा, तो प्रथमतः कुल-वृद्ध लोग ही उसके निपटारे का प्रयास करते रहे होंगे। इस प्रकार कुल न्यायालय एक विशाल संयुक्त कुटुम्ब का न्यायालय प्रतीत होता है।

इस सम्बन्ध में हमें कुछ अभिलेखिक सूचनाएँ भी प्राप्त होती हैं। चन्द्रगुप्त द्वितीय के साँची शिलालेख (गुप्त संवत् 93) में 'पंचमण्डली'[118] शब्द का प्रयोग हुआ है। पी०एल० गुप्त के अनुसार 'पंचमण्डली' शब्द से अनुमान किया जाता है कि वह आधुनिक पंचायत के समान कोई संस्था रही होगी। इस संदर्भ में उन्होंने कुमारगुप्त प्रथम कालीन दामोदरपुर ताम्रलेख (गुप्त संवत् 124) की ओर ध्यान आकृष्ट किया है, जिसमें भूमि-क्रय के प्रसंग में पाँच व्यक्तियों- नगरश्रेष्ठि, सार्थवाह, प्रथम कुलिक, प्रथम कायस्थ एवं पुरोग का उल्लेख हुआ है। ये लोग कदाचित विषयपति के अधिष्ठान के अधिकरण के सदस्य थे।[119] यह भी सम्भव है कि 'कुलानि' का तात्पर्य उन ग्राम-अधिपतियों से हो, जो ग्राम के लोगों द्वारा राजा को प्रतिदिन दिये जाने वाले अन्न, जल एवं लकड़ी आदि को प्राप्त करता रहा हो। मनुस्मृति से ज्ञात होता है कि 'कुलानि' से आशय दस ग्रामों के स्वामी से है।[120] निश्चय ही कुल न्यायालय इस प्रकार का अशासकीय न्यायालय रहा होगा,

जिसमें एक ही कुल के लोगों के विवादों को उनके कुल के श्रेष्ठ लोगों, उनके सम्बन्धियों तथा कुछ वृद्ध लोगों के द्वारा निपटाया जाता रहा होगा। आधुनिक युग में भी कुछ जातियों में इस प्रकार की पंचायते हैं; जो छोटे-मोटे विवादों का निपटारा करती हैं, अल्प अर्थदण्ड देती हैं अथवा कभी-कभी हल्का शारीरिक दण्ड देती हैं। यद्यपि इनके निर्णय को स्वीकार करना वैधानिक रूप से बाध्यकारी नहीं होता है, तथापि जाति से बहिष्कृत होने के भय से उस जाति एवं भौगोलिक सीमा में आने वाले लोग इसके निर्णय को स्वीकार करते हैं।

श्रेणी न्यायालय -

प्राचीन भारतीय साहित्य में 'श्रेणी' के लिए अनेक शब्द प्रयुक्त हुए हैं, यथा- कुल, पूग, निकाय, व्रात, संघ, सार्थ एवं निगम आदि। श्रेणी एक व्यापारिक संस्था थी, जिसका उदय वैदिक काल में ही हो चुका था। ऋग्वेद में कहा गया है कि श्रेणी हंसों की भाँति समूह में कार्य करती थी।[121] वस्तुतः श्रेणी नामक व्यापारिक संस्था का समस्त आर्थिक कार्य उसके समूह के माध्यम से होता था। बौद्ध साहित्य में निगम अथवा श्रेणी के अध्यक्ष के लिए 'पमुख' (प्रमुख), 'जेट्ठक' (ज्येष्ठक), 'श्रेष्ठिन्', 'सेट्ठि' (श्रेष्ठि) अथवा 'श्रेष्ठ्य' शब्दों का प्रयोग हुआ है। कौटिल्य ने शिल्पकारों के समूह को 'श्रेणी' कहा है।[122] मिताक्षरा के अनुसार भिन्न जाति के लोगों का भिन्न संगठन श्रेणी था, जो अपनी किसी एक वस्तु का विक्रय करता था।[123] इसी प्रकार के उल्लेख प्राचीन साहित्य में अनेक स्थलों से ढूंढ़े जा सकते हैं।[124] इस प्रकार स्पष्ट है कि श्रेणी, पूग अथवा निगम एक व्यापारिक संस्था थी, जिसमें समान पेशा अथवा कार्य करने वाले एक अथवा विभिन्न जातियों के सदस्य संघबद्ध रूप में कार्य करते थे। धर्मसूत्रों में श्रेणियों का उल्लेख प्राप्त होना यह सिद्ध करता है कि तृतीय शताब्दी ई०पू० में 'श्रेणी न्यायालय' अस्तित्व में थे।[125]

श्रेणी संगठन के अनेक नियम एवं परम्पराएं ऐसी थीं, जो उन्हें अन्य वर्गों से पृथक् करती थीं। बृहस्पति के अनुसार श्रेणी संगठन की एक प्रबन्धकारी समिति होती है, जिसमें पाँच, तीन अथवा दो सदस्य होते हैं। उस समिति का एक प्रधान होता है।[126] इस प्रबन्ध समिति के अनेक विशेषाधिकार थ। संगठन के सुनिश्चित नियमों के उल्लंघन करने वाले व्यक्ति को नगर से निष्कासित किया जा सकता

था। बृहस्पति ने राजा को निर्देश दिया है कि वह परिषद के प्रमुखों द्वारा अन्य लोगों के प्रति कठोर अथवा मृदुल, जो भी व्यवहार नियमानुसार अपनाया जाय, अनुमोदित करे, क्योंकि ये लोग विधान के अधिकारी के रूप में प्रख्यात होते हैं,[127] परन्तु वह विषम स्थिति में ही हस्तक्षेप करता था।

सामान्यतः श्रेणी-संगठन पूर्ण रूप से स्वतन्त्र था, जो अपने सदस्यों के हित को ध्यान में रखकर स्वच्छन्द रूप से कार्य करता था। उसके निर्णय उसके सदस्यों के लिए प्रायः मान्य होते थे। वास्तव में प्रत्येक संगठन के अपने पृथक्-पृथक् नियम होते थे। उनके ये नियम आचार-विचार एवं नियमों से प्रभावित होते थे। गौतम ने श्रेणियों के ऐसे नियमों का समर्थन किया है।[128] नारद ने श्रेणी न्यायालय को चार सामान्य न्यायालयों में दूसरा स्थान दिया है।[129]

ऐसा प्रतीत होता है कि पाँचवीं शताब्दी ई० के पश्चात व्यापारिक क्षेत्रों में सर्वत्र श्रेणी प्रथा रूढ़ हो गई एवं श्रेणी न्यायालयों का समग्र विकास हुआ। चार-पाँच सभासदों की श्रेणियों की कार्यकारिणी होती थी, जो अन्य कार्यों के साथ ही अपने संवर्ग के सदस्यों के विवादों का निपटारा करती थी।

गण न्यायालय -

'गण न्यायालय' भी एक महत्वपूर्ण अशासकीय न्यायालय था। उल्लेखनीय है कि अधिकांश स्थलों पर गण, पूग एवं श्रेणी को पर्यायवाची माना गया है। बृहस्पति[129] एवं याज्ञवल्क्य[131] ने गण के स्थान पर 'पूग' शब्द का प्रयोग किया है। 'व्यवहार प्रकाश' में भी गण एवं पूग को एक माना गया है,[132] परन्तु कात्यायन ने दोनों का अन्तर्भेद स्पष्ट करते हुए 'गण' को 'कुलों का संघ' एवं पूग को 'व्यापारियों का संघ' माना है। अल्टेकर का मत है कि यदि वैदिक 'सभा' वास्तव में न्यायदान करती होगी, तो वह पूग न्यायालय का ही एक प्रकार होगी।[133] इनके न्यायिक क्षेत्र के अन्तर्गत भी अपने-अपने संगठन के सदस्य गण ही आते थे।

अन्य न्यायालय-

उपर्युक्त न्यायालयों के अतिरिक्त प्राचीन भारत में कुछ अन्य प्रकार के न्यायालयों का अस्तित्व भी दृष्टिगोचर होता है। कौटिल्य ने 'ग्रामिक' का उल्लेख किया है,

जो चोरी अथवा मिलावट करने वालों को ग्राम से बहिष्कृत करने का अधिकार रखता था।[134] स्मृतिचन्द्रिका में दस प्रकार के न्यायालयों का उल्लेख किया गया है, जो ग्राम, जन, सभा, गण, श्रेणी, वेदज्ञ, विद्वान वर्गों के लोग, कुलिक, कुल न्यायाधीश तथा राजा के न्यायालय के रूप में ज्ञात थे।[135]

इस प्रकार स्पष्ट है कि प्राचीन भारत में शासकीय एवं अशासकीय दोनों प्रकार के न्यायालयों का अस्तित्व था। प्राचीन व्यवस्थाकारों ने इस बात का प्रयत्न किया कि न्यायालयों में विवादों की संख्या यथासंभव कम रहे। अतः उन्होंने ग्राम्य स्तर से लेकर विविध श्रेणी संगठन के स्तर तक ही विवादों को सुलझाने का प्रयत्न किया। इसी दृष्टि से अशासकीय न्यायालयों को भी प्रोत्साहित किया गया। इस बात का प्रयत्न किया गया कि छोटे-मोटे विवादों का निपटारा सम्बन्धित निकाय के मुखिया अथवा अध्यक्ष, वयोवृद्धों तथा अनुभवी पुरुषों के द्वारा ही कर लिया जाय। यदि इन स्तरों से विवाद का निराकरण न हो सके, तभी विवाद उच्च न्यायालय में जायें। स्पष्टतः प्राचीन व्यवस्थाकारों ने न्यायिक शक्ति को सामाजिक संगठनों में भी निहित किया, जो एक विकसित समाज का लक्षण है। सामाजिक संगठनों में न्यायिक शक्ति का निरूपण प्राचीन भारतीय जनवर्ग की सम्प्रभुता की वास्तविक स्थिति की ओर संकेत देता है।

न्यायालयों का स्तरीकरण-

अब एक महत्वपूर्ण प्रश्न यह उपस्थित होता है कि इन न्यायालयों के स्तरीकरण का निर्धारण किस प्रकार किया जाय अर्थात् इस तथ्य का निर्धारण किस प्रकार किया जाय कि उपर्युक्त न्यायालयों का सापेक्षिक महत्व क्या था ? इस प्रश्न पर विचार करते समय हमें इस तथ्य पर भी विचार करना होगा कि शासकीय एवं अशासकीय न्यायालयों का सापेक्षिक महत्व क्या था ? सामान्य रूप से विश्लेषण करने से ऐसा प्रतीत होता है कि शासकीय न्यायालयों को तुलना में अशासकीय न्यायालय पूर्णतः महत्वहीन थे, परन्तु इस प्रकार का दृष्टिकोण वस्तुस्थिति के प्रतिकूल है।

भारतवर्ष में प्राचीन काल से ही अशासकीय न्यायालयों को प्रोत्साहन दिया गया। प्राचीन भारतीय शासकों की ऐसी नीति प्रतीत होती है कि अशासकीय न्यायालयों

के निर्णय को कार्यान्वित करने में शासकीय सहायता दी जाय। फलतः पूग, श्रेणी तथा कुल आदि न्यायालय अशासकीय होते हुए भी शासकीय संरक्षण प्राप्त किये। इन न्यायालयों की स्थापना शासकीय नीति के अनुरूप हुई थी, अतः धर्मशास्त्रकारों का मत था कि उनके निर्णयों को शासकीय संरक्षण प्रदान किया जाय। अतः न्यायालयों के स्तरीकरण के विवेचन के सन्दर्भ में इस दृष्टि से विचार करना होगा कि ये राज्य के लिए कितने महत्वपूर्ण थे ? यद्यपि वे न्यायालय स्थानीय स्तर के अवश्य थे, परन्तु यथार्थ के विश्लेषण में इनसे महत्वपूर्ण सहायता प्राप्त होती थी। शुक्र का यह दृष्टिकोण सत्य प्रतीत होता है कि अभियुक्त एवं अभियोगी जब एक ही व्यवसाय अथवा वर्ग के सदस्य होते हैं, तो उस व्यवसाय अथवा ग्राम के लोग वस्तुस्थिति के निर्धारण में प्रायः सफल होते हैं।[136] अपने ग्रामवासियों अथवा श्रेणी के सभासदों के मध्य मिथ्यारोप लगाना अथवा अयथार्थ साक्ष्य प्रस्तुत करना प्रायः कठिन हो जाता है।

स्तरीकरण की दृष्टि से पूग, श्रेणी एवं कुल में याज्ञवल्क्य कुल को प्रथम सोपान एवं पूग को तृतीय सोपान मानते हैं।[137] इससे यह निष्कर्ष निकलता है कि कुल न्यायालय के विरुद्ध श्रेणी न्यायालय में तथा श्रेणी न्यायालय के विरुद्ध पूग न्यायालय में अपील की जा सकती थी। बृहस्पति का विचार भी इसी प्रकार का है। उनका कथन है कि जब कुल के लोगों ने किसी विषय पर भलीभाँति विचार न किया हो, तो उस विषय पर श्रेणी विचार करें, श्रेणी के द्वारा समग्र रूप से विचार न किये जाने पर गण विचार करे तथा गण के द्वारा अविज्ञान विषयों पर 'नियुक्त' विचार करे।[138] इस प्रकार बृहस्पति की दृष्टि में क्रमशः कुल से श्रेष्ठ श्रेणी, श्रेणी से श्रेष्ठ गण, गण से श्रेष्ठ सभ्यों से युक्त न्यायालय, सभ्यों से युक्त न्यायालय से उच्च अध्यक्ष से युक्त न्यायालय एवं सर्वाधिक महत्वपूर्ण राजा का न्यायालय था। राजा ही न्याय का सर्वोच्च अधिकारी था, जो उत्तम, अधम तथा मध्यम स्तर के सभी विवादों का अंतिम निर्णायक होता था। अन्यत्र बृहस्पति ने राजा को स्पष्ट निर्देश दिया है कि कुल आदि के निर्णय पर संतोष न होने पर वह विचार करके कुकृत्य का उद्धार करे।[139] इस प्रकार बृहस्पति कुल, श्रेणी, गण एवं अध्यक्ष सभी को निर्णय का कारक मानते हैं, जिनमें क्रमशः वे अधिकार क्षेत्र में वृद्धि मानते हुए कहते हैं कि परवर्ती न्यायालय पूर्ववर्ती न्यायालयों के निर्णय पर पुनर्विचार कर सकते हैं।[140]

शासकीय न्यायालयों में भी स्तरीकरण उनके अधिकार क्षेत्र के अनुसार ही निर्धारित था। यथा- कौटिल्य ने जनपद संधि, संग्रहण, द्रोणमुख एवं स्थानीय चार प्रकार के न्यायालयों का उल्लेख किया है। अधिकार क्षेत्र की दृष्टि से जनपद संधि के अधिकार क्षेत्र के अन्तर्गत दो जनपदों (ग्रामों) तक के भूभाग, संग्रहण के अन्तर्गत 10 ग्रामों के भूभाग, द्रोणमुख के अन्तर्गत 400 ग्रामों के भूभाग तथा स्थानीय के अन्तर्गत 800 ग्रामों के भूभाग सम्मिलित थे। स्वाभाविक है कि जनपदसंधि न्यायालय के निर्णय के विरुद्ध अपील संग्रहण न्यायालय में, संग्रहण न्यायालय के विरुद्ध अपील द्रोणमुख न्यायालय में तथा द्रोणमुख न्यायालय के विरुद्ध अपील स्थानीय न्यायालय में की जाती रही होगी। इस प्रकार स्तरीकरण की दृष्टि से जनपदसंधि छोटे एवं स्थानीय उच्च स्तर का न्यायालय रहा होगा।

कण्टकशोधन धर्मस्थीय से पृथक् कोटि का न्यायालय था। वस्तुतः इस न्यायालय का मुख्य कार्य हत्या एवं साहस जैसे गम्भीर अपराधों के लिए जाँच आयोग नियुक्त करना, राजकर्मचारियों एवं न्यायाधीशों के किसी प्रकार के न्यायिक दुर्व्यवस्था का निरीक्षण करना, विवेक एवं वैयक्तिक विशेषाधिकार के कारण होने वाले निर्णय को विद्रूप होने से बचाना था। अतः इस दृष्टि से धर्मस्थीय एवं कण्टकशोधन न्यायालय समानस्तरीय ही प्रतीत होते हैं। इतना तो निश्चित है कि इन न्यायालयों की तुलना में प्राड्विवाक् का न्यायालय अधिक उच्च स्तरीय तथा राजा का न्यायालय सर्वाधिक ऊँचे स्तर का था।

न्यायिक कार्य में राजा की श्रेष्ठता के संदर्भ में अनेक उल्लेख प्राप्त होते हैं। याज्ञवल्क्य (2/30) स्मृति पर सुबोधिनी का उल्लेख है कि व्यवहार में समर्थ होने से नृप ही सर्वाधिक बलवान है एवं अन्य न्यायालय अपने सामर्थ्य के अनुसार दुर्बल एवं बली है।[141] बृहस्पति का उल्लेख है कि कुलादि से सभ्य, सभ्यों से अध्यक्ष एवं अध्यक्षों से राजा अधिक अधिकार रखता है।[142] पितामह के इस उल्लेख से स्थिति और स्पष्ट हो जाती है कि कुल आदि न्यायालयों से असंतुष्ट होने पर राजसभा में प्रार्थना कर सन्तोष प्राप्त करना चाहिए, क्योंकि वही अंतिम न्यायालय है।[143] किंतु छोटे न्यायालय से विवाद राजसभा में सीधे न जाकर क्रम से ही जा सकता था।[144]

न्यायालयों के स्तरीकरण की व्याख्या अधोलिखित तालिका से स्पष्ट हो जाती है। तालिक में मौर्यकालीन न्यायालयों एवं मौर्योत्तरकालीन न्यायालयों को पृथक्-पृथक् प्रदर्शित किया गया है-

न्यायालयों का स्तरीकरण

तालिका सं०-1 (मौर्यकालीन न्यायालय)

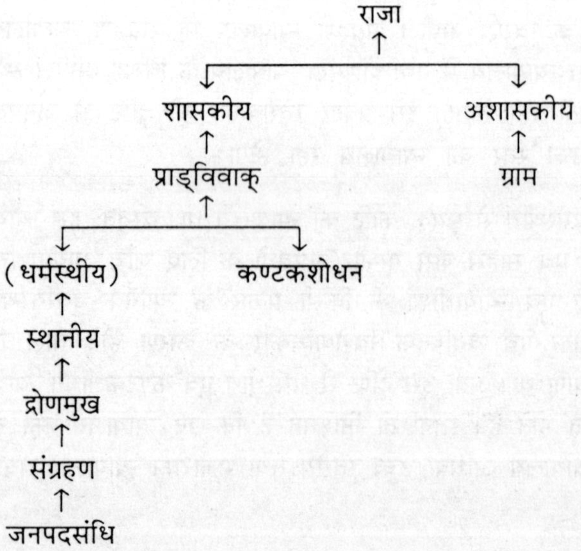

तालिका सं०-2 (मौर्योत्तरकालीन न्यायालय)

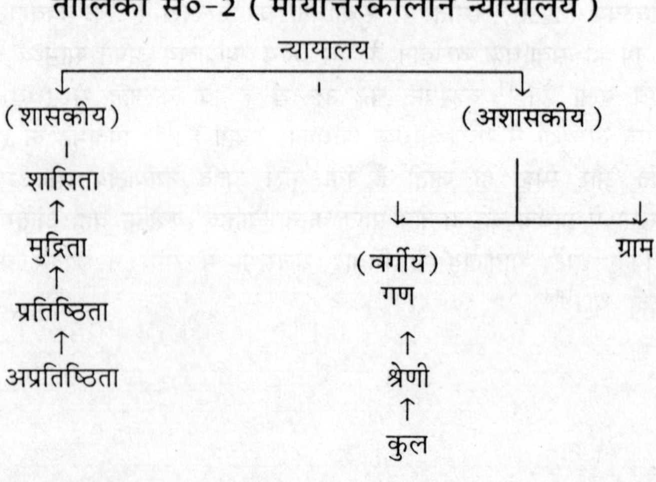

न्यायालय एवं जूरी प्रथा -

आधुनिक न्याय दान पद्धति में जूरी प्रथा विकसित न्याय प्रणाली का प्रतीक है। प्राचीन भारतीय विधि व्यवस्था में भी जूरी प्रथा प्रचलित प्रतीत होती है। प्राचीन भारतीय साहित्यिक साक्ष्यों से ज्ञात होता है कि न्यायाधीश का परामर्श देने के लिए न्यायसभा में अन्य सदस्यगण भी विद्यमान रहते थे। यद्यपि सिद्धान्ततः राजा ही प्रमुख न्यायाधीश था, परन्तु कार्याधिक्य के कारण वह न्यायिक प्रशासन में अपेक्षित समय नहीं दे पाता था। अतः वह न्याय सम्पादन के लिए न्यायाधीश की नियुक्ति करता था। न्यायाधीश के साथ एक विद्वान ब्राह्मण एवं तीन सभ्य भी नियुक्त किये जाते थे। तीनों सभ्यों की नियुक्ति प्रधान न्यायाधीश के सहायक के रूप में होती थी। सभ्य प्रथमतः ब्राह्मण, विकल्प रूप में क्षत्रिय एवं वैश्य नियुक्त किये जातें थें। मनु सभ्यों में नास्तिक, शूद्र तथा द्विजों के अतिरिक्त किसी अन्य को स्थान नहीं देते हैं।[145] कौटिल्य भी धर्मस्थीय में तीन सभ्यों को स्वीकार करते हैं; जिनका अधिकार अमात्य के समकक्ष होता था।[146] बृहस्पति सभ्यों की संख्या सात, पाँच अथवा तीन मानते हैं।[147] उनके अनुसार जहाँ इतनी संख्या में राजाधिकृत ब्राह्मण उपस्थित होकर व्यवहार-निर्णय करने लगे, वह सभा यज्ञ के समान पवित्र हो जाती है।[148]

मिताक्षरा में सभा की कार्यवाही के प्रारम्भ का वर्णन करते हुए कहा गया है कि राजा सभाभवन में प्राड्विवाक्, अमात्य, ब्राह्मण, पुरोहित एवं सभ्यों के साथ प्रवेश करता था। प्राड्विवाक् सभ्यों के साथ सभा की कार्यवाही का प्रारम्भ करता था। ब्राह्मण 'अनियुक्त' तथा सभ्यगण राजा द्वारा 'नियुक्त' होते थे।[149] मृच्छकटिकम् नाटक में भी राजा के द्वारा अधिकरणिक (न्यायाधीश) श्रेष्ठी (प्रसिद्ध व्यापारी एवं वणिक) तथा कायस्थ को अधिकृत (नियुक्त) करने का उल्लेख हुआ है।[150]

यहाँ 'नियुक्त' और 'अनियुक्त' की व्याख्या पर विचार कर लेना प्रासंगिक होगा। मनु ने नियुक्त एवं अनियुक्त में कोई निर्णायक भेद नहीं किया है। मिताक्षरा ने याज्ञवल्क्य (2/1) पर टीका करते हुए दो प्रकार के सभ्यों का उल्लेख किया है- 'ब्राह्मणै सह' एवं विद्वद्भिः सह।[151] यहाँ विज्ञानेश्वर दो प्रकार के सभ्यों का उल्लेख करते हुए कहते हैं कि दो प्रकार के सभ्यों के साथ राजा सभा भवन

में प्रविष्ट होता था- ब्राह्मण एवं विद्वान। ब्राह्मण एकाकी होता था, वह राजा की ओर से नियुक्त नहीं होता था। विद्वान (सभ्यगण) अनेक होते थे तथा राजा की ओर से नियुक्त होते थे।

विज्ञानेश्वर ने नियुक्त एवं अनियुक्त सदस्यों के कार्यक्षेत्र को स्पष्ट करते हुए लिखा है कि नियुक्त सदस्यों का कार्य न केवल उचित निर्णय की घोषणा से ही सम्बन्धित था, प्रत्युत यदि राजा अनुचित निर्णय करता है, तो उससे उसे रोकना भी था। ऐसा न करने पर वे दोष के भागी होते थे, परन्तु अनियुक्त सदस्य पर राजा को रोकने का कोई उत्तरदायित्व नहीं था।[152] अन्य व्यवस्थाकार भी सभ्यों को निर्देश देते हैं कि सभा में जाकर उन्हें सत्य का पालन करना चाहिए। यदि वे ऐसा न कर सकें तो उन्हें सभा में नहीं जाना चाहिए।[153] हरिहरनाथ त्रिपाठी 'सभा में न जाना चाहिए' निर्देश अनियुक्त सामाजिक प्रतिनिधि (ब्राह्मण) पर ही प्रभावी मानते हैं।[154] परन्तु ऐसा प्रतीत होता है कि यह निर्देश नियुक्त एवं अनियुक्त दोनों प्रकार के सभ्यों पर प्रभावी रहा होगा, क्योंकि मनु ने स्पष्ट लिखा है कि वह व्यक्ति जो सभा में उपस्थित रहते हुए भी मौन रहता है या झूठ बोलता है, पाप का भागी होता है।[155] यह निर्देश सभी सभ्यों पर लागू होता है। कात्यायन ने भी निर्देश दिया है कि सभासदों का कर्तव्य है कि वे राजा को क्रमशः न्याय पक्ष की ओर ले आवें।[156]

इस प्रकार स्पष्ट है कि याज्ञवल्क्य के काल तक न्यायालयों में न्यायाधीश के अतिरिक्त अन्य सदस्यों (नियुक्त सभ्यों एवं अनियुक्त ब्राह्मण) की व्यवस्था सुनिश्चित हो चुकी थी। न्यायाधीश निर्णय में इनका परामर्श लेता था। यह न्यायपालिका में जूरी प्रथा के प्रचलन की ओर संकेत करता है।

नारद ने अनियुक्त सदस्य को व्यवहार में भाग लेने से मना किया है।[157] 'व्यवहार प्रकाश' के अनुसार इस प्रकार का प्रतिबन्ध केवल कारण-विशेष से उपस्थित अनियुक्त सदस्य के सम्बन्ध में था।[158] कात्यायन जय की घोषणा सभ्यों के द्वारा मानते हैं।[159] नारद भी इसी प्रकार का मत व्यक्त करते हैं।[160]

मिताक्षरा के अनुसार उपस्थित स्मृतिज्ञ लोगों को भी निर्णय पर हस्ताक्षर कर देना चाहिए, जिससे यह सिद्ध हो जाय कि यह निर्णय उन्हें भी मान्य है,[161] परन्तु

ऐसा करना नितान्त आवश्यक नहीं है।[162] इससे इतना संकेत अवश्य मिलता है कि याज्ञवल्क्य के काल में जूरी प्रथा का प्रचलन अवश्य रहा होगा, क्योंकि यहाँ उपस्थित स्मृतिज्ञों से आशय न्यायाधीश के अतिरिक्त न्यायालय में उपस्थित अन्य विधि विशेषज्ञों से प्रतीत होता है।

भूयसी (बहुमत) निर्णय को प्रोत्साहन-

प्राचीन व्यवस्थाकारों ने भूयसी (बहुमत) निर्णय की प्रशंसा करते हुए यथासम्भव निर्णय में इसे प्राथमिकता दिया है। यद्यपि सिद्धान्ततः राजा ही सर्वोच्च न्यायाधीश था, परन्तु उसका यह विशेषाधिकार सम्मानार्ह ही अधिक प्रतीत होता है। वह स्वयं निर्णय नहीं करता था, बल्कि उसे न्यायाधीश से परामर्श लेकर ही निर्णय करना होता था, यद्यपि इसके उपरान्त भी अंतिम उत्तरदायित्व राजा का ही होता था।[163]

प्रायः समस्त व्यवस्थाकार इस मत के पोषक हैं कि राजा को अकेले न्याय नहीं करना चाहिए। कौटिल्य ने राजा को धर्मस्थ के साथ न्याय सम्पादन की सलाह दी है।[164] 'रघुवंशम्' में भी इस तथ्य का उल्लेख हुआ है कि राजा अतिथि धर्मस्थ के साथ विवाद निर्णय किया करता था।[165] कालिदास ने यहाँ तक निर्देश दिया है कि सर्वज्ञ होने पर भी एकाकी रूप में न्याय नहीं करना चाहिए।[166] बृहस्पति ने राजा को निर्देश दिया है कि वह स्वयं विवाद का निपटारा न करे, बल्कि उसे तीनों वेदों के विद्वानों की सलाह एवं सहायता लेकर निर्णय करना चाहिए।[167] गौतम ने भी यह व्यवस्था दी है कि राजा को कृषकों, वणिकों, गोपों, ऋणदाताओं एवं शिल्पकारों के प्रधानों से उनके अपने समूहों के विवादों के सम्बन्ध में सहायता लेकर अंतिम रूप से यह निर्णय करना चाहिए कि क्या यह न्यायपूर्ण है?[168]

इस प्रकार स्पष्ट है कि गुप्तकाल तक न्याय सम्पादन में जूरी प्रथा का प्रचलन अवश्य हो चुका होगा, जिसमें राजा एवं प्राड्विवाक् एकाकी रूप से निर्णय न करके अनेक सभ्यों एवं विशेषज्ञों के परामर्श से निर्णय करते रहे होंगे। यह भी सम्भव है कि सभ्यों एवं विधिज्ञों का निर्णय में प्रत्यक्ष प्रभाव न रहता हो, अप्रत्यक्ष रूप से प्रभाव अवश्य रहता रहा होगा।

प्राचीन भारत में बहुमत के निर्णय को अत्यन्त सम्मान दिया जाता था। नारद का मत है कि सभी सभ्यों को एकमत होकर निर्णय देना चाहिए, जिससे वादी-

प्रतिवादी के मन में किसी भी प्रकार की शंका न रहे।[169] यहाँ उल्लेखनीय है कि गुप्तकाल में न केवल न्यायिक कार्यों; वरन् प्रशासनिक कार्यों में भी 'भूयसी मत' को सम्मान मिला। यहाँ तक कि चन्द्रगुप्त प्रथम को अपने पुत्र समुद्रगुप्त को अपना उत्तराधिकारी नियुक्त करने के लिए सभ्यों की सभा बुलानी पड़ी थी एवं उनकी सहमति के उपरान्त ही समुद्रगुप्त का अपने पिता के उत्तराधिकारी के रूप में मनोनयन हो सका था।[170] 'व्यवहार-प्रकाश' एवं 'जैमिनीय सूत्र' ने भी बहुमत के निर्णय को सम्मान दिया है।[171] यह भी निर्देश दिया गया है कि न्यायाधीशों में मतभेद होने की स्थिति में राजा को अन्य विद्याओं में पारंगत होने के साथ ही त्रयी में विज्ञ लोगों से सम्मति लेनी चाहिए और विवाद को अंतिम रूप में निर्णीत कर देना चाहिए।[172]

परवर्ती युगों में भी जूरी प्रथा का अस्तित्व प्रमाणित होता है। शुक्र ने राजा को यह निर्देश दिया है कि वह व्यवहार के ज्ञाता, बुद्धिमान, चरित्र, शील तथा गुण से युक्त, शत्रु तथा मित्र से समान व्यवहार करने वाले अर्थात् राग द्वेष से रहित, क्रोध, काम एवं लोभ को जीतने वाले, प्रिय वचन बोलने वाले सभी जातियों के व्यक्तियों को (शूद्र को छोड़कर) विचारसभा (जूरी) का सदस्य नियुक्त करे।[173] अन्यत्र उन्होंने बुद्धिमान राजा अथवा न्यायसभा के सदस्यों को एकान्त में विवाद सुनने से मना किया है तथा एकान्त में विवाद सुनने को पक्षपात के पाँच कारणों में से एक माना है।[174] इतना ही नहीं उन्होंने सभासदों की राय लिए बिना स्वयं निर्णय करने वाले राजा के लिए अनेक शाप निर्धारित किये हैं।[175]

इस प्रकार स्पष्ट है कि प्राचीन भारत में मौर्य काल से ही न्यायपालिका में जूरी प्रथा की आवश्यकता स्वीकार की गई। यद्यपि औपचारिक रूप से राजा को देश का सर्वोच्च न्यायाधीश माना गया; किंतु व्यावहारिक रूप से न्याय सम्पादन का कार्य प्राड्विवाक् ही करता था, परन्तु उसे भी स्वतन्त्र नहीं छोड़ा गया, क्योंकि उसे स्वतन्त्र छोड़ देने से उसके व्यक्तिगत राग-द्वेष के कारण निर्णय के कलुषित होने की सम्भावना थी। अत: विवाद-निर्णय के लिए अनियुक्त ब्राह्मण एवं नियुक्त सभ्यों की व्यवस्था की गई। इनका मुख्य कार्य न्यायिक कार्य में प्राड्विवाक् को विधिक परामर्श देना था। साधारणतया इस तथ्य को ध्यान में रखा जाता था कि निर्णय एकमत से हो, किंतु ऐसा न होने पर भूयसी मत (बहुमत) के निर्णय को स्वीकार किया जाता था।

न्यायालयों की संरचना -

यद्यपि प्राचीन भारतीय व्यवस्थाकारों ने न्यायालयों की संरचना के सम्बन्ध में विशेष उल्लेख नहीं किया है, तथापि उनके उल्लेखों से कुछ संकेत अवश्य प्राप्त होते हैं। न्यायसभा को 'अधिकरण' अथवा 'धर्माधिकरण' तथा न्यायासन को 'धर्मस्थान्', 'धर्मासन्', 'मद्रासन' अथवा 'सदस्' शब्दों से सम्बोधित किया जाता था।[176] प्राचीन व्यवस्थाकारों में बृहस्पति ने ही न्यायसभा की संरचना के बारे में कुछ उल्लेख किया है, परन्तु उन्होंने भी न्यायालय के निर्माण से सम्बन्धित वास्तुशास्त्रीय विशेषताओं का विशेष उल्लेख न करते हुए केवल यह लिखा है कि वास्तुशास्त्र में वर्णित लक्षणों से युक्त सभा का निर्माण किया जाना चाहिए। सभागृह दुर्ग के मध्य में वृक्षों एवं जल से परिवृत्त होना चाहिए। इसका निर्माण राजधानी में राज प्रासाद के पूर्व में होना चाहिए। न्यायसभा का मुख भी पूर्व की ओर होना चाहिए। न्यायकक्ष को विविध प्रकार की मालाओं, मूर्तियों, चित्रों एवं देवमूर्तियों आदि से सुसज्जित होना चाहिए। उसमें धूप, बीज, जल, अग्नि आदि रखा जाना चाहिए।[177]

बृहस्पति ने न्यायालय के दस घटकों का उल्लेख किया है - राजा, राजा द्वारा नियुक्त मुख्य न्यायाधीश, सभ्य, स्मृति, संगणक, लेखक, स्वर्ण, अग्नि, जल स्वपुरुष। बृहस्पति उन्होंने राजा को लोकपालों को प्रणाम करके 'भद्रासन' पर पूर्वाभिमुख होकर बैठने, राजा के सामने पश्चिमाभिमुख होकर संगणक को बैठने तथा राजा की बायीं ओर दक्षिणाभिमुख होकर लेखक को बैठने का निर्देश दिया है।[178] न्याय कक्ष में एक भृत्य होता था, जो न्यायासन को व्यवस्थित करता था।[180] न्याय कक्ष में धर्माधिकारी गण बेंत के उच्च आसन पर बैठते थे।[181] सम्भवतः न्यायकक्ष की दैनिक सफाई एवं न्यायकक्ष को सुसज्जित रखने का कार्य भृत्य का था।

ऐसा प्रतीत होता है कि प्राचीन भारत में न्यायकक्ष को दिव्य स्वरूप प्रदान किया गया था। शास्त्रीय परम्परा के अनुसार समस्त धार्मिक एवं शुभ कार्यों का सम्पादन पूर्वाभिमुख होकर बैठने का निर्देश देना यह सिद्ध करता है कि न्यायिक कार्य के सम्पादन को धार्मिक कार्यों के सम्पादन जैसा ही महत्व दिया गया। न्यायभवन एवं न्यायकक्ष की साज सज्जा से सम्बन्धित विवरण यह सिद्ध करते हैं कि न्यायालय को अत्यन्त पवित्त स्थल माना जाता था।

परिधान एवं भावभंगिमा-

व्यक्ति के परिधान एवं उसकी भाव भंगिमा से उसके व्यक्तित्व की स्पष्ट झलक मलती है। आडम्बरपूर्ण वेश-भूषा एवं भावभंगिमा से मनुष्य के स्वभाव की कृत्रिमता का एवं सरल वेशभूषा एवं भावभंगिमा से स्वभाव की सहजता का अनुमान लगता है। प्राचीन भारत में राजा के कार्य दो भागों में विभक्त थे- प्रशासकीय एवं न्यायिक। व्यवस्थाकारों ने राजा के कार्यों के अनुरूप दो प्रकार के परिधानों का विधान किया था। एक प्रशासक के रूप में राजा को सामान्य जनों से भिन्न दृष्टिगोचर होना चाहिए, ठाट-बाट दृष्टिगोचर होना चाहिए, भावभंगिमा कठोर एवं गम्भीर होनी चाहिए; जिससे प्रशासनिक कार्यों के सम्पादन में सुगमता हो। इसके विपरीत न्यायासन पर बैठने के पश्चात राजा का व्यक्तित्व एक निष्काम कर्मयोगी का हो जाता है; जिसे विना किसी रागद्वेष के न्याय करना होता है। उसे शांत भाव से निरासक्त रूप में रहना पड़ता है। अतः न्यायाधीश के रूप में कार्य करते समय राजा के लिए कृत्रिम एवं आडम्बरपूर्ण परिधान के स्थान पर सरल एवं आडम्बरहीन परिधान का विधान किया गया। मनु ने राजा को निर्देश दिया है कि वह न्यायसभा में जाते समय ब्राह्मण एवं मंत्रियों के साथ विनीत भाव से प्रविष्ट हो, सादा वेशभूषा एवं आभूषण धारण करे तथा वहाँ खड़े होकर अथवा बैठकर दाहिने हाथ को उठाकर व्यवहार कार्य को देखे।[181] यहाँ दाहिने हाथ को उठाकर व्यवहार कार्य करने क भाव यह प्रतीत होता है कि राजा की ओर से सभी पक्षों को अभयदान दिया जाता रहा होगा कि वे निर्भय होकर सभा में अपनी-अपनी बातें रखें।

याज्ञवल्क्य एवं कात्यायन राजा को क्रोध एवं लोभ से मुक्त होकर सभासदों के साथ विवादों के परीक्षण का निर्देश देते हैं।[182] विष्णु का मत है कि न्यायाधीश को कुछ बोलने से पूर्व अपने मुख पर स्निग्धता का भाव लाना चाहिए।[183] सम्भवतः ऐसा निर्देश इस लिए दिया गया है कि लोग बिना किसी भय के तथ्य रख सकें।

इस प्रकार स्पष्ट है कि व्यवस्थाकारों ने न्यायिक कार्य के सम्पादन के समय राजा को केवल एक न्यायाधीश के रूप में स्थान दिया तथा राजा से भी एक उत्तरदायी न्यायाधीश के द्वारा पालन किये जाने वाले शिष्टाचारों के पालन की अपेक्षा की। इतना ही नहीं वस्त्र एवं मनःस्थिति आदि के संदर्भ में दिया गया

निर्देश यह प्रदर्शित करता है कि प्राचीन व्यवस्थाकार विधि व्यवस्था में न्याय प्रशासन के प्रति अति गम्भीर थे। आज भी न्यायाधीशों से यह अपेक्षा की जाती है कि वे अपना शील एवं स्वभाव नष्ट न होने दें तथा अपने स्वभाव को शुष्क न बनावें।

न्यायदान का समय-

प्रायः समस्त व्यवस्थाकारों ने निष्पक्ष न्यायसम्पादन को राजा का एक महत्वपूर्ण कार्य माना है। न्याय सम्पादन का कार्य कब किया जाय, इस सम्बन्ध में कुछ सूचनाएँ प्राप्त होती हैं। कौटिल्य ने दिन को आठ भागों में विभक्त कर दूसरे भाग में राजा को प्रजा के कार्यों (विवादों) को देखने का निर्देश दिया है ।[184] कात्यायन ने भी दिन को आठ भागों में विभक्त कर प्रथम तीन भागों (प्रातः काल से अपराह्न काल के मध्य) में ही न्यायिक कार्य को उचित माना है।[185] मनु राजा को प्रातः काल शौचादि दैनिक कार्यों से निवृत्त होकर, अग्निहोत्ति तथा ब्राह्मणों का सम्मान कर लेने के पश्चात सावधान होकर न्यायालय में जाने का निर्देश देते हैं।[187] याज्ञवल्क्य भी राजा को प्रातः काल सर्वप्रथम आय-व्यय देखने के पश्चात मध्याह्न से पूर्व ही व्यवहार कार्य देखने का निर्देश देते हैं।[187] छठी शताब्दी ई० के ग्रन्थ 'दशकुमार चरित' में भी इसी प्रकार का उल्लेख मिलता है।[188]

इस प्रकार स्पष्ट है कि प्रायः समस्त व्यवस्थाकारों ने राजा के लिए न्यायिक कार्य करने की अवधि प्रातःकाल से मध्याह्न काल तक ही निर्धारित किया है। परन्तु अन्य न्यायालयों के खुलने एवं बन्द होने का समय क्या था, इस सम्बन्ध में कोई सूचना नहीं प्राप्त होती है।

न्यायालयीय अवकाश-

आधुनिक युग की ही भाँति प्राचीन भारत में कुछ विशेष तिथियों को न्यायालयीय अवकाश रहा करता था। न्यायिक कार्यों की दृष्टि से चतुर्दशी, अमावस्या, पूर्णमासी तथा अष्टमी वर्ज्य दिवस मान गये हैं।[189] इस प्रकार प्रत्येक माह में छः तिथियों (दो अष्टमी, दो चतुर्दशी, पूर्णिमा तथा अमावस्या) को न्यायालयों में अवकाश रहा करता था।

विभिन्न कोटि के न्यायाधीशों की अर्हताएँ-

प्रधान न्यायाधीश-

प्राचीन भारतीय व्यवस्थाकारों ने राजा को यह निर्देश दिया है कि न्यायिक कार्य के सम्पादन में स्वयं को असमर्थ पाने पर तीन सम्यों के साथ किसी विद्वान ब्राह्मण को इस कार्य में लगा दें। [190] बृहस्पति ने मुख्य न्यायाधीश को 'प्राड्विवाक्', मनु ने 'धर्म प्रवक्ता', मानसोल्लास में 'धर्माधिकारी' तथा 'मृच्छकटिकम्' में 'अधिकरणिक्' शब्द का प्रयोग किया गया है।[191]

न्यायाधीश के पद पर प्रायः कोई विद्वान ब्राह्मण ही नियुक्त किया जाता था।[192] विद्वान ब्राह्मण के अभाव में ही धर्मशास्त्रों में पारंगत किसी क्षत्रिय अथवा वैश्य की नियुक्ति की जा सकती थी,[193] परन्तु किसी भी दशा में शूद्र की नियुक्ति नहीं हो सकती थी।[194]

उदार, कुलीन, स्थिरचित्त, शान्त, क्रोधहीन, धर्मनिष्ट, रागद्वेष रहित होना आदि न्यायाधीश के लिए सामान्य गुण निर्धारित किये गये थे।[195] इसके अतिरिक्त उसे जितेन्द्रिय, मधुर एवं मितभाषी, शीघ्र कार्य करने वाला परम धार्मिक एवं मानवीय विकार से दूर रहने वाला होना चाहिए।[196] 'मृच्छकटिकम्' एवं 'मानसोल्लास' में भी न्यायाधीश के लिए इसी प्रकार की योग्यता का उल्लेख हुआ है ।[197] नारद ने न्यायाधीश के लिए कुछ विशिष्ट अर्हताओं का उल्लेख किया है। उनके अनुसार न्यायाधीश का विवाद के अठारह पदों, उसके आठ हजार उपभेदों, आन्विक्षिकी (तर्कशात) वेद एवं स्मृतियों में पारंगत होना चाहिए।[198] जिस प्रकार कुशल भिषग शल्य चिकित्सा द्वारा शरीर में घुसे हुए लोहे के टुकड़े को निकाल लेता है, उसी प्रकार कुशल प्राड्विवाक् अपनी 'व्यवहार बुद्धि' से छद्म बातों को पृथक् कर लेता है। [199] मनु का दृष्टिकोण भी इसी प्रकार का है।[200]

प्राड्विवाक् की पदच्युति-

हरिहर नाथ त्रिपाठी का मत है कि न्यायाधीश की नियुक्ति तो राजा करता था, किन्तु उसके पीछे पदच्युति के विधान का उल्लेख नहीं मिलता है। अतः इससे यह संकेत मिलता है कि राजा को प्राड्विवाक् को पद्च्युत करने का अधिकार

नहीं था। उसका यह भी मत है कि प्राड्विवाक् एवं न्यायाधीशों का सामाजिक स्तर राजा से उच्च था। सामाजिक प्रभाव के कारण विधि के सम्बन्ध में न्यायाधीश राजा से अधिक शक्तिशाली होते गये। परिषद के वैधानिक शक्ति के लोप होने पर उसका भी समावेश न्यायाधीशों के साथ हो गया। परवर्ती काल में राजा के दैवी स्वरूप के विकास के समय विधि भी दैवी हो गयी और उस विधि की प्रामाणिकता का ज्ञान न्यायाधीशों से सम्बन्द्ध हो जाने से उनकी शक्ति और विकसित हो गयी। इस प्रकार प्रतिष्ठित एवं शक्ति सम्पन्न न्यायाधीशों पर राजा का विशेष दबाव नहीं हो पाता था।[201]

परन्तु इस मत से पूर्ण रूप से सहमत हो पाना कठिन है। यद्यपि यह सत्य है कि प्राड्विवाक् एवं न्यायाधीशों का सामाजिक स्तर ऊँचा था, किन्तु उसकी तुलना राजा के सामाजिक स्तर से नहीं की जा सकती है। व्यवस्थाकारों के सामने यह भी आशंका रही होगी कि न्यायाधीशों को पूर्णत: स्वतन्त्र छोड़ देने पर उनके भी स्वच्छन्द होने की सम्भावना उसी प्रकार बढ़ जाती जिस प्रकार अधिकार सम्पन्न होने के कारण मूढ़ एवं दुष्ट राजा कभी-कभी स्वेच्छाचारी हो जाते। ऐसी दशा में न्यायाधीश के द्वारा निष्पक्ष न्याय सम्पादन के आदर्श का प्रतिकार होता। अत: व्यवस्थाकारों ने न्यायाधीशों को कभी भी अनियन्त्रित नहीं छोड़ा। कौटिल्य ने तो ऐसे भ्रष्ट धर्मस्थों एवं प्रदेष्टाओं के लिए अर्थदण्ड के साथ-साथ शारीरिक दण्ड देने का भी निर्देश दिया है।[202] याज्ञवल्क्य, नारद एवं कात्यायन आदि ने सभ्यों के लिए अर्थदण्ड की व्यवस्था की है।[203] यह भी उल्लेखनीय है कि विष्णु एवं बृहस्पति जैसे स्मृतिकारों ने भ्रष्ट सभ्यों के देश निष्कासन का प्राविधान किया है। इस प्रकार के उल्लेख कहीं पर भी न्यायाधीश को स्वतन्त्र नहीं छोड़ते हैं। यदि न्यायाधीश को आर्थिक दण्ड के साथ-साथ शारीरिक दण्ड देने का विधान था, तो उसके सामाजिक स्तर की तुलना राजा के सामाजिक स्तर से कैसे की जा सकती है। यदि भ्रष्ट सभ्यों को देश से निष्कासित किये जाने का उल्लेख हुआ है; तो इस प्राविधान को केवल सभ्यों के ऊपर ही नहीं, न्यायाधीशों पर भी लागू हुआ माना जाना चाहिए। पुन: यदि अपने राजत्व एवं देवत्व की दुहाई देकर भ्रष्ट एवं निरंकुश राजा अपने पद पर बना नहीं रह सकता था, तो उसी कोटि का न्यायाधीश अपने पद पर कैसे बना रह सकता था ? अत: यह मानना अधिक तर्कसंगत प्रतीत होता है कि केवल राजा से मतभेद होने के कारण न्यायाधीश

पदच्युत नहीं किये जाते रहे होंगे, किन्तु अपने कर्तव्यों की अवहेलना तथा अधिकार का दुरुपयोग करने वाला न्यायाधीश अवश्य पदच्युत किया जाता रहा होगा। यह कार्य निश्चय ही जनहित में राजा के द्वारा ही किया जाता रहा होगा।

सभ्यों की अर्हताएँ -

व्यवस्थाकारों के द्वारा प्रधान न्यायाधीश के सहायक के रूप में सामान्यतः तीन सभ्यों की नियुक्ति का उल्लेख हुआ है। इन सभ्यों की नियुक्ति राजा के द्वारा ही की जाती थी। वर्ण की दृष्टि से यह पद वरीयता एवं उपलब्धता के क्रम में ब्राह्मण, क्षत्रिय एवं वैश्य को प्राप्त होता था; नास्तिक एवं शूद्र को कभी भी सभ्य नियुक्त करने योग्य नहीं माना गया।[204] सभ्यों, की नियुक्ति के लिए जिन गुणों को आवश्यक माना गया है, वे न्यायाधीश के लिए अपेक्षित गुणों के समान ही है। यथास्थिरचित्त, बुद्धिमान, तार्किक, कुलीन, धर्मशास्त्र एवं अर्थशास्त्र में पारंगत होना, रागद्वेष रहित तथा कार्य में दक्ष होना आदि[205]। इसी प्रकार उन दुर्बलताओं का भी उल्लेख किया गया है, जो किसी व्यक्ति के सभ्य बनने में बाधक थीं। यथा- देशाचार में अनभिज्ञ, नास्तिक, शास्त्रों की व्याख्या में अपारंगत, घमण्डी, क्रोधी, लोभी, दरिद्र तथा कामी होना आदि।[206]

सभ्यों से उच्च आदर्श स्थापना की अपेक्षाएँ की गई थीं। यद्यपि उनकी नियुक्ति राजा के द्वारा ही की जाती थी, परन्तु वे अपने कार्यों के लिए राजा के प्रति उत्तरदायी न होकर विधि के प्रति उत्तरदायी होते थे। सभ्यों का कर्तव्य था कि वे अन्यायी राजा का समर्थन न करें। अन्यायी राजा का समर्थन करने वाले सभ्य भी दोषी माने जाते थे।[207] याज्ञवल्क्य पर टीका करते हुए सुबोधिनी ने ऐसे सभ्यों के लिए दण्ड की व्यवस्था की है; जो अन्यायपूर्ण निर्णय का समर्थन करते हैं।[208]

स्मृति चन्द्रिका के अनुसार यदि राजा न्याय के मार्ग से विचलित हो रहा हो, तो सभ्यों का कर्तव्य है कि वे राजा को उचित सम्मति देकर न्याय मार्ग पर लाये।[209] परन्तु नारद का मत है कि सभ्य केवल धर्मशास्त्र के नियमों को राजा के सामने वर्णित कर सकता है। उसे यथार्थ मार्ग पर लाने का उत्तरदायित्व उसका नहीं है। केवल अनियुक्त विद्वान ब्राह्मण ही राजा को सलाह देने का अधिकारी है।[210]

सभासदों से यह अपेक्षा की जाती थी कि वे सभा में जाकर सत्य बोलें। मनु ने कहा है कि या तो सभ्य को सभा में जाना नहीं चाहिए, यदि जाय तो कभी भी असत्य न बोले तथा न ही अन्याय का समर्थन करे, अन्यथा वह सभ्य भी पाप का भागी होता है।[211] भ्रष्ट न्यायाधीश के समान ही भ्रष्ट सभ्य भी पदच्युत अथवा निष्कासित किया जा सकता था, उसे शारीरिक एवं आर्थिक दण्ड दिया जा सकता था, उसकी सम्पत्ति का हरण किया जा सकता था। इसका विस्तृत उल्लेख आगे 'न्यायालय एवं उत्कोच' उपशीर्षक के अन्तर्गत किया गया है।

इस प्रकार स्पष्ट है कि प्राचीन भारत में न्यायाधीशों के समान ही उनके सलाहकार सभ्यों के लिए भी जो आदर्श निर्धारित किये गये थे, उसने न्यायपालिका के स्वतन्त्र विकास में महत्वपूर्ण योगदान दिया तथा निष्पक्ष न्याय सम्पादन के उच्चादर्श को स्थापित करने में अपेक्षित सहयोग दिया।

न्यायालय एवं उत्कोच -

ऐसा प्रतीत होता है कि प्राचीन काल में कुछ न्यायाधीश एवं सभ्य न्यायभ्रष्ट हो जाया करते थे एवं वादकारी से उत्कोच (घूस) लेकर उनके मनोनुकूल निर्णय दिया करते थे, जिससे न्यायिक व्यवस्था के विकृत होने का भय बना रहता था। ऐसा प्रतीत होता है कि प्राचीन व्यवस्थाकार भी इस तथ्य से अनभिज्ञ नहीं थे। उन्होंने इस विकृति पर नियन्त्रण लगाने का प्रयत्न भी किया। सम्भवतः इसी विकृति पर नियन्त्रण लगाने के लिए ही प्राड्विवाक् एवं सभ्यों पर यह प्रतिबंध स्थापित किया गया कि वे सम्पूर्ण मुकदमेबाजी की अवधि में किसी भी वादकारी से न तो कभी भी एकान्त में मिलें और न ही कोई बात करें। ऐसा करने वाले न्यायाधीश तथा सभ्य दण्ड के भागी होते थे।[212]

'अर्थशास्त्र' में प्राप्त होने वाले कुछ उल्लेख इस अनुमान की ओर संकेत देते हैं कि कतिपय मौर्यकालीन न्यायालयों में भ्रष्टाचार प्रारम्भ हो चुका था। एक स्थल पर कौटिल्य ने समाहर्ता को निर्देश दिया है कि वह गुप्तचरों द्वारा धर्मस्थों एवं प्रदेष्टाओं की ईमानदारी की जाँच किया करें एवं दोषी धर्मस्थों एवं प्रदेष्टाओं के लिए दण्ड सुनिश्चित करें।[213] ऐसा प्रतीत होता है कि मौर्यकाल में कुछ धर्मस्थ एवं प्रदेष्टा उत्कोच लेकर भ्रामक एवं अयथार्थ निर्णय दिया करते थे, अपराध के

अनुपात में कम अथवा अधिक निर्णय दिया करते थे। सम्भवतः ऐसे ही धर्मस्थों एवं प्रदेष्टाओं के लिए कौटिल्य ने अर्थदण्ड एवं शारीरिक दण्ड, दोनों का प्राविधान किया है।[214] 'कण्टकशोधन अधिकरण' के अन्तर्गत कौटिल्य ने ऐसे न्यायाधीशों के लिए दण्ड का विधान किया है, जो आवेदकों अथवा प्रतिवेदकों को धमकाते हैं, भृकुटी टेढ़ी कर चुप करा देते हैं, अपशब्द कहते हैं, प्रतिवादी से निरर्थक प्रश्न पूछते हैं, मुकदमे के निर्णय में विलम्ब करते हैं, सुने सुनाये मुकदमो को पुनः सुनते हैं, शारीरिक दण्ड अथवा कारावास का दण्ड दिये जाने वाले मुकदमो में मात्र अल्प अर्थदण्ड देते हैं।[215]

ऐसा प्रतीत होता है कि मौर्योत्तर काल में भी कुछ न्यायाधीश भ्रष्टाचार में लिप्त रहते रहे होंगे। सम्भवतः याज्ञवल्क्य, नारद एवं कात्यायन आदि व्यवस्थाकारों ने इस यथार्थता की ओर ही ध्यान देते हुए लिखा है कि यदि सभ्यगण मित्रता, उत्कोच, लोभ अथवा भय के कारण स्मृति एवं लोकाचार के विरुद्ध निर्णय दें, तो उन पर मुकदमा हारने वाले लोगों पर लगे दण्ड का दूना दण्ड लगाया जाना चाहिए।[216] विष्णु एवं बृहस्पति की दृष्टि इस सम्बन्ध में अधिक कठोर थी। वे ऐसे कदाचारी सभ्य के देश निर्वासन एवं उनके द्वारा अर्जित प्रत्येक प्रकार की सम्पत्ति के अपहरण कर लेने का निर्देश देते हैं।[217]

गुप्त एवं गुप्तोत्तर कालीन ग्रंथों में भी न्यायिक कदाचार का उल्लेख प्राप्त होता है। छठीं शताब्दी ई० के दण्डिन् के ग्रंथ 'दशकुमारचरित' में न्यायाधीश के द्वारा उत्कोच लिये जाने का उल्लेख मिलता है। इसमें दोषान्वेषक विदूषक विहारभद्र अपने राजा को बतलाता है कि न्यायाधीशगण उत्कोच की धनराशि ग्रहण करने के पश्चात उत्कोचदाता की इच्छानुसार निर्णय लिख देते हैं, जबकि इस प्रकार के दूषित निर्णय के लिए राजा को अपकीर्ति एवं पाप का भागी बनना पड़ता है।[218]

ऐसा प्रतीत होता है कि कभी-कभी न्यायिक कदाचार में न्यायाधीश एवं सभ्यों के साथ लेखक भी सम्मिलित हो जाते थे। वे वादी एवं प्रतिवादी के कथन को विकृत करके अथवा भाव बदलकर लिख देते थे। ऐसे ही लेखकों के लिए, शुक्र ने चोर के समान दण्ड देने का निर्देश दिया है तथा सभ्यों को अन्यथा प्रकार से लिखे गये बयान को अनुमोदन न देने का निर्देश दिया है। यदि वे लोग अपने अधिकार का दुरुपयोग करते हुए उस लेख को अनुमोदित करें, तो उन्हें

भी चौरवत दण्ड दिये जाने का निर्देश दिया है।[219]

यहाँ यह तथ्य विचारणीय है कि यत्र-तत्र प्राप्त होने वाले इस प्रकार के कुछ उल्लेखों के आधार पर प्राचीन भारतीय न्याय प्रणाली एवं न्यायाधीशों पर प्रश्न चिह्न नहीं लगाया जा सकता है। यद्यपि प्रत्येक युग में किञ्चित भ्रष्ट न्यायाधीश एवं न्यायिक कर्मचारी रहे हैं, यह यथार्थ है। परन्तु प्राचीन भारतीय न्यायपालिका को ऐसे उत्कोचकों के परिप्रेक्ष्य में नहीं देखा जाना चाहिए। प्राचीन भारत में न्याय--व्यवस्था विकसित थी, न्यायपालिका यथार्थपरक न्यायदान करने में सक्षम थी तथा उचित न्यायदान करने वाले न्यायाधीशों का ही बाहुल्य था।

संदर्भ-सूची

1. स्वे स्वे धर्मे निविष्टानां सर्वेषामनुपूर्वशः।
वर्णानामाश्रमाणां च राजा सृष्टोऽभिरक्षिता॥ - मनु०, 7.35
2. ल्वायड्स: इन्ट्रोडक्शन टू जूरिसप्रूडेन्स पृ० 403, एच०एल०ए०हार्ट : दि कन्सेन्ट ऑफ ला अध्याय 5
3. एस०डी० शर्मा; एडमिनिस्ट्रेशन ऑफ जस्टिस इन एन्सिएन्ट इण्डिया, पृ० 164
4. ए०एस० अल्टेकर : प्राचीन भारतीय शासन पद्धति, पृ० 185
5. ऋग्वेद, 3.33.7
6. हरिहरनाथ त्रिपाठी; प्राचीन भारत में राज्य और न्यायपालिका, पृ० 156
7. ऋग्वेद, 10.61.13
8. ऋग्वेद, 4.21.7, अथर्व० ,18.3.22
9. हरिहरनाथ त्रिपाठी : पूर्वोक्त, पृ० 156
10. बृह० उप०, 6.2.1
11. छान्दोग्य उप०, 5.31.1
12. बृह०उप०, 6.2 एवं छान्दोग्य उप०, 5.3
13. वाज० सं०, 5.32, व्र०पु०, 2.12.22
14. आप० धर्म०, 1.3.11.34
15. गौतम०, 28.46
16. वशिष्ठ०, 3.20
17. बौधायन; 2.1.44-45
18. पराशर०, 8.34
19. पी०वी० काणे : धर्मशास्त्र का इतिहास, भाग एक, पृ० 504
20. महा०, 10.7-8

21. महा०, शांतिपर्व, 37.15
22. वी०एस० अग्रवाल : इण्डिया ऐज नोन टु पाणिनि, पृ० 399
23. श्रीराम गोयल : प्राचीन भारतीय अभिलेख संग्रह, भाग एक छठा शिलालेख, गिरनार संस्करण, पृ० 50
24. वासुदेव उपाध्याय : प्राचीन भारतीय अभिलेख, भाग एक, पृ० 245
25. परमेश्वरी लाल गुप्त : प्राचीन भारत के प्रमुख अभिलेख, भाग एक, पृ० 25
26. मनु०, 12.108
27. मनु०, 12.110
28. याज्ञ०, 3.300
29. याज्ञ०, 3.300 पर देवल तथा मिताक्षरा
30. अतएव धर्मसूक्ष्मनिर्णये परिषद - व्यापार इन्यते। - शांकरभाष्य (बृह० उप०, 4.3.2)
31. गौतम०, 28.46-47
32. वशिष्ठ, 3.20, बौधायन, 1.118, पराशर, 8.27
33. वशिष्ठ, 3.7, याज्ञ०, 1.9, मनु०, 12.112, पराशर, 8.11
34. गौतम०, 28.48
35. बहुद्वारस्य धर्मस्य सूक्ष्मा दुरनुगा गतिः।
    तस्मान्न वाच्यो ह्येकेन बहुज्ञेनापि संशये ॥ - बौधायन ध०सू०, 1.1.13
36. मत्स्य पुराण, 143.27, वायु पुराण, 57.112
37. बौधा०, 3.5-6, मनु०, 12.114-115, पराशर, 8.6 एवं 15
38. याज्ञ०, 3.300 पर मिताक्षरा
39. स्वयं तु ब्राह्मणा ब्रूयुरल्पदोषेषु निष्कृतिम्।
    राजा च ब्राह्मणाश्चैव महत्सु च परीक्षितम्॥ - देवल (याज्ञ० 3.300 की व्याख्या में मिताक्षरा द्वारा उद्धृत)
40. पराशर, 8.28-29
41. वाज० सं०, 3.45, 20.17, तैत्ति०सं०, 18.3.1, मै०सं०, 1.10.2
42. मैक्समूलर : सैक्रेड बुक्स ऑफ द ईस्ट, वाल्यूम XII, पृ० 398
43. 'गर्तारुगिव सनये धनानाम्' - ऋग्वेद, 1.124.7 की व्याख्या में निरुक्त 3.5

44. It is quite possible that these terms were used in different senses in the different parts of Vedic India or in different decades or centuries - A.S. Altekar - State and Government in Ancient India, p. 140-41.
45. वेदिक माइथोलोजी, 2, पृ० 123-125
46. 'Sabha is the name of an 'assembly' of the Vedic Indians; as well as of the 'hall'; where they met in assembly' Macdonell and Keith, Vedic Index. Vol. II, p. 426
47. सभा च मा समितिश्चावतां प्रजापतेर्दुहितरौ संविदाने।
येना संगछा उप मा स शिक्षाच्चारु वदानि पितरः संगतेषु॥ - अथर्ववेद 7.12.1
48. बी०ए०सैलेटोर : 'एन्सिएण्ट इण्डियन पॉलिटिकल थाट एण्ड इन्स्टिच्यूशन्स' पृ० 390
49. तं च सभा च समितिश्चानुव्यचरन् । अथर्व०, 15.9
50. सभामेति कितवा पृच्छमानः ज्येष्यामिति तन्वा शोशुचानः। ऋग्वेद, 1.29.1
51. तैत्ति० ब्रा०, 1.1.10.6, शतपथ ब्राह्मण, 5.3.1.10
52. ऋग्वेद, 2.43.13
53. Ludwig : Translation of the Rigveda 3 253-256 में उद्धृत, ऋग्वेद, 2.24.13, 1.91.20, अथर्ववेद, 20.128.1, वाज०सं०, 20.22
54. ऋग्वेद, 7.1.4
55. एन०सी० बन्दोपाध्याय : डेवलपमेण्ट ऑफ हिन्दू पॉलिटी एण्ड पॉलिटिकल थियरीज; पृ० 110-118
56. काशी प्रसाद जायसवाल : हिन्दू पॉलिटी, भाग एक, पृ० 18
57. यू०एन० घोषाल : स्टडीज इन इण्डियन हिस्ट्री एण्ड कल्चर, पृ० 353
58. पी०वी० काणे : धर्मशास्त्र का इतिहास, भाग 2, पृ० 617
59. के०पी० जायसवाल, पूर्वोक्त, पृ० 17
60. विद्य ते सभे नाम नरिष्ठा नाम वा असि।
ये ते के च सभासदस्ते मे संतु सवाचसः ॥ - अथर्व०, 7.112.2

61. नरिष्ठा; अहिंसिता परैरनभिभाव्या ... बहव:, संभूय यद्येक वाक्यं वदेयुस्तद्धि न परैरतिलंघ्यम् अत: अनतिलंघ्यवाक्यत्वात् नरेष्ठेति नाम्। - के०पी० जायसवाल; पूर्वोक्त, पृ० 17 पर उद्धृत
62. यू०एन० घोषाल : स्टडीज इन इण्डियन हिस्ट्री एण्ड कल्चर, पृ० 356-357
63. Zimmer : Altindisches Loben, p. 174
64. ए०एस० अल्टेकर : प्राचीन भारतीय शासन पद्धति, पृ० 101
65. यूयं गावो मेदयथा कृशं चिद। - ऋग्वेद, 7.28.6
66. ए०एस० अल्टेकर : पूर्वोक्त, पृ० 102
67. बी०ए० सैलेटोर : 'ऐन्सिएण्ट इण्डियन पॉलिटिकल थाट एण्ड इन्स्टिट्यूशन' पृ० 395
68. ए०एस० अल्टेकर : पूर्वोक्त, पृ० 102
69. बी०ए० सैलेटोर : पूर्वोक्त, पृ० 395
70. अथर्व०, 3.29.1; 7.12.2
71. ए०एस० अल्टेकर, पूर्वोक्त, पृ० 102
72. मैकडानेल एवं कीथ : वैदिक इन्डेक्स, भाग 2, पृ० 428
73. वाज०सं० 16.24, तैत्ति० सं० 4.5.3.2, काठक संहिता 17.13
74. ए०एस०अल्टेकर : प्राचीन भारतीय शासन पद्धति, पृ० 104
75. उपर्युक्त, पृ० 104
76. अश्वो रथी सुरूप इद् गोमाँ इदिन्द्र ते सखा। ऋग्वेद, 8.4.9
77. हरिहरनाथ त्रिपाठी : प्राचीन भारत में राज्य और न्यायपालिका, पृ० 168
78. ए०एस० अल्टेकर : पूर्वोुक्त, पृ० 185
79. धर्मस्थास्त्रयस्त्रयोऽमात्या जनपदसंधिसंग्रहणद्रोणमुख स्थानीयेषु व्यवहारिकानर्थान् कुर्यु: - कौटिल्य 3.1
80. अष्टशतग्राम्या मध्ये स्थानींय, चतुश्शत्ग्राम्या द्रोणमुखं, द्विशतग्राम्या खार्वटिकं, दशग्रामीसङ्गग्रहणं स्थापयेत्। - कौटिल्य 2.1
81. पी०वी० काणे, धर्मशास्त्र का इतिहास, भाग 2, पृ०
82. हरिहरनाथ त्रिपाठी : प्राचीन भारत में राज्य और न्यायपालिका, पृ० 169
83. कौटिल्यीय अर्थशास्त्रम्, पृ० 345
84. के०वी०आर० आयंगर; सम अस्पेक्ट्स ऑफ एन्सिएण्ट इण्डियन पॉलिटी, पृ० 44

85. राधाकुमुद मुकर्जी : चन्द्रगुप्त मौर्य एण्ड हिज टाइम्स
86. हरिहरनाथ त्रिपाठी : प्राचीन भारत में राज्य और न्यायपालिका, पृ० 172
87. अर्थशास्त्र, कण्टकशोधन सम्पूर्ण
88. स्वे स्वे तु वर्गे देशे काले च स्वकरणकृताः सम्पूर्णाचाराः शुद्धदेशा दृष्टरूपलक्षणप्रमाणगुणाः सर्वव्यवहाराः सिद्धेयुः। - अर्थशास्त्र, 3.1.17
89. धर्मश्चव्यवहारश्च चरित्रं राजशासनम्।
विवादार्थश्चतुष्पादः पश्चिमः पूर्ववाधकः। - अर्थशास्त्र, 3.7.45
90. अर्थशास्त्र, 3.9.12
91. अर्थशास्त्र, 3.9.16-18
92. अर्थशास्त्र, 3.9.19
93. मनु०, 8.11
94. नृपोऽधिकृतसभ्याश्च स्मृतिर्गणकलेखकौ।
हेमाग्न्यम्बुस्वपुरुषाः साधनाङ्गानि बै दश॥ बृहस्पति (व्यवहारप्रकाश, पृ०31)
95. एषां मूर्धा नृपोऽङ्गानां मुखं चाधिकृतः स्मृतः।
बाहू सभ्याः स्मृतिर्हस्तो जंघे गणक लेखकौ।
हेमाग्न्यम्बु दृशौ हृञ्च पादौ पुरुषस्तथा॥ - बृहस्पति (व्यवहार प्रकाश पृ० 31)
96. के०पी० जायसवाल : मनु एण्ड याज्ञवल्क्य, पृ० 112
97. गौतम० 13.26.27 एवं 31, नारद०, 1.35
98. राजनीति रत्नाकर, पृ० 18
99. मनु०, 8.20
100. मानसोल्लास (2/2, श्लोक 93)
101. बृह०; व्य०का०, 1.65
102. बृह०; व्य०का०, 1.59, 63
103. बृह०; व्य०का०, 1.49
104. बृह०; व्य०का०, 1.118
105. प्रतिष्ठिताऽप्रतिष्ठा च मुद्रिता शासिता तथा।
चतुर्विधा सभा प्रोक्ता सभ्याश्चैव तथाविधाः॥

प्रतिष्ठिता पुरे ग्रामे चलानामप्रतिष्ठिता।
मुद्रिताध्यक्षससंयुक्ता राजयुक्ता च शासिका॥ - बृह०, व्य०का०, 1.57-58

106. सरस्वती विलास, पृ०68, पराशरमाधवीय, पृ० 24
107. ए०एस० अल्टेकर, 'प्राचीन भारतीस शासन पद्धति' ,पृ० 189
108. कौटिल्य, 3.20
109. ए०एस० अल्टेकर, उपर्युक्त पृ० 189
110. नृपेणाधिकृताः पूगाः, श्रेणयोऽथकुलानि च।
पूर्व्वं पूर्व्वं गुरुज्ञेयं व्यवहारविधौनृणाम्॥ - याज्ञ०, 2.29
111. कुलानि श्रेणयश्चैव गणश्चाधिकृतानृपः।
प्रतिष्ठा व्यवहाराणां पूर्वेषामुत्तरोत्तरम्॥ - नारद०, 1.7
112. बृह०, व्य०का०, 1.28-30
113. मनु०, 7.119 पर कुल्लूक एवं 8.2 पर मेघातिथि
114. स्मृतिचन्द्रिका 2, पृ०18
115. अपरार्क, पी०वी० काणे : धर्मशास्त्र का इतिहास, भाग 2, पृष्ठ 723 पर उद्धृत
116. व्यवहार-प्रकाश, पृ० 29
117. याज्ञ०, 7.30 पर मिताक्षरा
118. पी०एल० गुप्त : भारत के प्रमुख अभिलेख, भाग 2, पृ० 41
119. उपर्युक्त पृ० 42 एवं पृ० 121
120. मनु०, 7.119
121. हंसा इव श्रेणिशो यतन्ते। ऋग्वेद, 1.163.10
122. एकेन शिल्पेन पण्येन वा ये जीवन्ति तेषां समूह : श्रेणी - अर्थ० 5.2
123. श्रेणियो नानाजातीनामेकजातीयककर्मोपजीविनां संघातः। - याज्ञ० 2.192 पर मिताक्षरा
124. नारद 1.7, महा० वनपर्व, 249.16, व्यवहार प्रकाश (पृ० 29-30) व्यवहारमातृका (पृ० 280)
125. ए०एस० अल्टेकर; प्राचीन भारतीय शासन पद्धति, पृ० 190
126. बृह०, व्य०का०, 17.10
127. बृह०, व्य० का०, 17.18

128. गौ०ध०सू०, 11.20
129. नारद०, 1.7
130. बृह० व्य० का०, 1.28
131. याज्ञ०, 2.30
132. स्मृतिचन्द्रिका 2, पृ० 18 पर उद्धृत
133. ए०एस० अल्टेकर : प्राचीन भारतीय शासन पद्धति, पृ० 190
134. कौटिल्य, 3.10
135. स्मृतिचन्द्रिका 2, पृ ०18
136. शुक्र०, 5.4.24
137. याज्ञ०, 2.30
138. बृह०, व्य०का०, 1.93-95
139. बृह०, व्य०का०, 9.23
140. बृह०, व्य०का०, 1.75; 93-94
141. एस० वरदाचार्य: हिन्दू जूडिशल सिस्टम, पृ० 92
142. बृह०, (व्यवहार प्रकाश पृ० 30)
143. पितामह, (व्यवहार निर्णय पृ० 15)
144. धर्मकोश 1, पृ० 41
145. मनु० 8.9, 11, 20-22
146. कौटिल्य, 3.1
147. बृह०, व्य०का०, 1.63
148. बृह०व्य०का०, 1.59
149. याज्ञ०, 2.2 पर मिताक्षरा
150. मृच्छकटिकम्, अंक 9
151. याज्ञ०, 2.1 पर मिताक्षरा
152. नियुक्तानां यथावस्थितकथनेऽपि यदि राजा अन्यथा करोति तदाऽसौ निवारणीयः अन्यथा दोषः। अनियुक्तानां तु अन्यथाभिधानेऽनमिधाने वा दोषः। अनियुक्तानां तु अन्यथाभिधानेऽनमिधाने वा दोषः न तु राज्ञः अनिवारणे। - याज्ञ० 2.2 पर मिताक्षरा
153. मनु०, 8.12, नारद, 3.8-10

154. हरिहरनाथ त्रिपाठी: प्राचीन भारत में राज्य और न्यायपालिका, पृ० 145
155. मनु०, 8.14
156. कात्यायन (स्मृतिचन्द्रिका 2, पृ० 21 में तथा राजनीति रत्नाकर, पृ० 24-25 में उद्धृत)
157. नानियुक्तेन वक्तव्यं व्यवहारेषु किञ्चन्।
नियुक्तेन तु वक्तव्यमपक्षपतितं वचः॥ - नारद 2.1, (व्यवहार प्रकाश पृ० 28 में उद्धृत)
158. व्यवहारप्रकाश, पृ० 28
159. कात्यायन ,(259-265)
160. नारद०, 2.43
161. याज्ञ०, 2.91 पर मिताक्षरा
162. विवादचन्द्र, पृ० 146
163. शुक्र०, 4.5.6
164. कौटिल्य, 3.1
165. रघुवंशम् ,17.39
166. 'सर्वज्ञस्यांप्येकाकिनो निर्णयाभ्युपगमो दोषाग।' -मालविकाग्निमित्रम्। तुलनीय - 'तस्मान्न वाच्यमेकेने विधिज्ञानापिधर्मतः । - इति पितामहेन एकस्य धर्मकथन निषेधात्॥ पितामह (सरस्वती विलास, पृ० 67)'
167. बृह० (व्यवहार मयूख पृ० 281 में उद्धृत)
168. गौतम स्मृति, 2.21-22
169. नारद०, 3.17
170. आर्य्यो हीत्युपगुह्य भाव-पिशुनैरुत्कर्णितै रोमभिः,
सभ्येषूच्छवसितेषु तुल्य-कुलज-म्लानाननोद्वीक्षितः।
स्नेह-व्याकुलितेन वाष्प-गुरुणा तत्वेक्षिणा चक्षुषा,
यः पित्रामिहितो निरीक्ष्य निखिलां पाह्येव मूर्वीमिति॥ समुद्रगुप्त की प्रयाग प्रशस्ति, प्राचीन भारतीय अभिलेख-डॉ० वासुदेव उपाध्याय, पृ० 311
171. व्यवहारप्रकाश, पृ० 27, जैमिनीय सूत्र, 12.2.22
172. गौतम ,11.25 पर अपरार्क

173. शुक्र० 415.16-17
174. शुक्र० 4.5.6-7
175. शुक्र 4.5.10
176. मृच्छकटिकम् अंक 9, कादम्बरी 85, वशिष्ठ 16.2, बृह०, व्य० का० 1.48
177. बृह०, व्य० का०, 1.46-48
178. बृह० व्य० का०, 1.109
179. मृच्छकटिकम्, अंक 9
180. कादम्बरी, 85
181. मनु०, 8.1-2
182. याज्ञ० 2.1, कात्यायन (व्यवहारमयूख पृ० 278)
183. विष्णु ध०सू०, 3.63-64
184. द्वितीये पौरजानपदानां कार्याणि पश्येत्। - कौटिल्य, 1.19
185. कात्यायन (व्यवहार प्रकाश पृ० 21 में उद्धृत्)
186. मनु०, 7.145
187. याज्ञ०, 1.327
188. दशकुमारचरित, 8
189. चतुर्दशी त्वामावस्या पौर्णमासी तथाष्टमी।
तिथिष्वासु न पश्येत्तु व्यवहारं विचक्षण: ॥ संवर्त (व्यवहार प्रकाश पृ० 21)
190. मनु०, 8.9-10, याज्ञ०, 2.3
191. बृह०, व्य० का०, 1.69, मनु० 8.20, मानसोल्लास 2.2.93, मृच्छकटिकम् (अंक 9)
192. मनु०, 8.9, याज्ञ०, 2.3
193. शुक्र०, 4.5.14
194. मनु०, 8.20
195. कात्यायन (व्यवहारमातृका, पृ० 279, स्मृतिचन्द्रिका 2, पृ० 16) शुक्र० 4.5.12-13), आप० 2.2.29.5
196. कात्यायन (व्यवहारप्रकाश] पृ० 25)

197. मृच्छकटिकम्, अंक-9; मानसोल्लास 2.21.93-94
198. अष्टादशपदाभिज्ञस्तदभेदादष्ट सहस्त्रवित्।
आन्वीक्षिक्यादिकुशलः श्रुतिस्मृतिपरायणः ॥ - नारद (स्मृतिचन्द्रिका 2, पृ० 14 में उद्धृत)
199. यथा शल्यं भिषक्कायादुद्धरेद्यन्त्रयुक्तिभिः।
प्राड्विवाकस्तथा शल्यमुद्धरेद व्यवहारतः॥ - नारद (स्मृतिचन्द्रिका 2, पृ० 14 में उद्धृत)
200. मनु०, 8.12
201. हरिहरनाथ त्रिपाठी : 'प्राचीन भारत में राज्य और न्यायपालिका पृ० 142-143'
202. कौटिल्य, 4.9
203. याज्ञ०, 2.4, नारद, 1.67, कात्यायन, 79-80
204. मनु० (8.9, 11, 20-22), याज्ञ०, 2.3; नारद०, 3.4, शुक्र०, 4.5.17
205. स तु सभ्यैः स्थिरैर्युक्तः प्राज्ञैर्मौलैर्द्विजोत्तमैः।
धर्मशास्त्रार्थकुशलैरर्थशास्त्र विशारदैः॥ कात्यायन (याज्ञ०, 2.2 पर मिताक्षरा द्वारा उद्धृत)
अलुब्धा धनवन्तश्च धर्मज्ञाः सत्यवादिनः।
सर्वशास्त्र प्रणीताश्च सभ्याः कार्या द्विजोत्तमाः॥ कात्यायन (अपरार्क द्वारा उद्धृत, पृ० 601)
206. वसिष्ठ (16.3-5), नारद, (1.34, 3.5)
207. दण्डविवेक , पृ० 19
208. याज्ञ० (2/4) पर सुवोधिनी
209. स्मृतिचन्द्रिका 2, पृ० 21
210. नारद०, 3.2
211. मनु०, 8.14
212. कात्यायन (अपरार्क द्वारा उद्धृत पृ० 604, व्यवहारमयूख, पृ० 283)
213. कौटिल्य, 4.4
214. कौटिल्य, 4.9
215. अर्थशास्त्र - 'कण्टकशोधन अधिकरण'

216. याज्ञ०, 2.4, नारद, 1.67, कात्यायन, 79-80
217. विष्णुधर्मसूत्र, 5.180
अन्यायवादिनः सभ्यास्तथेवोत्कोच जीविनः।
विश्वस्ते वञ्चकाश्चैव निर्वास्याः सर्वएवते॥ बृह०, व्य० का०, 1.107
218. दशकुमारचरित (8)
219. शुक्र०, 4.5.60-62.

अध्याय चतुर्थ

व्यवहार - पद

व्यवहार-विषय के लिए प्राय: 'व्यवहार-पद' शब्द का प्रयोग किया गया है। व्यवहार-पद का आशय है- व्यवहार का विषय, जिसके कारण मुकदमा दायर किया जाता है।[1] कौटिल्य[2] एवं नारद[3] ने व्यवहार-विषयों के लिए 'विवाद-पद' शब्द का प्रयोग किया है। मनु ने 'विवाद-पद' के स्थान पर 'विवाद-स्थान' शब्दावली का प्रयोग किया है।[4] याज्ञवल्क्य ने 'व्यवहार-पद' की परिभाषा देते हुए कहा है कि स्मृति, आचार, परम्परा आदि के विपरीत यदि किसी व्यक्ति को क्षति पहुँचायी जाय, उसे 'व्यवहार-पद' कहते हैं।[5] निश्चय ही यहाँ याज्ञवल्क्य ने 'व्यवहार-पद' का क्षेत्र वैयक्तिक करके संकुचित कर दिया है। याज्ञवल्क्य की इस परिभाषा से यह ध्वनित होता है कि व्यवहार-पद का तात्पर्य व्यक्तिगत स्तर के विवादों से है। परन्तु 'व्यवहार-पद' को व्यक्तिगत स्तर के विवादों तक ही सीमित नहीं रखा जा सकता है, प्रत्युत इसके अन्तर्गत कुछ विवाद ऐसे भी सम्मिलित थे, जो लोक प्रकृति के अन्तर्गत परिगणित किये जा सकते हैं।

यहाँ मनु के इस निर्देश पर विचार कर लेना प्रासङ्गिक होगा कि न तो स्वयं राजा को और न ही राजा द्वारा नियुक्त किसी पुरुष (राज कर्मचारी) को धन

के लोभ से कार्य (मुकदमा) आरम्भ करना चाहिए और न ही उसे किसी अन्य के द्वारा प्रस्तुत कार्य (मुकदमा) को दबा देना चाहिए।[6] कात्यायन ने इसकी व्याख्या में कहा है कि यदि वादी अथवा प्रतिवादी न्यायालय में स्वयं न आना चाहें, तो राजा को अपने प्रभाव अथवा धन-लोभ के कारण स्वयं कार्य (विवाद-निवारण) नहीं करना चाहिए।[7] शुक्र ने भी राजा को निर्देश दिया है कि राजा या उसके अधिकारी स्वयं न्यायालय में कोई विवाद (मुकदमा) प्रस्तुत न करें।[8] निश्चय ही स्मृतिकारों का मन्तव्य यह रहा होगा कि राजकीय न्यायालयों में मुकदमों की संख्या न्यूनातिन्यून रहे तथा राजा अथवा उसके कर्मचारियों की मुकदमों के सम्बन्ध में व्यक्तिगत अभिरुचि दृष्टिगत न हो।

परन्तु इससे यह निष्कर्ष निकाल लेना कि राजा अथवा उसके द्वारा नियुक्त अधिकारियों को पूर्णतः प्रतिषिद्ध कर दिया गया था, न्यायसंगत नहीं है। ऐसे प्रतिषेध से राजा जनहित के कार्यों की उपेक्षा कर सकता था एवं 'प्रजारंजन' के भारतीय आदर्श से विमुख हो सकता था। पी०वी० काणे का मत है कि कुछ ऐसे भी विषय रहे होंगे, जिनके विषय में जनता के लोग मौन ही रहते होंगे, केवल राजा ही अपनी ओर से कुछ करता रहा होगा।[9] निश्चय ही ऐसे विवादों से आशय जनहित सम्बन्धी विवादों से प्रतीत होता है। वास्तव में ऐसे सभी निर्देश जो राजा या उसके अधिकारियों को वाद प्रारम्भ करने से निषिद्ध करते हैं; व्यक्तिगत अपराधों के सम्बन्ध में ही लागू होते हैं। कुछ ऐसे अपराध होते हैं; जो वादी के द्वारा निवेदन करने पर ही राज्य के संज्ञान में आ सकता है; न कि राज्य की ओर से। यथा- जार कर्म ऐसा अपराध है; जो स्त्री के द्वारा बताये जाने पर ही कोई जान सकता है।

मनुस्मृति में व्यवहार-पद के अन्तर्गत 18 विषयों का उल्लेख हुआ है। इन विषयों के सन्दर्भ में दो पक्षों में विवाद उत्पन्न होता है। ये दोनों पक्षकार व्यक्ति भी हो सकते हैं तथा एक पक्षकार व्यक्ति तथा दूसरा पक्षकार राज्य अथवा राजा भी हो सकता है। यहाँ राज्य एवं राजा समाज के प्रतिनिधि के रूप में पक्षकार बनते हैं।[10]

उल्लेखनीय है कि व्यवस्थाकारों ने जनहित-विवादों की कभी भी उपेक्षा नहीं की। यद्यपि सामान्यतः राजा एवं राज कर्मचारियों को किसी पक्षकार के द्वारा मुकदमा

दायर किये विना अपनी ओर से हस्तक्षेप करने का निषेध किया गया है, परन्तु ऐसा प्रतीत होता है कि यह सामान्य निर्देश ही था, पूर्णान्तिम नहीं। इसका उद्देश्य मात्र राजपद की प्रतिष्ठा को विवादहीन रखना ही प्रतीत होता है। राजा जनहित की उपेक्षा नहीं कर सकता था। शुक्र ने राजा को स्पष्ट निर्देश दिया है कि वह किसी के द्वारा मुकदमा दायर किये विना स्वयं ही अपराध, छल एवं राजा के पद (विवाद स्थान) से सम्बन्धित विवादों को सूचक (जासूस) एवं स्तोमक (मुखबिर) के द्वारा सुनने के बाद पूर्णतः आश्वस्त होकर मुकदमा दायर करे।[11] इस सन्दर्भ में उन्होंने 50 प्रकार के छलों, 10 प्रकार के अपराधों एवं 22 प्रकार के पदों की विस्तृत सूची भी प्रस्तुत की है।[12] यदि हम कौटिल्य के मत का विश्लेषण करें तो इस सन्दर्भ में मौर्य काल से लेकर गुप्त काल तक राज्य की भूमिका स्पष्ट हो जाती है। कौटिल्य का मत है कि देव, ब्राह्मण, तपस्वी, स्त्री, बालक, वृद्ध, रुग्ण तथा अनाथ अर्थात् स्वयं विवाद प्रस्तुत करने में असमर्थ लोगों का विवाद राजा द्वारा नियुक्त धर्मस्थ स्वयं प्रस्तुत करें। स्थान एवं समय का बहाना बनाकर उन्हें तंग न किया जाय।[13]

इससे यह संकेत मिलता है कि मौर्य शासन द्वारा व्यवहार का प्रारम्भ राज्य-विद्रोह के अतिरिक्त अपवादपूर्ण स्थितियों में ही किया जाता रहा होगा, परन्तु गुप्त काल तक इस संदर्भ में जनहित सम्बन्धी अनेक विवाद सम्मिलित हो गये, जिनमें राज्य स्वयं पक्षकार हो सकता था।

व्यवहार के विविध विषय :-

न्यायिक प्रक्रिया के अन्तर्गत दो सिद्धान्त निहित हैं - वायदों की पूर्ति एवं किसी को क्षति न पहुँचाना। इनके उल्लंघन के कारण ही विवाद की उत्पत्ति होती है, जिसे न्यायालय में प्रस्तुत किया जाता है। व्यवहार-पद की संख्या अर्थात न्यायालय में प्रस्तुत किये जाने वाले व्यवहार-विषयों की संख्या के विषय में व्यवस्थाकारों में मतैक्य नहीं है। सामान्यतः व्यवहार-विषयों के अन्तर्गत 18 विषयों की गणना की गयी है। यह परम्परा स्मृतिकाल से चलती आ रही है। मनु ने व्यवहार-विषयों में निम्नलिखित 18 प्रकार के विवादों को स्थान दिया है-

(1) ऋणादान (ऋण सम्बन्धी विवाद),
(2) निक्षेप (गिरवी),

(3) अस्वामि विक्रय (बिना स्वामी हुए ही किसी वस्तु का विक्रय),
(4) सम्भूय समुत्थान (साझेदारी),
(5) दत्तस्यानपकर्म (कोई वस्तु देने के पश्चात वापस माँगना),
(6) वेतनादान (पारिश्रमिक सम्बन्धी विवाद),
(7) संविद-व्यतिक्रम (संविदा का उल्लंघन),
(8) क्रय विक्रयानुशय (क्रय एवं विक्रय सम्बन्धी विवाद),
(9) स्वामिपाल विवाद (पशुओं के स्वामित्व का विवाद),
(10) सीमा विवाद,
(11) वाक्पारुष्य (गाली गलौज),
(12) दण्डपारुष्य (मारपीट, आक्रमण),
(13) स्तेय (चोरी),
(14) साहस (लूटपाट),
(15) स्त्री-संग्रहण (बलात्कार),
(16) स्त्री पुन्धर्म (पति-पत्नी के कर्तव्य सम्बन्धी विवाद),
(17) विभाग (सम्पत्ति का विभाजन),
(18) द्यूत समाह्वय (जूए का झगड़ा)[14]

परन्तु ऐसा प्रतीत होता है कि स्वयं मनु इस संख्या को आदर्श संख्या नहीं मानते हैं, क्योंकि उन्होंने राजा को निर्देश दिया है कि वह सनातन धर्म का आश्रय लेकर इन 18 स्थानों में ही ''अधिकतर'' (भूयिष्ठं) विवादों का निपटारा करते हुए मनुष्यों के कार्यों का निर्णय करे।[15] मनु की उपर्युक्त सूची यह कहकर आलोचित हुई कि यह वैज्ञानिक एवं तार्किक नहीं है।[16] किसी सीमा तक यह आलोचना सत्य प्रतीत होती है। जैसे- उपर्युक्त सूची में विवाह एवं हत्या से सम्बन्धित विवादों को महत्वपूर्ण स्थान न देकर गौण स्थान दिया गया है।

मनु के पूर्ववर्ती कौटिल्य ने यह संख्या 16 स्वीकार किया है। उन्होंने स्वामिपाल विवाद, स्तेय एवं स्त्रीपुंधर्म को व्यवहार-विषय नहीं माना है। साथ ही उन्होंने प्रकीर्णक (विविध) को व्यवहार-विषय स्वीकार किया है।[17] याज्ञवल्क्य स्त्री-पुरुष-विवाद को व्यवहार-विषय नहीं मानते हैं। इनसे सम्बन्धित विवादों का परिगणन उन्होंने 'आचाराध्याय' के अन्तर्गत किया है। इसके अतिरिक्त उन्होंने क्रयविक्रीयानुशय को

दो भागों- क्रीतानुशय एवं विक्रीयासम्प्रदान, - में विभक्त किया है। इसके अतिरिक्त उन्होंने व्यवहार-पद के अन्तर्गत दो अन्य विषयों-अभ्युपेत्याशुश्रूषा (स्वामी तथा सेवक की पारस्परिक प्रतिज्ञाभंग सम्बन्धी विवाद) तथा प्रकीर्णक को सम्मिलित किया है।[18] इस प्रकार उनके परिगणन में 18 के स्थान पर 20 विषय समाविष्ट है। नारद ने भी मूलतः 18 व्यवहार-विषयों का उल्लेख किया है, परन्तु मनु की सूची से तीन विषय भिन्न हैं। उन्होंने स्वामिपाल विवाद, स्तेय एवं स्त्री संग्रहण के स्थान पर अभ्युपेत्याशुश्रूषा, प्रकीर्णक एवं क्षेत्रज विवाद को व्यवहार का विषय स्वीकार किया है।[19] यहाँ उल्लेखनीय है कि सर्वप्रथम नारद ने इन व्यवहार-विषयों में से अधिकांश के उपप्रकारों का भी उल्लेख किया है। नारद ने इसे 'शतशाख' अर्थात् सौ शाखाओं वाला कहा है।[20] उन्होंने ऋणादान को 25, निक्षेप को 6, साझेदारी को 3, पुनर्दान को 4, सेवा कार्य के असम्पादन को 9 वेतन भुगतान को 4, अस्वामिविक्रय को 2, विक्रय के पश्चात अप्रतिदान को 1, विक्रय के पश्चात मालवापसी को 4, सीमा विवाद को 12, स्त्री-पुरुष सम्बन्धित विवाद को 20, दायभाग विभाजन को 19, साहस को 12 तथा प्रकीर्णक विवाद को 6 उपप्रकारों में विभक्त किया है, तथापि इन समस्त विवादों को नारद ने अत्यन्त कुशलता एवं बुद्धिमत्ता के साथ मात्र 18 शीर्षकों के अन्तर्गत ही वर्णित किया है। गौतम, आपस्तम्ब एवं वशिष्ठ जैसे मनु से पूर्ववर्ती व्यवस्थाकारों की विवाद-सूची भी मनु की सूची के ही समान है।[21]

कौटिल्य, मनु, याज्ञवल्क्य एवं नारद जैसे व्यवस्थाकारों द्वारा निर्दिष्ट व्यवहार-विषयों में उत्तरोत्तर वर्द्धमान विवादों की संस्था (क्रमशः 16,18,20 एवं शतशाख) के आधार पर यह निष्कर्ष निकाला जा सकता है कि मौर्य, शुङ्ग एवं गुप्त युग में विवादों एवं अपराधों की संख्या निरन्तर बढ़ती जा रही थी। फलतः विवादों के अनेक उपभेद भी परिगणित होने लगे।

बृहस्पति के समय तक स्थिति और भी स्पष्ट होने लगती है। बृहस्पति ने इन विवादों को दो वर्गों में विभक्त किया- अर्थ सम्बन्धी एवं क्षति (हिंसा) सम्बन्धी[22] 14 प्रकार के विवादों को उन्होंने अर्थप्रधान विवादों के अन्तर्गत सम्मिलित किया- 'कुसीद', 'निधि', 'देय', 'सम्भूयोत्थान', 'भृत्यदान', 'अशुश्रूषा', 'भूवाद', 'अस्वामिविक्रय', 'क्रय-विक्रयानुशय', 'समयातिक्रम', 'स्त्रीपुंसयोग', 'स्तेय', 'दायभाग' एवं 'अक्षदेवन'।[23]

उनका मत है कि धन से प्रारम्भ होने वाले ये 14 पद क्रिया-भेद से अनेक प्रभेदों में विभक्त हो जाते हैं।[24] हिंसा से प्रारम्भ होने वाले व्यवहार पदों की संख्या 4 है- दो प्रकार के 'पारुष्य', 'वध' एवं 'परस्त्रीसंग्रह'।[25] हीन, मध्यम तथा उत्तम के अनुसार इनके भी अनेक विभेद हो जाते हैं।[26] इनके अतिरिक्त उन्होंने 'प्रकीर्णक' को भी स्थान दिया है।

उपर्युक्त विवेचन से निम्नलिखित तथ्य स्पष्ट होते हैं -

(1) स्मृतिकारों द्वारा दिये गये विभाजन एवं उपविभाजन इस तथ्य के द्योतक हैं कि सम्भवतः इनकी वास्तविक आधारशिला कौटिल्य ने ही रखी, परन्तु इसे व्यवस्थित रूप देने का कार्य मनु ने किया। मनुस्मृति में प्रतिपादित व्यवहार-विषय ही मुख्यतः याज्ञवल्क्य, नारद एवं बृहस्पति जैसे स्मृतिकारों के वर्णन के आधार हैं।

(2) व्यवहार-विषयों की संख्या निरन्तर बढ़ती रही, जो समाजशास्त्रियों की इस मान्यता का समर्थन करते हैं कि सामाजिक विकास के साथ ही विवादों एवं अपराधों में भी वृद्धि होती है।

(3) विभिन्न भौगोलिक क्षेत्रों में अपराध एवं विवाद के विषय तुलनात्मक महत्व की दृष्टि से अलग-अलग थे। समय-समय पर ऐसे नवीन विवादों ने जन्म लिया, जिनका निराकरण करना 18 प्रकार के विवादों की सामान्य सूची के द्वारा सम्भव नहीं था। अतः स्मृतिकारों के द्वारा व्यवहार-पद के अन्तर्गत 'प्रकीर्णक' को सम्मिलित कर अवशिष्ट विवादों को स्थान दिया गया।

पचास (50) प्रकार के छल -

शुक्र ने राजा अथवा राजपुरुष को सामान्यतः व्यवहार पैदा करने का निषेध किया है, परन्तु उन्होंने कुछ ऐसे विवादों का उल्लेख किया है, जिन्हें राजा को 'सूचक' (जासूस) अथवा स्तोभक (मुखबिर) के द्वारा सूचना प्राप्त करने के पश्चात अवश्य मुकदमा दायर करना चाहिए। ऐसे अपराधों को उन्होंने 'छल', 'अपराध' एवं 'पद' नामक तीन कोटियों में विभक्त किया है। पितामह के मतानुसार किसी व्यक्ति द्वारा विना किसी प्रकार का अभियोग अथवा आवेदन-पत्र प्राप्त किये ही

राजा कुछ विषयों की छानबीन स्वयं कर सकता है। ऐसे मामलों को अपराध, पद एवं छल की संज्ञा दी जाती है।[27] वस्तुतः राजा की उपस्थिति में सभ्य व्यवहार के विरोधी कार्यों का विवेचन 'छल' के अन्तर्गत परिगणित किये गये हैं। छल से आशय कपट, शठता एवं धूर्तता से है। शुक्र ने इनकी संख्या 50 स्वीकार की है-[28]

1- पथिभंगी - मार्ग को नष्ट करने वाला,
2- पराक्षेपी - दूसरों पर आक्षेप लगाने वाला,
3- प्राकार-परिलङ्घक - प्राकार (चहारदीवारी) को लांघने वाला,
4- निपान-विनाशी - जलाशय को विनष्ट अथवा दूषित करने वाला,
5- आयतन-विनाशी - आवासीय स्थान को विनष्ट अथवा दूषित करने वाला,
6- परिखा-पूरक - खाई पाटने वाला,
7- राजछिद्र प्रकाशक - राजा के दोषों को प्रकाशित करने वाला,
8- अनियुक्त अन्तःपुर प्रवेशक - बिना आज्ञा लिए अन्तःपुर में घुसने वाला,
9- अनियुक्त वासगृह प्रवेशक - बिना आज्ञा लिए वासगृह (रहने का स्थान) में प्रवेश करने वाला,
10- अनियुक्त भाण्डार प्रवेशक - बिना आज्ञा लिए भाण्डागार (खजाना) में प्रवेश करने वाला,
11- अनियुक्त महानस प्रवेशक - बिना आज्ञा लिए रसोईघर में प्रवेश करने वाला,
12- भोजन करते समय भोजनकर्ता को निरन्तर देखने वाला ,
13-16 जानबूझकर मल, मूत्र, श्लेष्मा (कफ) एवं अधोवायु का त्याग करने वाला,
17- राजा के सामने वीरासन बाँधकर घमण्डपूर्वक बैठने वाला,
18- राजा के बैठने के स्थान को छेकने वाला,
19- राजा से अधिक वेश-भूषा धारण कर राजा के सामने उपस्थित होने वाला,
20- किसी के गृह में प्रवेशद्वार से न जाकर अन्य मार्ग से प्रवेश करने वाला,
21- असमय में किसी के घर में जाने वाला,
22-24 बिना अनुमति के किसी की शय्या पर शयन करने वाला, आसन पर बैठने वाला तथा किसी का खड़ाऊँ या जूता पहनने वाला,
25- राजा के शयन के लिए शय्या पर पहुँच जाने पर भी उनके समीप ठहरने वाला,

26- राजा के शत्रु की सेवा करने वाला,

27-30 विना अनुमति के किसी के घर ठहरने वाला, किसी के वस्त्र आभूषण अथवा स्वर्ण धारण करने वाला,

31- व्यक्ति की इच्छा के विपरीत उसका ताम्बूल खाने वाला,

32- अनधिकृत रूप से भाषण देने वाला,

33- राजा की निन्दा करने वाला,

34- राजा के समीप केवल एक वस्त्र पहनकर जाने वाला,

35-41 राजा के समीप तेल लगाकर , केश खोलकर , मुख ढककर, अंगो को विचित्र ढंग से बनाकर, माला पहनकर जाने वाला, वस्त्र हिलाने वाला, सिर को ढकने वाला,

42- दूसरों में छिद्र (कमी) ढूंढने वाला,

43- मद्यपानादि व्यसन करने वाला,

44- वेशभूषादि का त्याग करने वाला,

45-47 राजा के सामने अपनी नाक, कान एवं नेत्रों को विशेष रूप से दिखाने वाला,

48- राजा के समीप दाँत कुरेदने वाला,

49-50 राजा के समीप कान या नाक से मल निकालने वाला।

दस अपराध :-

शुक्र ने ऐसे अपराधों की संख्या दस[29] माना है, जिनके लिए राजा किसी पक्षकार के विना भी मुकदमा कायम कर सकता है-

1. राजाज्ञा का उल्लंघन करना,
2. स्त्री की हत्या करना,
3. विवाह द्वारा वर्णसङ्करता करना,
4. परस्त्री गमन करना,
5. चोरी करना,
6. पति के अतिरिक्त अन्य पुरुष से गर्भ धारण करना,
7. कठोर वचन कहना,
8. न कहने योग्य बात कहना,
9. कठोर दण्ड देना,
10. गर्भपात करना या कराना।

बारह पद -

शुक्र ने पचास छलों एवं दस अपराधों के अतिरिक्त ऐसे अन्य बारह[30] पदों का उल्लेख किया है; जिनके लिए राजा किसी पक्षकार के बिना भी मुकदमा कायम कर सकता है। 'पद' से आशय 'विवाद-स्थान' से है। ये बारह पद हैं :-

1. उद्वेग करने वाला,
2. धान्य (खेती) नष्ट करने वाला,
3. गृह आदि में आग लगाने वाला,
4. राजद्रोह आदि करने वाला,
5. राज चिह्न को नष्ट करने वाला,
6. राजा की गुप्त मंत्रणा को प्रकाशित करने वाला,
7. बन्दियों को कारागार से भगाने वाला,
8. विना स्वामी के वस्तु को बेच देने वाला,
9. किसी के दान, भाग एवं दण्ड को लुप्त करने वाला,
10. लावारिस द्रव्य को ले जाने वाला,
11. राजा से लिए गये द्रव्य पर अधिकार जमाने वाला,
12. किसी के अङ्ग को काट देने वाला।

शुक्र की उपर्युक्त सूची से स्पष्ट है कि राजकीय, सार्वजनिक एवं जनहित सम्बन्धी विवादों में पक्षकार राज्य होता था। सार्वजनिक सम्पत्ति के अपहरण, अतिक्रमण एवं क्षति की राजा इस आधार पर अवहेलना नहीं कर सकता था कि आरोप लगाने वाला कोई पक्षकार नहीं है। यद्यपि इस सूची में उल्लिखित कुछ आचरणों को मनु के द्वारा निर्दिष्ट अठारह प्रकार के विवादों के अन्तर्गत स्थान दिया जा सकता है; परन्तु इनमें से अधिकांश आचरण नये प्रकार के हैं, जिन्हें शुक्र ने छल, अपराध एवं पद की तीन कोटियों में विभक्त किया है।[31]

विवादों को विभिन्न शीर्षकों तथा उपशीर्षकों में विभक्त कर देने के पश्चात भी कोई व्यक्ति व्यक्तिगत कोटि के विवाद को किसी अन्य व्यक्ति के विरुद्ध न्यायालय में प्रस्तुत कर सकता था। इस प्रकार के परिवादों को न्यायालय मात्र

इस आधार पर विचार करने से मना नहीं कर सकता था कि उसका परिवाद किसी शीर्षक के अन्तर्गत नहीं आता है।[32]

व्यवहार पदों का वर्गीकरण :-

मनु ने व्यवहार-पदों के अन्तर्गत जिन 18 विषयों का उल्लेख किया है, प्राचीन भारतीय न्यायव्यवस्था के इतिहास में मील का एक पत्थर सिद्ध हुए। प्रायः समस्त राज्यशास्त्रकारों एवं धर्मशास्त्रकारों ने किंचित परिवर्तन के साथ मनु के द्वारा निर्दिष्ट सूची को स्वीकार किया है, परन्तु स्वयं मनु ने इन विषयों का वर्गीकरण नहीं किया है। उल्लेखनीय है कि मनु के पूर्ववर्ती लेखक कौटिल्य ने वाद के संदर्भ में 'धर्मस्थीय' एवं 'कण्टकशोधन' जैसे दो प्रमुख विभाजन बताया है। किन्तु यह आश्चर्यजनक है कि मनुस्मृति में विवाद-पद के रूप में इनका उल्लेख नहीं मिलता है।

धर्मस्थीय एवं कण्टकशोधन -

सर्वप्रथम कौटिल्य ने न्यायालयों के कार्यक्षेत्र को दो वर्गों में विभक्त किया था। कौटिल्य ने अपने 'अर्थशास्त्र' के तृतीय अधिकरण को 'धर्मस्थीय' एवं चतुर्थ अधिकरण को 'कण्टकशोधन' की संज्ञा प्रदान किया है।

'धर्मस्थीय' के अन्तर्गत उन्होंने नियम विरुद्ध शर्तनामा, विवाह, स्त्रीधन, दायविभाग, वास्तुक (गृह निर्माण एवं क्रय-विक्रय), ऋणादान, उपनिधि (धरोहर), दासकल्प (दास सम्बन्धी नियम), सम्भूय समुत्थान (साझेदारी), दत्तस्यानपाकर्म (दान किये हुए धन को न देना); अस्वामिविक्रय, स्वस्वामिविक्रय, साहस, वाक्पारुष्य, दण्डपारुष्य, द्यूतसमह्वय एवं प्रकीर्णक विवादों को स्थान दिया है।

सामाजिक एवं राष्ट्रीय हितों की अवहेलना कर अपने स्वार्थ की पूर्ति करने वाले को 'कण्टक' कहा गया है तथा राजा को बहुत से कण्टकों को दूर करने का निर्देश दिया गया है।[33] इन कण्टकों का शमन करना ही कण्टकशोधन है। कौटिल्य ने 'कण्टकशोधन' के अन्तर्गत मुख्यतः राज्यकृत अभियोगों को स्थान दिया है। इसके अन्तर्गत शिल्पियों एवं वैदेहकों (व्यापारियों) से प्रजा की रक्षा, दैवी आपत्तियों से प्रजा की रक्षा, गूढ़जीवियों (षड्यन्त्रकारियों) से प्रजा की रक्षा, आशुमृतक

(विना किसी बीमारी अथवा व्रण के आकस्मिक रूप से जिसकी मृत्यु हो जाय) परीक्षा, शुद्धदण्ड (कष्टरहित मृत्युदण्ड), चित्रदण्ड (कष्टयुक्त मृत्युदण्ड); कन्या प्रकर्म (कुँआरी कन्या से सम्भोग) एवं अतिचार से सम्बन्धित वादों एवं दण्ड की विस्तृत विवेचना किया है।

कौटिल्य द्वारा वादों से सम्बन्धित वर्गीकृत सूची के अवलोकन से एक तथ्य स्पष्ट होता है कि 'धर्मस्थीय' के कुछ विषय 'कण्टकशोधन' के अन्तर्गत तथा 'कण्टकशोधन' के कुछ विषय 'धर्मस्थीय' के अन्तर्गत परिगणित किये गये हैं। यथा- स्त्री संग्रहण धर्मस्थीय का विषय है, परन्तु 'कन्या प्रकर्म' का परिगणन कण्टकशोधन के अन्तर्गत किया गया है। पी०वी० काणे व्यवहार-पदों के वर्गीकरण को वैज्ञानिक सिद्धान्त पर बहुत आधारित नहीं मानते हैं।[34] हरिहरनाथ त्रिपाठी के अनुसार दोनों प्रकार के अपराधों के दण्ड एवं प्रक्रिया में गुणात्मक एवं मात्रात्मक भेद के कारण ऐसा अन्तर है।[35] सम्भवतः तत्कालीन सामाजिक-आर्थिक स्थितियाँ भी इसके लिए उत्तरदायी रही होंगी।

पी०वी० काणे ने यह सम्भावना व्यक्त की है कि कौटिल्य नें धर्मस्थीय के अन्तर्गत केवल उन्हीं अभियोगों एवं प्रतिवेदनों आदि को रखा, जो दलों के बीच के विवादों से सम्बन्धित थे तथा कण्टकशोधन वाले अभियोग राजा अथवा राजकर्मचारियों द्वारा उपस्थित किये जाते थे और वे राज्य से सम्बन्धित होने के कारण फौजदारी माने जाते थे, क्योंकि उसका सीधा सम्बन्ध मुख्यतः आरोपों को नष्ट करने से था।[36] परन्तु इस सम्भावना से पूर्णतः सहमत नहीं हुआ जा सकता है; क्योंकि यह आंशिक रूप से सत्य है कि कण्टकशोधन वाले अभियोग राजा अथवा राजकर्मचारियों द्वारा उपस्थित किये जाते थे। इसके साथ ही कुछ विवाद ऐसे भी थे, जिनमें सम्बन्धित पक्ष के सहयोग के विना राज्य मुकदमा कायम नहीं कर सकता था। यथा- कन्या प्रकर्म एवं अतिचार के वाद में राज्य स्वयं पक्षकार नहीं बन सकता था।

अर्थमूलक एवं हिंसामूलक वाद-

परवर्ती स्मृतिकारों एवं व्यवस्थाकारों ने वादों का वर्गीकरण उनकी प्रकृति के आधार पर किया। कात्यायन वाद के दो मूल स्वीकार करते हैं- (1) देयाप्रदान- जो देय है, उसे न देना एवं (2) हिंसा[37]। इस प्रकार वाद के दो रूप निर्धारित

होते हैं- अर्थमूलक अथवा धन प्रधान वाद एवं हिंसा मूलक वाद। याज्ञवल्क्य ने 'अर्थविवाद' की व्याख्या में अर्थ एवं हिंसा में भेद किया है; क्योंकि एक प्रकार के विवाद को वे 'अर्थविवाद' की संज्ञा देते हैं।[38] निश्चय ही दूसरे प्रकार का विवाद हिंसा से सम्बन्धित रहा होगा।

'बृहस्पति स्मृति' में मनु स्मृति के 18 व्यवहार-पदों सहित 'प्रकीर्णक' को दो शीर्षकों में विभक्त किया गया है। बृहस्पति का मत है कि वाद के दो स्थान हैं- धन एवं हिंसा। या तो कोई वस्तु नहीं देता है अथवा कोई हिंसा करता है।[39] इस प्रकार उन्होंने न्यायालय का वर्गीकरण दो भागों में किया। धन से सम्बन्धित विवादों को उन्होंने 14 उपशीर्षकों (प्रकीर्णक को छोड़कर) एवं हिंसा से सम्बन्धित विवादों को चार उपशीर्षकों में विभक्त किया। उन्होंने न्याय-प्रशासन के सन्दर्भ में 'कण्टकोद्धरण' शब्द का प्रयोग किया है[40]; किंतु यह कहना कठिन है कि यह शब्द 'कण्टकशोधन' का समानार्थी है अथवा नहीं।[41] सम्भवतः बृहस्पति ऐसे प्रथम स्मृतिकार हैं, जिन्होंने धन एवं हिंसा के अन्तर्भेद को स्पष्टतः दिखाया है। प्राचीन भारतीय न्यायिक प्रक्रिया के अन्तर्गत यह विभाजन अत्यन्त महत्वपूर्ण सिद्ध हुआ। इस विभाजन ने सर्वप्रथम अर्थविवाद एवं हिंसाविवाद के मध्य इस प्रकार का विभाजन मान्य किया, जिनके दण्ड क्रमशः अर्थदण्ड एवं कारावास सहित शारीरिक दण्ड निर्धारित हुए।

इस प्रकार हम इस निष्कर्ष पर पहुँचते हैं कि 18 व्यवहार-पद, जिनका प्रगणन मनु ने किया है; स्वयं मनु के द्वारा अवर्गीकृत रहे। मौर्यकाल से गुप्तकाल तक पहुँचते-पहुँचते न केवल वादों की संख्या बढ़ गयी, प्रत्युत अर्थमूलक एवं हिंसामूलक वाद पृथक् किये गये। गुप्त काल के प्रारम्भ तक इन वादों के उपप्रकार भी निश्चित हो चुके थे। नारद ने इसीलिए 'व्यवहार' को 'शतशाख' की संज्ञा प्रदान की है। बृहस्पति ने सर्वप्रथम 14 वादों एवं प्रकीर्णक को अर्थ-विवाद के अन्तर्गत स्थान दिया- 'कुसीद', निधि', 'देय', 'सम्मूयोत्थान', 'अशुश्रूषा', 'भूवाद', 'अस्वामिविक्रय', 'क्रय-विक्रयानुशय', 'समयातिक्रम', 'स्त्री-पुंसयोग', 'स्तेय', 'दायभाग', 'अक्षदेवन' एवं 'प्रकीर्णक'। 4 प्रकार के विवादों को हिंसा-विवाद के अन्तर्गत स्थान दिया- दो प्रकार के पारुष्य ('वाक् पारुष्य' एवं 'दण्ड पारुष्य'), 'वध' एवं 'परस्त्री संग्रह'। यह विभाजन किञ्चित अल्प परिवर्तन के साथ परवर्ती स्मृतिकारों को भी स्वीकार्य रहा।

अर्थमूलक वाद-

1. ऋणादान :- प्रायः सभी स्मृतियों में ऋणादान को शीर्षस्थ स्थान प्राप्त हुआ है। 'ऋण' शब्द आध्यात्मिक एवं लौकिक दोनों अर्थों में प्रयुक्त हुआ है। वैदिक काल में देव ऋण, ऋषि ऋण एवं पितृ ऋण की कल्पना की जा चुकी थी।[42] उत्तर वैदिक साहित्य में भी इन ऋणों का उल्लेख प्राप्त होता है।[43] महाभारत में पंच ऋणों- देव, ऋषि, पितृ, विप्र एवं अतिथि का उल्लेख हुआ है।[44] निश्चय ही यह ऋण का आध्यात्मिक स्वरूप है। पी०वी० काणे का मत है कि सम्भवतः इन्हीं आध्यात्मिक ऋणों के आधार पर लौकिक ऋणों की परम्पराएँ प्रचलित हुई।[45] ऋग्वेद में एक स्थल पर एक ऐसे जुआरी का उल्लेख हुआ है, जो रात्रि में अन्य लोगों के यहाँ धन प्राप्ति के लिए किया जाता है; क्योंकि उसने बहुत से लोगों से ऋण ले लिया है।[46] अन्यत्र ऋग्वेद में प्रयुक्त 'प्रमगन्द' शब्द पर टिप्पणी करते हुए निरुक्त ने इसका अर्थ 'वह जो अतिसूदखोर कुल में उत्पन्न हो' लगाया है।[47] स्पष्ट है कि भारत में ऋणप्राप्ति एवं ऋणादान की परम्परा प्राचीन है।

मानव जीवन अर्थप्रधान है। अर्थ के अभाव में जीवन-यापन असम्भव है।[48] मनुष्य की आर्थिक अभिलाषाएँ एवं आकांक्षाएँ पूर्णतः धन पर आधारित हैं। परन्तु धन प्रवाहमान-प्रकृति युक्त है। कोई व्यक्ति निरन्तर धनी नहीं रह सकता है। उसे अपनी आर्थिक आवश्यकताओं की पूर्ति के लिए किसी धनिक से ऋण लेना ही पड़ता है। प्रत्येक समाज में 'ऋणदाता' एवं 'ऋणग्रहीता' का अस्तित्व रहा है।

ऋणदाता को उसका धन निश्चित रूप से वापस मिलना चाहिए। इस उद्देश्य से भारतीय व्यवस्थाकारों ने ऋण के सन्दर्भ में कुछ नियम सुनिश्चित किया था। कात्यायन का मत है कि यदि कोई ऋणी ऋण-शोधन के विना ही मर जाता है, वह ऋणदाता के घर में दास, भृत्य, स्त्री अथवा पशु के रूप में जन्म लेता है।[49] नारद भी ऐसे ऋणी को अश्व, खर (गधा), वृष अथवा दास के रूप में जन्म लेने का उल्लेख करते हैं।[50] अतः पुत्र को अपने पिता द्वारा लिए गये ऋण को चुकाने के लिए उत्तरदायी माना गया।

ऋणादान के सन्दर्भ में कुछ मानदण्ड आवश्यक हैं, जिससे ऋण के लेन-देन में कोई विवाद न उत्पन्न हो। अतः नारद ने ऋण के सात प्रमुख रूप दिये हैं[51]-

(1) कौन सा ऋण देय है ?
(2) कौन सा ऋण अदेय है ?
(3) ऋण किसके द्वारा दिया जाना चाहिए ?
(4) ऋण कहाँ दिया जाना चाहिए ?
(5) ऋण किस रूप में दिया जाना चाहिए ?
(6) ऋण देते समय धर्म (शर्त) क्या है ?
(7) ऋणादान (ऋण वापसी) के समय धर्म (शर्त) क्या है ?

कुसीद :-

तैत्तिरीय संहिता में व्याजवृत्ति के लिए 'कुसीद' शब्द का प्रयोग हुआ है।[52] धर्मशास्त्रों एवं स्मृतियों में भी 'कुसीद' शब्द का प्रयोग इसी अर्थ में हुआ है। पी०वी०काणे के अनुसार पाणिनि ने 'द्वैगुणिक' एवं 'त्रैगुणिक' शब्दों का प्रयोग धन के दो गुना या तीन गुना लेने के सन्दर्भ में किया है; जो व्याज का सूचक है।[53] नारद मूलधन के फलस्वरूप एक निश्चित धनराशि की उपलब्धि को 'कुसीद' एवं इस प्रकार के व्यवसायियों को 'कुसीदी' कहते हैं।[54] बृहस्पति ने भी व्याज के लिए 'कुसीद' शब्द का प्रयोग किया है। उनके अनुसार 'कुसीद' वह है, जो किसी दुःखित व्यक्ति से बिना किसी संकोच या अनुताप के मूलधन का चारगुना या आठगुना प्राप्त किया जाय।[55] स्पष्ट है कि गुप्त काल तक व्याजवृत्ति वालों का व्यवसायियों के रूप में संगठन हो चुका था तथा चक्रवृद्धि व्याज की परम्परा प्रचलित हो चुकी थी।

वृद्धि :-

आपस्तम्ब ने व्याज के लिए 'वृद्धि' शब्द का प्रयोग किया है। हुविष्क के मथुरा अभिलेख में भी 'वृद्धि' शब्द व्याज के ही अर्थ में प्रयुक्त हुआ है।[57] वृद्धि का प्रकार एवं अनुपात निश्चित नहीं था। बृहस्पति के अनुसार कुछ लोगों ने चार, कुछ नं पाँच एवं कुछ ने छः प्रकार की वृद्धि स्वीकार किया है।[58] स्वयं बृहस्पति ने छः प्रकार की वृद्धि का उल्लेख किया है[59]–

1. कायिका – पी०वी० काणे के अनुसार 'कायिका' वह वृद्धि है, जिसमें प्रतिदिन

कुछ (एक पण या 1/4 पण) दिया जाय, परन्तु मूल यथावत स्थिर रहे।[60] परन्तु 'कायिका' को वह वृद्धि स्वीकार करना अधिक उचित होगा, जो 'काया' (शरीर) से वसूल की जाय। यथा- यदि कोई व्यक्ति ऋण की वृद्धि को रोकने के लिए विना पारिश्रमिक लिए श्रम करे, तो यह वृद्धि 'कायिका' की श्रेणी में आयेगी।

2. कालिका - वह वृद्धि, जो व्याज पर भी प्राप्त हो।
3. चक्रवृद्धि - वह वृद्धि, जो व्याज पर भी प्राप्त हो।
4. कारिता - वह वृद्धि, जो प्रतिमास अथवा प्रतिवर्ष दिया जाय।
5. शिखावृद्धि - वह वृद्धि, जो सिर की शिखा की भाँति प्रतिदिन बढ़े।
6. भोगलाभ - वह वृद्धि, जिसमें वृद्धि धन के रूप में न लेकर भोग के रूप में ली जाय। यथा- खेत के अन्न का उपयोग करना।

नारद ने 'कायिका', 'कालिका', 'कारिका' एवं 'चक्रवृद्धि' - चार प्रकार की वृद्धियों का उल्लेख किया है।[61] उल्लेखनीय है कि वृद्धि-भेद स्मृति-युग के पूर्व भी अज्ञात नहीं था। गौतम ने छः प्रकार की वृद्धि - 'कायिका', 'कालिका', 'चक्रवृद्धि', 'शिखावृद्धि', 'आधि एवं 'भोग', स्वीकार किया है।[62] वशिष्ठ ने व्याजग्रहीता के लिए 'वार्धुषिक' शब्द का प्रयोग किया है।[63] नारद ने 'वार्धुष' शब्द का अर्थ 'अनाज के रूप में 'व्याज' स्वीकार किया है।[64] बौधायन के अनुसार सस्ते भाव से क्रय किया हुआ अन्न देकर प्रतिदान में अधिक मूल्य वाला अन्न ग्रहण करने वाला 'वार्धुषिक' है।[65]

प्रायः समस्त व्यवस्थाकारों ने अत्यधिक व्याज लेने की प्रवृत्ति को हतोत्साहित किया है। 'महाभारत' में अत्यधिक व्याज लेने वालों को नरकगामी माना गया है।[66] मनु ने कालिका के अतिरिक्त अन्य प्रकार के व्याज लेने का निषेध किया है। परन्तु ऐसा प्रतीत होता है कि व्याज की दर निश्चित नहीं थी। प्रायः समस्त व्यवस्थाकारों ने वशिष्ठ द्वारा निर्धारित नियम को ही स्वीकार किया है, जिसके अनुसार व्याज की दर मूलधन 100 का 80 भाग अथवा 1¼% मासिक अथवा 15% वाषिक होनी चाहिए।[67] अन्यत्र मनु ने स्वयं 2% प्रति माह अथवा 24% वार्षिक व्याज लेने का समर्थन किया है।[68] एक स्थल पर मनु ने मात्र 5% व्याज लेने का निर्देश दिया है।[69] निश्चय ही इसे वार्षिक व्याज होना चाहिए। वस्तुओं के व्याज के रूप में

सामग्री आदि के सम्बन्ध में भी विद्वानों में मतैक्य का अभाव दृष्टिगत होता है।[70]

सामान्यतः सभी व्यवस्थाकार इस विषय में एकमत हैं कि ऋणदाता ऋणी से मूलधन एवं व्याज मिलाकर एक साथ दूना से अधिक नहीं प्राप्त कर सकता है।[71] मैत्रीवश दिये गये धन पर व्याज नहीं लगता है[72]; किन्तु छः माह व्यतीत हो जाने पर व्याज लगने लगता है। ऋण वापस करने का उत्तरदायित्व ऋणग्रहीता पर तो था ही, उसकी मृत्यूपरांत उसके पुत्र एवं पौत्र भी इसके लिए उत्तरदायी थे।[73] बृहस्पति ने प्रपौत्र को प्रपितामह द्वारा लिये गये ऋण के शोधन से मुक्त किया है।[74]

आधि :-

ऋणदाता ऋणग्रहीता को ऋण प्रदान करते समय उसकी कोई वस्तु या सम्पत्ति गिरवी के रूप में प्राप्त करता है। उसे 'आधि' कहा गया है। ऋणदाता को उस सम्पत्ति पर अधिकार मिल जाने से इसे 'आधि' कहा जाता है।[75] प्राचीन व्यवस्थाकारों[76] ने आधि के विषय में कुछ नियम सुनिश्चित किये थे। नारद के अनुसार ऋण देने में 'आधि' एवं 'प्रतिभूति' दो प्रकार के विशेष हेतु हैं।[77] नारद ने काल की दृष्टि से आधि को दो भागों में विभक्त किया है[78]-

(1) 'कृतकाल' - जो सीमित काल तक रखी जाय।
(2) 'अकृतकाल' - जिसका काल अनिश्चित हो अर्थात् जो ऋण चुकाये जाने तक रहे।

उन्होंने इसका दो भागों में पुनर्विभाजन किया है[79]-

(1) 'गोप्य' - रक्षा करने योग्य। यथा- द्रव्य, आभूषण आदि।
(2) 'भोग्य'- भोग के योग्य। यथा- गाय, बैल आदि।

'भोग्य' आधि पर व्याज नहीं लगता है। सिद्धान्त यह है कि व्याज के रूप में ऋणदाता आधि का उपभोग कर लेता है, परन्तु 'गोप्य' आधि पर ऋणग्रहीता को व्याज देना पड़ता है।

बृहस्पति ने आधि को चार भागों में विभक्त किया है[80]-

(1) 'स्थावर' (अचल सम्पत्ति) (2) 'जंगम'(चल सम्पत्ति)
(3) 'गोप्य' (4) 'भोग्य'

याज्ञवल्क्य ने आधि का दो अन्य प्रकार उल्लिखित किया है- 'चरित्र बंधक' एवं 'सत्यङ्कार'।[81] चरित्रबंधक में ऋणग्रहीता के चरित्रवान होने पर कम मूल्य वाली आधि भी स्वीकृत हो सकती थी। सत्यङ्कार में लिखते समय यह लिखना पड़ता था कि 'मैं दूना दूँगा तथा आधि की हानि नहीं होगी।' इसमें ऋणी को शपथ लेना पड़ता था। यहाँ सत्यङ्कार से तात्पर्य 'वादा-पत्र' से है।

आधि के विषय में सामान्य नियम यह है कि आधि का मूल्य कम हो जाने, मूलधन एवं व्याज के बराबर हो जाने अथवा विनष्ट हो जाने पर ऋणग्रहीता को आधि के रूप में अन्य वस्तु रखनी पड़ती है अथवा उसे ऋण वापस करना पड़ता है।[82] ऋणदाता को आधि की सावधानीपूर्वक रक्षा करनी चाहिए। मनु ने निर्देश दिया है कि यदि ऋणदाता भोग्य आधि का उपभोग करे तो व्याज छोड़ दे और भोग करने में यदि कोई वस्तु विकृत हो जाय, तो ऋणग्रहीता को वस्तु के मूल्य के बराबर मूल्य देना चाहिए; अन्यथा उसे स्तेय का दण्ड लगता है। आधि एवं उपनिधि वाली वस्तुएँ ज्यों माँगी जाय, लौटा देनी चाहिए। दीर्घकाल तक ऋणदाता के पास रहने पर भी वे उसी क्षण प्राप्त करने के योग्य होती हैं।[83] याज्ञवल्क्य का विचार भी मनु के ही समान है।[84] मनु ने यह भी निर्देश दिया है कि आधि के दीर्घ काल तक ऋणदाता के द्वारा उपभोग करते रहने पर भी निर्धारित अवधि के मध्य (अथवा ऋण लौटाने तक) तक ऋणग्रहीता न तो इसे पुनः किसी अन्य के पास बंधक रख सकता है और न ही बेच सकता है।[85]

कात्यायन के अनुसार यदि आधि सम्बन्धी स्थावर सम्पत्ति में भौगोलिक सीमा (चौहद्दी) का उल्लेख कर दिया जाय, तो आधि सबल एवं सशक्त हो जाती है।[86] इससे स्पष्ट है कि बन्धक को लिपिबद्ध करने की परम्परा थी। कात्यायन के अनुसार यदि कोई बन्धक किसी के पास साक्षीगण के सामने रखा जाय एवं दूसरे के पास लिखित रूप में, तो लिखित रूप को अधिक प्रामाणिकता प्राप्त होती है।[87]

प्रतिभू :-

ऋणदाता अपने धन की सुनिश्चित वापसी के लिए किसी ऐसे व्यक्ति को जामिन के रूप में स्वीकार करता है; जो न केवल उसे ऋणवापसी का विश्वास दिलावे; बल्कि ऋणग्रहीता के द्वारा ऋण न वापस करने पर स्वयं वापस करने का उत्तरदायित्व ले। ऐसे व्यक्ति को पाणिनि, नारद तथा बृहस्पति ने 'प्रतिभू' मनु तथा गौतम ने 'प्रीतिभाव्य' तथा कात्यायन ने 'लग्नक' की संज्ञा से अभिहित किया है। इस प्रकार ऋणादान के प्रसंग में प्रतिभू ऋणदाता एवं ऋणग्रहीता के साथ तृतीय पक्ष है।[88] याज्ञवल्क्य ने प्रतिभू का तीन उद्देश्य निर्धारित किया है- 'दर्शन', 'प्रत्यय' तथा 'दान'।[89] 'दर्शन' का अर्थ है- निर्धारित समय पर ऋणी को ऋणदाता के सामने उपस्थित करना अथवा उसके अभाव में स्वयं ऋणदाता के सामने उपस्थित होना, जिससे ऋणदाता अपने ऋण की वापसी के प्रति शंकालु न रहे। 'प्रत्यय' का अर्थ है- ईमानदारी का प्रदर्शन अथवा ऋणदाता को यह विश्वास दिलाना कि ऋणी विश्वसनीय है। 'दान' का अर्थ है- ऋणी द्वारा धन न देने पर स्वयं धन देना। बृहस्पति ने उपर्युक्त तीनों उद्देश्यों के अतिरिक्त चतुर्थ उद्देश्य 'ऋणिद्रव्यार्पण'[90] का उल्लेख किया है अर्थात वह व्यक्ति जो ऋणग्रहीता के आभूषण, पात्र आदि वस्तुओं के प्रत्यर्पण का उत्तरदायित्व ले।

कात्यायन ने लग्नक के चार उद्देश्य निर्धारित किया है- ऋणग्रहीता से ऋण लौटाना (दान); ऋणग्रहीता को उपस्थित करना (उपस्थान), ऋणी के विषय में विश्वास दिलाना (विश्वास) तथा दिव्य (शपथ दिलाना)।[91] हारीत ने प्रतिभू के पाँच उद्देश्य निर्धारित किये हैं-[92] अभय (शांतिस्थापन), प्रत्यय, दान, उपस्थान तथा प्रदर्शन (ऋणी को उपस्थित करना) ।

सामान्यतः पिता के मृत्यूपरान्त पुत्र को ऋणग्रहीता की उपस्थिति या प्रत्यय के लिए उत्तरदायी नहीं माना जा सकता है। परन्तु कात्यायन का कथन है कि यदि पिता प्रत्यय अथवा उपस्थिति के लिए बन्धक हुआ हो, तो उसका पुत्र देनदार होता है।[93] मनु ने भी राजा को निर्देश दिया है कि जो पिता जामिन होकर मर जाय, तो उसके उत्तराधिकारियों से उसकी वसूली करे।[94]

इस प्रकार स्पष्ट है कि गुप्त काल तक ऋणदाताओं का एक वर्ग के रूप में संगठन हो चुका था, जो व्याज पर ऋण देने का व्यवसाय करते थे। इस समय

तक व्याज की दर प्राय: निश्चित हो चुकी थी। इन व्यवसायियों को अपने ऋण की सुनिश्चित वापसी का विश्वास चाहिए था। उसके लिए चल अथवा अचल सम्पत्ति गिरवी रखी जाती थी। ऋण दिलाने वाले 'प्रतिभू' की खोज हो चुकी थी। ऋणपत्र लेखबद्ध किये जाने लगे थे। शपथ-पत्र आदि लिखे जाने लगे थे। छोटे व्यवसायियों को बड़े व्यवसायियों से ऋण प्राप्त होने लगे थे। फलत: विविध प्रकार के उद्योग-धन्धों का विकास होने लगा। इस प्रकार विविध उद्योग-धन्धों के विकास में ऋणादान की भूमिका महत्वपूर्ण रही।

2. निक्षेप :-

प्राय: सभी व्यवस्थाकारों ने 'व्यवहार-पद' में दूसरे स्थान पर धरोहर को स्थान दिया है। मनु एवं नारद ने इसका वर्णन 'निक्षेप', बृहस्पति ने 'न्यास' तथा कौटिल्य एवं याज्ञवल्क्य ने 'उपनिधि' के रूप में किया है। 'अमरकोश' में तीनों शब्दों को पर्यायवाची माना गया है।[95] परन्तु 'व्यवहार-प्रकाश' में तीनों शब्दों का अन्तर स्पष्ट किया गया है। 'निक्षेप' ऐसी धरोहर है, जब वस्तु को ग्राहक के समक्ष गिनकर किसी मञ्जूषा (बाक्स) में स्थापित किया जाय। 'व्यवहार-प्रकाश' के अनुसार गृहस्वामी की अनुपस्थिति में घर के किसी अन्य सदस्य अथवा उसके पुत्र को कोई सामान गिनकर अथवा विना गिने हुए ही देकर यह कहना कि गृहस्वामी के आने पर इसे दे दिया जाय, 'न्यास' है तथा उपनिधि ऐसी धरोहर है; जो किसी मुद्राङ्कित पात्र में विना गणना किये ही स्थापित किया जाता है।[96] मनु ने भी 'निक्षेप' एवं 'उपनिधि' का वर्णन अलग-अलग किया है।[97]

बृहस्पति का मत है कि न्याय किसी दूसरे को तब दिया जाता है; जब कोई राजा अथवा चोर के भय से अपना गृह त्याग कर अन्यत्र चला जाता है अथवा अपने दायादों से सम्पत्ति को छिपाना चाहता है।[98] स्मृतिकारों ने निक्षेप के सम्बन्ध में अनेक व्यवस्थाएँ निर्धारित की हैं। निक्षेप सुपात्र के पास ही रखना चाहिए, अन्यथा उसके नष्ट होने का भय रहता है। मनु ने निर्देश दिया है कि निक्षेप कुलीन, चरित्रवान, धर्मज्ञ, सत्यवादी, बहुकुटुम्बी, धनी एवं उत्तम पुरुष के पास रखना चाहिए।[99]

निक्षेप रखने वाले को उसकी पुत्रवत रक्षा करनी पड़ती है।[100] उपनिधि को अपने उपयोग में लाना दण्डनीय माना गया है। कौटिल्य ने देश-काल के अनुसार

उपयोग का बदला (भोग वेतन) चुकाने के साथ ही बारह पण अदा करने का निर्देश दिया है।[101] किन्तु कात्यायन ने निर्दिष्ट किया है कि यदि उसका उपभोग हो जाय, तो उसे व्याज सहित लौटा देना चाहिए। असावधानीपूर्वक नष्ट होने पर केवल मूल-धन लौटाना चाहिए एवं अज्ञात कारण से नष्ट होने पर मूल्य से कुछ कम देना चाहिए।[102] इसके विपरीत मनु का विचार है कि यदि निक्षेप निधि चोर उठा ले गये हों या जल में डूब गया हो या अग्नि में जल गया हो तथा जिसके पास निक्षेप-निधि रखी गई हो, उसने उसमें से कुछ न लिया हो, तो निक्षेप सौंपने वाले को कुछ नहीं देना चाहिए।[103]

नारद का मत है कि धरोहर साक्षियों की उपस्थिति में रखी जा सकती है। उसे उसी दशा में लौटाना चाहिए।[104] बृहस्पति का निर्देश है कि यदि निक्षेप साक्षियों के अभाव में रखा गया है, तो दिव्य साक्ष्य के साथ ग्रहण किया जा सकता है।[105] परन्तु मनु का निर्देश है कि एकान्त में रखे हुए धरोहर को एकान्त में ही लौटाना चाहिए।[106]

3. अस्वामिविक्रय :-

विना स्वामी हुए ही किसी वस्तु का विक्रय करना अस्वामिविक्रय है। किसी वस्तु अथवा सम्पत्ति का स्वामी न होते हुए भी यदि कोई व्यक्ति उसे बेच दे, तो इस प्रकार का उत्पन्न विवाद व्यवहार का विषय होता है। नारद ने इसकी परिभाषा करते हुए कहा है कि निक्षेप, कहीं अन्यत्र गिरी हुई परायी वस्तु, दूसरे की वस्तु, दूसरे की प्राप्त वस्तु एवं चोरी की वस्तु, स्वामी न होते हुए भी बेच देना अस्वामिविक्रय है।[107] बृहस्पति अस्वामिविक्रय के अन्तर्गत निक्षेप, अन्वाहित (जो तीसरे को दी जाय, जब कि वह दूसरे की हो, ऐसा प्रसिद्ध हो गया हो); न्यास, हृत (हरण की गई वस्तु) तथा याचितक बन्धक (किसी उत्सव के अवसर पर माँगी हुई वस्तु यथा- वस्त्र, आभूषण आदि), का अन्धकार में विक्रय का परिगणन करते हैं।[108]

प्राचीन भारतीय व्यवस्थाकारों का यह प्रयास रहा है कि कोई व्यक्ति किसी अन्य व्यक्ति के वस्तु को विना स्वामी हुए विक्रय न कर सके। अतः नारद का निर्देश है कि यदि कोई दूसरे की वस्तु (यथा गौ, आभूषण आदि) किसी अन्य

को बेच दे, तो वास्तविक स्वामी के द्वारा पहचान लिये जाने पर उस वस्तु से क्रेता का स्वामित्व स्वतः समाप्त हो जाता है।[109] मनु, याज्ञवल्क्य तथा नारद जैसे स्मृतिकारों ने अस्वामिविक्रय को व्यवहार की दृष्टि से अनुचित माना है। उन्होंने निर्देश दिया है कि यदि क्रेता अस्वामी की वस्तु गुप्त रूप से क्रय करता है या स्वामी के दास-दासियों से उसकी आज्ञा के विना चोरी से क्रय करता है, हीन मूल्य (वास्तविक मूल्य के कम मूल्य) एवं हीन बेला (अर्द्धरात्रि, प्रातःकाल से पूर्व) में क्रय करता है, दुष्चरित्र से क्रय करता है, तो उसे चोर का दण्ड दिया जाना चाहिए।[110]

यह भी सम्भव है कि कोई व्यक्ति अज्ञानतावश किसी अस्वामी से कोई वस्तु क्रय कर ले। ऐसी स्थिति में उसे दण्डित नहीं होना पड़ता है; परन्तु उसे स्वामी को वस्तु लौटानी पड़ती है।[111] यदि क्रेता यह विश्वास दिला दे कि उसने प्रकट रूप में वस्तु क्रय किया है अर्थात् हीन व्यक्ति, हीन बेला, एवं हीन मूल्य में नहीं क्रय किया है, तो उसका धन नष्ट नहीं होता है।[112] मनु ने स्वामी न होते हुए भी स्वामी की अनुमति के विना उसके वस्तु के विक्रय को चोरी के समान अपराध माना है। यदि विक्रेता स्वामी के वंश का है तो उस पर 600 पण के दण्ड का प्राविधान किया है; किन्तु यदि विक्रेता वस्तु के स्वामी से सम्बन्धित न हो, तो उसे चोर के समान दण्ड देने का निर्देश दिया है।[113]

उपर्युक्त विवेचना इस तथ्य को आलोकित करती है कि प्राचीन भारत में शुंगोत्तर एवं गुप्त युग में सामाजिक-आर्थिक भ्रष्टाचारों में क्रमिक वृद्धि हो रही थी। इन पर नियन्त्रण स्थापित करने के लिए व्यवस्थाकारों को विविध प्रकार के नियमों की स्थापना करनी पड़ी। ऐसा प्रतीत होता है कि अपने को निर्दोष सिद्ध करने का दायित्व क्रेता को ही सौंपा गया, जिससे वह ज्ञात रूप में चोरी की वस्तु क्रय करने का साहस न करे। उसे अपने को निर्दोष सिद्ध करने के लिए या तो विक्रेता को उपस्थित करना पड़ता था अथवा यह प्रमाण देना पड़ता था कि उसने वस्तु चोरी से न क्रय करके खुले बाजार से क्रय किया है। यही नहीं विक्रेता को भी इस दायित्व से मुक्त नहीं रखा गया। यही तथ्य स्वयं को निर्दोष सिद्ध करने के लिए विक्रेता पर भी लागू होती हैं। यदि वह ऐसा नहीं कर पाता था, तो उसे वस्तु के स्वामी को वस्तु का मूल्य तथा राजा को अर्थदण्ड दोनों ही देना पड़ता था।

4. सम्भूय समुत्थान :-

'सम्भूय' शब्द का अर्थ है - 'एक साथ होना' तथा समुत्थान शब्द का अर्थ है- साझेदारी। अतः सम्भूय समुत्थान का अर्थ व्यावसायिक साझेदारी है। पी०वी० काणे ने इस साझेदारी में परिश्रम, धन एवं संयुक्त रूप में धन एवं परिश्रम, दोनों को स्थान दिया है।[114] 'सम्भूय समुत्थान' का व्यवहार-विषय के रूप में उल्लेख कौटिल्य, मनु, याज्ञवल्क्य, नारद, बृहस्पति एवं कात्यायन आदि प्रायः सभी व्यवस्थाकारों ने किया है; किन्तु गौतम, आपस्तम्ब एवं बौधायन आदि धर्मसूत्रकारों ने 'सम्भूय समुत्थान' का उल्लेख नहीं किया है। अतः ऐसा प्रतीत होता है कि मौर्य काल के पूर्व व्यावसायिक साझेदारी का प्रचलन नहीं रहा होगा।

नारद ने 'सम्भूय समुत्थान' की परिभाषा में कहा है कि जहाँ वणिकगण वणिकवृत्ति (कर्म) समवेत रूप में करते हैं; उसे सम्भूय समुत्थान व्यवहार-पद कहा जाता है।[115] उल्लेखनीय है कि यहाँ वणिक एवं वणिककर्म से आशय मात्र बनिया एवं बनियागिरी से नहीं है, बल्कि इसके अन्तर्गत ऋत्विक, कर्मकार, कर्षक एवं विविध प्रकार के शिल्पीगण तथा उनकी वृत्ति सम्मिलित है। चरित्रवान एवं कुशल साझेदार व्यवसाय की उन्नति में सहायक होते हैं अन्यथा व्यवसाय की स्वाभाविक क्षति होती है। अतः बृहस्पति ने कुलीन, दक्ष, आलस्यहीन, बुद्धिमान, नाणकवेदी (मुद्रा सम्बन्धी ज्ञान रखने वाला), आय-व्ययज्ञ, ईमानदार तथा शूर व्यक्तियों के साथ साझेदारी करने का निर्देश दिया है तथा रुग्ण, आर्त, मन्दभाग्य एवं निराश्रय (मूलधनहीन) व्यक्ति के साथ साझेदारी का निषेध किया है।[116]

साझेदारी सम्यक् रूप से सम्पादित होती रहे, इसके लिए साझेदारों का ईमानदार होना आवश्यक होता है। अतः व्यास ने साझेदारों की उपस्थिति एवं अनुपस्थिति दोनों ही दशाओं में व्यावसायिक ईमानदारी का पालन करने का निर्देश दिया है।[117] बृहस्पति के अनुसार व्यवसाय में यदि अनेक साझेदार हों, तो किसी को भी लेन-देन, संविदा आदि के लिए अधिकृत किया जा सकता है एवं अधिकृत द्वारा किया हुआ संविदा सभी साझेदारों द्वारा किया हुआ माना जाता है।[118] परन्तु जब यह सन्देह उत्पन्न हो जाय कि किसी ने वंचना किया है, तो उसे किसी विशिष्ट शपथ या दिव्य का आश्रय लेना पड़ता है।[119] साझेदारी में कुछ ऐसे सिद्धान्त होते हैं, जिनका सभी साझेदारों को समान रूप से पालन करना पड़ता है, चाहे उनके अंश

न्यून एवं अधिक क्यों न हों। साझेदारी में पुरस्कार एंव दण्ड का भी विधान परिलक्षित होता है। यदि कोई प्रतिषिद्ध (अनधिकृत) होते हुए भी या परस्पर विचार-विमर्श के विना प्रमादवश कोई ऐसा कार्य करता था, जिससे व्यापार की क्षति हो, तो उसे क्षतिपूर्ति करनी पड़ती थी।[120] परन्तु यदि कोई साझेदार दैवी विपत्ति, तस्करों अथवा राजा से साझे के सामान की रक्षा करता था, तो उसे विशेष पुरस्कार भी प्राप्त होता था। इस पुरस्कार को रक्षित सम्पत्ति का दसांश स्वीकार किया गया है।[121] यह विधि आधुनिक युग के प्रोत्साहन राशि (बोनस) का स्मरण कराती है। यदि कोई साझेदार स्वयं कार्य करने में असमर्थ हो, तो किसी अन्य के द्वारा साझे का कार्य करा सकता था।[122]

शिल्पियों की साझेदारी में सभी को समान अंश नहीं मिलता था। कात्यायन ने शिल्पियों में शिष्य, आचार्य, कुशल एवं नयी-नयी विधियों के नियामक को क्रमशः एक, दो, तीन एवं चार भाग देने का निर्देश दिया है।[123] बृहस्पति ने शिल्पी की परिभाषा देते हुए कहा है कि शिल्पी उन्हें कहते हैं, जो हिरण्य (स्वर्ण), रुप्य (रजत), सूत, काष्ठ, पत्थर और चर्म आदि का सामान बनाते हैं अथवा शिल्प कलाओं में से किसी एक के आचार्य होते हैं।[124] उन्होंने यह भी व्यवस्था दी है कि नर्तकों, संगीतज्ञों तथा गायकों को समान भाग देना चाहिए तथा तालज्ञों (लय मिलाकर वाद्य यंत्र बजाने वाले) को आधा भाग देना चाहिए।[125] कौटिल्य ने निर्दिष्ट किया है कि माल बिक जाने पर दुकान उठने से पूर्व ही साझेदार को उसका अंश दे दिया जाना चाहिए।[126]

उपर्युक्त विवरण से यह संकेत प्राप्त होता है कि मौर्यकाल से पूर्व व्यावसायिक साझेदारी का प्रचलन नहीं रहा होगा। मौर्य काल से व्यावसायिक साझेदारी का संकेत प्राप्त होने लगता है। गुप्त काल तक साझेदारी अपना पूर्ण स्वरूप प्राप्त कर चुकी थी। व्यावसायिक साझेदारी के फलस्वरूप न केवल कृषि एवं व्यापार का उत्तरोत्तर विकास हुआ, बल्कि सांस्कृतिक विकास में भी साझेदारी की भूमिका महत्वपूर्ण रही होगी।

5. दत्तस्यानपाकर्म :-

इस व्यवहार-पद को मनु एवं कौटिल्य ने 'दत्तस्यानपाकर्म', याज्ञवल्क्य एवं नारद ने 'दत्ताप्रदानिक' तथा बृहस्पति ने 'अदेयदेयदत्त' की संज्ञा से अभिहित किया

है। नारद ने इसकी परिभाषा देते हुए कहा है कि जब कोई व्यक्ति किसी को कुछ देने के पश्चात पुनः वापस प्राप्त करना चाहता है, तो ऐसा करके वह दान के नियम का अतिक्रमण करता है। इसे 'दत्ताप्रदानिक' कहते हैं।[127] मिताक्षरा के अनुसार जिसमें जो दिया गया है, उसका पुनर्हरण (पुनः-प्राप्ति) नहीं किया जा सकता है; क्योंकि वह दान न्यायानुकूल है।[128] निश्चय ही दान की पुनर्प्राप्ति का प्रयास विवाद-विषय बन जाता रहा होगा। नारद ने इसे चार भागों में विभक्त किया है- 'देय', 'अदेय','दत्त' एवं 'अदत्त'।[129]

(1) **देय**- देय से आशय दान में देने योग्य वस्तुओं से है। कुटुम्ब के भरण-पोषण से अधिक स्वर्जित सम्पत्ति देय मानी गयी है।[130] परन्तु दान का यह अर्थ नहीं है कि स्वजन कष्ट में रहे। नारद ने ऐसे लोगों की भर्त्सना की है; जो अन्य के प्रति दयाशील होने के लिए अपने कुटुम्ब जनों को निर्धन बना देते हैं।[131]

(2) **अदेय**- अदेय से आशय दान के निमित्त निषिद्ध वस्तुओं से है। नारद एवं बृहस्पति ने आठ वस्तुओं की गणना अदेय के अन्तर्गत की है- अन्वाहित, न्यास, याचितक, निक्षेप, साधारण (साझे की सम्पत्ति), पुत्र एवं स्त्री, सर्वस्व (सन्तान वालों की सम्पूर्ण सम्पत्ति) तथा प्रतिश्रुत (अन्य से स्वीकार की गई) वस्तु।[132]

(3) **दत्त**- दत्त से आशय दी गई उन वस्तुओं से है, जिनका प्रत्यावर्तन नहीं हो सकता है तथा जिन पर देने वाले का पूर्ण स्वामित्व होता है। नारद ने दत्तदान को सात प्रकार का माना है[133]- पण्य मूल्य (क्रीत वस्तुओं का मूल्य), पारिश्रमिक, स्नेहदान, मनोरंजनार्थ दिया जाने वाला दान, श्रद्धादान, स्त्रीशुल्क (वधू के सम्बन्धियों को दिया जाने वाला धन) एवं दानशीलता के उपयोग का धन। बृहस्पति ने दत्त के आठ भेद माना है।[134]

(4) **अदत्त**- अदत्त से आशय उस दान से है, जिनका दान न्यायानुकूल नहीं है। यह अदेय से इस अर्थ में भिन्न है कि अदेय दान अवैध होने के कारण वर्ज्य हैं, जबकि अदत्त दानदाता की शारीरिक अथवा मानसिक अयोग्यता के कारण वर्ज्य हैं।[135] यथा- उन्मत्तता, पागलपन, वृद्धावस्था, अल्पवयस्कता आदि। नारद ने इसके 16 उपभेद स्वीकार किया है।[136]

ऐसा प्रतीत होता है कि दान के विषय में कुछ नियम निर्धारित कर दिये गये थे। हारीत का मत है कि प्रतिश्रुत (संकल्पित अथवा स्वयं स्वीकृत) दान अवश्य देना चाहिए, अन्यथा व्यक्ति को नरकगामी होना पड़ता है। अतः उन्होंने राजा को निर्देश दिया है कि वह प्रतिज्ञा करने वाले को प्रतिश्रुत दान देने के लिए विवश करे।[137] परन्तु इसके विपरीत गौतम की दृष्टि में दान ग्रहीता के अधार्मिक होने की स्थिति में प्रतिश्रुत दान नहीं भी दिया जा सकता है।[138] कौटिल्य ने व्यवस्था दी है कि दान किया हुआ धन यदि उपभोग में लाने योग्य न हो, तो उसे अनुशय (अमानत) के रूप में सुरक्षित रखना चाहिए। उन्होंने दान किये हुए धन को न लौटाने को ऋणादान के समान माना है।[139] पी०वी०काणे का मत है कि प्राचीन न्यायालयों द्वारा ब्राह्मणों एवं धार्मिक कृत्यों के लिए दान दिलाये जाते थे।[140]

6. वेतनादान-

पारिश्रमिक-विवाद प्रत्येक युग में विवाद-विषय रहा है। याज्ञवल्क्य एवं मनु ने इसका वर्णन 'वेतनादान', कौटिल्य ने 'कर्मकरकल्प', नारद ने 'वेतनस्यानपाकर्म' तथा बृहस्पति ने 'भृत्यदान' के रूप में किया है। नारद ने इसके अन्तर्गत मुख्यतः भृत्यों के वेतन को स्थान दिया है।[141]

ऐसा प्रतीत होता है कि पारिश्रमिक निर्धारण की दो प्रथा थी। कभी-कभी पारिश्रमिक कार्य प्रारम्भ होने के पूर्व निर्धारित कर लिया जाता था तथा कभी-कभी इसका निर्धारण कार्य सम्पादन के पश्चात किया जाता था। नारद के अनुसार भृत्यों का वेतन कार्य करने के प्रारम्भ, मध्य तथा अन्त में दिया जा सकता है।[142] याज्ञवल्क्य ने समूह-भृत्ति के संदर्भ में निर्देश दिया है कि यदि दो या इससे अधिक भृत्य एक साथ कार्य करें, तो मध्यस्थ द्वारा निर्धारित वेतन समय-समय पर दिया जा सकता है। साथ ही सम्पूर्ण कार्य सम्पन्न होने पर सम्मिलित रूप से भी दिया जा सकता है।[143] प्राचीन काल में भी आधुनिक युग की ही भाँति भृत्यों को कार्य करने के लिए कुछ धनराशि अग्रिम के रूप में दी जाती थी। अग्रिम रूप में पारिश्रमिक लेकर सक्षम होते हुए भी कार्य की अवहेलना करने वाले भृत्य को पारिश्रमिक का दूना धन दण्ड स्वरूप देना पड़ता था।[144] परन्तु बीमार अथवा आपद्ग्रस्त भृत्य इस प्रतिबन्ध से मुक्त माना जाता था। वह अपना प्रतिनिधि भेज

सकता था। स्थानापन्न भृत्य की मजदूरी उसके कार्य से ही पूरी की जाती थी।[145] यदि पारिश्रमिक अग्रिम के रूप में न प्राप्त हुआ हो, तो भी भृत्य अग्रिम न मिल पाने का सम्बल लेकर कार्य करने से मना नहीं कर सकता था। ऐसी स्थिति में कार्य न करने पर उसे पारिश्रमिक के अनुरूप दण्ड मिलता था।[146]

ऐसा प्रतीत होता है कि इस प्रश्न पर विवाद था कि यदि कोई भृत्य कार्य करने के लिए उपस्थित हो जाय, परन्तु कार्य न कर सके, तो उसके वेतन का निर्धारिण किस प्रकार हो ? निश्चय ही इस विषय में व्यवस्थाकार दो वर्गों में बँटे हुए थे। कौटिल्य का कथन है कि कुछ आचार्यों के अनुसार भृत्य की उपस्थिति मात्र ही उसे उसका वेतन दिलाने का आधार है।[147] परन्तु स्वयं कौटिल्य का यह मत है कि वेतन कार्य करने के लिए दिया जाता है, न कि खाली बैठने के लिए। अतः कार्य न करने वाला वेतन पाने का अधिकारी नहीं है।[148] निश्चय ही भृत्यों के प्रति कौटिल्य की दृष्टि कठोर है। उनकी दृष्टि में यदि कोई भृत्य स्वामी की आज्ञानुसार काय 'न कर अपनी इच्छानुसार कार्य करता है; तो उसके कार्य की गणना नहीं करनी चाहिए। साथ ही यदि कोई भृत्य स्वेच्छया स्वामी की आज्ञा से अधिक कार्य करे, उसे इसके बदले में अतिरिक्त पारिश्रमिक नही देना चाहिए।[149] परन्तु याज्ञवल्क्य की दृष्टि इतनी कठोर नहीं है। उनका मत है कि यदि पारिश्रमिक की रकम पूर्व में निर्धारित हो, तो भी यदि भृत्य के कारण स्वामी को अतिरिक्त लाभ हो जाय, तो उसे अतिरिक्त पारिश्रमिक दिया जा सकता है।[150]

सामान्यतः कार्य के पूर्व ही वेतन निर्धारण की परम्परा थी। परन्तु जिसका वेतन पहले निर्धारित न हुआ हो, वह कार्य एवं समय के अनुसार अपना वेतन प्राप्त करने का अधिकारी था। कौटिल्य, याज्ञवल्क्य एवं नारद - तीनों का यह मत है कि कृषक का नौकर अनाज का, गोपालक (ग्वाला) का नौकर घी का तथा वणिक् का नौकर अपने द्वारा व्यवहार की हुई वस्तुओं का दसवाँ भाग प्राप्त करता है, बशर्ते उसका वेतन पूर्व में निर्धारित न हुआ हो।[151] कौटिल्य ने निश्चित वेतन न देने वाले स्वामी तथा वेतन प्राप्त करके भी उसे नकारने वाले भृत्य, दोनों को ही दण्ड का भागी माना है।[152] बृहस्पति भी राजा को ऐसे स्वामी को दण्डित करने का निर्देश देते हैं, जो कार्य कराने के पश्चात भी उसका वेतन नहीं देते हैं।[153] वेतन सम्बन्धी नियम वेश्याओं पर भी लागू होते थे।[154]

उपर्युक्त विवेचन से संकेतित होता है कि मौर्य युग में श्रमिकों के प्रति स्वामी का व्यवहार कठोर रहा होगा। सम्भवतः इसी के परिमार्जन के लिए उदार हृदय सम्राट, देवानाम् प्रिय प्रियदर्शी अशोक अपने अभिलेखों में अन्य गणमान्य लोगों के साथ ही दास एवं भृत्यों के प्रति आदरभाव प्रदर्शित करने का परामर्श देता है।[155] मौर्य काल के पश्चात भृत्यों की स्थिति में उत्तरोत्तर सुधार होने लगा। स्वामी तथा भृत्यों के मध्य सौहार्द्रपूर्ण सम्बन्ध बनने लगे। भृत्य स्वामी का अधिकतम हित करने लगा तथा स्वामी भी उसे उसके कार्य के अनुरूप अधिक पारिश्रमिक देने लगा। गुप्तकाल में स्वामी तथा भृत्य के सम्बन्ध मधुर बन गये होंगे।

7. अभ्युपेत्याशुश्रूषा-

कौटिल्य तथा मनु ने इसका उल्लेख पृथक रूप में न करके इसे पारिश्रमिक-विवाद के अन्तर्गत ही स्थान दिया है, जबकि याज्ञवल्क्य एवं नारद ने इसका उल्लेख पृथक् रूप से किया है। नारद ने इसकी परिभाषा करते हुए कहा है कि सेवा करने का अनुबंध करने के पश्चात उसका उल्लंघन करना ही 'अभ्युपेत्याशुश्रूषा' है।[156] उन्होंने सेवा करने वालों को पाँच भागों में विभक्त किया है- चार प्रकार के कर्मकर एवं दास।[157] चार प्रकार के कर्मकर हैं- 'शिष्य', 'अन्तेवासी', 'भृतक' एवं 'अधिकर्मकृत' दासों के पुनः 15 उप प्रकार बताए गये हैं।

नारद ने दो प्रकार के कर्मों का उल्लेख किया है- शुभ कर्म एवं अशुभ कर्म।[158] शुभ कर्म से आशय स्वच्छ कर्मों से है, जिन्हें चार प्रकार के कर्मकर करते हैं तथा अशुभ (गन्दे) कर्म दास करते हैं। नारद तथा बृहस्पति ने अशुभ कर्मों का उल्लेख इस प्रकार किया है- गृहद्वार की सफाई करना, सड़क तथा गन्दे स्थल को स्वच्छ करना, स्वामी के गुह्य अंग का स्पर्श करना, उच्छिष्ट भोजन को एकत्र करके फेंकना एवं मलमूत्र को फेंकना।[159]

(1) **शिष्य** - शिष्य से आशय वैदिक शिक्षा के आकांक्षी ऐसे जिज्ञासु से है, जो गुरु, गुरु-पत्नी, गुरु-पुत्र की सेवा करता है, भिक्षाटन करता है, गुरु की आज्ञा का पालन करता है, वेदाध्ययन करता है तथा विद्याध्ययन के समापन के पश्चात गुरु को गुरुदक्षिणा देता है।[160]

(2) **अन्तेवासी**- अन्तेवासी से आशय उन शिक्षार्थियों से है, जो किसी शिल्प (यथा- स्वर्णकारी, नृत्य, गान, भवन-निर्माण आदि) को सीखने की इच्छा से शिल्पी आचार्य के पास रहकर शिल्प विद्या सीखते हैं। शिल्पी का अन्तेवासी शिष्य पर सम्पूर्ण प्रभुत्व रहता है। यदि शिल्पी उसे सिखाना चाहे, किन्तु अन्तेवासी उसे छोड़ दे, तो वह उसे कोई मार सकता है या बन्दी बना सकता है। यदि शिल्पी आचार्य उसे न सिखाकर अपना व्यक्तिगत कार्य कराता है, तो उसे भी दण्डित होना पड़ता है।[161]

(3) **भृतक**- पारिश्रमिक पर रखा गया सेवक भृतक कहलाता है। अपने कार्यों के अनुरूप भृतक को तीन कोटियों में विभक्त किया गया है- उत्तम आयुधी (सैन्यवृत्ति), मध्यम (कृषिवली = कृषि कार्य करने वाले) तथा अधम[16] (भारवाह, द्वारपाल)। उनके वेतन उनके कार्यों एवं योग्यताओं के अनुरूप निर्धारित होते हैं।

(4) **अधिकर्मकृत**- जो व्यक्ति अन्य भृतकों का अधीक्षक होता है अथवा जो घर के आय-व्यय के निरीक्षण के लिए रखा जाता है, अधिकर्मकृत कहलाता है।[163]

इस प्रकार स्पष्ट है कि इस कोटि के अन्तर्गत आने वाले विवाद मुख्यतः वैदिक वाङ्मय के आचार्य एवं शिष्य, शिल्पी आचार्य एवं शिष्य, शिल्पी आचार्य एवं उसके अध्येता, स्वामी तथा भृत्यों से सम्बन्धित है।

8. संविद व्यतिक्रम -

सभी व्यवस्थाकारों ने संविदा-भंग को व्यवहार-पद के अन्तर्गत परिगणित किया है। मनु एवं याज्ञवल्क्य ने इसे 'संविद व्यतिक्रम', नारद ने 'समयस्यानपाकर्म' तथा बृहस्पति ने 'संविद्यवातिक्रम' की संज्ञा प्रदान किया है। मनु एवं नारद ने 'समय' का अर्थ परम्पराओं से किया है।[164] जबकि अन्यत्र मनु ने इसका अर्थ 'समझौता' किया है।[165] याज्ञवल्क्य ने भी इसका अर्थ 'समझौता' ही किया है।[166]

प्राचीन काल में प्रत्येक संगठन के द्वारा कुछ नियम निर्धारित किये गये थे, जिनका अनुपालन उनके सदस्यों के लिए अनिवार्य था। इसका व्यतिक्रम विवाद

का विषय बन जाता था। नारद ने राजा को दुर्ग एवं जनपदों के संघो, नैगमों, नास्तिकों (पाषण्डियों), श्रेणियों, पूगों एवं गणों के नियमों की रक्षा करने का निर्देश दिया है।[167] इन संघों की कुछ परम्पराओं एवं नियमों के विषय में हमें 'व्यवहार-प्रकाश' एवं 'स्मृतिचन्द्रिका' से सूचनाएँ प्राप्त होती हैं। उनके अनुसार पूगों एवं व्रातों में ऐसी परम्परा अथवा नियम है कि उन्हें एक साथ ही समर में जाना चाहिए, अन्यों को छोड़कर नहीं। गणों में ऐसी परम्परा है कि कर्णवेध पाँचवें दिन अथवा पाँच वर्ष के पश्चात किया जाना चाहिए। कुछ जनपदों में ऐसा नियम है कि क्रेता या विक्रेता अपने हाथ में मूल्य का दसवाँ भाग रख लेता है। दुर्गों एवं राजधानियों में एक ऐसा समय (सहमति, परम्परा) है, जिसके अनुसार बाहर जाते समय यदि कोई साथ में अन्न ले जाय, तो उसका विक्रय नहीं करना चाहिए। ग्रामों में ऐसा समय (सहमति) है कि गोप्रचारण-स्थान (चारागाह) न खोदे जाँय। आभीर-ग्रामों में ऐसा समय है कि स्त्री या पुरुष को व्यभिचार के लिए दण्ड न लगे।[168]

स्मृतिचन्द्रिका में नैगमों के एक नियम का उल्लेख है, जिसके अनुसार जो लोग किसी विशिष्ट वस्त्र से युक्त (वर्दीधारी) नौकरों के संदेश पर ध्यान नहीं देते हैं, वे दण्डनीय होते हैं। श्रेणियों के एक नियम के अनुसार कुछ वस्तुएँ एक निश्चित दल ही बेच सकता है, दूसरा दल नहीं।[169]

नारद ने पाषण्डियों (वैदिक धर्म विरोधियों) के समय को भी महत्व देने का निर्देश दिया है।[170] याज्ञवल्क्य ने राजा को निर्देश दिया है कि यदि 'कार्य चिन्तक' लोग संघ के किसी कार्य को लेकर राजा के पास जायँ, तो वह उनका सम्मान करे।[171] 'कार्य चिन्तक' की व्याख्या करते हुए बृहस्पति ने कहा है कि विविध संघों के व्यापार-कार्य को देखने के लिए धार्मिक, वेदज्ञ, दक्ष, उच्चकुल में उत्पन्न, अलोभी तथा निर्धारित नियमों से कार्य करने वाले दो, तीन अथवा पाँच सदस्यों की सभा को 'कार्यचिन्तक' कहते हैं।[172]

राजा के लिए इन समयों का पालन कराना अपेक्षित था। संविद का व्यतिक्रम करने वाला दण्ड का भागी होता था। याज्ञवल्क्य के अनुसार गण-सम्पत्ति के दुरुपयोगी तथा नियमों को भंग करने वाले व्यक्ति की सम्पत्ति छीनकर उसे देश-निष्कासन का दण्ड देना चाहिए।[173]

ऐसा प्रतीत होता है कि विभिन्न सामाजिक-आर्थिक संगठनों एवं धार्मिक सम्प्रदायों की पृथक्-पृथक् परम्पराएँ रहीं, जिनका परिपालन सुनिश्चित कराना राजा का कर्तव्य निर्धारित कर दिया गया था। संगठन-विशेष की सम्पत्ति के दुरुपयोग की प्रवृत्ति को हतोत्साहित किया गया था।

9. क्रय-विक्रयानुशय-

अनुशय का अर्थ है - 'पश्चाताप'। अतः 'क्रयविक्रयानुशय' का अर्थ क्रय एवं विक्रय के पश्चात होने वाला पश्चाताप है। प्रायः सभी व्यवस्थाकारों ने इसे विवाद-पद स्वीकार किया है। मनु एवं बृहस्पति ने इसे 'क्रय-विक्रयानुशय' तथा कौटिल्य ने 'विक्रीत-क्रीतानुशय' नाम से एक ही विवाद-पद स्वीकार किया है; जबकि याज्ञवल्क्य तथा नारद ने 'क्रीतानुशय' एवं 'विक्रीयासंप्रदान' के रूप में क्रय एवं विक्रय सम्बन्धी विवादों का पृथक्करण किया है।

नारद ने 'क्रीतानुशय' की व्याख्या करते हुए कहा है कि वस्तु का क्रय कर लेने के पश्चात भी यदि क्रेता उसे सम्यक् रूप से स्वीकार नहीं करता है, ऐसा विवाद क्रीतानुशय की कोटि में आता है। इसके विपरीत जब किसी पण्य का विक्रय करके विक्रेता अनुताप करता है, वह विवाद 'विक्रयासम्प्रदान' के अन्तर्गत परिगणित होता है।[174]

ऐसा प्रतीत होता है कि वस्तु के क्रय-विक्रय के सन्दर्भ में अनेक प्रकार के नियमों एवं उपनियमों का विधान था, जिनके प्रतिकूल आचरण करना विवाद का कारण बनता था। मनु का कथन है कि जब क्रय या विक्रय के पश्चात मन में (वस्तु की गुणवत्ता एवं मूल्य के कारण) अनुशय होने लगे, तो वस्तु दस दिनों में लौटायी जा सकती है।[175] परन्तु कात्यायन ने यह छूट केवल भूमि-क्रय के सन्दर्भ में दी है। दस दिनों के पश्चात न तो क्रेता विक्रेता को वस्तु वापस कर सकता है और न ही विक्रेता क्रेता से वस्तु वापस माँग सकता है।[176] नारद ने निर्देश दिया है कि क्रीत वस्तु उसी दिन लौटायी जा सकती है, परन्तु क्रीत वस्तु के दूसरे अथवा तीसरे दिन लौटाये जाने पर क्रमशः तीसवाँ एवं पचासवाँ भाग कट जाता है।[177] कौटिल्य ने अनुशय (बयाना) का उल्लेख किया है। उन्होंने व्यापारियों, कर्षकों, ग्वालों एवं वर्णसङ्करों तथा उत्तम वर्णों के जीवन निर्वाह के आधारभूत भूमि

आदि के अनुशय लौटाने के लिए क्रमशः एक, तीन, पाँच एवं सात रात्रियों की छूट दी है, किन्तु यदि क्रेता अनुशय लेकर क्रय करने से विमुख हो जाय अथवा विक्रेता अनुशय लेने के पश्चात वस्तु के विक्रय से विमुख हो जाय, तो उसे दण्डित होना पड़ता है।[178] इस प्रसंग में 'व्यवहार-प्रकाश' सत्यङ्कार का उल्लेख करते हुए याज्ञवल्क्य एवं व्यास को उद्धृत करता है; जिनके अनुसार यदि क्रेता विक्रय के पूर्व ही कुछ धन सत्यङ्कार (बयाना) के रूप में दिया रहता है तथा वह वस्तु विक्रेता के दोष के कारण बिक जाती है, तो क्रेता को सत्यङ्कार धन का दूना लौटाना पड़ता है, किन्तु यदि कालान्तर में वस्तु के क्रय से विमुख हो जाता है, तो वह वस्तु तथा सत्यङ्कार दोनों से वंचित हो जाता है।[179]

वस्तु के क्रय में अत्यन्त सावधानी बरतने की बात कही गई है। नारद ने निर्देश दिया है कि क्रेता को वस्तु का क्रय करते समय उसके गुण-दोष पर विचार कर लेना चाहिए।[180] बृहस्पति का विचार है कि क्रेता को वस्तु का स्वयं परीक्षण तो कर ही लेना चाहिए, अन्य के द्वारा भी वस्तु का परीक्षण करा लेना चाहिए।[181] ऐसा प्रतीत होता है कि प्राक्गुप्त एवं गुप्त युग में वस्तुओं के निर्माण में मिलावट तथा विक्रय में जालसाजी होती रहती थी तथा धूर्त व्यापारी गुणवत्ता की दृष्टि से हीन वस्तु को उत्तम कहकर बेच देते थे। फलतः वस्तु के दोषयुक्तता एवं दोषहीनता को लेकर प्रायः विवाद की स्थिति उत्पनन होती रहती थी। इस संदर्भ में व्यवस्थाकारों का राजा को निर्देश है कि यदि विक्रेता किसी दोषयुक्त वस्तु को दोषहीन कहकर बेच देता है, तो ऐसे धूर्त व्यापारी को दूना मूल्य देकर वस्तु वापस करने के लिए विवश करे तथा वस्तु के मूल्य के बराबर धन स्वयं अर्थदण्ड के रूप में प्राप्त करे।[182] परन्तु नारद ने यह भी निर्देशित किया है कि यदि कोई दोषयुक्त वस्तु ज्ञात रूप में निरीक्षण के पश्चात क्रय की जाती है, तो वह लौटायी नहीं जा सकती है।[183]

ऐसा प्रतीत होता है कि गुप्त युग में जमाखोरी एवं मुनाफाखोरी में वृद्धि हो रही थी। इसे नियन्त्रित करने के लिए व्यवस्थाकारों ने कुछ नियमों की व्यवस्था की। उन्होंने इस तथ्य को सदैव ध्यान में रखा कि वस्तु का मूल्य नियन्त्रित रहे तथा कोई विक्रेता अनुचित मूल्य प्राप्त करने का प्रयास न करे। कात्यायन का मत है कि अनुचित मूल्य पर बेची गई वस्तु 100 वर्षों के उपरान्त भी लौटायी

जा सकती है।[184] निश्चय ही यहाँ लौटायी जाने वाली वस्तुओं से आशय भूमि, भवन आदि अचल सम्पत्तियों से है। उन्होंने यह भी व्यवस्था दी है कि यदि भूस्वामी प्रतिभू के साथ पलायित हो जाता है, तो न्यायाधीश कर-प्राप्ति के लिए भूमि को विक्री पर चढ़ा सकता है, किन्तु यह विक्रय 10 वर्षों के अन्दर ही निरस्त किया जा सकता है।[185] बृहस्पति का मत है कि कर न अदा करने पर राजाज्ञा द्वारा भूमि का विक्रय भी किया जा सकता है। ऐसी भूमि को आधा अथवा एक चौथाई मूल्य देकर भी कोई क्रय कर सकता है, किन्तु वास्तविक भू-स्वामी समग्र मूल्य तीन पीढ़ियों तक देकर उस भूमि को पुनः प्राप्त कर सकता है।[186] यह प्रणाली आधुनिक नीलामी प्रणाली का स्मरण दिलाती है, जिसमें क्रय के इच्छुक व्यक्ति अत्यन्त कम मूल्य देकर सामान क्रय कर लेते हैं।

मनु एवं कौटिल्य ने वर-वधू सम्बन्धी कुछ विवादों को क्रय-विक्रय सम्बन्धी विवाद प्रकरण के अन्तर्गत स्थान दिया है। ऐसे विवाद वर एवं वधू के दोष से सम्बन्धित हैं। कौटिल्य का मत है कि ब्राह्मण, क्षत्रिय एवं वैश्य वर्णों में विवाहोपरान्त यदि पति-पत्नी के प्रथम समागम के समय कोई योनि-लिङ्गज दोष ज्ञात हो, तो सम्बन्ध-विच्छेद हो सकता है। परन्तु सन्तानोत्पत्ति के पश्चात ऐसा सम्भव नहीं है।[187] कन्या के गुप्त दोष को छिपाकर विवाह करने वालों के लिए कौटिल्य एवं मनु 96 पण का दण्ड निर्धारित करते हैं।[188] परन्तु वर के दोषों को छिपाकर विवाह करने पर यह दण्ड दूना हो जाता है।[189] मनु कन्या की मर्यादा के प्रति सतर्क हैं। अतः उन्होंने यह निर्देश दिया है कि जो व्यक्ति द्वेषवश कन्या को क्षतयोनि कहकर लांछित करे; परन्तु उसे प्रमाणित करने में समर्थ न हों, तो उसे 100 पण का दण्ड देना चाहिए।[190]

वर्तमान परिवेश में वर-वधू सम्बन्धी विवादों का जो परिचय मनु एवं कौटिल्य ने दिया है, उससे आश्चर्य होता है कि किस आधार पर योनि-लिंगज दोष को क्रय-विक्रय विवाद के अन्तर्गत स्थान दिया गया। यह दोष तो समाज में वास्तविकता को छिपाने का है। पुनः प्राचीन भारत में विवाह एक धार्मिक संस्कार था, न कि समझौता। अतः क्रय-विक्रय सम्बन्धी विचार युक्तिसंगत नहीं प्रतीत होता है।

10. स्वामिपाल विवाद -

भारत प्रारम्भ से ही कृषि-प्रधान देश रहा हैं। अतः यहाँ पर पशुओं के स्वामित्व, उनके चारण तथा सुरक्षा से सम्बन्धित विवादों का होना अनपेक्षित नहीं था। कौटिल्य, नारद तथा बृहस्पति ने इसकी व्याख्या पृथक् विवाद के रूप में न करके वेतन से सम्बन्धित प्रकरण के अन्तर्गत किया है। परन्तु मनु तथा याज्ञवल्क्य ने इसे 'स्वामिपाल विवाद' के रूप में पृथक् व्यवहार-पद स्वीकार किया है।

'स्वामिपाल विवाद' के अन्तर्गत मुख्यतः पशुस्वामियों एवं चरवाहों (पशुपाल) का विवाद परिगणित होता था। कृषि प्रधान देश होने के कारण पशुओं से फसल की सुरक्षा करना एक महत्वपूर्ण उत्तरदायित्व था। अतः जानबूझकर खेतों को चराने वाले के लिए चौर-दण्ड का विधान था।[191] पशु स्वामियों के लिए अनिवार्य था कि वे अपने पशुओं की रक्षा तो करें ही, पशुओं से अन्य लोगों के खेतों की भी रक्षा करें। प्रायः पशुओं को चराने के लिए चरवाहों की व्यवस्था की जाती थी, जिन्हें 'पशुपाल' कहते थे। इनका पारिश्रमिक पूर्व में ही निश्चित कर लिया जाता था। मनु के अनुसार पारिश्रमिक पूर्व में निश्चित न होने की अवस्था में पशुपाल पशुस्वामी के 10 गायों में से एक सर्वोत्तम गाय का दूध दुह सकता था,[192] जबकि बृहस्पति के अनुसार ऐसी अवस्था में पशुपाल प्रति आठवें दिन सम्पूर्ण दूध प्राप्त करता है।[193] नारद की दृष्टि पशुपाल के प्रति अधिक उदार है। उन्होंने निर्देश दिया है कि इनके अतिरिक्त पशुपाल को प्रतिवर्ष एक वत्सतर (बछड़ा) तथा दो सौ गायों पर एक वत्सतरी (बछड़े सहित) धेनु प्रदान करना चाहिए।[194] ऐसा प्रतीत होता है कि गुप्त युग में दुग्ध-उद्योग पूर्ण रूप से विकसित हो चुका था। पशुपालों की रुचि पशुचारण में निरन्तर बनी रहे; इसके लिए आवश्यक था कि उन्हें नियमित पारिश्रमिक के अतिरिक्त 'बोनस' के रूप में कुछ अतिरिक्त भी दिया जाय। पशुपाल को प्रतिवर्ष वत्सतर एवं वत्सतरी धेनु दिया जाना इसी तथ्य की ओर संकेत देता है।

इन प्राप्त सुविधाओं के प्रतिदान में पशुपाल को पशुओं की पूर्ण सुरक्षा के उत्तरदायित्व का निर्वहन करना पड़ता था। उसे पशुओं की कीड़ो, चोरों, व्याघ्रों एवं कन्दराओं आदि से यथाशीघ्र रक्षा करनी पड़ती थी एवं रक्षण में असमर्थ होने पर पशुस्वामी को सद्यः सूचना देनी पड़ती थी।[195] परन्तु यदि पशुपाल की लापरवाही

से पशुक्षति हो जाय तथा पशुपाल जानबूझकर पशुओं को बचाने का प्रयत्न न करे, तो इसकी क्षतिपूर्ति उसे ही करनी पड़ती थी।[196] इन सामान्य नियमों के कुछ अपवाद भी थे। यथा- पशु को चोर उठा ले जाय तथा पशुपाल ने पशुस्वामी को इसकी सद्यः सूचना दे दिया हो एवं पशु की सहज रूप में मृत्यु हो गई हो तथा पशुपाल उसके कान, चर्म एवं बाल आदि को स्वामी को दिखा दे, तो उसे दण्ड से मुक्ति मिल जाती थी।[197] इसके बावजूद पशुपाल का उत्तरदायित्व अधिक था। स्वामी द्वारा निश्चित वेतन प्राप्त कर लेने पर भी यदि पशुरक्षक पशुओं को निर्जन वन में अरक्षित छोड़कर घूमता हुआ पाया जाता था, तो वह राजा द्वारा दण्ड प्राप्त करता था।[198] इसके अतिरिक्त बाड़ के रहते हुए भी यदि पशु खेतों में प्रविष्ट होकर उसकी उपज नष्ट कर दे, तो गापालकों अथवा चरवाहों को दण्डित होना पड़ता था।[199]

11. सीमा-विवाद- प्रायः सभी स्मृतिकारों ने सीमा-विवाद को व्यवहार-पद के अन्तर्गत स्थान दिया है। मनु, कौटिल्य तथा याज्ञवल्क्य ने इसे 'सीमा-विवाद' नारद ने 'क्षेत्रज-विवाद' तथा बृहस्पति ने 'सीमावाद' की संज्ञा से अभिहित किया है।

ग्राम्य-सभ्यता के अन्तर्गत कृषि का स्थान सर्वाधिक महत्वपूर्ण होता है। सभी प्रकार के वृक्ष, फसलें तथा सब्जियाँ आदि खेतों में ही उगायी जाती हैं। अतः खेतों का सीमा-विवाद व्यवहार का एक प्रमुख पद रहा है। नारद ने ऐसे विवादों को जिनमें सेतु या बाँध, खेतों की सीमा, उर्वर एवं अनुर्वर खेत के विवाद सम्मिलित हों, 'क्षेत्रज-विवाद' के अन्तर्गत सम्मिलित किया है।[200] इतना ही नहीं पशुओं के चारण के सन्दर्भ में चारागाहों की महत्वपूर्ण भूमिका के कारण इसे भी सीमा-विवाद में सम्मिलित किया गया।

कात्यायन ने भूमि विवाद के छः कारणों का उल्लेख किया है- अधिक भूमि माँगना, दूसरों को न्यून अंश देना, अन्यों के अंश को स्वीकार न करना, स्वयं के लिए अधिक अंश का दावा करना, अभोगभुक्ति (न भोगी हुई भूमि) पर भोग का दावा करना तथा सीमा निर्धारण का न होना।[201] अतः सीमा निर्धारण से खेत सम्बन्धी विवादों को कम किया जा सकता है।

ऐसा प्रतीत होता है कि व्यवस्थाकार इस तथ्य से सुविज्ञ थे कि सीमाङ्कन के न होने के कारण अनेक प्रकार के क्षेत्र विवादों का जन्म होता है। अतः उन्होंने

खेत की सीमा निर्धारण के सन्दर्भ में अनेक प्रबन्ध किया। मनु ने निर्देश दिया है कि सीमा वट, पीपल, ढाक, सेमल, ताल तथा गूलर आदि दूधवाले वृक्षों, गुल्म, बाँस तथा अनेक प्रकार के शमी वृक्षों, बल्ली, लता, मिट्टी के टीले, सरपत तथा झाड़ियों आदि के द्वारा बनाया जाना चाहिए, क्योंकि इनसे निर्मित सीमा कभी नष्ट नहीं होती है।[202] इसके अतिरिक्त नदियों के प्रवाहों, तटाकों एवं जलाशयों के द्वारा प्राकृतिक सीमाएँ बनती हैं।[203] कभी-कभी मृद्भाण्डों में भूसा, कोयला, ईंट, पत्थर तथा हड्डियाँ आदि रखकर गुप्त रूप से दो खेतों के सन्धि स्थान पर सीमा-निर्धारण हेतु गाड़ दिया जाता था।[204] ऐसा प्रतीत होता है कि इन्हें गाड़ने का उद्देश्य यह था कि ये वस्तुएँ शीघ्र नष्ट नहीं होती हैं एवं सीमा-निर्धारण में स्थायित्व रहता है।

नारद ने पाँच प्रकार की सीमाओं का उल्लेख किया है- 'ध्वजिनी' (ध्वज के समान ऊँचे वृक्षों के द्वारा निर्मित सीमा), 'मत्स्यिनी' (मछलियों वाली अर्थात जलाशयों के घेरे वाली सीमा), 'नैधानी' (गुप्त चिह्नों द्वारा निर्मित सीमा), 'भयवर्जिता' (पारस्परिक सहमति द्वारा निर्मित सीमा) तथा 'राजशासननीता' (राजा द्वारा निर्धारित सीमा)[205]। निश्चय ही नारद द्वारा वर्णित उपर्युक्त सीमा निर्धारण मानवकृत है, न कि प्राकृतिक।

बृहस्पति ग्राम स्थापना के समय ही स्पष्ट एवं गुप्त लक्षणों से युक्त सीमा-निर्धारण का निर्देश देते हैं तथा वृद्धों को सलाह देते हैं कि वे सीमाओं के संकेतों एव लक्षणों आदि को अपनी संततियों एवं रक्त सम्बन्धियों को दिखा दें एवं वे भी अपने पुत्रोंएवं पौत्रों को दिखाते रहें, जिससे सीमाज्ञान की परम्परा वर्द्धमान रहे।[206] कात्यायन का विचार है कि दो खेतों की सीमा पर उगे फल-फूलों को न्यायाधीश द्वारा उभयपक्ष की सम्पत्ति घोषित कर देनी चाहिए, किन्तु यदि किसी के खेत में उगा वृक्ष किसी अन्य के खेत में अपनी डालियाँ फैला ले, तो उस वृक्ष का फल वृक्ष के वास्तविक स्वामी को ही मिलना चाहिए, न कि उस भूस्वामी को, जिसके खेत में डालियाँ फैली हैं।[207]

ऐसा प्रतीत होता है कि सीमा-अतिक्रमण की समस्या प्रत्येक युग में बनी रही। जनसंख्या में उत्तरोत्तर वृद्धि इसका प्रमुख कारण था। व्यवस्थाकारों ने सीमा-अतिक्रमण को अत्यन्त गम्भीरता से लिया है। याज्ञवल्क्य ने सीमा-अतिक्रमण, अपने खेत की

सीमा से बढ़कर आगे जोतने तथा अन्य को अपना खेत जोतने से मना करने वाले व्यक्ति को क्रमशः अध (साधारण), उत्तम तथा मध्यम दण्ड देने की व्यवस्था की है।[208]

सीमाङ्कन में साक्षियों की भूमिका निश्चय ही प्रत्येक युग में अत्यन्त महत्वपूर्ण रही है। किन्तु कभी-कभी कोई व्यक्ति यथार्थ का ज्ञान रखते हुए भी न्यायालय में साक्षी के रूप में उपस्थित नहीं होना चाहता है। अतः कौटिल्य ने निर्देश दिया है कि गाँव के किसान, गोपालक, वृद्ध तथा बाहर का कोई अनुभवी, एक या अनेक पुरुष वेश बदलकर जाँय तथा सीमा के चिह्नों का ज्ञान प्राप्त कर न्यायाधीश को सूचित करें।[209] नारद के मतानुसार साक्षियों के अभाव में सामन्तों (पड़ोसियों), वृद्धों, कृषकों, पशुरक्षकों शकुनिकों (बहेलियों), शिकारियों, मछली मारने वाले, नटों, विवादित भूमि के पास का खेत जातने वालों तथा अन्य वनेचरों के द्वारा राजा के समक्ष सीमा-विवाद का निर्धारण होना चाहिए।[210] इसके अतिरिक्त सीमा-विवाद के अन्तर्गत ही जल-निकास प्रणालियों, मल-मूत्र विसर्जन प्रणालियों (मोरियों) घोरियों[211], घूरा आदि के सम्बन्ध में भी नियम निर्धारित कर दिये गये थे। उद्देश्य यह था कि प्रत्येक कोटि के सीमा-विवाद न्यूनातिन्यून न्यायालय में प्रस्तुत हो।

ऐसा प्रतीत होता है कि प्राचीन व्यवस्थाकार भी पर्यावरण को प्रदूषित होने से बचाने के लिए प्रयत्नशील थे तथा आधुनिक काल की तुलना में उनकी व्यवस्थाएँ अधिक कठोर थी। आधुनिक काल में सार्वजनिक स्थानों, जलाशयों, मंदिरों एवं अन्य पवित्र स्थलों पर गन्दगी करने वाले लोग व्यवहार में दण्ड नहीं प्राप्त करते हैं। फलतः इन स्थानों पर गन्दगी, मल मूत्र, कूड़ा-करकट आदि का बाहुल्य रहता है। परन्तु प्राचीन भारत में इन्हें प्रदूषित होने से रोकने के लिए दण्ड का समावेश किया गया था तथा इन्हें वास्तविक रूप में सम्बन्धित व्यक्ति से प्राप्त भी किया जाता था। कौटिल्य ने वाहनों के मार्ग पर धूल फेंकने पर 1/8 पण, मिट्टी से अवरोध उत्पन्न करने पर 1/4 पण, जल स्थानों, मन्दिरों एवं राज प्रासादों के पास मल-मूत्र करने पर क्रमशः 2,3 एवं 4 पणों का दण्ड निर्धारित किया है।[212] बृहस्पति ने ऐसे लोगों, जो जानबूझ कर जनमार्ग का अवरोध करते हैं या मलमूत्र का परित्याग करते हैं, के लिए एक माषक दण्ड का विधान किया है।[213] मनु ने भी जनमार्गों पर मल-मूत्र त्याग को सीमा-विवाद के अन्तर्गत ही स्थान दिया है। उन्होंने जनमार्गों पर मल-मूत्र त्याग के दोषी लोगों पर दो कार्षापण दण्ड का विधान किया है;

साथ ही उसे स्वच्छ करने का भी निर्देश दिया है, परन्तु बीमार, वृद्ध; गर्भवती महिलाओं तथा बच्चों को अर्थदण्ड से मुक्त रखा है, केवल फटकार को ही पर्याप्त माना है।[214] कात्यायन ने निर्देश दिया है कि लोगों को किसी के घर की दीवार से लगभग दो हाथ हटकर ही घूरा लगाना चाहिए। साथ ही अपने घर से भी घूरे को दूर रखना चाहिए।[215] इसके अतिरिक्त कौटिल्य, मनु एवं बृहस्पति आदि की भाँति कात्यायन ने भी तालाबों, उद्यानों, तीर्थों (घाटो) आदि को गन्दी वस्तुओं से अपवित्र करने वालों तथा पवित्र स्थानों पर गन्दा कपड़ा धोने वालों के लिए दण्ड का प्राविधान किया है।[216] इस प्रकार स्पष्ट है कि मौर्यकाल से लेकर गुप्तकाल तक व्यवस्थाकार पर्यावरण को प्रदूषित होने से रोकने के लिए सतत् जागरुक रहे।

12. स्तेय :-

मनु, याज्ञवल्क्य तथा बृहस्पति ने स्तेय को पृथक् रूप से व्यवहार-पद के अन्तर्गत स्थान दिया है, जब कि नारद ने इसका उल्लेख पृथक् रूप से न करके 'साहस' के अन्तर्गत किया है। वर्गीकरण की दृष्टि से कौटिल्य ने इसे पृथक् स्थान न देकर 'शङ्कारूपकर्माभिग्रह' के अन्तर्गत गौण स्थान दिया है। साथ ही उन्होंने इसका उल्लेख 'धर्मस्थीय' के अन्तर्गत न करके 'कण्टकशोधन' के अन्तर्गत किया है, जब कि बृहस्पति ने इसे अर्थमूलक वाद स्वीकार किया है।

'स्तेय' का अर्थ चोरी है। चोर से जन एवं राज्य की सम्पत्ति की रक्षा करना एवं चोर को दण्डित करना प्राचीन भारतीय राजाओं का आदर्श रहा है। मनुस्मृति में कहा गया है कि चोरों को दण्ड देने से राजा के यश तथा राज्य में वृद्धि होती है, परन्तु चोर को दण्ड न देने वाला राजा चोर के पाप का भागी होता है।[217]

ऋग्वेद में चोरी के प्रसंग में 'स्तेन' एवं 'तस्कर' शब्दों का प्रयोग हुआ है। तस्कर रात्रि में दिखायी देते हैं एवं गुप्त धनों को जानते हैं।[218] ऋग्वेद में एक स्थल पर 'स्तेन' का अर्थ 'गाय चुराने वाला' बताया गया है।[219] ऋग्वेद में 'स्तेन' एवं 'तस्कर' के पीछे कुत्ता दौड़ाने का उल्लेख प्रापत होता है।[220] तैत्तिरीय संहिता की टीका को उद्धृत करते हुए, पी०वी० काणे ने 'तस्कर' का अर्थ 'प्रकट रूप से चोरी करने वाला' तथा 'स्तेन' का अर्थ 'गुप्त रूप से धनसम्पत्ति का अपहरण करने वाले चोर' से लगाया है।[221] इसके अतिरिक्त तैत्तिरीय संहिता में 'ममिल्लु'[222]

शब्द प्रयुक्त हुआ है, जिसका अर्थ 'डाकू' है। ऐसा प्रतीत होता है कि वैदिक काल से मौर्य काल तक पहुँचते-पहुँचते स्तेय की परिभाषा, प्रकार एवं क्षेत्र में परिवर्तन हो चुका था। अब स्तेन मात्र गाय चुराने वाला सामान्य चोर नहीं रह गया था, बल्कि अब वह मूल्यवान आभूषण, वस्त्र, धन, बहुमूल्य घरेलू वस्तुओं एवं अनाज आदि की चोरी करने लगा था। मौर्योत्तर काल में स्तेय में वृद्धि होने लगी थी तथा गुप्तकाल में स्तेय का क्षेत्र इतना अधिक विस्तृत हो गया कि स्तेय के अनेक प्रकार एवं उपप्रकार निर्धारित होने लगे एवं स्तेय की परिभाषा ही बदलने लगी। कात्यायन ने गुप्त अथवा प्रत्यक्ष रूप से रात्रि अथवा दिन में होने वाले पर द्रव्य-हरण को स्तेय कहा है।[223] नारद के द्वारा व्याख्यायित स्तेय की परिधि कुछ विस्तृत है। उन्होंने सोते हुए, असावधान अथवा उन्मत्त लोगों के धन के अपहरण को स्तेय कहा है।[224]

याज्ञवल्क्य तथा नारद ने वस्तु के मूल्य के आधार पर स्तेय को तीन कोटियों में विभक्त किया है- क्षुद्र (निम्न), मध्य (मध्यम) तथा उत्तम (गम्भीर)।[225] क्षुद्र स्तेय के अन्तर्गत मृद्भाण्ड, आसन, पलंग, लकड़ी, चर्म तथा खाद्य सामग्री, मध्यम कोटि के स्तेय के अन्तर्गत साधारण वस्त्र, छोटे पशु, स्वर्णेतर धातु, चावल एवं जौ की चोरी तथा उत्तम कोटि के स्तेय के अन्तर्गत हीरे एवं सोने के आभूषण, रेशमी वस्त्र, स्त्रियों, पुरुषों, पालतू पशुओं, हस्ति, अश्व, ब्राह्मण धन तथा मन्दिर की सम्पत्ति की चोरी सम्मिलित है। उल्लेखनीय है कि नारद की इस सूची में वर्णित स्त्रियों एवं पुरुषों के स्तेय को अन्य व्यवस्थाकारों ने साहस के अन्तर्गत परिगणित किया है।

मनु[226] तथा बृहस्पति[227] ने दो प्रकार के तस्करों का उल्लेख किया है- 'प्रकाश' (प्रकट रूप से चोरी करने वाले) तथा 'अप्रकाश' (गुप्त रूप से चोरी करने वाले)। प्रकाश तस्कर के अन्तर्गत कूटमान तुलाश्रित (दोषयुक्त तुला एवं बाट रखने वाले व्यापारी), सभ्य उत्कोचक (सभ्यों को उत्कोच देने वाले), जुआरी, वेश्याएँ, मङ्गलादेशवृत्तक (विचौलिए, जो मध्यस्थता करते हैं) पण्यवञ्चक (नकली वस्तु विक्रेता), दैवोत्पाद (मिथ्या भविष्यवक्ता) एवं कूटसाक्षी (झूठा साक्षी) आदि सम्मिलित हैं।[228]

अप्रकाश तस्कर रात्रि में विचरण करने वाले चोर हैं। व्यास ने इनके नौ में दो का उल्लेख किया है-[229] (1) उत्क्षेपक (उच्चका) (2) सन्धिभेत्ता

(सेंध मारने वाला) (3)पांथमुड् (पथिकों को लूटने वाला) (4) ग्रंथिभेदक (पाकेटमार) (5) स्त्रीचोर (6) पुरुषचोर (7) अश्वचोर (8) पशुचोर एवं (9) अन्य पशु (बकरी, मुर्गा आदि) चोर।

कौटिल्य ने 'कण्टकशोधन' के अन्तर्गत एक पूरे प्रकरण (प्रकरण 81) में अनेक लक्षणों का उल्लेख किया है, जिनके माध्यम से संदेह के आधार पर प्रथम द्रष्ट्या चोर की पहचान की जा सकती है। उन्होंने राजा एवं राजकर्मचारियों को निर्देश दिया है कि वे सर्वप्रथम सन्देह के आधार पर चोर का पता लगावें,[230] किन्तु नारद का विचार है कि केवल सन्देह के आधार पर अपराध सिद्ध नहीं होता है। सम्भव है कि निरपराध व्यक्ति भी अपराधी जैसा प्रतीत हो। यथा- यदि किसी के पास चोरी की वस्तु प्राप्त होती है, तो वह चोर सिद्ध हो सकता है। परन्तु यह भी सम्भव है कि वह वस्तु उसे किसी अन्य व्यक्ति से प्राप्त हुई हो या लावारिस रूप में मिली हो।[231]

ऐसा प्रतीत होता है कि प्रारम्भ में कुछ वस्तुओं के उपभोग को (यदि आज्ञा नहीं भी ली गई हों तो भी) अपराध नहीं माना जाता था। ऐसी वस्तुओं में फल-फूल, ईंधन, चारा आदि सम्मिलित थे। गौतम, मनु तथा याज्ञवल्क्य ने ब्राह्मण, क्षत्रिय एवं वैश्य को घास, ईंधन, पुष्प, गाय को खिलाने के लिए पत्ते आदि लेने और अरक्षित फल तोड़ने पर अपराधी नहीं ठहराया है।[232] किन्तु मिताक्षरा ने इन्हें स्तेय के अन्तर्गत रखा है।[233]

प्राचीन व्यवस्थाकारों ने स्तेय के अन्तर्गत विवेचना में अत्यधिक कठोरवृत्ति नहीं अपनायी। उन्होंने मानवीय पक्ष को प्रायः ध्यान में रखा। अतः ज्ञातरूप में की गयी चोरी को तो उन्होंने स्तेय के अन्तर्गत रखा; परन्तु आपत्तिकाल में किये गये कुछ कर्मों को स्तेय-अपराध के अन्तर्गत विवेचित नहीं किया। व्यास ने आपद्काल में क्षुधा-तृप्ति के लिए चोरी करने को अपराध नहीं माना है। परन्तु प्रतिबन्ध यह है कि चोरी सर्वप्रथम अपने से किसी हीन जाति वाले के यहाँ, तब समान जाति वाले के यहाँ और अन्त में अपने से उच्च जाति वाले के यहाँ की गई हो।[234] निश्चय ही व्यास का दृष्टिकोण मानवीय था एवं जीवन रक्षण के लिए किये गये आपद् चौरकर्म को सामान्य स्तेय से पृथक् रखा। मनु एवं नारद की दृष्टि में भोजन कम पड़ जाने पर यात्री के द्वारा विना माँगे किसी खेत से दो ईख, दो मूली,

दो तरबूज, पाँच आम, एक मुट्ठी खजूर, बेर या चावल, गेहूँ या चना ले लेना स्तेय नहीं है।[235]

प्राय: सभी व्यवस्थाकारों ने[236] जानबूझकर चोर को संरक्षण देने की प्रवृत्ति को हतोत्साहित करने का प्रयास किया है एवं चोर संरक्षक को भी चोर के समान ही दण्ड देने का निर्देश दिया है।

उपर्युक्त सर्वेक्षण से यह निष्कर्ष निकलता है कि वैदिक युग में गाय ही प्रमुख सम्पत्ति थी। अत: इसकी चोरी को अधिक महत्व दिया गया। परन्तु द्वितीय नागरीकरण के साथ मुद्राओं का आविर्भाव हुआ, व्यापार की उन्नति हुई एवं कृषि वृद्धि पर बल दिया गया। अत: कालान्तर में इनसे सम्बन्धित स्तेय को दण्डनीय मानना स्वाभाविक प्रतीत होता है।

13. स्त्री-पुंधर्म-

मनु ने पति-पत्नी के धर्म अर्थात् कर्तव्यों को व्यवहार-विषय मानते हुए 'स्त्री-पुंधर्म' के रूप में इसका उल्लेख किया है। नारद एवं बृहस्पति ने इस व्यवहार-पद का उल्लेख 'स्त्री-पुंसयोग' के अन्तर्गत किया है। कौटिल्य ने इसकी व्याख्या स्वतन्त्र प्रकरण के रूप में न करके अनाम रूप में किया है।[237] इन व्यवस्थाकारों के विपरीत याज्ञवल्क्य ने पति-पत्नी के कर्तव्यों को व्यवहार-पद की परिधि से बाहर रखकर इसका उल्लेख 'आचाराध्याय' के अन्तर्गत किया है।

नारद ने 'स्त्री-पुंसयोग' की व्याख्या में कहा है कि स्त्री-पुरुष (पति-पत्नी) विवाह आदि (धार्मिक) कृत्यों के समय कर्तव्य करने का जो व्रत लेते हैं, उसे 'स्त्रीपुंसयोग' तथा तत्सम्बन्धी विवादों को 'स्त्री-पुंसयोग विवाद' कहते हैं।[238]

वैदिक काल से ही पत्नी का पालन-पोषण करना पति का कर्तव्य निर्धारित किया गया था। यह परम्परा महाकाव्य युग तथा स्मृति युग होते हुए परवर्ती काल में भी प्रचलित रही। अथर्ववेद में पाणिग्रहण के समय पति द्वारा पत्नी के भरण-पोषण की घोषणा किये जाने का उल्लेख प्राप्त होता है।[239] पत्नी का भरण-पोषण करने के कारण ही पति को 'भर्ता' की संज्ञा प्राप्त हुई। महाभारत में स्पष्टत: कहा गया है कि भार्या (भरण पोषण किये जाने योग्य=पत्नी) का भरण करने के कारण

पुरुष 'भर्ता' तथा पालन करने के कारण 'पति कहा जाता है।'[240] उसी पुरुष का जीवन सार्थक है, जो अन्न पान से अपनी पत्नी का मन जीत ले।[241]

पति का प्रथम कर्तव्य पत्नी की विपत्ति काल में रक्षा करना निश्चित किया गया है। महाभारत में पुरुष (पति) को आपत्ति काल के लिए अर्थ संचय कर उस धन से स्त्रियों (पत्नियों) के रक्षण करने का निर्देश दिया गया है।[242] महाभारत में ही कहा गया है कि भार्यारक्षण में असमर्थ पुरुष महान अपयश पाता है एवं नरकगामी होता है।[243] मनु, नारद एवं बृहस्पति भी भार्यारक्षण को पति का उत्तरदायित्व निर्धारित करते हैं। परन्तु इनका दृष्टिकोण सकारात्मक न होकर निषेधात्मक है। मनु ने सावधान किया है कि यदि पति-पत्नी की रक्षा नहीं करेगा, तो दूषित सन्तानें उत्पन्न होंगी। अतः स्त्री की यत्नपूर्वक रक्षा की जानी चाजिए।[244] नारद स्त्री-स्वतन्त्रता का इसलिए विरोध करते हैं कि स्वतन्त्रता के कारण अच्छे कुल की स्त्रियाँ भी पतित हो जाती हैं।[245] अतः वे पत्नी के रक्षण के बहाने उन पर नियन्त्रण रखने के पोषक प्रतीत होते हैं। बृहस्पति की दृष्टि में स्त्रियाँ यत्किञ्चित सूक्ष्म कारणों से भी पथभ्रष्ट हो सकती हैं। अतः साधारण से साधारण अनुचित अनुरागों से उनकी रक्षा की जानी चाहिए।[246] परन्तु मनु स्त्रियों पर अत्यधिक नियन्त्रण के पक्षधर नहीं प्रतीत होते हैं; क्योंकि स्त्रियों की अत्यधिक नियन्त्रण के द्वारा रक्षा नहीं की जा सकती है। अतः वे उन्हें गृहकार्य में सन्नद्ध रखने का निर्देश देते हैं।[247] याज्ञवल्क्य भी पत्नी को रक्षणीय मानते हैं।[248] पतित पत्नी के रक्षण का विधान भी दृष्टिगोचर होता है।[249]

ऐसा प्रतीत होता है कि शास्त्रकार पति पर पत्नी के भरण-पोषण का उत्तरदायित्व डालकर ही संतुष्ट नहीं रहे। उन्होंने निर्दोष पत्नी का त्याग करने वालों की भी भर्त्सना करते हुए उन्हें दण्डनीय अपराधी माना है।[250] महाभारत की दृष्टि में साध्वी स्त्री का त्याग करने वाला पुरुष ऐसा अपराध करता है, जिसका कोई निदान नहीं है।[251] पराशर का मत है कि जो पुरुष यौवन में अदुष्टा एवं अपतिता भार्या का परित्याग करता है, वह सात जन्मों तक स्त्री बनता है एवं प्रत्येक जन्म में वह स्त्री विधवा होती है।[252]

याज्ञवल्क्य आज्ञाकारिणी, दक्ष, पुत्रवती एवं प्रियवादिनी भार्या के परित्याग करने वाले पति पर साम्पत्तिक प्रतिबन्ध लगाते हैं। उनके अनुसार ऐसे पति की सम्पत्ति

का तीसरा भाग छीनकर पत्नी को दिलाना चाहिए। इतना ही नहीं पति के निर्धन होने पर भी स्त्री को भरणव्यय दिलाना चाहिए।[253] नारद ने राजा को निर्देश दिया है कि वह अनुकूल, प्रियवादिनी, कुशल, साध्वी और सन्तानवाली पत्नी का परित्याग करने वाले पुरुष को अत्यधिक दण्ड दे तथा उसे पत्नी के साथ रहने के लिए विवश करे।[254]

उपर्युक्त विवरण से यह अनुमान लगता है कि वैदिक काल में पति-पत्नी सम्बन्धों में माधुर्य था। दोनों का स्तर समान था। परन्तु इसके पश्चात प्राक्-गुप्त युगीन विचारकों का स्त्रियों के प्रति कठोर दृष्टिकोण प्रदर्शित होता है। पुनः गुप्तकालीन शास्त्रकारों ने स्त्रियों के प्रति उदार दृष्टिकोण प्रदर्शित किया है।

14. विभाग-

'विभाग' से तात्पर्य विभाजन से है। प्रायः सभी व्यवस्थाकारों ने इसे व्यवहार-विषय के रूप में स्वीकार किया है। कौटिल्य, नारद तथा बृहस्पति ने इसे 'दायभाग', याज्ञवल्क्य ने 'दायविभाग' तथा मनु ने 'विभाग' नाम से इसका उल्लेख किया है। इसके अन्तर्गत ऐसे विवाद सम्मिलित हैं, जो सम्पत्ति के विभाजन से सम्बन्धित हैं।

वैदिक काल में पितृसत्तात्मक परिवार प्रणाली का प्रचलन था, जिसमें पिता का स्थान सर्वोपरि रहा। पारिवारिक सम्पत्ति पर उसका व्यक्तिगत स्वत्व रहा। वैदिक पिता के अधिकार इतने असीमित थे कि उसके जीवनकाल में सम्पत्ति के विभाजन का कोई प्रश्न ही नहीं रहा। वैदिक पिता के असीमित अधिकार पर टिप्पणी करते हुए सर हेनरी मेन[255] ने उसे रोमन पैट्रिया पोटेस्टा से तुलनीय माना है, जिसे अपने पुत्रों के वध करने का अधिकार था। मेन की इस मान्यता का समर्थन करते हुए जिमर ने प्रसिद्ध ऋश्राश्व आख्यान[256] का उल्लेख किया है, जिसके अनुसार ऋश्रास्व के पिता ने उसकी आँखें इसलिए निकलवा ली कि वह समुचित ढंग से भेड़ों की रक्षा कर पाने में असमर्थ रहा। पुत्रों के बेचने का उल्लेख ऐतरेय ब्राह्मण[257] में भी मिलता हे, जिसके अनुसार अजीगर्त ने अपने पुत्र शुनःशेप को नरमेघ यज्ञ के लिए हरिश्चन्द्र को बेच दिया था। परन्तु पी०वी० काणे[268] ऋज्राश्व की कथा को आलंकारिक मानते हैं, जो किम्बदन्ती के रूप में प्रचलित रही। इसके

साथ ही वे शुनःशेप की कथा को गाथा के अतिरिक्त कुछ नहीं मानते हैं, क्योंकि ऐतरेय ब्राह्मण में ही अजीगर्त के आचरण की निन्दा की गई है। उनका मत है कि आपस्तम्ब ने बलपूर्वक कहा है कि पिता के द्वारा अपनी सन्तान को बेच देने अथवा छोड़ देने का अधिकार मान्य नहीं है।[259]

किन्तु दूसरी ओर कठोपनिषद में स्वयं को अपने पिता द्वारा यमराज को दिये जाने पर नचिकेता का शान्त रहना पिता के पुत्र पर स्वत्व की पुष्टि करता है। वशिष्ठ का कथन है कि माता एवं पिता के शुक्र-शोणित से पुत्र उत्पन्न होता है। अतः पिता उसके दान, विक्रय एवं क्रय करने में पूर्णतः समर्थ है।[260] मनु ने भार्या, पुत्र एवं दास, तीनों को अधन घोषित करते हुए लिखा है कि जिसके पास ये रहते हैं, उसी की सम्पत्ति हो जाते हैं।[261] नारद ने भी मनु का समर्थन किया है। इस प्रकार स्पष्ट है कि विभाजन की एक परम्परा पिता को अत्यन्त सशक्त बना देती है। जिसके अनुसार विभाजन पिता की मृत्यूपरान्त ही सम्भव है। इसे 'उपरम्स्वत्व का सिद्धान्त' कहा गया है।

दूसरी ओर इसी के समानान्तर में ऐसे भी प्रमाण प्राप्त होते हैं, जिनसे पिता के जीवन काल में ही पुत्रों के साम्पत्तिक अधिकार की ओर संकेत प्राप्त होता है अर्थात् 'जन्मना स्वत्व सिद्धान्त' के मूल भी वैदिक साहित्य में प्राप्त होते हैं। ऋग्वेद में एक स्थल[262] पर कहा गया है कि 'हे अग्ने! विभिन्न स्थलों पर लोग तुम्हारी पूजा विभिन्न प्रकार से करते हुए उसी प्रकार सम्पत्ति प्राप्त करते हैं, जैसे वृद्ध पिता से।' वृद्ध पिता द्वारा पुत्रों के धन देने के अनेक उल्लेख[263] ऋग्वेद में प्राप्त होते हैं। तैत्तिरीय संहिता[264] में भी कहा गया है कि स्वयं मनु ने अपनी सम्पत्ति अपने पुत्रों में विभक्त कर दिया था तथा अपने कनिष्ठ पुत्र नाभानेदिष्ट को कोई भाग नहीं दिया था। ऐतरेय ब्राह्मण[265] से भी ज्ञात होता है कि मनु के ज्येष्ठ पुत्रों ने पिता के जीवन काल में ही सम्पत्ति को परस्पर विभक्त कर लिया था। अतः जाली महोदय के इस निष्कर्ष से सहमत नहीं हुआ जा सकता है कि भारतीय व्यवहार के आरम्भिक युगों में सम्पत्ति विभाजन अज्ञात था।[266]

उपर्युक्त उदाहरणों से यह स्पष्ट होता है कि ब्राह्मण काल से ही पुत्र को सम्पत्ति का उत्तराधिकारी स्वीकार कर लिया गया था। संकेत तो यहाँ तक प्राप्त होते हैं कि पिता के जीवनकाल में ही पुत्र स्वयं को सम्पत्ति का उत्तराधिकारी

घोषित करते हुए विभाजन की घोषणा कर सकता था। जैमिनीय उपनिषद में अभिप्रतारण ऋषि का वर्णन मिलता है, जो अत्यधिक वृद्धावस्था के कारण अपने जीवन की आशा त्याग चुके थे। एक बार वे मृत्यु शय्या पर ही थे कि उनके पुत्रों ने सम्पत्ति-विभाजन के लिए संघर्ष प्रारम्भ कर दिया। शीघ्र ही अभिप्रतारण जाग गये। अपने पुत्रों के मध्य संघर्ष का कारण जानकर वे अत्यन्त दुःखी हुए और उन्होंने कहा कि 'मैंने सुना था कि एक समय ऐसा आयेगा कि पुत्र पिता के जीवित रहते हुए भी सम्पत्ति का अधिकारी होगा। वह समय मेरी मृत्यु के पूर्व ही आ गया।'[267]

ऐसा प्रतीत होता है कि पिता के व्यक्तिगत स्वत्व को चुनौती देने वाली यह व्यवस्था भारतीय शास्त्रकारों को रुचिकर नहीं प्रतीत हुई और उन्होंने इस प्रकार के विभाजन की निन्दा की। कौटिल्य पिता के विशेषाधिकार के समर्थक हैं। उनके अनुसार माता-पिता की जीवितावस्था में पैतृक सम्पत्ति में पुत्र का स्वत्व नहीं होता है।[268] मनु ने भी कौटिल्य के मत का समर्थन करते हुए लिखा है कि माता-पिता की मृत्यु के पश्चात सभी भाई एकत्रित होकर पैतृक सम्पत्ति का समान रूप से वितरण कर लें, क्योंकि माता-पिता के जीवित रहते हुए पुत्रों को कुछ भी अधिकार नहीं है।[269] याज्ञवल्क्य तथा नारद ने भी मनु के इस दृष्टिकोण का समर्थन किया है।[270]

परन्तु ऐसा प्रतीत होता है कि कालान्तर में पिता का सम्पत्ति सम्बन्धी यह विशेषाधिकार दीर्घकाल तक सुरक्षित नहीं रह सका। फलतः व्यवस्थाकारों को जन्मनास्वत्व सिद्धान्त को मान्यता देनी पड़ी। गौतम[271] पिता के जीवन काल में उसकी सहमति तथा माता की रजोनिवृत्ति के प्रतिबन्ध के साथ विभाजन की अनुमति प्रदान करते हैं। कौटिल्य[272] पिता को किसी पुत्र को विशेष भाग न देने तथा किसी को उसके भाग से अकारण वंचित न करने का निर्देश देते हैं। नारद[273] ने पिता के जीवनकाल में पुत्रों के विभाजन का अधिकार सशर्त दिया है। उनके अनुसार विभाजन से पूर्व माता की रजोनिवृत्ति, बहनों का विवाह तथा पिता की धनलिप्सा एवं रमणलिप्सा से विरक्ति आवश्यक है। बृहस्पति[274] ने केवल माता की रजोनिवृत्ति के प्रतिबन्ध के साथ विभाजन को मान्यता प्रदान की है। इससे स्पष्ट होता है कि गुप्तकाल तक सम्पत्ति में पुत्रों के स्वत्व का सिद्धान्त पूर्णतः स्वीकृत हो चुका था तथा पुत्रों को पिता के जीवनकाल में ही दायाद माना जाने लगा था।

दाय-

साम्पत्तिक अधिकारों के सम्बन्ध में 'दाय' शब्द प्रयुक्त हुआ है। दाय शब्द संस्कृत के 'दा' धातु से बना है, जिसका अर्थ 'देना' है, किन्तु ऋग्वेद में 'दाय' शब्द का जो प्रयोग मिलता है, उसका अर्थ 'भाग' अथवा 'पुरस्कार' है।[275] कहीं-कहीं दाय का अर्थ 'धन' से है।[276]

वैदिक साहित्य से 'दायाद' शब्द भी प्राप्त होता है, जिसका तात्पर्य सम्पत्ति के अन्य हिस्सेदारों से है।[277] अथर्ववेद में सोम को ब्राह्मणों का दायाद कहा गया है।[278] ऐतरेय ब्राह्मण में विश्वामित्र शुनः शेप से अपेक्षा करते हैं कि वह उन्हें, उनकी दाय एवं उसकी विद्या को स्वीकार करेगा।[279] पाणिनि ने भी 'दायाद' शब्द का प्रयोग किया है।[280]

जहाँ 'दाय' शब्द देने के अर्थ में प्रयुक्त है, वह विशेष सन्दर्भ में है। इसका आशय सामान्य वस्तुओं को देने से न होकर पैतृक धन से है। 'दान' एवं 'दाय' में अंतर यह है कि दान में वस्तुविशेष से व्यक्ति का स्वामित्व समाप्त होकर व्यक्ति विशेष में आरोपित हो जाता है, किन्तु 'दाय' में व्यक्ति की मृत्यु के साथ ही सम्पत्ति का स्वामित्व व्यक्ति विशेष में आरोपित हो जाता है। दाय में स्वामित्व समाप्ति का कारण व्यक्ति विशेष की मृत्यु होती है।

प्राचीन ग्रंथों में 'दाय' शब्द पैतृक सम्पत्ति के अर्थ में ही प्रयुक्त हुआ है। 'स्मृति चन्द्रिका' के अनुसार दाय माता या पिता से किसी व्यक्ति को प्राप्त होने वाला धन है।[281] निघण्टु की धारणा है कि यह विभाजित होने वाला पैतृक धन है।[282] 'व्यवहार मयूख' के अनुसार दाय विभाजित होने वाला धन है तथा उन लोगों को नहीं प्राप्त होता है, जो पुनः संयुक्त हो जाते हैं।[283] मिताक्षरा के अनुसार दाय वह धन है, जो स्वामी से सम्बन्ध मात्र के कारण किसी दूसरे (उत्तराधिकारियों) को प्राप्त हो जाता है।[284] इस प्रकार स्पष्ट है कि 'दाय' शब्द से आशय पैतृक धन (चल एवं अचल सम्पत्ति) से है।

रिक्थ -

ऋग्वेद में उत्तराधिकार के संदर्भ में 'रिक्थ' शब्द का प्रयोग हुआ है।[285] रिक्थ

शब्द '√रिच+थक् से बना हुआ है, जिसका अर्थ है- उत्तराधिकार अथवा विरासत में मिली हुई सम्पत्ति। कौटिल्य[286] ने भी रिक्थ शब्द का प्रयोग किया है, परन्तु यह प्रयोग आभूषण तथा नकदी जैसी चल सम्पत्तियों के लिए किया गया है, न कि भूमि एवं भवन जैसी अचल सम्पत्तियों के लिए।

उपरम् स्वत्व सिद्धान्त एवं जन्मनास्वत्व सिंद्धान्त-

पुत्र का पैतृक सम्पत्ति पर अधिकार कब हो, इस विवाद की व्याख्या के लिए दो प्रकार के सिद्धान्त प्रचलित हुए- उपरम्स्वत्व सिद्धान्त तथा जन्मनास्वत्व सिद्धान्त।[287]

'उपरम्स्वत्व' दो शब्दों 'उपरम्' तथा 'स्वत्व' के संयोग से बना है। उपरम् का अर्थ है- सांसारिक निवृत्ति (मृत्यु) तथा स्वत्व का अर्थ है- स्वामित्व। इस प्रकार इस सिद्धान्त के अनुसार पिता की मृत्यु के अनन्तर ही पुत्र सम्पत्ति को प्राप्त करने का अधिकारी होता है। यह सिद्धान्त सर्वप्रथम बंगाल में प्रचलित हुआ। उपरम्स्वत्व सिद्धान्त से प्रभावित होकर ही सोलहवीं शताब्दी ई०[288] में जीमूतवाहन ने 'दायभाग' नामक ग्रंथ की रचना की। उसी समय से यह सिद्धान्त 'दायभाग सिद्धान्त' नाम से भी प्रचलित हुआ। दायभाग के अतिरिक्त इस सिद्धान्त का प्रतिपादन करने वाले दो अन्य ग्रंथ भी हैं- रघुनन्दन[289] ने 'दायभाग' पर 'दायतत्व' नाम भाष्य लिखा तथा श्रीकृष्ण तर्कालङ्कार ने 'दायक्रम संग्रह' नामक ग्रंथ लिखा।

जन्मनास्वत्व सिद्धान्त पुत्र के जन्म लेते ही पिता की सम्पत्ति में उसके अधिकार का प्रतिपादन करता है। इस सिद्धान्त का प्रतिपादन सर्वप्रथम विज्ञानेश्वर[290] के 'मिताक्षरा' नामक ग्रंथ में हुआ है, जो वस्तुतः याज्ञवल्क्य स्मृति पर लिखा हुआ भाष्य है। इस ग्रंथ के नाम पर ही इसे 'मिताक्षरा सम्प्रदाय' की संज्ञा प्रदान की गयी। यह सम्प्रदाय निम्नलिखित उपशाखाओं में विभक्त है-

वाराणसी शाखा -

इस शाखा का प्रमुख ग्रंथ विज्ञानेश्वर कृत 'मिंताक्षरा' ही है। अतः यह शाखा 'मिताक्षरा शाखा' भी कहलाती है। भौगोलिक दृष्टि से इसका प्रमुख प्रभाव क्षेत्र काशी (वाराणसी) होने के कारण इसे 'वाराणसी शाखा' की भी संज्ञा प्रदान की

गयी है, परन्तु इसका प्रभाव क्षेत्र मात्र काशी तक ही सीमित न रहकर समस्त उत्तर प्रदेश, दक्षिण बिहार, उड़ीसा के अधिकांश भाग तथा मध्य प्रदेश के कुछ भागों तक विस्तृत था। इस शाखा का प्रमुख ग्रंथ मित्रमिश्र[291] का 'वीर मित्रोदय' नामक ग्रंथ है, जो वस्तुतः मिताक्षरा का अनुपूरक है।

मिथिला शाखा -

इस शाखा का प्रभाव उत्तर बिहार तथा तिरहुत तक था। इस शाखा का प्रामाणिक ग्रंथ चण्डेश्वर[292] कृत 'विवाद रत्नाकर', विवादचन्द्र एवं वाचस्पति मिश्र[293] कृत 'विवाद चिन्तामणि' है। ये वस्तुतः मिताक्षरा पर लिखे गये भाष्य हैं।

महाराष्ट्र शाखा-

इस शाखा के अन्तर्गत महाराष्ट्र, सौराष्ट्र, मध्य प्रदेश एवं आन्ध्र प्रदेश के कुछ भाग आते हैं। इसे 'मयूख शाखा' भी कहा जाता है; क्योंकि नीलकण्ठ[294] कृत 'व्यवहार मयूख' इस शाखा का प्रमुख ग्रंथ है। गुजरात, मुम्बई, उत्तरी कोंकण एवं बरार क्षेत्र में 'व्यवहार मयूख' एवं मिताक्षरा में मतभेद होने के कारण 'व्यवहार मयूख' की व्याख्या ही प्रामाणिक मानी जाती है। पूना, खानदेश एवं अहमदनगर क्षेत्र में मिताक्षरा एवं मयूख को समान रूप से प्रामाणिकता प्राप्त है।

मद्रास शाखा-

इस शाखा के अन्तर्गत दक्षिण भारत के तमिलनाडु, केरल तथा कर्नाटक प्रान्त आते हैं। इसके अन्तर्गत देवण्णभट्ट[295] रचित 'स्मृतिचन्द्रिका', माधवाचार्य[296] कृत, 'पाराशर माधवीय' तथा प्रतापरुद्रदेव[297] कृत 'सरस्वती विलास' नामक ग्रंथ सम्मिलित हैं। यदि किसी विवाद में उपर्युक्त ग्रंथ समान मत प्रकट करते हैं, तो उनका मत 'मिताक्षरा' की व्याख्या की तुलना में अधिक प्रामाणिक माना जाता है तथा यदि तीनों की व्याख्याओं में अन्तर्विरोध होता है, तो इनकी व्याख्याएँ 'मिताक्षरा' की व्याख्या की तुलना में महत्वहीन हो जाती हैं।

पंजाब शाखा-

इस शाखा के अन्तर्गत पंजाब, राजस्थान तथा जम्मू-कश्मीर आते हैं। इसमें

रुढ़ियों की प्रधानता है। किसी विवाद के सम्बन्ध में सर्वप्रथम किसी रुढ़ि को ही मान्यता मिलती है। रुढ़ि एवं परम्पराओं से विवाद के समाधान न होने की स्थिति में जम्मू कश्मीर में अपरार्क[298] लिखित याज्ञवल्क्य स्मृति के भाष्य को एवं अन्य क्षेत्रों में 'मिताक्षरा' एवं वीरमित्रोदय को मान्यता मिलती है।

सप्रतिबन्ध एवं अप्रतिबन्ध दाय-

'मिताक्षरा सम्प्रदाय' ने दाय को दो भागों में विभक्त किया है- सप्रतिबन्ध दाय एवं अप्रतिबन्ध दाय।[299]

अप्रतिबन्ध दाय से आशय ऐसे दाय से है, जिसे प्राप्त करने में कोई प्रतिबन्ध न हो। यथा- पुत्र, पौत्र एवं प्रपौत्र को अपने पिता, पितामह एवं प्रपितामह की सम्पत्ति विना किसी बाधा के प्राप्त हो जाती है; क्योंकि प्राप्तकर्ता का इनकी सम्पत्ति पर जन्मनास्वत्व होता है। इस स्वत्व का कारण प्राप्तकर्ता का इनसे प्रत्यक्ष रक्त सम्बन्ध होना है। इसके विपरीत सप्रतिबन्ध दाय से आशय ऐसे दाय से है; जो व्यक्ति को सीधे न प्राप्त होकर प्रतिबन्ध से प्राप्त होती है। यथा-भतीजा अपने चाचा की सम्पत्ति सीधे नहीं प्राप्त कर सकता है। उसके पुत्रहीन होने पर उसकी मृत्यूपरान्त ही प्राप्त कर सकता है। इसका कारण चाचा-भतीजा के मध्य प्रत्यक्ष सम्बन्ध का न होना है।

दूसरी ओर 'दायभाग सम्प्रदाय' उपरमस्वत्व सिद्धान्त को स्वीकार करता है। अतः इस सिद्धान्त के अनुसार सभी प्रकार के दाय सप्रतिबन्ध होते हैं। 'दायभाग' से सम्बन्धित ग्रंथ दाय को दो भागों में विभक्त नहीं करते हैं। इनके अनुसार व्यक्ति को उसी अवस्था में दाय की प्राप्ति हो सकती है, जब उसके पूर्व स्वामी की मृत्यु हो जाय[300] अथवा प्रवर्जित संन्यासी हो जाय अथवा व्यभिचारी हो जाय।[301] इस प्रकार 'दायभाग' के अनुसार सभी प्रकार के दाय सप्रतिबन्ध होते हैं। 'दायभाग सिद्धान्त' के अनुसार सभी प्रकार के दाय सप्रतिबन्ध होते हैं एवं अप्रतिबन्ध दाय अकल्पनीय है।

विभाजन सम्बन्धी विधि की प्राचीनता-

विभिन्न विद्वानों के द्वारा निर्धारित विज्ञानेश्वर एवं जीमूतवाहन की कालसीमा के परिप्रेक्ष्य में जन्मनास्वत्व सिद्धान्त एवं उपरम्स्वत्व सिद्धान्त का प्रचलन काल

स्थूलतः क्रमशः ग्यारहवीं एवं सोलहवीं शदी निर्धारित किया जाता है, किन्तु इन सिद्धान्तों की पृष्ठभूमि अत्यन्त प्राचीन है। इस प्रकार मिताक्षरा सम्प्रदाय दायभाग सम्प्रदाय से निश्चित रूप से प्राचीन है।

'मिताक्षरा' में एक स्थल पर गौतम के कथन के उद्धरण के रूप में कहा गया है- 'उत्पत्ति से अर्थ स्वामित्व प्राप्त हो जाता है, ऐसा आचार्यों का मत है।'[302] यह उद्धरण जन्मना स्वत्ववाद की ओर संकेत देता है। इस आधार पर यह निष्कर्ष निकाला जा सकता है कि जन्मनास्वत्ववाद सिद्धान्त गौतम (400-600 ई०पू० के मध्य) से पूर्व ही सिद्धान्त रूप में प्रचलित हो चुका था।

किंतु जॉली महोदय[303] गौतम के इस उद्धरण के प्रति सन्देह व्यक्त करते हैं। उनके अनुसार यह उद्धरण गौतम धर्मसूत्र में नहीं प्राप्त होता है। यह स्वयं विज्ञानेश्वर द्वारा ही गौतम के नाम से विरचित है। अतः इसे जन्मनास्वत्व सिद्धान्त की आधार पीठिका के रूप में स्थान नहीं दिया जा सकता है। किंतु जाली महोदय का कथन यथार्थ नहीं प्रतीत होता है। यदि इस कथन को विवादास्पद ही मान लिया जाय, तो भी गौतम धर्मसूत्र में ही अन्य अनेक उद्धरण प्राप्त होते हैं, जो जन्मनास्वत्ववाद की ओर संकेत देते हैं। एक स्थल पर गौतम ने एक ऐसे व्यक्ति का उल्लेख किया है, जो पिता की इच्छा के विपरीत भी पैतृक सम्पत्ति का विभाजन करना चाहता है। उन्होंने ऐसे व्यक्ति को 'पंक्ति विदूषक' कहते हुए उसके साथ भोज को प्रतिबंधित कर दिया है।[304] इससे ध्वनित होता है कि पिता के जीवनकाल में भी सम्पत्ति में पुत्रों को भाग मिल सकता था तथा पुत्र उसकी माँग कर सकता था। पी०वी०काणे भी विश्वरूप (800-825 ई०) एवं मेधातिथि (लगभग 900 ई०) के द्वारा जन्मनास्वत्ववाद का समर्थन किये जाने का उल्लेख करते हुए इस बात की ओर ध्यान आकृष्ट करते हैं कि विज्ञानेश्वर को अपनी ओर से किसी नवीन सूत्र की रचना की आवश्यकता ही नहीं थी।[305]

स्मृतियों में भी जन्मनास्वत्व के सिद्धान्त का उल्लेख प्राप्त होता है। बृहस्पति का उल्लेख है कि पितामह से प्राप्त सम्पत्ति में पिता एवं पुत्र दोनों का समान अधिकार होता है।[306] यह उल्लेख जन्मनास्वत्व सिद्धान्त का समर्थन करता है। कात्यायन तथा विष्णु आदि ने भी पिता के जीवन काल में ही पैतृक दाय में पुत्र के अधिकार का उल्लेख किया है।[307] यही नहीं, नारद स्मृति में एक स्थल

पर उपरमस्वत्व सिद्धान्त का उल्लेख किया गया है, तो अन्यत्र जन्मनास्वत्ववाद का भी उल्लेख किया गया है।[308] दूसरी ओर कौटिल्य, मनु एवं कुछ अन्य स्मृतिकारों के द्वारा पुत्रों के अधन होने की बात कही गई है।[309] यह उपरम्स्वत्व सिद्धान्त का समर्थन करती है।

उपर्युक्त विवरण से दो महत्वपूर्ण निष्कर्ष निकाले जा सकते हैं-

1. यद्यपि प्रथम द्रष्ट्या विज्ञानेश्वर की 'मिताक्षरा' में प्रतिपादित जन्मनास्वत्व सिद्धान्त तथा जीमूतवाहन के 'दायभाग' में उल्लिखित उपरम्स्वत्व सिद्धान्त क्रमशः ग्यारहवीं एवं सोलहवीं शदी ई० में प्रचलित हुए,ऐसा प्रतीत होता है। परन्तु इन दोनों सिद्धान्तों का अस्तित्व अत्यन्त प्राचीन काल से था।

2. ऐसा प्रतीत होता है कि जन्मना स्वत्व सिद्धान्त (जिसका प्रतिपादन मिताक्षरा में हुआ है) उपरम्स्वत्व सिद्धान्त (जिसका प्रतिपादन दायभाग में हुआ है) की तुलना में लगभग 500 वर्ष प्राचीन है, परन्तु यदि गौतम (लगभग चतुर्थ शदी ई०पू०) के उल्लेख को आधार माना जाय तो उपरम्स्वत्व सिद्धान्त की तुलना में जन्मनास्वत्व सिद्धान्त की प्राचीनता लगभग 2000 वर्ष पूर्व निर्धारित की जा सकती है।

प्रचलन क्षेत्र-

उपरम्स्वत्व सिद्धान्त 'दायभाग' के रूप में मात्र बंगाल तक ही संकुचित रहा, जब कि 'जन्मनास्वत्व सिद्धान्त' 'मिताक्षरा' के रूप में बंगाल को छोड़कर शेष सम्पूर्ण भारत में प्रचलन में रहा। 'दायभाग सम्प्रदाय' मात्र बंगाल तक ही क्यों सीमित रहा, इस सम्बन्ध में सर्वप्रथम श्रीघोष महोदय ने यह मत व्यक्त किया कि जीमूतवाहन हिन्दू से परिवर्तित मुसलमान थे। वे बंगाल के शासक जलालुद्दीन मुहम्मदशाह (लगभग 1414 ई०) के दरबार में थे। जलालुद्दीन मुहम्मदशाह ने मुसलमान होते हुए भी हिन्दू पण्डितों को सम्मान एवं संरक्षण दिया। 'दायभाग' द्वारा संयुक्त सम्पत्ति पर वैयक्तिक अधिकारों को बल देना तथा कुछ स्त्रियों एवं बहन के पुत्रों को उत्तराधिकारियों में सम्मिलित करना मुस्लिम प्रभाव का प्रतिफल है।[310] हरिदत्त वेदालंकार इस प्रस्ताव का समर्थन करते हुए जीमूतवाहन का काल पन्द्रहवीं शदी ई० मानते हैं।[311]

विचारणीय है कि पी०वी० काणे ने जीमूतवाहन के दायभाग की रचना अवधि 1090-1130 ई० के मध्य स्वीकार किया है। यदि काणे का मत यथार्थ है, तो जीमूतवाहन पर मुस्लिम प्रभाव पड़ने का प्रश्न नहीं उठता है; क्योंकि बंगाल में मुसलमानों का प्रवेश इससे लगभग 100 वर्ष पश्चात हुआ। इसके अतिरिक्त यदि इनका काल सोलहवीं शताब्दी ई० माना जायं, तो श्री घोष का मत स्वत: खण्डित हो जाता है, क्योंकि वे उन्हें बंगाल के शासक मुहम्मदशाह (लगभग 1414 ई०) का दरबारी मानते हैं।

न्यायमूर्ति शारदा चरण मित्र[312] ने प्रचलन क्षेत्र के इस प्रश्न की व्याख्या व्यावसायिक एवं धार्मिक आधार पर किया है। उनका मत है कि बंगाल में स्त्रियों को साम्पत्तिक अधिकार प्रदान करने जैसे कुछ प्रगतिशील विचार आये। अत: यहाँ उपरमस्वत्व सिद्धान्त का प्रचलन हुआ। इसके अतिरिक्त यहाँ शताब्दियों तक बौद्धधर्म लोकप्रिय राजधर्म के रूप में प्रचलित रहा। बौद्ध धर्म के प्रचलन तथा बौद्धिक चेतना के फलस्वरूप यह भूभाग ब्राह्मण धर्म के प्रभाव से वंचित रहा। अत: 'दायभाग' में स्त्रियों के प्रति दृष्टिकोण उदार है। बंगाल समुद्र के निकट था तथा व्यावसायिक आकांक्षा से पूर्ण था। सुदूर देशों के व्यापारीगण यहाँ नयी-नयी मान्यताएँ लाते रहे, जिन्हें जीमूतवाहन में 'दायभाग' में सम्मिलित कर लिया।

परन्तु काणे महोदय ने इसे युक्तिसंगत नहीं स्वीकार किया है। उनके अनुसार वास्तव में भारत का पश्चिमी तट ही प्राचीनतम व्यापारिक केन्द्र था। यूनानी लेखकों द्वारा भड़ौच (बैरिगाजा) एवं कल्लीएने (कल्याण) का वर्णन व्यापारिक स्थलों के रूप में किया गया है। परन्तु वहाँ दायभाग का प्रचलन नहीं हुआ। इसी प्रकार जहाँ तक बौद्ध धर्म के प्रचलन का प्रश्न है, साँची, अमरावती एवं नागार्जुनीकोण्ड जैसे स्थान बंगाल की तुलना में बौद्ध धर्म से कहीं अधिक प्रभावित रहे। वहाँ भी दायभाग का प्रचलन नहीं हुआ। इसके अतिरिक्त बौद्ध तन्त्रवाद का प्रभाव बंगाल की अपेक्षा मध्यप्रदेश तथा उड़ीसा में कहीं अधिक था। वहाँ भी दायभाग का प्रभाव दृष्टिगोचर नहीं होता है। इसके अतिरिक्त बौद्धतन्त्र के सिद्धान्तों और दायभाग के सिद्धान्तों में भी पर्याप्त भिन्नता है। महापरिनिर्वाण तन्त्र में बहन, विमाता, विधवा चाची एवं पुत्रवधू को निकटस्थ उत्तराधिकारी माना गया है, किन्तु दायभाग में इन्हें विशेष स्थान नहीं प्राप्त है।[313] दूसरी ओर न्यायमूर्ति श्री मित्र स्वयं यह स्वीकार करते हैं कि बौद्धों की कोई साम्पत्तिक विधि नहीं थी।[314]

उपर्युक्त दोनों सम्भावनाओं के विपरीत एक अन्य सम्भावना को मानना अधिक युक्तिसंगत प्रतीत होता है कि बंगाल में दायभाग सम्प्रदाय का विकास मातृसत्ता के प्रभाव के फलस्वरूप हुआ होगा। वस्तुतः बंगाल प्रारम्भ से ही शक्ति-उपासना का प्रमुख केन्द्र रहा है, जिसमें मातृदेवी को आदरणीय स्थान प्राप्त हुआ। मातृदेवी के सम्मान ने स्त्रियों के दायाधिकार को भी प्रभावित किया होगा। फलतः दायभाग सम्प्रदाय के अन्तर्गत स्त्रियों को सम्मान एवं सम्पत्ति दोनों प्राप्त हुई होगी।

15. द्यूत समाह्वय – प्रायः समस्त व्यवस्थाकारों ने व्यवहार-पदों की सूची में 'द्यूत-समाह्वय' को स्थान दिया है। कौटिल्य, मनु, याज्ञवल्क्य तथा नारद ने इसे 'द्यूत-समाह्वय' का नाम दिया है, जबकि बृहस्पति ने इसे 'अक्षदेवन' नाम दिया है। 'द्यूत-समाह्वय' दो शब्दों द्यूत एवं समाह्वय से बना है। स्पष्टतः इसके अन्तर्गत दो प्रकार के व्यसनों द्यूत एवं समाह्वय से सम्बन्धित विवाद सम्मिलित हैं।

मनु के अनुसार जो क्रिया (खेल) अप्राणियों के माध्यम से किया जाय (खेला जाय), उसे 'द्यूत' तथा जो क्रिया (खेल) प्राणियों के द्वारा किया जाय (खेला जाय) उसे समाह्वय कहते हैं।[315] नारद ने इसे सर्वाधिक स्पष्ट रूप से परिभाषित किया है। उनके अनुसार 'द्यूत' वह खेल है, जो अक्ष (पासा), ब्रह्म (चर्मपट्टिका), शलाका एवं दन्त (हस्तिदन्त खण्ड) के द्वारा खेला जाता है तथा 'समाह्वय' वह खेल है, जिसमें जीवों (भेड़ों, भैंसों तथा मल्लों आदि) एवं वयों (कुक्कुट, कपोत तथा मोर आदि पक्षियों) के द्वन्द्व में बाजी लगी रहती है।[316]

भारतवर्ष में द्यूत-समाह्वय की परम्परा अति प्राचीन है। वैदिक काल से अधुनातन द्यूत व्यसन का प्रचलन दृष्टिगोचर होता है। यद्यपि काल परिवर्तन के साथ ही उसका स्वरूप अवश्य परिवर्तित होता रहा है। ऋग्वेद में एक जुआरी के रुदन का वर्णन है।[317] अथर्ववेद में भी एक स्थान पर द्यूत-पासों एवं ग्लह (जुआरी) का उल्लेख प्राप्त होता है।[318] राजसूय यज्ञ के अवसर पर यजमान (राजा) द्यूत खेलता था, जिसमें उसे जिता दिया जाता था।[319] पाणिनि ने भी 'अक्षपरि' (पासा में पराजय), 'शलाकापरि' (जूए में पराजय), 'आक्षिक' (पासा फेकने वाला) तथा 'आक्षद्यूतिक' (जूए में बैरी) आदि शब्दों का प्रयोग किया है।[320] युधिष्ठिर का द्यूतव्यसन जगविश्रुत है। उन्होंने द्यूतक्रीड़ा के सन्दर्भ में कहा है कि वे द्यूत के लिए आहूत किये जाने (ललकारने) पर पासा फेंकने से विमुख नहीं होंगे।[321]

परन्तु इसका यह आशय कदापि नहीं है कि द्यूत-क्रीड़ा को सामाजिक मान्यता प्राप्त हो गई थी। प्रायः प्रत्येक युग में इस व्यसन की भर्त्सना की गई है।[322] मनु ने द्यूत-समाह्वय को प्रत्यक्ष चोरी की संज्ञा प्रदान करते हुए राजा को द्यूत व्यसनी को नगर से निष्कासित करने का निर्देश दिया है तथा इन उभय दोषों को राजाओं के राज्य का अन्त करने का कारण माना है।[323] ब्रह्मपुराण में भी द्यूत व्यसनी की निन्दा की गई है।[324] महाभारत में कहा गया है कि द्यूत से बढ़कर अन्य कोई पाप नहीं है। इससे महाप्रज्ञ व्यक्ति की प्रज्ञा विनष्ट हो जाती है, सज्जन व्यक्ति दुर्जन हो जाता है एवं विविध प्रकार के व्यसन एवं मतभेद उत्पन्न हो जाते हैं।[325] याज्ञवल्क्य तथा बृहस्पति ने भी द्यूतव्यसन की भर्त्सना की है।[326] शास्त्रकार इस कुप्रथा से होने वाली क्षति एवं दुष्परिणाम से परिचित थे। महाभारतकार एवं मनु का कथन है कि द्यूतक्रीड़ा से प्राचीन काल से ही वैमनस्य होता रहा है। अतः हास-परिहास में भी द्यूत नहीं खेलना चाहिए।[327]

ऐसा प्रतीत होता है कि किसी भी युग में द्यूत के विरुद्ध निषेध अधिक प्रभावकारी नहीं रहा। मौर्य काल में 'द्यूताध्यक्ष' का एक पद होता था। इससे यह अनुमान लगता है कि उस युग में एक सीमा तक द्यूत-व्यसन को राजकीय संरक्षण अवश्य प्राप्त था, क्योंकि कौटिल्य ने द्यूताध्यक्ष के संरक्षण में ही किसी केन्द्र स्थान में द्यूत खेलने का निर्देश दिया है।[328] इससे स्पष्ट है कि मौर्य युग में द्यूत-गृहों का प्रचलन था। याज्ञवल्क्य के अनुसार इससे तस्करों का ज्ञान प्राप्त हो जाता है।[329] सम्भवतः याज्ञवल्क्य के इस विचार का कारण यह है कि प्रायः आपराधिक वृत्ति वाले व्यक्ति ही द्यूतगृहों में द्यूत खेलने जाते हैं।

द्यूतगृहों में द्यूताध्यक्ष की उपस्थिति में ही द्यूत खेलने का निर्देश देने का कारण यह है कि इससे राजा को कर की प्राप्ति होती थी। याज्ञवल्क्य ने द्यूत खिलाने वाले को 'सभिक' तथा बाजी के धन को 'पण' अथवा 'ग्लह' कहा है।[330] प्रायः सभी व्यवस्थाकारों ने राजा को उसका निर्दिष्ट भाग देने का निर्देश दिया है। परन्तु द्यूतकर की दर क्या हो, इस सम्बन्ध में कोई निश्चित नियम नहीं था। कौटिल्य जीतने वाले जुआरी से द्यूताध्यक्ष को 5ज राजकीय कर वसूलने का निर्देश देते हैं। इसके साथ ही सभिक को कौड़ी, पासा, अरल (पाँसा फेकने के लिए लकड़ी की चौकी) एवं शलाका आदि द्यूत सामग्री, जल एवं स्थान देने के बदले

में किराया वसूलने का निर्देश देते हैं।[331] याज्ञवल्क्य ने निर्दिष्ट किया है कि 100 पणों से अधिक की बाजी रहने पर सभिक को बीसवाँ भाग (5ज्) तथा 100 पणों से कम की बाजी रहने पर दसवां भाग (10ज्) देना चाहिए,[332] किन्तु नारद ने सभिक के लिए सम्पूर्ण बाजी का दसवाँ भाग (10ज्) निर्धारित किया है।[333] नारद ने एक विकल्प भी प्रस्तुत किया है कि सभिक द्वारा द्यूतगृहों में द्यूत न खिलाये जाने के बावजूद यदि द्यूत-व्यसनी कहीं अन्यत्र भी द्यूत खेले, परन्तु राजा को उसका निर्धारित भाग दे दे, तो उसे दण्ड नहीं देना चाहिए।[334] राजा की ओर से संरक्षण मिलने के कारण सभिक को निश्चित शुल्क देना पड़ता था।[335] धन प्राप्त करने के उपलक्ष्य में सभिक को भी कुछ उत्तरदायित्व निभाना पड़ता था। कात्यायन के अनुसार यदि पराजित व्यक्ति विजयी व्यक्ति को धन देने में आनाकानी करे, तो सभिक अपनी ओर से विजयी व्यक्ति को द्यूतधन दे सकता था तथा पराजित व्यक्ति से डेढ़ माह की अवधि में या संदेह होने पर तुरन्त प्राप्त कर सकता था।[336]

कात्यायन ने द्यूत की छूट मिलने पर खुले स्थान में द्वार के पास खिलाने का निर्देश दिया है, जिससे सभ्य पुरुष ठगे न जा सकें तथा राजकीय कर की क्षति न हो।[337] याज्ञवल्क्य ने यह भी निर्देश दिया है कि यदि द्यूत-क्रीड़ा में निर्धारित मानकों को पूरा कर लिया गया हो और द्यूत में पराजित व्यक्ति इतना सबल हो कि सभिक उस पर नियन्त्रण न स्थापित कर सके तो राजा को हस्तक्षेप करके विजयी व्यक्ति को उसका धन दिला देना चाहिए।[338] परन्तु यदि द्यूतबाजी राजाज्ञा के विना ही गुप्त स्थान पर खेली गई हो तथा छल का आश्रय लिया गया हो, तो सभिक तथा द्यूत खेलने वाले को धन प्राप्ति का कोई अधिकार नहीं होता है एवं दण्डित होना पड़ता है।[339]

द्यूत क्रीड़ा में सभिक का स्थान महत्वपूर्ण था। कात्यायन का मत है कि यदि सभिक ईमानदार एवं सत्यनिष्ठ है, तो जुआरियों के झगड़ों, जय घोषित करने एवं कपट द्यूत आदि के विषय में उसका निर्णय अंतिम होता है।[340] अधिकांश व्यवस्थाकारों ने राजा को निर्देश दिया है कि यदि द्यूत-क्रीड़ा में जय-पराजय के सम्बन्ध में कोई विग्रह हो, तो राजा जुआरियों को साक्ष्य देने एवं निर्णय देने के लिए नियुक्त करे, किन्तु यदि अन्य जुआरी विग्रहियों के विरोधी हों, तो राजा

स्वयं इन विवादों का निपटारा करे।[341]

भारतवर्ष में पशु-पक्षियों की लड़ाई तथा मल्ल युद्धों के द्वारा मनोरंजन की परम्परा अति प्राचीन है। वैदिक युग में मल्ल युद्ध के साथ-साथ घुड़दौड़ एवं रथदौड़ मनोरंजन के प्रमुख साधन थे।[342] उत्तर वैदिक युग में भी आखेट, घुड़दौड़ एवं रथदौड़ मनोरंजन के प्रमुख साधन बने रहे। मौर्य युग में 'समाज' मनोरंजन का प्रमुख साधन था। अपने प्रथम शिलालेख में अशोक 'समाज' के आयोजन को प्रतिबन्धित करता है।[343] वास्तव में चन्द्रगुप्त मौर्य के काल में प्रतिवर्ष एक मेले का आयोजन होता था, जिसमें भेड़ों, जंगली भैंसों, हाथियों एवं गैंडो आदि की प्रतियोगिता होती थी।[344] अशोक इसी प्रकार के समाज को गर्हित मानते हुए प्रतिबंधित करता है। ऐसा प्रतीत होता है कि जब तक इन प्रतियोगिताओं में कोई शर्त नहीं लगी होती थी, तब तक वे विशुद्ध मनोरंजन की श्रेणी में आते थे। कालान्तर में जब इन प्रतियोगिताओं ने व्यावसायिक स्वरूप ग्रहण करना प्रारम्भ किया तथा इनके साथ शर्त एवं बाजी लगने लगी, 'समाह्वय' की श्रेणी में आ गये। याज्ञवल्क्य तथा कौटिल्य ने द्यूत सम्बन्धी सभी नियमों को 'समाह्वय' के लिए भी स्वीकार किया है।[345] बृहस्पति का मत है कि जिसका पशु हार जाता है, उसके स्वामी को बाजी का धन देना पड़ता है।[346] 'सरस्वती-विलास' में विष्णु एवं एक टीका का उल्लेख करते हुए कहा गया है कि राजा को प्रत्येक लड़ने वाले पशु के स्वामी से बाजी के धन का चौथाई मिलता है।[347] जीवित अथवा मृत, पराजित पशु विजेता पशु के स्वामी को प्राप्त हो जाता है।[348]

इस प्रकार स्पष्ट है कि वैदिक युग में प्रचलित आखेट, घुड़दौड़ एवं रथदौड़ आदि ने मौर्यकाल में व्यावसायिक रूप ग्रहण कर लिया। यह परम्परा येन-केन-प्रकारेण शुंग एवं गुप्त युग में भी प्रचलित रही। इन पशु-पक्षियों के मध्य होने वाली प्रतियोगिताएँ बहुधा उनके स्वामियों की प्रतिष्ठा से जुड़ जाती रही होंगी। अतः द्यूत विवाद की ही भाँति समाह्वय-विवाद भी व्यवहार-विषय बन गया होगा।

हिंसा मूलक वाद -

1. वाक् पारुष्य-

कौटिल्य, मनु, याज्ञवल्क्य, बृहस्पति एवं नारद सहित प्रायः समस्त व्यवस्थापकों

ने वाक्-पारुष्य को व्यवहार-पद के अन्तर्गत परिगणित किया है। यद्यपि कौटिल्य एवं मनु ने वाक्पारुष्य की गणना व्यवहार पद के अन्तर्गत तो किया, किंतु उन्होंने व्यवहार-पदों का वर्गीकरण नहीं किया था। परन्तु बृहस्पति के काल (गुप्तकाल) तक आते-आते इन व्यवहार-पदों का स्पष्टतः वर्गीकरण हो चुका था एवं दो प्रकार के पारुष्य (वाक्पारुष्य एवं दण्डपारुष्य), साहस तथा स्त्री संग्रहण हिंसामूलक वाद के रूप में वर्गीकृत हो गये। शेष वाद अर्थमूलक वाद की कोटि में स्थान प्राप्त किये। जैसा कि शब्द से ही स्पष्ट है, वाक्पारुष्य का अर्थ है- कठोर (पारुष्य) शब्द (वाक्), गाली-गलौज एवं निन्दा आदि।

ऐसा प्रतीत होता है कि कौटिल्य से पूर्व व्यवहार-विधि वाक्पारुष्य की अपेक्षा सामाजिक प्रतिष्ठा एवं व्यवहार के प्रति विशेष उत्तरदायी रही। वर्णविहित कर्मों के प्रति अश्रद्धा एवं उनका परित्याग करना किसी व्यक्ति विशेष के प्रति अपराध न होते हुए भी अपराध की श्रेणी में परिगणित होते थे। यथा- यदि कोई शूद्र यज्ञ करता है, वेदोच्चारण करता है अथवा उसका श्रवण करता है, तो ऐसा करके यद्यपि न तो कोई हिंसा करता है, न किसी को गाली देता है और न ही नैतिक दृष्टि से कोई अपराध करता है, फिर भी गौतम एवं आपस्तम्ब ने सामाजिक एवं धार्मिक दृष्टि से इसे घोर अपराध माना है एवं इसके लिए कठोर दण्ड का विधान किया है।[349] कौटिल्य से पूर्व वाक्पारुष्य में वर्ण-व्यवस्था के सामाजिक स्तरीकरण का प्रभाव स्पष्ट रूप से दृष्टिगोचर होता है। यथा- शूद्र के द्वारा अन्य तीन वर्णों के प्रति अपमानजनक शब्दों का प्रयोग करना घोर अपराध की श्रेणी में आता था तथा किसी ब्राह्मण के द्वारा शूद्र के लिए वही शब्द कहे जाने पर उसे अपराध की श्रेणी में नहीं रखा जाता था।

ऐसा प्रतीत होता है कि सर्वप्रथम कौटिल्य ने वाक्पारुष्य को वर्णव्यवस्था के स्तरीकरण की परिधि से बाहर किया तथा वाक्पारुष्य को अपराध माना। यदि कोई ब्राह्मण ही शूद्र को गाली क्यों न दे, कौटिल्य ने उसकी पूर्ण रूप से अवहेलना नहीं किया। उन्होंने वाक्पारुष्य को पाँच वर्गों में विभक्त किया- 'शरीर', 'प्रकृति', 'श्रुत', 'वृत्ति' एवं 'देश'।[350]

शरीर को लक्ष्य करके कही गयी कठोर बात, चाहे वह सत्य ही क्यों न हो, 'शरीर वाक्पारुष्य' की श्रेणी में आता है। यथा- एकाक्ष, लूले, लगड़े एवं

गंजे को क्रमशः काना, लूला, लगड़ा एवं गंजा कहना। चतुर्वर्ण एवं अन्त्यज्य जातियाँ यदि एक दूसरे की निन्दा करें, 'प्रकृति' वाक्पारुष्य है। 'कुब्राह्मण' एवं 'महाब्राह्मण' आदि व्यंग्यपरक शब्द कहना इसी कोटि के वाक्पारुष्य के अन्तर्गत आता है। अध्ययन, विद्वता एवं योग्यता आदि विषयों को लेकर वाग्जीवी व्यक्तियों द्वारा पारस्परिक निन्दा 'श्रुति' श्रेणी का वाक्पारुष्य है। शिल्पी नट, नर्तक एवं गायक आदि विविध वृत्त वाले यदि एक दूसरे की निन्दा करें; वह 'वृत्ति' श्रेणी का वाक्-पारुष्य है। विभिन्न देशवासियों (अथवा स्थानवासियों) के द्वारा एक दूसरे की निन्दा करना 'देश' श्रेणी का वाक्-पारुष्य है। मद्र देश की स्त्रियों के बारे में कर्ण का कथन कि 'वे स्वेच्छाचारिणी थीं, नग्न नृत्य एवं स्वतन्त्र मैथुन करती थीं।'[351] देश श्रेणी के वाक्-पारुष्य का सुन्दर उदाहरण है।

मनु[352] एवं याज्ञवल्क्य[353] ने वाक्पारुष्य की कोई निश्चित व्याख्या नहीं प्रस्तुत किया है। उन्होंने मुख्यतः वाक्पारुष्य से सम्बन्धित दण्ड की ही व्याख्याएँ दी हैं। विष्णु ने वाक्-पारुष्य एवं दण्डपारुष्य को सम्मिलित कर दिया है। इनके अनुसार यदि निम्न वर्ण का व्यक्ति अपने से उच्च वर्ण के व्यक्ति को अपमानित करता है, उसके ऊपर थूकता है, उसके ऊपर श्वास छोड़ता है (दण्ड-पारुष्य), उसके नाम या जाति का उच्चारण करता है, किसी अन्धे अथवा बधिर व्यक्ति को इसी नाम से पुकारता है, वाक्-पारुष्य कहा जाता है।[354]

सर्वप्रथम नारद ने वाक्-पारुष्य को स्पष्टतः परिभाषित एवं विभाजित किया। नारद ने इसकी व्याख्या करते हुए कहा है कि वाक्-पारुष्य वह है, जो किसी देश, जाति एवं कुल आदि के विषय में ऊँची आवाज में गाली के रूप में कहा जाय और जिसमें कहे जाने वाले व्यक्ति को मानसिक आघात पहुँचे एवं उसे अपराध के समान लगे।[355] 'व्यवहार-प्रकाश' में इसकी व्याख्या इस प्रकार की गयी है- 'गौड देश के लोग कलहप्रिय होते हैं, यह कथन देशाक्रोश है। ब्राह्मण लालची होते हैं, यह कथन जात्याक्रोश है। विश्वामित्र कुल के लोग अत्यन्त क्रूरकर्मा होते हैं; यह कथन कुलाक्षेप है।[356]' कात्यायन के अनुसार किसी के सामने हुङ्कार करना, किसी को देखकर खाँसना तथा लोक विगर्हित आचरण करना वाक्पारुष्य है।[357]

नारद वाक्पारुष्य को तीन कोटियों में विभक्त करते हैं- निष्ठुर, अश्लील एवं तीव्र।[358] 'व्यवहार-प्रकाश' में इसकी व्याख्या इस प्रकार की गई है- किसी

को आक्षेप के साथ पागल, जाल्म (दुष्ट) अथवा मूर्ख कहना निष्ठुर वाक्पारुष्य है। किसी को अश्लील बात कहना तथा बहन आदि की गाली देना अश्लील वाक्पारुष्य है तथा किसी पर सुरापान करने, वेश्यागमन आदि करने जैसे गम्भीर आरोप लगाना तीव्र वाक्पारुष्य है।[359]

बृहस्पति भी वाक्पारुष्य को तीन कोटियों में विभक्त करते हैं- प्रथम (लघुकोटि), मध्यम तथा उत्तम (गम्भीर) वाक्पारुष्य।[360] जब किसी देश, कुल अथवा जाति को गाली दी जाती है, वह प्रथम (लघु) कोटि का वाक्पारुष्य है। जब किसी के पारिवारिकजनों- माँ, बहन एवं पिता आदि को गाली दी जाती है; मध्यम कोटि का वाक्पारुष्य है तथा जब किसी पर महान अपराध का आरोपण किया जाता है, यथा- किसी ब्राह्मण को मांसाहारी अथवा मद्यव्यसनी कहना, उत्तम कोटि का वाक्पारुष्य है।[361]

इस प्रकार स्पष्ट है कि धर्मसूत्रों के युग में वर्णविहित कर्मों के प्रतिकूल आचरण करने से वाक्पारुष्य का जन्म हुआ, जो मौर्य युग तक आते-आते वाचसिक हिंसा के रूप में विकसित हुआ। मौर्य युग में ही वाक्पारुष्य का वर्गीकरण सुनिश्चित हो चुका था। गुप्त युग तक यह वर्गीकरण स्पष्टतः श्रेणीबद्ध रूप में स्थापित हो गया।

2. दण्डपारुष्य-

दण्डपारुष्य का अर्थ है- आक्रमण अथवा जोर-जबरदस्ती (बलात्कार नहीं)। वाक्पारुष्य एवं दण्डपारुष्य में अन्योन्याश्रित सम्बन्ध है। अतः सभी व्यवस्थाकारों ने वाक्पारुष्य एवं दण्डपारुष्य का उल्लेख साथ-साथ किया है। वस्तुतः दण्डपारुष्य वाक्पारुष्य की परवर्ती क्रिया है। प्रथमतः कोई व्यक्ति किसी को दूर से अपशब्द कहता है (वाक्पारुष्य)। इसके पश्चात विरोधी के निकट होने पर अपशब्दों के साथ ही प्रहार करता है (वाक्पारुष्य के पश्चात दण्डपारुष्य)।

ऐसा प्रतीत होता है कि वाक्पारुष्य की ही भाँति दण्डपारुष्य का विकास भी शनः शनैः हुआ। प्रारम्भ में सामाजिक प्रतिष्ठा के विरुद्ध आचरण शब्द नहीं, कार्यो को माना गया अर्थात् यदि कोई व्यक्ति किसी को मारने की धमकी दे, तो उसे अपराध की श्रेणी में नहीं परिगणित किया गया। किसी व्यक्ति को मारने

पर ही उसे अपराधी माना गया। कालान्तर में शारीरिक क्षति पहुँचाने के साथ-साथ शारीरिक क्षति पहुँचाने की धमकी को भी दण्डपारुष्य के अन्तर्गत उल्लिखित किया गया। कौटिल्य ने दण्ड पारुष्य के अन्तर्गत स्पर्श करने, धमकी देने एवं यथार्थ रूप से आहत करने - तीनों को सम्मिलित किया है।[362] स्पर्श की व्याख्या करते हुए कौटिल्य ने नाभि के नीचे के भाग पर हस्तस्पर्श, कीचड़, राख एवं धूल डालने के साथ ही किसी को अपवित्र हाथ अथवा पैर से छूने को दण्ड-पारुष्य के रूप में उल्लिखित किया है।[363] याज्ञवल्क्य ने भी किसी व्यक्ति पर धूल अथवा राख प्रच्छालन को दण्डपारुष्य के अन्तर्गत स्थान दिया है।[364] स्पष्ट है कि परवर्ती शुङ्गकाल तक शारीरिक प्रताड़ना के साथ-साथ मानसिक क्लेश पहुँचाने के प्रयत्न को भी दण्डपारुष्य में सम्मिलित कर लिया गया था, क्योंकि उपर्युक्त आचरणों से किसी व्यक्ति को शारीरिक क्षति तो नहीं पहुँचती है, मानसिक आघात अवश्य लगता है।

बृहस्पति[365] ने दण्डपारुष्य के अन्तर्गत हाथ, पत्थर, लाठी, राख, पङ्क, धूल, हथियार से प्रहार तथा चोट पहुँचाने आदि को सम्मिलित किया है। विष्णु[366] एवं नारद[367] का निर्देश भी प्रायः इसी प्रकार का है। स्पष्ट है कि दण्डपारुष्य के अन्तर्गत सम्मिलित अपराध अनेक श्रेणियों के हैं। इसके अन्तर्गत जहाँ एक ओर धूल, कीचड़ एवं राख फेंकने जैसे सामान्य श्रेणी के अपराध सम्मिलित हैं, वहीं दूसरी ओर सांघातिक प्रहार जैसे गम्भीर प्रकृति के अपराध भी सम्मिलित हैं। अतः नारद ने दण्ड-पारुष्य का तीन भेद किया है- हीन, मध्यम तथा उत्तम। यथा- 'अवगोरण' (मारने की तैयारी करना), 'निःशङ्कपातन' (निःशङ्क रूप से आक्रमण करना) तथा 'क्षत' (घायल करना) क्रमशः हीन, मध्यम तथा उत्तम कोटि के वाक्पारुष्य हैं।

मनु ने दण्डपारुष्य की सीमा के अन्तर्गत न केवल मनुष्यों वरन् पशु, सम्पत्ति तथा वृक्षों आदि की क्षति को भी स्वीकार किया है।[369] कौटिल्य ने वस्तु के विनष्ट करने, बहुमूल्य धातु पात्रों को विनष्ट करने, दीवार को क्षति पहुँचाने, किसी को घर में प्राणघातक वस्तु फेंकने, छोटे-छोटे, दुधारू तथा उपयोगी जानवरों को गम्भीर रूप से घायल करने, वृक्ष एवं लता झाड़ियों को नष्ट करने को भी दण्डपारुष्य के अन्तर्गत सम्मिलित किया है।[370] इतना ही नहीं, मनु ने पत्नी एवं पुत्र आदि आत्मीय जनों की रस्सी एवं बाँस के पतले डन्डे से पीठ पर प्रतारणा को तो

उचित माना है, परन्तु मुख पर प्रताड़ना (जिसमें शारीरिक क्षति की आशङ्का हो) को दण्ड प्रारुष्य की श्रेणी में रखा है।[371]

स्पष्ट है कि भारतीय व्यवस्थाकारों का दृष्टिकोण न केवल मनुष्यों के प्रति, वरन् सभी प्रकार के छोटे-बड़े जीवों, पशु-पक्षियों, पेड़-पौधों, बच्चों आदि के प्रति उदार था।

3. साहस -

'साहस' का तात्पर्य गुण्डागर्दी, डकैती एवं लूटमार से है। प्रारम्भिक विधि-ग्रंथों में साहस का वह स्वरूप दृष्टिगोचर नहीं होता है, जो परवर्ती ग्रंथों में दृष्टिगोचर होता है। यद्यपि कौटिल्य ने साहस के अन्तर्गत बलात्कार, डकैती तथा बलात्कार को तो स्थान दिया है; परन्तु हत्या को नहीं।[372] हत्या का उल्लेख उन्होंने 'कण्टकशोधन' नामक अधिकरण में किया है। मनु, बृहस्पति तथा याज्ञवल्क्य ने इसे 'साहस' के रूप में उल्लिखित किया है। जबकि नारद ने इसे 'बल' की संज्ञा प्रदान किया है। नारद के अनुसार अपनी शक्ति के दर्प से युक्त होकर मनुष्यों से उनकी इच्छा के विपरीत जो कार्य बलपूर्वक कराया जाता है, वह 'साहस' कहलाता है, क्योंकि 'सह' का अर्थ बल होता है।[373]

मनु ने साहस के अन्तर्गत 'हत्या' को गौण स्थान दिया है। उन्होंने साहस एवं चोरी में भेद करते हुए स्पष्ट किया है कि स्वामी के सामने बलपूर्वक उसके सामान को ले लेना साहस है तथा असमय में चुराने एवं चुराकर मुकर जाने को चोरी कहते हैं।[374] स्पष्टतः उनकी परिभाषा कौटिल्य की ही परिभाषा के तुल्य है, जिनके अनुसार छिपकर किसी वस्तु का अपहरण करना अथवा किसी वस्तु को लेकर उसे देने से मुकर जाना चोरी कहलाता है।[375] याज्ञवल्क्य ने भी प्रकटतः बलात्कार, डकैती एवं मारधाड़ के अपराधों को 'साहस' की संज्ञा प्रदान किया हैं।[376] कात्यायन के अनुसार बलपूर्वक किया जाने वाला कार्य साहस है।[377] मिताक्षरा की दृष्टि में साहस स्तेय, दण्डपारुष्य, वाक्पारुष्य तथा स्त्री संग्रहण का ही संयुक्त रूप है। जब उपर्युक्त विवाद हिंसात्मक हो जाते हैं; अधिक दण्ड देने के लिए इन्हें साहस के अन्तर्गत स्वीकार किया गया।[378] याज्ञवल्क्य के द्वारा वर्णित साहस से सम्बन्धित सूची से यह तथ्य और भी स्पष्ट हो जाता है। यथा- तालाबन्द घर में प्रवेश करना, पड़ोसियों एवं कुलिकों को क्षति पहुँचाना, पतित की श्रेणी

में न आने वाले माता-पिता, पुत्रों, भाइयों एवं बहनों का परित्याग करना, चाण्डालों द्वारा जानबूझकर उच्च जाति के लोगों को अपवित्र करना, जाली सिक्कों को बनाना, जाली बाट एवं तुला निर्माण करना, राजकर्मचारियों अथवा अन्य व्यक्तियों की चिकित्सा करना।[379] ऐसा प्रतीत होता है कि परवर्ती शुङ्ग काल में जालसाजी का बाहुल्य था।

उपर्युक्त विवरण से एक तथ्य स्पष्ट हो जाता है कि साहस के अन्तर्गत मुख्यत: स्तेय, दण्डपारुष्य, वाक्पारुष्य एवं स्त्रीसंग्रहण के गम्भीर रूप डकैती, क्रूर हिंसा तथा बलात्कार से सम्बन्धित विवादों को स्थान दिया गया। हिंसा के अन्तर्गत ही हत्या को भी स्थान दिया गया। हत्या से सम्बन्धित पृथक् उल्लेख कौटिल्य के अतिरिक्त अन्य किसी व्यवस्थाकार ने नहीं किया है।

बृहस्पति ने चार प्रकार के साहस का उल्लेख किया है। मनुष्यमारण (मानव हत्या), चोरी, परदाराभिदर्शन (परायी स्त्री का अपहरण) एवं उभय पारुष्य (वाक्पारुष्य एवं दण्डपारुष्य)।[380] अन्यत्र उन्होंने बध-षड्यंत्र का उल्लेख भी साहस के अन्तर्गत किया है।[381]

अपराध की गम्भीरता की दृष्टि से नारद[382] तथा बृहस्पति[383] ने साहस को तीन प्रकार का माना है- हीन, मध्यम तथा उत्तम। हीन या प्रथम कोटि के अन्तर्गत फल-फूल के वृक्षों को बलपूर्वक नष्ट करना, जल के साधनों को नष्ट करना, कृषि के उपकरणों का अपहरण करना अथवा नष्ट करना, मध्यम कोटि के साहस के अन्तर्गत विष, शस्त्र अथवा अन्य साधनों से किसी व्यक्ति की हत्या करना, दूसरे की पत्नी के साथ व्यभिचार करना या चेतन प्राणियों को कष्ट पहुँचाना सम्मिलित है।

उपर्युक्त विवरण से स्पष्ट है कि साहस के अन्तर्गत स्तेय, वाक्पारुष्य, दण्डपारुष्य एवं स्त्रीसंग्रहण जैसे विवादों से सम्बन्धित गम्भीर अपराध सम्मिलित थे।

4. स्त्री संग्रहण-

साधारणत: परस्त्री के साथ अवैधानिक शारीरिक सम्बन्ध - स्थापन को स्त्री - संग्रहण कहते हैं। स्त्री-संग्रहण में बलात्कार (जिसमें स्त्री की सहमति नहीं होती

है) एवं व्यभिचार (जिसमें स्त्री एवं पुरुष दोनों की सहमति होती है), दोनों समाविष्ट हैं। ऐसा प्रतीत होता है कि जब से वैवाहिक नियम स्थापित हुए, जिसके अनुसार विधिपूर्वक विवाहोपरान्त ही पति के रूप में पुरुष अपनी पत्नी के रूप में स्त्री से यौन सम्बन्ध स्थापित कर सकता है, उसी समय से इन वैवाहिक मर्यादाओं के प्रतिकूल आचरण का भी प्रारम्भ हुआ होगा। यह प्रतिकूल आचरण ही स्त्री-संग्रहण के जन्म का कारण सिद्ध हुआ होगा।

स्त्री-संग्रहण के बिखरे हुए उदाहरण हमें वैदिक साहित्य से प्राप्त होते हैं। ऋग्वेद में अनेकत्र अवैध सन्तान तथा पर-पुरुषगामिनी स्त्रियों का उल्लेख हुआ है।[384] वाजसनेयी संहिता में एक 'पुंश्चली' (वेश्या) का उल्लेख हुआ है।[385] धर्मसूत्रों के काल से स्त्री संग्रहण का स्पष्ट उल्लेख प्राप्त होने लगता है। बौधायन[386] ने 'सहोढ़ पुत्र' का उल्लेख किया है, जो ऐसी गर्भवती कन्या का पुत्र होता है, जिसे वह विवाहोपरांत अपने वास्तविक पति के यहाँ जन्म देती है। ऐसा प्रतीत होता है कि विधि के क्षेत्र में विवाद के रूप में इसकी गणना गौतम तथा आपस्तम्ब (लगभग 600 ई०पू० से 300 ई०पू०) के बाद की गयी।

कौटिल्य ने 'स्त्री-संग्रहण' का उल्लेख स्वतन्त्र विवाद के रूप में न करके 'विवाह-स्थापना' के प्रसंग में किया है। मनु, याज्ञवल्क्य तथा बृहस्पति ने इसका उल्लेख स्वतन्त्र विवाद के रूप में किया है। नारद ने इसका उल्लेख स्वतन्त्र रूप से न करके 'स्त्री-पुंधर्म' के अन्तर्गत ही किया है। परन्तु उल्लेखनीय है कि स्त्री-पुंधर्म के अन्तर्गत केवल पति-पत्नी के विवाद ही सम्मिलित हैं; जबकि 'स्त्री-संग्रहण' के अन्तर्गत पर-पुरुष एवं पर-स्त्री के बलात्कार एवं व्यभिचार सम्मिलित हैं।

पर-स्त्री दो प्रकार की होती हैं- 'परिणीता' (विवाहित) एवं 'अपरिणीता' (अविवाहिता)। इनमें विवाहिता की अनेक कोटियाँ निर्धारित की गयी हैं। यथा- साध्वी, बन्धकी (छिनाल अथवा वेश्या), उत्तमा, हीना, स्वजना, अस्वजना, गुप्ता (रखेलिन), अगुप्ता (प्रकट रूप से रखी गयी) परकीया (अन्य की पत्नी), क्लीव-पत्नी आदि। अविवाहिता स्त्रियाँ तीन प्रकार की होती हैं- कन्या, व्रात्या एवं वेश्या।[387]

मनु के अनुसार तीर्थस्थल, उपवन या नदियों के संगम पर परायी स्त्री से वार्तालाप करना, परायी स्त्री से हँसी करना, क्रीड़ा करना, उसके आभूषणों को

स्पर्श करना तथा एक ही आसन पर बैठना ही स्त्री-संग्रहण है। इसी प्रकार यदि पुरुष पर-स्त्री के गुप्ताङ्गों का स्पर्श करे तथा स्त्री भी पुरुष के साथ यही कार्य करे और ऐसा करने से वे परस्पर रुष्ट न हों, तो यह दोष परस्पर स्वीकार होने से संग्रहण है।[388] मनु पर टीका करते हुए कुल्लूक भट्ट ने लिखा है कि परस्त्री संयोग की अभिलाषा से जो दूसरे को ग्रहण करे या पकड़े, उस विधि को संग्रहण कहते हैं।[389]

द्वितीय से पाँचवी शताब्दी ई० के मध्य के स्मृतिकार व्यास ने स्त्री संग्रहण को प्रथम, मध्यम एवं उत्तम तीन कोटियों में विभक्त किया है। उनके अनुसार परस्त्री के साथ निर्जन स्थान में वर्जित समय में मिलना व बातें करना, उस पर प्रेमपूर्ण दृष्टि डालना व हँसना प्रथम श्रेणी का संग्रहण है। उसे गन्धमालाएँ, धूप, आभूषण एवं वस्त्र आदि भेजना, भोज्य एवं पेय पदार्थ भेजना मध्यम संग्रहण है। स्त्री एवं पुरुष का एक ही शय्या या आसन पर कामभावना से बैठना उत्तम कोटि का संग्रहण है।[390]

बृहस्पति के द्वारा किया गया तीन प्रकार का वर्गीकरण अन्य दृष्टि से है। उनके अनुसार पाप-मूल संग्रहण तीन प्रकार का होता है- बल द्वारा, छल द्वारा एवं अनुराग द्वारा। जब पुरुष एकान्त में स्त्री की इच्छा के विरुद्ध किसी सुप्त, मत्त, उन्मत्त, प्रमत्त अथवा अपनी सहायता के लिए क्रन्दन करने वाली स्त्री के साथ संभोग करता है, तो यह बल द्वारा किया गया संग्रहण अथवा बलात्कार है। जब वह छल से झूठे बहाने बताकर उसे अपने घर में लाता है अथवा स्वयं उसके घर जाता है तथा मद्यादि का सेवन कराकर शारीरिक सम्बन्ध स्थापित करता है, तो यह छल द्वारा किया गया संग्रहण है। जब एक पुरुष स्त्री के साथ प्रेमपूर्ण दृष्टियों का आदान-प्रदान करता है तथा दूती को भेजकर अपना अनुराग प्रकट करता है, तो उसे अनुराग से उत्पन्न संग्रहण माना जाता है।[391] पुनः बृहस्पति अनुरागज संग्रहण का भी तीन भेद करते हैं- प्रथम के अन्तर्गत कटाक्ष करना, मुस्कराना, दूती-प्रेषण, उसका वस्त्र एवं आभूषण छूना, द्वितीय के अन्तर्गत स्त्री को गन्ध, माला, फल, मद्य, अन्न अथवा वस्त्र-प्रेषण एवं मार्ग में वार्तालाप करना एवं तृतीय के अन्तर्गत समान शय्या पर बैठना, परस्पर क्रीड़ा, चुम्बन एवं आलिंगन आदि का समावेश है।[392]

इस प्रकार स्पष्ट है कि बृहस्पति का उपर्युक्त उल्लेख मनु के विवरण के समान है। निश्चय ही मनु ने स्त्री संग्रहण का सामान्य ढंग से उल्लेख किया है, जबकि बृहस्पति ने उसके भेदों एवं उपभेदों को भी स्पष्ट किया है। मनु के विवरण में जहाँ व्यभिचार का उल्लेख हुआ है, बृहस्पति के विवरण में व्यभिचार एवं बलात्कार दोनों का उल्लेख हुआ है। स्पष्टतः गुप्तकाल में स्त्री संग्रहण विवादों का बाहुल्य रहा होगा।

व्यभिचारी के लक्षण -

याज्ञवल्क्य ने व्यभिचारी के कुछ लक्षणों का उल्लेख किया है, जिनके आधार पर प्रथम द्रष्ट्या उसके व्यभिचारी होने की आशंका के आधार पर उसे पकड़ा जा सकता है। उनके अनुसार पर-स्त्री का केश पकड़कर क्रीड़ा करने से, सद्यः काम-क्रीड़ा द्वारा (नख, क्षत आदि) चिह्नों से, दोनों की परस्पर प्रकट प्रीति देखकर; परस्त्री का नीवी (अधोवस्त्र), कञ्चुकी, आँचल, उस एवं केश आदि को कामुकतापूर्वक स्पर्श करने वाले, अनुचित समय में अनुपयुक्त स्थान पर वार्तालाप करने एवं एक साथ एक आसन पर बैठने वाले पुरुष को संग्रहण (व्यभिचार) अपराधी समझकर तुरन्त पकड़ लेना चाहिए।[393] मिताक्षरा के अनुसार यदि स्त्री एवं पुरुष इस प्रकार बैठे हुए मिलें, तो उन्हें परस्पर संग्रहण में रत समझना चाहिए। ये संग्रहण के अपराध जानने के साधन हैं।[394] ऐसे संग्रहण अपराधियों को पकड़ने का नारद का निर्देश[395] भी याज्ञवल्क्य के समान है।

व्यभिचारिणी के लक्षण -

जहाँ अन्य व्यवस्थाकारों ने व्यभिचारियों की पहचान के लक्षणों का उल्लेख किया है, कौटिल्य ने व्यभिचारिणी के कुछ ऐसे लक्षणों का उल्लेख किया है, जिनके आधार पर उसे प्रथमद्रष्ट्या अपराधिनी माना जा सकता है। उनके अनुसार यदि वह मार्ग में चलती हुई अन्य स्त्री की चुटिया पकड़े, शरीर पर सम्भोग चिह्न लक्षित हों, कामवर्द्धन के उद्देश्य से अपने शरीर पर लेप लगा ले, पुरुष से संकेत में बात करे अथवा बातचीत में स्वयं प्रकट कर दे, तो ऐसी स्त्री के व्यभिचारिणी होने की सम्भावना होती है।[396] मनु के अनुसार स्त्रियाँ स्वभावतः पुरुष को दूषित करने का प्रयत्न करती हैं तथा वे विद्वान एवं अविद्वान पुरुष को काम-क्रोधादि के द्वारा कुमार्गगामी बना देती हैं।[397]

इस प्रकार स्पष्ट है कि स्त्री संग्रहण विवाद का एक प्रमुख विषय था। वैदिक काल में स्त्री संग्रहण के यत्र-तत्र उल्लेख प्राप्त होते हैं। परवर्ती काल में स्त्री-संग्रहण के दोनों रूपों- व्यभिचार एवं बलात्कार का न केवल विवेचन प्राप्त होता है, बल्कि गुप्तकाल तक आते-आते उनके भेद एवं उपभेद भी निर्धारित हो गये। विज्ञानेश्वर एवं कुल्लूकभट्ट के द्वारा मध्यकाल के प्रारम्भ में भी इसका विस्तृत विवेचन किया गया।

प्रकीर्णक : अर्थमूलक एवं हिंसामूलक वाद का संयुक्त परिशिष्ट :

मनु ने व्यवहार-पदो को 18 भागों में विभक्त किया है। सामान्यतः इन व्यवहार-पदों के अन्तर्गत सम्पूर्ण विवाद समाविष्ट हो जाते हैं, फिर भी देश, काल एवं परिस्थितियों के कारण नित्य नूतन विवाद उत्पन्न होने लगे, जिनका उल्लेख 18 व्यवहार पदों की उक्त सूचिका में नहीं प्राप्त हो पा रहा था। अतः परवर्ती व्यवस्थाकारों के द्वारा एक नवीन सूची प्रस्तुत की गई, जिसे 'प्रकीर्णक' की संज्ञा दी गयी। 'प्रकीर्णक' का अर्थ 'विविध' (Miscellaneous) मानना अधिक समीचीन प्रतीत होता है।

यद्यपि मनु ने प्रकीर्णक का उल्लेख नहीं किया है, किन्तु निश्चय ही प्रकीर्णक की धारणा मनु से प्राचीन है। कौटिल्य ने अर्थशास्त्र के 'धर्मस्थीय' अधिकरण में प्रकीर्णक को स्थान दिया है, जिसे परवर्ती लेखकों याज्ञवल्क्य, नारद तथा बृहस्पति आदि ने समर्थन दिया है। शुक्र ने जिन पंचास छलों, दस अपराधों तथा बारह पदों का उल्लेख किया है, उनकी गणना भी 'प्रकीर्णक' के अन्तर्गत की जा सकती है।

कौटिल्य ने 'प्रकीर्णक' की परिभाषा तो नहीं दिया है, इतना अवश्य कहा है कि इस सम्बन्ध में जिन विषयों के सम्बन्ध में कहना शेष रह गया है, उन विषयों को 'प्रकीर्णक' कहते हैं।[398] उल्लेख्य है कि कौटिल्य ने प्रकीर्णक का उल्लेख 'धर्मस्थीय' के अन्तर्गत किया है, न कि 'कण्टकशोधन' के अन्तर्गत ज्ञातव्य है कि धर्मस्थीय प्रकरण से सम्बन्धित मुकदमे राज्य की ओर से नहीं प्रारम्भ किये जाते थे, जबकि कण्टकशोधन में विवृत विवादों में राज्य एक पक्षकार होता था तथा वह स्तोभक एवं सूचक से प्राप्त सूचनाओं के आधार पर स्वयं ही मुकदमा दायर कर सकता था। स्पष्ट है कि कौटिल्य की दृष्टि में प्रकीर्णक में उल्लिखित

विवाद प्राय: राज्य के द्वारा प्रारम्भ किये जाने वाले विवादों की कोटि में नहीं आते रहे होंगे। सम्भवत: इसका कारण यह रहा होगा कि कौटिल्य ने प्रकीर्णक के अन्तर्गत जिन विवादों का उल्लेख किया है, उनसे राज्य को प्रत्यक्षत: क्षति न पहुँचकर व्यक्ति को क्षति पहुँचती रही होगी।

कौटिल्य के द्वारा प्रकीर्णक के अन्तर्गत वर्णित विवाद सूची से यह तथ्य स्पष्ट हो जाता है। कौटिल्य ने इसके अन्तर्गत याचितक (उधार ली गयी), अवक्रीतक (किराये पर ली गयी) एवं आहितक (धरोहर में रखी हुई) वस्तु को वापस न करना, ब्राह्मण होने का बहाना कर घाट का किराया न देना, पड़ोसी श्रोत्रिय के होते हुए भी अन्य श्रोत्रिय को निमन्त्रण देना, सङ्कल्पित धन को न देना, भ्रार्तृ-भार्या का हाथ पकड़ना, अन्य की रूपजीवी (वेश्या) के यहाँ जाना, दूसरों के हाथ बिके हुए सामान को क्रय करना, सार्वजनिक सम्पत्ति का अपव्यय करना, विधवा से बलात्कार करना, चाण्डाल होकर भी आर्या स्त्री का स्पर्श करना, आपत्ति काल में पड़ोसी की सहायता न करना, विना कारण पड़ोसी के घर जाना, बौद्ध भिक्षुओं एवं शूद्रा संन्यासिनों को यज्ञादि देवकर्मों में भोजन कराना, गम्भीर पाप न होने पर भी माता-पिता, बच्चे, पत्नी या पति, भाई या बहन अथवा शिष्य को त्याग देना, किसी को अवैधानिक रूप से बन्दी बनाना आदि को सम्मिलित किया है।[399] अपवादस्वरूप कुछ विवाद ऐसे अवश्य विवृत हैं, जो राज्य के द्वारा अभियोग प्रारम्भ करने की श्रेणी में आते हैं। यथा- राजकीय चिह्नों से युक्त भवन को गिराना एवं सामन्तों के चालीस कुलों को बाधा पहुँचाना।

याज्ञवल्क्य ने प्रकीर्णक के अन्तर्गत पारदरिक चौर (परस्त्री चोर), राजाज्ञा को घटाबढ़ाकर लिखना, अभक्ष्य भक्षण, कूट स्वर्णव्यवहार (अशुद्ध स्वर्णाभूषण बनाना) एवं विकृत मांस के विक्रय का उल्लेख किया है।[400] दूसरी ओर नारद ने 18 व्यवहार पदों को सत्रह व्यवहार पदों में रखते हुए 'प्रकीर्णक' के नाम से नया व्यवहार-पद जोड़ दिया। नारद के अनुसार वे सभी व्यवहार पद जो अन्य व्यवहार पदों के अन्तर्गत नहीं आते हैं एवं जो राजा पर निर्भर (नृपाश्रय) हैं; प्रकीर्णक के अन्तर्गत रखे जा सकते हैं।[401] नारद ने प्रकीर्णक की जो सूची प्रस्तुत की है, वह इस प्रकार है- राजाज्ञा का उल्लंघन, पुर प्रदान, प्रकृतियों (मंत्रियों) आदि में परस्पर विभेद, पाषण्डियों, नैगमों, श्रेणियों, गणो आदि के धर्म (कर्तव्य) एवं

विपर्यय (विरुद्धता) पिता-पुत्र के झगड़े, प्रायश्चित में व्यतिक्रम, सुपात्रों को दी गई भेंटों का प्रतिग्रह, श्रमणों का कोप, वर्णसङ्करदोष आदि तथा वे सभी व्यवहार विषय, जो पूर्व में व्यवहार पदों की व्याख्या में छूट गये हैं, सभी प्रकीर्णक में सम्मिलित हैं।[402]

वृहस्पति ने भी प्रकीर्णक विवाद को राजा पर निर्भर (नृपाश्रय) बताया है।[403] व्यास ने इसके अन्तर्गत उत्कोच तथा राजद्रव्य के विनाश को सम्मिलित किया है।[404] प्रकीर्णक में राजा किसी विशेष अर्थी के आवेदन के विना भी अपनी ओर से मामले की छानबीन कर सकता था।[405]

उपर्युक्त विवरण से स्पष्ट हो जाता है कि प्रकीर्णक के अन्तर्गत कौटिल्य के द्वारा जो विवाद सूची प्रस्तुत की गई है, उनमें से अधिकांश विवाद राज्य से प्रत्यक्षतः सम्बन्धित नहीं हैं। इसके विपरीत नारद एवं बृहस्पति आदि परवर्ती लेखकों के द्वारा प्रस्तुत सूची के अन्तर्गत अधिकांश विवाद ऐसे हैं, जो राज्य से प्रत्यक्ष रूप से सम्बन्धित हैं। जो विवाद राज्य से प्रत्यक्ष रूप से सम्बन्धित नहीं भी है; राज्य उनसे पूर्ण रूप से अनासक्त नहीं रह सकता था, क्योंकि इन विवादों के प्रति राजा की ओर से अनासक्ति अन्ततः राज्य के नागरिकों के लिए कष्टकारक होती। अतः ऐसा प्रतीत होता है कि इनका प्रारम्भ भी राजा की ओर से ही होता रहा होगा। यहाँ एक तथ्य यह भी उल्लेखनीय है कि प्रकीर्णक-विवाद के दण्ड आर्थिक एवं शारीरिक दोनों हैं। अतः प्रकीर्णक को अर्थमूलक एवं हिंसामूलक वाद का सम्मिलित परिशिष्ट मानना अधिक उचित होगा।

कौटिल्य का 'कण्टकशोधन' -

कौटिल्य ने 'अर्थशास्त्र' में व्यवहार-पदों का उल्लेख 'धर्मस्थीय' नामक तृतीय अधिकरण में किया है। इसके साथ ही 'कण्टकशोधन' नामक चतुर्थ अधिकरण में कुछ ऐसे विषयों का उल्लेख किया है, जिनका निर्णय 'प्रदेष्टा'[406] के द्वारा किया जाता था। यहाँ प्रश्न यह उठता है कि क्या कौटिल्य के 'कण्टकशोधन' को धर्मस्थीय की ही भाँति व्यवहार-पद माना जा सकता है ? पी०वी० काणे ने 'कण्टकशोधन' में उल्लिखित विषयों को धर्मस्थीय की ही भाँति व्यवहार-पद माना है।[407]

परन्तु जब हम कण्टकशोधन[408] में वर्णित विषयों का समग्र विवेचन करते हैं, तो देखते हैं कि 'कण्टकशोधन' में उल्लिखित विषय विवाद की श्रेणी से भिन्न हैं। इसके अन्तर्गत अनेक ऐसे विषय उल्लिखित हैं, जिनमें कोई विवाद उत्पन्न ही नहीं हुआ है। ऐसे अधिकतर विषय राज्य की आरक्षी शक्ति के अन्तर्गत आने वाले प्रतीत होते हैं।

प्रकरण एक, दो एवं तीन क्रमशः शिल्पियों, व्यापारियों तथा दैवी आपदाओं से प्रजा की रक्षा के उपाय से सम्बन्धित हैं। प्रथम प्रकरण (कारु रक्षणम्) में शिल्पियों, तन्तुवाय (जुलाहों), रजक (धोबियों), तुन्नवाय (दर्जियों), धूर्त स्वर्णकारों आदि के शोषण से प्रजा की रक्षा के उपाय, धूर्त एवं अकुशल वैद्य द्वारा लोगों का उपचार, जिससे उनके मरने की आशङ्का हो, नट-नर्तकों, धूर्त साधु, वणिक, कारीगर, भिक्षुक, जादूगर आदि चोरों के षड्यन्त्र से प्रजारक्षण के उपाय तथा निर्देश का उल्लेख है।

द्वितीय प्रकरण (वैदेहक रक्षणम्) में धूर्त व्यापारियों से प्रजा की रक्षा के उपाय का उल्लेख हुआ है। इसके अन्तर्गत कूट तुलामान (जाली बाट एवं तुला आदि), अधिक वजन के तराजू से माल खरीदकर हल्के तराजू से बेचना, हीन वस्तु को उत्तम वस्तु का मूल्य लेकर बेचना; नकली सामान को असली कहकर बेचना, अच्छे माल की पेटी दिखाकार रद्दी माल की पेटी देना, एवं व्यापारियों के द्वारा जमाखोरी आदि के सम्बन्ध में निर्देश एवं दण्ड का उल्लेख है।

तृतीय प्रकरण (उपनिपात प्रतिकार) में दैवी आपदाओं से प्रजा की रक्षा के उपाय का उल्लेख है। कौटिल्य ने आठ प्रकार की महाविपत्तियों का उल्लेख किया है- अग्नि, जल, व्याधि, दुर्भिक्ष, चूहा, व्याघ्र, सर्प एवं राक्षस। इन विपत्तियों से प्रजा की रक्षा का दायित्व राजा का माना गया है। अतः कौटिल्य ने सामान्य रूप से यह निर्देश दिया है कि सक्षम व्यक्ति के द्वारा पीड़ित व्यक्ति की सहायता की जानी चाहिए। जो व्यक्ति डूबते हुए व्यक्ति को बचाने का प्रयास न करे, उसे दण्डित होना पड़ता है। इसके अतिरिक्त इस प्रकरण में चूहों को नष्ट करने के लिए छोड़ी गई बिल्लियों या नेवलों को पकड़ना या मारना, दूसरों को क्षति पहुंचाने वाले पालतू कुत्तों को न रोकना एवं व्याघ्र आदि हिंसक पशुओं से घिरे आदमी की रक्षा न करना जैसे मामले उल्लिखित हैं।

चतुर्थ प्रकरण (गूढ़जीविनां रक्षा) में गुप्त षडयन्त्रकारियों से प्रजा की रक्षा के उपाय का उल्लेख है। कौटिल्य ने समाहर्त्ता को निर्देश दिया है कि वह अपने गुप्तचरों के द्वारा राजकीय कर्मचारियों, ग्रामीणों तथा ग्रामप्रधानों की ईमानदारी का पता लगावे। कौटिल्य ने इस परिधि में धर्मस्थ (न्यायाधीश) तथा प्रदेष्टा को भी रखा है तथा समाहर्त्ता को निर्देश दिया है कि वह सत्री नामक गुप्तचर को धर्मस्थ के पास कुछ धन देकर भेजे तथा अपराधी को अपना आत्मीयजन कहकर अपराध मुक्त करने का निवेदन करे। यदि धर्मस्थ ऐसा करने के लिए अपनी सहमति दे दे, तो उस पर उत्कोचक होने का आरोप लगाकर बर्खास्त कर देना चाहिए।

पंचम् प्रकरण (सिद्ध व्यंजनैमणि व प्रकाशनम्) में कौटिल्य ने गुप्तचरों को निर्देश दिया है कि वे विविध प्रकार के सिद्धपुरुषों का छद्मवेश धारण करके जंगली चोरों, कोल-भील तथा नटों के समूह में घुल मिलकर उन्हें डाका डालने के लिए प्रेरित करें तथा ऐसा करने पर उन्हें बन्दी बना लें।

षष्ठम् प्रकरण (शंका रूपकर्माभिग्रह) एवं सप्तम् प्रकरण (आशु मृतक परीक्षा) क्रमशः शङ्कित पुरुष (ऐसा व्यक्ति जिसे देखकर चोर होने का सन्देह हो), चोरी के माल तथा आशुमृतक (ऐसा व्यक्ति जिसकी मृत्यु विना किसी व्याधि अथवा घाव के हो जाय) से सम्बन्धित हैं। आशुमृतक परीक्षा प्रकरण में इस तथ्य को उद्घाटित किया गया है कि आशुमृतक की मृत्यु परीक्षा कैसे की जाय?

अष्टम् प्रकरण (वाक्य कर्मानुयोग) जाँच एवं यातना के द्वारा चोरी को अङ्गीकार कराने से सम्बन्धित है। कभी-कभी अपराध स्वीकार कराने के लिए यन्त्रणा दी जाती थी। यह यन्त्रणा प्रायः उन्हें दी जाती थी, जो प्रथम द्रष्ट्या अपराधी प्रतीत होते थे। निर्दोष व्यक्ति को चोर बताने वाले एवं चोरों को छिपाने वालों को भी दण्डित होना पड़ता था।

नवम् प्रकरण (सर्वाधिकरणरक्षणम्) में राजकीय विभागों एवं छोटे-बड़े कर्मचारियों की निगरानी तथा उन पर नियन्त्रण का उल्लेख है। कौटिल्य ने ऐसे न्यायाधीशों को भी दण्डित करने का निर्देश दिया है, जो आवेदक या प्रतिवेदक के साथ दुर्व्यवहार करते हैं, धमकाकर अथवा कुटिल दृष्टि से उन्हें चुप करा देते हैं, उचित प्रश्न नहीं पूछते हैं, व्यर्थ में देरी करते हैं, गम्भीर अपराध के लिए कम दण्ड देते हैं एवं अन्य प्रकार की अनियमितताएं करते हैं।

दशम् प्रकरण (एकाङ्गवध निष्क्रयः) में मूलतः विविध प्रकार के अपराधों के लिए निश्चित किये गये दण्ड का उल्लेख है। इसमें छोटे-मोटे अपराधों के लिए अंगच्छेद के स्थान पर अर्थदण्ड तथा गम्भीर प्रकृति के अपराधों के लिए मृत्युदण्ड देने का उल्लेख हुआ है। वस्तुतः इनमें उल्लिखित अपराध हिंसामूलक एवं अर्थमूलक अपराधों से पृथक् नहीं हैं।

एकादश प्रकरण (शुद्धचित्रश्चदण्डकल्प) के अन्तर्गत विविध प्रकार के अपराधों के लिए शुद्ध प्राणदण्ड (कष्टहीन प्राणदण्ड) एवं चित्रदण्ड (कष्टयुक्त प्राणदण्ड) का उल्लेख है। इस प्रकरण में वर्णित अपराधों का उल्लेख कौटिल्य ने 'धर्मस्थीय' प्रकरण के अन्तर्गत किया है।

द्वादश प्रकरण (कन्या प्रकर्म) के अन्तर्गत कुँवारी कन्याओं के साथ दुष्कर्म का उल्लेख हुआ है। यद्यपि धर्मस्थीय के 'स्त्री-संग्रहण' में भी व्यभिचार एवं बलात्कार का उल्लेख हुआ है, किन्तु कण्टकशोधन में केवल कुँवारी कन्याओं के साथ दुष्कर्म का उल्लेख हुआ है। वस्तुतः इसे स्त्री संग्रहण से पृथक् रूप में नहीं देखा जा सकता है।

अंतिम त्रयोदश प्रकरण (अतिचार दण्ड) के अन्तर्गत विविध प्रकार की मर्यादाओं, नियमों एवं उपनियमों आदि के उल्लंघन के लिए दण्ड का उल्लेख हुआ है।

उपर्युक्त विवरण से यह स्पष्ट हो जाता है 'कण्टकशोधन' प्रकरण के अन्तर्गत कौटिल्य ने जिन विषयों का उल्लेख किया है, उनमें से अधिकांश विवाद-विषय नहीं प्रतीत होते हैं। इनमें अधिकांश विषय ऐसे हैं, जिनमें कोई विवाद ही दृष्टिगोचर नहीं होता है। वस्तुतः इनमें वर्णित विषय दुष्टों से प्रजा के रक्षण से अधिक सम्बन्धित हैं, जो भारतीय राजाओं का आदर्श रहा है। इस अधिकरण में अपराध का उल्लेख कम हुआ है, अपराधियों तथा अपराध के कारणों का विश्लेषण अधिक हुआ है। इसके अतिरिक्त इस अधिकरण में राजकीय कर्मचारियों, ग्राम प्रधानों तथा न्यायाधीशों आदि की शुचिता के परीक्षण का उल्लेख हुआ है। अतः इसमें वर्णित अधिकांश विषयों को राज्य की आरक्षी शक्ति के अन्तर्गत मानना अधिक उचित प्रतीत होता है।

संदर्भ-सूची

1. व्यवहारः तस्य पद विषयः। - याज्ञ० 2.6 पर मिताक्षरा
2. कौटिल्य, 3.16 एवं 4.7
3. नारद०, 1.21
4. मनु०, 8.8
5. स्मृत्याचारव्यपेतेन मार्गेणाधर्षितः परैः।
आवेदयति चेद्राज्ञे व्यवहारपदं हि तत्॥ - याज्ञ०, 2.5; शुक्र०, 4.5, 64-65
6. नोत्पादयेत्स्वयं कार्यं राजा पान्यस्य पूरुषः।
न च प्रापितमन्येन ग्रसेदर्थं कथंचन ॥ - मनु०, 8.43
7. कात्यायन (मनु 8.43 की व्याख्या में कुल्लूक द्वारा)
8. शुक्र०, 4.5.66
9. पी०वी० काणे : धर्मशास्त्र का इतिहास भाग 2, पृ० 807
10. एस०डी० शर्मा : एडमिनिस्ट्रेशन ऑफ जस्टिस इन एन्सियण्ट इण्डिया, पृ० 141
11. शुक्र०, 4.5.67-68
12. शुक्र०, 4.5.70-86
13. कौटिल्य, 3.20
14. तेषामाद्यमृणादानं, निक्षेपोऽस्वामिविक्रयः।
सम्भूय च समुत्थानं दत्तस्यानपकर्म च॥
वेतनस्यैव चादानं संविदश्च व्यतिक्रमः।
क्रय विक्रयानुशयो विवादः स्वामिपालयोः॥
सीमाविवाद धर्मश्च पारुष्ये दण्डवाचिके।
स्तेयं च साहसं चैव स्त्री संग्रहणमेव च॥
स्त्रीपुंधर्मो विभागश्च द्यूतमाह्वाय एव च।
पदान्यष्टादशैतानि व्यवहारस्थिताविह॥ - मनु०, 8.4-7

15. एषु स्थानेषु भूयिष्ठं विवादं चरतां नृणाम्।
धर्मशाश्वत माश्रित्य कुर्यात्कार्य विनिर्णयम्॥ - मनु॰, 8.8
16. श्रद्धाकर सुपकार : लॉ ऑफ प्रोसीज़र एण्ड जस्टिस इन एन्सिएन्ट इण्डिया, पृ॰ 135
17. कौटिल्य, 3.1.20
18. याज्ञ॰, व्यवहाराध्याय, सम्पूर्ण
19. नारद॰, 1.16-19
20. नारद॰, 1.20
21. गौतम॰, 12.1-3, 12.12-13, 39, आप॰, 1.9.24, 1.9.25.1-2, 1.9.25.4-11, 2.4.6, वशिष्ठ॰, 27.40, 26.13-15, 31 तथा 27.12-39
22. बृह॰, व्य॰का॰, 1.9.3
23. बृह॰, व्य॰का॰, 1.11.12
24. बृह॰, व्य॰का॰, 1.13
25. पारुष्ये द्वे वधश्चैव परस्त्रीसंग्रहस्तथा। बृह॰, व्य॰का॰, 1.10
26. हीन मध्यमोत्तमत्वेन प्रभिन्नानि पृथक्-पृथक्। बृह॰, व्य॰का॰, 1.15
27. छलानि चापराधांश्च पदानि नृपतेस्तथा।
स्वयमेतानि गृहणीयान्नृपस्त्वावेदकैर्विना॥
पितामह (व्यवहार प्रकाश पृ॰ 36 पर उद्धृत)
28. शुक्र॰, 4.5. 70-80
29. शुक्र॰, 4.5. 81-82
30. शुक्र॰, 4.5. 83-85
31. शुक्रनीति की तिथि के विषय में विद्वानों में मतभेद है। स्मृति काल से लेकर पूर्व मध्यकाल तक इसकी तिथि निर्धारण का आग्रह किया गया है। ओपर्ट ने इसे स्मृतिकाल तथा महाकाव्य काल के प्रारम्भिक चरण में रखा, (प्रधान, किंगशिप इन शुक्रनीति, माडर्न रिव्यू, फरवरी 1916) अल्टेकर, यू॰एन॰ घोषाल, योगेश चन्द्र रे, मजूमदार, के॰पी॰ जायसवाल आदि ने इसे पूर्व मध्यकालीन रचना मानी है ('स्टेट एण्ड गवर्नमेण्ट इन एंशियन्ट इण्डिया', पृ॰ 19 तथा आगे; 'ए हिस्ट्री आफ इण्डियन पोलिटिकल आइडियाज़' पृ॰ 494 तथा आगे, 'सोसियो एकोनामिक हिस्ट्री आफ नार्दर्न इण्डिया'-1030 ई॰ से 1194 ई॰ तक, प्राक्कथन- 10-11, 'आई॰एच॰क्यू॰', जिल्द 8,3,1932 पृ॰ 585, 'दि

स्ट्रगिल फार इम्पायर' पृ० 285)। 'माडर्न रिव्यू' फरवरी 1916 में के०पी० जायसवाल ने रामनाथन के लेख 'क्रिमिनल जस्टिस इन एन्सिएन्ट इण्डिया' पर विचार व्यक्त किया है। रामनाथन के अनुसार यह रचना आठवीं शताब्दी की है, परन्तु स्व० प्रो० लल्लन जी गोपाल ने इसे उन्नीसवीं शताब्दी की रचना मानी। (उनके विचारों के लिए देखिए- 'दि शुक्र नीति, ए नाइन्टीन्स सेंचुरी टेक्ट्स', वाराणसी 1978), परन्तु वासुदेवशरण अग्रवाल एवं श्यामलाल पाण्डेय के तर्क अधिक उपयुक्त लगते हैं। उन्होंने शुक्र नीति को गुप्तकालीन रचना माना है। (देखिए, अग्रवाल 'हर्षचरित, एक सांस्कृतिक अध्ययन' पृ० 219, श्यामलाल पाण्डेय- 'शुक्र की राजनीति', लखनऊ विक्रम सं० 2009, अध्याय-9)

32. राबर्ट लिंगत- द क्लासिकल लॉ ऑफ इण्डिया, पृ० 243.
33. मनु० 9.252-253.
34. पी०वी० काणे: धर्मशास्त्र का इतिहास, भाग दो, पृ० 712
35. हरिहरनाथ त्रिपाठी : प्राचीन भारत में राज्य और न्यायपालिका, पृ० 171
36. पी०वी० काणे : पूर्वोक्त, पृ० 711
37. साध्यं वादस्य मूलं स्याद्वादिना यन्निवेदितम्।
    देयाप्रदानं हिंसा चेत्युत्थानद्वयमुच्यते॥ - कात्यायन (30), स्मृतिचन्द्रिका-2, पृ० 13 पर उद्धृत
38. याज्ञ०, 2.23
39. द्विपदो व्यवहार : स्यात् धनहिंसा समुद्भवः।
    हिंसा वा कुरुते कश्चिद्देयं वा न प्रयच्छति॥ बृह०, व्य०का० 1.9.3
40. कण्टकोद्धरणे नित्यमातिष्ठेदवलमुत्तमम्, उपर्युक्त 1.38
41. राघवेन्द्र वाजपेयी - बार्हस्पत्य राज्य-व्यवस्था, पृ० 182
42. अथर्ववेद, 6.117.3
43. तैत्ति० सं० (6.3.10.5); शत०ब्रा० (1.7.2.11), ऐतरेय ब्रा० (33.1)
44. ऋणंमुन्मुच्य देवानामषीणाम् च तथैव च।
    पितृणामथ विप्राणामतिथीनाम् च पञ्चकम्॥ - महा०, अनु० पर्व, 37.17
45. पी०वी० काणे : धर्मशास्त्र का इतिहास, भाग 2, पृ० 774
46. ऋग्वेद, 10.34.10

47. मगन्द : कुसीदी मागन्दो मामागमिष्यतीति ददाति तदपत्यं प्रमगन्दः अत्यन्तं कुसीदिकुलीनः । - ऋग्वेद, 3.53.14 पर निरुक्त 6.32
48. प्राणयात्रापि लोकस्य विना ह्यर्थं न सिद्ध्यति। - महा०, शांति पर्व 8.17
49. उद्धारामिदकमादाय स्वामिने न ददाति यः।
स तस्य दासो भृत्यः स्त्री पशुर्वा जायते गृहे॥ -कात्यायन, व्यवहार प्रकाश पृ० 277
50. नारद०, 1.7-8
51. नारद०, 4.1
52. तैत्ति० संहिता (3.3.8.1-2)
53. पी०वी० काणे : धर्मशास्त्र का इतिहास, भाग 2, पृ० 773
54. स्थानलाभनिमित्तं हि दान ग्रहणमिष्यते।
तत् कुसीदमिति ज्ञेयं तेन वृतिः कुसीदिनाम् ॥ नारद०, 4.86
55. बृह०, व्य० का०, 10.6
56. आप०, 1.927.10
57. हुविष्क का मथुरा पाषाण लेख (वर्ष 28), श्रीराम गोयल- प्राचीन भारतीय अभिलेख संग्रह, भाग एक, पृ० 253
58. बृह०, व्य०का०, 10.8
59. कायिका कालिका चैव चक्रवृद्धिरतोऽपरा।
कारिता च शिखावृद्धिर्भोगलाभस्त्थैव च ॥ - बृह०, व्य०का०, 10.9
60. पी०वी० काणे, धर्मशास्त्र का इतिहास, भाग 2 पृ० 775
61. नारद०, 4.87
62. गौतम०, 12.31.32
63. वशिष्ठ, 2.41.42
64. नारद०, 4.94
65. बौधायन०, 1.5.93-94
66. महा०, अनु०पर्व, 1.7.20
67. मनु०, 8.140, गौतम०, 12.26, याज्ञ०, 2.37, नारद०, 4.99, बौधायन०, 1.5.90-91

68. मनु०, 8.141
69. मनु०, 8.152
70. मनु०, 8.151, याज्ञ०, 2.39, वशिष्ठ०, 2.44-47, विष्णु०, 6.12-15, बृह०, व्य०का०, 10.17-27
71. मनु०, 8.151, गौतम०, 12.28
72. नारद०, 4.108
73. याज्ञ०, 2.50, नारद०, 4.4., विष्णु०, 4.27
74. वृह०, व्य० का०, 10.112
75. याज्ञ०, 2.58 पर मिताक्षरा
76. गौतम०, 12.29, कौटिल्य०, 3.12, आप०, 1.6.18.20, मनु०, 8.143
77. नारद०, 4.104
78. नारद०, 4.105
79. नारद०, 4.108
80. बृह०, व्य०का०, 10.38
81. याज्ञ०, 2.61
82. याज्ञ० 2.60, कात्यायन (524)
83. मनु०, 8.144-145
84. याज्ञ०, 2.62
85. मनु०, 8.143
86. कात्यायन, (552)
87. कात्यायन (518)
88. मनु०, 8.160, गौतम, 12.38, कात्यायन (व्यवहार प्रकाश पृ० 248), पाणिनि, 2.3.39, बृह०, व्य० का०, 10.73, नारद०, 4.102
89. याज्ञ०, 2.53 पर मिताक्षरा
90. दर्शने प्रत्यये दाने ऋणिद्रव्यार्पणे तथा।
    चतुष्प्रकारः प्रतिभूः शास्त्रे दृष्टो मनीषिभिः। - बृह०, व्य० कां०, 10.73
91. कात्यायन, व्यवहार प्रकाश, पृ० 248
92. हारीत, व्यवहार प्रकाश, पृ० 248
93. कात्यायन, व्यवहार प्रकाश पृ० 251
94. मनु०, 8.160

95. पी०वी० काणे, धर्मशास्त्र का इतिहास भाग 2, पृ० 786 पर उद्‌धृत
96. ग्राहकस्य समक्षं गणयित्वा स्थापितं निक्षेपः। गृहस्वामिनोऽसमक्षं गणितमगणितं वा तस्मिन्नागते एतद्दातव्य मित्युक्त्वान्यस्य तत्पुत्रादेर्हस्ते दत्तं न्यासः। मुद्राङ्कित समक्षमगणित स्थापितमुपनिधिरिति। - व्यवहार प्रकाश - पृ० 280
97. मनु०, 8.149
98. बृह०, व्य०का०, 11.3
99. मनु०, 8.179
100. बृह०, व्य०का०, 11.8
101. कौटिल्य, 3.12
102. कात्यायन, (व्यवहारप्रकाश, पृ० 283)
103. मनु०, 8.189
104. नारद०, 5.3
105. बृह०, व्य०कां०, 11.15
106. मनु०, 8.195
107. निक्षिप्तं वा परद्रव्यं नष्टं लब्ध्वापहृत्य वा।
विक्रीयते परोक्षं यत् स ज्ञेयोऽस्वामिविक्रयः॥ - नारद०, 7.1
108. बृह०, व्य०का०, 12.2
109. नारद०, 7.2
110. नारद०, 7.3, मनु०, 8.202, याज्ञ० 2.168
111. विष्णु०, 5.164-166
112. मनु०, 8.202
113. मनु०, 8.197-198
114. पी०वी० काणे, धर्मशास्त्र का इतिहास भाग 2, पृ० 792
115. वणिकप्रभृत्तयो यत्र कर्म सम्भूय कुर्वते।
तत्सम्भूय समुत्थानं व्यवहार पदं स्मृतम्॥ - नारद०, 3.1
116. बृह०, व्य०का०, 13.1 एवं 3
117. व्यास, व्यवहारप्रकाश (पृ० 299)
118. बृह०, व्य०का०, 13.22
119. बृह०, व्य०का०, 13.6-7
120. याज्ञ० 2.160, नारद० 3.5, बृह०व्य०का०, 13.9

121. नारद०, 3.6, कात्यायन (व्यवहार प्रकाश पृ० 300)
122. याज्ञ०, 2.265
123. कात्यायन (व्यवहार प्रकाश पृ० 304); बृह०, व्य०का०, 13.35
124. बृह०, व्य०का०, 13.33
125. बृह०, व्य०का०, 13.37
126. कौटिल्य, 3.14
127. दत्वा द्रव्यमसभ्यगं यः पुनरादातुमिच्छति।
दत्ताप्रदानिकं नाम तदे विवादपदं स्मृतम्॥ - नारद०, 4.1
128. याज्ञ०, 2.175 पर मिताक्षरा
129. नारद०, 4.2
130. याज्ञ०, 2.175, नारद०, 4.6
131. नारद०, 4.6
132. नारद० 4.4-5, बृह०, व्य०का०, 14.2
133. नारद०, 4.7
134. बृह०, व्य० का०, 14.9, परन्तु 'व्यवहार-प्रकाश' पृ० 311 पर बृहस्पति के द्वारा दत्त के सात भेदों (सप्त विदुः) का ही उल्लेख किया गया है।
135. पी०वी० काणे, धर्मशास्त्र का इतिहास, भाग 2, पृ० 796
136. नारद०, 4.3
137. हारीत०, (व्यवहार प्रकाश, पृ० 310)
138. गौतम०, 5.21
139. कौटिल्य, 3.16 (दत्तस्याप्रदानमृणादानेन व्याख्यातम्)
140. पी०वी० काणे; धर्मशास्त्र का इतिहास भाग 2, पृ० 796
141. भृतानां वेतनस्योवत्तो दानादानविधिक्रमः।
वेतनस्यानपाकर्म तदविवादपदं स्मृतम्॥ - नारद०, 6.1
142. नारद०, 6.2
143. याज्ञ०, 2.96
144. नारद०, 6.5, बृह०, व्य०का०, 16.5
145. कौटिल्य०, 3.13
146. याज्ञ०, 2.193, बृह०व्य०का०, 16.6, नारद०, 6.5, मनु०, 8.215, 217, मत्स्यपुराण, 227.9

147. कौटिल्य, 3.14
148. कौटिल्य, 3.14
149. कौटिल्य, 3.14
150. याज्ञ०, 2.95
151. कौटिल्य, 3.13, याज्ञ०, 2.194, नारद०, 6.3
152. कौटिल्य, 3.13
153. बृह०, व्य०का०, 16.11
154. मत्स्य पुराण, 227.149, व्यवहार प्रकाश, पृ० 330
155. तेन वठिता च वढिसंति च मातापितुसु सुसुसाया गुलुसु सुसुसाया वयोमहालकानम् अनुपटिपतिया बाभन समनेसु कपनवलाकेसु आव दासभटकेसु संपटीपतिया - अशोक का सप्तम स्तम्भ लेख, दिल्ली टोपरा संस्करण, श्रीराम गोयल : प्राचीन भारतीय अभिलेख संग्रह, भाग एक, पृ० 108
156. अभ्युपेत्य तु शुश्रूषां यस्तां न प्रतिपद्यते।
अशुश्रूषाभ्युपेत्यैद्विवादपद मुच्यते॥ - नारद०, 5.1, बृह०, व्य०का०, 15.2
157. नारद०, 5.2-3
158. नारद०, 5.5, बृह०, व्य० का०, 15.16
159. बृह०, व्य०का०, 15.17-18, नारद० 5.6-7
160. नारद०, 5:8-14
161. याज्ञ०, 2.184, नारद०, 5.16-21, बृह०, 15.7
162. नारद०, 5.21, बृह०, व्य०का०, 15.13
163. नारद०, 5.22
164. मनु०, 8.218
पाषण्डनैगमादीनां स्थितिः समय उच्यते।
समयस्यानपाकर्म तद विवादपदँ स्मृतम्॥ - नारद०, 10.1
165. मनु०, 8.219
166. याज्ञ०, 1.61
167. नारद०, 10.2
168. व्यवहार-प्रकाश, पृ० 333, स्मृतिचन्द्रिका 2, 223
169. स्मृतिचन्द्रिका 2, पृ० 223

170. नारद०, 10.4-5
171. याज्ञ०, 2.189
172. बृह०, व्य०का०, 17.8-10
173. याज्ञ०, 2.187
174. क्रीत्वा मूल्येन यत् पण्यं क्रेता न बहुमन्यते।
क्रीत्वानुशय इत्येतद् विवादपदमुच्यते॥ - नारद०, 9.1
विक्रीय पण्यं मूल्येन क्रेतुर्यन्न प्रयच्छति।
विक्रीयासम्प्रदानं तद् विवादपदमुच्यते॥ - नारद०, 8.1
175. मनु०, 8.222
176. कात्यायन, व्यवहार प्रकाश, पृ० 339
177. नारद०, 9.2-3
178. कौटिल्य०, 3.15
179. सत्यङ्कार च यो दत्वा यथाकालं न दृश्यते।
पण्यं भवेन्नि सृष्टं तद्दीयमानमगृहयतः॥ - व्यास
सत्यङ्कारकृतं द्रव्यं द्विगुणं प्रतिपादयेत। - याज्ञ० 2.61, व्यवहार प्रकाश, पृ० 345-346
180. नारद०, 9.4
181. बृह०, व्य०का०, 18.9
182. नारद० 9.7.8, बृह०, व्य०का०, 18.3
183. नारद०, 10.7
184. कात्यायन, 706
185. कात्यायन, 704
186. बृह०, व्य०का०, 18.20
187. कौटिल्य, 3.15
188. कौटिल्य, 3.15 तथा मनु० ,8.224
189. कौटिल्य, 3.15
190. मनु०, 8.225
191. नारद०, 11.30
192. मनु०, 8.231

193. बृह०, व्य०का०, 16.4
194. नारद०, 6.11
195. बृह०, व्य०का०, 16.16
196. मनु०, 8.232 एवं 235, नारद०, 6.15, याज्ञ०, 2.164-165
197. मनु०, 8.233-234, व्यास, व्यवहार प्रकाश, पृ० 348
198. व्यास, व्यवहार प्रकाश, पृ० 347
199. मनु०, 8.240-241, याज्ञ०, 2.159-161
200. सेतुकेदारमर्यादा विकृष्टाकृष्ट निश्चयाः।
क्षेत्राधिकारा यत्र स्युर्विवादः क्षेत्रजः सतु॥ - नारद०, 11.1
201. कात्यायन, 732, व्यवहार प्रकाश, पृ० 353
202. मनु०, 8.246-247
203. मनु०, 8.248
204. मनु०, 8.250-251
205. ध्वजिनी मत्स्यिनी चैव नैधानी भयवर्ज्जिता।
राजशासननीता च सीमा पञ्चविधा स्मृता॥ - नारद०, व्यवहार प्रकाश, पृ० 354
206. बृह०, व्य०का०, 19.7 एवं 19.15
207. कात्यायन, 760-761
208. याज्ञ०, 2.155
209. कौटिल्य, 3.9
210. नारद०, 11.2-3
211. कच्चे मकानों की ओरी को आधार प्रदान करने के लिए लम्बे-लम्बे बाँस अथवा लकड़ी के डन्डे दीवाल में गाड़ दिये जाते हैं। डन्डों को नीचे-ऊपर गाड़ने से इनकी आकृति घोड़े के समान हो जाती है। अतः इसे 'घोरी' कहा जाता है। पक्के मकानों में ये पत्थर के बने रहते हैं। बृहस्पति एवं कात्यायन (752-753) इन्हें न हटाने का निर्देश देते हैं, क्योंकि यह स्थायी सीमा निर्धारण का कार्य करती है।
212. कौटिल्य, 3.36
213. बृह०, व्य०का० 19.52
214. मनु०, 8.282-283

215. कात्यायन, व्यवहार प्रकाश, पृ० 364
216. कात्यायन (758-759), व्यवहार प्रकाश, पृ० 365
217. मनु०, 8.302 एवं 8.316
218. ऋग्वेद, 6.28.3
219. ऋग्वेद, 6.28.7
220. ऋग्वेद, 7.55.3
221. स्तेनाः गुप्तचौराः, तस्कराः प्रकट चौराः, - तैत्तिरीय संहिता की टीका, पी०वी० काणे : धर्मशास्त्र का इतिहास, भाग 2, पृ० 824
222. तैत्तिरीय संहिता, 4.1-10.2
223. कात्यायन 8.10, पी०वी० काणे : धर्मशास्त्र का इतिहास भाग 2, पृ० 824 पर उद्धृत
224. उपायैर्विविधैरेषां छलयित्वापकर्षणम्।
सुप्रमत्तप्रभत्तेम्यः स्तेयमाहुर्मनीषिणः ॥ - नारद०, 11.17
225. याज्ञ०, 2.275, नारद०, 14.13-16
226. मनु०, 9.256
227. प्रकाशाश्चाप्रकाशाश्च तस्करा द्विविधा स्मृता।
प्रज्ञा सामर्थ्यमायाभिः प्रभिन्नास्ते सहस्त्रधा॥ - बृह०, व्य०का०, 22.1
228. नारद एवं बृह० व्य०का०, 22.2-3, व्यवहार प्रकाश- पृ० 386 एवं 387
229. उत्प्रेक्षकः सन्धिभेत्ता पांथभुड् ग्रंथिभेदकः।
स्त्री पुङ्गोऽश्व पशुस्तेयी चौरः नवविध स्मृतः ॥ - व्यास (व्यवहार प्रकाश, पृ० 387)
230. कौटिल्य, 4.6
231. नारद०, 1.71, व्यवहार प्रकाश, पृ० 386
232. गौतम०, 12.15, मनु०, 8.339, याज्ञ०, 2.166
233. याज्ञ०, 2.166 पर मिताक्षरा
234. स्मृतिचन्द्रिका 1, पृ० 175
235. मनु०, 8.341, नारद० (प्रकीर्णक 39)
236. गौतम० (12.36-48), नारद० (परिशिष्ट 13-14), मनु० (9.271 एवं 278)
237. कौटिल्य, 3.2

238. विवाहादि विधिः स्त्रीणां यत्र पुंसा च कीर्त्यते।
स्त्रीपुंसयोगसंज्ञं तद्विवादपदमुच्यते ॥ नारद०, 12.1
239. 'ममेयमस्तु पोष्या' - अथर्व०, 14.1.52
240. भार्यायाः भरणाद् भर्ता पालनाच्च पतिः स्मृतः। - महा०, 1.104.31
241. अन्नपानजिता दाराः सफल तस्य जीवनं। - महा०, 5.39.83
242. आपदर्थे धनं रक्षेद्दारान् रक्षेद्धनैरपि।
आत्मानं सततं रक्षेद्दारैरपि धनैरपि॥ - महा०, 5.37.18
243. भार्यारक्षणे योऽक्षमः पुत्रान्।
अयशो महादाप्नोति नरकाश्चैवगच्छति॥ - महा०, 14.10.49
244. मनु०, 9.9
245. नारद०, 13.30, व्यवहार प्रकाश, पृ० 405
246. बृहस्पति, व्य०का०, 25.2
247. मनु०, 9.10-11
248. याज्ञ०, 1.81
249. मनु०, 9.95 पर मेघातिथि एवं कुल्लूक
250. हरिदत्त वेदालङ्कार हिन्दू परिवार मीमांसा, पृ० 94
251. एव हि भार्या त्यजतां नराणां नास्ति निष्कृतिः - महा०, (कु० 3.59.10 प्र०)
252. पराशर, 4.15
253. याज्ञ०, 1.76
254. नारद०, 12.95
255. सर हेनरी मेन, ऐन्सिएण्ट ला, पृ० 138
256. ऋग्वेद, 1.117.17
257. ऐत० ब्रा०, 33.5
258. पी०वी० काणे, धर्मशास्त्र का इतिहास भाग 2, पृ० 847
259. आप०, 2.6.13.10-11
260. शुक्रशोणित सम्भवोपुत्रः मातापितृनिमित्तकः।
तस्य प्रदान- विक्रयत्यागेषु मातापितरौ प्रभवतः॥ - वशिष्ठ ध०सू०, 15.2
261. भार्यापुत्रश्च दासश्च त्रयैवाधनाः स्मृताः।
यत्ते समधिगच्छन्ति यस्य ते तस्य तद्धनम्॥ - मनु० 8.416

262. ऋग्वेद, 1.70.5
263. ऋग्वेद, 3.170.10, 1.22.7, 1.70.10, 97.2, 7.32.26, 8.48.7 एवं 10.17
264. मनुः पुत्रेभ्यो दायं व्यभजत्। - तैत्ति०सं०, 3.1.9.4
265. ऐत०ब्रा०, 22.9
266. जॉली : टैगोर ला लेक्चर्स, पृ० 90
267. जैमि० उप०, 3.156
268. कौटिल्य, 3.5
269. मनु०, 9.104
270. याज्ञ०, 2.117, नारद० 13.2
271. गौतम०, 28.2
272. कौटिल्य, 3.5
273. नारद०, 13.3
274. बृह० (दा० 26, व्य०का० 141)
275. ददातु वीरं शतदायमुक्थ्यम् - ऋग्वेद, 2.32.4
276. श्रमस्य दायः विभजन्त्येभ्यः । - ऋग्वेद, 10.1.4.10
277. तैत्ति० सं०, 2.5.2.7
278. अथर्व०, 5.18.6
279. ऐत०ब्रा०, 33.6
280. पाणिनि 2.3.39 एवं 6.2.5
281. पितृद्वारागतं द्रव्यं मातृद्वारागतं च यत्।
कथितं दाय शब्देन तद्विभागोधुनोच्यते॥ - स्मृतिचन्द्रिका 2, पृ० 255
282. विभक्तव्यं पितृद्रव्यं दायमाहुर्मनीषिणः। - निघण्टु, स्मृतिचन्द्रिका, पृ० 255, व्यवहार मयूख, पृ० 93
283. व्यवहार मयूख, पृ० 93
284. तत्र दाय शब्देन यद्धनं स्वामिसम्बन्धादेव निमित्तातन्यस्य एवं भवति तदुच्यते। - याज्ञ० 2.114 पर मिताक्षरा
285. न जायते तान्वो रिक्थमारैक चकार गर्म सनितुर्नियानम् । - ऋग्वेद 3.31.2
286. कौटिल्य, 3.5
287. शिवाजी सिंह ने साम्पत्तिक उत्तराधिकार एवं विभाजन के संदर्भ में तीन प्रकार के सिद्धान्तों का उल्लेख करते हुए तीसरे सिद्धान्त के अन्तर्गत कुछ परिस्थितियों

में पुत्र की तुलना में भाई के उत्तपराधिकार को वरीयता दिये जाने का उल्लेख किया है-

(a) One independent line of legal thinking, which may be treated back allowed the partition of family property among sons in the lifetime of the father, sometimes ever against his will.

(b) Another set of rules in the Smrtis disallow the division of the family property, among sons in the lifetime of the father.

(c) Faint traces still a third line of thinking is marked by which the brother of father, if alive, inherited in preferences to the son.

- Evolution of Smrti Law, pp.234

288. पी०वी० काणे ने जीमूतवाहन को 1090-1130 ई० के मध्य का स्वीकार किया है। परन्तु इस तिथि के प्रति वे स्वयं शङ्कालु हैं, क्योंकि बारहवीं शदी से चौदहवीं शदी तक की अवधि के किसी भी धर्मशास्त्रकार ने जीमूतवाहन के नाम का उल्लेख नहीं किया है।

द्रष्टव्य, पी०वी० काणे; धर्मशास्त्र का इतिहास भाग एक, पृ० 78-79.

289. जनश्रुति के अनुसार रघुनन्दन एवं वैष्णव संत चैतन्य महाप्रभु दोनों वासुदेव सार्वभौम के शिष्य थे। चैतन्य महाप्रभु का जन्म 1945-86 ई० में हुआ था। अत: रघुनन्दन का काल सोलहवीं शताब्दी का मध्य माना जा सकता है।

290. विज्ञानेश्वर चौलुक्य विक्रमादित्य के शासनकाल (1076-1126 ई०) में चौलुक्यों की राजधानी कल्याणी में रहते थे। उनकी 'मिताक्षरा' बंगाल एवं असम को छोड़कर सम्पूर्ण भारतवर्ष में हिन्दू उत्तराधिकार नियम का सर्वाधिक प्रमाणिक ग्रंथ माना जाता है।

291. मित्र मिश्र ने ओरछा के शासक वीर सिंह (1605-1627 ई०) के आदेश पर 'वीर मित्रोदय' नामक ग्रंथ की रचना की थी। अत: इसका रचना काल सत्रहवीं शताब्दी का पूर्वार्द्ध है।

292. चण्डेश्वर का काल चौदहवीं शताब्दी का प्रथम चरण माना गया है। ये मिथिला राज्य के मंत्री थे।

293. वाचस्पति मिश्र मिथिला के सर्वश्रेष्ठ निबन्धकार थे। पी०वी० काणे ने इन्हें पन्द्रहवीं शदी के मध्य में कहीं रखा है। (पी०वी० काणे : धर्मशास्त्र का इतिहास, भाग एक पृ० 89)

294. नीलकण्ठ प्रसिद्ध निबन्धकार थे। उन्होंने यमुना एवं चम्बल के संगम के भरेह नामक स्थान के सेंगरवंशी बुन्देला सरदार भगवन्त देव के सम्मान में 'भगवन्त भास्कर' नामक ग्रंथ लिखा, जो 12 मयूखों (प्रकरणों) में विभक्त है, जिसका एक प्रकरण 'व्यवहारमयूख' है। उन्होंने 'व्यवहारमयूख' का एक संक्षिप्त संस्करण भी 'व्यवहार तत्व' नाम से प्रकाशित किया। पी०वी० काणे ने इनका समय 1610 ई० से 1645 ई० के मध्य निर्धारित किया है।

पी०वी० काणे : धर्मशास्त्र का इतिहास, भाग एक, पृ० 94

295. देवण्णभट्ट दक्षिण भारतीय लेखक थे। इनका अन्य नाम देवण्ण, देवण, देवनन्द एवं देवगण भी मिलता है। इनकी 'स्मृतिचन्द्रिका' दक्षिण में व्यवहार एवं न्याय सम्बन्धी विवादों के लिए प्रमाणिक मानी जाती है। इसमें कात्यायन एवं बृहस्पति के व्यवहार से सम्बन्धित लगभग 600 श्लोक उद्धृत हैं। पी०वी० काणे ने इनका समय 1125 से 1150 ई० के मध्य माना है। (उपर्युक्त पृ० 82)

296. माधवाचार्य भारद्वाज गोत्रीय ब्राह्मण थे। वे विजयनगर के शासक बुकक अथवा बुक्कण के कुलगुरु एवं मंत्री थे। इनकी मृत्यु 1386 ई० में 90 वर्ष की अवस्था में हुई। दक्षिण भारत के व्यवहार सम्बन्धी प्रकरणों में 'पाराशर माधवीय' का विशेष महत्व है।

297. प्रताप रुद्रदेव (1497-1539 ई०) उड़ीसा के प्रसिद्ध शासक थे। अतः 'सरस्वती विलास' सोलहवीं शताब्दी के पूर्वार्द्ध का ग्रंथ है।

298. पी०वी० काणे के अनुसार सम्भवतः अपरार्क उत्तरी कोंकण वाले शिलाहारों में अपरादित्य नाम वाले शासक थे। इनकी शासन तिथि 1115-1130 ई० के मध्य निर्धारित की जा सकती है। - (पी०वी० काणे, उपर्युक्त पृ० 79)

299. अयं च दायो द्विविधः सप्रतिबन्धोऽप्रतिबन्धश्चेति। - मदन रत्न, व्य०, 89

300. दायभाग 1, 30-31

301. पतित्व पारिव्राज्ययोः पितृस्वत्वनाशोऽप्यंधिकः।
जन्मना स्वत्वं तुल्यमेव। - व्यवहार प्रकाश, पृ० 429

302. यत्तु गौतम वचनम् - उत्पत्यैवार्थस्वामित्वं लभेत इत्याचार्या - व्यवहार प्रकाश पृ० 414

303. जॉली : टैगोर ला लेक्चर्स, पृ० 110
304. न भोजयेत .... पिता वा कामेन विभक्तान्। - गौतम० 15.15 एवं 19
305. पी०वी० काणे : धर्मशास्त्र का इतिहास भाग 2, पृ० 844
306. जीव द्विभागे तु पिता गृहणीतांशद्वयं स्वयं - बृह०, व्य०का०, 26.16
द्रव्ये पितामहोपात्ते स्थावरे जंगमे तथा।
समम शित्वमाख्यातं पितुः पुत्रस्य चैव हि॥ - बृह०, व्य०का०, 26.14
307. पैतामहं समानं स्यात् पितुः पुत्रस्य चोभयोः ।
स्वयं चोपार्जिते पित्रा न पुत्रः स्वाम्यर्हति॥ - कात्यायन (व्यवहार निर्णय, पृ० 410)
सकलं द्रव्यजातं यद्भागैर्गृहणन्ति तत्समैः ।
पितरौ भ्रातरश्चैव विभागो धर्म उच्यत॥ - कात्यायन (व्यवहार प्रकाश, पृ० 448)
पैतामहेत्वर्थे पितृपुत्रयोः तुल्य स्वामित्वं - विष्णु०, 17.22
308. अधनास्त्रयः एवोक्ता भार्यादासस्तथ सुतः ।
यत् ते समधिगच्छन्ति यस्यै ते तस्य तद्धनम्॥ - नारद०, 5.39 (उपरम्स्वत्व सिद्धान्त)
पितैव वा स्वयं पुत्रान्विभजेद्वयसि स्थितः। - नारद०, 13.4 (जन्मना स्वत्व सिद्धान्त)
309. अनीश्वराः पितृमन्तः स्थित पितृमातृकाः पुत्राः। (माता-पिता या केवल पिता के जीवित रहते पुत्र सम्पत्ति के अधिकारी नहीं होते हैं।) - कौटिल्य, 3.5
भार्या पुत्रश्च दासश्च त्रय एवाधनाः स्मृताः ।
यत्ते समधिगच्छन्ति यस्य ते तस्य तद्धनम्॥ - मनु०, 8.416, उद्योग पर्व, 33.64
310. एच०एच० गौड़, दि हिन्दू कोड पृ० 37-38 - के०पी० सिंह 'प्राचीन भारत में साम्पत्तिक उत्तराधिकार एवं विभाजन सम्बन्धी कानून' पृ० 196 पर उद्धृत
311. हरिदत्त वेदालंकार : हिन्दू परिवार मीमांसा, पृ० 239
312. शारदाचरण मित्र, ला क्वार्टली रिव्यू जिल्द 21, 1905 ई०, पृ० 380-392 तथा जिल्द 22, 1906 ई०, पृ० 50-63.
313. पी०वी० काणे : धर्मशास्त्र का इतिहास, भाग 2, पृ० 844-845.

314. शारदाचरण मित्र, ला क्वार्टरली रिव्यू, जिल्द 21, पृ० 388
315. अप्राणिभिर्यत्क्रियते तल्लोके द्यूतमुच्यते।
प्राणिभिः क्रियते यस्तु स विज्ञेय समाह्वयः ॥ - मनु० 9.22
316. अक्षवृघ्नशलाकाद्यैर्देवनं जिह्मकारितम्।
पणक्रीडा वयोभिश्च पदं द्यूत समाह्वयः। - नारद०, (व्य०प्र० 13.1)
317. ऋग्वेद 10.34। इसके अतिरिक्त 1.41.9 एवं 7.86.6 में द्यूत-क्रीड़ा का संकेत प्राप्त होता है।
318. अथर्व०, 4.16.5 एवं 4.38
319. पी०वी० काणे : धर्मशास्त्र का इतिहास, भाग एक पृ० 562
320. पाणिनि (2.1.10, 4.4.2, 4.4.19, 2.3.57-58)
321. महा०, (58.16)
322. ऋग्वेद, 10.34.10-11
323. मनु०, (9.222, 223 एवं 225)
324. ब्रह्मपुराण, (171.29-38)
325. महा०, उद्योग पर्व, 128.6
326. द्यूतमेकमुख कार्य्ये तस्करज्ञानकारणात्। - याज्ञ० 2.203
द्यूतनिषिद्धं मनुना सत्य शौचधनापहम्। - बृहस्पति, व्यवहार प्रकाश, पृ० 568
327. मनु०, 9.227, उद्योगपर्व, 37.19
328. द्यूताध्यक्षो द्यूतमेकमुखं कारयेत। - कौटिल्य, 3.20
329. द्यूतमेकमुख तस्कर ज्ञानकारणात् - याज्ञ०, 2.203
330. याज्ञ०, 2.199
331. कौटिल्य, 3.20
332. याज्ञ०, 2.99, व्यवहार प्रकाश, पृ० 565
333. नारद०, 16.2
334. नारद०, 16.8
335. याज्ञ०, 2.200, कात्यायन, 940, व्यवहार प्रकाश, पृ० 566
336. कात्यायन, (937)
337. कात्यायन, (1000)
338. याज्ञ०, 2.201

339. याज्ञ०, 2.202, नारद०, 16.6-7
340. कात्यायन, (942)
341. नारद०, 16.4, याज्ञ०, 2.202, कात्यायन, 943, बृह०, व्य०का०, 27.9
342. ऋग्वेद, 5.37.7, 2.41.44, 4 .80.2
343. 'न च समाजो कतव्यो - अशोक का प्रथम शिलालेख, गिरनार संस्करण, श्रीराम गोयलः प्राचीन भारतीय अभिलेख संग्रह ' भाग एक, पृ० 31
344. श्री राम गोयल, उपर्युक्त, पृ० 36
345. कौटिल्य, 3.20, याज्ञ०, 2.203
346. बृह०, 28.2
347. सरस्वती विलास, पृ० 486
348. सरस्वती विलास, पृ० 487
349. गौतम०, 12.4, आप०, 18.11.12
350. कौटिल्य, 3.18, विशेष द्रष्टव्य - समग्र वाक्पारुष्य प्रकरण
351. महा०, कर्ण पर्व, 8.10
352. मनु०, 8.263-277
353. याज्ञ०, 2.204-211
354. विष्णु, 5.19-39
355. देश जाति कुलादीनामा कोशन्यदसंहितम्।
यद्वचः प्रतिकूलार्थं वाक्पारुष्य तदुच्यते॥ - नारद०, वाक्पारुष्य।
356. कलहप्रियाः गौडा इति देशाक्रोशः । अत्यन्त लोलुपः ब्राह्मणा इति जात्या क्रोशा। क्रूरचरिता वैश्वामित्र। इति कुलाक्षेपः। - व्यवहार प्रकाश, पृ० 379
357. हुङ्कारः कासं चैव लोके यच्च विगर्हितम्।
अनुकूयद्विब्रूयाद् वाकऊपारुष्य तदुच्यते॥ - कात्यायन 768, स्मृतिचन्द्रिका 2, पृ० 6
358. नारद, वाक्पारुष्य 2-3
359. 'व्यवहार-प्रकाश', पृ० 379
360. बृह०, व्य०का०, 20.2-4
361. 'व्यवहार प्रकाश' पृ० 380
362. दण्डपारुष्य स्पर्श नवगूर्णं प्रहतमिति।- कौटिल्य 3.19

363. कौटिल्य, 3.19
364. याज्ञ०, 2.213
365. वृह०, व्य०का०, 21.1
366. विष्णु०, 5.60
367. परगात्रेष्वमिद्रोहो हस्तपादायुधादिभिः।
भस्मादिभिश्चोपघातो दण्डपारुष्यमुच्यते॥ - नारद०, वाग्दण्डपारुष्य, प्रकरण, 4
368. नारद, वाग्दण्ड पारुष्य, प्रकरण 5.6
369. मनु०, 8.285-286 एवं 288-292
370. कौटिल्य, 3.19
371. मनु०, 8.299 एवं 300
372. साहसमन्वयवत्प्रसभकर्म। - कौटिल्य, 3.17
373. सहसा क्रियते कर्म यत्किञ्चिद बलदर्पितैः।
तत् साहसमिति प्रोक्तं सहोबलमिहोच्यते॥ - नारद०, साहस विवाद-4
374. मनु०, 8.322
375. कौटिल्य, 3.17
376. सामान्यद्रव्य प्रसभहरणात्साहसं स्मृतम्। - याज्ञ०, 2.230
377. कात्यायन (795)
378. साहसं चौर्यवाग्दण्ड पारुष्य स्त्री संग्रहणेषु व्यासक्तमपि बलादपविष्टम्भेपाधितो
मिद्यते इतिदण्डातिरेकार्थं पृथगभभिधानम्। - याज्ञ०, 2.230 पर मिताक्षरा
379. याज्ञ०, 2.232-242
380. मनुष्यमारणं चौर्यं परदाभिदर्शनम्।
पारुष्यमुभयं चेति स्याच्चतुर्विधम्॥ - बृह०, व्य०का०, 23.2
381. साहसं पञ्चधा प्रोक्तं वधस्तत्राधिकः स्मृतः।
तत्कारिणो नार्थदभैः शास्या वध्या प्रयत्नतः॥ - बृह०, व्य०का०, 23.9
382. नारद, साहस विवाद पद, 3-6
383. बृह०, व्य०का०, 23.5-7
384. ऋग्वेद, 1.92.4, 4.55,10.34.4
385. वाज०सं०, 30.22
386. बौधायन, 2.3.30

387. दण्डविवेक, पृ० 154
388. मनु०, 8.357-359
389. मनु०, 8.356 पर कुल्लूक
390. व्यास, विवाद रत्नाकर, पृ० 280 में उद्धृत
391. बृह०, व्य०का०, 24.1-5
392. बृह०, व्य०का०, 24.6-10
393. याज्ञ०, 2.283-284
394. याज्ञ०, 2.283 पर मिताक्षरा
395. नारद० ,12.62-64
396. कौटिल्य, 3.3
397. मनु०, 2.2-3
398. कौटिल्य, 3.20
399. कौटिल्य सम्पूर्ण
400. याज्ञ०, 2.295-297
401. नारद०, प्रकीर्णक
402. नारद०, प्रकीर्णक 1-4
403. बृह०, व्य०का०, 29.1
404. व्यास, व्यवहार प्रकाश, पृ० 569
405. दण्ड विवेक, पृ० 559-560
406. पी०वी० काणे ने प्रदेष्टा को आधुनिक कोरोनर एवं पुलिस मजिस्ट्रेट के समान माना है। - (पी०वी० काणे : धर्मशास्त्र का इतिहास, भाग 2, पृ० 709) कोरोनर अपमृत्यु के कारण आदि का जाँच करने वाला अधिकारी (Officer appointed to enquire into causes of suspicious death) होता है।
407. पी०वी० काणे : उपर्युक्त, पृ० 708
408. द्रष्टव्य; कौटिल्यीय अर्थशास्त्रं चतुर्थ अधिकरणम्, कण्टकशोधनम् (सम्पूर्ण)

अध्याय पंचम

व्यवहार - प्रक्रिया (प्रथम)

प्राचीन भारतीय साक्ष्यों के अनुशीलन से तत्कालीन न्यायिक प्रक्रिया का क्रमिक विकास स्पष्ट होने लगता है। कौटिल्य ने न्यायदान का उल्लेख तो किया है, परन्तु न्यायिक प्रक्रिया का स्पष्ट उल्लेख नहीं किया है। इससे अनुमान लगता है कि मौर्य काल में न्यायिक प्रक्रिया भ्रूणावस्था में रही होगी। शुंग काल में मौर्य काल की तुलना में विकसित न्यायिक प्रक्रिया का उल्लेख प्राप्त होता है, फिर भी न्यायिक प्रक्रिया शैशवावस्था में ही दृष्टिगोचर होती है। शुङ्गोत्तर काल में न्यायिक प्रक्रिया अपनी सम्पूर्ण आभा के साथ आलोकित होने लगती है एवं गुप्त काल तक उसका पूर्ण स्वरूप स्पष्ट हो जाता है। ई०पू० प्रथम शताब्दी से छठवीं शताब्दी ई० के मध्य के लेखकों- याज्ञवल्क्य, नारद, बृहस्पति, कात्यायन तथा शुक्र आदि के विवरणों में न केवल न्यायिक प्रक्रिया के स्थूल रूप; अपितु सूक्ष्मतातिसूक्ष्म भेदों का भी उल्लेख प्राप्त होता है।

व्यवहार के अंग -

व्यवहार के अंग के संदर्भ में अन्य व्यवस्थाकारों की तुलना में नारद का उल्लेख अधिक स्पष्ट है। उन्होंने व्यवहार का उल्लेख अनेक दृष्टिकोणों से करते

हुए अनेक संख्यात्मक विशेषणों से सम्बोधित किया है। यथा- 'चतुष्पाद', 'चतुःस्थान', 'चतुर्व्यापी', 'चतुष्कारी', 'त्रियोनि', 'द्विद्वार', 'द्विगति', 'द्विलक्षण' 'अष्टाङ्ग', 'अष्टादश पद' एवं 'शतशाख'।[1] अन्य लेखकों ने इसे 'द्विपद', 'द्विफल', 'द्विस्कन्ध', 'द्विरुत्थान', 'एक मूल' एवं 'सपण तथा अपण' जैसे विशेषणों से सम्बोधित किया है। इन शब्दों की संक्षिप्त व्याख्या करना यहाँ समीचीन प्रतीत होता है-

चतुष्पाद-

चतुष्पाद का अर्थ है - चार पद अथवा चार चरण। चतुष्पाद की व्याख्या के सन्दर्भ में सूच्य है कि व्यवस्थाकारों ने इसकी व्याख्या अनेक दृष्टियों से की है। कौटिल्य, बृहस्पति एवं नारद आदि ने चतुष्पाद के अन्तर्गत 'धर्म', 'व्यवहार', 'चरित्र' एवं 'राजशासन' को स्थान दिया है। बृहस्पति ने राजशासन के स्थान पर 'राजाज्ञा' शब्द का प्रयोग किया है।[2] याज्ञवल्क्य (1/8) पर टीका करते हुए विज्ञानेश्वर ने चतुष्पाद के अन्तर्गत 'भाषा', 'उत्तर', 'क्रिया ' एवं 'साध्यसिद्धि' का उल्लेख किया है।[3] कात्यायन[4] ने 'अभियोग', 'उत्तर', 'प्रत्याकलित' तथा 'क्रिया' को तथा शुक्र ने 'पूर्वपक्ष', 'उत्तरपक्ष', 'क्रिया' एवं 'निर्णय' को व्यवहार का चतुष्पाद माना है।[5]

प्रायः सभी व्यवस्थाकारों ने यह निर्देश दिया है कि यदि प्रतिवादी वादी के पक्ष को स्वीकार कर लेता है तो विवाद प्रथम वाद के पश्चात सीधे चतुर्थपाद में प्रविष्ट हो जाता है।[6] इस प्रकार के निर्णय को 'धर्मनिर्णय' कहा जाता है; क्योंकि इसमें निर्णय का आधार धर्म अथवा सत्य होता है।

जब अभियुक्त अपने ऊपर लगाये गये आरोप को अस्वीकार कर देता है; तो विवाद न्यायालय की अग्रिम कार्यवाही की प्रक्रिया में प्रविष्ट होता है। साक्ष्य एवं भोग आदि के आधार पर अभियुक्त के उत्तर की सत्यता का परीक्षण किया जाता है। ऐसी अवस्था में निर्णय का आधार 'व्यवहार' होता है।

'चरित्र' से आशय है- देशाचार अथवा देश, ग्राम अथवा कुल की परम्परा। 'व्यवहार-प्रकाश' में देशाचार को चरित्र निर्णय का हेतु स्वीकार किया गया है।[7] उदाहरणार्थ- दक्षिण में ब्राह्मण लोगों द्वारा 'मातुलकन्या-परिणय' का विधान था।[8]

अतः यह प्रमाणित होने पर भी किसी दक्षिणात्य ब्राह्मण ने उत्तर भारत की परम्परा के प्रतिकूल अपनी मामा की पुत्री के साथ विवाह किया है; उसे स्थानीय चरित्र के अनुसार दण्डित नहीं किया जा सकता था। यहाँ निर्णय का आधार 'चरित्र' हुआ। बृहस्पति ने चरित्र का अर्थ 'अनुमान' लगाया है।[9]

राजा का वह आदेश जो श्रुति समर्थित हो, स्थानीय रूढ़ियों की अवहेलना न करता हो, जन कल्याणकारी हो, 'राजशासन', 'नृपाज्ञा' अथवा 'राजाज्ञा' कहा जाता है अर्थात जब अभियुक्त के विरूद्ध धर्म, व्यवहार एवं चरित्त के द्वारा निर्णय नहीं हो पाता है, तो अन्ततः 'राजशासन' ही विवाद का निर्णय पाद बनता है।

'चतुष्पाद' के बारे में कौटिल्य का कथन है कि धर्म सत्यता में, व्यवहार साक्षियों में, चरित्त समाज के जीवन में एवं राजाज्ञा राजकीय शासन में स्थित रहती है।[10] पी०वी० काणे धर्म तथा अन्य तीन को अंतिम निर्णय के चार पाद मानते हैं। अंतिम निर्णय व्यवहार की चार स्थितियों मे एक स्थित है। अतः गौण अर्थ में ये व्यवहार के चतुष्पाद हैं।[11]

जहाँ तक धर्म, व्यवहार, चरित्त एवं राजशासन के सापेक्षिक श्रेष्ठता का प्रश्न है, इनमें से प्रत्येक परवर्ती को अपने पूर्ववर्ती के लिए बाधक है अर्थात् परवर्ती के लिए पूर्ववर्ती की अवहेलना की जा सकती है। उदाहरणार्थ-यदि कोई पक्ष इस बात पर बल देता है कि उसका विवाद 'दिव्य' द्वारा निर्णीत किया जाय, तो निर्णय का पाद 'धर्म' हुआ। इसके विपरीत यदि प्रतिपक्ष विवाद को मानुष साक्ष्य, भोग, आधिपत्य आदि के द्वारा निर्णात कराना चाहता है, तो निर्णय हेतु पाद 'व्यवहार' हुआ। ऐसी स्थिति में 'धर्म' गौण हो जाता है एवं 'व्यवहार' सबल हो जाता है। इसी प्रकार दक्षिण भारत में 'मातुलकन्या परिणय' वर्ज्य नहीं था, परम्परागत था।[12] अतः साक्ष्य प्राप्त होने पर भी विवाह करने वालों को दण्डित नहीं किया जा सकता था। इसी प्रकार केरल में वेश्यावृत्ति गर्हित नहीं थी। अतः साक्षियों के द्वारा यह प्रमाणित होने पर भी कोई व्यक्ति किसी वेश्या के यहाँ गया था, दण्डित नहीं किया जा सकता था, बशर्ते वह व्यक्ति अथवा वेश्या केरल की हो। अतः स्थानीय परम्परा के रूप में 'चरित्त' सबल हो गया, किन्तु यदि राजा प्रजा के नैतिक उत्थान के लिए किसी निश्चित तिथि के पश्चात से वेश्यावृत्ति न करने

के लिए आदेश निर्गत करता है; तो चरित्र पाद निर्बल हो जाता है तथा 'राजशासन' सबल हो जाता है।

अन्यत्र याज्ञवल्क्य ने व्यवहार को चतुष्पाद कहा है, जिसकी व्याख्या करते हुए मिताक्षरा ने 'भाषा', 'उत्तर', 'क्रिया' तथा साध्यसिद्धि को व्यवहार का चतुष्पाद कहा है। बृहस्पति ने जहाँ एक ओर चतुष्पाद के अन्तर्गत धर्म, व्यवहार, चरित्र एवं नृपाज्ञा को स्थान दिया है, अन्यत्र एक अन्य दृष्टि से 'पूर्वपक्ष', 'उत्तरपक्ष', 'क्रियापाद' तथा 'निर्णय' का उल्लेख किया है।[13] प्रथम पाद पूर्वपाद अथवा भाषापाद है। इसमें प्रतिवादी तथा न्यायाधीश के समक्ष वादी का बयान लेखबद्ध होता है। इसे 'प्रतिज्ञा' भी कहते हैं। द्वितीय पाद उत्तरपाद है, जिसमें प्रतिवादी को अपने ऊपर लगाये गये आरोप के विरूद्ध उत्तर देने के अवसर मिलता है। तृतीय पाद 'क्रियापाद' है जिसमें साक्ष्य का कार्य होता है तथा चतुर्थपाद 'साध्यसिद्धि' अथवा 'निर्णयपाद' है, जिसमें विवाद का निर्णय होता है।

चतुः स्थान- नारद के अनुसार व्यवहार चार आधार वाला है - सत्य, साक्षी, चरित्र पुस्तकरण (ऐसी रुढ़ियाँ, जो राजा द्वारा लिखित कर ली गयी हों) तथा राजशासन।[14]

चतुःसाधन- साम, दान, दण्ड एवं भेद व्यवहार के चार साधन हैं।[15]

चतुर्हित- चारों वर्णों तथा चारों आश्रमों की रक्षा करने से यह 'चतुर्हित' कहा जाता है।[16]

चतुर्व्यापी- कर्तृन (वादी), साक्षी, सभ्य तथा राजा इन चारों में व्याप्त होने के कारण यह 'चतुर्व्यापी' कहा जाता है।[17]

चतुष्कारी- यह चार फल उत्पन्न करने वाला है -धर्म (न्याय), अर्थ (लाभ), यश तथा लोककल्याण। अतः इसे 'चतुष्कारी' कहा गया है।[18]

चतुर्विध- नारद के 'आगम' (प्रथम सूचना) 'व्यवहारपद', (विशिष्ट विधि) के अन्तर्गत कानूनी कार्यवाही, 'चिकित्सा' तथा 'निर्णय' चार विधियों के कारण इसे 'चतुर्विध' कहा गया है।[19]

त्रियोनि- काम, क्रोध एवं लोभ व्यवहार के तीन स्त्रोत हैं, अत: इसे 'त्रियोनि' कहा जाता है।[20]

द्वयाभियोग- व्यवहार दो प्रकार के अभियोगों पर आधारित होता है - 'शंकाभियोग' (सन्देह) अथवा 'तत्वाभियोग' (सत्य घटना पर)।[21] यथा- किसी व्यक्ति पर संदेहवश कोई अभियोग लगाया जाय, तो वह शंकाभियोग होगा तथा यदि किसी व्यक्ति के पास से चोरी की वस्तु प्राप्त हो जाय तो वह तत्वाभियोग होगा।

द्विद्वार- व्यवहार के दो द्वार होते हैं अर्थात यह वादी के कथन तथा प्रतिवादी के प्रत्युत्तर पर आधारित होता है।[22]

द्विगति- 'व्यवहार की दो गतियाँ होती हैं अर्थात् इसका निर्णय सत्य एवं असत्य पर आधारित होता है।[23]

द्विलक्षण- जब दोनों पक्ष पराजय होने पर एक दूसरे पक्ष को कुछ धन देने का वचन लिखित रूप में देते हैं, तो ऐसे लेख को 'सोत्तर' तथा यदि ऐसा करने का वचन नहीं देते हैं, तो उसे 'अनुत्तर' कहा जाता है। इस दृष्टि से नारद ने व्यवहार को द्विलक्षण कहा है।[24] याज्ञवल्क्य ने इसके लिए 'सपण' एवं 'अपण' शब्दों का प्रयोग किया है।

अष्टांग- राजा, पुरुष (प्रधान न्यायाधीश), सभ्य (अवर न्यायाधीश) शास्त्र (धर्मग्रंथ), गणक, लेखक , अग्नि एवं जल (दिव्य के प्रयोजनार्थ) को व्यवहार का अष्टांग कहा गया है।[25]

महाभारत के टीकाकार नीलकंठ ने इस सम्बन्ध में 'अष्टपाद' का उल्लेख किया है। उनके अनुसार महाभारत में 'दण्ड' को धर्म कहा गया है। व्यवहार शब्द भी इसी अर्थ में प्रयुक्त हुआ है। व्यवहार अथवा न्याय प्रणाली पर प्रकाश डालने के उद्देश्य से 'अष्टपाद' आदि विशेषण प्रयुक्त हुए हैं। 'आवेदन', 'भाषा', 'मिथ्योत्तर', 'कारणोत्तर', 'प्राङ्न्याय', 'प्रतिभू', 'क्रिया' एवं 'फलसिद्धि' - ये व्यवहार के आठ पाद हैं। न्यायालय में उपस्थित होकर न्याय-प्रार्थना प्रस्तुत करने का नाम 'आवेदन' है। प्रतिवादी के न्यायालय में उपस्थित होने पर उसके समक्ष पुन: आवेदन-पत्र लिखने का नाम 'भाषा' है। प्रतिवादी यदि वादी के द्वारा लगाये गये सभी

आरोपों को स्वीकार कर लें, तो उसे 'सम्प्रतिपत्ति' कहते हैं; परन्तु यदि प्रतिवादी वादी द्वारा लगाये गये आरोप को सर्वथा अस्वीकार कर देता है; तो उसे 'मिथ्योत्तर' कहते हैं। आवेदन का कुछ अंश स्वीकार कर शेष को अस्वीकार करना 'कारणोत्तर' है। वादी एक मुकदमा चलाकर दूसरा हार गया हो और दूसरी बार फिर से दावा करने पर यदि प्रतिवादी उसकी पूर्व पराजय वाली बात से न्यायालय को अवगत करा दे, तो इसे 'प्राङ्न्यायोत्तर' कहा जाता है। यदि वादी तथा प्रतिवादी दोनों में से किसी को जमानत दिलानी हो, तो जमानतदार को 'प्रतिभू' कहते हैं। 'मैं इस मुकदमें में हार गया तो अमुक वस्तु दूँगा' इस प्रकार की प्रतिज्ञा करना 'क्रिया' है। अपने पक्ष में प्रस्तुत किये जाने वाले साक्ष्य, दलील, पत्र आदि की सत्यता यदि न्यायाधीश स्वीकार कर ले, तो वादी मुकदमा जीतकर 'फलसिद्धि' (निर्णय) प्राप्त कर लेता है।[26] परन्तु महाभारत काल में न्याय व्यवस्था इतनी विकसित थी, कहना कठिन है।

अष्टादश पद - इसके अन्तर्गत ऋणादान, उपनिधि आदि 18 प्रकार के व्यवहार पदों का उल्लेख हुआ है।[27]

शतशाख - सौ शाखाओं वाला होने के कारण व्यवहार को 'शतशाख' की संज्ञा प्रदान की गई है।[28] यह संख्या अनुमानात्मक अधिक प्रतीत होती है। नारद का कथन है कि अठारह स्वत्वों में 132 उपशीर्षक हैं।

द्विपद - व्यवहार के दो पैर हैं - धन एवं हिंसा से उत्पन्न[29] अर्थात् कोई भी विवाद या तो धनमूलक होगा या हिंसामूलक।

द्विरुत्थान- व्यवहार के दो उत्थान (प्रारम्भ) हैं - धन एवं हिंसा[30] अर्थात् धन एवं हिंसामूलक विवादों के अभाव में व्यवहार का उत्थान (प्रारम्भ) नहीं हो सकता है।

द्विस्कन्ध- 'धर्मशास्त्र' एवं 'अर्थशास्त्र' व्यवहार के दो स्कन्ध (शाखाएँ) हैं।[31]

द्विफल- विजय अथवा पराजय व्यवहार के दो फल हैं।[32]

एकमूल- व्यवहार का मूल एक है, अर्थात् जो निर्णीत होने वाला है, एक ही है।[33]

व्यवहार के इन अंगों के अवलोकन से व्यक्ति, समाज एवं राज्य से व्यवहार का सम्बन्ध स्पष्ट हो जाता है। इससे यह स्पष्ट हो जाता है कि व्यवहार व्यक्ति, समाज एवं राज्य तीनों के मध्य समन्वय स्थापित करने का महत्वपूर्ण साधन था। प्राचीन व्यवस्थाकारों ने मुकदमेबाजी को हतोत्साहित करने का यथासम्भव प्रयत्न किया। इसी उद्देश्य से अभियुक्त द्वारा वादी के आरोपों को स्वीकार कर लेने पर विवाद सीधे निर्णय पाद में प्रविष्ट हो जाता था। धर्म, व्यवहार, चरित्र एवं राजशासन व्यवहार के चार श्रृंखलाबद्ध सोपान थे। इनमें से प्रत्येक परवर्ती अपने उत्तरवर्ती की तुलना में अधिक सबल था एवं उसके समीक्षा की अवहेलना कर सकता था। इससे यह भी स्पष्ट होता है कि मौर्यकाल तक न्यायिक क्षेत्र में राजशासन अथवा राजाज्ञा को महत्वपूर्ण स्थान मिल चुका था। परवर्ती काल में जैसे-जैसे राजा शक्तिशाली होता गया, राजाज्ञा भी सशक्त होती गई। यद्यपि राजाज्ञा के भी श्रुति समर्थित एवं रुढ़िगत होने की शर्त अवश्य थी, परन्तु राजा जनहित में रुढ़िगत विकृतियों को दूर करने वाली राजाज्ञा भी निर्गत कर सकता था।

व्यवहार की अवस्थाएँ-

सामान्यत: व्यवस्थाकारों के द्वारा व्यवहार विधि की चार प्रमुख अवस्थाओं का उल्लेख किया गया है। विवाद के प्रारम्भ से लेकर न्यायालय में प्रवेश करने तथा सम्यक् जाँचोपरान्त प्रतिवादी के आह्वान तक की प्रक्रिया प्रथम चरण के अन्तर्गत आती थी, जिसे 'पूर्व पक्ष' अथवा 'भाषापाद' कहते हैं। वादी के विवाद के सम्बन्ध में प्रतिवादी द्वारा अपने ऊपर लगाये गये आरोप के विरुद्ध उत्तर देने तक की प्रक्रिया द्वितीय चरण 'उत्तर पक्ष' के अन्तर्गत आती है। वादी एवं प्रतिवादी के द्वारा अपने-अपने पक्ष में न्यायालय के समक्ष प्रस्तुत किया जाने वाला साक्ष्य तृतीय चरण 'क्रियापाद' अथवा 'चिकित्सा' के अन्तर्गत आती है तथा निर्णय एवं पुनर्विचार चतुर्थ चरण के अन्तर्गत आते हैं।

प्रथम चरण : पूर्व पक्ष -

आगम -

नारद जैसे स्मृतिकारों ने व्यवहार अथवा न्यायिक प्रक्रिया की चार प्रमुख अवस्थाओं में 'आगम' को प्रथम स्थान दिया है। आगम से आशय प्रथम सूचना रिपोर्ट (First

Information Report) से है। याज्ञवल्क्य के अनुसार यदि धर्मशास्त्र, स्मृति, आचार, परम्परा आदि के प्रतिकूल किसी व्यक्ति को क्षति पहुँचाई जाय तथा व्यक्ति राजा के यहाँ आवेदन करे, तो वह व्यवहार का विषय बनता है।[34] इसे ही व्यवस्थाकारों के द्वारा 'आवेदन', 'प्रतिज्ञा', 'भाषापक्ष', 'पूर्वपक्ष' अथवा 'वाद' की संज्ञा दी गयी है। वस्तुतः इसी से व्यवहार का प्रथम पाद प्रारम्भ होता है। बृहस्पति इसे ही 'व्यवहार-मूल' मानते हैं।[35] आवेदन एवं भाषा पक्ष में सूक्ष्म अंतर है। शुक्र के अनुसार वादी के द्वारा राजा के पास जो प्रार्थना-पत्र दिया जाता है, उसे 'आवेदन' कहते हैं तथा 'प्राड्विवाक्' आदि के समक्ष कही जाने वाली बात (वयान) 'भाषा' कही जाती है।

शुक्र ने राजा को निर्देश दिया है कि वह शब्द एवं अर्थ के तत्वज्ञ, गणना करने में कुशल, निर्दोष, विविध प्रकार के लिपियों के ज्ञाता तथा विभिन्न लक्षणों से युक्त गणक तथा लेखक नियुक्त करे।[37] इनकी नियुक्ति न्यायिक कार्यों के सुसम्पादन के लिए पृथक रूप से की जाती थी तथा वे अन्य राजकीय कार्यों से विरत रहते थे। आवेदक न्यायासन पर बैठे हुए राजा के पास जाता था और अधर्मरहित, जो निवेदन करना होता था, उसे यथार्थ रूप से विचार करके सावधान चित्त से लिखकर राजा को करबद्ध एवं विनम्र होकर देता था तथा अपने कार्य के सम्बन्ध में निवेदन करता था।[38]

न्यायालयीय मर्यादाएँ आधुनिक युग की न्यायपालिकाओं की ही भाँति थीं। न्यायालयीय मर्यादा का पालन करना पड़ता था तथा उसका उल्लंघन करना दण्डनीय माना जाता था। यथा- बृहस्पति ने राजा को यह निर्देश दिया है कि यदि वादी सशस्त्र हो, अनुत्तरीय (जिसके शरीर के ऊपरी भाग में वस्त्र न हो) हो, मुक्तकच्छ (कच्छविहीन अथवा लुंगी पहने) हो, आसन के साथ हो एवं आवेदनपत्र बाएँ हाथ से प्रस्तुत कर रहा हो तो उसके आवेदन को अस्वीकार करते हुए उसे दण्डित करना चाहिए।[39] शुक्र ने भी ऐसे वादी को दण्डित करने का निर्देश दिया है, जो उद्धत स्वभाव वाला, निष्ठुर वचन बोलने वाला, निष्ठुर कार्य करने योग्य वेष वाला, घमण्डी, अत्यन्त क्रोधी, विचारपति (न्यायाधीश) के साथ आसन पर बैठने वाला तथा अत्यन्त मानी हो।[40] निश्चय ही उपर्युक्त मर्यादाओं का पालन प्रतिवादी को भी करना पड़ता रहा होगा।

वादी द्वारा प्रस्तुत 'प्रतिज्ञा' का बहुत महत्व था। वास्तव में वाद को प्रस्तुत करने का ढंग एवं उसका महत्व ही प्रक्रिया को आगे बढ़ाने में सहायक होता था, क्योंकि वाद के शिथिल होने पर पूर्ण न्यायिक प्रक्रिया की कोई आवश्यकता ही नहीं होती थी एवं प्रथम वाद में ही वाद समाप्त हो जाता था।[41] अतः वाद के सार्थक प्रस्तुतीकरण पर विशेष बल दिया गया। प्रतिज्ञा में वेदक (वादी) के देश, जाति, ग्राम, गोत्र, नाम एवं व्यवसाय आदि का उल्लेख होना आवश्यक तो था ही, घटना घटित होने की तिथि, संवत्सर, ऋतु, मास, पक्ष, दिवस, कारण, रूप, वादी तथा प्रतिवादी के सामर्थ्य आदि का उल्लेख होना भी आवश्यक था।[42] बृहस्पति के अनुसार वाद दोषरहित, उचित, प्रमाणयुक्त, तार्किक, संक्षिप्त एवं वाद के ज्ञाताओं के द्वारा प्रमाणित होना चाहिए। साथ ही सारगर्भित, स्पष्ट, कुतर्कहीन तथा प्रतिवादी पक्ष के सम्भावित प्रश्नों एवं तर्कों का उत्तर देने एवं खण्डन करने में समर्थ होना चाहिए।[43]

व्यवस्थाकारों के द्वारा प्रतिज्ञा की शुद्धि पर विशेष बल दिया गया है। बृहस्पति के अनुसार आवेदन सार्थक एवं संक्षिप्त होना चाहिए। कात्यायन ने ऐसे आवेदन पर विचार न करने का निर्देश दिया है, जिसमें देश, काल, द्रव्य, संख्या एवं परिमाण आदि का उल्लेख न किया गया हो।[44] बृहस्पति ने अर्थरहित एवं उद्देश्यहीन आवेदन पर विचार न करने का निर्देश दिया है। इसकी व्याख्या में उन्होंने कहा है कि असम्भव वस्तु की माँग, सामान्य अपराध अथवा अल्पधन सम्बन्धी वाद अर्थरहित तथा ऐसे वाद जिनमें न कोई अभियोग होता है और न कोई माँग होती है; उद्देश्यहीन कहे जाते हैं।[45] नारद के अनुसार आवेदन में यदि कोई बिन्दु इधर-उधर हो जाय, कोई अक्षर घिसी-पीटी हो, पानी अथवा तेल से भीगा हुआ हो, तो स्पष्ट होते हुए भी ग्रहण करने योग्य नहीं होता है।[46] नारद का यह उल्लेख स्पष्ट करता है कि न्यायालय के समक्ष प्रस्तुत करने के पूर्व ही आवेदनपत्र लिपिबद्ध कर लिया जाता था।

वादी के न्यायालय में उपस्थित होकर वाद प्रस्तुत करने पर राजा प्राड्विवाक्, सभ्य, ब्राह्मण आदि अभियोग के सम्बन्ध में अनेक प्रश्न करते थे। उनके प्रश्न करने का ढंग अत्यन्त आत्मीय होता था। कहा गया है कि सर्वप्रथम राजा को यह पूछना चाहिए कि 'हे मानव ! बोलो, क्या कार्य है ? तुम्हें किसने पीड़ा

पहुँचायी ? भयभीत न हो ! किसके द्वारा, कब और कैसे तुम्हें क्षति पहुँचायी गयी है ?' तब शासक अथवा न्यायिक अधिकारी उसके आवेदनपत्र पर सम्यग् रूप से विचार करते थे तथा उससे प्रतिप्रश्न करके यह विचार करते थे कि क्या प्रार्थी के आवेदनपत्र पर वैधानिक कार्यवाही प्रारम्भ की जा सकती है ?[47] यदि उसका वाद वैधानिक परिधि के अन्तर्गत आता था, तो वाद स्वीकार कर लिया जाता था तथा लेखक उसके द्वारा कहे गये वाक्यों को तत्कालीन लिपि अथवा क्षेत्रीय भाषा में लिखता था।[48] 'व्यवहार तत्वं' से ज्ञात होता है कि वादी के उत्तर आदि संस्कृत भाषा में लिखे जाते थे।[49]

वादी के द्वारा जो कुछ भी कहा जाय, उसका लेखबद्ध होना आवश्यक था, चाहे वह स्नेह, लोभ एवं क्रोध के आवेश में आकर ही क्यों न कहा गया हो।[50] ऐसा प्रतीत होता है कि कभी-कभी लेखकण वादी-प्रतिवादी के द्वारा कहे गये वचन को तोड़-मरोड़कर; वास्तविक मन्तव्य के विपरीत, भिन्न रीति से लिखते थे। उसका मुकदमे की वैधानिकता पर प्रभाव पड़ता था। शुक्र ने ऐसे भ्रष्ट लेखकों के लिए चौरवत दण्ड का विधान किया है।[51] सम्भवत: इसी तथ्य को ध्यान में रखकर ही शुक्र ने कुशल एवं निष्पक्ष लेखकों एवं गणकों की नियुक्ति पर बल दिया है। यहाँ उल्लेखनीय है कि याज्ञवल्क्य ने दो बार वादपत्र लिखे जाने का उल्लेख किया है। प्रथम बार तो उस समय, जब वादी परिवाद प्रस्तुत करता है तथा द्वितीय बार उस समय, जब प्रतिवादी उपस्थित होता है। द्वितीय बार, जब प्रतिवादी की उपस्थिति में वाद पत्र लिखा जाता था, तो समय तथा प्रतिवादी से सम्बन्धित विवरणों के साथ लिखा जाता था।[52] इस प्रकार प्रथम बार प्रस्तुत आवेदनपत्र तथा प्रतिवादी की उपस्थिति में प्रस्तुत वाद पत्र के मध्य विसंगति पाये जाने पर मुकदमे पर बुरा प्रभाव पड़ता था।

शुक्र ने निर्देश दिया है कि सभ्य आदि आवेदनपत्र पर यथार्थ रूप से विचार करके, जो कमी हो, उसे वादी से पूछ कर पूरा कर ले तथा जो अधिक एवं निरर्थक हो, उसे निकाल दें। इस प्रकार वादी के बयान को पूरा करके उसके अंगूठे का चिन्ह लगवा लें तथा अन्त में राजा उस पर अपनी मुद्रा लगा दे। वादी का यह बयान भी एक प्रकार का साक्ष्य होता है।[53] बृहस्पति का विचार है कि यदि वादी अपने वाद को प्रस्तुत करने के लिए समय की याचना करे, तो निष्पक्ष

एवं सुलभ न्याय के लिए उसे उसकी शक्तिहीनता आदि को दृष्टिगत रखते हुए परिस्थिति के अनुसार अतिरिक्त समय दिया जाना चाहिए।[54]

व्यवस्थाकारों ने इस तथ्य को निरन्तर ध्यान में रखा कि अनावश्यक विवाद न्यायालय में न प्रस्तुत हों। अतः राजा को निर्देश दिया गया कि वह इस तथ्य का भली-भाँति विश्लेषण कर ले कि वाद ग्रहण करने योग्य है अथवा नहीं।[55] यदि वाद ग्रहण करने योग्य नहीं रहता था, तो आगे की विधिक कार्यवाही वहीं समाप्त हो जाती थी। ग्रहणनीयवाद न्यायालय द्वारा अग्रिम कार्यवाही के लिए ले लिया जाता था तथा वादी के पूर्वपक्ष (बयान) पूरा हो जाने पर आगे कहने के लिए संकेत को समझने वाले, दृष्ट शस्त्रार्थधारी सत्पुरुषों के द्वारा रोक दिया जाता था।[56]

प्राचीन व्यवस्थाकार इस तथ्य से परिचित थे कि सामान्य वादी, जो अपनी अल्पज्ञता के कारण विधिक कार्यवाही से पूर्णरूप से परिचित नहीं है, सम्भव है कि प्रथम बार वाद प्रस्तुत करते समय वादपत्र में अपेक्षित सूचना का उल्लेख न कर सके। अतः उन्होंने वाद में संशोधन करने का निर्देश दिया। नारद का विचार है कि दूसरे वाद, उत्तरपाद के प्रारम्भ होने तक वादपत्र में संशोधन सम्भव है।[57] इस दृष्टि से प्राचीन विधि व्यवस्था आधुनिक विधि व्यवस्था के अनुरूप प्रतीत होती है। इंग्लैण्ड में भी प्रतिवादी के उत्तर तक वादी के वादपत्र में संशोधन करने का विधान था।[58]

मनु ने वादी के आवेदन की यथार्थता के सम्बन्ध में मनौवैज्ञानिक विश्लेषण करने का निर्देश दिया है। इसका उद्देश्य यह प्रतीत होता है कि वादी के मनोभाव के विश्लेषण से ही प्रथम द्रष्ट्या पता लगा लिया जाय कि उसके द्वारा प्रस्तुत वाद यथार्थपरक है अथवा अयथार्थपरक। अतः मनु ने वादी के आचरण से उसकी हृदयगत भावनाओं को जानने का निर्देश देते हुए लिखा है कि बाह्य चिह्न, स्वर, वर्ण, इंगित (संकेत), आकार एवं नेत्र तथा चेष्टा आदि से उसकी भावनाओं को जानने का प्रयत्न करना चाहिए, क्योंकि आकार इंगित, चाल, चेष्टा, भाषा, नेत्र तथा मुख के विकार आदि अन्तर्मन की भावनाओं को प्रकट करते हैं।[59] इससे वादी के साथ ही प्रतिवादी एवं साक्षी की मनोभावनाओं का भी विश्लेषण किया जा सकता है।

याज्ञवल्क्य ने भी वादी, प्रतिवादी एवं साक्षी के आचरण के आधार पर उनके मनोवैज्ञानिक विश्लेषण करने का प्रयत्न किया है। उनका कथन है कि जो चंचलचित्त है, एक स्थान से दूसरे स्थान में जाता है, होठों को जीभ से चाटता है, जिसके ललाट पर स्वेदबिंदु आ जाय, मुख विवर्ण (रंगहीन) हो जाय, होंठ सूख जाय, वचन स्पष्ट न निकलते हों अथवा जो बहुत विरुद्ध बातें बोलता है, सामने देखने अथवा बोलने का साहस नहीं करता है, होठों को टेढ़ा करता है और स्वभावतः मन, वाणी एवं कर्म से विकार को प्राप्त हो जाता है, वह साक्ष्य अथवा अभियोग में 'दूषित' कहा जाता है।[60]

यहाँ उल्लेखनीय है कि उपर्युक्त हाव-भाव एवं मनोवृत्तियाँ अभियोगी, साक्षी एवं अभियुक्त के दूषित होने के सामान्य कारण हो सकते हैं, प्रधान कारण नहीं। लक्ष्मीदत्त ठाकुर ने इन्हें मुख्य कारण में सहायक तो माना है, स्वतः अकाट्य प्रमाण नहीं माना है, क्योंकि सम्भव है कि नये व्यक्ति को प्रथम बार राजसभा में उपस्थित होने पर दुर्बलचित्तता के कारण घबराहट आ जाय। ऐसी दशा में उसके सत्य होते हुए भी उसमें उपर्युक्त विकार उत्पन्न हो सकते हैं जबकि अभ्यस्त अपराधी के लिए मिथ्याभाषण में किसी विकार की सम्भावना नहीं रहती है।[61]

राज्य एवं पक्षकार-

सामान्यतः राज्य अपनी ओर से वाद नहीं पैदा करता था। पक्षकार कोई वादी ही होता था। मनु का स्पष्ट कथन है कि राजा अथवा राजा द्वारा नियुक्त न्यायकर्ता धन के लोभ में कार्य न करें अर्थात् ऋण आदि के विवाद न तो स्वयं खड़ा करें एवं न ही धन आदि के लोभ में दूसरे के मुकदमे में लापरवाही करें।[62] इस आधार पर एन०सी० सेनगुप्त का मत है कि राज्य कभी भी अपनी ओर से वाद खड़ा नहीं कर सकता था। क्षतिग्रस्त व्यक्ति ही परिवाद खड़ा कर सकता था। धर्मशास्त्रों ने राजा द्वारा अपराधों का संज्ञान करने का उपबन्ध नहीं किया था।[63] इस नियम का अक्षरशः पालन करने पर कभी-कभी स्थिति अत्यन्त हास्यास्पद हो जाती थी। इसका सर्वोत्तम उदाहरण गुप्तकालीन ग्रंथ 'मृच्छकटिकम्'[64] नामक नाटक में वर्णित न्याय व्यवस्था है, जिसमें यद्यपि शकार ने राजा के सामने न्यायालय से यह निवेदन किया कि चारुदत्त ने बसन्तसेना को मार डाला है, परन्तु न्यायालय

का यह दृष्टिकोण था कि क्योंकि शकार इस मामले में स्वयं पक्षकार नहीं है, अतः उसे विवाद को प्रारम्भ करने का अधिकार नहीं है। प्राड्विवाक् ने बसन्तसेना की माँ के पास सन्देश वाहक भेजकर यह सुनिश्चित कराया था कि क्या उसे कोई आवेदन करना है? किन्तु 'मृच्छकटिकम्' में चित्रित न्याय व्यवस्था सम्पूर्ण यथार्थ को नहीं प्रस्तुत करती।

प्राचीन भारत में निःसन्देह यथासम्भव राज्य को विवाद में पक्षकार बनने से रोका गया। इस प्रतिषेध के पीछे वास्तविक मंतव्य स्वस्थ प्रतीत होता है। एस० वरदाचार्य का मत है कि सामान्यतः राजा एवं राजकर्मचारियों के द्वारा अभियोग न प्रस्तुत करने का उद्देश्य यह था कि धन के लोभ से अथवा अपने व्यक्तिगत स्वार्थ की पूर्ति के लिए राजा अथवा उसके राजकर्मचारी प्रजा के पारस्परिक विवाद में अनुचित हस्तक्षेप न करें, परन्तु हत्या, साहस एवं राजद्रोह आदि अपराध ऐसे थे, जिनकी राज्य इस आधार पर अवहेलना नहीं कर सकता था कि राज्य पारस्परिक विवाद में हस्तक्षेप नहीं करता है।[65]

शुक्र ने राजा अथवा राजपुरुष को सामान्यतः व्यवहार पैदा करने का निषेध किया है, परन्तु उन्होंने पचास प्रकार के छलों, दस अपराधों एवं बारह पदों का उल्लेख किया है, जिनक बारे में सूचक (जासूस) एवं स्तोभक (मुखबिर) के द्वारा सूचना प्राप्त करने के पश्चात राजा सीधे मुकदमा प्रारम्भ करता था।[66] शुक्र की इस सूची से स्पष्ट होता है कि राजकीय, सार्वजनिक एवं जनहित सम्बन्धी वादों में राज्य स्वयं पक्षकार होता था। सार्वजनिक सम्पत्ति के अपहरण, अतिक्रमण एवं क्षति की राजा इस आधार पर अवहेलना नहीं कर सकता था कि आरोप लगाने वाला कोई पक्षकार नहीं है।

यदि हम कौटिल्य से लेकर शुक्र तक के विचारकों के निर्देशों का विश्लेषण करें तो स्थिति स्पष्ट हो जाती है। कौटिल्य ने देव, ब्राह्मण, तपस्वी, स्त्री, बालक, वृद्ध, रुग्ण तथा अनाथ लोगों का विवाद स्वयं राजा को प्रस्तुत करने का निर्देश दिया है।[67] इससे यह निष्कर्ष निकलता है कि मौर्य शासन में राज्य राजविद्रोह के अतिरिक्त अपवादपूर्ण स्थितियों में ही पक्षकार बनता था, किन्तु गुप्त काल तक आते-आते जनहित सम्बन्धी अधिकाधिक विवादों में राज्य स्वयं पक्षकार बनने लगा।

वास्तव में प्राचीन भारतीय विधि व्यवस्था में कार्यवाहियों को वैयक्तिक अपकार एवं लोक अपकार के रूप में विभक्त कर दिया गया था। सामान्यतः राजा केवल लोक अपकार की सूचना ग्रहण करता था।[68]

अग्रहणनीय वाद-

प्राचीन भारत में कुछ ऐसे भी विवाद थे, जो अग्रहणनीय थे अर्थात् व्यवहार की परिधि में नहीं आते थे। नारद ने गुरु-शिष्य, पिता-पुत्र, दम्पति एवं स्वामिसेवक का विवाद, एक का बहुत के साथ विवाद, स्त्री एवं दास से सम्बन्धित विवाद को अविचारणीय कहा है।[69] कात्यायन अप्रसिद्ध, निरर्थक, निष्प्रयोजन एवं असाध्य विरुद्ध पक्ष को राजा द्वारा विसर्जित कर देने का विधान किया है।[70] शुक्र ने ऐसे विवादों को पक्षाभास समझकर छोड़ देने का निर्देश दिया है। इनके लक्षणों को स्पष्ट करते हुए उल्लेख किया है कि जो कमी न तो किसी ने देखा हो और न सुना हो, उसे 'अप्रसिद्ध' कहते हैं। यथा- 'मुझे गूंगे ने गाली दी है।' जिसे करने से रोका नहीं जा सकता है, उसे 'निर्वाध', अथवा 'निष्प्रयोजन' कहते हैं। यथा- 'यह अपने गृह में रहकर उच्च स्वर में पढ़ता है', अथवा 'स्वर के साथ सुन्दर रीति से गाता है' अथवा 'मेरे घर के समीप में मार्ग की ओर अपने गृह का मार्ग बनाता है।' इसी प्रकार 'यह मेरा जामाता मेरी पुत्री के साथ निरन्तर क्यों विचरण करता है? अथवा यह बन्ध्या स्त्री गर्भ क्यों नहीं ग्रहण करती है? अथवा यह मरा हुआ मनुष्य बोलता क्यों नहीं है?' आदि 'असाध्य' एवं 'विरुद्ध' कहे जाते हैं।[71]

कौटिल्य एवं याज्ञवल्क्य ने मत्त, उन्मत्त, आर्त, व्यसनी एवं भय से प्रेरित व्यक्ति के पक्ष को अविचारणीय माना है।[72] बृहस्पति ने ऐसे वादों को उद्देश्यहीन एवं अविचारणीय माना है, जिसमें न कोई अभियोग होता है और न ही कोई माँग होती है।[73] इसी प्रकार ऐसे वादों को भी उन्होंने अविचारणीय माना है, जो व्यवहार के अट्ठारह वादों के अन्तर्गत समाविष्ट नहीं थे अथवा देश काल के विरुद्ध होते थे।[74]

कौटिल्य ने निर्देश दिया है कि निराश्रित व्यक्ति, जिसका पिता जीवित हो, जिसे जाति से बहिष्कृत कर दिया गया हो, जिसकी सम्पत्ति का विभाजन न हुआ

हो, जिस स्त्री का पति अथवा पुत्र जीवित हो, दास, अतिवृद्ध, नाबालिग , समाज में निन्दित, विकलांग एवं बीमार आदि व्यक्तियों के द्वारा प्रस्तुत किये गये केवल उन्हीं व्यवहारों को वैध समझा जाय, जो उन्हें राजा की ओर से प्राप्त हो चुके हों।[75]

उपर्युक्त विवरण से यह संकेत मिलता है कि प्राचीन व्यस्थाकारों के द्वारा मुकदमेबाजी को कम करने का प्रयास किया गया था।. सामान्यतः छोटे-मोटे पारिवारिक विवादों, अनुत्तरदायी लोगों द्वारा प्रस्तुत विवादों, अन्य व्यक्तियों के द्वारा प्रेरित विवादों तथा विविध प्रकार के निरर्थक विवादों को अविचारणीय माना गया था। ऐसे विवादों को नारद ने 'अनादेय' कहा है। परन्तु इन्हीं से सम्बन्धित गम्भीर प्रकृति वाले वादों की अवहेलना नहीं की जाती थी।

आह्वान (Summon) -

प्राड्विवाक् अथवा राजा द्वारा वादी के अभियोग को स्वीकार कर लेने के पश्चात उस पर राजकीय मुहर लगायी जाती थी।[76] तद्पश्चात् प्रतिवादी को निश्चित तिथि एवं समय पर न्यायालय में आहूत किया जाता था, जिसे 'आह्वान' कहते थे। प्रतिवादी को न्यायालय में आहूत करने के लिए राजपुरुष आह्वान-पत्र लेकर जाता था, जिस पर राजमुद्रा लगी होती थी।[77]

न्यायालय द्वारा आह्वानपत्र प्राप्त होने पर प्रतिवादी का न्यायालय में उपस्थित होना अनिवार्य था। बृहस्पति न्यायालय में उपस्थित न होने वाले के लिए दण्ड देने का निर्देश देते हैं।[78] कुछ विशेष परिस्थितियों को छोड़कर सभी अवस्थाओं में प्रतिवादी को व्यक्तिगत रूप से न्यायालय में उपस्थित रहने की अनिवार्यता थी। ऐसी विशेष परिस्थितियों के अन्तर्गत वैवाहिक कार्य में लगे हुए, रोगग्रस्त, यज्ञ करने में इच्छुक, विपत्तिग्रस्त राजकीय कार्यों में लगे हुए, किसी अन्य विवाद में फँसे हुए लोग, गायों को चराने वाले ग्वाले, खेतों की बुआई करने में सन्नध कृषक, शिल्प सम्बन्धी कार्यों में सन्नध शिल्पी, युद्धोन्मुख शस्त्रधारी सैनिक, व्यवहार को न जानने वाले, दौत्यकर्म में नियुक्त, व्रतधारी, नवविवाहिता, कुलाङ्गना, नवप्रसूता स्त्री, वादी से उच्च कुल की स्त्री, विषम परिस्थितियों यथा- नदी पार करने में असमर्थ, दुर्देश अथवा किसी आपत्तिकाल में फँसने के कारण न्यायालय में उपस्थित

न हो सकने वाले लोग सम्मिलित थे।[79] ऐसे प्रतिवादी अपने स्थान पर अपना प्रतिनिधि भेज सकते थे।

उपर्युक्त सूची से यह स्पष्ट हो जाता है कि प्राचीन व्यवस्थाकारों ने राष्ट्रीय कार्य में सन्नध लोगों यथा-बीज बोने के लिए तैयार कृषक, शिल्पकार्य में लगे शिल्पियों तथा युद्धोन्मुख शस्त्रधारी सैनिकों के व्यक्तिगत रूप से न्यायालय में उपस्थित रहने से छूट दे दी थी, अन्यथा राष्ट्रीय क्षति अथवा राष्ट्रीय उन्नति में बाधा पहुँचने की सम्भावना रहती।

इतना ही नहीं कुछ विशेष परिस्थितियों में अभियुक्त के घर जाकर ही अभियुक्त के बयान लेने की भी व्यवस्था थी। यथा-हीन पक्ष वाली स्त्री (अनाथा) उच्च कुल में उत्पन्न स्त्री, सद्यः प्रसूता स्त्री अथवा ऐसी स्त्री जिसके स्वामी का पता न हो,[80] परन्तु स्वयं कमाकर अपने परिवार का पालन पोषण करने वाली, व्यभिचारिणी, वेश्याओं, हीनकुलजा (निम्नकुल में उत्पन्न) एवं पतिता (जातिच्युता) स्त्रियों को यह सुविधा प्राप्त नहीं थी।[81] शुक्र ने तो यह भी निर्देश दिया है कि कार्य, देश तथा काल की महत्ता को ध्यान में रखते हुए असमर्थ सज्जन पुरूषों को राजा वाहन भेजकर सम्मान पूर्वक बुलावे। इसी प्रकार वन में रहने वाले सन्यासियों को भी सम्मान पूर्वक बुलाना चाहिए।[82]

ऐसा प्रतीत होता है कि साधारण कोटि अपराधों में प्रतिनिधि-प्रेषण से कार्य चल जाता था, परन्तु हत्या, चोरी, डकैती तथा अन्य प्रकार के गम्भीर अपराधों से सम्बन्धित वादों में प्रतिवादी को न्यायालय में स्वयं उपस्थित होना पड़ता था। न्यायालय स्त्रियों के प्रति आदर भाव रखता था तथा उनके प्रति संवेदनशील था। निश्चय ही समाज में कुछ ऐसे लोग भी रहे होगें, जिनकी सामाजिक ख्याति अधिक रही होगी। इन्हें न्यायालय में सम्मान पूर्वकं लाया जाता रहा होगा।

प्रतिनिधि-

स्मृतिकारों द्वारा न्यायालयीय व्यवस्था में वादी अथवा प्रतिवादी के पक्ष का प्रतिनिधित्व का उल्लेख किया गया है। प्रतिनिधि वादी एवं प्रतिवादी दोनों नियुक्त कर सकते थे।[83] वादी अथवा प्रतिवादी के द्वारा नियुक्त प्रतिनिधि की जय-पराजय,

जो जिसका प्रतिनिधित्व करता था, उसी का माना जाता था।[84] प्रतिनिधि नियुक्त करने का सामान्य कारण वादी अथवा प्रतिवादी का कारण विशेष से नियत तिथि पर व्यक्तिगत रूप से न्यायालय में न पहुँच पाना था। बृहस्पति वृद्धों, स्त्रियों, बालकों तथा रोगियों के लिए 'नियुक्ति' (प्रतिनिधि) भेजने का विधान करते हैं।[85] शुक्र ने अप्रगल्भ (मंदबुद्धि), जड़, पागल, वृद्ध, स्त्री, बालक एवं रोगी लोगों के पूर्वपक्ष एवं उत्तरपक्ष को सुनने के लिए प्रतिनिधि नियुक्त करने का उल्लेख किया है।[86]

ऐसा प्रतीत होता है कि आत्मीयजनों को ही प्रतिनिधित्व करने का अधिकार था। प्रायः माता, पिता, मित्र, बन्धु, भ्राता अथवा सम्बन्धी को ही प्रतिनिधि नियुक्त किया जाता था।[87] अनियुक्त व्यक्ति दूसरे का प्रतिनिधित्व नहीं कर सकता था। नारद के अनुसार जो व्यक्ति न भाई हो, न पुत्र हो, न नियुक्त हो, यदि वह वादी होकर वक्तव्य देता है, वह दण्डनीय है। [88] इसी प्रकार पितामह का विचार है कि यदि अभियुक्त व्याधिग्रस्त होने के कारण अपना कोई प्रतिनिधि नियुक्त करे, तो न्यायालय उसे अनुमति प्रदान कर सकता है, किन्तु यदि कोई ऐसा व्यक्ति, जिसे न तो अभियुक्त ने भेजा हो और न ही वह व्यक्ति अभियुक्त का भ्राता, पिता, एवं सम्बन्धी हो, यदि अभियुक्त की ओर से न्यायालय में उपस्थित होता है, तो प्राड्विवाक् को उसे दण्डित करना चाहिए।[89] इससे यह ध्वनित होता है कि पिता, पुत्र, भ्राता तथा अन्य सम्बन्धी अनियुक्त होने पर भी वाद में प्रतिनिधित्व कर सकते थे।

यदि कोई व्यक्ति अपना प्रतिनिधि बनाकर किसी से कोई कार्य करा लेता था, तो वह कार्य नियुक्त किये जाने वाले का न मानकर नियोक्ता का माना जाता था एवं विपरीत स्थिति में नियोक्ता उस कार्य से विमुख नहीं हो सकता था।[90] यदि पिता ने अपने पुत्र को अपना प्रतिनिधि न नियुक्त किया हो एवं वाद के न्यायालय में रहने की अवधि के मध्य ही उनकी मृत्यु हो जाय तो उसके पुत्र मुकदमा लड़ सकते थे, परन्तु यदि वे निरन्तर मुकदमा लड़ने के लिए नियत तिथि पर न्यायालय में उपस्थित नहीं होते थे, तो मुकदमा निरस्त कर देने का विधान था।[91]

सक्षम एवं समर्थ होते हुए भी वादी एवं प्रतिवादी के न्यायालय में उपस्थित न होने की स्थिति में अपराध के अनुपात में दण्ड दिया जाता था।[92] दण्ड निर्धारण

के पश्चात भी प्रतिवादी की तीस दिनों तक प्रतीक्षा की जाती थी, इसके बाद भी उपस्थित न हो पाने की स्थिति में वादी के पक्ष में निर्णय किया जाता था, किन्तु यदि इसके बावजूद वादी अथवा प्रतिवादी न्यायालय में उपस्थित हो जाते थे, तो वाद की अग्रिम कार्यवाही पुनः प्रारम्भ कर दी जाती थी।[93] राष्ट्रीय आपदा के समय प्रतिवादी पर जुर्माना न करके उसे पुनः उपस्थित होने का अवसर दिया जाता था। आह्वान के लिए राजमुद्राङ्कित आह्वानपत्त के साथ राजपुरुष को भेजा जाता था, जिसका व्ययभार वादी को ही वहन करना पड़ता था।[94]

इससे स्पष्ट है कि प्राचीन भारत में भी आधुनिक युग की ही भाँति प्रतिनिधि प्रेषण की व्यवस्था थी। प्रतिनिधि प्रायः पारिवारिक सदस्यगण ही हुआ करते थे। सामान्य कोटि के विवादों में प्रतिनिधि-प्रेषण से कार्य चल जाता था, किन्तु गम्भीर अपराधों से सम्बन्धित विवादों में स्वयं उपस्थिति अनिवार्य थी।

व्यवहारोपजीवी (वकील)-

प्राचीन भारतीय विधि व्यवस्था में व्यवहारोपजीवियों का अस्तित्व था अथवा नहीं, विवाद का विषय रहा है। परवर्ती काल में वकीलों के अस्तित्व से सम्बन्धित निर्णायक प्रमाण उपलब्ध होते हैं परन्तु इनका प्रारम्भ कब हुआ, विचारणीय है। वैदिक युग में न्यायिक प्रक्रिया इतनी संक्षिप्त एवं सरल थी कि उसमें विधिवेक्ताओं के लिए कोई स्थान नहीं था। महाभारत काल में राजसभा में व्यवहार जीवियों की कोई आवश्यकता नहीं थी। वादी एवं प्रतिवादी को स्वयं उपस्थित होकर अपनी बात कहने का अधिकार था।[95] मौर्यकाल में व्यवहारजीवियों के अस्तित्व का प्रमाण नहीं मिलता है। स्मृतियों में इस तथ्य का उल्लेख मिलता है कि वादी अथवा प्रतिवादी अपने वाद की पैरवी के लिए स्वयं उपस्थित न होकर अपना प्रतिनिधि भेज सकते थे। इन प्रतिनिधियों में कुछ तो निश्चित रूप से वादी-प्रतिवादी के सगे-सम्बन्धी हुआ करते थे, जिनसे मुकदमे में पैरवी के प्रतिदान में धन प्राप्त करने की अपेक्षा नहीं की जा सकती है, किन्तु इस सम्बन्ध में पी०वी० काणे का यह मत यथार्थ प्रतीत होता है कि स्मृति विधानों में पारंगत लोग नियुक्त रहते थे और वादी अथवा प्रतिवादी की ओर से पैरवी किया करते थे। नारद, बृहस्पति एवं कात्यायन द्वारा उपस्थित विधान इतना नियमबद्ध था कि दक्ष एवं स्मृति पारंगत लोगों की सहायता के बिना मुकदमें का कार्य चल ही नहीं सकता था।[96]

प्रारम्भिक स्मृतियों के काल तक व्यवहारजीवियों के अस्तित्व का कोई निर्णायक प्रमाण नहीं मिलता है, यद्यपि मनुस्मृति के दो श्लोकों के आधार पर व्यवहार जीवियों के अस्तित्व को प्रमाणित करने की चेष्टा की गयी है। मनु स्मृति में एक स्थल पर कहा गया है कि साक्षी, प्रतिभू एवं न्यायाधिकारी दूसरों के लिए कार्य करते हैं, जिससे विप्र, साहूकार, व्यापारी एवं राज़ा को लाभ होता हैं।[97] अन्यत्र एक स्थल पर कहा गया है कि 'विद्याधन' जिसे प्राप्त होता है, उसी का होता है एवं उसका विभाजन नहीं होता है।[98] के०पी०जायसवाल का मत है कि प्रथम उद्धरण में 'विप्रब्राह्मण लाभ' का आशय यह है कि प्रस्तुत उद्धरण में ब्राह्मण को लाभ उसके विधिक ज्ञान के कारण होता है। द्वितीय उद्धरण में 'विद्याधन' से आशय विद्या अथवा तर्क से अर्जित धन से है। ये उद्धरण व्यवहार जीवियों के अस्तित्व की ओर संकेत देते हैं,[99] परन्तु हरिहरनाथ त्रिपाठी ने मनु के 'विप्रलाभ' का हेतु कुल्लूकभट्ट की व्याख्या के आधार पर 'दानफलोपदान' माना है, जो ऐच्छिक होता है, जबकि वकीलों का शुल्क अनिवार्य होता है।[100] इसी प्रकार 'विद्याधन' से आशय ऐसे धन से हो सकता है, जो यज्ञ एवं विविध प्रकार के कर्मकाण्डों के सम्पादन से प्राप्त होता है। इस प्रकार शुंग काल तक व्यवहारजीवियों के अस्तित्व का कोई निर्णायक प्रमाण नहीं प्राप्त होता है।

किंतु ऐसा प्रतीत होता है कि गुप्तकाल के पूर्व ही व्यवहारजीवियों का उदय हो चुका था। नारदस्मृति पर असहाय की टीका में एक 'स्मार्तधुरन्धर' का उल्लेख हुआ है, जो ऋणी को यह आश्वासन देता है कि उसे महाजन की ऋण चुकाने की आवश्यकता नहीं है। यदि वह उसे 1000 द्रम्म देगा, तब वह न्यायालय द्वारा उसके अनुरूप निर्णय प्राप्त करेगा।[101] यह व्यवहारजीवियों के अस्तित्व को प्रमाणित करने वाला निर्णायक साक्ष्य प्रतीत होता है। गुप्तकाल में भी व्यवहारजीवियों के अस्तित्व से सम्बन्धित संकेत प्राप्त होते हैं[102] तथा व्यवहारजीवियों के अस्तित्व की सूचना देने वाले निर्णायक प्रमाण बहुलता प्राप्त होने लगते हैं। शुक्र ने मुकदमों की पैरवी के सम्बन्ध में 'नियोगित' व्यक्तियों का उल्लेख करते हुए लिखा है कि नियोगित व्यक्ति की भृत्ति (फीस) विवाद की प्रकृति के अनुसार 1/16, 1/20, 1/40, 1/80 अथवा 1/160 भाग के बराबर होनी चाहिए। यदि अनेक नियोगी हों, तो द्रव्य के अनुरूप कम करके भृत्ति देनी चाहिए अन्यथा उसका पोषण करना

चाहिए (प्रसन्न करना चाहिए)। नियोगित व्यक्ति को धर्मशास्त्र एवं न्यायिक प्रक्रिया के सूक्ष्म तत्वों का ज्ञाता होना चाहिए। ऐसे ज्ञान के अभाव में किसी को नियोगित नहीं करना चाहिए। यदि नियोगित व्यक्ति इससे अधिक भृत्ति माँगता है, तो वह दण्डनीय है।[103]

शुक्र के उपर्युक्त निर्देश से निम्नलिखित तथ्य स्पष्ट होते हैं-

1. नियोगित पुरुष की भृत्ति धन के अनुपात में निर्धारित थी।
2. नियोगित पुरुष धर्मशास्त्र एवं व्यवहार का पूर्ण ज्ञाता होता था।
3. नियोगित पुरुष पारिवारिक सदस्यों से पृथक होते रहे होंगे, क्योंकि पारिवारिक सदस्यों को भृत्ति देने का कोई औचित्य नहीं था।
4. आवश्यकतानुसार एक ही वाद में अनेक नियोगित व्यक्तियों को रखा जा सकता था। ऐसा प्रतीत होता है कि आधुनिक न्याय व्यवस्था के अनुरूप ही एक वाद में एक वरिष्ठ नियोगी रहता था एवं अन्य कनिष्ठ नियोगी उसकी सहायता करते थे।
5. शनैः शनैः व्यवहारजीवियों का एक वर्ग के रूप में संगठन हो रहा था।
6. अल्पधन से सम्बन्धित विवाद में व्यवहारजीवियों के अनुनय-विनय करके मना लिया जाता था।
7. किसी विवाद में व्यवहारजीवी करना अथवा न करना विवाद की प्रकृति पर निर्भर था।
8. व्यवहारजीवियों की भृत्ति निर्धारित हो चुकी थी। निर्धारित भृत्ति से अधिक भृत्ति की माँग करना दण्डनीय था।

शुक्र आगे कहते हैं कि राजा अपनी बुद्धि से विचार करके सदा नियोगी पुरुष को नियुक्त करे। यदि नियोगी पुरुष लोभ के कारण 'अन्यथा' (विपरीत) करे तो वह दण्डनीय होता है। इसी प्रकार जो भ्राता, पिता, पुत्र अथवा नियोगज नहीं है, फिर भी दूसरे के लिए कुछ कहता है अथवा व्यवहार में अन्यथा (विपरीत) बात कहता है, वह भी दण्डनीय होता है।[104] इस विवरण से स्पष्ट होता है कि-

1. सामान्यतः वादी एवं प्रतिवादी अपने लिए नियोगज का प्रबन्ध स्वयं करते रहे होंगे, परन्तु आधुनिक व्यवस्था के ही अनुरूप राज्य अशक्त एवं निर्बल लोगों के लिए नियोगज का प्रबन्ध स्वयं करता होगा।

2. शुक्र के काल तक नियोगियों की भृत्ति निश्चित हो चुकी थी, जिसे वादी एवं प्रतिवादी देने के लिए बाध्य थे।

3. व्यावसायिक ईमानदारी का पालन किया जाता था। यदि नियोगी पुरुष लोभ के कारण अपने नियोक्ता के प्रति विश्वासघात करता था, वह दण्डित किया जाता था।

4. विश्वासघात करने वाले नियोगी परिवर्तित कर दिये जाते रहे होंगे।

स्पष्ट है कि शुक्र के काल तक व्यवहारजीवियों का न केवल संगठन हो चुका था, बल्कि उनकी भृत्ति भी निश्चित हो चुकी थी तथा उनके कर्त्तव्य निर्धारित हो चुके थे। हरिहरनाथ त्रिपाठी का विचार है कि शुक्र की व्यवस्था के पीछे स्मृतियों की परम्परा का हाथ रहा है। स्मृतिकाल के प्रारम्भ में शुल्क अनिवार्य न होकर ऐच्छिक था। परम्परा के विस्तार के साथ वह शुल्क के साथ अनिवार्य बन गया।[105]

नारद का विचार है कि धर्मशास्त्र के ज्ञाता का सभा में बोलना बिल्कुल उचित है, चाहे उसकी नियुक्ति हुई हो अथवा न हुई हो, क्योंकि उसकी वाणी देवतातुल्य मानी जाती है।[106] इससे स्पष्ट है कि प्रारम्भ में इनकी नियुक्ति व्यावसायिक रूप में नहीं होती थी, क्योंकि 'नियुक्त' के साथ 'अनियुक्त' का भी उल्लेख है। कालान्तर में विवाद सम्बन्धी व्याख्याओं के बाहुल्य के कारण उनका व्यवसायीकरण होता गया, ठीक उसी प्रकार से जैसे पारसीक सभ्यता में निरन्तर नये-नये विवादों के कारण अधिवक्ताओं का एक वर्ग प्रकाश में आया। इसका सबसे बड़ा प्रमाण 'मिलिन्द पञ्हो' का वह वर्णन है, जिसमें प्रारम्भ में (व्यावसायिक रूप ग्रहण करने से पूर्व) इन्हें 'धम्मरक्षक' कहा गया है तथा कालान्तर में (व्यावसायिक रूप ग्रहण करने के पश्चात) इन्हें 'धम्मपणिक' अथवा धर्मविक्रेता कहा गया है।[107]

हरिहरनाथ त्रिपाठी का मत है कि प्रारम्भ में विधिवेत्ताओं को ऐच्छिक रूप से पुरस्कार दिया जाता था। कालान्तर में वे प्रतिनिधि के रूप में न्यायालय में

जाने लगे। फलतः उनका न्यायालय में जाना अनिवार्य हो गया। इस शुल्क के न मिलने पर वे न्यायालय में जा सकते थे।[108]

वस्तुतः समस्त साक्ष्यों के अनुशीलन से यह स्पष्ट होता है कि प्राचीन ग्रंथों में कोई भी ऐसा उल्लेख नहीं प्राप्त होता है, जिसके आधार पर यह कहा जा सके कि मौर्य युग तक न्यायालयों में व्यवहारजीवियों का प्रचलन था, जो शुल्क लेकर न्यायालयों में वादी अथवा प्रतिवादी की ओर से कार्य करते रहे हों, किन्तु विभिन्न परवर्ती स्मृतियों में विधि विशेषज्ञों का जो उल्लेख प्राप्त होता है, उससे ऐसे व्यक्तियों का संकेत प्राप्त होता है, जो विधि को व्यवसाय के रूप में स्वीकार करते थें।[109] मौर्योत्तर काल में विविध प्रकार के साक्ष्यों का प्रचलन होता गया, लेखों के वैधानिकता की जाँच आवश्यक होती गयी, क्योंकि विविध प्रकार के जाली लेखों का प्रचलन होने लगा। फलतः इनका परीक्षण करने वाले विधि विशेषज्ञों की आवश्यकता पड़ने लगी। इस प्रकार गुप्त एवं गुप्तोत्तर काल में व्यावसायिक विधि विशेषज्ञों का प्रचलन हुआ, जो 'व्यवहारजीवी', 'नियुक्त' अथवा 'नियोगज' कहलाते थे।

न्यायालय शुल्क -

आधुनिक न्यायप्रणाली के अन्तर्गत न्यायालय में वाद प्रस्तुत करते समय वादी को न्यायालय शुल्क देना पड़ता है। दीवानी के मुकदमों में यह धनराशि विवादित धन अथवा सम्पत्ति के अनुपात में निर्धारित है। फौजदारी के मुकदमे प्रायः राज्य की ओर से ही प्रस्तुत किये जाते हैं। अतः सम्बन्धित अभियोगी को न्यायालय शुल्क नहीं देना पड़ता है, परन्तु प्राचीन भारत में स्थिति इससे भिन्न प्रतीत होती है। स्मृतियों तथा धर्मसूत्रों में इस बात का उल्लेख किया गया है कि निर्णय के पश्चात न्यायालय को एक निश्चित धनराशि प्राप्त होती थी, परन्तु वाद के प्रस्तुतीकरण के समय कहीं पर भी न्यायालय शुल्क देने का उल्लेख नहीं प्राप्त होता है।

यदि हम सम्बन्धित साक्ष्यों का क्रमबद्ध ढंग से विश्लेषण करें, तो स्थिति कुछ स्पष्ट होती है। कौटिल्य ने पराजित व्यक्ति को ऋण का पाँचवा भाग दण्ड देने, विना साक्ष्य के अपनी बात को बार-बार ठीक कहने वाले को देय धन का दसवाँ भाग दण्ड देने तथा हर्जाना के रूप में पराजित प्रतिवादी से भृत्यों के

वतन का आठवाँ भाग तथा 'नियम्य' (मार्गव्यय, भोजनभत्ता) अदा करा लेने का निर्देश दिया है।[110] इस प्रकार यहाँ न्यायालय द्वारा धन प्राप्त करने का उल्लेख हुआ है।

स्मृतियों में निर्णय के पश्चात कुछ शुल्क प्राप्त करने का निर्देश मिलता है।[111] याज्ञवल्क्य ने व्यवस्था दी है कि जब राजा ऋणी से ऋण वसूल कर ऋणदाता को धन दिलावे, तो ऋणी से 10ञ्ज एवं ऋणदाता से 5ञ्ज धन ले।[112] मिताक्षरा ने इस धन को 'भृत्तिधन' कहा है।[113] इसी प्रकार मनु का कथन है कि यदि ऋणी ऋण लेना स्वीकार कर ले, तो उस पर 5ञ्ज तथा यदि वह ऋण लेना अस्वीकार करे; परन्तु कालान्तर में ऋण लेना प्रमाणित हो जाय, तो उसे 10ञ्ज दण्ड दिया जाय।[114] इसी प्रकार यदि कोई ऋणी स्वयं को राजा का निकटस्थ समझकर ऋण लेने वाली बात तो स्वीकार कर ले, परन्तु ऋणदाता की राजा से निन्दा करे, ऐसे व्यक्ति पर मनु ने ऋण का चतुर्थांश दण्ड देने तथा ऋण का धन भी दिलाने का निर्देश दिया है।[115] इस पर टीका करते हुए मेघातिथि ने इसे 'पारितोषिक' स्वीकार किया है। हरिहरनाथ त्रिपाठी ने इसे न्यायालय-शुल्क नहीं स्वीकार किया है। उनका विचार है कि 'भृत्ति' (जिसका उल्लेख मिताक्षरा में हुआ है) सेवा से होती है और पारितोषिक स्वेच्छा अथवा प्रसन्नता से। अतः इन्हें न्यायालय के आधुनिक शुल्क के अन्तर्गत परिगणित नहीं किया जा सकता है।[116]

इस सन्दर्भ में याज्ञवल्क्य ने भी कुछ निर्देश दिया है। उन्होंने ऐसे ऋणी, जो प्रारम्भ में ऋण लेना अस्वीकार कर दे, परन्तु कालान्तर में उसके द्वारा वादी से ऋण लेना प्रमाणित हो जाय, से ऋण के बराबर धन राजा को वसूलने का निर्देश दिया है। इसी प्रकार वादी का दावा असत्य सिद्ध होने की दशा में राजा को दावे का दूना धन दण्ड के रूप में प्राप्त करने का निर्देश दिया है।[117] आधि के अपहर्ता से राजा को वादी को धन दिलाने तथा स्वयं ही उतना ही धन दण्डस्वरूप प्राप्त करने का निर्देश दिया गया है।[118] पुनश्च उनका निर्देश है कि आगम (लेख) तथा उपभोग द्वारा खोई गई वस्तु पर अपना स्वत्व प्रमाणित करने में यदि प्रतिवादी के असफल रहने पर राजा वस्तु के मूल्य का पाँचवा भाग प्राप्त करे।[119]

इन विविध उल्लेखों के आधार पर के०पी० जायसवाल ने प्राचीन भारत में 'न्यायालय शुल्क' का प्रचलन स्वीकार किया है, परन्तु एस० वरदाचार्य ने जायसवाल

के मत का खण्डन किया है।[120] पी०वी० काणे का विचार है कि कौटिल्य, याज्ञवल्क्य, विष्णु एवं नारद आदि के द्वारा उल्लिखित नियमों, जिनके अनुसार, विवाद के निर्णय के पश्चात कुछ धन देना पड़ता था, उसे 'न्यायालय-शुल्क' की संज्ञा प्रदान की जा सकती है।[121] परन्तु प्राप्त साक्ष्यों के विश्लेषण से 'न्यायालय-शुल्क' को प्रमाणित कर पाना कठिन प्रतीत होता है।

यह तो प्रायः निश्चित ही है कि आधुनिक युग की ही भाँति फौजदारी के विवादों में शुल्क किंचितमात्र भी नहीं लिया जाता था। दीवानी के मुकदमो में भी वाद प्रस्तुत करते समय न्यायालय में कोई शुल्क नहीं लिया जाता था। स्मृतियों में न्यायाधीश के रूप में राजा, प्राड्विवाक् एवं सभ्य आदि की योग्यताओं, विवाद प्रस्तुतीकरण-विधि, विचारणीय एवं अविचारणीय वाद, प्रतिवादी का आह्वान, प्रतिनिधि, आसेध, प्रतिभू, प्रतिवादी के प्रत्युत्तर, शपथ, साक्ष्य विधि, साक्ष्य मीमांसा, जयपत्र एव पुनर्विचार आदि सभी वैधानिक प्रक्रियाओं का क्रमबद्ध एवं स्पष्ट उल्लेख प्राप्त होता है; किंतु कहीं पर भी न्यायालय शुल्क का उल्लेख नहीं प्राप्त होता है, जो आधुनिक न्याय व्यवस्था का एक प्रमुख अंग है, निर्णय के पश्चात राजा को प्राप्त होने वाले निर्दिष्ट धन कुछ विशेष प्रकार के वादों से ही सम्बन्धित हैं, न कि सामान्य कोटि के वादों से। वस्तुतः इन्हें दण्ड एवं हर्जाने का मिश्रित रूप मानना ही अधिक उचित होगा।

ऐसा प्रतीत होता है कि जब वादी किसी दीवानी वाद में विजयी होता था एवं धन प्राप्त करता था, तो वादी से प्राप्त धन का कुछ अंश राजा को देने का विधान था। प्रतिवादी से प्राप्त धन तथा अपने वाद की यथार्थता को सिद्ध करने में असफल रहने वाले वादी से प्राप्त धन को दण्ड का ही रूप मानना उचित होगा, न कि न्यायालय शुल्क था। प्राचीन भारत में न्यायालय शुल्क का प्रचलन नहीं था, इस मत को मानने का सबसे बड़ा आधार यह है कि आधुनिक न्यायिक प्रक्रिया में न्यायालय शुल्क वादी जमा करता है, न कि प्रतिवादी, जब कि प्राप्त साक्ष्यों में वादी तथा प्रतिवादी दोनों से धन प्राप्त करने का उल्लेख प्राप्त होता है।

व्यवहार पर विचार का क्रम-

प्राचीन व्यवस्थाकारों के द्वारा राजा अथवा प्राड्विवाक् के द्वारा व्यवहारों को

क्रम से देखने का निर्देश दिया गया है।[122] परन्तु न्यायालय में एक ही दिन में अनेक प्रकार के वाद विचारार्थ प्रस्तुत हो जाने की स्थिति में व्यवहार-दर्शन किस क्रम में किया जाय, इस संदर्भ में अनेक आधार परिलक्षित होते हैं।

प्रथम आधार मनु जैसे परम्परा वादियों का है, जिनके अनुसार अनेक वाद प्रस्तुत हो जाने की स्थिति में राजा को वर्ण श्रेष्ठता क्रम में व्यवहार-दर्शन करना चाहिए अर्थात राजा को क्रमशः ब्राह्मण, क्षत्रिय, वैश्य एवं शूद्र के वादों को देखना चाहिए।[123]

द्वितीय व्यवस्था के अनुसार विवाद के आधार, लक्ष्य एवं परिणाम को ध्यान में रखकर प्राथमिकता का निर्धारण किया जाता था। इस संदर्भ में कौटिल्य ने राजा को निर्देश दिया है कि वह देवालय, ऋषि आश्रम, धूर्त पाखण्डियों के केन्द्र, वेदपाठी ब्राह्मणों के संस्थान, पशुशाला आदि स्थानों, बाल, वृद्ध, रूग्ण, दुःखी, अनाथ तथा स्त्रियों से सम्बन्धित कार्यों (वादों) को क्रम से स्वयं देखे, पहले उस कार्य को देखे, जिसकी अवधि बहुत पहले व्यतीत हो गयी हो। ऐसे कार्यों को देखने में अधिक विलम्ब नहीं करना चाहिए, क्योंकि बिलम्बित कार्य या तो कष्ट साध्य हो जाता है अथवा सर्वथा असाध्य हो जाता है।[124]

तृतीय आधार ऐसे विवादों को प्राथमिकता के आधार पर निपटाने का है, जिसमें अनिष्ट होने की सम्भावना अधिक होती है।[125] नारद का कथन है कि ज़िस व्यक्ति को अधिक क्षति अथवा पीड़ा हो अथवा उसका कार्य महत्वपूर्ण हो उसके विवाद का निर्णय शीघ्रातिशीघ्र होना चाहिए।[126]

चतुर्थ आधार वर्णक्रमानुसार (अक्षर क्रमानुसार) विवादों के निपटाने का है। बृहस्पति का विचार है कि गाय, बैल, क्षेत्र, स्त्री प्रजनन, बलात्कार, न्यास, दत्त, क्रय-विक्रय, कन्यादूषण, स्तेय, कलह, साहस आदि विवादों पर सद्यः विचार होना चाहिए।[127] परन्तु यदि ये परिस्थितियाँ नहीं हैं, तो विचार वर्ण (अक्षर) क्रम से करना चाहिए।[128]

उपर्युक्त व्यवस्था सामान्य व्यवस्था ही है। इसका यह आशय कदापि नहीं है कि इन क्रमों की अवहेलना नहीं की जा सकती थी। सामान्यतः राजा को विवादों

को क्रमानुसार देखने का निर्देश दिया गया है, परन्तु कार्य की गुरूता को ध्यान में रखकर क्रम त्यागा भी जा सकता था।[129] महत्वपूर्ण तथ्य यह है कि न्यायदान की शीघ्रता पर विशेष बल दिया गया था। कहा गया है कि यदि सद्यः विचारणीय विवादों की अवधि में देवराज इन्द्र भी आ जायँ, तो उन्हें भी अवधि की प्रतीक्षा करनी चाहिए।[130]

निर्णय अवधि-

प्राचीन व्यवस्थाकारों का विचार यह था कि निर्णय यथाशीघ्र हो। प्राचीन न्याय व्यवस्था में आधुनिक न्यायालयों की भाँति दीर्घावधि तक विवादों की सुनवाई का संकेत नहीं प्राप्त होता है। आवेदन के प्रस्तुतीकरण क साथ ही न्यायिक प्रक्रिया प्रारम्भ हो जाती थी। निर्णय में बिलम्ब होना न्यायपालिका का दोष माना गया है, जिससे शनैः शनैः न्यायपालिका के प्रति लोगों की श्रद्धा समाप्त होने लगती है। इसी लिए प्राचीन विचारकों ने दीर्घसूती निर्णय को हतोत्साहित किया है। निर्णय में विलम्ब करने वाले राजा एवं कर्मचारी के लिए महाभारत में शाप का विधान किया गया है।[131] शुक्र ने सुख एवं भोग में आसक्त रहकर प्रजा के विवादों का निपटारा न करने वाले राजा को नरक गामी कहा है।[132] कौटिल्य ने राजा को सावधान किया है कि विह उद्योगशील होकर व्यवहार एवं राज्य सम्बन्धी कार्यों को उचित ढंग से पूरा करे क्योंकि उद्योगहीनता अनर्थों को जन्म देती है।[133] इसीलिए वादी एवं प्रतिवादी से अपेक्षा की जाती थी कि वे निश्चित समय के अन्दर ही अपना पक्ष प्रस्तुत कर देगें। निर्धारित समय के अन्दर अपना पक्ष प्रस्तुत न करना अपराध माना गया है।[134]

किंतु इसका यह आशय कदापि नहीं है कि विवाद का निस्तारण इतनी शीघ्रता से किया जाय कि न्याय ही शिथिल पड़ जाय। अतः व्यवस्थाकार कुछ वादों में परिस्थितियों के अनुसार समय देने का निर्देश देते हैं। इस दृष्टि से कौटिल्य का विचार अधिक व्यवहारिक प्रतीत होता है। उन्होनें न्यायाधीश को निर्देश दिया है कि वह वादी एवं प्रतिवादी दोनों से प्रतिप्रश्न पूछे। यदि वादी तुरन्त प्रश्नोत्तर न दे सके, तो उसे पराजित मान लेना चाहिए, क्योंकि वादी पूरे विचार विमर्श के साथ ही दावा करता है, जबकि प्रतिवादी इस स्थिति में नहीं होता है। प्रतिवादी

यदि तुरन्त उत्तर न दे सके, तो उसे तीन से सात रात्रि[135] का समय दिया जाना चाहिए। यदि इतनी अवधि तक वह उत्तर न दे सके, उसे तीन से बारह पण का दण्ड देना चाहिए, और यदि तीन पक्ष (45 दिन) की अवधि के पश्चात् भी उत्तर न दे सके, तो उसे अपराधी मान लेना चाहिए।[136] मनु की दृष्टि में तीन पक्ष के अन्दर अपना उत्तर न देने वाला प्रतिवादी धर्म से पराजित होता है।[137] याज्ञवल्क्य का विचार है कि साहस, स्तेय, पारूप्य, दूध देने वाले गौ के महापातक, प्राण एवं धन के नाश तथा स्त्रियों के विवादों में सद्यः कार्यवाही होनी चाहिए। अन्य विवादों में इच्छानुसार समय लिया जा सकता है।[138]

अतिरिक्त समय दिया जाना विवाद की प्रकृति पर निर्भर था। पितामह सम्पत्ति सम्बन्धी व्यवहारों में समय देने का निर्देश देते हैं।[139] गौतम ने सम्पत्ति से सम्बन्धित विवादों के लिए एक वर्ष का समय दिया है।[140] जबकि बृहस्पति अचल सम्पत्ति सम्बन्धी विवादों में अधिक समय देने के पक्ष में नहीं हैं।[141] वे प्रतिवादी को एक दिन से लेकर एक वर्ष तक का समय कुछ विशेष परिस्थितियों में देते हैं। यथा-यदि प्रतिवादी अप्रगल्भ हो, स्मृतिक्षीण हो, मानसिक एवं शारीरिक व्याधि के कारण अपना पक्ष भली भाँति रख पाने में असमर्थ हो, जिसका साक्षी विदेश में हो आदि।[142]

इस प्रकार स्पष्ट है कि प्राचीन व्यवस्थाकार विवाद के शीघ्रातिशीघ्र निर्णय के पक्षधर तो थे, परंतु उन्होंने यह निरन्तर ध्यान में रखा कि शीघ्रता के कारण प्रतिवादी न्यायालय में अपना पक्ष रखने से वंचित न रह जाए। अतः विशेष परिस्थितियों में एक वर्ष तक की अवधि में विवाद को निपटाने का निर्देश दिया गया है।

निधि स्थापना

आधुनिक न्यायप्रणाली में निधि स्थापना की व्यवस्था है। यह व्यवस्था दीवानी के मुकदमों (मुख्यतः अचल सम्पत्ति) में लागू होती है। इसका उद्देश्य यह है कि जब तक स्वामित्व का प्रश्न विवादग्रस्त है, तब तक वादी अथवा प्रतिवादी दोनों पक्षों में से कोई एक पष उसके उपभोग का लाभ न उठा सके। ऐसी सम्पत्ति को न्यायपालिका जब्त कर लेती है एवं किसी सक्षम अधिकारी को निधिस्थापक बना देती है।

प्राचीन भारत में भी 'निधिस्थापन' की सूचना देने वाले साक्ष्य प्राप्त होते हैं। इस सम्बन्ध में कात्यायन ने लिखा है कि राजा अभियुक्त को इस प्रकार का आदेश दे सकता है कि उसने जो द्रव्य प्राप्त किया है अथवा जिस सम्पत्ति के सम्बन्ध में विवाद है, उसे निर्णय होने की अवस्था तक या तो विवादार्थी निर्णय होने तक अपने पास रखे अथवा अपने किसी विश्वसनीय व्यक्ति के पास रखवा दे।[143] स्पष्ट है कि यह व्यवस्था किंचित भिन्नता के साथ आधुनिक निधि स्थापन व्यवस्था के ही समान थी।

आसेध अथवा निषेधाज्ञा-

स्मृतियों में निषेधाज्ञा की भी व्यवस्था मिलती है। इसके लिए 'आसेध' शब्द का प्रयोग हुआ है। आसेध प्राचीन न्यायव्यवस्था की एक अत्यन्त महत्वपूर्ण एवं उपयोगी व्यवस्था थी। 'आसेध' शब्द का अर्थ है- बलपूर्वक रोकना अथवा प्रतिरोध। जॉली महोदय ने आसेध का अर्थ गिरफ्तारी किया है, किन्तु मिताक्षरा तथा असहाय की व्याख्या से ज्ञात होता है कि यह प्रतिवादी पर वादी द्वारा किया गया प्रतिरोध होता है, जो आह्वान-दर्शन तक मान्य होता है तथा इसका उल्लंघन दण्डनीय हाता है।[145] अभियुक्त को यदि पूर्व में ही आह्वान-प्रेषण का ज्ञान प्राप्त हो जाय, तो ऐसी स्थिति में उसके पलायन की सम्भावना रहती है, अतः ऐसी स्थिति आने के पूर्व ही आसेध जारी करने का उल्लेख प्राप्त होता है।[146] इस नियम के द्वारा प्रतिवादी के क्रियाकलापों को नियन्त्रित किया जाता था। विश्व की प्राचीन सभ्यताओं में भी 'आसेध' की व्यवस्था थी।[147]

जब न्यायाधीश यह सुनिश्चित कर लेता था कि वादी का आवेदन वैधानिक कार्यवाही के योग्य है, तो वह प्रतिवादी के आह्वान की अनुज्ञा देता था, परन्तु यदि वादी को इस बात की सम्भावना हो जाय कि आह्वान पत्र पहुँचने के पूर्व ही प्रतिवादी पलायन कर सकता है, तो वह न्यायालय से प्रतिवादी के अवरोध करा सकता था।[148] 'व्यवहार प्रकाश' के अनुसार यदि किसी विशेष कारण से राजा की आज्ञा के कार्यान्वयन में विलम्ब हो जाय और वादी उसमें शीघ्रता चाहता है, तो उसे राजा के पास एतदर्थ निवेदन करना चाहिए। यदि उसके निवेदन के पश्चात भी विलम्ब हो रहा हो, तो राजा की शपथ लेकर उसके नाम पर वादी

स्वयं प्रतिवादी का निषेध कर सकता है। यह आसेध का दूसरा प्रकार ही है।[149] आसेध का उल्लंघन करने वाला (आसिद्ध) प्रतिवादी तथा विना उचित आधार क आसेध की माँग करने वाला वादी दोनों न्यायालय द्वारा दण्डित होते थे।[150]

स्मृतियों में चार प्रकार के आसेधों का उल्लेख हुआ है- 'स्थानासेध', 'कालकृत आसेध', 'प्रवासासेध' तथा 'कर्मासेध'।[151]

स्थानासेध- इस आसेध के द्वारा प्रतिवादी को स्थान विशेष को छोड़कर अन्यत्र जाने पर निषेधाज्ञा लगायी जाती है।

कालकृत अथवा कालासेध- इस आसेध के द्वारा निश्चित काल तक प्रतिवादी को निश्चित स्थान पर रहने, परन्तु अन्यत्र प्रवास पर निषेधाज्ञा लगायी जाती है।

प्रवासासेध- इस आसेध द्वारा प्रतिवादी को आह्वानपत्र मिलने के पूर्व दीर्घकाल तक अन्यत्र प्रवास पर निषेधाज्ञा लगायी जाती है।

कर्मासेध- इस आसेध के द्वारा प्रतिवादी के द्वारा आह्वानपत्र मिलने से पूर्व न्यायालय की अनुमति के अभाव में कोई विशेष कार्य, जो विवाद से सम्बन्धित हो, करने पर निषेधाज्ञा लगायी जाती है।

स्पष्ट है कि उपर्युक्त चारों आसेधों में प्रथम तीन आसेध समतुल्य ही हैं तथा तीनों स्थान से सम्बन्धित होने के कारण स्थानासेध हैं। अतः दो ही मुख्य विभाजन प्रतीत होता है- स्थानासेध तथा कर्मासेध। उल्लेखनीय है कि व्यवस्थकारों ने मर्यादित आसेध का ही समर्थन किया है, अमर्यादित आसेध का कभी भी समर्थन नहीं किया। आसेध करने वाला राजपुरुष यदि मर्यादा का उल्लंघन करता था, तो वह भी दण्ड प्राप्त करता था[152] अन्यथा रीति से किये जाने वाले आसेध को दण्डनीय माना जाता था। यथा- मल मूत्र आदि के द्वारा निरोध करना, कटुवाक्यों अथवा कठोर शासन आदि के द्वारा निरोध करना।[153]

स्मृतियों में उन विशेष परिस्थितियों का उल्लेख हुआ है, जहाँ आसेध नहीं होना चाहिए तथा इसके विपरीत आसेध करने वाला दण्डनीय माना गया है। यथा- नाव आदि से नदी पार करते समय (नदी संतार) दुर्गम वन (कान्तार), दुर्देश

(श्मशान, चिकित्सालय आदि) तथा किसी अन्य प्रकार की आपात्कालीन परिस्थितियों में अवरूद्ध व्यक्ति।[154] इसी प्रकार स्मृतियों में ऐसे व्यक्तियों को, जिनका आह्वान नहीं किया जा सकता है, उनके आसेध न किये जाने का भी उल्लेख हुआ है, जिसका उल्लेख प्रस्तुत अध्याय के 'आह्वान' उपशीर्षक में किया जा चुका है।

इस प्रकार स्पष्ट है कि प्राचीन भारत में भी आधुनिक न्यायिक प्रक्रिया की भाँति ही न्यायिक अवरोध की व्यवस्था थी। ऐसा प्रतीत होता है कि आसेध की व्यवस्था विवाद के निर्णयपर्यन्त लागू रहती थी।[155]

प्रतिभू-

'प्रतिभू' अथवा जमानतदार का उल्लेख मुख्यतः ऋणदाता ऋणी को ऋण देते समय एक मध्यस्थ की उपस्थिति में ऋण देता है, जिससे ऋणी के द्वारा ऋण वापस न करने की स्थिति में मध्यस्थ अथवा जमानतदार से उसका ऋण प्राप्त किया जा सके। व्यवहार के 'पूर्वपक्ष' में भी प्रतिभू का उल्लेख हुआ है। वादी के द्वारा वाद प्रस्तुत करने पर प्रतिवादी का आह्वान किया जाता था। उल्लेखनीय है कि वादी उवं प्रतिवादी के न्यायालय में उपस्थित होने पर प्रतिभूतियाँ (जमानत) दोनों ओर से होती थीं। यदि वाद की परीक्षा की अवधि में प्रतिवादी कहीं पलायित हो जाय अथवा निर्णय के पश्चात निर्धारित अर्थदण्ड न दे, तो प्रतिभू को प्रतिवादी पर लगा अर्थदण्ड देना पड़ता था। इसी प्रकार वादी का वाद मिथ्या सिद्ध होने पर उसके प्रतिभू को विवाहित सम्पत्ति का दूना अर्थदण्ड देना पड़ता था।[156] यदि कोई पक्ष प्रतिभू की व्यवस्था करने में असफल रहता था, तो उसे न्यायालय की अधीनता में रखा जाता था तथा उसे साध्यपाल के प्रतिदिन का खर्च वहन करना पड़ता था।[157] स्मृतियों में इस तथ्य का उल्लेख मिलता है कि स्वामी, शत्रु, स्वामी से अधिकृत, बन्दी, दण्डित, संदिग्ध, कौटुम्बिक सम्पत्ति का भागीदार, मित्र, शिष्य, राज्य कार्य में नियुक्त संन्यासी, अर्थदण्ड देने में धनी पुरुष तथा जिसका पिता जीवित हो, उसे प्रतिभू नहीं बनाया जा सकता है।[158] प्रतिभू के सम्बन्ध में शेष प्रतिबन्ध एवं उपबन्ध वही हैं, जिनका उल्लेख 'ऋणादान' के सन्दर्भ में किया जा चुका है। प्राचीन भारतीय न्यायपालिका की प्रतिभू व्यवस्था एवं आधुनिक जमानत प्रथा में किंचित भेद है। आधुनिक न्याय व्यवस्था के अन्तर्गत वादी को प्रतिभू

की व्यवस्था नहीं करनी पड़ती है, केवल प्रतिवादी को ही प्रतिभू की व्यवस्था के अन्तर्गत प्रतिभू की व्यवस्था वादी एवं प्रतिवादी दोनों को करनी पड़ती थी।

इस प्रकार पूर्वपक्ष अथवा भाषापक्ष के अन्तर्गत वर्णित अधिकांश व्यवस्थाएँ, यथा-आगम, आह्वान, प्रतिनिधि व्यवस्था, व्यवहार जीवी, निधि स्थापना, आसेध तथा प्रतिभ् आदि आधुनिक न्यायिक प्रणाली के अन्तर्गत भी स्थान प्राप्त करने में सफल रहीं, जो उनकी शाश्वत उपयोगिता के उदाहरण हैं। प्राचीन भारतीय विधि शास्त्र में न्यायिक प्रक्रिया से सम्बन्धित उपबन्ध परिष्कृत एवं सुस्पष्ट थे, जो उनकी विधि व्यवस्था के विकसित स्वरूप के परिचायक हैं।

व्यवहार का द्वितीय चरण-

उत्तरपाद अथवा उत्तरपक्ष-

वादी द्वारा वाद के न्यायालय में प्रस्तुतीकरण के पश्चात वाद की ग्राह्यता का विश्लेषण किया जाता है कि वाद अग्रिम चरण में प्रस्तुत होने योग्य है अथवा उत्तरपक्ष में प्रविष्ट होता है।[159] पूर्व पक्ष के पश्चात आने वाला पक्ष उत्तर पक्ष कहा जाता है।[160] इस पक्ष के अन्तर्गत प्राड्विवाक् के सामने वादी का उत्तर लिपिबद्ध किया जाता है।[161] लेखक के द्वारा उसका प्रत्युत्तर इस प्रकार लिपिबद्ध किया जाता है कि उसका भाव कदापि न बदले।[162] प्रतिवादी का उत्तर किस प्रकार का होना चाहिए, इस संदर्भ पाँच बातों का ध्यान रखने का निर्देश दिया गया है-[163]

व्यापकं- प्रतिवादी का उत्तर इतना व्यापक होना चाहिए कि अभियोग का कोई भी पक्ष अछूता न रह जाय।

सारं- प्रतिवादी का उत्तर सारगर्भित होना चाहिए तथा अभियोगेतर कोई भी बात नहीं होनी चाहिए।

असंदिग्धं- प्रतिवादी का उत्तर असंदिग्ध होना चाहिए।

अनाकुलं- प्रतिवादी का उत्तर अनातुल्य होना चाहिए अर्थात उत्तर में परस्पर विरोध नहीं होना चाहिए।

अव्याख्या अगम्यं- प्रतिवादी का उत्तर इस प्रकार स्पष्ट होना चाहिए कि आगे व्याख्या की आवश्यकता न पड़े।

स्मृतिकारों ने संदिग्ध, अप्रासंगिक, अत्यन्त संक्षिप्त, अत्यन्त विस्तृत, पक्ष के एक ही अंश में व्याप्त रहने वाला (सम्पूर्ण अंश की व्याख्या न करने वाला) उत्तर लिखे जाने योग्य नहीं माना है।[164] वादी के द्वारा वाद में आरोपित विन्दुओं का प्रत्युत्तर देना प्रतिवादी के लिए आवश्यक था अन्यथा वादी को हीन (पराजित) एवं दण्डनीय माना जाता है एवं ऐसे प्रतिवादी पर वादी को विजय देते हुए उनके धन को किसी भी उपाय से दिलाने का निर्देश दिया गया है।165

उत्तर के प्रकार-

स्मृतियों में इस बात का उल्लेख मिलता है कि वादी की उपस्थिति में प्रतिवादी प्राड्विवाक् के सामने जो उत्तर देता है वह चार प्रकार का हो सकता है- 'मिथ्या', 'सम्प्रतिपत्ति' अथवा 'सत्य', 'प्रत्यवस्कन्द' अथवा 'कारण' तथा 'पूर्वन्याय' अथवा 'प्राङ्न्याय'।[166]

'मिथ्या'- (Denial)

इस प्रकार के उत्तर में प्रतिवादी न्यायालय में उपस्थित होकर अपने ऊपर लगाये गये सभी आरोपों को अस्वीकार करते हुए उसे 'मिथ्या' घोषित करता है।[167] स्मृतिकारों ने मिथ्या उत्तर के भी चार उपभेद किये हैं। अपने प्रत्युत्तर में प्रतिवादी कह सकता है कि-

(अ) वादी द्वारा आरोपित विवाद पूर्णतः असत्य है।
(ब) आरोपित विवाद के सम्बन्ध में वह पूर्णतः अनभिज्ञ है।
(स) आरोपित विवाद में निर्दिष्ट घटनास्थल पर अथवा उसके आसपास मैं नहीं था।
(द) आरोपित विवाद जिस समय का है, उस समय मैं पैदा ही नहीं हुआ था।[168]

उपर्युक्त चारों उपभेदों को दो वर्गों - प्रत्यक्ष एवं अप्रत्यक्ष अस्वीकृति - में रखा जा सकता है; क्योंकि प्रथम में प्रत्यक्ष रूप से अस्वीकृति होती है तथा परवर्ती तीनों में अप्रत्यक्ष रूप से।

'सम्प्रतिपत्ति' अथवा 'सत्य' (Admission or Confession)

सम्प्रतिपत्ति सत्य का पर्यायवाची है। इस प्रकार के उत्तर में अभियुक्त यह स्वीकार करता है कि उसके ऊपर वादी द्वारा लगाया गया आरोप पूर्णतः सत्य है और इसके विपरीत उसे कुछ नहीं कहना है।[169]

'प्रत्यवस्कन्द' अथवा 'कारण' (Demurrer) -

इसे कारण उत्तर भी कहा जाता है। इस प्रकार के उत्तर में प्रतिवादी वादी के द्वारा लगाये गये आरोप को सशर्त स्वीकार करता है अर्थात् वह अपने ऊपर लगाये गये आरोप को स्वीकार तो करता है, परन्तु कोई कारण प्रस्तुत कर स्वयं को निर्दोष सिद्ध करने की चेष्टा करता है। यथा- यदि प्रतिवादी के ऊपर यह आरोप लगे कि उसने वादी से धन लिया, तो वह स्वीकारात्मक उत्तर देते हुए कह सकता है कि वादी ने उसे वह धन मंदिर के निर्माण के लिए दिया था।[170] प्रजापति ने इसका उदाहरण देते हुए लिखा है कि प्रतिवादी यह भी कह सकता है कि धन उसने लिया अवश्य था, परन्तु उसे लौटा दिया गया है अथवा वादी ने उसे धन ऋण के रूप में न देकर उपहार के रूप में दिया था।[171]

'प्राङ्न्याय' अथवा 'पूर्वन्याय' -

इस प्रकार के उत्तर में (Former Judgement or judicate) प्रतिवादी यह घोषित करता है कि वाद के इस विषय में पूर्व में ही उसके पक्ष में निर्णय हो चुका है।[172] प्राङ्न्याय को सिद्ध करने के लिए प्रतिवादी यह कह सकता है कि मेरे पक्ष में प्राङ्न्याय हो चुका है, इसे मैं जयपत्र, सभ्यों (जूरियों) अथवा साक्षियों के द्वारा सिद्ध कर रहा हूँ।[173] इस प्रकार प्राङ्न्याय के भी तीन भेद हो जाते हैं।

संकर उत्तर-

यह तभी सम्भव है कि प्रतिवादी कोई ऐसा उत्तर दे, जिनमें इन चार प्रकार के उत्तरों का सम्मिश्रण हो। ऐसे उत्तर को 'सङ्कर उत्तर' कहा जाता है।[174] यथा यदि वादी प्रतिवादी पर यह आरोप लगाता है कि उसने उससे कुछ धन लिया,

पाँच तोला स्वर्ण लिया, कुछ भूमि लिया तथा कुछ भूमि का उसने अपहरण कर लिया, तो अपने प्रत्युत्तर में प्रतिवादी कह सकता है कि उसने धन नहीं लिया (मिथ्या), पाँच तोला स्वर्ण अवश्य लिया, किन्तु वादी ने उसे मंदिर में दान देने हेतु दिया था (प्रत्यवस्कन्द), उसने कुछ भूमि अवश्य लिया है (सम्प्रतिपत्ति) एवं विवादित भूमि न्यायालय के पूर्व आदेशानुसार उसके नियन्त्रण में है (प्राङ्न्याय)। इस प्रकार के उत्तर में चारों प्रकार का उत्तरों का समावेश है। अतः यह 'सङ्कर उत्तर' के अन्तर्गत आया।

उत्तर का परीक्षण-

वादी एवं प्रतिवादी दोनों के द्वारा न्यायालय में अपना-अपना पक्ष प्रस्तुत कर लेने के पश्चात ही वाद क्रियापाद में प्रविष्ट हाता है। इसके बाद की कार्यवाही प्रतिवादी के उत्तर पर निर्भर करती है। यदि प्रतिवादी का उत्तर सम्प्रतिपत्ति (स्वीकारात्मक) श्रेणी का होता है, तो वाद वहीं पर समाप्त कर उसका निर्णय कर दिया जाता है। यदि उसका उत्तर मिथ्या, प्रत्यवस्कन्द अथवा प्राङ्न्याय श्रेणी का है, तभी वैधानिक कार्यवाही अग्रसर होती है।

एक पक्षीय निर्णय-

स्मृतियों में इस बात का संकेत मिलता है कि उभयपक्ष का उत्तर प्रस्तुत हो जाने के पश्चात कुछ ऐसे कारण उपस्थित होते हैं, जिनके कारण व्यवहार की अग्रिम कार्यवाही की आवश्यकता नहीं पड़ती है और अग्रिम कार्यवाही के बिना ही एकपक्षीय निर्णय हो जाता है। इसे 'हीन' (पराजय) कहते हैं। नारद इस प्रकार की पाँच परिस्थितियों का उल्लेख करते हैं, जब पराजय का आधार हीन पक्ष होता है-

(अ) अन्यवादी- जब उत्तरपक्ष अभियोग के समस्त पक्षों को व्याप्त न करे तथा अन्य विवादेत्तर बातों का उल्लेख करे।

(ब) क्रियाद्वेषी- यदि उत्तर इस प्रकार का हो कि क्रियापाद का निषेध करे अर्थात् साक्ष्य आदि के द्वारा अपनी बात प्रमाणित न कर सकने की बात करे।

(स) न उपस्थाता- यदि आह्वानपत्र प्राप्त करने के पश्चात भी प्रतिवादी न्यायालय में उपस्थित न हो।

(द) निरुत्तरः- यदि प्रतिवादी वादी के द्वारा लगाये गये आरोप का उत्तर न दे सके।

(य) आहूत प्रलापी[175]- यदि अभियुक्त बुलाने पर पलायित हो जाय।

निश्चय ही इन परिस्थितियों में वादी ही लाभ में रहता है। प्रतिवादी को हीन (पराजित) मान लिया जाता है तथा वादी के पक्ष में एक पक्षीय निर्णय दे दिया जाता है। बृहस्पति के अनुसार प्रतिवादी आह्वान के पश्चात उपस्थित न होने के तीन पक्ष (45 दिन) के पश्चात, चुप रहने पर एक सप्ताह के पश्चात, साक्षियों द्वारा अपराधी घोषित होने तथा अपराध स्वीकार कर लेने के पश्चात तुरन्त पराजित मान लिया जाता है।[176] इसी प्रकार साक्षियों को उपस्थित करने का वादा कर के साक्षी उपस्थित न करने पर तुरन्त पराजित हो जाता है।[177] किंतु दीवानी वादों के संदर्भ में नारद की दृष्टि कुछ उदार है। उनका विचार है कि यदि प्रतिवादी स्त्री है तथा विवाद भूमि से सम्बन्धित है, तो शीघ्रता में वादी के पक्ष में एक पक्षीय निर्णय नहीं देना चाहिए, बल्कि प्रतिवादी पर जुर्माना कर के वाद को आगे बढ़ाना चाहिए।[178] इससे स्पष्ट होता है कि फौजदारी के मुकदमों में हीनवाद की स्थिति में प्रतिवादी के विरूद्ध शीघ्र एकपक्षीय निर्णय दिया जाता रहा होगा, जबकि दीवानी के मुकदमों में इतनी शीघ्रता नहीं की जाती रही होगी।

समझौता-

स्मृतिकारों ने क्रियापाद के प्रारम्भ होने से पूर्व दोनों पक्षों के लिए संधि कर लेने का विकल्प खुला रखा है। उनका मन्तव्य यह प्रतीत होता है कि सम्भव है कि दोनों पक्ष अपने-अपने साक्ष्यों तथा न्यायिक सबलता का आंकलन करके परस्पर संधि कर लें। सामान्यतः संधि तभी तक सम्भव है जब तक वादी एवं प्रतिवादी न्यायालय के सामने अपना लिखित वयान प्रस्तुत न कर दिये हों, परन्तु ऐसा प्रतीत होता है कि न्यायालय की सहमति सें क्रियापाद के पश्चात (साक्ष्य आदि प्रस्तुत होने के पश्चात) भी वादी एवं प्रतिवादी में संधि सम्भव थी। बृहस्पति

का विचार है कि जब समान प्रबल साक्ष्य हों, निर्णायकों में संदेह तथा विवाद हो, स्मृति तथा शिष्टाचार में विरोध हो, तो संधि ही उचित माध्यम है।[179] न्यायालय द्वारा संधि को स्वीकृति मिलने पर भी दोनों पक्षों के संभावित पराजय की दशा में दिये जाने वाले दण्ड के बराबर जुर्माना देना पड़ता था।[180] जो सम्भवत: न्यायालय का समय व्यर्थ करने के कारण के रूप में लिया जाता था।

व्यवहार का अग्रिम चरण - प्रत्याकलित अथवा क्रियापाद

व्यवस्थाकारों ने व्यवहार को 'चतुष्पाद' कहा है। प्रथम पाद एवं द्वितीय पाद के बारे में स्मृतिकारों में मात्र नाम की ही भिन्नता है, कार्यवाही के विषय में मतैक्यता है। प्रथम पाद को 'आगम', 'भाषावाद', 'पूर्वपक्ष' अथवा 'अभियोग' कहा गया है। इसी प्रकार द्वितीय पाद को 'उत्तरपाद' अथवा 'उत्तरपक्ष' कहा गया है। स्मृतिकारों में तृतीय एवं चतुर्थ पाद की स्थिति के सन्दर्भ में मतभेद है। जहाँ विज्ञानेश्वर, बृहस्पति एवं शुक्र ने तृतीय पाद को 'क्रियापाद' एवं नारद ने 'चिकित्सा' कहा है और चतुर्थ पाद 'निर्णय' अथवा 'साध्यसिद्धि' को अंतिम पाद स्वीकार किया है, वहीं कात्यायन ने तृतीय पाद को 'प्रत्याकलित' एवं चतुर्थ पाद को 'क्रियापाद' के रूप में उल्लिखित किया है।[181] इस प्रकार उन्होंने 'निर्णय' को चतुष्पाद के अन्तर्गत स्थान नहीं दिया है।

हरिहरनाथ त्रिपाठी का मत है कि सभ्यों द्वारा किये जाने वाले इस विमर्श को, कि आगे के स्तर में किस पक्ष से कैसा प्रमाण लिया जाय, प्रत्याकलित कहा जाता है। जब प्रत्याकलित को पाद मान लिया गया और चार ही पाद की व्यवस्था है, तो निर्णय स्वतन्त्र पाद न होकर पाद (क्रियापाद) का परिणाम हो जायेगा, किंतु प्रत्याकलित को सहायक पाद ही माना गया है, न कि स्वतन्त्र पाद।[182]

ऐसा प्रतीत होता है कि चतुष्पाद के प्रथम पाद के अन्तर्गत आवेदन से लेकर प्रतिभू तक की, द्वितीय पाद के अन्तर्गत वादी की उपस्थिति में प्राड्विवाक् के समक्ष प्रतिवादी का उत्तर, तृतीय पाद के अन्तर्गत वाद से सम्बन्धित प्रमाणों की प्रस्तुति एवं परीक्षण तथा चतुर्थपाद के अन्तर्गत निर्णय की क्रिया सम्पादित होती थी। यदि तृतीय पाद की प्रक्रिया को दो वर्गों में विभक्त कर विश्लेषण किया जाय, तो स्थिति स्पष्ट हो जाती है। इस पाद के अन्तर्गत प्रथमत: सभ्यों के द्वारा

प्रमाण माँगे जाने के संदर्भ मे परस्पर विमर्श होता था, जो 'प्रत्याकलित' के अन्तर्गत आता था तथा न्यायालय में साक्ष्य प्रस्तुति एवं उसका विश्लेषण 'क्रियापाद' के अन्तर्गत आता था। इसीलिए प्रत्याकलित को सहायक पाद ही माना गया है, स्वतन्त्र पाद नहीं।[183] निर्णय सदैव अंतिम एवं स्वतन्त्र पाद रहा है, किसी पाद का परिणाम नहीं।

संदर्भ-सूची

1. सोत्तरोऽनुत्तरश्चेति स विज्ञेयो द्विलक्षणः।
सोत्तरोऽभ्यधिको यत्र विलेखात्पूर्वकः पणः॥ - नारद०, 1.4
चतुष्पाच्च चतुःस्थानश्चतुः साधन एव च।
चतुर्हितश्चतुर्व्यापी चतुष्कारी च कीर्तितः॥
त्रियोनिर्द्वयभियोगश्च द्विद्वारो द्विगतिस्तथा।
अष्टाङ्गऽष्टादशपदः शतशाखस्तथैव च॥ - नारद,० व्यवहार प्रकाश, पृ०5

2. धर्मश्च व्यवहारश्च चरित्रं राजशासनम्।
विवादार्थश्चतुष्पादः पश्चिमः पूर्वबाधकः॥ - कौटिल्य, 4.1
धर्मश्च व्यवहारश्च चरित्रं राजशासनम्।
चतुष्पाद्व्यवहारोऽयमुत्तरः पूर्वबाधकः ॥ - नारद०, व्यवहार प्रकाश, पृ० 5
धर्मेण व्यवहारेण चारित्रेण नृपाज्ञया।
चतुष्प्रकारोऽभिहितः संदिग्धेऽर्थे विनिर्णयः॥ - बृह०, व्य०का०, 1.18

3. चतुष्पाद व्यवहारोऽयं विवादेषूपदर्शितः। - याज्ञ०, 1.8
भाषोत्तर क्रियासाध्यसिद्धिभिः कर्मवृत्तिभिः। आक्षिप्तचतुरंशस्तु
चतुष्पादभिधीयते। - याज्ञ० 1.8, पर मिताक्षरा

4. कात्यायन (अपरार्क 6.6 पर उद्धृत)

5. पूर्वपक्षः स्मृतःपादा द्वितीयश्चोत्तरात्मकः।
क्रियापादस्तृतीयस्तु चतुर्थोनिर्णयामिधः। - शुक्र०, 4.5.153

6. शुक्र०, 4.5.155

7. व्यवहार प्रकाश, पृ० 7

8. शुक्र०, 4.5.47

9. 'अनुमानेन निर्णीतं चरित्रं इति कथ्यते।' वृहस्पति (व्यवहार निर्णय पृ० 139 में उद्धृत)

10. अत्र सत्ये स्थितो धर्मो व्यवहारस्तु साक्षिषु।
चरित्रं सङ्ग्रहे पुंसां राजामाज्ञा तु शासनम्। - कौटिल्य, 4.2
11. पी०वी०काणे : धर्मशास्त्र का इतिहास, भाग 2, पृ० 713
12. शुक्र०, 4.5.47
13. पूर्वपक्षः स्मृतः पादो द्वितीयस्तूत्तरस्तथा।
क्रियापादस्तथा वाच्यश्चतुर्थो निर्णयस्तथा॥ - बृह०, व्य०का०, 1.17
14. तत्र सत्ये स्थितो धर्म्मो व्यवहारस्तु साक्षिषु।
चरित्रं तु पुस्तकरणे राजाज्ञायां तु शासनम्.॥ नारद० 1.11, व्यवहारप्रकाश पृ०5
15. सामाद्युपायसाध्यत्वाच्चतुः साधन उच्यते। नारद० 1.12, व्यवहारप्रकाश पृ०5
16. चतुर्णामपि वर्णानां रक्षणाच्च चतुर्हितः। नारद०, 1.12 व्यवहारप्रकाश पृ०5
पी०वी०काणे ने चारों वर्णों के साथ ही चारों आश्रमों के रक्षण का भी भाव स्वीकार किया है। - पी०वी० काणे : धर्मशास्त्र का इतिहास, भाग 2, पृ० 715
17. कर्तृनथो साखिणश्च सभ्यान राजानमेव च।
व्याप्नोति यादृशो यस्माच्चतुर्व्यापी ततः स्मृतः॥ - नारद०, 1.13, व्यवहारप्रकाश, पृ०5
18. धर्मास्वार्थस्य यशसो लोकपङ्क्तेस्तथैव च।
चतुर्णांकरणादेव चतुःकारी प्रकीर्तितः॥ - नारद०, 1.14, व्यवहारप्रकाश पृ०5-6
19. आगमः प्रथमं कार्यो व्यवहारपदं ततः।
चिकित्सानिर्णयश्चैव दर्शनं स्याच्चतुर्विधम्। - नारद०, 1.36, स्मृतिचन्द्रिका 2, पृ० 36
20. त्रियोनिः कीर्त्यते तेन त्रयमेतद्विवादकृत। - नारद०, 1.21, व्यवहारप्रकाश, पृ०6
21. अभियोगस्तु विज्ञेयः शंकातत्वाभियोगतः।
शंकाऽसतां तु संसर्गात्तत्वं होऽभिदर्शनात्॥ - नारद०, 1.22, व्यवहारप्रकाश, पृ०6
22. पक्षदयाभिसम्बन्धात् द्विदारः समुदाहृतः।
पूर्ववदिस्तयो पक्षः प्रतिपक्षस्तदुत्तेरः॥ - नारद०, 1.23, व्यवहारप्रकाश, पृ०6

23. भूतच्छलानुसाररित्वात् द्विगतिः समुदाहृतः।
भूतं तत्वार्थसंयुक्तं प्रमादाभिहितं छलम्॥ - नारद०, 1.24, व्यवहारप्रकाश, पृ०6
24. सोत्तरोऽनुत्तरश्चेति स विज्ञेयो द्विलक्षणः।
सोत्तरोऽभ्यधिको यत्र विलेखात्पूर्वकः पणः ॥ - नारद०, व्यवहारप्रकाश, पृ०5
25. राजा स पुरुषः सभ्याः शास्त्रं गणकलेखकौ।
हिरण्यमग्निरुदकमष्टाङ्गः समुदाहृतः॥ - नारद०, व्यवहारप्रकाश, पृ०6
26. सुखमय भट्टाचार्य, महाभारतकालीन समाज, पृ० 456 पर उद्धृत
27. नारद०, व्यवहारप्रकाश, पृ० 6
28. क्रियाभेदान्मनुष्याणां शतशाखो निगद्यते। नारद०, व्यवहारप्रकाश, पृ० 6
29. द्विपदो व्यवहारः स्यात् धनहिंसासमुद्भवः। बृह०, व्य०का०, 1.9
30. कात्यायन, (30)
31. कात्यायन, (32)
32. कात्यायन, (32)
33. हरीत एवं कात्यायन, पी०वी० काणे; धर्मशास्त्र का इतिहास भाग 2, पृ०716 पर उद्धृत
34. स्मृत्याचारव्यपेत्येन मार्गेणाधर्षितः परैः।
आवेदयति चेद्राज्ञे व्यवहारपदं हि ततः॥ - याज्ञ०, 2.5
35. मूलं सर्वविवादानाम् - बृह०, व्य०का०, 1.6
36. शुक्र०, 4.5.87-88
37. शुक्र०, 4.5.41
38. शुक्र०, 4.5.52-56
39. सशस्त्रोऽनुत्तरीयश्च मुक्तकेशः सहासनः।
वाहनस्थोऽथ वा स्त्रग्वी वदन् दण्डमवाप्नुयात्॥ - बृह०, (कृत्यकल्पतरु); उशना (व्यवहारप्रकाश पृ०387, पराशरमाधवीय ने मुक्तकेश के स्थान पर 'मुक्तकच्छ' पाठ किया है।)
40. शुक्र०; 4.5.86-87
41. याज्ञ०, 2.5, नारद, 2.2

42. कौटिल्य, 3.1, कात्यायन (व्यवहारप्रकाश पृ०46)
43. बृह०, व्य०का०, 2.5-6
44. कात्यायन (व्यवहारप्रकाश, पृ०48)
45. बृह०, व्य०का०, 2.8-9
46. नारद०, 2.8-14
47. काले कार्यार्थिनं पृच्छेत्प्रणतं पुरतः स्थितम्।
किं कार्य्यं का च ते पीडा माभैषीर्ब्रूहि मानव॥
केन कस्मिन कदा कस्मात् पृच्छेदेवं सभागतम्।
एवं पृष्टः स यद्ब्रूयात् तत्सभ्यैब्राह्मणै सह॥
विमृश्य कार्यम् न्यायम् चेदाह्वार्थमतः परम्। कात्यायन (मिताक्षरा, याज्ञ 2.5 पर), व्यवहारप्रकाश पृ०35
48. शुक्र०, 4.5.58-59
49. हरिहरनाथ त्रिपाठी : प्राचीन भारत में राज्य और न्यायपालिका पृ० 264 पर उद्धृत
50. नारद०, 2.18
51. शुक्र०, 4.5.61
52. याज्ञ० 2.6
53. शुक्र०, 4.5.88-89
54. बृह०, 2.34
55. शुक्र०, 4.5.91
56. शुक्र०, 4.5.92
57. नारद०, याज्ञ० 2.6 पर मिताक्षरा
58. हिस्ट्री ऑफ इंग्लिश ला, वाल्यूम 3, पृ० 631-635
59. मनु०, 8.25-26
60. याज्ञ०, 2.13-15
61. लक्ष्मीदत्त ठाकुरः प्रमुख स्मृतियों का अध्ययन, पृ०12
62. मनु०, 8.43
63. एन०सी० सेन गुप्त : इवोल्यूशन ऑफ एन्सियन्ट इण्डियन लॉ, पृ०56
64. 'मृच्छकटिकम्'

65. "The object of these provisions was not to restrict the cases in which the partly wronged could seek redressed, but to prevent needless interference by the king and his officers merely out of a desire to add to the revenue or to safety and any indirect purpose." - S. Varadacharya 'Hindu Judicial System'. p. 85
66. द्रष्टव्य- प्रस्तुत शोध प्रबन्ध का अध्याय चतुर्थ 'व्यवहार-पद'
67. कौटिल्य, 3.20
68. एस०डी०शर्मा : 'एडमिनिस्ट्रेशन ऑफ जस्टिस इन एन्शिएण्ट इन्डिया', पृ०80
69. गुरोः शिष्ये पितुः पुत्रे दम्पत्योः स्वामिभृत्ययोः।
    विरोधे तु मिथस्तेषां व्यवहारो न सिध्यति॥
    एकस्य बहुभिः सार्धं स्त्रीणां प्रेष्यजनस्य च।
    अनादेयो भवेद्वादो धर्मविधिरुदाहृतः॥ - (नारद; व्यवहारप्रकाश, पृ०33 एवं 35)
70. कात्यायन, कृत्यकल्पतरु, व्य० काण्ड
71. शुक्र०, 4.5.130-134
72. कौटिल्य, 3.1, याज्ञ०,2.33
73. बृह०, 2.9
74. बृह०, 2.26 एवं 1.12-13
75. कौटिल्य, 3.1
76. शुक्र०, 4.5.88-89
77. बृह० 1.147; शुक्र 4.5.98
78. बृह० 1.147
79. निर्वेष्टुकामो रोगार्तो यियक्षुर्व्यसने स्थितः।
    अभियुक्तस्तथान्येन राजकार्योदत्तस्तथा॥
    गवां प्रचारे गोपालाः सस्यावापे कृषीवलाः।
    शिल्पिनश्चापि तत्कालमायुधीयाश्च विग्रहे॥
    अप्राप्तव्यवहारश्च दूतो दानोन्मुखी व्रती।
    विषमस्थाश्च नासेध्या नचैतानाह्वयेन्नृपः॥ नारद०, 1.52-54

(व्यवहारप्रकाश पृ०39); शुक्र० 4.5.106; तुलनीय - Indian Soldier Act 5-1925.

80. शुक्र०, 4.5.101
81. शुक्र०, 4.5.117-118
82. शुक्र०, 4.5.107-108
83. शुक्र०, 4.5.108-109
84. शुक्र०, 4.5.117-118
85. बृह०, 1.142
86. शुक्र०, 4.5.109-110
87. शुक्र०, 4.5.111
88. नारद०; 2.23, पराशर माधवीय पृ० 54
89. पितामह, स्मृतिचन्द्रिका 2, पृ० 32
90. शुक्र०, 4.5.111-112
91. शुक्र०, 4.5.118-119
92. कात्यायन, 100-101, स्मृतिचन्द्रिका द्वारा उद्धृत अपरार्क पृ० 607
93. व्यवहार निर्णय, पृ० 29
94. हरिहरनाथ त्रिपाठी: प्राचीन भारत में राज्य और न्यायपालिका, पृ० 273
95. सुखमय भट्टाचार्य : महाभारतकालीन समाज, पृ० 462
96. पी०वी० काणे : धर्मशास्त्र का इतिहास, भाग-2, पृ०725
97. त्रयः परार्थे क्लिष्यन्ति साक्षिणः प्रतिभूः कुलम्।
    चत्वारस्तूपचीयन्ते विप्र आर्यो वणिङ्नृपः॥ - मनु० 8.169
98. मनु०, 9.206
99. के०पी० जायसवाल : 'मनु एण्ड याज्ञवल्क्य', पृ०268
100. हरिहरनाथ त्रिपाठी: पूर्वोक्त पृ० 269
101. असहाय (ऋणादान 5.4)
102. बृह०, व्य०का०, 1.68-69
103. शुक्र०, 4.5.114-118
104. शुक्र०, 4.5.116-117
105. हरिहरनाथ त्रिपाठी : पूर्वोक्त पृ० 270

106. नारद०; 3.2; शुक्र० 4.5.26
107. मिलिन्द पञ्हो (बुक 5) सम्पादक- ट्रेंकर पृ० 344
108. हरिहरनाथ त्रिपाठी, पूर्वोक्त पृ० 271
109. एन.सी. सेन गुप्त, पूर्वोक्त पृ० 77
110. कौटिल्य, 3.1
111. नारद०, 4.132, स्मृतिचन्द्रिका पृ० 121
112. याज्ञ०, 2.42
113. उत्तमर्णस्तु प्रात्यर्थः पंचकं शतम् भृत्यरूपेण दाप्यः; याज्ञ०, 2.42 पर मिताक्षरा
114. मनु०, 8.139
115. मनु०, 8.176
116. हरिहरनाथ त्रिपाठी, पूर्वोक्त पृ० 269
117. याज्ञ०, 2.2
118. याज्ञ०, 2.26
119. याज्ञ०; 2.171
120. एस० वरदाचार्य : हिन्दू जूडिशियल सिस्टम, पृ०140-142
121. पी०वी० काणे: धर्मशास्त्र का इतिहास, भाग 2, पृ० 727
122. शुक्र०; 4.5.6-7
123. मनु०, 8.24
124. कौटिल्य, 1.1
125. कात्यायन, (122)
126. यस्य वाभ्यधिकापीडा कार्यं वाभ्यधिकं भवेत्।
तस्यार्थिवादो दातव्यो न यः पूर्वं निबेदयेत्॥ - नारद०, (व्यवहारप्रकाश पृ० 4.5)
127. वृह०, व्य०का०, 3.11-12
128. वृह०, व्य०का०, 1.172
129. शुक्र०, 4.5.153
130. कृत्यकल्पतरु, व्यवहारकाण्ड
131. महा०, अनु०, 6.38
132. शुक्र०, 4.5.8-9

133. कौटिल्य, 2.1
134. रामा०, उत्तरकाण्ड, 53.18-19
135. आचार्य दीपङ्कर का मत है कि न्यायाधिकरण की कार्यवाहियाँ सम्भवतः रात्रि के समय होती थीं। इसीलिए कौटिल्य ने समय देने के सन्दर्भ में तीन से सात दिन देने की बात नहीं कहा है, बल्कि तीन से सात रात्रि देने का उल्लेख किया है। (कौटिल्यकालीन भारत, पृ० 71-72) परन्तु इसे स्वीकार नहीं किया जा सकता है। कौटिल्य ने राजा की दिनचर्या का वर्णन करते हुए कहा है कि राजा दिन के पूर्वाह्न के दूसरे भाग में पौरजानपदों के कार्य को देखे (द्वितीये पौरजानपदानां कार्याणि पश्येत्) रघुवंशम् (14.24) में भी न्यायालय द्वारा निर्धारित समय पर व्यवहारासन पर बैठकर नगरवासियों के कार्यों को देखने का वर्णन है - स पौर जानपदे समीक्ष्यकाले......।
136. कौटिल्य, 2.1
137. मनु०, 8.58
138. याज्ञ०, 2.12
139. पितामह, स्मृतिचन्द्रिका, अध्याय 2, पृ०43
140. गौतम०, 13.29-30
141. वृह०, स्मृतिचन्द्रिका, अध्याय 2, पृ० 40
142. वृह०, उपर्युक्त
143. कात्यायन, स्मृतिचन्द्रिका, 2.5.35
144. Sanskrit English Dictionary - Sir M.M. Williams p.166
145. एन.सी. सेन गुप्त, पूर्वोक्त पृ० 54
146. यावदाह्वानदर्शनम्, नारद 1.47
147. एस. वरदाचार्य, हिन्दू जूडिशियल सिस्टम, पृ० 195
148. कात्यायन, (100)
149. व्यवहारप्रकाश, पृ०41
150. आसेध्यकाल आसिद्ध आसेधं योऽतिवर्तते।
स विनेयोऽन्यथा कुर्वन्नासेद्धा दण्डभाग भवेत॥ - नारद०, 1.44, शुक्र० 4.5.97
151. स्थानासेधः कालकृतः प्रवासात्कर्मणस्तथा।
चतुर्विधः स्यादासेधस्तभासिद्धो न लंघयेत॥ नारद०; 1.42,

बृह० 1.159, शुक्र०, 4.5.95, व्यवहारप्रकाश पृ०41-42
आधुनिक न्यायालयों में भी 'आसेध' से तुलनीय व्यवस्था मिलती है। द्रष्टव्य- इण्डियन सिविल प्रोसीज़र कोड, धारा 94, खण्ड 38-39

152. राज्ञे निवेदनादूर्ध्वं आसेद्धा नोत्सृजेत्स्वयं।
उत्सृजेच्चेदेमो दाप्य आसिद्धश्चन लंघयेत॥ - नारद०, 1.43

153. शुक्र०, 4.5.96-97

154. नदीसन्तारकान्तार दुर्देशोप्प्लवादिषु।
असिद्धस्तं परासेधमुत्क्रामन्नापराध्नुयात्॥ - नारद०, 1.43

155. द्रष्टव्य - प्रस्तुत शोध प्रबन्ध के चतुर्थ अध्याय में उल्लिखित 'ऋणादान' प्रकरण।

156. याज्ञ०, 2.10-11

157. अथ चेत्प्रतिभूर्नास्ति कार्ययोगस्तु वादिनः।
स रक्षितो दिनस्यान्ते दद्याद् भृत्याय वेतनम्॥ - कात्यायन (मिताक्षरा द्वारा उद्धृत, याज्ञ०, 2.10 व्यवहारप्रकाश पृ० 44)

158. याज्ञ०, 2.57 पर मिताक्षरा

159. विनिश्चते पूर्वपक्षे ग्राह्याग्राह्यविशोधिते।
प्रतिज्ञार्थे स्थिरीभूते लेखयेदुत्तरं ततः॥ - बृह० व्यवहारप्रकाश, पृ० 54

160. बृह०, व्यवहारप्रकाश, पृ० 45

161. नारद०, 2.2, याज्ञ०, 2.7

162. बृह०, व्यवहार चिन्तामणि पृ० 16

163. पक्षस्यव्यापकं सारमसन्दिग्धमनाकुलम्।
अव्याख्यागभ्यमित्येतदुत्तरं तद्विदो विदुः॥ - याज्ञ०, 2.7 पर मिताक्षरा, स्मृतिचन्द्रिका 2, पृ०42, अपरार्क, पृ०612, शुक्र०, 4.5.139, नारद०, (व्यवहार चिन्तामणि पृ०18)

164. संदिग्धमन्यत् प्रकृतादल्पमतभूरि च।
पक्षैकदेशे व्याप्तं यत्तत्तु नैवोत्तरं भवेत्॥ शुक्र०, 4.5.140

165. शुक्र०, 4.5.141-142

166. सत्यं मिथ्योत्तरं चैव प्रत्यवस्कन्दम् तथा।
पूर्व न्याय विधिश्चैवमुत्तरं स्याच्चतुर्विधम्॥ - याज्ञ०, 2.7 पर मिताक्षरा,

शुक्र०, 4.5.144

मिथ्यासम्प्रतिपतिर्वा प्रत्यस्कन्दमेव वा।
प्राङ्गन्याय विधि साध्यं वा उत्तरं स्याच्चतुर्विधम्॥ - नारद०, 2.2

उत्तरं चतुर्विधं स्मप्रति (षत्सु) रं
मिथ्योत्तरं, प्राङ्गन्यायोत्तरं, कारणोत्तरं चेति॥ - बृह०, व्य०का०, 3.6

इसके अतिरिक्त व्यास (व्यवहार चिन्तामणि पृ०19)

167. अभियुक्तोऽभियोगस्य यदि कुर्यादपह्नवम्।
मिथ्या तत्तु विजानीयादुत्तरं व्यवहारत:॥ - कात्यायन, (व्यवहारप्रकाश पृ० 57)

श्रुत्वा भाषार्थमन्यस्तु यदि तं प्रतिषेधति।
अर्थत: शब्दतो वाऽपि मिथ्या तज्ज्ञेमुत्तरम्॥ - कात्यायन (व्यवहार चिन्तामणि, पृ०20), शुक्र०, 4.5.146

168. मिथ्यौतन्नभिजानामि तदा तत्र न सन्निधि:।
अजातश्चामि तत्काल इति मिथ्याचतुर्विधम्॥ - व्यास (व्यवहारप्रकाश पृ०57, व्यवहार चिन्तामणि पृ०19)

169. अंगीकृतं यथार्थं यद वाद्युक्तं प्रतिवादिना।
सत्योत्तरं तु तज्ज्ञेयें प्रतिपतिश्च सा स्मृता॥ - शुक्र०, 4.5.145

तुलनीय - इण्डियन एविडेन्स एक्ट सेक्शन 58, दि सिविल प्रोसीजन कोड आर्डर 12, रुल 6

170. अर्थिनो लेखितो योऽर्थ: प्रत्यर्थी यदि तं तथा।
प्रपद्य कारणं ब्रूयात् प्रत्यवस्कन्दनं स्मृतम्॥ - नारद०, (व्यवहारप्रकाश पृ०58)

आर्थिनाऽभिहितोयोऽर्थ: प्रत्यर्थी यदि तं तथा।
प्रपद्य कारणं ब्रूयादाधर्य्यं भृगुरब्रवीत्॥ - कात्यायन (व्यवहारप्रकाश, पृ० 59), व्यवहार चिन्तामणि, पृ० 21

171. दत्तामेव ममानेन किं त्वस्यापि मया पुन:।
प्रतिदत्तमितीदृक च प्रत्यवस्कन्दनं स्मृतम्॥ - प्रजापति, (स्मृतिचन्द्रिका 3-1, पृ०98)

172. अस्मिन्वर्थे ममानेन वाद: पूर्वमभूत्तदा।

जितोऽयमिति चेदब्रूयात् प्राङ्न्यायश्चस्यादुत्तरम्॥ - हारीत (व्यवहार प्रकाश, पृ० 61)

आचारेणावसन्नोऽपि पुनर्लेखयते यदि।

सोऽभिधेयो जितः पूर्वम् प्राङ्न्यायश्च स उच्यते॥ - कात्यायन, बृहस्पति (व्यवहारप्रकाश, पृ०61), शुक्र०, 4.5.149

173. जयपत्रेण सभ्यैर्वा साक्षिभिर्भावयाम्यहम्।

मयाजितः पूर्वमिति प्राङन्यायस्त्रिविधिः स्मृतम्॥ - शुक्र०, 4.5.150

विभावयामि कुलिकैः साक्षिभिर्लिखिते न वा।

जितश्चैव मयायं प्राक् प्राङ्न्यायस्त्रि प्रकारकः॥ - कात्यायन (व्यवहार प्रकाश, पृ० 61), व्यवहार चिन्तामणि, पृ०21

174. पक्षैकदेशे सत्सत्यमेकदेशे च कारणम्।

मिथ्या चैवेकदेशे स्यात् सङ्करात्तदनुत्तरम्॥ - कात्यायन, (व्यवहार चिन्तामणि, पृ०23)

175. अन्यवादी क्रियाद्वेषी नोपास्थाता निरुत्तरः।

आहूतश्चप्रलापी च हीनः पञ्चविध स्मृतः॥ - नारद०, 2.33

176. बृह०, व्य०का०, 3.35

177. बृह०, व्य०का०, 3.33

178. नारद०, 2.25, कात्यायन, 202 (स्मृतिचन्द्रिका, पृ० 47)

179. बृह०, व्य०कां०, 3.44-45

180. बृह०, व्य०कां०, 3.48

181. पूर्वपक्षश्चोत्तरं च प्रत्याकलितमेव च।

क्रियापादश्चस्तेनायं चतुष्पाद समुदाहृतः॥ - कात्यायन, 31

182. हरिहरनाथ त्रिपाठी : प्राचीन भारत में राज्य और न्यायपालिका, पृ०278.

183. नारद 2.21

अध्याय षष्ठ

व्यवहार - प्रक्रिया (द्वितीय)

तृतीय चरण -

क्रियापाद-

क्रियापाद के अन्तर्गत वादी एवं प्रतिवादी के कथन के परीक्षण का प्राविधान है। तदुपरान्त प्राड्विवाक् एवं सभ्यगण वाद से सम्बन्धित अग्रिम कार्यवाही पर विचार करते हैं। यदि प्रतिवादी का उत्तर 'सम्प्रतिपत्ति' प्रकार का होता है, तो वाद की कार्यवाही वहीं समाप्त हो जाती है; वाद तृतीय चरण में प्रविष्ट न होकर सीधे चतुर्थ पाद, निर्णयपाद में प्रविष्ट होता है एवं वाद का निर्णय हो जाता है। नारद एवं मिताक्षरा ने प्रतिवादी के स्वीकारात्मक वयान का परीक्षण करने का भी निर्देश दिया है।[1] ऐसा प्रतीत होता है कि इस प्रकार के निर्देश का उद्देश्य यह सुनिश्चित करना है कि कहीं प्रतिवादी भय, लोभ तथा किसी अन्य कारण (यथा- अपने किसी आत्मीय जन को अपराधमुक्त कराने के लिए) से तो अपराध स्वीकार नहीं कर रहा है।

साक्ष्य-

यदि प्रतिवादी का उत्तर मिथ्या, प्रत्यवस्कन्द अथवा प्राङ्न्याय प्रकार का होता

है, तो वाद तृतीय पाद क्रियापाद में प्रविष्ट होता है, जिसका प्रारम्भ साक्ष्य से होता है। यदि उत्तर 'मिथ्या' प्रकार का होता है, तो साक्ष्य का दायित्व वादी पर पड़ता है तथा यदि उत्तर 'प्रत्यवस्कन्द' अथवा 'प्राङन्याय' प्रकार का होता है, तो साक्ष्य का दायित्व प्रतिवादी का होता है। आधुनिक न्याय व्यवस्था में साक्ष्यभार (Burden of Proof) एवं साक्ष्य का दायित्व (Onus of Proof) में भेद किया गया है। साक्ष्य भार को उस व्यक्ति से सम्बन्धित किया गया है, जिसे अपनी बात को सिद्ध करना है। यह स्थिर रहता है। इसके विपरीत साक्ष्य का दायित्व वाद की प्रकृति के आधार पर (कभी वादी एवं कभी प्रतिवादी पर) परिवर्तित होता रहता है।[2] श्रद्धाकर सुपकार ने इस परिवर्तन का कारण यह माना है कि एक ही वाद में कुछ ऐसे विवाद विन्दु हो सकते हैं, जिनमें से कुछ को वादी द्वारा एवं कुछ को प्रतिवादी द्वारा प्रमाणित होना चाहिए। न्यायालय उनमें से कुछ वाद-विन्दुओं को वादी के पक्ष में तथा कुछ वाद-विन्दुओं को प्रतिवादी के पक्ष में निश्चित कर सकता है।[3]

परन्तु प्राचीन व्यवस्थाकार एक ही वाद में अनेक विवादविन्दु प्रस्तुत कर उनमें से कुछ का साक्ष्य-भार वादी पर एवं कुछ का दायित्व प्रतिवादी पर डालने के विरुद्ध थे। उनकी दृष्टि में एक ही वाद में एक ही विन्दु पर साक्ष्य का भार दोनों पक्षों पर नहीं डाला जा सकता है। कात्यायन की दृष्टि में ऐसी दशा में न तो दोनों पक्ष कार्यसिद्धि (निर्णय) प्राप्त कर सकते हैं और न ही एक ही क्रिया के लिए दो भिन्न मापदण्ड अपनाया जा सकता है।[4]

साक्ष्य (प्रमाण) का दार्शनिक स्वरूप-

तर्कसंग्रह के अनुसार यथार्थ ज्ञान चार प्रकार का होता है- 'प्रत्यक्ष', 'अनुमान', 'उपमान' एवं 'शब्द'।[5] प्रत्यक्ष ज्ञान (प्रमाण) से आशय उस ज्ञान से है, जो नेत्र, कर्ण, नासिका, त्वचा एवं जिह्वा के अतिरिक्त मनस् के द्वारा प्राप्त किया जाता है। जहाँ कोई प्रत्यक्ष प्रमाण नहीं होता है, वहाँ अनुमान प्रमाण होता है। उपमान से आशय तुलनात्मक प्रमाण से है तथा शब्द के अन्तर्गत दोनों प्रकार के प्रमाणों 'मौखिक' एवं 'लिखित' का समावेश होता है। इनमें से वैधानिक उपयोगिता की दृष्टि से प्रत्यक्ष एवं शब्द सर्वाधिक महत्वपूर्ण हैं, अनुमान एवं उपमान तुलनात्मक दृष्टि से कम महत्वपूर्ण हैं। स्पष्ट है कि भारत में यथार्थ-अन्वेषण के लिए प्राचीन काल से ही प्रयास किया जाता रहा है।

साक्ष्य का वर्गीकरण -

प्राचीन व्यवस्थाकारों ने विविध प्रकार के साक्ष्यों का उल्लेख किया है। गौतम ने विवाद निर्णय में साक्षियों के अतिरिक्त शपथ का उल्लेख किया है।[6] वशिष्ठ ने दस्तावेज तथा स्वामित्व को प्रमाण माना तथा विष्णु ने इनके अतिरिक्त विविध दिव्यों को साक्ष्य के रूप में स्थान दिया।[7] कौटिल्य ने साक्षियों का वर्गीकरण नहीं किया है। मनु ने भी साक्ष्य का कोई विशेष वर्गीकरण नहीं किया है। केवल यह निर्देश देते हैं कि झूठी गवाही नहीं देनी चाहिए, क्योंकि यह पाप है तथा गवाही देने से पूर्व शपथ लेनी चाहिए। वे किसी दिव्य साक्ष्य का स्पष्ट उल्लेख नहीं करते हैं। इससे स्पष्ट है कि मनु के काल तक साक्ष्यों का स्पष्ट वर्गीकरण नहीं हो पाया था।

परवर्ती स्मृतिकारों ने साक्ष्य का स्पष्टतः वर्गीकरण किया है। याज्ञवल्क्य ने लिखित, भुक्ति तथा साक्षी को मुख्य प्रमाण माना है तथा इनके अभाव में 'दिव्य' को स्थान दिया है।[8] इस प्रकार उन्होंने चार प्रकार के साक्ष्यों का उल्लेख किया है। नारद ने क्रिया (प्रमाण) के दो रूपों का उल्लेख किया है- 'मानुषी' तथा 'दैविकी'। लेख एवं साक्षी आदि को 'मानुषी' (मानुष साक्ष्य) तथा घट आदि को 'दैविकी' (दैवी साक्ष्य) कहा है।[9] बृहस्पति ने मानुष साक्ष्य को तीन वर्गों- 'लिखित', 'साक्षी' और 'अनुमान'[10] तथा दिव्य साक्ष्य को नौ वर्गों 'घट' (तुला), 'अग्नि', 'जल', 'विष', 'कोश', 'तन्दुल', 'तप्तमाष', 'फाल' तथा 'धर्मज' में विभक्त किया है।[11] व्यास ने मानुष साक्ष्य के अन्तर्गत 'लिखित', 'साक्ष्य' तथा 'प्रमाण' के साथ ही 'अनुमान', 'हेतु' (कारण) तथा 'तर्क' को स्थान दिया है।[12]

इस प्रकार यह कहा जा सकता है कि प्राचीन व्यवस्थाकारों ने साक्ष्यों को स्थूलतः दो वर्गों में विभक्त किया है- 'मानुष साक्ष्य' तथा 'दैवी साक्ष्य'। जब लिखित साक्ष्य भुक्ति, प्रमाण एवं साक्षी आदि के आधार पर निर्णय किया जाता है, तो निर्णय का आधार 'मानुष साक्ष्य' होता है। इसके विपरीत जब तुला, अग्नि, जल एवं विष आदि नौ दिव्यों के आधार पर निर्णय किया जाता है, तो निर्णय का आधार 'दैवी साक्ष्य' होता है।

प्राथमिकता-

अब प्रश्न यह उठता है कि इन उभय साक्ष्य विधियों में से किस साक्ष्य

विधि को प्राथमिकता दी जाय? प्रायः समस्त व्यवस्थाकार इस सम्बन्ध में एक स्वर से दैवी साक्ष्य की तुलना में मानुष साक्ष्य को वरीयता प्रदान करते हैं। कात्यायन का स्पष्ट विचार है कि यदि एक पक्ष मानुष साक्ष्य प्रस्तुत करता है तथा दूसरा पक्ष दैवी साक्ष्य, तो राजा को मानुष साक्ष्य को स्वीकार करना चाहिए एवं दैवी साक्ष्य की अवहेलना करनी चाहिए।[13] इसी प्रकार यदि साक्षी प्रस्तुत कर दिये गये हों अथवा प्रस्तुत किये जाने की सम्भावना हो, तो अग्रिम कार्यवाही में दैविकी को वर्जित करना चाहिए। यदि इन परिस्थितियों में दैविकी का अवलम्बन किया जाता है, तो उसका महत्व स्वतः कम हो जाता है।[14] वस्तुतः दिव्य प्रमाण के संदेहास्पद होने के कारण प्रत्यक्ष प्रमाण (मानुष साक्ष्य) उसका महत्व कम कर देते हैं।[15]

ऐसा प्रतीत होता है कि सामान्यतः उन वादों में जिनमें मानुष साक्ष्य मिलने की पूर्ण सम्भावना रहती है, दैवी साक्ष्य स्वीकार्य नहीं होता है। जैसे- नारद का विचार है कि यदि किसी गाँव अथवा नगर में दिन में लेन-देन होता है, तो अत्यधिक सम्भावना रहती है कि यह लेन-देन कुछ लोगों के सामने अवश्य हुआ होगा। अतः ऐसे वादों में दैवी साक्ष्य को नहीं स्वीकार करना चाहिए।[16] स्पष्ट है कि प्राचीन व्यवस्थाकारों ने दैवी साक्ष्य को तभी मान्यता प्रदान की, जब मानुष साक्ष्य, प्रमाण आदि मिलने की कथमपि सम्भावना न हो।

यह भी सम्भव है कि किसी वाद में एक पक्ष कोई ऐसा मानुष साक्ष्य प्रस्तुत करे, जो वाद के कुछ भाग पर ही प्रभावी हो एवं दूसरा पक्ष ऐसा दैवी साक्ष्य प्रस्तुत करे, जो पूरे वाद पर प्रभावी हो, तो ऐसो दशा में दैवी साक्ष्य के स्थान पर मानुष साक्ष्य को ही स्वीकार करने का उल्लेख किया गया है।[17] प्राप्त साक्ष्यों से स्पष्ट होता है कि कुछ ऐसे भी वाद थे, जिनमें दिव्य साक्ष्य का अवलम्बन लिया जाता था। कात्यायन का विचार है कि यदि वाद साहस, पारुष्य (सम्भवतः दण्डपारुष्य) एवं शक्ति से सम्बन्धित है, तों वहाँ प्रमाण के रूप में साक्षी तथा दिव्य दोनों का उपयोग किया जा सकता है।[18] इसकी व्याख्या इस प्रकार की गई है कि ऐसे वादों में प्रायः प्रत्यक्षदर्शी तो रहते हैं, परन्तु भय के कारण न्यायालय में उपस्थित नहीं होना चाहते हैं। अतः कात्यायन ने ऐसे वाद में साक्षी को न्यायालय में न प्रस्तुत कर दिव्य के द्वारा ही निर्णय कराने का निर्देश दिया है।[19] यदि इस निष्कर्ष को सत्य माना जाय तो स्पष्ट होता है कि गुप्तकालीन न्यायालयों में

आधुनिक न्यायालयों की भाँति ही साक्षीगण साक्ष्य देने में भयभीत होते रहे होंगे।

कात्यायन ने एक उदाहरण दिया है कि यदि कोई डकैत अपने मुख पर आवरण लगाकर डकैती करता है तथा डकैती करते हुए पहचाना नहीं जाता है, तो ऐसी दशा में न्यायाधीश को चाहिए कि सर्वप्रथम सम्भावित डकैत के शारीरिक अंगों के चिह्नों के आधार पर (यथा-कहीं उसके हाथ पैर में भागते समय चोट तो नहीं लगी है) उसका परीक्षण करे अथवा उसकी भावभंगिमा, वाणी, पैर आदि के चोटों के आधार पर उसे अपराधी माने अथवा उसे दिव्य साक्ष्य के द्वारा अपनी निर्दोषता सिद्ध करने के लिए कहना चाहिए।[20] कात्यायन पुनः भृगु को उद्धृत करते हुए कहते हैं कि यदि डकैत नकाबपोश न हो तथा साक्ष्य प्राप्त हो, तो भी उनका परीक्षण दिव्य के द्वारा किया जाना चाहिए।[21]

व्यवस्थाकारों ने ब्राह्मण-हत्या, निकट सम्बन्धी अथवा गुरु की पत्नी के साथ व्यभिचार जैसे महापाप की दशा में, हत्या की स्थिति में तथा दोनों पक्षों द्वारा समान साक्ष्य प्रस्तुत करने की स्थिति में तथा यदि कोई पक्ष दस्तावेज को कूट कहे, ऐसी स्थिति में दिव्य के द्वारा निर्णय करने का निर्देश दिया है।[22]

दिव्य का निषेध-

स्मृतिकारों ने ऐसे वादों का भी उल्लेख किया है, जहाँ दिव्य का सर्वथा निषेध किया गया। एक स्थल पर कात्यायन ने निर्देश दिया है कि वाक्पारुष्य तथा भूमि सम्बन्धी विवादों में दिव्य का अवलम्बन नहीं लेना चाहिए।[23] ऐसा प्रतीत होता है कि इन दोनों कोटि के वादों में संबंधित पक्ष के द्वारा साक्ष्य प्रस्तुत करने की पूरी सम्भावना होने के कारण दिव्य का निषेध किया गया है। परन्तु अन्यत्र[24] कात्यायन ही शारीरिक क्षति तथा गालीगलौज से सम्बन्धित विवादों को साक्षी तथा दिव्य दोनों के द्वारा सिद्ध करने की बात करते हैं।

स्मृतिचन्द्रिका इस विरोधाभास को यह कहकर दूर करना चाहती है कि अवमानना तथा गम्भीर प्रकृति के अपराधों में दिव्य का आश्रय लेना चाहिए तथा सामान्य कोटि के अपराधों में दिव्य का आश्रय नहीं लेना चाहिए। इसकी व्याख्या इस प्रकार की जा सकती है कि यदि कोई व्यक्ति किसी कुलीन वर्ग की महिला को दुष्चरित्रा कहता है, तो वाक्पारुष्य होते हुए भी यह गम्भीर प्रकृति का अपराध

है। इस प्रकार के आरोप को सिद्ध करने के लिए न्यायालय वादी को यह आदेश दे सकता है कि वह अपने आरोप को दिव्य साक्ष्य के माध्यम से पुष्ट करे। दूसरी ओर भूमि सम्बन्धी विवाद सामान्यतः साक्षियों, बन्धकपत्र, उपहारपत्र, स्वामित्वपत्र आदि के माध्यम से निर्णीत होते हैं। अतः इनमें 'दिव्य' की आवश्यकता नहीं होती है।[25] पितामह स्थावर-विवाद में दिव्य की वर्जना करते हैं।[26]

निश्चय ही दिव्य साक्ष्य की तुलना में मानुष साक्ष्य अधिक महत्वपूर्ण है। दिव्य साक्ष्य के अन्तर्गत जल, अग्नि, विष, तुला एवं घट आदि के माध्यम से निर्णय किया जाता है। यह एक आदिम क्रिया है, जो मानव समाज के विकास की शैशवावस्था में प्रचलित थी एवं परम्परागत रूप से आगे चलती रही। विश्व की अनेक प्राचीन सभ्यताओं में इसके प्रचलन के चिह्न पाये जाते हैं। इसके मूल में यह विश्वास था कि अग्नि, जल, विष एवं तुला आदि दैवी शक्तियों से युक्त हैं तथा दैवी न्याय करते हैं, किंतु शनैः शनैः सामाजिक विकास के साथ-साथ इसका महत्व घटता गया। जिस प्रकार कालान्तर में राजा का देवत्व का सिद्धान्त तर्कहीन होने के कारण महत्वहीन होता गया, उसी प्रकार दिव्य साक्ष्य भी महत्वहीन होता गया, फिर भी अपवादस्वरूप दिव्य साक्ष्य से सम्बन्धित प्रमाण प्राप्त होते हैं।

मानुष साक्ष्य-

किसी भी कोटि के वाद के निस्तारण में मानुष साक्ष्य की सर्वाधिक महत्वपूर्ण भूमिका होती है। अर्थमूलक एवं हिंसामूलक, दोनों प्रकार के विवादों में न्यायालय में साक्ष्य प्रस्तुत किया जाता है। इन्हीं साक्ष्यों के आधार पर न्यायाधीश अपना निर्णय देता है। यदि वादी की ओर से प्रस्तुत साक्ष्य ठोस एवं सबल होता है, तो वाद का निर्णय उसके पक्ष में हो जाता है। इसके विपरीत यदि प्रतिवादी अपनी रक्षा में वादी के साक्ष्यों को खण्डित करते हुए अपने पक्ष में साक्ष्य प्रस्तुत करता है, तो प्रतिवादी का पक्ष सबल तथा वादी का पक्ष निर्बल हो जाता है एवं वाद का निर्णय वादी के आवेदन के प्रतिकूल हो जाता है। अतः न्यायाधीश दोनों पक्ष के साक्ष्यों का विश्लेषण करता है। मानुष साक्ष्य के अन्तर्गत मुख्यतः चार प्रकार के साक्ष्य सम्मिलित हैं- 'अनुमान', 'साक्षी', 'लिखित', तथा 'अव्याहत त्रिपुरुषी भुक्ति'। कुछ विद्वानों ने 'अनुश्रुत साक्ष्य' (Hearsay Evidence) को अतिरिक्त प्रकार

के साक्ष्य के रूप में स्थान दिया है, परन्तु इसे 'साक्षी' के अन्तर्गत ही स्थान देना उचित होगा, क्योंकि साक्षी न्यायालय में या तो प्रत्यक्षदर्शी के रूप में साक्ष्य देता है अथवा किसी के द्वारा सुनी हुई बात को अप्रत्यक्ष साक्ष्य के रूप में न्यायालय में प्रस्तुत करता है।

उपर्युक्त साक्ष्य-प्रकारों में सामान्यत: अनुमान को सर्वाधिक हीन कोटि का एवं अव्याहत- त्रिपुरुषी-भुक्ति को उत्कृष्ट कोटि का साक्ष्य माना गया है। इस प्रकार अनुमान, साक्षी, लिखित एवं अव्याहत-त्रिपुरुषी-भुक्ति क्रमश: अपने पूर्ववर्ती से अधिक महत्वपूर्ण हैं।

अनुमान अथवा परिस्थितिजन्य साक्ष्य-

यद्यपि मानुष साक्ष्य के अन्तर्गत अनुमान साक्ष्य को प्रथम स्थान दिया गया है, किंतु सापेक्षिक महत्व की दृष्टि से इसका स्थान अंतिम है। अनुमान का उपयोग तभी किया जाता है, जब कोई प्रत्यक्ष प्रमाण न हो। इस दृष्टि से अनुमान एक दुर्बल कोटि का साक्ष्य है। अनुमान का प्रयोग उन विशेष परिस्थितियों में किया जाता है, जब अन्य साक्ष्य प्राप्त नहीं होते हैं। अत: इसे परिस्थितिजन्य साक्ष्य भी कहा जाता है। इसे 'तर्क' अथवा 'हेतु' भी कहा गया है।[27] इस साक्ष्य का उपयोग अधिकांशत: हिंसामूलक वादों में होता है, परन्तु कभी-कभी अर्थमूलक वादों में भी यह साक्ष्य महत्वपूर्ण होता है। यथा-नारद का कथन है कि यदि ऋणदाता के पास लेख्य-प्रमाण एवं साक्षी न हो तो ऋण-वापसी के लिए तीन प्रकार की विधियों में से कोई विधि अपनायी जा सकती है- चोदना प्रतिकालम् (बार-बार धन चुकाने के लिए कहना) युक्तिलेश (तर्कदेना) एवं शपथ।[28] इसकी व्याख्या में 'व्यवहार प्रकाश' का उल्लेख है कि दीर्घकालीन भोग तथा बार-बार ऋणदाता द्वारा ऋणवापसी के लिए आग्रह करने से स्वत्वाधिकार अथवा ऋण लेने का अनुमान होता है।[29] कात्यायन ने इसे 'युक्ति' के अन्तर्गत रखा है।[30] शुक्र ने युक्ति को स्पष्ट करते हुए कहा है कि उत्तम प्रकार से जिस पर तर्क किया गया हो और जो शास्त्र एवं शिष्ट पुरुषों के अविरुद्ध हो, ऐसी योजना को तर्क कहते हैं।[31] पी०वी० काणे ने युक्ति को परिस्थितिजन्य प्रमाण माना है।[32]

न्यायालय के समक्ष कभी-कभी ऐसे वाद भी प्रस्तुत हो सकते हैं, जिनका कोई प्रत्यक्ष प्रमाण मिलना सम्भव न हो। यथा- प्राय: जो अपराध रात्रि में, अंधेरे

में, एकान्त अथवा गुप्त स्थान में किये जाते हैं, उनके बारे में विशेष तथ्य प्राप्त होना दुष्कर होता है। इसी प्रकार यदि सड़क के किनारे कोई क्षत-विक्षत लाश पड़ी हो, किसी व्यक्ति के घर से चोरी हुई वस्तु किसी अन्य व्यक्ति के घर से प्राप्त हुई हो, पति-पत्नी न होते हुए भी कोई युवक एवं युवती किसी कमरे से निकलें तथा युवती युवक पर बलात्कार का आरोप लगावे, इस प्रकार के वादों में साक्ष्य के अभाव में न्यायाधीश के लिए निर्णय देना दुष्कर हो जाता है, किन्तु प्रत्यक्ष साक्ष्य के अभाव में न्यायालय मूकद्रष्टा नहीं रह सकता है। उसे येन-केन-प्रकारेण यथार्थ का पता लगाना पड़ता है। मनु का स्पष्ट कथन है कि ऐसे में न्यायाधीश को सजग रहकर अनुमान विधि से अपराधी का उसी प्रकार अन्वेषण करना चाहिए, जिस प्रकार एक शिकारी भूमि पर गिरे हुए रुधिर के धब्बों को देखते हुए अन्ततः घायल मृग के पास पहुँच जाता है।[33]

प्राचीन भारत में परिस्थितिजन्य साक्ष्यों के आधार पर निर्णय किये जाने का प्रचलन धर्मसूत्रों के काल से ही दृष्टिगोचर होता है। आपस्तम्ब का विचार है कि संदेह की स्थिति में न्यायाधीश को लिंगों (अनुमान अथवा संकेत) एवं दैवों (दिव्यों) से निर्णय करना चाहिए।[34] अनुमान का आधार दो वस्तुओं का नियत साहचर्य होता है। यथा- धुआँ को देखकर आग का, स्थान विशेष पर वैद्य को देखकर रोगी का तथा किसी घर में करुणक्रन्दन सुनकर मृतक का सहज अनुमान होता है। इसी प्रकार के साहचर्य को आधार बनाते हुए वशिष्ठ ने उल्लेख किया है कि वह व्यक्ति जो अस्त्र-शस्त्र से सुसज्जित है, घायल है अथवा चोरी के सामान के साथ पकड़ा जाता है, अपराधी अथवा चोर है।[35] शंखलिखित ने इसी प्रकार के साहचर्य का उल्लेख करते हुए लिखा है कि परस्त्री के साथ केश-क्रीड़ा करने वाला व्यभिचारी, आग लगने के स्थान पर हाथ में उल्का लिया हुआ व्यक्ति आग लगाने वाला, हत्यास्थल पर पहले से उपस्थित रक्तरंजित शस्त्रधारी व्यक्ति हत्यारा तथा चोरी के सामान के साथ पकड़ा जाने वाला व्यक्ति चोर समझा जाता है।[36] कौटिल्य ने कुछ विशेष लक्षणों के आधार पर व्यक्ति के व्यभिचारी के रूप में पहचाने जाने का उल्लेख किया है। यथा- हाथ में बाल का होना, होठों पर नाखून अथवा दंतचिह्न का होना, स्त्री एवं पुरुष की स्वीकारोक्ति।[37] याज्ञवल्क्य का विचार भी इसी प्रकार का है।[38]

नारद ने छः प्रकार के ऐसे विवादों का उल्लेख किया है, जिनमें यद्यपि कोई प्रत्यक्ष प्रमाण नहीं होता है, फिर भी परिस्थितिजन्य साक्ष्यों अथवा अनुमान के आधार पर अपराधी की पहचान की जा सकती है[39]- अग्निस्थल पर हाथ में उल्का लिए हुए व्यक्ति को देखकर आग लगाने वाला का, हत्या स्थल पर मृतक के निकट शस्त्रधारी व्यक्ति को देखकर हत्यारे का, हाथ में फावड़ा लिए हुए व्यक्ति को देखकर जलाशय खोल देने वाले अथवा बाँध तोड़ देने वाले का, हाथ में कुल्हाड़ी लिए हुए व्यक्ति को देखकर वृक्ष काटने वाले का तथा हाथ में रक्तरंजित तलवार अथवा गदा लिए हुए व्यक्ति को देखकर आक्रान्ता का सहज ही अनुमान लगाया जा सकता है।[40] शुक्र ने भी राजा को युक्ति, अनुमान तथा सामादि साधनों से छल को दूर कर यथार्थ साधनों से व्यवहार को देखने का निर्देश दिया है।[41] स्मृतिचन्द्रिका में ऐसे विवादों , जिनमें कोई प्रत्यक्ष साक्षी नहीं होता है, को 'असाक्षिप्रत्यय' नामक अध्याय में स्थान दिया है।

किंतु अनुमान पूर्णतः यथार्थ नहीं होता है। अतः केवल सन्देह के आधार पर किसी को दण्ड देने का निषेध किया गया है।[42] प्रायः सभी व्यवस्थाकारों का विचार है कि मात्र अनुमान के आधार पर किसी भी कथित अपराधी को मृत्युदण्ड जैसा अंतिम कठोर दण्ड नहीं देना चाहिए। स्वयं नारद, जो अनुमान के आधार पर अपराधी के पहचान का निर्देश देते हैं, का विचार है कि साक्ष्य के रूप में अनुमान का उपयोग करते समय न्यायाधीश को पूर्णतः सावधानी बरतनी चाहिए, क्योंकि इसमें निरपराधी व्यक्ति के दण्डित होने की सम्भावना बनी रहती है। यह भी सम्भव है कि अभियुक्त के प्रति शत्रुता का भाव रखने वाला कोई व्यक्ति साहचर्य प्रस्तुत कर दे। यथा- सोते हुए व्यक्ति के पास शस्त्र रखकर उसकी स्थिति संदेहास्पद बना दे अथवा किसी व्यक्ति को आरोपित करने के लिए स्वतः अपने शरीर पर चोट अथवा घाव के चिह्न उत्पन्न कर ले।[43] कौटिल्य ने भी परिस्थितिजन्य साक्ष्य की त्रुटि की ओर ध्यान आकृष्ट किया है। उनका कथन है कि संयोगात् ऐसा भी हो सकता है कि कोई पथिक चोरों के मार्ग से जा रहा हो तथा अज्ञानता वश वह चोरों को पथिक समझकर चोरों के दल में सम्मिलित हो जाय। चोरों के साथ पकड़ लिए जाने पर मार-पीट के भय से वह अपना अपराध भी स्वीकार कर ले, जब कि वह वास्तव में अपराधी नहीं है।[44] इस संदर्भ में उन्होंने माण्डव्य ऋषि[45] का उदाहरण दिया है, जो परिस्थितिजन्य साक्ष्य के भ्रामक होने का प्रसिद्ध दृष्टान्त है।

अनुमान को साक्ष्य बनाकर दण्ड की व्यवस्था करने का सर्वाधिक ज्वलन्त प्रमाण 'मृच्छकटिकम्' नामक नाटक (अंक ९) में मिलता है, जो अनुमान साक्ष्य की दुर्बलता को स्पष्ट कर देता है। इसमें राजा का साला शकार, जो नायिका वसन्तसेना का स्वयंभू प्रेमी है, नायक चारुदत्त पर वसन्तसेना की हत्या तथा उसके आभूषण के लूट का आरोप लगाता है। परिस्थितिजन्य साक्ष्य चारुदत्त के प्रतिकूल थे। कथित हत्या के पूर्व वसन्तसेना चारुदत्त के गृह में प्रविष्ट हुई थी, वसन्तसेना के आभूषण न्यायालय में चारुदत्त के अनन्य मित्र के पास से प्राप्त हुए थे तथा न्यायाधीश द्वारा घटनास्थल पर भेजे गये विवेचन-अधिकारी ने न्यायाधीश को यह सूचना दी कि उसने बाग में पेड़ पर लटकी हुई स्त्री की लाश को देखा है (जैसा कि शकार ने सूचना दिया था)। ये परिस्थितिजन्य साक्ष्य शकार के कथन को पुष्ट कर रहे थे। तब न्यायाधीश ने चारुदत्त से कहा कि यद्यपि उसे चारुदत्त से सहानुभूति है, किंतु यदि वह वसन्तसेना की हत्या के अपराध को स्वीकार नहीं करेगा, तो उसे कठोर यातना सहनी पड़ेगी। कठोर यातना के भय से चारुदत्त ने वसन्तसेना की हत्या के अपराध को स्वीकार कर लिया। इस अपराध के लिए उसे न्यायालय ने मृत्युदण्ड दिया, किंतु सौभाग्य से जब उसे मृत्युदण्ड देने के लिए नियत स्थान पर ले जाया जा रहा था; वसन्तसेना; जो जीवित थी, उपस्थित हो गयी एवं चारुदत्त मृत्युदण्ड प्राप्त करने से वंचित हो गया।

इस प्रकार स्पष्ट है कि यद्यपि धर्मसूत्रों के काल से लेकर गुप्तोत्तर काल तक अनुमान एवं परिस्थितिजन्य साक्ष्य को वाद के निर्णय में स्थान दिया गया, परन्तु साक्ष्य के रूप में इसका उपयोग करते समय न्यायाधीश को अत्यन्त सावधान रहने का भी निर्देश दिया गया। प्रायः अनुमान का उपयोग किसी तथ्य की विवेचना के प्रारम्भिक पाद के रूप में किया गया, जिसकी पुष्टि अन्य प्रकार के साक्ष्यों से होनी आवश्यक थी, अन्यथा निरपराध व्यक्ति के भी माण्डव्य अथवा चारुदत्त की स्थिति में आ जाने की पूर्ण सम्भावना रहती। आधुनिक न्यायापालिका में भी अनुमान एवं परिस्थितिजन्य प्रमाण को अप्रत्यंक्ष एवं आनुषंगिक साक्ष्य के रूप में स्थान प्राप्त हुआ है।[46]

अनुश्रुत साक्ष्य (Hearsay Evidence) -

ऐसा साक्ष्य, जो किसी व्यक्ति के द्वारा किसी अन्य व्यक्ति से सुनकर न्यायालय

में प्रस्तुत किया जाता है, अनुश्रुत साक्ष्य कहलाता है। यह अप्रत्यक्ष साक्ष्य की कोटि में आता है। यह हीन कोटि का साक्ष्य है। इसीलिए अनेक व्यवस्थाकारों ने इसे स्वतन्त्र साक्ष्य के रूप में स्थान नहीं दिया। यहाँ तक कि यदि प्रत्यक्ष साक्ष्य मिलने की क्षीण सम्भावना हो, तो भी इस प्रकार का साक्ष्य अस्वीकार कर दिया जाता है। वस्तुतः अनुश्रुत साक्ष्य कुछ विशेष परिस्थितियों में किसी प्रत्यक्ष प्रमाण की पुष्टि के रूप में ही स्वीकार्य होता है।[47]

अनुश्रुत साक्ष्य का मूल शतपथ ब्राह्मण में प्राप्त होता है, जहाँ कहा गया है कि 'सत्य चक्षु है। अतः यदि दो व्यक्तियों का विवाद प्रस्तुत होता है तथा उनमें से एक पक्ष कहता है कि मैंने देखा है तथा दूसरा कहता है कि मैंने सुना है, तो देखने वाले पर ही विश्वास करना चाहिए।'[48] ऐसा प्रतीत होता है कि प्राचीन व्यवस्थाकारों के सामने यह समस्या रही होगी कि अन्य प्रकार के साक्ष्य न मिल पाने की स्थिति में किसी अन्य व्यक्ति के द्वारा कही गई बात को किसी के द्वारा स्वयं सुनकर न्यायालय में साक्ष्य के रूप में प्रस्तुत करने को वैधानिक एवं विश्वसनीय माना जाय अथवा नहीं। अतः उन्होंने इसे कुछ प्रतिबन्धों के साथ अप्रत्यक्ष साक्ष्य के रूप में स्थान दिया।

मनु ने भी अनुश्रुत साक्ष्य की ओर संकेत दिया है। उन्होंने उल्लेख किया है कि आँखों से देखने वाले तथा कानों से सुनने वाले साक्षी बनते हैं।[49] इसकी व्याख्या करते हुए मधातिथि कहते हैं कि अनुश्रुत साक्ष्य वहाँ प्राप्त होता है, जब कोई व्यक्ति किसी अन्य व्यक्ति से कोई बात सुनता है। इसके विपरीत यदि कोई व्यक्ति स्वयं प्रत्यक्षतः बात न सुनकर किसी अन्य व्यक्ति द्वारा सुनी गई बात को साक्ष्य के रूप में प्रस्तुत करना चाहे, तो वह अनुश्रुत साक्ष्य नहीं बन सकता है।[50]

नारद का निर्देश है कि दो पक्षों के वाद का निर्णय ऐसे व्यक्ति के साक्ष्य के आधार पर करना चाहिए, जो या तो प्रत्यक्षदर्शी हो अथवा घटना के बारे में किसी से सुना हो।[51] स्पष्ट है कि नारद भी अनुश्रुत साक्ष्य का उल्लेख करते हैं। उन्होंने अनुश्रुत साक्ष्य को दो वर्गों में विभक्त किया है- 'उत्तरसाक्षिन्' एवं 'मृतान्तर'। 'उत्तरसाक्षिन' से आशय ऐसे अनुश्रुत साक्षी से है, जो कोई बात किसी ऐसे व्यक्ति से सुने, जो या तो दूर देश जा रहा हो अथवा मरणासन्न हो।[52] ऐसा व्यक्ति गौण साक्षी हो सकता है। विष्णु का उल्लेख भी इसी प्रकार का है।[53]

'मृतान्तर' ऐसे साक्षी को कहते हैं, जो ऋणदाता अथवा ऋणी की मृत्यूपरांत लाया जाय। ऐसे लोग कुछ बताने में पूर्णतः समर्थ नहीं होते, क्योंकि उन्हें ऋणदाता अथवा ऋणी से पूरी सूचना प्राप्त नहीं हुई रहती है। नारद ऐसे साक्षी को साक्ष्य के योग्य नहीं मानते हैं।[54] किंतु यदि मृत्यु के समय पिता अपने पुत्रों से यह कहे कि इन-इन वादों में ये व्यक्ति साक्षी हैं, तो मृतान्तर साक्षी को भी साक्ष्य के योग्य माना जाता है।[55]

ऐसा प्रतीत होता है कि अनुश्रुत साक्ष्य की विश्वसनीयता संदिग्ध होने के कारण इसे स्वतन्त्र साक्ष्य के रूप में किसी भी युग में स्थान नहीं दिया गया। ऐसे साक्ष्य की विश्वसनीयता का विश्लेषण कर पाना ही अधिक श्रमसाध्य होता है। अतः न्यायाधीश को यह निर्देश दिया गया है कि वे यह जाँच करें कि श्रोता जो बात कह रहा है, वह किस सीमा तक प्रमाणिक है। यदि अनुश्रुत साक्ष्य अन्य साक्ष्यों का समर्थन करे, तो साक्ष्य के रूप में प्रस्तुत करने की अनुमति देनी चाहिए। यह भी उल्लेखनीय है कि जब कोई साक्षी किसी व्यक्ति से सीधे बात सुने जाने का उल्लेख करता है, तो उसे अधिक विश्वसनीय माना जाता है, परन्तु यदि तीसरा व्यक्ति दूसरे से एवं दूसरा व्यक्ति साक्षी से कोई बात कहता है एवं साक्षी उसे न्यायालय में कहता है, तो वह साक्ष्य कम महत्वपूर्ण होता है।

साक्षी-

अनुमान एवं अनुश्रुत साक्ष्य के पश्चात साक्षी का स्थान आता है। साक्षी का स्थान अनुमान एवं अनुश्रुत साक्ष्य की तुलना में अधिक है, किन्तु लिखित एवं त्रिपुरुषी भुक्ति की तुलना में दुर्बल कोटि का माना गया है। वस्तुतः अर्थमूलक वाद में लिखित एवं त्रिपुरुषी भुक्ति साक्ष्य का अधिक महत्व प्रतीत होता है एवं हिसामूलक वादों में साक्षी का महत्व ही अधिक प्रतीत होता है, क्योंकि ऐसे वादों में लिखित साक्ष्य का प्रश्न ही नहीं उपस्थित होता है।

साक्षी शब्द 'स' एवं 'अक्षी' के संयोग से बना है। व्युत्पत्ति की दृष्टि से इसका अर्थ है - वह, जिसने आँख से देखा हो।[56] किन्तु वैधानिक दृष्टि से साक्षी उसे माना जाता है, जिसने किसी घटना को प्रत्यक्ष देखा हो, उसके बारे में सुना हो अथवा उस सम्बन्ध में पूर्ण ज्ञान रखता हो। शुक्र ने साक्षी शब्द को

परिभाषित करते हुए लिखा है कि वादी अथवा प्रतिवादी के समीप रहने से पूर्व में विवाद को देखने अथवा सुनने से जिस प्रकार का अनुभव प्राप्त हुआ हो, उसी के अनुरूप कहने वाला साक्षी कहलाता है।[57] प्राचीन व्यवस्थाकारों ने साक्षियों के साक्ष्य पर विशेष बल दिया है तथा यह उल्लेख किया है कि दो व्यक्तियों के मध्य विवाद की स्थिति में यथार्थ का ज्ञान साक्षियों द्वारा ही होता है।[58] इसीलिए कात्यायन ने यह निर्देश दिया है कि यदि साक्षी उपस्थित होने की स्थिति में न हो, तो तीन विद्वानों के सामने उसका साक्ष्य प्रमाणित कराया जा सकता है।[59]

साक्षियों की संख्या-

किसी विवाद में कितने साक्षियों के द्वारा साक्ष्य दिलाया जाय, इस संदर्भ में व्यवस्थाकारों में किसी सर्वमान्य मत का अभाव रहा है। सामान्यत: व्यवस्थाकरों ने साक्षियों की न्यूनतम संख्या तीन स्वीकार किया है।[60] किंतु उभय पक्ष को मान्य होने पर केवल दो साक्षियों से भी कार्य चल सकता है।[61] बृहस्पति साक्षियों की संख्या नौ, सात, पाँच, चार, तीन अथवा इनके अभाव में दो श्रोत्रिय स्वीकार करते हैं।[62]

ऋण, बंधक तथा इसी कोटि के अन्य अर्थ-वादों में दो साक्षी भी पर्याप्त माने गये हैं। हारीत का मत है कि किसी दस्तावेज पर पाँच पक्षों का हस्ताक्षर होना आवश्यक है- ऋणदाता, ऋणग्रहीता, खाटिग्रहिक (लेखक) तथा दो साक्षी।[63] बृहस्पति का विचार है कि लिखित एवं गूढ़ साक्ष्य की स्थिति में दो साक्षियों का होना आवश्यक है।[64]

सामान्यत: किसी भी वाद में एकल साक्षी का निषेध किया गया है, किन्तु दोनों पक्षों के द्वारा स्वीकार्य होने की स्थिति में एक धर्मनिष्ठ साक्षी से भी कार्य चल सकता है।[65] शुक्र अनुभवी एवं सत्यनिष्ठ व्यक्ति का एकाकी साक्ष्य ही पर्याप्त मानते हैं।[66] बृहस्पति, जो साक्षियों की संख्या नौ तक स्वीकार करते हैं, का विचार है कि साक्षी के दूतक[67]; खटिकाग्राही (गणक), संयोगात् जिसने दोनों पक्षों के मध्य घटित घटना को देख लिया हो, राजा एवं मुख्य न्यायाधीश (अध्यक्ष) एकाकी साक्षी हो सकते हैं।[68] साहस से सम्बन्धित वाद में एक व्यक्ति भी, जो शुचि, क्रियावान, धार्मिक तथा सत्यवादी हो एवं पूर्व में भी जिसकी शुचिता प्रमाणित

हो चुकी हो, साक्षी का कार्य कर सकता है।[69] कात्यायन का विचार है कि यदि किसी व्यक्ति की उपस्थिति में गुप्त रूप से कोई प्रतिभूति रखी जाय, तो वह भी साक्षी हो सकता है। इसी प्रकार याचितक-वाद में उस दूत का साक्ष्य भी मान्य होता है, जिसे आभूषण लाने के लिए भेजा गया हो। निर्णय हो जाने की स्थिति में राजा, प्राड्विवाक्, सभ्य अथवा लेखक में से कोई एकाकी रूप में भी वादी अथवा प्रतिवादी के कथन की पुष्टि कर सकता है।[70]

उपर्युक्त उल्लेख से स्पष्ट है कि प्राचीन भारत में सामान्यतः साक्षियों की संख्या एकाधिक हुआ करती थी। श्रद्धाकर सुपकार इसका कारण यह मानते हैं कि प्राचीन भारत में प्रश्न-प्रति-प्रश्न (Cross-Examination) का प्रचलन नहीं था। अतः न्यायाधीश अधिक से अधिक साक्षियों के वयान के आधार पर ही कोई निष्कर्ष निकालते थे।[71] ऐसा प्रतीत होता है कि प्राचीन भारत में व्यवस्थाकारों ने साक्षियों के संख्या निर्धारण में अत्यन्त व्यावहारिक दृष्टिकोण अपनाया। ऐसे दस्तावेजों की प्रामाणिकता की जाँच सम्भव थी, जिन पर दो साक्षियों ने हस्ताक्षर किये हों। अतः ऐसे वादों में दो साक्षियों की उपस्थिति आवश्यक माना। इसी प्रकार वे इस तथ्य से अनभिज्ञ नहीं थे कि हत्या, साहस तथा संग्रहण जैसे वादों में अधिकतर एकाकी साक्षी का मिलना भी दुष्कर होता है। अतः ऐसे वादों में एकाकी साक्षी को भी स्वीकार कर लेने का निर्देश दिया गया। इसी प्रकार वैवाहिक अवसर पर प्रायः किसी से आभूषण उधार लेने के लिए उधार लेने वाला व्यक्ति स्वयं न जाकर किसी अन्य व्यक्ति को भेजते हैं। यह कार्य प्रायः एकाकी एवं गुप्त रूप में ही किया जाता है। अतः इस प्रकार के विवादों में एकाकी साक्षी को ही पर्याप्त माना गया।

स्त्री एवं साक्षी-

प्राचीन भारत में कुछ व्यवस्थाकार स्त्रियों को न्यायालय में साक्षी के रूप में प्रस्तुत करने के पूर्णतः विरुद्ध थे। ऐसे व्यवस्थाकारों में मनु सर्वप्रमुख हैं। उनका विचार है कि लोभरहित एक व्यक्ति भी साक्षी हो सकता है, किन्तु अनेक स्त्रियाँ पवित्र होने पर भी साक्षी होने के योग्य नहीं होती हैं; क्योंकि स्त्रियाँ अस्थिरचित्त होती हैं तथा उनके अन्तर्गत अन्य्र आक्षेपयुक्त दुर्बलताएँ होती हैं।[72] शुक्र का दृष्टिकोण

भी इसी प्रकार का है।[73] ऐसा प्रतीत होता है कि मनु ने स्त्रियों की स्वभावगत दुर्बलताओं के साथ ही उनकी शारीरिक आक्षेपों(यथा-प्रतिमाह रजस्वला होना) की ओर भी संकेत दिया है। अन्यत्र मनु ने निर्देश दिया है कि स्त्रियों के वाद में स्त्रियों को साक्षी बनाना चाहिए।[74] इस पर टीका करते हुए मेधातिथि ने लिखा है कि जब विवाद केवल दो पुरुषों के मध्य हो, तो स्त्रियाँ साक्षी नहीं बन सकती हैं, किन्तु यदि विवाद स्त्रियों एवं स्त्रियों अथवा पुरुषों एवं स्त्रियों के मध्य हो तो स्त्रियों को साक्षी बनाया जा सकता है।[75] नारद एवं शुक्र भी स्त्रियों को स्त्रियों के मध्य के विवाद में साक्षी बनाने का निर्देश दिया है, अन्य वादो में नहीं।[76] नारद ने अन्यत्र लिखा है कि यद्यपि साहस के सम्बन्ध में साक्षी सम्बन्धी निर्देश कुछ शिथिल हो जाते हैं, तथापि स्त्रियों को साक्षी नहीं बनाना चाहिए, क्योंकि स्त्रियाँ प्रकृत्या असत्यभाषिणी होती हैं।[77] विष्णु ने भी स्त्रियों को अक्षम साक्षी माना हैं।[78] मनु कुछ विशेष स्थितियों में स्त्री साक्ष्य को स्वीकृति देते हैं। यथा-गृह के भीतर अथवा वन में हुई हत्या के संदर्भ में।[79] उशना का मत है कि यदि स्त्री किसी पक्ष से सम्बन्धित न हो, तो उसे साहस सम्बन्धी विवादों में साक्षी बनाया जा सकता है।[80]

ऐसा प्रतीत होता है कि स्त्रियों का कार्यक्षेत्र गृह के अन्दर तक सीमित रहने के कारण उनके द्वारा किसी विवाद में प्रत्यक्ष साक्षी बनने की सम्भावना अत्यल्प थी। उनका साक्ष्य अधिकतर अनुश्रुत साक्ष्य पर ही आधारित रहता होगा। अतः उनको यथासम्भव साक्षी न बनाने का निर्देश दिया गया, किंतु स्त्री-विवादों में उनके प्रत्यक्षदर्शी होने की पूर्ण सम्भावना रहती है, अतः ऐसे वादों में उन्हें साक्षी बनाने के लिए निर्देश दिया गया। साहस सम्बन्धी विवादों में कुछ प्रतिबंधों के साथ वे साक्षी बन सकती थीं। श्रद्धाकर सुपकार ने यह मत व्यक्त किया है कि न केवल प्राचीन भारत, वरन् पाश्चात्य देशों में भी स्त्रीसाक्ष्य पर कुछ प्रतिबन्ध लगा हुआ था। इसके अतिरिक्त मध्यकालीन मुस्लिम-विधि भी स्त्री-साक्ष्य को प्रतिबंन्धित करती थी।[81]

बालक एवं साक्षी-

प्राचीन भारत में सामान्यतः बालक को साक्षी बनाने से मना किया गया है। व्यवस्थाकारों के द्वारा ऐसे साक्षियों के लिए सामान्यतः 'बाल' शब्द का प्रयोग किया

गया है। नारद ने इन्हें दो वर्गों में विभक्त किया है। उन्होंने आठ वर्ष तक के बालक के लिए 'बाल' तथा आठ वर्ष से ऊपर एवं सोलह वर्ष से नीचे तक के बालकों के लिए 'पोगन्द' शब्द का प्रयोग करते हुए इन्हें 'अप्राव्यवहार'[82] के अन्तर्गत रखा है। विष्णु,[83] मनु,[84] याज्ञ०[85] तथा नारद[86] सहित प्रायः अधिकांश स्मृतिकारों ने बालकों को साक्षी के रूप में न्यायालय में प्रस्तुत करने से मना किया है। किन्तु मनु का विचार है कि घर के भीतर, निर्जन वन में, मारपीट अथवा मनुष्यवध में बालक को भी साक्षी बनाया जा सकता है। परन्तु न्यायाधीश को विचार कर लेना चाहिए कि कहीं उसका साक्ष्य अयथार्थ तो नहीं है।[87] नारद की दृष्टि कुछ अधिक कठोर है। उनका विचार है कि साहस, स्तेय, पारुष्य तथा संग्रहण जैसे वादों भी बालक साक्षी नहीं हो सकता है।[88] बालक को साक्षी के रूप में स्थान न देने का कारण नारद उसकी अपरिपक्व बुद्धि एवं अज्ञानता मानते हैं।[89] उशनस का विचार है कि यदि बालक किसी पक्ष से सम्बन्धित नहीं है तथा न ही उसकी वाद में संलिप्तता है, तो वे भी साहस में साक्षी बन सकते हैं।[90] आधुनिक न्याय पालिका में बालक के साक्ष्य को स्वीकार किया गया है, परन्तु न्यायधीश के द्वारा उसके साक्ष्य के सावधानी पूर्वक विश्लेषण का निर्देश दिया गया है।[91]

राजा एवं साक्षी-

सामान्यतः राजा को किसी भी पक्ष की ओर से साक्षी के रूप में प्रस्तुत होने का निषेध किया गया है। विष्णु ने राजा को अयोग्य साक्षियों की सूची में परिगणित किया है।[92] कौटिल्य[93] एवं मनु[94] ने राजा को अर्थमूलक (ऋणादानादि) वादों से पृथक् रखा है। इससे यह भाव प्रतीत होता है कि वह हिंसामूलकवादों में साक्षी हो सकता था। असहाय ने राजा को केवल उन्हीं वादों में साक्षी स्वीकार किया है, जो उसके सामने घटित हुए हों। नारद ने राजा को 'अकृतसाक्षी' के अन्तर्गत स्थान दिया है,[95] जो स्वयं चाहें, तो साक्ष्य दे सकते हैं, उन्हें साक्षी नहीं बनाया जा सकता है। विशेषतः प्राङ्न्याय की स्थिति में वह साक्ष्य दे सकता है। बृहस्पति का मत है कि यदि राजा ने स्वयं किसी पक्ष के द्वारा कोई सुनी हो तथा उसकी व्यक्तिगत जानकारी में कोई तथ्य हो, वह साक्षी बन सकता है।[96]

ऐसा प्रतीत होता है कि प्राचीन भारतीय व्यवस्थाकारों ने राजा एवं राजपद की प्रतिष्ठा को ध्यान में रखते हुए राजा को साक्षी के रूप में स्थान नहीं दिया। यदि विष्णु ने राजा का उल्लेख अयोग्य साक्षियों की सूची में किया है, तो इसका यह अर्थ कदापि नहीं है कि राजा में साक्षी सम्बन्धी किसी अर्हता का अभाव होता है, बल्कि इसके साथ उसका विशेषाधिकार जुड़ा रहता है। आज भी भारतीय संविधान मे राष्ट्रपति, उपराष्ट्रपति एवं लोकसभाध्यक्ष जैसे विशेषाधिकार प्राप्त विशिष्टजनों को व्यक्तिगत रूप से न्यायालय में उपस्थिति को अनिवार्य नहीं माना गया है, चाहे वह साक्षी के रूप में हो अथवा वादकारी के रूप में।[97] सम्भव है कि कोई ऐसा वाद हो जिसमें राजा जो साक्ष्य दे, उसे खण्डित करते हुए अन्य अनेक साक्षी साक्ष्य प्रस्तुत कर दें। ऐसी दशा में यदि राजा के साक्ष्य को न स्वीकार किया जाता, तो उसकी प्रतिष्ठा धूमिल हो जाती। दूसरी ओर यह भी सम्भव है कि जिस वाद में राजा साक्षी हो, उस वाद में राजा के साक्ष्य के विपरीत साक्ष्य देने का किसी अन्य साक्षी में साहस न होता। ऐसी दशा में 'निष्पक्षन्यायदान' का आदर्श प्रभावित होता।

अन्य साक्षी-

प्राय: समस्त प्राचीन व्यवस्थाकारों ने किसी भी वाद में अपने निकटस्थ सम्बन्धियों को साक्षी बनाने का निषेध किया है, परन्तु ऐसा प्रतीत होता है कि हिंसामूलक वादों में कुछ शिथिलता दी गयी। कौटिल्य का मत है कि साला, सहायक, क्रीतदास (अन्वर्थी), ऋणदाता (धनिक), ऋणग्रहीता (धारणिक) एवं शत्रु आदि साक्षी नहीं बन सकते हैं, परन्तु पारुष्य, स्तेय एवं संग्रहण-वादों में शत्रु, साला एवं सहायक को छोड़कर अन्य लोग साक्षी हो सकते हैं।[98] ऐसा प्रतीत होता है कि साला से आशय अन्य निकटस्थ सम्बन्धियों से है। मनु भी कहते हैं कि अर्थसम्बन्धियों, मित्र, सहायक एवं शत्रु आदि को साक्षी नहीं बनाना चाहिए,[99] परन्तु वे भी इन्हें हिंसामूलक वादों में साक्षी बनने पर आपत्ति नहीं करते हैं। विष्णु, उशनस तथा अन्य व्यवस्थाकारों ने भी इसी प्रकार का उल्लेख किया है।[100] बृहस्पति का विचार है कि माता, पिता, चाचा, भ्राता, साला, ममेरा भाई, सखा एवं जामाता सभी प्रकार के वादों में असाक्षी होते हैं।[101अ] कात्यायन उन सम्बन्धियों की प्रस्तुत करते हैं, जिन्हें साक्षी नहीं बनाया जा सकता है। इसमें उन्होंने ऐसे सम्बन्धियों का उल्लेख

किया है, जो किसी पक्ष पर अपनी जीविका के लिए आश्रित हैं- मौसेरा भाई, फुफेरा भाई, ममेरा भाई, भतीजा, मामा। इसी प्रकार कन्या पक्ष के सम्बन्धीगण- बहनोई, बहनोई का पिता, चाचा, भतीजा, बंधु एवं गुरु आदि भी साक्षी नहीं हो सकते हैं।[101ब]

ऐसा प्रतीत होता है कि सामान्यतः सगे-सम्बन्धियों एवं रिश्तेदारों को साक्षी न बनाने की परम्परा थी। इसके मूल में उनश्के प्रति सम्मान भाव ही अधिक प्रतीत होता है। अर्थभूलक वादों में प्रायः निकट सम्बन्धी भी सम्मिलित रहा करते हैं। अतः किसी सगे- सम्बन्धी को असुविधाजनक स्थिति से बचाये रखने के लिए ही इस प्रकार की व्यवस्था की गयी होगी, परन्तु साहस, पारुष्य तथा संग्रहण जैसे विवादों में अन्य साक्षियों की भाँति ही निकट सम्बन्धी भी साक्षी के रूप में सम्मिलित होते थे।

अनुपयुक्त साक्षी-

नारद ने पाँच प्रकार के अनुपयुक्त साक्षियों का उल्लेख किया है- 'वचन' , 'दोष', 'भेद','स्वयमुक्ति' तथा 'मृतान्तर'।[102] 'वचन' के कारण अनुपयुक्त साक्षियों के अन्तर्गत ऐसे लोग आते हैं, जिनकी अनुपयुक्तता का कोई अन्य आधार नहीं है, बल्कि उन्हें वचन (प्राचीन ग्रंथों) के द्वारा साक्षी के रूप में अनुपयुक्त घोषित किया गया है। इसके अन्तर्गत श्रोत्रिय, तापस, अतिवृद्ध एवं संन्यासी को स्थान दिया गया है।[103] 'व्यवहारतत्व' ने इन्हें 'अकृत साक्षी' की कोटि में रखा है[104] अर्थात् इन्हें साक्षी के रूप में न्यायालय में आहूति नहीं किया जा सकता है। यदि उनकी इच्छा हो, तो वे स्वंय किसी वाद में साक्षी के रूप में प्रस्तुत हो सकते हैं। इन्हें साक्षी के रूप में मान्यता न देने को कारण इनके प्रति सम्मानभाव प्रतीत होता है, क्योंकि ये भी राजा की भाँति राज्य के आदरणीय पुरूष थे। उल्लेखनीय है कि विष्णु[105] कौटिल्य[106] तथा मनु[107] जैसे व्यवस्थाकारों ने 'श्रोत्रिय' को साक्षी के रूप में मान्यता नहीं दी है, परन्तु याज्ञवल्क्य ऐसे ब्राह्मण को जो श्रुति एवं स्मृतियों के अनुरूप कार्य करता था, आदरणीय साक्षी स्वीकार करते हैं।[108]

नारद ने 'दोष' श्रेणी के अन्तर्गत 'स्तेन' (चोर) 'साहसिक' (डकैत), 'चण्ड' (उग्रस्वभाव वाला) हत्यारे का परिगणन किया है। ये दूषित चरित्त वाले होते हैं।

अतः इनमें असत्यभाषण का दोष पाया जाता है।[109] परन्तु 'विवादचन्द्र' ने नारद की इस व्यवस्था पर व्याख्या करते हुए लिखा है कि जब उपर्युक्त प्रकार के लोगों में इस प्रकार का दोष नहीं रह जाता है तथा वे सामान्य लोगों की ही भाँति जीवनयापन करने लगते हैं, तो उनका साक्ष्य स्वीकार किया जा सकता है।[110]

'भेद' के अन्तर्गत नारद ने ऐसे लोगों को स्थान दिया है, जो एक ही वाद के संन्दर्भ में राजा के सामने पहले एक बात करते है, तथा कालान्तर में अपनी ही बात का भेदन (परस्पर विरोधी बात) करते हुए दूसरी बात करते हैं। ऐसे लोग भेद-दोष (अपनी ही उक्ति का खण्डन करने) के कारण साक्षी होने के अयोग्य होते हैं।[111]

'स्वयमुक्ति' अथवा 'सूची' के अन्तर्गत ऐसे लोगों का उल्लेख किया गया है, जो न्यायालय में विना आह्वान के ही स्वयं पहुँच जाते हैं। ऐसे लोग 'सूची दोष' (जासूसवृत्ति) के कारण साक्षी के होने अयोग्य समझे जाते हैं।[112] परन्तु आधुनिक विधि के अन्तर्गत इस प्रकार के साक्ष्य की पूर्णतः अवहेलना नहीं की गयी है। 'मृतान्तर' की व्याख्या 'अनुश्रुत साक्ष्य' के अन्तर्गत की जा चुकी है।

ऐसा प्रतीत होता है कि सामान्यतः उक्त श्रेणी में निर्दिष्ट लोगों को साक्षी के रूप में स्थान नहीं दिया गया, किंतु विशेष परिस्थितियों में उन्हें साक्षी बनाया जा सकता था। श्रोतिय, तापस, संन्यासी तथा अतिवृद्ध लोग समाज के विशिष्ट जनों के अन्तर्गत आते थे। अतः सामान्यतः उन्हें साक्ष्य देने के लिए नहीं बुलाया जाता था। इसी प्रकार यह सामान्य नियम था कि चोर, डकैत, जुआरी एवं हत्यारे आदि को साक्षी न बनाया जाय। इसका मुख्य उद्देश्य यह प्रतीत होता है कि उनका सम्बन्ध आपराधिक वृत्ति से होने के कारण उनके द्वारा दिये गये साक्ष्य में विकृति आने की सम्भावना रहती है। अतः ऐसे साक्ष्य की अवहेलना की गयी। परन्तु जिस चोर, डकैत, जुआरी अथवा हत्यारे ने आपराधिक वृत्ति का त्याग कर सामान्य जीवन जीना प्रारम्भ कर दिया हो, उसे साक्षी के रूप में स्थान दिया जाता रहा होगा। इसी प्रकार सामान्यतः अनाहूत को साक्षी नहीं बनाया जाता था, क्योंकि अधिक सम्भावना यह रहती है कि अनाहूत व्यक्ति किसी के पक्ष अथवा विपक्ष में पूर्वाग्रहयुक्त होकर साक्ष्य देगा। परन्तु यदि कोई व्यक्ति निरपेक्ष ढंग से

साक्ष्य प्रस्तुत करना चाहे, तो उसे साक्षी बनाये जाने का विधान था। इसी प्रकार अपनी ही उक्ति का खण्डन करने वाले को सामान्यतः साक्षी नहीं बनाया जाता था। इसका मुख्य कारण ऐसे साक्षी के साक्ष्य की विश्वसनीयता का संदिग्ध होना था, परन्तु पितामह का कथन है कि ऐसे संदिग्ध साक्ष्यों का निर्णय स्वयं राजा के द्वारा होना चाहिए।[113] इससे स्पष्ट है कि 'भेद' श्रेणी के लोग भी अत्यावश्यक होने पर साक्षी बनाये जाते रहे होंगे। 'मृतान्तर' के संदर्भ में भी इसी प्रकार की व्यवस्था थी।

साक्षियों की योग्यताएँ-

प्राचीन व्यवस्थाकारों ने साक्षियों की योग्यताओं का उल्लेख किया है। कौटिल्य साक्षियों के लिए विश्वसनीय एवं चरित्रवान होना आवश्यक मानते हैं।[114] गौतम का विचार है कि साक्षी को कलंकरहित चरित्र वाला, कर्तव्यनिष्ठ, राजा का विश्वासपात्र, किसी भी पक्ष अथवा वाद के प्रति पूर्वाग्रहरहित होना चाहिए।[115] वशिष्ठ साक्षी के रूप में रूपवान, शीलवान, गुणवान एवं सत्यवान को प्राथमिकता देते हैं।[116] इसी प्रकार साक्षी के लिए कुछ अन्य व्यक्तिगत योग्यताओं का उल्लेख किया गया है- कुलीन होना, वंश परम्परागत रूप से देशवासी होना, पुत्रवान होना, चरित्रवान होना, विश्वासपात्र होना, धर्मज्ञ होना, लोभहीन होना तथा दोनों पक्षों द्वारा स्वीकार्य होना, श्रौत एवं स्मार्त्त क्रियाओं वाला होना, द्वेषविहीन होना, तप, दान तथा दया से युक्त होना आदि।[117]

ऐसा प्रतीत होता है कि प्राचीन व्यवस्थाकारों ने साक्षियों के लिए जो अर्हताएँ निर्धारित कीं, वे अत्यन्त उपयोगी सिद्ध हुईं होंगी। यथा- साक्षी के रूप में किसी स्थान पर वंशपरम्परागत रूप से अनेक पीढ़ियों से स्थायी रूप से निवास करने वाले को योग्य माना गया। इसका उद्देश्य सकारात्मक प्रतीत होता है। स्थायी रूप से निवास करने वाला संभ्रान्त व्यक्ति यदि न्यायालय में झूठ बोलता है, तो समाज एवं ग्राम में उसकी निन्दा होती है। अतः वह प्रायः झूठा साक्ष्य नहीं देता है। इसके विपरीत स्थायी रूप से निवास न करने वाले व्यक्ति के लिए झूठा साक्ष्य देकर अन्यत्र प्रवास करना दुष्कर नहीं होता है। इसी प्रकार पुत्रवान व्यक्ति अपने पुत्र के अनिष्ट के भय से प्रायः झूठा साक्ष्य नहीं देता है। इसके विपरीत सन्तानहीन

व्यक्ति को न तो अपनी सन्तान के अनिष्ट का भय रहता है और न ही मृत्यूपरांत अपने पुत्रों की अपकीर्ति का भय रहता है।

कुछ व्यवस्थाकारों का विचार है कि साक्षी को पक्ष के वर्ण अथवा जाति का होना चाहिए तथा हीन जातिवालों को अपने से उच्च जातिवालों अथवा ब्राह्मण को साक्षी बनाकर अपने वाद का निर्णय कराने का प्रयत्न नहीं करना चाहिए।[118] मनु का कथन है कि स्त्रियों का साक्षी स्त्रियों को, द्विजों का साक्षी द्विज को, शूद्रों का साक्षी शूद्र को एवं चाण्डालों का साक्षी उन्हीं के तुल्य जाति वालों को बनाना चाहिए।[119] कुछ अन्य व्यवस्थाकारों ने भी इसी प्रकार का नियम निर्धारित किया है।[120] परन्तु ऐसा प्रतीत होता है कि उपर्युक्त नियम सैद्धान्तिक ही अधिक रहे, क्योंकि प्रायः सभी व्यवस्थाकारों ने अन्ततः यही व्यवस्था दी है कि सभी जाति के लोग सभी जाति वालों के वादों में साक्षी हो सकते हैं।[121]

इसी प्रकार साक्ष्य निर्धारण का एक अन्य सिद्धान्त यह था कि 'श्रेणी', 'पूग', 'व्रात' जैसे आर्थिक संगठनों, दासों, चारणों, मल्लों एवं आयुधजीवियों आदि के वादों में उनके वर्गी (नायक) लोगों को ही साक्षी बनाया जाय।[122] गौतम का विचार है कि कर्षकों, व्यापारियों, चरवाहों, ऋणदाताओं एवं शिल्पकारों आदि के वर्गों के सदस्यों के मध्य के विवादों में उसी वृत्ति वाले सदस्य साक्षी होते हैं एवं मध्यस्थता का कार्य कर सकते हैं।[123] ऐसा प्रतीत होता है कि व्यवस्थाकारों ने इस प्रकार का निर्देश इसलिए दिया कि समान वर्ण, जाति अथवा व्यवसाय के लोग अपने-अपने वर्ग की परम्पराओं, रूढ़ियों एवं रीति-रिवाजों से सुविज्ञ होते हैं। अतः वे ऐसे वादों में श्रेष्ठ साक्षी हो सकते हैं।

उपर्युक्त विवेचन से यह निष्कर्ष निकाला जा सकता है कि मौर्य काल से गुप्तकाल तक सामान्यतः सैद्धान्तिक रूप से समानवर्णी, समान व्यवसायी, समान वर्गी के साक्ष्य को ही प्रशस्त माना गया, परन्तु व्यवहारतः यही निर्देश अधिक प्रभावी सिद्ध हुआ कि सभी जाति के लोग सभी जाति के लोगों के वाद में साक्षी हो सकते हैं। विशेषतः साहस, पारुष्य तथा संग्रहण के वादों में इस प्रकार के प्रतिबंध अत्यन्त शिथिल थे।

साक्षियों की अयोग्यता-

व्यवस्थाकारों ने ऐसे लोगों की सूची प्रस्तुत किया है, जो साक्ष्य के लिए अयोग्य माने गये हैं। महाभारत, कौटिल्य, मनु, याज्ञवल्क्य, विष्णु, बृहस्पति, कात्यायन, मनु एवं शुक्र आदि द्वारा प्रस्तुत सूची संक्षिप्त है।[124] इसके विपरीत नारद द्वारा प्रस्तुत सूची विस्तृत है, जो इस प्रकार है- अर्थ से सम्बन्धित लोग (साझीदार), मित्र या सम्बन्धी (यथा- चाचा-भतीजा, साला-बहनोई आदि), शत्रु, झूठा साक्ष्य देने में अभ्यस्त, पापी, दास, छिद्रान्वेषी (दूसरों में कमी ढूंढ़ने वाला), अधार्मिक, अतिवृद्ध, अल्पवयस्क, स्त्री, चारिक (भाँट), मद्यव्यसनी, उन्मत्त, असावधान रहने वाला, आर्त (दुःखी), द्यूत-व्यसनी, ग्रामपुरोहित, 'महापथिक' (सड़क आदि मार्ग से लम्बी यात्रा करने वाला); सामुद्रवणिक (समुद्र यात्रा करने वाला वणिक), संन्यासी, रोगी, अंगभंगी, जो अकेला साक्षी हो, वेदज्ञ ब्राह्मण, धार्मिक कृत्य न करने वाला, क्लीव, कुशील (अभिनेता), नास्तिक, व्रात्य (जिसका उपनयन संस्कार न हुआ हो), स्त्री का परित्याग करने वाला, अग्निहोत्र का त्याग करने वाला, अन्य याजक (अवैदिकों का पुरोहित), एकस्थाली (पकाने वाले पात्र में ही भोजन करने वाला), अरिचर (पूर्व शत्रु), सम्बन्धी, सहोदर, प्राग्दृष्ट दोष (जिसके पूर्व जन्म के पाप किसी रोग के रूप में प्रकट हो गये हों); शलूष (नर्तक अथवा जो अपनी पत्नी से अभिनय कराता हो), विषजीवी (विष विक्रेता), तुण्डिका (सर्प पकड़नेवाला), विष देने वाला, गृहदाही (गृह में आग लगाने वाला), कीनाश (कृपण अथवा दुष्ट व्यक्ति), शूद्रापुत्र (किसी उच्च जाति के व्यक्ति से उत्पन्न शूद्रा पुत्र), उपपातक (छोटा पाप करने वाला), क्लान्त (थका हुआ व्यक्ति), साहसिक (डकैत), श्रान्त (वीतराग), निर्धन (द्यूत आदि दुर्व्यसनों के कारण) अन्त्यवसायी (अश्पृश्य कुल में उत्पन्न), भिन्नवृत्त (दुष्टता का जीवन व्यतीत करने वाला), असमावृत्त (ब्रह्मचारी, जो अभी गुरुगृह से लौट न सका हो), जड़ (मूर्ख), तैलिक (तेल विक्रेता), मूलिक (जड़ मूल विक्रेता), भूताविष्ट (जिस पर भूत-प्रेत की छाया हो), नृपद्विष्ट (जिसे राजा घृणा की दृष्टि से देखता हो), वर्षनक्षत्रसूचक (ऋतुसम्बन्धी भविष्यवाणी करने वाला ज्योतिषी), अघशंस्थ (जो दूसरों के पाप की प्रजा में घोषणा करे), आत्मविक्रेता (जिसने धन के लिए स्वयं को बेच दिया हो), हीनाङ्ग (जिसके अङ्ग छोटे हों, यथा- एक आँख अथवा छोटी-बड़ी आँख वाला), भगवृत्ती (अपनी पत्नी के अनैतिक व्यवहार से अपनी जीविका चलाने वाला); कुनखी (जिसका नख बुरा

दृष्टिगोचर हो), श्यामदन्त (काले दाँत वाला), मित्रद्रोही, धूर्त, शौण्डिक (आसव विक्रेता), एन्द्रजालिक (मदारी), लोभी, क्रोधी, श्रेणीगणविरोधी, बधिक, पशुचर्मविक्रेता, लंगड़ा, कूटकारक (दस्तावेज, मुद्रा एवं वाट आदि के साथ कूट कार्य करने वाला), ब्रह्म हत्यारा, कुहक (मंत्र अथवा औषधि आदि के द्वारा अन्यों को प्रभावित करने वाला), प्रत्यवसित (संन्यास मार्ग से च्युत) तस्कर, राजपुरुष, ऐसा ब्राह्मण - जो मनुष्यों, पशु, मांस, हड्डी, शहद, दूध, जल अथवा घी की विक्री करता हो, तीनों उच्च वर्णों के लोग, धन का लेन-देन करने वाला, अपनी जाति की वृत्ति का त्याग करने वाला, कुलिक (राजा द्वारा नियुक्त व्यक्ति, जो विवाद में निर्णय दे), सूचक (गुप्तचर), हीन सेवक (निम्न जाति का व्यक्ति जो राजा के यहाँ सेवा करता हो), पिता से विवाद करने वाला तथा व्यर्थ में विवाद उत्पन्न करने वाला।[125]

यदि नारद की उपर्युक्त सूची का विश्लेषण किया जाय, तो स्पष्ट होता है कि कुछ अयोग्यताएँ व्यक्ति की शारीरिक अक्षमता से सम्बन्धित थीं, कुछ निर्योग्यताएँ व्यक्ति के व्यक्तिगत आचरण से सम्बन्धित थीं, कुछ अयोग्यताएँ वर्णविहित कर्मों के असम्पादन से सम्बन्धित थीं तथा कुछ अयोग्यताएँ व्यक्ति के व्यवसाय से सम्बन्धित थीं। उग्र स्वभाव वाले लोगों, चोरों, डकैतों, हत्यारों, विष देने वालों, गृह में आग लगाने वालों, आसव विक्रेताओं एवं जालसाजों को उनके व्यक्तिगत दुर्गुणों के कारण साक्ष्य देने से वंचित किया गया था। इसी प्रकार द्यूत व्यसनी, मिथ्या साक्ष्य देने वाले, मित्रघाती, पत्नी के अनैतिक आचरण से जीविका चलाने वाले एवं आत्मविक्रेता लोगों को साक्ष्य देने के अयोग्य घोषित किया गया। सम्भवतः ऐसा इसलिए किया गया कि ऐसे व्यक्ति धन के लोभ में मिथ्या साक्ष्य दे सकते हैं।

प्राचीन भारतीय समाज में पिता को आदरणीय स्थान प्राप्त था। अतः सम्भवतः पुत्र पर नियंत्रण रखने के उद्देश्य से पिता का अपमान करने वाले को साक्षी होने योग्य नहीं समझा गया। इसी प्रकार ब्राह्मण का समाज में आदरणीय स्थान था। उससे स्तरीय व्यवसाय करने की अपेक्षा की जाती थी। अतः स्तरहीन ब्राह्मण व्यवसायियों को साक्षी बनने से वंचित रखा गया। सगे-सम्बन्धियों, साझेदारों, मित्रों, दासों आदि के द्वारा अपने स्वजनों के पक्ष में पूर्वाग्रहयुक्त साक्ष्य देने की आशंका के कारण ही सम्भवतः इन्हें भी साक्षी होने योग्य नहीं समझा गया। लम्बी यात्रा करने वाले अथवा समुद्र यात्रा करने वाले व्यापारी को न्यायालय के द्वारा निर्धारित

समय पर साक्ष्य देने हेतु प्रस्तुत होने में विलम्ब होने की सम्भावना रहती है। अतः उसे भी साक्षी बनने के अयोग्य समझा गया। ऐसा ब्रह्मचारी, जो गुरुकुल में रहकर शिक्षा ग्रहण करता हो, के साक्षी के रूप में न्यायालय में आने पर उसकी शिक्षा-दीक्षा में व्यवधान आने की सम्भावना थी। अतः उन्हें भी साक्षी के अयोग्य माना गया।

नारद द्वारा प्रस्तुत अयोग्य साक्षी-गण की सूची अत्यन्त लम्बी और अव्यावहारिक प्रतीत होती है। इस सन्दर्भ में बृहस्पति द्वारा प्रदत्त सूची ही प्रचलित परम्परा के निकट लगती है। यदि नारद द्वारा निर्धारित साक्षी-गण की अयोग्यताओं को पूरी तरह मान्यता दी जाय, तो साक्षी को न्यायालय में प्रस्तुत करना ही दुष्कर हो जायेगा।

साक्षीगण के प्रकार-

नारद ने साक्षीगण के ग्यारह प्रकारों का उल्लेख करते हुए पाँच को 'कृत साक्षी' के वर्ग में तथा छः को 'अकृत साक्षी' के अन्तर्गत परिगणित किया है।[126] 'कृत साक्षी' से आशय ऐसे साक्षीगण से है, जो किसी पक्ष द्वारा न्यायालय में अपने पक्ष में साक्ष्य देने हेतु प्रस्तुत किये जाते हैं तथा अकृतसाक्षदीसे आशय ऐसे साक्षीगण से है, जो न्यायालय में किसी पक्षी की ओर से प्रस्तुत नहीं किये जाते हैं, बल्कि न्याय के हित में स्वयं साक्ष्य देने न्यायालय में प्रस्तुत हो जाते हैं अथवा कभी-कभी न्यायाधीश द्वारा न्यायदान में सहयोग प्रदान करने के लिए निरपेक्ष साक्षी के रूप में सादर आहूत किये जाते हैं। नारद के अनुसार कृत साक्षियों के उप प्रकार इस प्रकार हैं- 'लिखित', 'स्मारित', 'यदृच्छाभिज्ञ' अथवा 'यादृच्छिक', 'गूढ़' एवं 'उत्तरसाक्षी'।[127] अकृत साक्षियों के उप प्रकार इस प्रकार हैं- 'ग्राम', 'प्राड्विवाक्', 'राजा', 'कार्यभ्यन्तर', 'अर्थिन प्रहित' तथा 'कुल्य'।[128] बृहस्पति ने नारद की उपर्युक्त सूची को स्वीकार किया; परन्तु 'अर्थिन प्रहित' के स्थान पर 'दूतक' का उल्लेख किया है। इसके अतिरिक्त 'लेखित' के रूप में एक अन्य साक्षी का उल्लेख करते हुए साक्षियों की संख्या बारह स्वीकार किया है।[129] उन्होंने 'कृत' एवं 'अकृत' के रूप में विभाजन नहीं किया है।

कृत साक्षी-

'लिखित' एवं 'लेखित'-

लिखित साक्षी अर्थमूलक वादों में सर्वाधिक उपयोगी रहते हैं। जब कोई ऋण पत्र, बंधक पत्र अथवा संविदा लिखी जाती है, तो उस पर दोनों पक्षों के साथ ही साथ उस व्यक्ति का नाम, पिता का नाम, निवास स्थान आदि लिखा जाता है, जिसे दोनों पक्ष सम्बन्धित दस्तावेज को प्रमाणित करने के लिए बुलाते हैं। ऐसे साक्षी को 'लिखित' साक्षी कहा जाता है।[130] हारीत का विचार है कि इस प्रकार के साक्षी के लिए पढ़ा-लिखा होना आवश्यक नहीं है। निरक्षर व्यक्ति भी अपनी ओर से किसी अन्य साक्षर व्यक्ति को हस्ताक्षर करने के लिए नियुक्त कर सकता है।[131] **स्पष्टतः यहाँ साक्षी निरक्षर व्यक्ति ही होता है।**

बृहस्पति ने 'लिखित' के अतिरिक्त 'लेखित' साक्षी का उल्लेख किया है। उनके अनुसार जब साक्षी स्वयं अपना नाम, पता आदि लिखता है, वह 'लिखित' साक्षी की कोटि में आता है। इसके विपरीत जब लेखन कार्य प्रमाणित करने वाले साक्षी की उपस्थिति में किया जाता है, तो वह 'लेखित' साक्ष्य होता है।[132] 'व्यवहारप्रकाश' ने इसे स्पष्ट करते हुए लिखा है कि 'लिखित' साक्षी के द्वारा अपने से सम्बन्धित सूचनाएँ स्वयं लिखी जाती हैं, जबकि 'लेखित' में यह कार्य किसी अन्य के द्वारा किया जाता है।[133]

'स्मारित'-

बृहस्पति के अनुसार 'स्मारित' वह है, जो ऋणादान, न्यास आदि क्रियाओं के समय उपस्थित रहते हैं तथा इन्हें कालान्तर में कोई पक्ष साक्षी के रूप में न्यायालय में स्मरण करता है अथवा आहूत करता है।[134] इस प्रकार का साक्षी 'लिखित' एवं 'लेखित' से हीन कोटि का होता है, किंतु कभी-कभी वह अत्यन्त महत्वपूर्ण साक्षी बन जाता है। सामान्यतः ऋणपत्र, बंधकपत्र अथवा संविदापत्र आदि के लेखन के समय दोनों पक्षों एवं साक्षियों के अतिरिक्त कुछ अन्य लोग भी उपस्थित रहते हैं, यद्यपि लेखपत्र पर उनका हस्ताक्षर नहीं होता है। 'लिखित' एवं 'लेखित' साक्षी के विदेश चले जाने अथवा मृत्यु हो जाने पर कोई पक्ष यह स्मरण कर सकता है कि लेख लिखे जाने के समय कौन-कौन व्यक्ति वहाँ उपस्थित

थे। अतः वह उस समय उपस्थित व्यक्तियों में से जिसको भी साक्षी बनाता है, 'स्मारित साक्षी' की श्रेणी में आता है।

'यदृच्छाभिज्ञ' अथवा 'यादृच्छिक'-

बृहस्पति ने इसे स्वयंसाक्षी के अन्तर्गत स्थान दिया है, जबकि नारद इसे कृत साक्षी के अन्तर्गत रखते हैं। 'यादृच्छिक' अथवा 'यदृच्छाभिज्ञ' ऐसा साक्षी होता है, जो घटना के समय आकस्मिक रूप से पहुँच गया हो तथा अपने आप ही साक्ष्य देने हेतु प्रस्तुत हो गया हो।[135] ऐसा साक्षी कभी-कभी दो पक्षों में लेन-देन, वाद-विवाद, मारपीट, यहाँ तक कि हत्या आदि के समय घटनास्थल पर अकस्मात पहुँच जाता है। दोनों पक्षों द्वारा अनाहूत होने पर भी वह घटना का प्रत्यक्षदर्शी होता है। अतः ऐसे व्यक्ति को कोई पक्ष 'यादृच्छिक कृत साक्षी' के रूप में न्यायालय में प्रस्तुत कर सकता है, वह व्यक्ति स्वयं न्यायालय में साक्ष्य देने हेतु उपस्थित हो सकता है अथवा न्यायालय अपनी ओर से साक्षी के रूप में आहूत कर सकता है।

'गूढ़ साक्षी' -

बृहस्पति ने इसकी व्याख्या करते हुए कहा है कि जिसने गुप्त स्थान पर बैठकर ऋण के लेनदेन को देखा हो अथवा गाली-गलौज आदि को सुना हो, ऐसे व्यक्ति को किसी पक्ष द्वारा न्यायालय में साक्ष्य देनें हेतु प्रस्तुत किया जा सकता है, उसे 'गूढ़ साक्षी' कहते हैं।[136] यद्यपि गुप्तचर को साक्ष्य देने योग्य नहीं माना गया है, तथापि ऐसा प्रतीत होता है कि अन्य प्रकार के साक्ष्यों के अभाव में गुप्त रूप से जानकारी रखने वालों को भी साक्षी के रूप में स्थान दिया गया।

'उत्तर साक्षिन्'-

बृहस्पति के अनुसार यदि कोई व्यक्ति कोई बात विदेश जाने वाले से अथवा मरणासन्न व्यक्ति से सुने तथा उसे मूल साक्षी के विदेश प्रवास अथवा मृत्यु के पश्चात न्यायालय में कहे, तो वह 'उत्तर साक्षिन्' की श्रेणी का साक्षी होता है।[137] कात्यायन का विचार है कि मूल साक्षी के न्यायालय में कही गई बात को भी उत्तरसाक्षिन् उद्धृत कर सकता है।[138]

अकृत साक्षी-

'ग्राम'-

'ग्राम' से तात्पर्य ग्रामवासियों से है। कभी-कभी ग्राम अथवा ग्राम सीमा पर अज्ञात अपराधियों के द्वारा कोई अपराध कर दिया जाता है। ऐसे वाद में सम्पूर्ण ग्रामवासियों को साक्षी माना जाता है। ऐसे वादों में न्यायाधीश के द्वारा किसी ग्रामवासी को भी अकृत साक्षी के रूप में आहूत किया जा सकता है।[139]

'प्राड्विवाक्' एवं 'राजा'-

किसी वाद में निर्णय के पश्चात जब प्राड्विवाक् द्वारा निर्णय पर पुनर्विचार किया जाता है, उस समय न्यायाधीश एवं सभ्य की स्थिति एक साक्षी की हो जाती है।[140] यही स्थिति राजा की भी होती है, जिसके संदर्भ में 'राजा एवं साक्षी' शीर्षक के अन्तर्गत विचार कर लिया गया है।

'कार्यमध्यागत' -

जब दोनों पक्ष किसी प्रतिष्ठित व्यक्ति को अपना विवाद सुलझाने के लिए सौंप देते हैं तथा वह व्यक्ति पूर्ण प्रयास करने पर भी विवाद को सुलझाने में असफल रहता है; तो ऐसा व्यक्ति न्याय के हित में स्वयं किसी पक्ष के साक्षी बनाये विना ही तत्सम्बन्धी साक्ष्य दे सकता है। ऐसे साक्षी को 'कार्यमध्यागत' कहते हैं।[141] ऐसे साक्षी को सीधे न्यायालय द्वारा भी आहूत किया जा सकता है।

'अर्थिनाप्रहित' अथवा 'दूतक'-

नारद ने पाँचवे अकृत साक्षी का उल्लेख 'अर्थिना प्रहित' (वादी के द्वारा भेजा गया व्यक्ति) तथा बृहस्पति ने इसका उल्लेख 'दूतक' के रूप में किया है।[142] दूतक किसी पक्ष के यहाँ भेजा गया वह व्यक्ति होता है, जो विवाहादि अवसरों पर धन अथवा आभूषण आदि लाता है। किसी वाद में वह अकृत साक्षी के रूप में स्वयं प्रस्तुत हो सकता है अथवा न्यायाधीश के द्वारा आहूत किया जा सकता है।

'कुल्य'-

'कुल्य' से आशय कुल के वयोवृद्ध सदस्यों से है।[143] यह दोनों पक्षों के लिए समान रूप से आदरणीय होता है। अत: यह न्यायालय में अकृत साक्षी के रूप में उपस्थित होकर स्वयं निरपेक्ष भाव से साक्ष्य प्रस्तुत कर सकता है।

साक्षी का परीक्षण-

जब वादी एवं प्रतिवादी न्यायालय में अपने-अपने साक्षी की सूची प्रस्तुत कर देते हैं, तो न्यायालय द्वारा उसे घोषित किया जाता है। इसके पश्चात प्रतिपक्ष साक्षी को साक्ष्य देने के अयोग्य घोषित करने का प्रयास करता है। इसका उद्देश्य यह प्रतीत होता है कि यदि साक्षी साक्ष्य देने का अपात्र हो, तो प्रारम्भिक स्तर पर ही साक्षी का परीक्षण कर लिया जाय, जिससे न्यायालय का बहुमूल्य समय नष्ट न हो। सम्भवत: इसीलिए कात्यायन ने स्पष्ट निर्देश दिया है कि प्रतिपक्ष को साक्षी के गुप्त एवं अप्रकट दोषों को प्रकट कर देना चाहिए।[144]

ऐसा प्रतीत होता है कि साक्षी की पात्रता पर आपत्ति साक्ष्य के प्रारम्भ होने के पूर्व ही उठाई जा सकती थी, साक्ष्य प्रारम्भ हो जाने पर नहीं। इस संदर्भ में व्यास का दृष्टिकोण अत्यन्त व्यावहारिक प्रतीत होता है कि ''प्रतिपक्ष को साक्षियों के दोषों को न्यायालय में लेखबद्ध करा देना चाहिए एवं साक्षियों के द्वारा इन आपत्तियों का उत्तर दिया जाना चाहिए। यदि साक्षीगण निर्दिष्ट दोषों को स्वीकार कर लेते हैं, तो वे साक्ष्य देने के योग्य नहीं समझे जाते हैं। किंतु यदि वे अपने ऊपर लगाये गये आरोप को अस्वीकार कर देते हैं, तो प्रतिपक्ष को साक्ष्य देकर अपात्र सिद्ध करना चाहिए। यदि ऐसा नहीं हुआ एवं प्रतिपक्ष के अन्य साक्षियों द्वारा वे दोष प्रदर्शित होते चले गये, तो अनवस्था दोष उत्पन्न हो जायेगा, क्योंकि दूसरा पक्ष भी प्रतिपक्षी साक्षियों के छिद्रान्वेषण में ही लग जायेगा। इस प्रकार अंतहीन सीमा का प्रारम्भ हो जायेगा।''[145] वे साक्षियों को अपात्र सिद्ध करने के लिए पृथक् रूप से अन्य वाद प्रस्तुत करने के विरुद्ध हैं।[146] साक्षी की पात्रता पर अनावश्यक प्रश्नचिह्न लगाना दण्डनीय माना गया है। बृहस्पति का कथन है कि यदि वादी द्वारा उपस्थिति प्रतिवादी के दोष को प्रतिपक्ष सिद्ध नहीं कर सकता, तो उसे विवादित धन के बराबर धन दण्ड के रूप में देना चाहिए।[147]

शपथ-

प्रायः समस्त व्यवस्थाकारों ने साक्षी की पात्रता के परीक्षण के पश्चात उसे न्यायालय में नियत समय पर आहूत कर शपथपूर्वक साक्ष्य देने का उल्लेख किया है। बृहस्पति ने साक्षी को न्यायालयीय मर्यादा का पालन करते हुए जूते एवं उष्णीय (पगड़ी) उतारकर दाहिना हाथ उठाकर स्वर्ण, गोबर एवं कुश का स्पर्श करके शपथ लेने का निर्देश दिया है।[148] वशिष्ठ ने साक्षी के पूर्वाभिमुख होकर शपथ लेने का निर्देश दिया है, जबकि कात्यायन एवं मनु के अनुसार शपथ दिन के पूर्वार्द्ध भाग में पूर्वाभिमुख अथवा उत्तराभिमुख होकर ली जा सकती है।[149] शपथ किसके सामने ली जाय, इस सन्दर्भ में कौटिल्य[150] ने ब्राह्मण, जलकुम्भ (जल से भरा घड़ा) एवं अग्नि का उल्लेख किया है, जबकि कात्यायन ने देव प्रतिमा एवं ब्राह्मणों के सामने शपथ लेने का निर्देश दिया है।[151] अन्य व्यवस्थाकारों ने भी शपथविधि का उल्लेख किया है।[152]

बौधायन, गौतम, मनु तथा नारद सहित प्रायः समस्त व्यवस्थाकारों ने इस बात का उल्लेख किया है कि साक्षी को सत्य बोलने के लिए प्रेरित किया जाना चाहिए तथा असत्य भाषण से विमुख करने का प्रयत्न करना चाहिए। इसके लिए साक्षी के समक्ष असत्य साक्ष्य के विरुद्ध लौकिक एवं पारलौकिक दण्ड का उल्लेख करना चाहिए। साथ ही सत्य भाषण से प्राप्त होने वाले पुण्य लाभ की अत्यधिक प्रशंसा करनी चाहिए। न्यायाधीश को प्राचीन ग्रंथों से उद्धरण देकर सत्य भाषण की महत्ता तथा असत्य भाषण के दोष आदि पर प्रकाश डालकर साक्षी को सत्य बोलने के लिए प्रेरित करना चाहिए। इसीलिए असत्य साक्ष्य को ब्रह्म हत्या, गोहत्या, बालहत्या, मित्रद्रोही एवं कृतघ्न के समान पाप लगने वाला तथा सत्य भाषण को देवताओं को प्रिय लगने वाला एवं देव लोक प्रदान करने वाला कहा गया है।[153] ऐसा प्रतीत होता है कि शपथ दिलाने तथा सत्य-असत्य भाषण के गुण दोष का उल्लेख करने का उद्देश्य धर्मभीरु साक्षी को असत्य भाषण से विमुख करना था। न केवल प्राचीन भारत, बल्कि विश्व की अनेक प्राचीन सभ्यताओं में भी साक्ष्य से पूर्व शपथ दिलाने का प्राविधान रहा है। आधुनिक न्यायापालिका में शपथ की व्यवस्था प्राचीन न्यायिक प्रक्रिया का परम्परागत उदाहरण है।

शपथ की उपर्युक्त विवृत विधि सामान्य शपथविधि के अन्तर्गत आती है। गौतम ब्राह्मण के लिए शपथ लेना आवश्यक नहीं मानते हैं,[154] जबकि अन्य स्मृतिकार सभी वर्णों के लिए शपथ लेना अनिवार्य मानते हैं।[155] इसके अतिरिक्त शपथ की एक विशिष्ट विधि भी दृष्टिगोचर होती है, जो विभिन्न वर्णों से सम्बन्धित है। कौटिल्य ने इसका उल्लेख करते हुए निर्देश दिया है कि ''यदि साक्षी ब्राह्मण हो तो केवल यही कहना चाहिए- 'सत्यं ब्रूहि' (सत्य बोलो) साक्षी के क्षत्रिय अथवा वैश्य होने पर न्यायाधीश को यह कहना चाहिए कि झूठ बोलने पर तुम्हें यज्ञ आदि इष्ट सिद्धि का और कूपों तथा धर्मशालाओं आदि के निर्माण का फल नहीं मिलेगा। तुम अपने शत्रुओं को जीतकर भी हाथ में कपाल (खप्पर) लेकर भिक्षार्थी की भाँति घूमोगे तथा शूद्र से कहना चाहिए कि असत्य बोलने पर जन्म-जन्मान्तर तक तुम्हारा पुण्य राजा को प्राप्त होगा और तुम दण्डित होगे।[156] मनु ने न्यायाधीश को निर्देश दिया है कि ''वह ब्राह्मण से केवल बोलने ('ब्रूहि') के लिए कहे, क्षत्रिय से सत्य बोलने ('सत्यं ब्रूहि') के लिए कहे, वैश्य को गौ, बीज एवं स्वर्ण की शपथ लेकर बोलने के लिए कहे तथा शूद्र को सम्पूर्ण पापों की शपथ लेकर बोलने के लिए कहे।''[157] इसी प्रकार 'मिताक्षरा' का उल्लेख है कि असत्य भाषण पर ब्राह्मण साक्षी को उसके सत्य के नष्ट होने का भय दिखाकर, क्षत्रिय को उसके वाहन एवं आयुध के फलहीन होने का भय दिखाकर, वैश्य को पशु, अन्न तथा स्वर्ण आदि के विनष्ट होने का भय दिखाकर तथा शूद्र को समस्त पातकों के भार का भय दिखाकर शपथ दिलानी चाहिए।[158]

मनु तथा बृहस्पति ने साक्ष्य के संदर्भ में विशेषाधिकार केवल उन्हीं ब्राह्मणों को दिया है, जो अपने वर्णविहित धर्म का पालन करते हों। गोपालनवृत्ति से अपनी जीविका चलाने वाले, वाणिज्य से जीविका चलाने वाले, चित्रकार आदि कारुकर्म करने वाले, कुशीलव (नृत्य-गान करने वाले), दासकर्म करने वाले, वार्धुषिक (व्याज का लेन देन करनेवाले) ब्राह्मण के साथ शूद्रवत् व्यवहार करने का निर्देश दिया गया है।[159] बृहस्पति ने भिन्न-भिन्न वर्णों एवं व्यवसायियों के लिए भिन्न-भिन्न वस्तुओं के स्पर्श का उल्लेख किया है। उनका विचार है कि जो जिस कर्म के द्वारा जीविकोपार्जन करता है, उसका शपथ दिलाना चाहिए।[160] ब्राह्मण को हिरण्यस्पर्श, क्षत्रिय के लिए शस्त्र, रत्न, वाहन एवं पल्याण - (घोड़े की जीन) स्पर्श; वैश्य

के लिए कान, धान की बाली, काकिणी (चौथाई पण का सिक्का) तथा स्वर्ण स्पर्श तथा शूद्र को दुग्ध, अन्न तथा बल्मीक (बिमौट) स्पर्श से शुद्धि दिलाना चाहिए।[161] इससे स्पष्ट है कि मौर्यकाल से गुप्तकाल तक न्यायिक प्रक्रिया में शपथ का अत्यन्त महत्वपूर्ण स्थान बना रहा। इतना ही नहीं न्यायालयों के सम्यक् रूप से गठन के पूर्व भी वैदिक युग एवं महाभारत युग में शपथ प्रथा दृष्टिगत होती है।[162]

साक्षी की भावभंगिमा-

साक्षी को शपथ दिलाने के पश्चात न्यायालय में उसका साक्ष्य लेखक के द्वारा लेखबद्ध किया जाता है। ऐसा प्रतीत होता है कि प्राचीन व्यवस्थाकार साक्षी एवं उसके साक्ष्य की यथार्थता के प्रति प्रत्येक स्तर पर सजग थे। इसीलिए साक्षी के द्वारा साक्ष्य देते समय भी न्यायाधीश को सतर्क रहने तथा उसके हाव-भाव, आचरण, गतिविधियों आदि का मनोवैज्ञानिक विश्लेषण करते रहने का निर्देश दिया है। इस संदर्भ में मनु का यह उल्लेख महत्वपूर्ण प्रतीत होता है कि व्यक्ति के आकार, इंगित (संकेत), गति, चेष्टा, वार्तालाप, नेत्र एवं मुख के विकार से उसके आन्तरिक भाव जान लिये जाते हैं।[163] बृहस्पति ने भी साक्षी के स्वर, वर्ण, इंगित आदि के आधार पर उसका परीक्षण करने का निर्देश दिया है।[164] अनेक व्यवस्थाकारों ने इस बात का उल्लेख किया है कि यदि साक्षी उद्विग्न है, साक्ष्य कक्ष में एक स्थान से दूसरे स्थान तक व्यग्र होकर टहलता है, होठों को चाटता रहता है, मस्तिष्क पर स्वेद-विन्दु झलकते हैं, मुख का रंग उड़ जाता है, अनेक बार खाँसता है, उच्छ्वास् भरता है, पैर के अंगूठे से नाखून कुरेदता है, हाथ एवं वस्त्र हिलाता है, मुख सूख जाता है, विषय से असम्बद्ध बातें बोलता है, बहुत बोलता है, प्रश्न का सीधा उत्तर नहीं देता है, प्रश्नकर्ता के आँख में आँख मिलाकर बात नहीं करता है, तो इस प्रकार का साक्षी कूट-(मिथ्या) साक्षी समझा जा सकता है एवं राजा को उसे अनुशासित करना चाहिए।[165]

परन्तु उल्लेखनीय है कि उपर्युक्त लक्षणों के आधार पर न तो किसी साक्षी को समग्र रूप से कूट साक्षी घोषित किया जा सकता है और न ही उसे दण्डित किया जा सकता है। मिताक्षरा का स्पष्ट उल्लेख है कि सम्भव है कि कोई साक्षी

यथार्थ बात कह रहा हो, परन्तु प्रथम बार न्यायालय में न्यायाधीश, सभ्यों, वादी, प्रतिवादी एवं अन्य उपस्थित जनों के समक्ष बात करने में उसमें घबराहट के कारण उपर्युक्त लक्षण प्रकट हो जायें एवं ऐसी चेष्टा करे, जैसे वह मिथ्या साक्ष्य दे रहा हो। इसके विपरीत एक चतुर एवं पेशेवर कूट साक्षी में उपर्युक्त प्रतिकूल मनोभाव नहीं प्रकट हो सकते हैं।[166] आधुनिक न्यायपालिका में भी साक्षी के हाव-भाव एवं आचरण का परीक्षण किया जाता है।[167]

कूट साक्षी-

ऐसा प्रतीत होता है कि आधुनिक युग की ही भाँति प्राचीन काल में कभी-कभी सम्बन्धित पक्ष वाद का निर्णय अपने पक्ष में कराने के लिए किसी व्यक्ति से मिथ्या साक्ष्य दिला देते थे। ऐसे साक्षी 'कूट साक्षी' कहे गये हैं। ऐसे साक्षियों के साक्ष्य से राजा के 'निष्पक्ष न्याय सम्पादन' का आदर्श प्रभावित होता था। निश्चय ही व्यवस्थाकार भी इस तथ्य से अनभिज्ञ नहीं थे। ऐसा प्रतीत होता है कि कूट साक्षियों का अस्तित्व प्राक्-मौर्य युग में भी था। आपस्तम्ब एवं गौतम ने कूट साक्षियों को हेय दृष्टि से देखा है, क्योंकि इनसे लौकिक एवं पारलौकिक क्षति होती है।[168] मौर्य काल में भी कूट साक्षियों का अस्तित्व था। कौटिल्य ने राजा को यह निर्देश दिया है कि वह कूट साक्षियों का पता लगाने के लिए सत्री को निर्देश दे कि वह कृत्रिम रूप से अभियुक्त बने और संदिग्ध साक्षियों को धन का लोभ देकर अपनी ओर से उन्हें झूठी गवाही देने के लिए बुलावे तथा पकड़े जाने पर उसे देश से निर्वासित कर दे।[169] शुंग काल में भी अभ्यस्त कूट साक्षियों का अस्तित्व दृष्टिगोचर होता है। मनु ने राजा को निर्देश दिया है कि वह लोभ, मोह, भय, मित्रता, काम, क्रोध, अज्ञानता एवं अनवधानतावश दिये जाने वाले साक्ष्य को स्वीकार न करे।[170] उन्होंने कूट साक्ष्य के अभ्यस्त क्षत्रिय, वैश्य एवं शूद्र को अपने राज्य से अर्थदण्ड देकर निर्वासित करने का तथा ब्राह्मण होने पर केवल निष्कासित करने का निर्देश दिया है। शुंगोत्तर काल में भी यह स्थिति दृष्टिगोचर होती है। याज्ञवल्क्य ने उल्लेख किया है कि यदि कोई व्यक्ति किसी सच्चे साक्षी को कूट साक्षी कहता है अथवा कोई साक्षी मिथ्या साक्ष्य देता है, दोनों स्थितियों में ऐसे व्यक्तियों पर विवादित धन का दूना दण्ड लगाना चाहिए। ब्राह्मण होने की स्थिति में उसे राज्य से निष्कासित कर देना चाहिए।[172]

कूट साक्ष्य को रोकने के लिए कूट साक्ष्य का सम्बन्ध दैवी आपदाओं से जोड़ दिया गया। मनु ने उल्लेख किया है कि यदि साक्ष्य देने के एक सप्ताह के भीतर साक्षी भयङ्कर रूप से रोगग्रस्त हो जाय, उसके घर में आग लग जाय अथवा उसके किसी निकटस्थ सम्बन्धी की मृत्यु हो जाय, तो उसे कूट साक्षी समझना चाहिए तथा उससे सम्बन्धित पक्ष को विवादित धन के दूना के बराबर धन दिलाना चाहिए एवं राजा को उससे राजदण्ड प्राप्त करना चाहिए।[173] यहाँ यह भी उल्लेखनीय है कि साक्ष्य-प्रक्रिया के पश्चात भी यह ज्ञात हो जाने पर कि साक्षी ने मिथ्या साक्ष्य दिया है, न्यायाधीश को पुनः वाद सुनने एवं निर्णय हो जाने की स्थिति में जाँच कार्य पुनः कराने का निर्देश दिया गया है।[174]

प्राचीन न्याय व्यवस्था का सर्वाधिक विरोधाभास यह है कि जहाँ एक ओर कूट साक्षी को हेय माना गया है तथा उसके लिए अर्थदण्ड एवं राज्य निर्वासन-दण्ड का प्राविधान किया गया है; वहीं व्यवस्थाकारों के द्वारा कुछ परिस्थितियों में मिथ्या साक्ष्य को स्वीकृति प्रदान की गयी है। गौतम का विचार है कि किसी व्यक्ति के जीवनरक्षण के लिए मिथ्या साक्ष्य में कोई दोष नहीं है।[175] परन्तु यह अपवाद है। इसका प्रयोग पापी व्यक्ति के जीवनरक्षण के लिए नहीं किया जाना चाहिए।[176] मनु का विचार है कि यदि सत्य कथन से शूद्र, वैश्य, क्षत्रिय अथवा ब्राह्मण का वध हो, तो वहाँ 'अनृत वचन' (झूठी बात) सत्य से अधिक श्रेयस्कर है।[177] याज्ञवल्क्य का भी यही दृष्टिकोण है।[178] विष्णु, मनु एवं याज्ञवल्क्य जैसे व्यवस्थाकारों ने यह स्वीकार किया है कि मिथ्या साक्ष्य से चारों वर्णों में से किसी की रक्षा करना पाप है। अतः इस पाप के प्रायश्चित रूप में ब्राह्मण, क्षत्रिय एवं वैश्य को देवी सरस्वती को कूष्माण्ड मंत्रों के साथ अग्नि में घृत आहुतियाँ अथवा पके चावल की आहुतियाँ देने तथा शूद्र को दस गायों को एक दिन में खिलाने का निर्देश दिया है।[179]

सामान्यतः असत्य भाषण को वर्जित किया गया है, परन्तु महाभारत, वशिष्ठ तथा मनु ने पाँच समय में असत्य भाषण को पाप नहीं माना है। महाभारत के अनुसार पत्नी से (रति कार्य के समय), विवाह के समय, हँसी-मजाक करते समय, अत्यधिक धन नाश के समय एवं प्राणरक्षा के समय।[180] वशिष्ठ ने उपर्युक्त सूची में हँसी-मजाक के समय के स्थान पर ब्राह्मण रक्षा का उल्लेख किया है,[181]

जबकि मनु ने स्त्री-सम्भोग, विवाह, गायों के लिए घास लेने के लिए, होम के लिए ईंधन लेने के लिए तथा ब्राह्मण की जीवन की रक्षा के लिए मिथ्या शपथ खाने पर पाप न लगने का उल्लेख किया है।[182]

व्यवस्थाकारों ने इस प्रकार की व्यवस्था क्यों निर्धारित किया, जिससे न्यायिक क्षेत्र में अव्यवस्था उत्पन्न होने की प्रबल सम्भावना थी, इस संदर्भ में स्पष्ट रूप से कुछ नहीं कहा जा सकता है। ऐसा प्रतीत होता है कि ब्राह्मण का जीवन रक्षण इसका मुख्य उद्देश्य रहा है, यद्यपि इसके साथ ही इसे अन्य वर्ण के व्यक्तियों के जीवनरक्षण से अवश्य सम्बद्ध कर दिया। श्रद्धाकर सुपकार का विचार है कि यह व्यवस्था सम्भवतः उस समय लागू होती रही होगी जब वाद संदेह पर आधारित रहता रहा होगा एवं उसका निर्णय मुत्युदण्ड के रूप में हो सकता था। अतः संदेह की अवस्था में किसी को मृत्युदण्ड न मिले, इस उद्देश्य से यह व्यवस्था लागू की गई होगी।[183] किंतु उल्लेखनीय है कि व्यवस्थाकारों ने मात्र संदेह एवं अनुमान के आधार पर अपराधी को मृत्युदण्ड देने का निषेध किया है, अतः उपर्युक्त विचार को स्वीकार नहीं किया जा सकता है।

साक्षी की अनुपस्थिति-

साक्षियों के न्यायालय में साक्ष्य हेतु नियत समय पर न पहुँचने पर न्यायिक कार्यों के सम्पादन में व्यवधान उत्पन्न होता है। प्राचीन भारत में इस प्रकार के लापरवाह, किसी वाद से सम्बन्धित तथ्य को जानकर भी न्यायालय में साक्ष्य हेतु प्रस्तुत न होने वाले तथा आपदग्रस्त न रहते हुए भी साक्ष्य हेतु अनुपस्थित रहने वाले साक्षियों के लिए अनेक नियम निर्धारित किये गये थे। वशिष्ठ ने ऐसे व्यक्तियों के लिए, जो किसी वाद से सम्बन्धित तथ्यों को जानते हों, न्यायालय के द्वारा आहूत न किये जाने पर भी साक्ष्य हेतु न्यायालय में उपस्थित न होने पर दण्ड का विधान किया है।[184] स्पष्ट है कि न्याय के हित में अकृत साक्षी के रूप में न्यायालय में उपस्थित होकर साक्ष्य देना सम्बन्धित व्यक्ति का कर्तव्य समझा जाता था। कात्यायन ने वाक्पारुष्य तथा छल से संबंधित वादों में जानबूझकर साक्ष्य देने के लिए उपस्थित न रहने वाले साक्षियों को तीन सौ पण दण्ड देने का निर्देश दिया है।[185] मनु एवं याज्ञवल्क्य ने राजा को निर्देश दिया है कि यदि कोई साक्षी

तीन पक्ष के भीतर ऋण आदि के व्यवहार में साक्ष्य नहीं देता है, तो वह ऐसे साक्षी से ऋणदाता को दावे के धन के बराबर धन दिलावे तथा उसका दसवाँ भाग स्वयं दण्डरूप में प्राप्त करे।[186]

याज्ञवल्क्य ने जानबूझकर साक्ष्य न देने वाले को कूट साक्षी के समान पापी एवं दण्ड का भागी माना है[187] तथा ऐसे साक्षी को पराजित पक्ष द्वारा दिये जाने वाले धन का आठगुना दण्ड के रूप में देने का निर्देश दिया है। यदि ऐसा अपराधी कोई ब्राह्मण है एवं उसके पास देने के लिए धन न हो, तो उसे देश निर्वासन का दण्ड देना चाहिए।[188] नारद ने ऐसे साक्षी को कूट साक्षी से भी कठोर दण्ड देने का निर्देश दिया है।[189] बृहस्पति का विचार भी इसी प्रकार का है।[190] स्पष्ट है कि जानबूझकर साक्षी की अनुपस्थिति को अत्यधिक गम्भीरता से लिया गया था।

साक्ष्य विश्लेषण -

साक्षियों के साक्ष्य प्रस्तुतीकरण के पश्चात अगली समस्या यह उत्पन्न होती है कि यदि विभिन्न साक्षी परस्पर विरोधी साक्ष्य प्रस्तुत करें, तो किस साक्ष्य को मान्यता दी जाय? इस संदर्भ में व्यवस्थाकारों ने कुछ नियम निर्धारित किया था। कौटिल्य का मत है कि साक्षियों में परस्पर मतभेद की स्थिति में बहुसंख्यक, चरित्रवान, विश्वासी तथा अनुमत साक्षी की बात को स्वीकार करना चाहिए अथवा किसी को मध्यस्थ बनाकर निर्णय करना चाहिए।[191] मनु ने दोनों पक्षों के द्वारा समान रूप से प्रभावशाली साक्ष्य प्रस्तुत करने की स्थिति में क्रमशः संख्या एवं चरित्र के आधार पर विचार करने एवं अन्ततः ब्राह्मण का साक्ष्य स्वीकार करने का निर्देश दिया है।[192] याज्ञवल्क्य का विचार है कि जब किसी पक्ष के साक्षीगण किसी बात को सत्य कहें एवं उनसे अधिक गुणी एवं संख्या में दूने साक्षी उसे असत्य कहें, तो पूर्वपक्ष के साक्षी मिथ्या समझे जाते हैं।[193] स्पष्टतः नारद ने ब्राह्मण साक्ष्य की अपेक्षा गुणवान व्यक्ति के साक्ष्य को अधिक महत्व दिया है। नारद का विचार है कि समान रूप से प्रभावशाली साक्ष्य प्रस्तुत करने की स्थिति में विधि-विशेषज्ञ एवं अच्छी स्मृति वाले साक्षी प्रस्तुत करने वाला पक्ष वाद को जीत लेता है।[194] बृहस्पति ऐसी स्थिति में क्रमशः 'अनुमान' एवं 'दिव्य' की स्वीकृति

देते हैं।[195] इससे यह अनुमान लगता है कि प्राचीन भारत में साक्ष्य का गहन विश्लेषण किया जाता रहा होगा।

कभी-कभी साक्षियों के द्वारा कही गई बातों में आंशिक यथार्थता एवं आंशिक अयथार्थता रहती है। ऐसी दशा में यह समस्या उत्पन्न होती है कि किसी साक्षी के साक्ष्य के कितने अंश को मान्यता प्रदान की जाय? इस सम्बन्ध में नारद का विचार है कि यदि पक्ष एवं साक्षी के कथन में स्थान, समय, आयु, परिमाण, माप तथा प्रकृति में भिन्नता हो, तो साक्ष्य को अविश्वसनीय मानना चाहिए।[196] कात्यायन का विचार है कि ऋणादान आदि विवादों में लेन-देन प्रायः स्थिर प्रकृति का होता है। अतः ऐसे वादों में साक्ष्य में अंतर विश्वसनीय नहीं माना जाता है, परन्तु हिंसामूलक वादों में आंशिक रूप से सत्य साक्ष्य भी स्वीकार्य होता है।[197] इसके विपरीत याज्ञवल्क्य का मत है कि यदि किसी वाद के अनेक अंश हैं, तो प्रतिवादी उतने पर ही जय पाता है, जितना वह सिद्ध कर पाता है।[198]

लिखित (दस्तावेजी) साक्ष्य -

व्यवस्थाकारों के द्वारा अनुमान, अनुश्रुत एवं साक्षी की तुलना में लिखित साक्ष्य को अधिक प्रभावशाली प्रमाण स्वीकृत किया गया है। इसका कारण यह प्रतीत होता है कि अनुमान परिस्थितिजन्य साक्ष्य पर आधारित होता है, जबकि अनुश्रुत एवं दृष्ट साक्ष्यों में विस्मरण दोष के कारण अनेक असंगतियों के उत्पन्न होने की सम्भावना रहती है। 'भ्रम हो जाना' मनुष्य का स्वभाव है। अतः भ्रांति निवारण में लिखित प्रमाण अत्यन्त महत्वपूर्ण सिद्ध होता है।[199] बृहस्पति का कथन है कि ऋण आदि के अनुबंध से भ्रान्ति उत्पन्न हो जाती है। अतः ब्रह्मा ने पत्रारुढ़ अक्षरों की सृष्टि की।[200] इससे स्पष्ट होता है कि साक्ष्य के निमित्त अनुबंध आदि पत्रों के लेखन की परम्परा प्राचीन है। याज्ञवल्क्य ने चार प्रकार के प्रमाणों में 'लिखित' प्रमाण को सर्वोत्कृष्ट माना है।[201] इसका कारण यह है कि अधिकांशतः यह वाद के प्रारम्भ होने से पूर्व लिखा जाता है। नारद ने लिखित प्रमाण को ऋणादान तथा अन्य अर्थमूलक वादों के लिए सर्वाधिक उपयुक्त माना है, क्योंकि इसमें वस्तु, समय, स्थान एवं मात्रा आदि का स्पष्ट उल्लेख रहता है।[202]

लिखित साक्ष्य का वर्गीकरण-

राजकीय लेख-

ऐसा प्रतीत होता है कि लिखित प्रमाण के वर्गीकरण का जो स्वरूप गुप्त काल में दृष्टिगोचर होता है, मौर्य काल अथवा प्राक् मौर्य काल में नहीं था। गुप्त काल तक लिखित साक्ष्य का स्पष्टतः दो रूपों- राजकीय लेख एवं जानपद लेख में विभाजन हो चुका था, परन्तु मौर्य काल में इस प्रकार का स्पष्ट विभाजन दृष्टिगोचर नहीं होता है। कौटिल्य ने जिन आठ प्रकार की राजाज्ञाओं-प्रज्ञापना, आज्ञा, परिदान, परीहार, निसृष्टि, प्रावृत्तिक, प्रतिलेख तथा सर्वत्रग - का उल्लेख किया है, वे राजकीय लेख की श्रेणी में आते हैं।[203] कौटिल्य ने इनकी पृथक्-पृथक् व्याख्या किया है-

1. **प्रज्ञापनापत्र** - यदि कोई गुप्तचर राजा को यह सूचना देता है कि कोई महामात्त राजकीय धन का संग्रह करके अपने पास रख लिया है, तो राजा महामात्त को उस धन को कोष में जमा करने के लिए जो राजाज्ञा निर्गत करता है, उसे 'प्रज्ञापना' कहते हैं।

2. **आज्ञापत्र**- जिस पत्र में राजा किसी (विशेषतः भृत्य) के प्रति निग्रह (अप्रसन्नता) अथवा अनुग्रह (प्रसन्नता) की अभिव्यक्ति करता है, उसे आज्ञापत्र कहते हैं।

3. **परिदान**- जिस लेखपत्र में राजा किसी विशिष्ट व्यक्ति के प्रति आदर भाव व्यक्त करता है, सम्बन्धित व्यक्ति के किसी आत्मीय जन की मृत्यु पर संवेदना व्यक्त करता है अथवा उसकी रक्षा के लिए दयाभाव प्रकट करता है, उसे 'परिदान' कहते हैं।

4. **परीहार**- जिस लेखपत्र में विशेष जातियों, नगरों, ग्रामों एवं देशों पर राजा द्वारा किये जाने वाले अनुग्रह का उल्लेख होता है, उसे 'परीहार' कहते हैं।

5. **निसृष्टि**- जब राजा किसी योग्य व्यक्ति के शब्दों अथवा लेख को अपना लेता है तथा इसे लिखित रूप में देता है, तो उसे 'निसृष्टि' कहते हैं।

6. **प्रावृत्तिक-** जब राजा प्रजा को विविध प्रकार के दैवी, पारमार्थिक तथा मानुषी विपत्तियों की सूचना देता है, उसे 'प्रावृत्तिक' कहते हैं।

7. **प्रतिलेख-** जब किसी अन्य के द्वारा राजा को प्रेषित पत्र को राजा के सामने पढ़कर, उसकी आज्ञा लेकर उस पत्र का उत्तर लिखा जाता है, उसे 'प्रतिलेख' कहा जाता है।

8. **सर्वत्रग-** जिस लेखपत्र में राजा पथिकों की रक्षा एवं उनके उपकार के लिए अपने अधिकारियों को आदेश देता है, उसे 'सर्वत्रग' कहते हैं।[204]

यदि हम कौटिल्य द्वारा उल्लिखित उपर्युक्त राजाज्ञाओं का विश्लेषण करें, तो स्पष्ट हो जाता है कि ये राजाज्ञाएँ विशुद्ध रूप से राजकीय कार्यों के लिए तो उपयोगी हो सकती थी, साक्ष्य की दृष्टि से उपयोगी नहीं थी। परन्तु मौर्योत्तर काल में लिखित प्रमाणों का अनेक दृष्टियों से विभाजन दृष्टिगोचर होता है, जो वाद में साक्ष्य की दृष्टि से अत्यन्त उपयोगी सिद्ध हुए।

विष्णु ने प्रमाणपत्र के तीन प्रकारों का उल्लेख किया है- राजा अथवा राजकीय कर्मचारियों के समक्ष लिखा जाने वाला, साक्षियों के द्वारा हस्ताक्षरित एवं विना साक्षियों के हस्ताक्षर वाले।[205] याज्ञवल्क्य स्मृति पर टीका करते हुए मिताक्षरा ने दो प्रकार के लेखों का उल्लेख किया है- 'शासन' तथा 'जानपद'।[206] पी०वी० काणे ने इन्हें 'सार्वजनिक' (Publio) एवं 'व्यक्तिगत' (Private) लेख की संज्ञा दिया है।[207] शासन को भी दो वर्गों में विभक्त किया गया है- 'स्वहस्तकृतं' (जिसे स्वयं अपने हाथ से लिखा जाय) तथा 'अन्य कृतं' (जिसे किसी अन्य ने लिखा हो)। प्रथम के लिए साक्षियों के प्रमाण की आवश्यकता नहीं होती है (असाक्षिकं); परन्तु दूसरे के लिए साक्षी की आवश्यकता होती है; (ससाक्षिकं)।[208] अन्यत्र मिताक्षरा ने दो प्रकार के लेखों का उल्लेख किया है- 'शासन' तथा 'चिरक'।[209] पी०वी०काणे ने इन्हें राजकीय एवं जानपद लेख माना है।[210]

वशिष्ठ ने राजकीय लेख चार प्रकार का माना है- 'शासन' (जिसमें राजकीय भूमि अथवा राजा द्वारा प्रदत्त भूमि का उल्लेख हो), 'जयपत्र' (जिसमें किसी वाद में विजय का निर्णय हो), 'प्रज्ञापना पत्र' (ऋत्विक, पुरोहित, आचार्य आदि सम्मानित जनों को राजा द्वारा सम्मानपूर्वक किसी कार्य को सौंपने से सम्बन्धित पत्र) तथा

'आज्ञा पत्र' (सामन्तों तथा अन्य लोगों के लिए लिखित निर्देश)।[211] अन्यत्र 'प्रसाद-पत्र' (राजा द्वारा किसी व्यक्ति के शौर्य, बहादुरी आदि के कारण प्रसन्न होकर दिया जाने वाला प्रमाणपत्र) का भी उल्लेख हुआ है।[212]

बृहस्पति ने लेखों को तीन भागों में विभक्त किया है- 'राज्य लेख', 'स्थानकृत' (किसी निश्चित स्थान पर लिखा हुआ) तथा 'स्वहस्तलिखित'।[213] नारद ने दो प्रकार के लेखों का उल्लेख किया है- 'स्वहस्तलिखित' एवं 'अन्यकृत'।[214] शुक्र ने लिखित साक्ष्य को दो भागों में विभक्त किया है- 'राजकीय' एवं 'लौकिक'।[215] राजशासन तीन प्रकार का होता है- 'शासनार्थ' (शासन के लिए), 'ज्ञापनार्थ' (सूचना के लिए) तथा 'निर्णयार्थ' (निर्णय के लिए)।[216]

उपर्युक्त विवरण से यह अनुमान लगता है कि मौर्य काल तक प्रायः राजकीय लेखों का ही प्रचलन रहा। ये राजकीय लेख प्रशासनिक दृष्टि से तो उपयोगी रहे, किन्तु साक्ष्य की दृष्टि से इनकी उपयोगिता लगभग नगण्य रही, परन्तु परवर्ती काल में लिखित साक्ष्य के महत्व में क्रमशः वृद्धि होती गयी। यद्यपि गौतम के द्वारा लिखित साक्ष्य का उल्लेख नहीं किया गया, किन्तु नारद, बृहस्पति एवं शुक्र आदि के द्वारा न केवल लिखित साक्ष्य, बल्कि स्थूलतः उसके दो प्रकारों- राजकीय एवं लौकिक - का उल्लेख करना स्पष्ट करता है कि गुप्तकाल तक आते-आते लिखित साक्ष्य अत्यन्त महत्वपूर्ण हो गया था।

जानपद अथवा लौकिक लेख-

साक्ष्य की दृष्टि से जानपद लेख राजकीय लेखों की तुलना में अधिक उपयोगी सिद्ध हुए। ऐसा प्रतीत होता है कि कृषि एवं वाणिज्य के विकास के फलस्वरूप मनुष्य की आर्थिक गतिविधियाँ भी बढ़ती गयीं और दो पक्षों के मध्य होने वाले ऋणों के लेन देन, उनकी शर्तों, सीमा विवाद के संदर्भ में पारस्परिक सहमति एवं छोटे-मोटे हिंसामूलक वादों में हुई सहमति को लेखबद्ध किया जाने लगा, जिससे निरन्तर विविध प्रकार के संविदा पत्रों, बन्धकपत्रों एवं संधिपत्रों आदि का अस्तित्व प्रकाश में आया। यही कारण है कि मौर्य काल तक लौकिक (नागरिक) लेखों का लगभग अभाव सा रहता है, परन्तु गुप्त युग में नागरिक लेखों का बाहुल्य दृष्टिगोचर होता है।

जानपद लेखों की निश्चित संख्या प्रस्तुत कर पाना दुष्कर है। बृहस्पति ने सात प्रकार के जानपद- लेखों का उल्लेख किया है- 'भागपत्र', 'दानपत्र', 'क्रयपत्र', 'आधिपत्र', 'संविदपत्र', 'दासपत्र', 'ऋणपत्र'।[217] व्यास ने आठ प्रकार के जानपद लेखों का उल्लेख किया है- 'चिरक', स्वहस्त, 'उपागत', 'आधिपत्र', 'क्रयपत्र', 'स्थितिपत्र', 'संधिपत्र' तथा 'विशुद्धिपत्र'।[218] इसी प्रकार कुछ अन्य व्यवस्थाकारों के द्वारा 'अन्वाधिपत्र' एवं 'सीमापत्र' आदि लेखों का भी उल्लेख किया है। इनकी संक्षिप्त व्याख्या आवश्यक है-

भाग अथवा विभागपत्र-

बृहस्पति ने इसे ऐसा लिखित संविदा पत्र कहा है, जिसमें भाइयों तथा अन्य पारिवारिक जनों के मध्य स्वेच्छया ('स्वरुच्या') सम्पत्ति-विभाजन का उल्लेख होता है।[219]

दानपत्र- यह इस अर्थ में राजशासन से पृथक् है कि इसमें व्यक्तिगत रूप से दिये जाने वाले अर्थ अथवा भूमिदान का उल्लेख रहता है। यह सूर्य एवं चन्द्रमा की भाँति शाश्वत एवं अपरिवर्तनीय होता है।[220]

क्रयपत्र- जब किसी व्यक्ति से उसका भूमि-भवन आदि क्रय किया जाता है, उस समय जो लेखपत्र लिखा जाता है, उसे 'क्रयपत्र' कहते हैं।[221]

आधिपत्र- जब किसी व्यक्ति के द्वारा कोई चल अथवा अचल सम्पत्ति किसी के पास बन्धक अथवा गिरवी रखी जाती है, ऐसे कार्यों से सम्बन्धित लेख को आधिपत्र कहते हैं।[222] नारद ने भी आधिपत्र का उल्लेख इसी अर्थ में किया है।[223]

संवित्पत्र अथवा स्थितिपत्र- जब किसी ग्राम, देश अथवा श्रेणी के लोग अपनी रीतियों एवं परम्पराओं के अनुकूल एवं राजनियमों के अप्रतिकूल विधिक कार्यों के उद्देश्य से संविदा लेखन करते हैं, उसे 'संवित्पत्र'[224] अथवा 'स्थितिपत्र' कहते हैं।

दासपत्र- जब कोई व्यक्ति भोजन वस्त्र आदि के अभाव में किसी व्यक्ति के यहाँ सेवा करने का लेख लिखता है, उसे 'दासपत्र' कहते हैं।[225]

ऋणपत्र अथवा उद्धारपत्र- जब कोई व्यक्ति किसी अन्य व्यक्ति से ऋण लेता है, उस समय ऋणादान की शर्तो, व्याज तथा अन्य बातों को लेखबद्ध करते समय जो लेख लिखा जाता है, उसे 'ऋणपत्र' अथवा 'उद्धारपत्र' कहते हैं।[226]

सीमापत्र- बृहस्पति ने सात प्रकार के लौकिक लेख-प्रमाणों के अतिरिक्त 'सीमापत्र' का भी उल्लेख किया है, जो किसी क्षेत्र की सीमा निश्चित होने के पश्चात लेखबद्ध होता है।[227] कात्यायन ने भी 'सीमापत्र' का उल्लेख किया है।[228]

उपागत- पी०वी० काणे ने 'उपागत' को ऋणदाता द्वारा ऋणी को समग्र रूप से ऋण चुकाये जाने की 'रसीद' माना है।[229]

स्वहस्त- याज्ञवल्क्य ने यह व्यवस्था दी है कि ऋणी द्वारा ऋणदाता को आंशिक रूप से ऋण वापस करने पर ऋणपत्र के पृष्ठभाग पर ऋणदाता से इसकी प्रविष्टि करा लेनी चाहिए।[230] ऐसी दशा में 'उपागत', 'स्वहस्त' की श्रेणी में आ जाता है। इसके अतिरिक्त जब दोनों पक्ष ऋण के लेन-देन को गुप्त रखना चाहते हैं, ऐसी स्थिति में साक्षियों की उपस्थिति के विना जो लेख लिखा जाता है, वह भी इसी श्रेणी के अन्तर्गत आता है।

अन्वाधिपत्र- यह भी आधिपत्र का ही एक उपप्रकार प्रतीत होता है। प्रजापति के अनुसार अन्वाधिपत्र बंधक रखने वाले की ओर से लिखकर ऋणदाता को स्वयं दिया जाता है।[231]

'शुद्धिपत्र' अथवा 'विशुद्धिपत्र'- जब कोई व्यक्ति किसी महापातक अथवा पातक में सम्मिलित होना स्वीकार करने के पश्चात निर्दिष्ट प्रायश्चित कर शुद्ध हो जाता है, शुद्धि के पश्चात साक्षियों के समक्ष लिखे जाने वाले लेख को शुद्धिपत्र कहते हैं।[232]

संधिपत्र- अपराधी के द्वारा अपराध स्वीकृत कर लेने के पश्चात दोनों पक्षों के मध्य विशिष्ट जनों के समक्ष होने वाली लिखित संधि को 'संधिपत्र' कहा जाता है।

'चिरक' एवं 'चीरक'- पी०वी० काणे के अनुसार इस प्रकार के लेख के लिए 'चीरक' एवं 'चिरक' दोनों शब्दों का प्रयोग हुआ है। 'चीर' का अर्थ छाल होता

है। ऐसी दशा में यह मानना पड़ेगा कि यह पत्र भोजपत्र की छाल अथवा किसी अन्य वृक्ष की छाल पर लिखा जाता था। यदि यह शब्द 'चिरक' है, तो मानना पड़ेगा कि यह 'चिर' से बना होगा, क्योंकि यह राजा द्वारा नियुक्त लिपिकों द्वारा लिखा जाता था एवं चिरकाल तक चलता था। इस प्रकार 'चिरक' वह प्रमाणपत्र है जो वंश परम्परागत लिपिकों द्वारा लिखा जाता था।[233]

इस प्रकार स्पष्ट है कि लौकिक लेख अर्थमूलक एवं हिंसामूलक दोनों प्रकार के वादों में अत्यन्त महत्वपूर्ण साक्ष्य थे।

लेख पत्र में वांछित प्रविष्टियाँ-

कोई भी लेखपत्र न्यायालय में तभी वैधानिकता प्राप्त कर सकता है, जब वह अपेक्षित औपचारिकताओं को पूरा करता हो। प्राचीन व्यवस्थाकार भी इस तथ्य से अनभिज्ञ नहीं थे। अतः उन्होंने लेखपत्र लेखन के समय कुछ आवश्यक औपचारिकताओं को पूरा करने का निर्देश दिया है। हारीत ने ऋणपत्र को 'पंचारुढ़'[234] कहते हुए इस समय पाँच लोगों की उपस्थिति अनिवार्य माना है- ऋणदाता, ऋणी, लेखक तथा दो साक्षी।[235] ऋणपत्र पर ऋणदाता का भी हस्ताक्षर होना आवश्यक माना गया है। याज्ञवल्क्य का विचार है कि लेखपत्र के लेखक को स्पष्टतः साक्षियों, अपना, ऋणदाता एवं ऋणी के पिता का नाम एवं निवास स्थान आदि का उल्लेख कर नीचे अपना हस्ताक्षर कर देना चाहिए।[236] यदि ऋणदाता लेख स्वयं लिखता है तो उसे लेखक के रूप में अपना एवं अपने पिता का नाम आदि उल्लिखित कर देना चाहिए।[237] उन्होंने ऋणदाता द्वारा लिखे गये उन लेखों को भी प्रामाणिक माना है, जिन पर साक्षियों के हस्ताक्षर नहीं हैं, किन्तु यदि इस प्रकार का लेख भयवश अथवा जालसाजी से लिखा अथवा लिखवाया जाता है, तो उसे मान्यता नहीं प्राप्त होगी।[238] वशिष्ठ ने भी लेखपत्र पर उभयपक्ष, उनके पूर्वजों, निवास, ऋण की धनराशि, ऋणादान का स्थान एवं समय आदि का उल्लेख आवश्यक माना है।[239] इस प्रकार स्पष्ट है कि लेखपत्र में वांछित प्रविष्टियाँ आधुनिक युग की ही भाँति थीं।

साक्ष्य हेतु अनुपयुक्त लेख्य-

प्राचीन व्यवस्थाकारों ने कुछ विशेष परिस्थितियों में लेखपत्र को साक्ष्य के योग्य नहीं माना है तथा उसे अवैध घोषित किया है। देशाचार के विरुद्ध लिखा हुआ लेख्य प्रमाण नहीं माना जा सकता है। उसमें लेख्य के सभी अर्हताओं का पालन होना अनिवार्य है। उस पर उभय पक्ष के हस्ताक्षर, तिथि, स्थान, पिता नाम, साक्षी-नाम आदि का होना आवश्यक माना गया है।[240] नारद ने मत्त, अभियुक्त, स्त्री, बालक एवं बलात्कारी व्यक्ति के लेख को प्रमाण नहीं माना है, क्योंकि इन्हें भयभीत करके अथवा लालच देकर कुछ भी लिखवाया जा सकता है।[241] बृहस्पति का विचार भी इसी प्रकार का है।[242]

यह भी निर्दिष्ट है किया गया है कि यदि लेख्य अन्य देश में हो, अस्पष्ट हो, संदिग्ध अक्षरवाला हो, अधिक समय का होने के कारण नष्ट हो गया हो, चोरी हो गया हो, जल गया हो, जीर्णशीर्ण हो गया हो, तो उभय पक्ष की सहमति से दूसरा लेख्य तैयार कराना चाहिए।[243] नारद ने यह भी व्यवस्था दिया है कि यदि लेख्य अन्य देश में हो, तो सम्बन्धित पक्ष को लेख्य लाने के लिए न्यायाधीश को निश्चित समय के लिए वाद की सुनवाई स्थगित कर देना चाहिए। यदि वह निश्चित तिथि तक लेख्य न प्रस्तुत कर सके, तो प्रतिपक्ष को लेख्य अथवा साक्षी प्रस्तुत करने की अनुमति देनी चाहिए।[244] इस प्रकार स्पष्ट है कि प्राचीन भारत में व्यवस्थाकारों ने लेख्य को प्रमाण तो माना, परन्तु उसकी विश्वसनीयता के प्रति भी सजग थे।

कूट - (कपट) लेख्य-

ऐसा प्रतीत होता है कि प्रत्येक युग में कूट-जनों का अस्तित्व रहा है। इसका विस्तृत उल्लेख 'कूट साक्षी' उपशीर्षक के अन्तर्गत किया जा चुका है। प्राचीन व्यवस्थाकारों ने कूट साक्षियों की ही भाँति कूटलेख्य को भी 'निष्पक्ष न्याय सम्पादन' के आदर्श में बाधक समझा। अतः संदिग्ध लेख्यों को स्वीकार न करने का निर्देश दिया गया है। कात्यायन का विचार है कि जिस प्रकार दर्पण के समक्ष व्यक्ति की आकृति वास्तविक दृष्टिगत होती है, उसी प्रकार कूट लेखक मूल लेखक के समान ही हस्ताक्षर कर लेते हैं।[245] ऐसी दशा में किसी न्यायाधीश के द्वारा वाद

का निर्णय करना दुष्कर हो जाता है।[246] अतः न्यायालय को लेख्य की असंदिग्धता की जाँच करने का निर्देश दिया गया है।

याज्ञवल्क्य का मत है कि जहाँ पर भी लेख्य के प्रति संदेह उत्पन्न हो, राजा को अनेक प्रकार से इसकी असंदिग्धता की जाँच कर लेनी चाहिए।[247] यथा-ऋणदाता ने जितना धन ऋण के रूप में देने का उल्लेख किया है, उतना धन देने की उसकी आर्थिक स्थिति है या नहीं। पूर्व में दोनों पक्षों में लेन-देन हुआ है या नहीं, यदि हुआ है, तो कितना हुआ है, अंगूठे का चिह्न उसी का है या नहीं आदि। नारद का विचार है कि लोभ एवं स्वभावगत दुष्टता के कारण कुछ व्यक्ति कूट साक्ष्य एवं कूट लेख्य का कार्य करते हैं। राजा को उनका स्वयं परीक्षण करना चाहिए। लेखक का परीक्षण लेखक तथा साक्षी का परीक्षण साक्षी के मापदण्डों के आधार पर करना चाहिए।[248] कात्यायन ऐसे कूट लेखकों अथवा कूट लेख्यों के प्रस्तुत करने वालों को अंग विच्छेद करने का निर्देश देते हैं।[249] इस संदर्भ में शेष प्रतिबंध, उपप्रतिबन्ध परीक्षण विधि एवं निर्दिष्ट दण्ड आदि वही हैं, जिनका उल्लेख 'कूट साक्षी' उपशीर्षक के अन्तर्गत किया जा चुका है।

लेख्य की वैधता-अवधि-

ऐसा प्रतीत होता है कि व्यवस्थाकारों के सामने यह प्रश्न भी उपस्थिति हुआ होगा कि किसी लेख्य की वैधता को किस अवधि तक के लिए निर्धारित की जाय। यदि लेख्य की वैधता की अवधि निर्धारित न की जाय, तो कोई व्यक्ति किसी पुराने लेख्य को प्राप्त करके कई पीढ़ियों के पश्चात भी सम्बन्धित पक्ष के उत्तराधिकारियों पर वाद प्रस्तुत कर सकता था। इस प्रकार की स्थिति अत्यन्त अव्यावहारिक होती एवं वादों की संख्या बढ़ सकती थी। अतः किसी व्यक्ति का लेख्य दूसरों के हाथों में प्राप्त होने पर स्पष्टीकरण प्राप्त करने का निर्देश दिया गया है।[250]

नारद का विचार है कि जिस लेख्य के साक्षी, ऋणदाता, ऋणी एवं लेखक सभी मर गये हों तथा ऋणादान गिरवी अथवा भोग से प्रमाणित न हो, ऐसे लेख्य की कोई उपयोगिता नहीं रहती है एवं राजा को ऐसे लेख्य स्वीकार नहीं करना चाहिए।[251] कात्यायन ने ऐसे लेख्य की वैधता की अवधि निर्धारित किया है।

उनका विचार है कि यदि लेख्य तीस वर्ष पुराना है, किन्तु न तो किसी ने देखा है और न ही किसी प्रसंग में उसका उल्लेख हुआ है, तो न्यायालय में प्रस्तुत करते समय उसकी उपयोगिता नहीं रह जाती, चाहे उसमें उल्लिखित साक्षी जीवित क्यों न हो।[252] व्यास का उल्लेख भी इसी प्रकार का है।[253] बृहस्पति का विचार है कि यदि ऋणदाता एवं ऋणी आसपास रहते हों, फिर भी ऋणदाता दीर्घकाल तक ऋणी से ऋण वापस करने के लिए न कहे, तो इस प्रकार का लेख्य संदेहास्पद हो जाता है।[254] किन्तु यदि ऋणदाता उन्मत्त, मूर्ख, बालक हो, राजा से भयभीत हो, दीर्घकाल तक विदेश में रहा हो, अप्रगल्भ हो, डरा हो तथा आर्त हो, तो दीर्घकाल के पश्चात भी लेख्य प्रस्तुत करने पर अवैध नहीं माना जा सकता है।[255] यदि लेख्य पर राजकीय मुद्रा लग जाय, तो दोनों पक्ष से सम्बन्धित व्यक्तियों की मृत्यु के पश्चात भी वह सर्वाधिक विश्वसनीय बना रहता है।[256]

लेख्य-परीक्षण-

लेख्य प्रस्तुति के पश्चात लेख्य परीक्षण आवश्यक माना गया है। ऐसा प्रतीत होता है कि कभी-कभी लेख्य प्रमाण प्रस्तुत करने पर प्रतिपक्ष यह कह देता था कि इस प्रकार का कोई लेख्य नहीं लिखा गया है अथवा यह लेख्य इस आधार पर अवैध है कि उसके द्वारा जो आंशिक ऋण वापसी हुई है, उसका उल्लेख इस लेख्य में नहीं हुआ है। कात्यायन ने ऐसे लेख्य को भी कूट लेख्य की श्रेणी में रखा है।[257] यदि ऐसे लेख्य की सत्यता पर प्रश्नचिह्न लगाया जाता है, तो लेख्य की सत्यता की पुष्टि आवश्यक मानी गयी है। ऐसी स्थिति में लेख्य में उल्लिखित साक्षी अथवा लेखक से पूछकर उसकी सत्यता की पुष्टि की जानी चाहिए।[258] लेख्य की सत्यता पर प्रश्नचिह्न लगाकर यदि उसे कोई पक्ष अवैध एवं संदेहास्पद नहीं सिद्ध कर पाता था, तो इसे गम्भीर अपराध माना जाता था। कात्यायन के अनुसार ऐसा प्रतिपक्ष न केवल वाद में पराजित होता है, प्रत्युत दण्ड का भागी बनता है। यही स्थिति कूट लेख्य प्रस्तुतकर्ता की भी होती है।[259]

लेख्य का महत्व-

प्राय: सभी विचारकों ने लेख्य की प्रशंसा किया है तथा इसे वाद के निर्णय में अत्यन्त उपयोगी माना है। यद्यपि कौटिल्य ने पृथक् रूप से लौकिक लेख का

उल्लेख नहीं किया है, फिर भी राजकीय लेख के संदर्भ में उन्होंने निर्देश दिया है कि यदि लेख में सारी बातें लिखी जाने योग्य न हों, तो संदेशवाहक से मौखिक रूप से अन्य बातें कह देनी चाहिए तथा लेख के अंत में इसकी प्रविष्टि कर देनी चाहिए (कि शेष बातें संदेशवाहक के द्वारा ज्ञात हो जायेंगी)।[260] नारद ने इसकी प्रशंसा करते हुए लिखा है कि लेख्य प्रमाण चक्षु के समान देखकर सारे संदेहों का निराकरण करता है।[261] अर्थमूलक वादों में लेख्य प्रमाण सर्वाधिक उपयोगी होता है। क्रय, अनुबंध, विभाग एवं दान आदि के संदर्भ में लेख्य संविदा को अत्यधिक प्रभावी बनाता है तथा इसे विवाद से बाहर रखने में सहायक होता है।[262] कात्यायन ने स्पष्ट कहा है कि ऋण के संदर्भ में यदि लेख्य प्रमाण उपलब्ध हो, तो उसे दिव्य अथवा साक्षियों को अधिक महत्व देकर हीन नहीं करना चाहिए, क्योंकि लेख्य प्रमाण ही सर्वश्रेष्ठ प्रमाण है, इसे अन्य किसी प्रमाण से हीन नहीं किया जा सकता है।[263]

भुक्ति - (Possession)

प्राचीन व्यवस्थाकारों के द्वारा 'भुक्ति' अथवा 'भोग' को साक्ष्य के रूप में स्थान दिया गया है। भुक्ति साक्ष्य अर्थमूलक वादों, विशेषत: अचल सम्पत्ति विषयक वादों में अधिक शक्तिशाली सिद्ध होता है। यदि विवाद साक्षियों, लेख्य अथवा अनुमान के द्वारा निर्णीत नहीं होता है, तो 'भुक्ति' की ओर ध्यान दिया जाता है।

उल्लेखनीय है कि प्राचीन व्यवस्थाकारों द्वारा व्यक्ति को स्वत्व अथवा स्वामित्व की प्राप्ति की अनेक विधियों का उल्लेख वर्णित किया गया है। गौतम का मत है कि व्यक्ति को स्वामित्व की प्राप्ति पाँच प्रकार से होती है- 'रिक्थ' (उत्तराधिकार) द्वारा, 'क्रय' द्वारा 'संविभाग' (विभाजन) द्वारा, 'परिग्रह' (बेनामी) सम्पत्ति, यथा- बंजर भूमि, जंगल के वृक्ष तथा लावारिस पशुओं पर अधिकार द्वारा तथा 'अधिगम' (उपलब्धि, यथा- स्वामी के ज्ञात न रहने पर उसकी अज्ञात सम्पत्ति पर अधिकार) द्वारा।[264] इसके अतिरिक्त विभिन्न वर्णों के द्वारा भी अपनी जीविका से सम्बन्धित विधियों द्वारा स्वामित्व प्राप्त होता है- ब्राह्मण दान ग्रहण से, क्षत्रिय विजय से तथा वैश्य एवं शूद्र लाभ (वैश्य व्यापार से तथा शूद्र परिश्रम से) द्वारा स्वामित्व प्राप्त करता है।[265]

नारद का मत है कि स्वामित्व की प्राप्ति तीन प्रकार से होती है- 'शुक्ल' (शुद्ध) रीति से, 'कृष्ण' (अशुद्ध) रीति से तथा 'शबल' (शुद्ध एवं अशुद्ध का मिश्रित रूप) रीति से। पुनः इन तीनों के सात-सात उपभेद हो जाते हैं।[266] शुद्ध रूप से सम्पत्ति प्राप्ति की सात विधियाँ इस प्रकार हैं- 'श्रुत' (विद्या), 'शौर्य' (विजय), 'तप' (परिश्रम), 'कन्या' (वधू से प्राप्त दहेज), 'शिष्य' (गुरुदक्षिणा), 'याज्यावन' (यज्ञ आदि कर्मकाण्ड) तथाा 'अयागत' (पैतृक सम्पत्ति) द्वारा।[267] अशुद्ध रूप से सम्पत्ति प्राप्ति की सात विधियाँ हैं- 'पार्श्वक' (उत्कोच), 'द्यूत', 'दूत' (किसी का प्रतिनिधि बनकर किसी के यहाँ से उस व्यक्ति के नाम पर सम्पत्ति ले लेना, तथा प्रेषित व्यक्ति को न देना), 'आर्त' (दया का पात्र बनकर) 'प्रतिरूपक' (कूट कार्यों से), 'साहस' तथा 'व्याज' के रूप में।[268] शबल (मिश्रित) रूप से स्वामित्व प्राप्ति की सात विधियाँ हैं- 'कुसीद', 'कृषि', 'वाणिज्य', 'शुल्क', 'शिल्प', 'अनुवृत्ति' (सेवा) तथा 'कृतोपकार' द्वारा।[269] बृहस्पति ने सम्पत्ति प्राप्ति की सात विधियों का उल्लेख किया है- विद्या, क्रय, बंधक, विजय, दहेज, वसीयत तथा संतानहीन सम्बन्धी की सम्पत्ति।[270] वशिष्ठ ने सम्पत्ति प्राप्ति की आठ विधियों का उल्लेख किया है।[271] नारद तथा बृहस्पति का विचार है कि स्वत्व की उत्पत्ति के उपर्युक्त प्रकारों में से यदि कोई भी एक हेतु क्रियाशील हो एवं आधिपत्य हो, तो 'स्वत्व' माना जाता है।[272]

भुक्ति अथवा भोग की व्याख्या को लेकर व्यवस्थाकारों में मतभेद रहा है। दो प्रकार की भुक्तियों का उल्लेख प्राप्त होता है- 'सागम भुक्ति'[273] (Title Possession) एवं 'अनागम'[274] अथवा 'निरागम भुक्ति' (Without Title Possession)। 'सागम भुक्ति' का तात्पर्य ऐसी भुक्ति से है, जिसमें स्वामित्व का अधिकार निहित हो, यथा- पैतृक सम्पत्ति अथवा क्रय की गई सम्पत्ति। 'अनागम भुक्ति' से तात्पर्य ऐसी भुक्ति से है, जिसमें आधिपत्य (कब्जा) हो, परन्तु उस भोग को वैधानिक मान्यता न हो। यथा- बलपूर्वक किसी की अचल सम्पत्ति पर आधिपत्य कर लेना। सागम भुक्ति की तुलना में अनागम भुक्ति को हीन माना गया है, क्योंकि ऐसा न करने पर समाज में अव्यवस्था उत्पन्न होने की आशंका रहती है। वही भोग शक्तिशाली माना गया है, जिस पर स्वामी का स्वत्व हो अर्थात् भुक्ति सागम हो।

नारद ने अनागम भुक्ति को साक्ष्य-प्रमाण नहीं स्वीकार किया है। यद्यपि उन्होंने भोग के महत्व को स्वीकार करते हुए यह व्यवस्था दिया है कि आगम के पक्ष

में लेख प्रमाण एवं साक्षियों के रहने पर भी भोग का अभाव विशेषतः अचल सम्पत्ति में उसे उपयुक्त नहीं ठहराता है।[275] उन्होंने आगम की विशुद्धता पर बल दिया है तथा अविशुद्ध आगम को प्रमाण नहीं माना है।[276] दूसरे शब्दों में यह कहा जा सकता है कि उन्होंने वैधानिक भोग को स्वीकार किया, परन्तु अवैधानिक भोग को अस्वीकार किया है। इतना ही नहीं उन्होंने यह भी व्यवस्था दिया है कि जो व्यक्ति विना आगम के केवल भोग सिद्ध करता है, उसे राजा को चोर मानना चाहिए, क्योंकि वह अपने अनधिकृत भोग के पक्ष में चोरों के समान तर्क देता है। राजा को ऐसे व्यक्ति को चौरवत दण्ड देना चाहिए, चाहे वह कई सौ वर्षों से उस सम्पत्ति का उपभोग क्यों न करते आया हो।[277] मनु ने भी भोग के साथ ही स्वत्व-प्राप्त-विधि पर विचार करने का निर्देश दिया है।[278] इससे स्पष्ट होता है कि सागम भुक्ति की तुलना में अनागम भुक्ति निर्वल होती है।

व्यास[279] ने पाँच लक्षणों का उल्लेख किया है, जिससे स्वत्व को वैधता प्राप्त होती है-

1. सागम- सम्पत्ति पर वैधानिक अधिकार हो।
2. दीर्घकाल- सम्पत्ति पर स्वामित्व दीर्घकाल से चला आ रहा हो।
3. अविच्छेद्य- सम्पत्ति पर स्वामित्व में अविच्छिन्नता हो, निरन्तरता हो ।
4. अपरवोज्झित- सम्पत्ति पर किसी अन्य व्यक्ति ने दावा न प्रस्तुत किया हो।
5. प्रत्यर्थिसंनिधान- सम्पत्ति विरोध पक्ष की जानकारी में भी स्थिर रहा हो।

याज्ञवल्क्य भुक्ति के प्रबल पक्षधर दृष्टिगोचर होते हैं। उनका मत है कि भुक्ति, चाहे अल्प अवधि वाली ही क्यों न हो, के अभाव में स्वत्व का कोई महत्व नहीं होता है। वंश परम्परा से न आने पर भी स्वामित्व वाला आगम शक्तिशाली होता है।[280] इस भोग की अवधि क्या हो, किस प्रकार की सम्पत्ति भोग के योग्य होती है तथा कितने समय के पश्चात स्वामित्व का हस्तान्तरण हो सकता है, आदि के सन्दर्भ में विविध प्रकार के नियमों का उल्लेख प्राप्त होता है।

स्वत्व-परिवर्तन-

याज्ञवल्क्य (2.27) पर टीका करते हुए मिताक्षरा ने लिखा है कि दान एवं क्रय के विषय में सम्पत्ति से स्थानान्तरणकर्ता का स्वामित्व समाप्त होकर दान प्राप्तकर्ता एवं क्रेता में आरोपित हो जाता है, किंतु इसके लिए दान प्राप्तकर्ता तथा क्रेता के द्वारा सम्पत्ति स्वीकार करना आवश्यक है। यह स्वीकृति शारीरिक, मानसिक एवं वाचिक होती है अर्थात् ग्रहीता को सम्पत्ति को मन से स्वीकृति देनी चाहिए, कहकर स्वीकार करना चाहिए तथा वास्तविक रूप में ग्रहण करना चाहिए। किंतु खेत से सम्बन्धित विवाद में शारीरिक स्वीकृति सम्भव नहीं होती है, जब तक उसके फल एवं लाभ का उपभोग नहीं होता है। अतः दान एवं क्रय को पूर्ण करने के लिए थोड़ा-बहुत उपभोग आवश्यक है।[281]

किंतु भोग के लिए स्वामित्व अधिकार (आगम) आवश्यक माना गया है। व्यवस्थाकारों ने आगमहीन भोग को स्वीकृति नहीं दी है। याज्ञवल्क्य का विचार है कि यदि कोई व्यक्ति किसी व्यक्ति से कोई वस्तु क्रय करता है; परन्तु स्वामित्व नहीं प्राप्त कर पाता है, उसी व्यक्ति से कोई अन्य क्रेता वस्तु को क्रय करके स्वामित्व भी प्राप्त कर लेता है; किन्तु कालावधि तक निरन्तर उपभोग नहीं कर पाता है, ऐसी अवस्था में पूर्व व्यक्ति का आगम भोगरहित होने पर भी परवर्ती से प्रबल माना जायेगा। किन्तु यदि यह सिद्ध हो जाय कि पूर्वकालीन आगम कौन है तो भोग करने वाले को ही फल सिद्धि प्राप्त होती है।[282] इस संदर्भ में 'मिताक्षरा' का निष्कर्ष यह है कि जब भोग अपेक्षाकृत अल्प समय का होता है और उसका सहायक कोई आगम नहीं है, तो भोग हीन हो जाता है एवं आगम प्रबल हो जाता है।[283]

भोग की अवधि-

ऐसा प्रतीत होता है कि याज्ञवल्क्य के पूर्व चल एवं अचल सम्पत्ति के स्वामित्व की अवधि के सन्दर्भ में कोई स्पष्ट विभाजन नहीं था। सामान्यतः दस वर्षों की उपभोग-अवधि को ही स्वामित्व का आधार माना गया था। गौतम ने इस सन्दर्भ में कोई काल नहीं निर्धारित किया है। उनका विचार है कि यदि कोई व्यक्ति, किसी ऐसे व्यक्ति की सम्पत्ति का, जो जड़ (मूर्ख) अथवा अवयस्क नहीं है,

उसकी उपस्थिति में उपभोग करता है, तो ऐसी सम्पत्ति से स्वामी अपना स्वामित्व खो देता है।[284] स्पष्ट है कि दूसरों के द्वारा अपनी सम्पत्ति का उपभोग करते समय स्वामी के द्वारा उसका प्रतिरोध करना आवश्यक है। कौटिल्य का विचार है कि जो व्यक्ति दूसरों के द्वारा भोगी जा रही अपनी सम्पत्ति से निरन्तर दस वर्षों तक अनभिज्ञ रहता है अथवा उदासीन रहता है, उस व्यक्ति से उसका स्वामित्व समाप्त हो जाता है। किन्तु यदि वह सम्पत्ति ऐसे व्यक्तियों की हो, जो बालक, वृद्ध, रुग्ण, आपद्ग्रस्त, प्रवासी, देशत्यागी अथवा राजकीय कार्यों से कहीं अन्यत्र गये हों, उनका अधिकार दस वर्षों के पश्चात भी सम्पत्ति पर बना रहता है।[285] मनु,[286] याज्ञवल्क्य,[287] नारद,[288] एवं वशिष्ठ[289] आदि व्यवस्थाकारों के विचार भी लगभग इसी प्रकार के हैं।

ऐसा प्रतीत होता है कि याज्ञवल्क्य के काल से चल एवं अचल सम्पत्ति के लिए पृथक्-पृथक् भोगावधि काल निर्धारित कर दी गयी थी। जहाँ चल सम्पत्ति पर स्वामित्व के लिए सामान्यतः यह काल दस वर्षों की निर्धारित की गयी थी, अचल सम्पत्ति के लिए सामान्यतः यह अवधि बीस वर्षों की निर्धारित की गयी थी। यद्यपि कौटिल्य ने यह निर्देश दिया है कि यदि कोई किरायेदार किसी मकान में बीस वर्षों तक रहे, तो उस मकान पर उसका अधिकार हो जाता है,[290] किन्तु अन्य प्रकार की अचल सम्पत्तियों का उल्लेख नहीं करते हैं। इस आधार पर बीस वर्षों की भोगावधि काल की व्यवस्था के जनक कौटिल्य माने जा सकते हैं, यद्यपि यह व्यवस्था याज्ञवल्क्य एवं परवर्ती व्यवस्थाकारों द्वारा विस्तृत रूप में विवृत हुई। याज्ञवल्क्य का विचार है कि यदि कोई अपरिचित व्यक्ति किसी स्वामी की अचल सम्पत्ति का उपभोग उसकी जानकारी में विना रोकटोक के बीस वर्षों से करता चला आ रहा है तथा धन आदि चल सम्पत्तियों का उपयोग दस वर्षों से करता चला आ रहा है, तो पूर्व स्वामी का स्वामित्व समाप्त होकर नये स्वामी में आरोपित हो जाता है।[291]

पूर्वक्रमागत भोग अथवा त्रिपुरुषी भुक्ति-

याज्ञवल्क्य ने स्वामित्व निर्धारण के संदर्भ में 'पूर्वक्रमागत भोग'[292] का उल्लेख किया है, जिसका अर्थ है- पहले से क्रमबद्ध ढंग से (अविच्छिन्न रूप से) चला

आने वाला भोग। इसी को बृहस्पति ने 'अव्याहत त्रिपुरुषी भुक्ति' की संज्ञा दी है।[293] अव्याहत से आशय 'अविच्छिन्न' से है। 'त्रिपुरुषी अव्याहत भुक्ति' का तात्पर्य ऐसे सम्पति से है, जो तीन पीढ़ियों-प्रपितामह, पितामह तथा पिता के उपभोग के पश्चात पुत्र को प्राप्त होती है।[294] याज्ञवल्क्य पर टीका करते हुए मिताक्षरा ने यह व्यवस्था दी है कि यदि भोगकर्ता तीन पीढ़ियों तक के स्वामित्व को सिद्ध कर देता है, यद्यपि इसे सिद्ध करने के लिए आगम का अभाव हो, तो भी वह ऐसे सागम से श्रेष्ठ होता है, जिसमें भोग नहीं होता है।[295]

अब प्रश्न यह उत्पन्न होता है कि तीन पीढ़ियों की कालावधि का निर्धारण किस प्रकार किया जाय? इस सन्दर्भ में व्यवस्थाकारों एवं निबंधकारों की व्यवस्थाएँ पृथक् पृथक् हैं। 'स्मृतिचन्द्रिका' में प्रत्येक पीढ़ी को 35 वर्ष का मानते हुए तीनों पीढ़ियों द्वारा भोग की अवधि 105 वर्षों का स्वीकार किया है।[296] निश्चय ही यह अवधि अत्यधिक होने के कारण अव्यावहारिक प्रतीत होती है। सम्भवत: इसका कारण मिताक्षरा की वह व्याख्या है, जिसके अनुसार मानव स्मरण (स्मार्तकाल) की अवधि 100 वर्षों की होती है, क्योंकि वेद ने मानव जीवन 100 वर्षों का माना है।[297]

'तीन पीढ़ियों तक की अवधि' की व्याख्या को पी०वी० काणे[298] ने संदिग्ध माना है। उनका मत है कि यह भी सम्भव है कि प्रपितामह, पितामह एवं पिता दस वर्षों के भीतर ही दिवङ्गत हो जायँ यह भी सम्भव है कि पितामाह के द्वारा अवैध ढंग से अर्जित सम्पत्ति पर उसका पुत्र एवं पौत्र एक दूसरे से स्वामित्व ग्रहण करते हुए दस वर्षों के भीतर ही दिवङ्गत हो जायँ तथा उसका प्रपौत्र यह दावा करे कि उसने तीन पीढ़ियों से इस सम्पत्ति का उपभोग कर लिया है। अत: उक्त सम्पत्ति पर उसे वैधानिक रूप से स्वत्व प्राप्त हो गया। पी०वी० काणे का मत है कि इसीलिए कात्यायन ने पृथक् रूप से अन्यत्र कहा है कि साठ वर्षों तक चलती हुई तीन पीढ़ियों का भोग स्थिर हो जाता है अर्थात् उसे स्वामित्व का स्वतन्त्र प्रमाण मिल जाता है।[299] नारद ने एक पीढ़ी की अवधि बीस वर्षों का माना है,[300] जबकि बृहस्पति ने एक पीढ़ी की अवधि तीस वर्षों का मानते हुए भोग की अवधि 90 वर्ष निर्धारित किया है।[301] इस संदर्भ में 'व्यवहारप्रकाश' ने कुछ अन्य मतों का उल्लेख किया है।[302]

इस प्रकार गौतम, मनु एवं याज्ञवल्क्य जैसे पूर्ववर्ती स्मृतिकारों ने बीस वर्षों तक के अवैधानिक भोग स्वामित्व प्राप्ति के लिए पर्याप्त माना है। दूसरी व्यवस्था नारद, कात्यायन तथा व्यास आदि उत्तरवर्ती स्मूतिकारों की है, जिन्होंने साठ वर्षों के अवैधानिक भोग को। इनके अतिरिक्त बृहस्पति ने उपर्युक्त भोगावधि 90 वर्षों का माना।

पी०वी० काणे का मत है कि इस विरोधाभास को दूर करने के लिए परवर्ती टीकाकारों एवं निबन्धकारों ने जो व्याख्याएँ प्रस्तुत की हैं उनमें तीन व्यवस्थाएँ अधिक प्रसिद्ध हुईं। प्रथम व्याख्या अपरार्क, कुल्लूक एवं रघुनन्दन जैसे टीकाकारों की है, जिन्होंने मनु (8.148) पर व्याख्या करते हुए यह व्यवस्था दिया कि बीस वर्षों के अवैध भोग से स्वामित्व की हानि हो जाती है अर्थात् स्वत्व का आरोपण दूसरे व्यक्ति (भोगकर्ता) में हो जाता है। दूसरी व्याख्या विश्वरूप (याज्ञ० 2.24) की है, जिसके अनुसार किसी व्यक्ति द्वारा बीस वर्षों तक भोग करने के पश्चात यदि कोई व्यक्ति विवाद प्रस्तुत करता है एवं अपने पक्ष में लेख्य प्रस्तुत करता है, तो वह अपना स्वामित्व नहीं सिद्ध कर सकता है, क्योंकि उसके विपक्ष में यह तर्क प्रस्तुत किया जा सकता है कि यद्यपि उसके पास लेख प्रमाण था, किन्तु मौन रहकर उसने भोग करने वाले को अवसर दिया एवं मौन स्वीकृति भी दिया। दूसरे शब्दों में किसी अजनबी के द्वारा सम्पत्ति का उपभोग करने पर स्वामी को मौन नहीं रहना चाहिए। तीसरी व्याख्या मिताक्षरा, व्यवहारमयूख, व्यवहारप्रकाश तथा कुछ अन्य लोगों की है कि यदि स्वामी अपनी दृष्टि के समक्ष किसी अन्य व्यक्ति को बीस वर्षों तक अपनी सम्पत्ति को उपभोग करते हुए देखता है और अंत में विवाद प्रस्तुत करता है, तो वह अपनी सम्पत्ति तो प्राप्त कर लेगा, किन्तु वह भूमिलाभ से वंचित रह जायेगा अर्थात् स्वत्व की हानि नहीं होगी, फलहानि होगी।[303]

चल सम्पत्ति-

व्यवस्थाकारों ने अचल सम्पत्ति के अतिरिक्त कुछ ऐसी सम्पत्तियों की भोगावधि तथा स्वामित्व-प्राप्ति विषयक नियमों का उल्लेख किया है, जो सामान्य रूप से उल्लिखित भोगावधि से पृथक है। इसके अन्तर्गत अधिकाशंतः चल सम्पत्ति- गाय, घोड़ा, ऊँट, आधि, उपनिधि एवं सगे सम्बन्धियों के द्वारा उपभोग किये जाने वाली सम्पत्तियों एवं स्वत्व आदि का उल्लेख हुआ है।

कौटिल्य का मत है कि उपनिधि, आधि, निधि, निक्षेप, स्त्री, सीमा, राजा एवं श्रोतिय की वस्तुओं पर भोगाधिकार लागू नहीं होता है।[304] मनु कौटिल्य की उक्त व्यवस्था के समर्थक प्रतीत होते हैं। उन्होंने आधि एवं उपनिधि के संदर्भ में स्पष्ट किया है कि आधि एवं उपनिधि को जब इनके स्वामी माँगे, तो तुरन्त वापस कर देना चाहिए, क्योंकि दीर्घकाल तक दूसरों के पास रहने पर भी इनका स्वामित्व नष्ट नहीं होता है।[305]

इसी प्रकार मनु ने व्यवस्था दी है कि यदि प्रीतिपूर्वक किसी को भोगने के लिए दूध देने वाली गौ, सवारी के लिए ऊँट, घोड़ा आदि या अन्य कोई वस्तु दी जाती है, तो दीर्घकाल तक उपभोग से वंचित रहने पर भी इनके स्वामी का दावा नष्ट नहीं होता है अर्थात् जब चाहें, वे उपभोगकर्ता से इन वस्तुओं की माँग कर सकते हैं।[306] किंतु परवर्ती लेखक मरीचि ने इस व्यवस्था के विपरीत यह कहा है कि यदि किसी मित्र को गाय, वाहन के लिए पशु तथा आभूषण आदि दिया जाय तथा चार-पाँच वर्षों तक उसे वापस न माँगा जाय, तो स्वामी का स्वामित्व समाप्त हो जाता है।[307] ऐसा प्रतीत होता है कि यह व्यवस्था इसलिए लागू की गई थी, जिससे लोग अनावश्यक रूप से अपना उत्तरदायित्व दूसरों पर न डालें तथा सहज संकोच के कारण दूसरे पक्ष को अनावश्यक रूप से कष्ट न उठाना पड़े।

गौतम किसी श्रोत्रिय, संन्यासी अथवा राजपुरुष द्वारा भोगी गई सम्पत्ति के आधार पर स्वामित्व का लोप नहीं स्वीकार करते हैं।[308] इसी प्रकार व्यास का भी कथन है कि यदि श्रोत्रिय, राजपुरुष, मित्र तथा बान्धव किसी सम्पत्ति का दीर्घकाल तक उपभोग करते हैं, तो भी स्वामी के स्वामित्व का लोप नहीं होता है। इसका कारण यह है कि व्यक्ति धर्मक्षय के भय से श्रोत्रिय से, मित्रता खो देने के भय से मित्र से, राजदण्ड प्राप्त करने के भय से राजपुरुष से तथा प्यार एवं स्नेह खो देने के भय से बान्धव से वस्तु को वापस करने की बात नहीं करता है।[309] बृहस्पति[310] तथा कात्यायन[311] का मत है कि जो सम्पत्ति किसी के अपने सम्बन्धियों एवं सजातियों द्वारा भोगी जाती है, वह मात्र भोग के कारण उनकी नहीं हो सकती है। इसी प्रकार व्यवस्थाकारों द्वारा अन्य विविध प्रकार की वस्तुओं के उपभोग एवं स्वामित्व आदि का विवेचन किया गया है।

स्पष्ट है कि प्राचीन भारत में स्वामित्व एवं भोग के विषय में विस्तृत नियमों एवं उपनियमों का विधान किया गया था। साक्ष्य की दृष्टि से भोग को महत्व तो दिया गया, परन्तु भोग की शुद्धता (सागम) को ही स्वीकृति प्राप्त हुई; अशुद्ध एवं अवैधानिक (अनागम) भोग को हेय समझते हुए साक्ष्य की दृष्टि से महत्व नहीं दिया गया। ऐसा प्रतीत होता है कि शुङ्ग काल तक स्वत्व की दृष्टि से चल एवं अचल सम्पत्ति की भोगावधि का निर्णय नहीं हो पाया था तथा कुछ अपवादों को छोड़कर स्वामित्व प्राप्ति की भोगावधि दस वर्ष निर्धारित की गयी थीं। शुंगोत्तर काल में चल एवं अचल सम्पत्ति के संदर्भ में भोगावधि क्रमशः दस एवं बीस वर्ष निर्धारित की गयी थी, जबकि गुप्त काल में अचल सम्पत्ति पर स्वामित्व हेतु भोगावधि 60 वर्ष निर्धारित की गयी। प्रत्येक काल में समाज के निर्बल वर्ग के सदस्यों, यथा- जड़, अवयस्क, बालक, रुग्ण, आपद्ग्रस्त, राजकीय कार्यों में संलग्न व्यक्तियों, स्त्रियों, विधवाओं, विद्याध्ययन में लगे हुए ब्रह्मचारियों एवं बन्दीगृह में चले जाने वाले बन्दियों की सम्पत्ति की सुरक्षा का ध्यान रखा गया।

दिव्य (Ordeals) -

प्राचीन व्यवस्थाकारों ने मानुष साक्ष्य के अभाव में वाद का निर्णय दिव्य साक्ष्य के आधार पर करने का निर्देश दिया है। उल्लेखनीय है कि उन्होंने साक्ष्यों में दिव्य को अंतिम स्थान दिया है। दिव्य साक्ष्य का प्रयोग तभी अपनाने का निर्देश दिया गया है, जब न केवल मानुष साक्ष्य का पूर्णतः अभाव हो, बल्कि आगे भी प्राप्त होने की कोई सम्भावना न हो। इस साक्ष्य का प्रयोग कुछ अपवादों को छोड़कर प्रायः अर्थमूलक वादों में नहीं किया जाता था। इस साक्ष्य की स्वीकृति एवं निषेध के बारे में इस अध्याय के प्रारम्भ में ही विचार किया जा चुका है। संक्षेप में यह कहा जा सकता है कि इस साक्ष्य का प्रयोग मानुष साक्ष्य के अभाव में प्रायः साहस, हत्या एवं स्त्री संग्रहण जैसे हिंसामूलक वादों में ही किया जाता था। अपवादस्वरूप कभी-कभी एकान्त, रात्रि एवं गृह के अन्दर हुए लेनदेन अथवा निक्षेप की अस्वीकृति की स्थित में[312] तथा मानहानि एवं अन्य प्रकार के ऐसे वादों में जिनमें शक्ति का प्रयोग किया गया हो, मानुष साक्ष्य के अभाव में दिव्य को स्वीकृति दी गयी थी।[313] इस स्तर पर भी दिव्य को परोक्ष में ही रखा जाता

था। साधारण अपराधों में 'शपथ' से ही औपचारिकताएँ पूरी कर ली जाती थीं। 'दिव्य तत्व' में दिव्य की परिभाषा देते हुए कहा गया है कि 'जो मानुष प्रमाण से न सिद्ध किया जा सके, उसे सिद्ध करने वाले को 'दिव्य' कहा जाता है।'[314] यह परिभाषा भी स्पष्ट करती है कि मानुष साक्ष्य के असफल होने पर ही दिव्य साक्ष्य का प्रयोग किया जाता रहा होगा।

दिव्य की प्राचीनता-

यद्यपि कीथ जैसे विद्वानों के अनुसार वेदों में दिव्य साक्ष्य के संकेत लगभग नगण्य हैं,[315] परन्तु ऐसा प्रतीत होता है कि अनौपचारिक साक्ष्य विधि के रूप में दिव्य के प्रचलन की परम्परा प्राचीन है। पंचविंश ब्राह्मण में वत्स की विमाता के द्वारा उसे शूद्रा से उत्पन्न कहे जाने पर उसके द्वारा स्वयं को ब्राह्मण सिद्ध करने के लिए अग्नि में कूदकर बच निकलने का उल्लेख प्राप्त होता है।[316] इस कथा का उल्लेख मनु के द्वारा भी किया गया है।[317] पी०वी० काणे ने इसे संस्कृत साहित्य में उल्लिखित दिव्य का प्रथम उदाहरण की सम्भावना व्यक्त की है।[318] छान्दोग्य उपनिषद एक व्यक्ति, जिसके ऊपर चोरी का आरोप है, के द्वारा जलती हुई कुल्हाड़ी के अपने हथेली पर रखे जाने का उल्लेख करता है, जिसका हाथ न तो जलता है और न ही क्षतिग्रस्त होता है।[319] आपस्तम्ब ने दिव्य प्रमाण एवं साक्षियों से पूछकर राजा को दण्ड देने का निर्देश दिया है।[320] रामायण में वर्णित सीता की अग्निपरीक्षा जगविश्रुत है। महाभारत में कहा गया है कि सूर्य, चन्द्र, अनिल (वायु), अनल (अग्नि), स्वर्ग, पृथिवी, जल, हृदय, यम, दिन, रात्रि, दोनों संध्याएँ एवं धर्म मानव के स्वभाव को जान लेते हैं।[321] उपर्युक्त उल्लेख स्पष्ट करते हैं कि दिव्य के अनौपचारिक रूप से साक्ष्य के रूप में प्रचलन की परम्परा प्राक् मौर्यकालीन है।

दिव्य के प्रकार-

कौटिल्य के 'अर्थशास्त्र' में दिव्य साक्ष्य का उल्लेख नहीं मिलता है। इस आधार पर मौर्यकाल में दिव्य साक्ष्य का प्रचलन दृष्टिगत नहीं होता है। ऐसा प्रतीत होता है कि कौटिल्य की दृष्टि अधिक व्यावहारिक थी। अत: उन्होंने मानुष साक्ष्य के आधार पर ही वाद के निर्णय पर बल दिया एवं दिव्य साक्ष्य की अवहेलना

किया। शुङ्ग काल में दो प्रकार के दिव्यों- 'अग्नि' एवं 'जल' - का उल्लेख प्राप्त होता है।[322] शुङ्गोत्तर एवं गुप्त काल में दिव्यों की संख्या में उत्तरोत्तर वृद्धि दृष्टिगोचर होती है। याज्ञवल्क्य एवं विष्णु ने पाँच प्रकार के दिव्यों- 'तुला', 'अग्नि', 'जल', 'विष' एवं 'कोश' - का उल्लेख किया है।[323] नारद एवं कात्यायन ने सात प्रकार के दिव्यों- 'तुला', 'अग्नि', 'जल', 'विष', 'कोश', 'तप्त माष' एवं 'तन्दुल' - का उल्लेख किया है।[324] इनके परवर्ती व्यवस्थाकारों - बृहस्पति एवं पितामह ने उपर्युक्त सात प्रकारों के अतिरिक्त 'फाल' एवं 'धर्मज' का उल्लेख करते हुए दिव्यों की संख्या नौ स्वीकार किया है।[325] गुप्तकाल एवं हर्षकाल में दिव्य के प्रचलन का उल्लेख 'मृच्छकटिकम्' एवं 'कादम्बरी' जैसे ग्रंथों से प्राप्त होता है।[326] इसके अतिरिक्त फाह्यान एवं ह्वेनसाँग के उल्लेखों से भी गुप्तकाल एवं हर्षकाल में दिव्य के प्रचलन की पुष्टि होती है।

राबर्ट लिंगत ने दिव्यों के प्रकार में उत्तरोत्तर वृद्धि को अत्यन्त आश्चर्यजनक माना है तथा यह मत प्रकट किया है कि ऐसा प्रतीत होता है कि न्यायिक प्रक्रिया के विकास के साथ ही तुच्छ स्वार्थ के लिए दिव्यों का प्रचलन बढ़ा होगा।[327] परन्तु इस तथ्य को स्वीकार नहीं किया जा सकता है। प्रायः सभी व्यवस्थाकारों ने दिव्य को अंतिम साक्ष्य के रूप में स्थान दिया है, न कि प्रथम साक्ष्य के रूप में। यदि हम दिव्यों का विश्लेषण करें, तो स्पष्ट होता है कि वास्तव में केवल तीन ही दिव्यों का प्रचलन था- 'अग्नि', 'जल' एवं 'विष'। अन्य दिव्य प्रायः इन तीनों से ही सम्बन्धित हैं। ऐसा प्रतीत होता है कि भारतीय न्याय व्यवस्था के अन्तर्गत अधिकांश दिव्य सैद्धान्तिक थे, व्यावहारिक कम थे। सम्भवतः वे ही दिव्य, जो सरलता से व्यवहृत हो सकते थे, प्रचलित रहे तथा शेष प्रचलन से बाहर होते गये।[328] इसके बावजूद दिव्यों का प्रचलन मुगलकाल एवं मराठा काल में भी दृष्टिगोचर होता है। भारत ही नहीं मध्यकालीन इंग्लैण्ड एवं यूरोप में भी दिव्यों के प्रचलन के प्रमाण प्राप्त होते हैं।[329]

दिव्य एवं वर्ण-

विभिन्न वर्णों के लिए पृथक्-पृथक् दिव्यों के द्वारा परीक्षण का निर्देश दिया गया है। प्रायः सभी स्मृतिकारों ने ब्राह्मणों को 'विष' नामक दिव्य के द्वारा परीक्षण

से मुक्त रखा है। याज्ञवल्क्य ने ब्राह्मणों के लिए 'तुला', क्षत्रियों के लिए 'अग्नि', वैश्यों के लिए 'जल' तथा शूद्रों के लिए 'विष' नामक दिव्य के द्वारा परीक्षण करने का निर्देश दिया है।[330] नारद की भी यही व्यवस्था है किन्तु अन्यत्र उन्होंने 'कोश' को सभी वर्णों के लिए उपयुक्त माना है तथा ब्राह्मणों के लिए 'घट' का निर्धारण किया है।[331] बृहस्पति ने ब्राह्मणों के लिए 'घट' तथा अन्यों के लिए पूर्ववत दिव्यों का निर्देश दिया है।[332] कात्यायन ने सभी वर्णों एवं जातियों के लिए सभी प्रकार के दिव्यों का निर्देश दिया है, केवल ब्राह्मणों को 'विष' से मुक्त रखा है।[333] किंतु ऐसा प्रतीत होता है कि केवल वही ब्राह्मण 'विष' से मुक्त थे, जो अपने वर्णधर्म का पालन करते थे। कात्यायन का विचार है कि उच्च वर्णों के गोरक्षकों, व्यापारियों, शिल्पकारों, भाँटों, भृत्यों एवं कुसीदियों को शूद्र के समान ही दिव्य ग्रहण कराना चाहिए।[334]

दिव्य सम्बन्धी अन्य महत्वपूर्ण प्राविधान-

व्यवस्थाकारों ने दिव्य से सम्बन्धित कुछ अन्य महत्वपूर्ण निर्देश दिया है। नारद ने व्रतधारियों, अत्यधिक आर्तजनों, व्याधिग्रस्तजनों, तपस्वियों एवं स्त्रियों को दिव्य ग्रहण कराने से मना किया है।[335] मिताक्षरा में उद्धृत एक अनाम स्मृतिकार के द्वारा तुला एवं कोश नामक दिव्यों का ग्रहण स्त्रियों एवं अवयस्कों आदि के लिए भी मान्य घोषित किया गया है।[336] अन्यत्र नारद ने स्त्रियों को विष एवं जल नामक दिव्य से मुक्त रखकर तुला एवं कोश के द्वारा परीक्षण करने का निर्देश दिया है।[337] सामान्यतः स्त्रियों को 'अग्नि' नामक दिव्य से मुक्त रखा गया है, सीता का उदाहरण अपवाद प्रतीत होता है। पी०वी० काणे के अनुसार उपर्युक्त व्यवस्थाओं से व्यवस्थाकारों की समाज के निर्बल वर्ग के सदस्यों के प्रति सहिष्णुता, दयालुता एवं अनुराग की गन्ध मिलती है।[338]

कात्यायन ने अग्नि-दिव्य लोहारों के लिए, जल-दिव्य जलीय कार्य से सम्बन्धित लोगों (यथा- नाविक, मल्लाह एवं गोताखोर आदि), विष-दिव्य तान्त्रिकों, योगियों एवं झाड़-फूँक करने वाले लोगों एवं तन्दुल दिव्य को मुख के रोग से ग्रसित लोगों के लिए उचित नहीं माना है।[339] इसी प्रकार पितामह ने अग्नि साक्ष्य को कुष्टरोगियों के लिए, जल साक्ष्य श्वाँस एवं कफ़ के रोगियों के लिए, विष साक्ष्य

पित्तग्रस्त एवं बलगम-रोगियों के लिए तथा कोश साक्ष्य को शराबियों, जुआरियों, विषयासक्तों एवं नास्तिकों आदि के लिए अनुपयुक्त माना है।[340]

व्यवस्थाकारों के द्वारा इस प्रकार का प्रतिबेध क्यों स्थापित किया गया, इस सम्बन्ध में कुछ अनुमान लगाया जा सकता है। ऐसा प्रतीत होता है कि लोहार को दिन-रात अग्नि के समीप बैठकर गरम लोहे के पीटने के कारण अग्नि दिव्य का उपयोग करने से प्रतिषिद्ध किया गया, क्योंकि सम्भव है कि वह अग्नि के पास निरन्तर बैठकर कार्य करने के कारण विशेष कष्ट का अनुभव न करे। इसी प्रकार कुष्ट रोग ग्रसित व्यक्ति की हथेली पर तप्त लौहखण्ड रखने पर भी उसे किसी प्रकार के विशिष्ट कष्ट का अनुभव नहीं हो सकता है। इसी प्रकार जल से जीविका चलाने वाले लोगों- नाविक, मल्लाह एवं गोताखोर आदि, को जल के अन्दर देर तक रहने का अभ्यास होता है। अतः सम्भव है कि वे अपराधी होने पर भी इसलिए निरपराधी घोषित हो जायँ कि वे दिव्य के लिए निर्धारित समय तक जल के अन्दर रह लें। सपेंरो, झाड़फूक करने वालों, जादूगरों आदि को विष पान का अल्प अभ्यास होता है। अतः सम्भव है कि विष का इन पर विशेष प्रभाव न पड़े। मुँखरोगियों के मुँख में पड़ा चावल पायरिया जैसे दन्त रोगों के कारण भी लाल हो सकता है। श्वॉस तथा बलगम के रोगी सम्भव है कि जल परीक्षण के समय ही मर जाँय। अतः ऐसे लोगों के लिए जल साक्ष्य वर्जित किया गया। कोश साक्ष्य को मद्य व्यसनियों, जुआरियों तथा नास्तिकों आदि के लिए सम्भवतः इसलिए अनुपयुक्त माना गया कि ऐसे लोगों की प्रायः ईश्वर में आस्था नहीं रहती है एवं न ही सामाजिक अपमान का भय रहता है। अतः ऐसे लोग अपने अल्पलाभ के लिए झूठी शपथ लेकर कोष की पवित्रता को नष्ट कर सकते हैं।

कात्यायन का मत है कि पिता, माता, ब्राह्मण, गुरु, नाबालिग, स्त्री एवं राजा के हन्ता, पंच महापातकी; विशेषतः नास्तिक लोग, जो विशिष्ट सम्प्रदाय चिह्न रखते हों, महादुष्ट लोग, तन्त्रमंत्र करने वाले, यौगिक क्रिया करने वाले, वर्णसङ्कर एवं बार-बार पाप करने वाले स्वयं दिव्य नहीं ग्रहण कर सकते हैं।[341] श्रद्धाकर सुपकार का मत है कि इस वर्जना का कारण यह प्रतीत होता है कि ऐसे व्यक्ति इस योग्य नहीं समझे जाते रहे होंगे कि वे दिव्य साक्ष्य ग्रहण करने के पूर्व के

कर्मकाण्ड में सम्मिलित हो सकें।[342] किंतु इसका यह अर्थ नहीं है कि उन्हें दण्डहीन छोड़ दिया जाता था। उनके स्थान पर उनके द्वारा नियुक्त व्यक्ति तथा उसके अभाव में उसके किसी सम्बन्धी को दिव्य ग्रहण करना पड़ता था।[343]

नारद ने अग्नि को वर्षा, घट को शिशिर, जल को ग्रीष्म तथा विष को शीतल मौसम के लिए उपयुक्त माना है।[344] इसके विपरीत शीत ऋतु में जल, उष्ण मौसम में अग्नि, तूफानी मौसम में तुला तथा वर्षा ऋतु में विष के प्रयोग को अनुपयुक्त माना है।[345] ऐसा प्रतीत होता है कि शीत ऋतु में जल, उष्ण मौसम में अग्नि तथा तूफानी मौसम में तुला को इसलिए अनुपयुक्त माना गया कि इनका प्रयोग अनपेक्षित परिणाम दे सकता है। इसी प्रकार सम्भवतः वर्षा ऋतु के पाचन की दृष्टि से अनुपयुक्त होने तथा शरद ऋतु के पाचन की दृष्टि से उपयुक्त होने के कारण विष का प्रयोग वर्षा ऋतु में गर्ह्य तथा शीतऋतु में ग्राह्य माना गया।

पितामह ने चैत्र, वैशाख एवं मार्गशीर्ष को सभी दिव्यों के लिए उपयुक्त तथा कोष एवं तुला को सभी मासों में किये जाने के योग्य माना है।[346] स्मृतिकारों के द्वारा दिव्य ग्रहण करने के समय का भी उल्लेख किया गया है। प्रायः सभी प्रकार के दिव्यों के लिए प्रातःकाल को उपयुक्त माना गया है। याज्ञवल्क्य ने सभी प्रकार के दिव्यों के लिए सूर्योदय की बेला को उपयुक्त माना है।[347] पितामह ने मध्याह्न में जल दिव्य तथा रात्रि के तृतीय प्रहर में विष दिव्य की कार्यवाही का निर्देश दिया है।[348] मिताक्षरा[349] ने रविवार तथा प्रजापति[350] ने रविवार एवं भौमवार को सभी प्रकार के दिव्यों के लिए उपयुक्त माना है। नारद ने सभी प्रकार के दिव्यों के लिए मध्याह्न से सायंकाल के मध्य की अवधि को निषिद्ध किया है।[351]

पितामह ने निर्देश दिया है कि राजा अथवा न्यायाधीश को विद्वान ब्राह्मण अथवा प्रजा के सामने दिव्य की कार्यवाही करनी चाहिए।[352] कात्यायन का मत है कि दिव्य की कार्यवाही गम्भीर प्रकृति से सम्बन्धित वादों में किसी प्रसिद्ध मंदिर में, राजद्रोह से सम्बन्धित वादों में राजद्वार के सामने तथा वर्णसङ्कर से सम्बन्धित वादो (प्रतिलोम की स्थिति में) में चतुष्पदों (चौराहों) पर तथा अन्य वादों में न्यायालय में सम्पन्न कराना चाहिए।[353] ऐसा प्रतीत होता है कि गम्भीर प्रकृति, राजद्रोह एवं

वर्णसंकरता से सम्बन्धित वादों में सार्वजनिक स्थानों पर दिव्य ग्रहण कराने की पृष्ठभूमि में उद्देश्य यह रहा होगा कि दिव्य की दुष्कर प्रक्रिया को देखकर लोग ऐसे अपराधों से विरत रहें।

दिव्य ग्रहण करने के पूर्व की धार्मिक क्रिया-

स्मृतिकारों ने दिव्य ग्रहण की जिस प्रक्रिया का उल्लेख किया है, वह एक कर्मकाण्ड की भाँति प्रतीत होता है। दिव्य से सम्बन्धित कार्यवाही में प्राड्विवाक् की भूमिका अत्यन्त महत्वपूर्ण होती थी एवं दिव्य से सम्बन्धित सामग्री का प्रबन्ध उसे ही करना पड़ता था।[354] दिव्य ग्रहण करने से पूर्व वाले दिन को 'शोध्य' (जिसे दिव्य ग्रहण करना होता था) को उपवास करना पड़ता था। दिव्य ग्रहण करने के दिन प्रातःकाल न्यायाधीश एवं शोध्य, दोनों प्रातःकाल स्नान करते थे। इसके पश्चात न्यायाधीश पूर्वाभिमुख होकर मंत्रों के द्वारा देवताओं का आवाहन करता था, उन्हें ढोल एवं नगाड़ा बजाकर पुष्प, चन्दन एवं धूप आदि देता था। वह देवताओं का आवाहन करता था कि वे दिव्य की निष्पक्ष कार्यवाही के सम्पादन में उसकी सहायता करें। इसके पश्चात एक पत्ते पर दिव्य का उद्देश्य लिखकर मंत्रोच्चार के साथ शोध्य, जो भीगे वस्त्रों में ही खड़ा रहता था, के सिर पर रख दिया जाता था।[355] यह कार्यवाही प्रायः सभी प्रकार कें दिव्य ग्रहण के पूर्व की जाती थी। दिव्य ग्रहण करने की तिथि की घोषणा न्यायाधीश के द्वारा ही की जाती थी।

तुला-दिव्य -

दिव्यों में तुला दिव्य को प्रथम स्थान प्राप्त है। यह दिव्य शोध्य के लिए शारीरिक कष्ट से रहित होता है। सम्भवतः यही कारण है कि न केवल भारत, प्रत्युत विश्व के अन्य देशों में भी यह दिव्य लोकप्रिय रहा। इस दिव्य में खदिर अथवा उदुम्बर जैसा कोई यज्ञीय वृक्ष काट लिया जाता था। उससे दो स्तम्भ एवं एक अक्ष निर्मित किया जाता था। स्तम्भों को दो हाथ (लगभग 3 फीट) भूमि में गाड़ दिया जाता था तथा चार हाथ (लगभग 6 फीट) भूमि से ऊपर रखा जाता था। ये स्तम्भ उत्तरदक्षिण की दिशा में रखे जाते थे। अक्ष से दो तुला (पलड़ा) लटका दिया जाता था। एक पलड़े पर शोध्य को बैठाकर उसे मिट्टी, ईंट तथा प्रस्तर खण्डों से तौला जाता था।[356] इसके पश्चात शोध्य को पलड़े से उतारकर

उसे असत्य भाषण का फल सुनाया जाता था। इसके पाँच पल (लगभग 2 मिनट) बाद मंत्रोच्चार के साथ उसे पुनः तुला के पलड़े पर बैठाकर उसकी तौल ली जाती थी। यदि उसकी तौल कम हो जाती थी, उसे अपराध मुक्त समझा जाता था, किन्तु तौल के अधिक अथवा बराबर होने पर उसे अपराधी समझा जाता था। सम्भवतः इसके पीछे यह विश्वास था कि शोध्य पाप के भार के कारण अधिक वजन वाला हो जाता है। इसके विपरीत नारद का विचार है कि यदि शोध्य का वजन बढ़ जाता है, तो उसे निरपराध एवं बराबर रहने पर अपराधी समझना चाहिए।[357] बराबर तौल आने पर पुनः तौल का विधान था।[358] सम्भवतः इस दिव्य के सरल एवं शारीरिक कष्ट से रहित होने के कारण ही इसे स्त्रियों, अल्पवयस्कों, वृद्धों, अन्धों, लूले-लंगड़ों, रोगियों तथा ब्राह्मणों के लिए उपयुक्त समझा गया।[359]

अग्नि का दिव्य-

अग्नि का दिव्य अत्यन्त कठोर एवं पाशविक प्रतीत होता है। इसे क्षत्रियों के लिए उसी प्रकार उपयुक्त माना गया है, जिस प्रकार विवाह विधि में राक्षस विवाह को क्षत्रियों के लिए उपयुक्त माना गया है। इस दिव्य में अग्नि, वरुण, वायु, यम, इन्द्र, कुबेर, सोम, सविता एवं विश्वदेवों को समर्पित करते हुए गोबर के नौ वृत्त बनाये जाते थे।[360] प्रत्येक वृत्त 16 अंगुल का रहता था तथा एक वृत्त से दूसरे वृत्त की दूरी भी 16 अंगुल की होती थी।[361] प्रत्येक वृत्त में कुश रख दिया जाता था। वृत्त में शोध्य को अपना पैर रखना होता था। इसके पश्चात लोहार, उस अग्नि में, जिसमें घृत की 108 बार आहुतियाँ डाली जाती थीं, 50 पल भार वाला आठ अंगुल लम्बा लौहखण्ड तप्त करता था। शोध्य के दुर्बल होने पर केवल 16 पल का लौहखण्ड तप्त किया जाता था। शोध्य को प्रथम वृत्त में पूर्वाभिमुख होकर खड़ा करके न्यायाधीश उसके दोनों हाथों पर लाल चिह्न बनाकर चावल रगड़ता था। इसके पश्चात न्यायाधीश उसके हाथ पर अश्वस्थ (पीपल) की सात पत्तियाँ, चावल एवं दही रखकर उन्हें एक धागे में बाँध देता था। इसके पश्चात न्यायाधीश चिमटे से तप्त लौह खण्ड को उठाकर शोध्य के पत्तियों वाले हाथ में रख देता था एवं उसे प्रत्येक वृत्त में से होकर धीरे-धीरे चलने के लिए कहता था।[362] शोध्य प्रत्येक वृत्त में धीरे-धीरे चलते हुए आठवें वृत्त में पहुँचकर नवें वृत्त में लौहखण्ड फेंक देता था। इसके उपरान्त न्यायाधीश पुनः उसके हाथ

को रगड़ता था। यदि शोध्य ऐसा करने में हिचकिचाहट नहीं दिखाता था एवं न ही दिन भर में उसकी हथेली पर घाव बनता था, तो उसे निरपराध मान लिया जाता था। याज्ञवल्क्य लौहखण्ड के आठवें वृत्त तक पहुँचने के पूर्व ही गिर जाने की स्थिति में पुनः दिव्य प्रक्रिया प्रारम्भ करने का निर्देश देते हैं।[363] निश्चय ही यह एक पाशविक क्रिया थी। अतः कालान्तर में यह प्रतीकात्मक ही अधिक रह गया।

जल का दिव्य-

इस दिव्य में किसी जलाशय का उपयोग किया जाता था। पितामह के अनुसार जलाशय को स्थिर जल वाला, जंगली वृक्षों, तृण, शैवाल एवं कीचड़विहीन तथा मगरमच्छ एवं घड़ियाल जैसे भयङ्कर जानवरों से रहित होना चाहिए।[364] इस दृष्टि से क्षीण वेग वाली नदी, सागर अथवा झरना, जो देवताओं को समर्पित हों, चयन किया जा सकता है।[365] इस प्रकार के दिव्य में न्यायाधीश जलाशय के पास पहुँचकर शोध्य के कान तक की ऊँचाई वाला एक तोरण स्थापित करता था। वह धनुष, तीन बाणों, जिसके नोंक लोहे के स्थान पर बाँस के होते थे तथा जल देवता वरुण की चन्दन, दीप एवं धूप आदि से पूजा करता था। लगभग 150 हाथ की दूरी पर एक लक्ष्य निर्धारित किया जाता था, जहाँ पर किसी पवित्र वृक्ष का एक स्तम्भ लेकर उच्चवर्णीय कोई व्यक्ति पूर्वाभिमुख होकर नाभि तक के जल में खड़ा हो जाता था। तब न्यायाधीश देवी-देवताओं का आवाहन करके जल में खड़े शोध्य के सिर पर अपराध लिखकर रखता था। इसके पश्चात पवित्र आत्मा वाला उपवास किया हुआ आयुधजीवी (ब्राह्मण अथवा क्षत्रिय) तोरण द्वार से लक्ष्य तक तीन बाणों को फेंकता था। शोध्य वरुण की उपासना करके अपनी रक्षा की प्रार्थना करता था। तब तक वह युवक गिरे हुए बाण तक दौड़ आता था एवं बाण को लेकर खड़ा हो जाता था। तोरण के पास कोई अन्य चपल युवक खड़ा हो जाता था। तब न्यायाधीश तीन बार ताली बजाता था। तीसरी ताली के साथ ही शोध्य जल में खड़े व्यक्ति की जाँघ पकड़कर डुबकी लगाता था एवं तोरण के पास खड़ा व्यक्ति शीघ्रता से दूसरे बाण वाले व्यक्ति के पास पहुँच आता था एवं बाण वाला व्यक्ति तोरण के पास दौड़ आता था। यदि वह व्यक्ति तोरणद्वार से शोध्य को नहीं देखता था अथवा केवल उसके सिर का ऊपरी भाग देखता था तो शोध्य

निर्दोष सिद्ध हो जाता था। इसके विपरीत यदि वह शोध्य का नाक अथवा कान देख लेता था या अन्यत्र बहते हुए देख लेता था, तो शोध्य को अपराधी मान लिया जाता था।[366]

इस दिव्य में अनेक त्रुटियाँ दृष्टिगोचर होती हैं। यथा- यदि बाण चलाने वाला तेज बाण नहीं चलाता है तो लक्ष्य निकट निर्धारित होगा। इसके विपरीत तेज बाण चलाने पर लक्ष्य दूर निर्धारित होगा। इसी प्रकार यदि धावक तेज दौड़ता है तो शोध्य के लिए लाभकारी होगा एवं यदि वह धीमा दौड़ता है, तो उसके लिए हानिकारक होगा। यह दिव्य सरल था। लगभग 225 फीट ही रहता था, जहाँ एक मिनट से कम समय में ही फुर्तीला युवक दौड़कर पहुँच सकता था। इसी अवधि में शोध्य को जल में रहना पड़ता था, जो औसत एवं स्वस्थ्य व्यक्ति के लिए दुष्कर नहीं था। सम्भवतः इसीलिए जल के द्वारा अपनी जीविका के निर्वाह करने वालों के लिए इस प्रकार के दिव्य की वर्जना की गयी है। बारहवीं शताब्दी तक यह दिव्य लगभग अप्रचलित हो गया था।[367]

विष का दिव्य-

विष के दिव्य को ब्राह्मणेतर वर्णों के लिए प्रशस्त माना गया है। इस संदर्भ में सर्वप्रथम विष की तैयारी किये जाने का उल्लेख प्राप्त होता है। विष्णु ने निर्देश दिया है कि श्रृंग नामक पौधे से निकाला गया 'शार्ङ्ग' नामक विष जो हिमालय में प्राप्त होता है, का उपयोग विष दिव्य के रूप में करना चाहिए तथा उसे सात यव (एक यव = लगभग आठ मिग्रा) विष तथा उसे सात यव (एक यव = लगभग आठ मिग्रा) विष देना चाहिए।[368] पितामह सात यव (लगभग 56 मिग्रा) 'शार्ङ्ग', 'वत्सनाभ' (वत्स नामक पौधे से निकाला गया) अथवा 'हैमवत' नामक विष देने का निर्देश देते हैं।[369] नारद ने विष के साथ 20 गुना घी मिलाने का निद्रेश दिया है,[370] जबकि कात्यायन ने 30 गुना घी मिलाने का निर्देश दिया है।[371] इसी प्रकार नारद ने विभिन्न ऋतुओं के अनुसार विष देने का निर्देश दिया है। यथा- वर्षाऋतु में चार यव, ग्रीष्मऋतु में पाँच यव, हेमन्त ऋतु में सात अथवा आठ यव एवं शरद ऋतु में छः यव से कम विष देना चाहिए।[372]

इस दिव्य के अन्तर्गत सर्वप्रथम माहेश्वर के मूर्ति की धूप, दीप एवं पुष्प आदि अर्पित कर आराधना के पश्चात दिव्य की कार्यवाही प्रारम्भ की जाती थी।

शोध्य का मुख दक्षिण की ओर रहता था। रात्रि के अंतिम प्रहर में विष ग्रहण कराने की कार्यवाही प्रारम्भ होती थी। ऐसा प्रतीत होता है कि उस युग में भी मंत्र, जड़ी-बूटी एवं रत्न आदि के माध्यम से विष के प्रभाव को निष्क्रिय करने की विधि ज्ञात थी। पितामह ने शोध्य को तीन, चार अथवा पाँच रात्रि तक राजपुरुषों की देखरेख में रखे जाने का निर्देश दिया है।[373] इसका उद्देश्य शोध्य को विषपान से पूर्व किसी विष-प्रतिरोधी वस्तु के खाने का निषेध करना प्रतीत होता है। यदि विषपान के पश्चात उस पर विष के प्रभाव का कोई लक्षण दृष्टिगोचर नहीं होता था, तो उसे निरपराधी घोषित किया जाता था।[374] यह भी निर्देश प्राप्त होता है कि यदि विष की मात्रा अधिक हो एवं शोध्य 500 तालियाँ बजाने तक विष के प्रभाव के विना रह जाता है, तो उसे निरपराधी मानकर उसका उपचार करना चाहिए।[375]

निश्चय ही दिव्य की यह विधि अत्यन्त कष्टदायक रही होगी। इस दिव्य के ग्रहण करने वाले अधिकांश शोध्यों की मृत्यु हो जाती रही होगी। अतः कालान्तर में यह दिव्य प्रचलन से बाहर होता गया। सातवीं शताब्दी ई॰ तक दिव्य का प्रचलन निश्चित रूप से था। ह्वेनसांग ने दिव्य परीक्षा का उल्लेख किया है।[376] किंतु तेरहवीं शताब्दी के प्रारम्भ के देवण्ण भट्ट की स्मृतिचन्द्रिका में इसका उल्लेख नहीं प्राप्त होता है।

कोश का दिव्य :-

अन्य दिव्यों की तुलना में कोश दिव्य एवं इसकी प्रक्रिया सरल थी। इस दिव्य के अन्तर्गत शोध्य को रुद्र, दुर्गा तथा आदित्य आदि क्रुद्ध प्रकृति के देवी-देवताओं की चन्दन, पुष्प आदि से पूजा करने के पश्चात उनकी मूर्तियों को स्नान कराना पड़ता था।[377] तद्पश्चात न्यायाधीश उस स्नान-जल को अभिमंत्रित कर तीन बार शोध्य को पीने के लिए देता था।[378] यदि शोध्य चाहे तो अपने आराध्य देव की मूर्ति को स्नान कराकर उसके जल, दुर्गा के शूल को स्नान कराकर उसके जल अथवा अन्य देवी देवताओं के आयुधों को स्नान कराकर उसके जल का पान कर सकता था।[379] प्रायः सभी व्यवस्थाकारों ने इसके पश्चात शोध्य के परीक्षण का निर्देश दिया है। यदि दिव्य ग्रहण करने के दो-तीन सप्ताह के भीतर वह विपत्तिग्रस्त हो जाय, राजदण्ड का पात्र बन जाय, किसी भयङ्कर बीमारी से ग्रस्त

हो जाय अथवा उसके किसी निकट सम्बन्धी की मृत्यु हो जाय, तो उसे अपराधी मान लिया जाता था अन्यथा इस प्रकार की विपरीत स्थिति न आने पर उसे निरपराधी घोषित किया जाता है।[380] इसकी विधि एवं प्रक्रिया के सरल होने के कारण सभी वर्ग के लोगों को इसे ग्रहण कराने का निर्देश दिया गया है।

तंदुल का दिव्य-

इस दिव्य को चोरी से सम्बन्धित विवादों के लिए उपयुक्त माना गया है।[381] इस दिव्य को ग्रहण करने से पूर्व धान से चावल निकालकर मिट्टी के पात्र में रखकर सुखाया जाता था। इसके पश्चात उसमें सूर्य को अभिमंत्रित करके जल डाला जाता था। जलसहित चावल को रातभर रख दिया जाता था। शोध्य को रात भर उपवास कराया जाता था। दूसरे दिन शोध्य स्नान करता था। इसके पश्चात न्यायाधीश उसे मिट्टी के पात्र वाला चावल चबाने के लिए देता था। शोध्य चावल को चबाकर तीन बार भोजपत्र अथवा पीपलपत्र पर थूकता था।[382] यदि उसके थूक में रक्त आ जाय, तो वह अपराधी मान लिया जाता था अन्यथा उसे निरपराधी घोषित किया जाता था।[383] पितामह के अनुसार यदि शोध्य के हाथ, तालु, कपोलों से रक्त आने लगे अथवा उसके शरीर में कम्पन होने लगे, तब भी उसे अपराधी मान लेना चाहिए।[384] इस दिव्य की सर्वाधिक त्रुटि यह प्रतीत होती है कि सामान्य व्यक्ति भी दिव्य ग्रहण करने पर अस्थिर चित्त हो सकता है, उसकी शरीर भय से काँप सकती है अथवा दन्त एवं मुख रोग होने पर मुख से रक्त आ सकता है। इस प्रकार अपराध न करने पर भी वह अपराधी घोषित किया जा सकता है।

तप्तमाष का दिव्य-

यह दिव्य भी अग्नि दिव्य का ही एक रूप था। पितामह के अनुसार इसमें सोलह अंगुल व्यास वाले चार अंगुल गहरे ताम्र, लोहे अथवा मिट्टी के पात्र में बीस पल घी अथवा तेल डलवाकर न्यायाधीश खौलवाता है। इसके पश्चात उसमें एक मासा तौल का स्वर्णखण्ड डलवाता है। इस स्वर्ण खण्ड को शोध्य को अंगूठे, तर्जनी एवं मध्यमा से निकालना पड़ता है। यदि उसकी उंगलियों में कम्पन न हो एवं न ही फफोले पड़े, तो उसे निर्दोष समझा जाता है, इसके विपरीत अपराधी।[385]

इस विधि में गर्म स्वर्ण खण्ड का प्रयोग होने के कारण ही इसे तप्तमाष कहा गया है।

फाल का दिव्य-

यह दिव्य भी अग्नि दिव्य का एक उपप्रकार ही प्रतीत होता है। यह दिव्य भी अत्यन्त कष्टदायक रहा होगा। 'व्यवहारतत्व' के अनुसार यह दिव्य पशु-चोरों के लिए था।[386] इस दिव्य में बारह पल तौल वाला आठ अंगुल लम्बा एवं चार अंगुल चौड़ा हल का फाल तप्त करके रक्तवर्णी किया जाता था। इसे शोध्य को अपनी जीभ से चाटना पड़ता था। यदि उसकी जीभ नहीं जलती थी, तो उसे निर्दोष समझ लिया जाता था।[387] निश्चय ही यह एक पशुवत क्रिया थी, जिसमें किसी का निर्दोष सिद्ध होना असम्भव था।

धर्म का दिव्य (धर्मज)-

इस प्रकार के दिव्य में धर्म की एक रजतमूर्ति एवं अधर्म की सीसा अथवा लौहमूर्ति निर्मित करायी जाती थी अथवा न्यायाधीश स्वयं भोजपत्र अथवा वस्त्र पर श्वेत रंग वाले धर्म का एवं कृष्ण रंग वाले अधर्म का चित्र बनाता था। इसके पश्चात उन पर पंचगव्य दिड़ककर क्रमशः श्वेत एवं कृष्णवर्णीय पुष्पों द्वारा उनकी पूजा की जाती थी। दोनों छोटी मूर्तियों अथवा चित्रों को देवमूर्तियों तथा ब्राह्मणों की उपस्थिति में गोबर द्वारा लीपे गये एक स्थान पर मिट्टी के एक पात्र में रखा जाता था तथा शोध्य से देवताओं का आवाहन कर धर्म की मूर्ति अथवा चित्र को पात्र में से निकालने के लिए कहा जाता था। यदि धर्म का पिण्ड निकलता था, तो वह निर्दोष सिद्ध होता था, अन्यथा उसे अपराधी मान लिया जाता था।[388]

घट-सर्प का दिव्य-

स्मृतिकारों ने घट-सर्प के दिव्य का उल्लेख नहीं किया है। इस दिव्य का उल्लेख 'व्यवहार तत्व' में हुआ है,[389] जिसके अनुसार म्लेच्छों एवं कुछ अन्य लोगों में इस दिव्य का प्रचलन था। इस दिव्य के अन्तर्गत एक घड़े में विषैला सर्प रख दिया जाता था। इसके पश्चात उस घड़े में अंगूठी अथवा सिक्का डाला जाता था तथा शोध्य को उस घड़े में से उसे निकालना पड़ता था। यदि व्यक्ति

को सर्प नहीं काटता था अथवा काटने पर उसकी मृत्यु नहीं होती थी, तो उसे निरपराधी घोषित कर दिया जाता था।[390]

उपर्युक्त विवेचन से यह स्पष्ट हो जाता है कि मुख्यत: तीन प्रकार के दिव्यों- अग्नि, जल एवं विष का विधान था। शेष दिव्य इन्हीं के उपप्रकार प्रतीत होते हैं। इन दिव्यों के द्वारा यथार्थ ज्ञान प्राप्त करने में व्यक्ति को कठोर मानसिक एवं शारीरिक यंत्रणा का सामना करना पड़ता रहा होगा तथा इसके द्वारा प्राप्त परिणाम भी प्राय: यथार्थरहित ही रहते होंगे। यह भी सम्भव था कि कुछ दिव्यों यथा- अग्नि, विष, तप्तमाष एवं फाल- के द्वारा प्राप्त परिणाम अपराधी एवं निर्दोष व्यक्ति को एक ही श्रेणी के अन्तर्गत स्थान दें। इसी प्रकार तुला, जल, कोश, तन्दुल तथा धर्मज जैसे दिव्य व्यावसायिक अपराधी को उसकी निपुणता एवं चातुर्य के कारण निर्दोष सिद्ध कर सकते थे एवं इन गुणों के अभाव में निर्दोष भी अपराधी सिद्ध हो सकता था। इतना ही नहीं अग्नि, विष, तप्तमाष तथा फाल जैसे दिव्य एक ही परिणाम दे सकते थे- व्यक्ति की शारीरिक क्षति अथवा उसका शारीरिक अंत। सम्भवत: इन्हीं कारणों से इन्हें साक्ष्य विधि में अंतिम स्थान दिया गया।

ऐसा प्रतीत होता है कि दिव्य साक्ष्य न्यायपालिका के विकास के प्रारम्भिक चरण में ही प्रचलन में रहा होगा। न्यायपालिका के विकासक्रम में जब मानुषी साक्ष्य की विविध विधियों का जैसे-जैसे विकास होता गया होगा, दिव्य साक्ष्य गौण होता गया होगा। यद्यपि गुप्तकाल तक इनके प्रचलन का प्रमाण प्राप्त होता है, किन्तु ऐसा प्रतीत होता है कि इनमें से अधिकांश दिव्य सैद्धान्तिक एवं प्रतीकात्मक महत्व के ही रहे होंगे। मानुष साक्ष्य ही प्रभावी रहा होगा। अपवादस्वरूप ही यदा-कदा इन दिव्यों के द्वारा वाद की यथार्थता का निर्धारण किया जाता होगा।

चतुर्थ पाद-

सिद्धि (निर्णय)-

व्यवहार-विधि का चतुर्थ एवं अंतिम पाद 'साध्य सिद्धि' अथवा निर्णय है। इस पाद में राजा अथवा न्यायाधीश सभ्यों की सहायता से वादी की जय अथवा पराजय के बारे में निर्णय करता है।[391] नारद ने राजा को यह निर्देश दिया है

कि वह दण्ड-निर्णय करते समय उभयपक्ष को बाहर जाने के लिए कह दे।[392] इससे स्पष्ट होता है कि साक्ष्य की प्रस्तुति के पश्चात साक्ष्यमीमांसा होती होगी एवं गहन विचारविमर्श के पश्चात ही किसी वाद का निर्णय किया जाता होगा। नारद आधुनिक न्यायपालिका की भाँति निर्णय को सुरक्षित रखने के पक्ष में नहीं प्रतीत होते हैं। अत: उन्होंने यह निर्देश दिया है कि चाहे कोई पक्ष स्वीकारोक्ति के कारण अथवा अपने कर्तव्य या आचार के कारण (यथा- कूट साक्ष्य अथवा कूट लेख्य प्रमाण के कारण) हार गया हो अथवा पूर्ण व्यवहार-विचार एवं प्रमाण आदि के कारण हार गया हो, सभ्यों के लिए यह उचित है कि वे इसे घोषित कर दें।[393]

निर्णय दो प्रकार का हो सकता है - वादी वाद जीत सकता है अथवा हार सकता है। यदि वादी वाद जीत जाता है तो उसे न्यायालय की ओर से 'जयपत्र' (Decree) की प्राप्ति होती है। जय-पत्र पर व्यवहार की उन समस्त कार्यवाहियों का उल्लेख होता है, जिनके आधार पर निर्णय किया गया है। यथा- पूर्वपक्ष, उत्तरपक्ष, साक्षी, साक्ष्य-मीमांसा, तर्क, संदर्भित स्मृतिवचन, सभ्यों के विचार आदि का स्पष्ट उल्लेख होना आवश्यक है। पूर्वनिर्णयों को भी दृष्टान्त रूप में दिया जा सकता है।[394] जयपत्र पर न्यायाधीश का हस्ताक्षर एवं राजमुद्राङ्कन होना अनिवार्य है।[395] न्यायाधीशों के अतिरिक्त अन्य सदस्य भी जय-पत्र पर हस्ताक्षर कर सकते हैं, जिससे उसकी सर्वमान्यता सिद्ध हो जाय।[396] यद्यपि यह ऐच्छिक था, अनिवार्य नहीं।[397]

इसके विपरीत यदि वादी वाद हार जाता है, तो ऐसे वादी को हीनवादी कहा जाता है एवं उसे न्यायालय की ओर से 'हीनपत्रक' प्राप्त होता है। मिताक्षरा ने उन अवस्थाओं का उल्लेख किया है, जब वादी को जयपत्र के स्थान पर 'हीनपत्रक' प्राप्त होता है। यथा- विवादेतर बातों का उल्लेख (अन्यवादी), वदतोव्याघात (क्रियालोपी), अनुपस्थिति (न उपस्थाता), निरुत्तर होना, न्यायालय द्वारा आह्वान पत्र भेजे जाने पर पलायित हो जाना (आहूत प्रलापी)।[398] निश्चय ही हीनपत्रक में भी जयपत्र की भाँति ही व्यवहार की समस्त कार्यवाहियों का उल्लेख रहता होगा।

इसके अतिरिक्त कात्यायन ने 'पश्चात्कार' के रूप में तीसरे प्रकार के निर्णय का उल्लेख किया है। हिंसामूलक वादों में स्वयं अपने बयान के कारण पराजित

पक्ष को 'पश्चात्कार' कहा गया है।[399] ऐसा प्रतीत होता है कि अर्थमूलक वादों में पराजित वादी को 'हीनवादी' तथा हिंसामूलक वादों में पराजित वादी को 'पश्चात्कार' कहा गया है। इस प्रकार ये दोनों पराजित वादियों की श्रेणी से ही सम्बन्धित प्रतीत होते हैं।

जयपत्र-

जे० जॉली महोदय ने 'कलकत्ता वीकली नोट्स, 25' में एक जयपत्र का सारांश प्रस्तुत किया था, जो प्राचीन जावा की भाषा में लिखित था। इस जयपत्र में निर्णय तिथि शक 849 (928 ई०) है। विवाद सुवर्ण के विवाद से सम्बन्धित है। वादी को उचित समय पर न्यायालय में उपस्थित न होने पर पराजय मिली। अंत में चार साक्षियों के हस्ताक्षर हैं। इसे 'जयपत्र' की संज्ञा दी गयी है।[400] इससे यह अनुमान लगता है कि कालान्तर में 'जयपत्र' सिद्धि अथवा निर्णय का पर्याय हो गया होगा। इसमें जय अथवा पराजय दोनों का उल्लेख किया जाता रहा होगा। इसी प्रकार काशी प्रसाद जायसवाल ने शक संवत 1716 (1794 ई०) का मिथिला न्यायालय का एक जयपत्र प्रस्तुत किया, जो दासी कन्या से सम्बन्धित है। इसमें सर्वाधिक महत्वपूर्ण तथ्य यह है कि वादी के द्वारा दिव्य प्रमाण प्रस्तुत किये जाने की इच्छा को इस आधार पर निरस्त कर दिया गया कि मानुष प्रमाण के रहते हुए दिव्य प्रमाण की आवश्यकता नहीं है। जयपत्र पर प्राड्विवाक् का हस्ताक्षर है। जयपत्र सभ्यों (जिन्हें धर्माध्यक्ष एवं पण्डित कहा गया है) को सम्बोधित करके लिखा गया है। सभ्यों में सात ने अपनी सम्मति दी है, जो पत्र के ऊपर अंकित है।[401] इस प्रकार के 9 जयपत्रों का प्रकाशन बिहार एवं उड़ीसा रिसर्च सोसायटी ने किया है।[402]

निर्णय का आधार-

प्राचीन भारत में निर्णय का आधार क्या था, इस संदर्भ में 'विधि के स्रोत' नामक अध्याय में विस्तृत रूप में उल्लेख किया जा चुका है। यहाँ उसकी संक्षिप्त प्रस्तुति आवश्यक प्रतीत होती है। प्राक्मौर्य काल में वेद, धर्मशास्त्र अंग, पुराण एवं देश, जाति, कुल, धर्म तथा विशेष समुदायों के रीति-रिवाजों एवं परम्पराओं को निर्णय का आधार माना गया था (गौतम)। मौर्यकाल में धर्म, व्यवहार, चरित्र

एवं राजशासन को निर्णय का आधार स्वीकार किया गया (कौटिल्य)। शुङ्गकाल में शाश्वत धर्म (सभी वर्णों के लिए निर्धारित कर्म एवं निषेध, स्थानीय परम्पराएँ आदि) को निर्णय का आधार स्वीकार किया गया (मनु)। शुङ्गोत्तर काल में जाति, जानपद, श्रेणी एवं कुल के नियमों एवं परम्पराओं को ध्यान में रखते हुए धर्मशास्त्रों को न्याय का आधार माना गया, किंतु स्मृतियों में परस्पर विरोध की स्मृति में न्याय (विवेक) को निर्णय का आधार स्वीकार किया गया- 'स्मृत्योर्विरोधे न्यायस्तु बलवान् (याज्ञवल्क्य)'। प्रारम्भिक गुप्त काल में धर्मशास्त्र के साथ अर्थशास्त्र को भी निर्णय का आधार स्वीकार किया गया। इतना अवश्य था कि धर्मशास्त्र से विरोध होने की स्थिति में अर्थशास्त्र का महत्व नहीं दिया गया (नारद)। गुप्तकाल में धर्मशास्त्रों के साथ ही युक्ति को भी निर्णय का आधार माना गया तथा यह कहा गया कि युक्तिहीन विचार से केवल शास्त्र के आधार पर निर्णय करने पर धर्म की हानि हो सकती है (बृहस्पति)। इस संदर्भ में व्यास (द्वितीय से पाँचवीं शताब्दी ई० के मध्य) की व्यवस्था सर्वाधिक महत्वपूर्ण प्रतीत होती है। उनका कथन है कि प्रमाण, हेतु, चरित्र, शपथ, नृपाज्ञा तथा वादि-सम्प्रतिपत्ति (वादियों की स्वीकारोक्ति) - आठ निर्णय के आधार हैं। लिखित, साक्षी एवं भुक्ति - तीन प्रकार के प्रमाण हैं। मनीषियों के तर्क अनुमान या हेतु हैं। देश के व्यवहारचरित्र हैं। अर्थ के अनुरूप शपथ होते हैं (शपथ एवं दिव्य)। इन सभी के अभाव में राजाज्ञा ही मुख्य है।[403] शुक्र ने प्रमाण (साक्षी, लेख आदि) हेतु, चरित्र, शपथ, नृपाज्ञा तथा वादी की सम्मति - इन छः प्रकारों को निर्णय का आधार स्वीकार किया है तथा यह व्यवस्था दिया है कि जिस विवाद में साक्षी, भोग, लेख्य एवं दिव्य से निर्णय न हो सके, उसमें तथा सीमा आदि के विवाद, जिसमें संदिग्ध होने के कारण निर्णय न किया जा सके, राजाज्ञा ही निर्णय का रूप धारण करती है, क्योंकि वही सबका स्वामी है।[404]

ऐसा प्रतीत होता है कि गुप्तकाल तक आते-आते शास्त्रोनुमोदित राजाज्ञा ही निर्णय का श्रेष्ठ आधार बन गयी थी। राजशक्ति के विकास के साथ ही राजाज्ञा का शक्तिशाली होना अप्रत्याशित नहीं था। दिव्य साक्ष्य का स्थान अंतिम एवं गौण हो गया।

पुनर्विचार - (Review)

पुनर्विचार की दृष्टि से प्राचीन न्यायव्यवस्था आधुनिक न्यायव्यवस्था से तुलनीय है। आधुनिक न्यायव्यवस्था के अन्तर्गत पराजित पक्ष न्यायपालिका में आवेदनपत्र प्रस्तुत कर अपने वाद का पुनरुद्घाटन करा सकता है अथवा निर्णय के पूर्वाग्रहग्रस्त एवं नियमों के प्रतिकूल होने का आरोप लगाकर तत्सम्बन्धी अन्य वाद प्रस्तुत कर सकता है अथवा निर्णय देने वाले न्यायालय से उच्च श्रेणी के न्यायालय में अपील कर सकता है।[405] इस व्यवस्था के परिप्रेक्ष्य में प्राचीन भारतीय न्यायव्यवस्था पर विचार करने पर उपर्युक्त तीनों प्रकार की व्यवस्थाएँ दृष्टिगोचर होती हैं। 'व्यवहारप्रकाश' में इस तथ्य का उल्लेख मिलता है कि यद्यपि जयपत्र के निर्गत कर दिये जाने के बाद पराजित पक्ष को दण्ड की प्राप्ति होती है, तथापि यदि पराजित पक्ष स्वयं को पीड़ित मानता है, तो राजा के पास पुनर्व्यवहार के लिए निवेदन कर सकता है।[406] इससे स्पष्ट होता है कि प्राचीन भारतीय व्यवस्था के अन्तर्गत वाद के पुनर्विचार की व्यवस्था थी। यद्यपि मनु ने एक ओर यह व्यवस्था दी है कि जो कुछ भी 'तीरित' (शास्त्र व्यवस्था द्वारा तय किया हुआ, निर्णीत) एवं 'अनुशिष्ट' (जब साक्ष्य एवं विमर्श आदि के पश्चात वाद उस स्तर तक पहुँच जाय कि पराजित पक्ष से दण्ड लिया जा सके) है, उसका पुनः निवर्तन न करे,[407] तथापि राजा को यह भी निर्देश दिया है कि यदि सभ्य, प्राड्विवाक् एवं अमात्य आदि अन्यथा कार्य (शास्त्रविरुद्ध निर्णय) करें, तो राजा वह कार्य स्वयं देखकर उन्हें एक हजार पण दण्ड दे।[408] इससे स्पष्ट है कि सामान्यतः पुनर्विचार की व्यवस्था नहीं थी, किन्तु विशेष स्थितियों में, जब निर्णय में पक्षपात की सम्भावना हो, पुनर्विचार की व्यवस्था रही होगी। नारद ने 'तीरित' एवं 'अनुशिष्ट' वादों में पुनर्विचार के संदर्भ में व्यवस्था दी है कि पुनर्विचार के पश्चात पराजित पक्ष को दूना दण्ड देना पड़ेगा।[409] याज्ञवल्क्य का निर्देश भी इसी प्रकार का है।[410]

स्मृतियों में उन परिस्थितियों का उल्लेख किया गया है, जिनमें निर्णय पर पुनर्विचार हो सकता है। यह निर्देश दिया गया है यदि जयपत्र प्रतिवादी की अनुपस्थिति के कारण दिया गया है, तो प्रतिवादी के आ जाने के बाद पुनः 'व्यवहार दर्शन' करना चाहिए।[411] यद्यपि यदि पक्ष अपने ही द्वारा प्रस्तुत प्रमाणों से पराजित होता है, तो पुनर्विचार नहीं होता है, किन्तु यदि न्यायालय, साक्षी अथवा सभ्य आदि

के 'दूषण' (दोष) के कारण पराजित होता है, तो 'पुनर्भव विधि' (पुनर्विचार) सम्भव है।[412] यदि पराजित पक्ष यह समझता है कि निर्णय पक्षपातपूर्ण हुआ है, तो वह दूना प्रतिभू देकर वाद को पुनर्जीवित (पुनर्विचार) करा सकता है।[413] इस प्रकार के निर्देश का मुख्य उद्देश्य यह प्रतीत होता है कि लोग सामान्य स्थिति में निर्णय की अवहेलना न करे। यदि पराजित पक्ष अयोग्य हो, यथा- अल्पवयस्क हो, स्त्री हो, पागल हो, मद्यव्यसनी हो, गम्भीर रूप से बीमार हो, विपत्तिग्रस्त हो, अनियुक्त अथवा शत्रु द्वारा वाद लड़ा गया हो, तो निर्णय स्थगित कर पुनर्विचार किया जा सकता है।[414] यदि पूर्व निर्णय बल प्रयोग से किया गया हो, तो भी पुनर्विचार किया जा सकता है। इतना ही नहीं मनु ने न्यायाधीश को कूट साक्ष्य अथवा कूट लेख्य की स्थिति में निर्णय हो जाने की स्थिति में जाँच कार्य पुनः कराने का निर्देश दिया है।[415] याज्ञवल्क्य ने विशेष परिस्थिति में न्याय के हित में अपने निर्णय को निरस्त कर पुनर्विचार का निर्देश दिया है।[416] इससे यह स्पष्ट होता है कि प्राचीन व्यवस्थाकार निष्पक्ष न्याय सम्पादन के आदर्श के प्रति सजग थे। व्यवस्थाकारों के द्वारा इसे 'पुनर्न्याय' (Re-judgement) की संज्ञा भी प्रदान की गयी है।

पुनर्वाद (अपील)-

ऐसा प्रतीत होता है कि प्राचीन व्यवस्थाकार इस तथ्य से अनभिज्ञ नहीं थे कि न्यायाधीश एवं सभ्यों के द्वारा भी न्यायदान में त्रुटि सम्भव है। सम्भव है कि निर्णय के समय तक जो साक्ष्य उपलब्ध हों, वे अयथार्थ हों, तथापि निर्णय उन्हीं साक्ष्यों को आधार मानकर करना पड़ता है, जैसा कि 'मृच्छकटिकम्' में प्रसिद्ध चारुदत्त प्रकरण में हो रहा था। अतः उन्होंने न्यायार्थी के लिए अपील का मार्ग सुरक्षित रखा है। कात्यायन ने यह स्पष्ट उल्लेख किया है कि कुलादि छोटे न्यायालयों के द्वारा किये गये निर्णय से यदि पक्ष असंतुष्ट हो, तो वह राजा के यहाँ अपील कर सकता है एवं राजा ही इस 'कुकृत' से उद्धार करता है।[417] याज्ञवल्क्य के अनुसार कुल, श्रेणी, पूग एवं राजा द्वारा अधिकृत प्राड्विवाक् और अन्ततः राजा, इस क्रम से न्यायालय हैं।[418] इसकी व्याख्या करते हुए मिताक्षरा ने लिखा है कि कुल न्यायालय के निर्णय के विरुद्ध श्रेणी न्यायालय में, श्रेणी न्यायालय के निर्णय के विरुद्ध पूग न्यायालय में एवं पूग न्यायालय के निर्णय के विरुद्ध नृपाधिकृत

न्यायालय में अपील की जा सकती है।[419] नारद ने भी क्रमशः कुल, गण एवं गण के निर्णय के विरुद्ध राजा के यहाँ अपील करने का निर्देश दिया है।[420] किंतु विश्वरूप में याज्ञवल्क्य (2.30) पर व्याख्या प्रस्तुत करते हुए लिखा है कि प्रत्येक न्यायालय के निर्णय के विरुद्ध सीधे राजा के न्यायालय में अपील की जा सकती है।[421] इससे स्पष्ट होता है कि वाद में अंतिम अपील राजा के यहाँ की जाती थी। 'पराशरमाधवीय' ने हीनवादी को पुनर्वाद का अधिकार दिया है,[422] परन्तु स्मृतिचन्द्रिका ने अपील का अधिकार केवल हिंसामूलक वादों में ही स्वीकार किया है।[423]

जहाँ तक व्यवहार के सन्दर्भ में राजा के अंतिम निर्णायक होने का प्रश्न है, प्रायः सभी स्मृतिकारों ने इसे सहमति प्रदान की है। बृहस्पति भी स्पष्ट करते हैं कि सभ्य लोग कुलों तथा अन्य लोगों से श्रेष्ठ होते हैं, मुख्य न्यायाधीश सभ्यों से श्रेष्ठ हाता है एवं राजा सबसे श्रेष्ठ होता है।[424] पितामह का मत है कि ग्राम में किया गया निर्णय नगर में पहुँचता है, नगर वाला निर्णय राजा के पास पहुँचता है। राजा का निर्णय सत्य है अथवा असत्य इस पर पुनर्विचार नहीं किया जा सकता है,[425] किंतु राजा का निर्णय भी शास्त्रानुमोदित होना चाहिए।[426]

संदर्भ-सूची

1. नारद०, 2.34, याज्ञ० 2.80 पर मिताक्षरा
2. A.I.R. 1964, 136 (143) A: Raghavamma Vrs A. Chenchamma and another.
3. "This is due to the fact that the disputes in a suit may give rise to several issues, some of which have to proved by the plaintiff and other by defendants. The court may decide some of the issues in favour of the plaintiff and others in favour of the defendant." - Shradhakar Supkar : The Law of Evidence in Ancient India, p.21.
4. न चैकस्मिन्विवादे स्यात्क्रिया तु वादिनोर्द्वयो।
न कार्यसिद्धिरुभयोर्न चैकत्र क्रियाद्वयम्॥ - कात्यायन (याज्ञ० 2.7 पर मिताक्षरा में उद्धृत)
5. यथार्थानुभवश्चतुर्विधः - प्रत्यक्षानुमित्युपमितिशब्दभेदात्। - तर्कसंग्रह
6. विप्रतिपत्तौ साक्षिनिमित्ता सत्यव्यवस्था। शपथे नैके सत्यकर्म - गौतम०
7. विष्णु०, 9.1
8. प्रमाणं लिखितं भुक्तिः साक्षिणश्चेति कीर्तितम्।
एषामन्यतमाभावे दिव्यान्यतममुच्यते॥ - याज्ञ०, 2.22
9. क्रिया तु द्विविधा प्रोक्ता मानुषी दैविकी तथा।
मानुषी लेख्य साक्षिभ्यां घटादि दैविकी स्मृता। - नारद० (धर्मकोश, पृ० 218)
10. साक्षिलेख्यानुमानं च मानुषी त्रिविधा स्मृता। - बृह० (स्मृतिचन्द्रिका 3.1, पृ० 114)
11. घटोऽग्निरुदकं चैव विषं कोशस्तु पंचमः।
षष्टं तु तण्डुलः प्रोक्तः सप्तमं तप्तमाषकम्॥
अष्टमं फालमित्युक्तं नवमं धर्मजं तथा।
दिव्यान्येतानि सर्वाणि निर्दिष्टानि स्वयम्भुवा। - बृह० (व्यवहारप्रकाश, पृ०170)
12. लिखितं साक्षिणो भुक्तिः प्रमाणं त्रिविधं स्मृतम्।
अनुमानं विदुर्हेतुस्तर्क श्चेति मनीषिणः॥ - व्यास, स्मृतिचन्द्रिका 3, पृ० 119
13. यद्येको मानुषी ब्रूयादन्यो ब्रूयात्तु दैविकीम्।
मानुषी तत्र गृह्णीयान्न तु दैवीं क्रिया नृपेः॥- कात्यायन (धर्मकोश, पृ० 229)

14. कात्यायन, (धर्मकोश, पृ० 229)
15. श्रद्धाकर सुपकार : पूर्वोक्त, पृ० 15
16. दिवाकृते कार्यविधौ ग्रामेषु नगरेषु वा।
सम्भवे साक्षिणां चैव दैव न भक्ती क्रियाम्॥ - नारद० (धर्मकोश, पृ०218)
17. कात्यायन (धर्मकोश, पृ० 218)
18. प्रकान्ते साहसे वादे पारुष्ये दण्ड वाचिके।
बलोद्भवेषु वादेषु साक्षिणो दिव्यमेव च॥ - कात्यायन, धर्मकोश, पृ० 231
19. श्रद्धाकर सुपकार, पूर्वोक्त, पृ० 16
20. कात्यायन, स्मृतिचन्द्रिका 3, पृ० 117
21. कात्यायन, उपर्युक्त
22. पितामह, कात्यायन तथा बृहस्पति, स्मृतिचन्द्रिका 3, पृ० 117 में उद्धृत
23. वाक्पारुश्ये च भूमौ च दिव्यं न परिकल्पयेत्। - कात्यायन, स्मृतिचन्द्रिका 3, पृ० 121
24. प्रकान्ते साहसे वादे पारुष्ये दण्डवाचिंके।
बलोद्भवेषु कार्येषु साक्षिणो दिव्यमेव च॥ - कात्यायन (धर्मकोश, पृ० 231)
25. श्रद्धाकर सुपकार, पूर्वोक्त, पृ० 17
26. स्थावरेषु विवादेषु दिव्यानि परिवर्जयेत - पितामह (स्मृतिचन्द्रिका 3, पृ० 121)
27. व्यास, स्मृतिचन्द्रिका 2, पृ० 95
28. प्रभादाद्धनिनो यत्र न स्याल्लेख्यं न साक्षिणः ।
अर्थं चापह्नुते वादी तन्नोक्तस्त्रिविधो विधिः॥
चोदना प्राप्तकालश्च युक्तिलेशस्तथैव च।
तृतीयः शपथः प्रोक्तस्तैरेनं साधयेत् क्रमात्॥ - नारद, ऋणादान प्रकरण 246
29. व्यवहारप्रकाश, पृ० 167
30. कात्यायन (व्यवहारप्रकाश, पृ० 167)
31. शुक्र०, 4.5.277
32. पी०वी० काणेः धर्मशास्त्र का इतिहास, भाग 2, पृ० 744
33. यथा नयत्यसृक्पातैर्मृगस्य मृगयुः पदम्।
नयेत्तथानुमानेन धर्मस्य नृपतिः पदम्॥ - मनु०, 8.44
34. आप०ध०सू०, 2.11.29.6

35. वशिष्ठ०, 19.39
36. केशाकेशिग्रहणात् पारदारिकः, उल्काहस्तोऽग्निदः, शस्त्रपाणिर्घातको, लोप्त्रहस्तश्चौरः। – शांखलिखित (व्यवहारप्रकाश, पृ०168)
37. केशाकेशिकं संग्रहणम्। उपलिंगनांद्वा शरीरोपभोगानां तज्जातेभ्यं स्त्रीवचनाद्वा। – कौटिल्य, 4.12
38. याज्ञ०, 2.283
39. असाक्षिप्रत्ययास्त्वन्ये षड्विवादाः प्रकीर्तिताः।
लक्षणान्येव साक्षित्वे तेषामाहुर्मनीषिणः। – नारद (ऋणादान, 172), व्यवहारप्रकाश पृ०167
40. उल्काहस्तोऽग्निदो श्रेयः शस्त्रपाणिश्च घातकः।
केशाकेशिगृहीतश्च युगपत्पारदारिकः॥
कुद्दालपाणिर्विज्ञेयः सेतुभेत्ता समीपगः।
तथा कुठारहस्तश्च वनच्छेत्ता प्रकीर्तितः॥
प्रत्यक्ष चिह्नैर्विज्ञेयो दण्डपारुष्य कृन्नरः
असाक्षिप्रत्यया ह्येते पारुष्ये तु परीक्षणम्॥ नारद० (ऋणादान 173-175), व्यवहार प्रकाश, पृ० 167-168
41. शुक्र०, 4.15.163
42. न च सन्देहे दण्डं कुर्यात्। – आप०ध०सू०, 2.5.11.2
43. नारद०, 4.155
44. कौटिल्य, 4.8
45. 'माण्डव्य-अग्ख्यान' अत्यन्त महत्वपूर्ण एवं प्रसिद्ध है। माण्डव्य ऋषि मौन धारण किये हुए थे। चोरों ने सुरक्षा की दृष्टि से चोरी का सामान उनके पास ही रख दिया था। राजपुरुषों के द्वारा चोरी का सामान खोजे जाने पर माण्डव्य ऋषि के पास प्राप्त हुआ। कठोर यातना के भय से उन्होंने मौन रूप से चोरी करना स्वीकार कर लिया। कालान्तर में लोगों को वस्तुस्थिति का ज्ञान हुआ। इस आख्यान का उल्लेख महाभारत के अतिरिक्त कौटिल्य (4.8), बृहस्पति (व्यवहारप्रकाश पृ० 13-14, पराशरमाधवीय 3, पृ० 39) तथा नारद (1.42) ने भी किया है।
46. दी इण्डियन एविडेंस एक्ट, से० 114

47. दी इण्डियन एविडेंस एक्ट, से० 60
48. सत्यं वै चक्षुः सत्यं हि वे चक्षुस्तस्माद्यदिदानीम् द्वौ विवदमानावेयातामहमद्राक्षम् अहमश्रौषमिति य एवं ब्रूयादहमद्राक्षमिति तस्मा एव श्रदद्ध्यात्। - शत०ब्रा०, 14.8.15.5
49. समर्थदर्शनात्साक्ष्यं श्रवणाच्चैव सिद्ध्यति। - मनु०, 8.74
50. मनु०, 8.74 पर मेधातिथि
51. नारद०, 4.167
52. नारद०, 4.145
53. विष्णु०, 8.12
54. नारद०, 4.162
55. नारद०, 4.94
56. सह आक्षि अस्य, सह अक्षि+इनि, सहस्य सादेशः - संस्कृत शब्दार्थ कौस्तुभ, पृ० 1245, साक्षाद् द्रष्टाारि संज्ञायाम्. - पाणिनि 5.2.91
57. शुक्र०, 4.5.183
58. गौतम०, 13.3, कौटिल्य, 3.11, नारद०, 4.147
59. त्रैविद्य प्रहितं लेख्यं साक्ष्यं तत्र प्रवादयेत्। - कात्यायन, अपरार्क द्वारा उद्धृत, पृ० 667
60. गौतम०; 12.3, मनु०; 8.60, याज्ञ०; 2.72, नारद०; 4.53
61. कौटिल्य; 3.2
62. बृह०, व्य०का०, 5.1
63. हारीत०, स्मृतिचन्द्रिका 3, पृ० 134
64. लिखितौ द्वौ तथा गूढ़ौ - बृह०, व्य०का० 5.19
65. उभयानुभतः साक्षी भवत्वेकोऽपि धर्मवित्। - याज्ञ०; 2.72, विष्णु०; 8.9, नारद०; 4.192
66. शुक्र०, 4.5.186
67. वह व्यक्ति जो उभयपक्ष को स्वीकार्य हो एवं दोनों पक्षों की बात सुनने के लिए नियत स्थान पर आ गया हो, दूतक कहलाता है।
68. बृह०; व्य०का०, 4.5.2
69. शुचिक्रियश्च धर्मज्ञः साक्षी यस्त्वनुभूतवाक्।
प्रमाणमेकोऽपि भवेत्साहसेषु विशेषतः॥ - व्यास (व्यवहारप्रकाश, पृ० 112)

70. कात्यायन (353-355), व्यवहारमातृका पृ० 319-320, स्मृतिचन्द्रिका 2, पृ०76, व्यवहारप्रकाश, पृ० 112-113
71. श्रद्धाकर सुपकार : दी लॉ ऑफ एविडेन्स इन एन्शियन्ट इण्डिया, पृ० 43, पी०वी० काणे (धर्मशास्त्र का इतिहास, भाग 2, पृ० 740) का मत है कि मुख्य न्यायाधीश अथवा न्यायाधीश ही प्रश्न करते थे एवं प्रश्न-प्रति-प्रश्न (ज़िरह) का ढंग भी आधुनिक न्यायालयों जैसा नहीं था। केवल साक्षियों की योग्यता अथवा अयोग्यता के विश्लेषण के लिए ही प्रश्न-प्रति-प्रश्न किये जाते थे।
72. मनु०; 8.77
73. शुक्र०, 4.5.189
74. मनु०, 8.68
75. मनु०, 8.68 पर मेघातिथि
76. नारद०, 4.178, शुक्र०, 4.5.187
77. नारद०, 4.190-191
78. विष्णु०, 8.2
79. मनु०, 8.69
80. उशना, व्यवहारप्रकाश, पृ० 120
81. श्रद्धाकर सुपकार, पूर्वोक्त, पृ० 53
82. नारद०, 1.54
83. विष्णु०, 8.2
84. मनु०, 8.66
85. याज्ञ०, 2.70
86. नारद०, 4.178
87. मनु०, 8.69-70
88. नारद०, 4.190
89. बालोऽज्ञानात् ..... नारद; 4.191
90. उशनस, धर्मकोश पृ० 342
91. Bhojraj V. Sitaram, A.I.R. 1936, P.C. 68
92. विष्णु०, 8.1

93. कौटिल्य, 3.11
94. मनु०, 8.65
95. नारद०, 4.151
96. बृह०, व्य०का०, 5.16
97. सिविल प्रोसीज़र कोड ऑफ इण्डिया, से० 133
98. कौटिल्य, 3.11
99. मनु०, 8.64
100. 'रिपुमित्तार्थसंबन्धि विकर्मदृष्टिदोषसहायश्च।' - विष्णु०, 8.3
'स्तेयसाहसवाग्दण्डापारुष्य संग्रहणेषु साक्षिणो न परीक्षा' - विष्णु०, 8.6
उशनस (धर्मकोश, पृ० 342), याज्ञ०, 2.71, नारद०, 1.191
101अ. मातुः पिता पितृव्यश्च भार्याया भ्रातृमातरौ।
भ्राता सखा च जामाता सर्ववादेष्वसाक्षिणः॥ - बृह०, व्य०का०, 5.39
101ब. कात्यायन (धर्मकोश, पृ० 334)
102. असाक्ष्यपि हि शास्त्रेषु दृष्टः पञ्चविधोबुधैः।
वचनाद्दोषतो भेदात् स्वयमुक्तिः स्मृतान्तरः॥ - नारद० (व्यवहार चिन्तामणि, पृ०40)
103. नारद०, 4.159
104. व्यवहारतत्व, पृ० 214
105. विष्णु०, 8.2
106. कौटिल्य, 3.2
107. मनु०, 8.65
108. याज्ञ०, 2.69
109. स्तेनाः साहसिकाश्चण्डाः कितवा वध्याश्च ये।
असाक्षिणस्त दुष्टत्वात्तेष सत्यं न विद्यते॥ - नारद०, 4.159
110. धर्मकोश, पृ०3 में उद्धृत।
111. नारद०, 4.160
112. नारद०, 4.161
113. पितामह (धर्मकोश पृ० 233 में उद्धृत)
114. 'शुचयो अनुमतो वा' - कौटिल्य 3.2

115. गौतम०; 13.2-4
116. वशिष्ठ (धर्मकोश, पृ० 243 में उद्धृत)
117. मनु०; 8.62-63, शंखलिखित, (सरस्वती विलास, पृ०138); याज्ञ०; 2.68, विष्णु०; 8.8, बृह०, व्य०का०, 5.38, कात्यायन (स्मृतिचन्द्रिका 2, पृ०76, व्यवहारप्रकाश, पृ०111)
118. कात्यायन (धर्मकोश पृ०331 में उद्धृत)
119. स्त्रीणां साक्ष्यं स्त्रियः कुर्युद्विजानां सदृशा द्विजाः।
शूद्राश्च सन्तः शूद्राणामन्त्यानामन्त्ययोनयः॥ - मनु०; 8.68
120. कौटिल्य, 3.11, वशिष्ठ०, 16.30
121. मनु०; 8.69-70, गौतम०; 13.3, याज्ञ०; 2.69, नारद०; 4.154, वशिष्ठ०; 16.29, शुक्र०; 4.5.186 (यथा जाति यथावर्णे सर्वे सर्वेषु साक्षिणः।)
122. नारद०, 4.155, कात्यायन (349-350, अपरार्क पृ० 666 तथा व्यवहारप्रकाश, पृ० 111-112 में उद्धृत्)
123. गौतम०, 9.21
124. महा०, उद्योग पर्व; 35.44-47, कौटिल्य; 3.11, मनु०; 8.64-67, याज्ञ०; 2.70-71, विष्णु०; 1.4, बृह० व्य०का०, 5.39-40, कात्यायन, 360-369
125. नारद०, 4.177-187
126. एकादशविधः साक्षी शास्त्रे दृष्टी मनीषिभिः।
कृतः पञ्चविधस्तेषां षड्विधोऽकृत उच्यते॥ - नारद०, 4.149
127. लिखितः स्मारितश्चैव यदृच्छाभिज्ञ एव्र च।
गृढ़श्चोत्तरसाक्षी च साक्षीपञ्चविधः कृतः॥ - नारद०, 4.150
128. षडेते पुनरुद्दिष्टाः साक्षिणस्त्वकृताः स्वयम्।
ग्रामश्च प्राड्विवाक्श्च राजा च व्यवहारिणाम्॥
कार्येष्वभ्यन्तरो यः स्यादर्थिना प्रहितश्च।
कुल्याः कुलविवादेषु भवेयुस्तेऽपि साक्षिणः॥ - नारद०, 4.151-152
129. लिखितो लेखितो गूढः स्मारितः कुल्यदूतकौ।
यदृच्छश्चोत्तरश्चैव कार्यमध्यगतोऽपरः॥
नृपोऽध्यक्षस्तथा ग्रामः साक्षी द्वादशधा स्मृतः।
प्रभेदमेषां वक्ष्यामि यथावदनु पूर्वशः॥ - बृह०; व्य०का० 5.4-5

130. जातिनामलिखितं येन स्वं पित्र्यमेव च।
निवासश्च स विज्ञेयः साक्षी लिखित संज्ञकः॥ - बृह०व्य०का०, 5.6

131. आत्मनैव लिखेज्जानन्नज्ञस्त्वन्येन लेखयेत्। - हारीत (धर्मकोश, पृ० 343 में उद्धृत)

132. अर्थिना च क्रिया भेदैस्तस्य कृत्वा ऋणादिकम्।
प्रत्यक्षं लिख्यते यस्तु लेखितः स उदाहृतः॥ - बृह०, व्य०का०, 5.7

133. 'लिखितलेखितयोः, स्वपरलिखनमात्र भेदादेकादश द्वादश संख्ययोरविरोधः।' - व्यवहारप्रकाश, पृ०108

134. आहूय यः कृतः साक्षी ऋणन्यास क्रियादिके।
स्मार्यते च मुहुर्यश्च स्मारितः स उदाहृतः॥ - बृह०, व्य०का०, 5.9

135. क्रियमाणे तु कर्तव्ये यः कश्चित्स्वयमागतः।
अत्र साक्षी त्वमस्माकमुक्तो यादृच्छिकस्तु सः॥ - बृह०, व्य०का०, 5.12

136. कुड्यव्यवहितो यस्तु श्राव्यते ऋणभाषितम्।
विनिह्नुतो यथाभूतं गूढः साक्षी स उच्यते॥ - बृह०, व्य०का०, 5.8

137. यत्र साक्षी दिशं गच्छेन्मुमूर्षर्वा यथाक्रमम्।
अन्यं संश्रावयेत् तं तु विद्यादुत्तरसाक्षिणम्॥ - बृह०, व्य०का० 5.13

138. कात्यायन (धर्मकोश, पृ० 324 में उद्धृत)

139. व्युषितं छादितं यत्र सीमायां च समन्ततः।
स कृत्तोऽपि भवेत्साक्षी ग्रामस्तत्र न संशयः ॥ - बृह०, व्य०का० 5.18, धर्मकोश पृ०325

140. निर्णीत व्यवहारे तु पुनर्न्यायो यदाभवेत्।
अध्यक्षः सभ्यसहितः साक्षी स्यात्तत्र नान्यथा। - बृह०, व्य०का०, 5.17, धर्मकोश, पृ०325

141. उमाभ्यां यस्य विश्वस्तं कार्यं चापि निवेदितम्।
गूढधारी स विज्ञेयः कार्यमध्यागस्तथा॥ - बृह०, व्य०का०, 5.15, धर्मकोश, पृ०324

142. अर्थिप्रत्यर्थिवचनं श्रुणुयात्प्रेषितस्तु यः।
उभयोः सम्मतः साधुः दूतकः स उदाहृतः॥ - बृह, व्य०का०, 5.11, नारद०, 4.152 (अर्थिना प्रहितश्च)

143. विभागदाने विपणे ज्ञातिर्यश्चोपयुज्यते।
द्वयोः समानो धर्मज्ञः कुल्यः स परिकीर्तितः॥ - बृह०, व्य०का०, 5.10, धर्मकोश, पृ० 324

144. कात्यायन (धर्मकोश, पृ०334 में उद्धृत)

145. साक्षिदोषाः प्रयोक्तव्याः संसदि प्रतिवादिना।
पत्रेऽभिलेख्य तान् सर्वान् वाच्याः प्रत्युत्तरं तु ते॥
प्रतिपत्तौ न साक्षित्वमर्हति तु कदाचन।
अतोऽन्यथा भावनीयाः क्रियया प्रतिवादिना॥
अन्यैस्तु साक्षिमिः साध्ये दूषणे पूर्वसाक्षिणाम्।
अनवस्था भवेद्दोषस्तेषामप्यन्य सम्भवात्॥ - व्यास (स्मृतिचन्द्रिका 2, पृ० 83, व्यवहारमयूख, पृ०38 तथा व्यवहारप्रकाश, पृ० 121 में उद्धृत)

146. प्रत्यर्थिनोऽर्थिनोवाऽपि साक्षिदूषण साधने।
न तु साक्ष्यभियोगः स्याद्व्यवहारान्तरं तथा॥ - व्यास (धर्मकोश, पृ० 345 में उद्धृत)

147. बृह०, व्य०का०, 5.21

148. बृह०, व्य०का०, 5.42

149. वशिष्ठ (धर्मकोश, पृ० 243 में उद्धृत), कात्यायन (धर्मकोश, पृ० 336 में उद्धृत); मनु०, 8.87

150. कौटिल्य; 3.2

151. कात्यायन (धर्मकोश, पृ० 336 में उद्धृत)

152. आप०ध०सू०; 2.11.29.7, याज्ञ०; 2.73, गौतम०; 13.13, मनु० 8; 79-80, 87, नारद०, 4.198

153. गौतम०; 13.14-23, मनु०; 8.81-86; 89-101, विष्णु०, 8.24-37, नारद०; 4.200-228, वशिष्ठ०; 16.32-34, बौधायन; 10.19.9-12 आदि

154. गौतम०; 13.12-13

155. मनु०; 8.113, नारद०; 4.199

156. कौटिल्य; 3.2

157. मनु०; 8.88 एवं 8.113

158. याज्ञ०; 2.73 पर मिताक्षरा

159. मनु०; 8.102, बृह०, व्य०का०, 9.35-38
160. यो येन कर्मणा जीवेत् करुस्तस्य तदुद्भवन्।
कर्मोपकरणं किंचित् तत्सपर्शच्छुद्ध्यते॥ - नीतिवाक्यामृत, पृ० 306
161. नीतिवाक्यामृत, पृ० 305-306
162. ऋग्वेद 7.104.15, महा०, 13.93.113-143
163. मनु०; 8.25
164. 'उपस्थिताः परीक्ष्याःस्यु स्वरवर्णेङ्गितादिभिः' - बृह०, व्य०का०, 5.43
165. व्यवहारप्रकाश, पृ०124, नारद०, 4.193-196, याज्ञ० 2.13-15, शंखलिखित (व्यवहारप्रकाश पृ० 124 में उद्धृत), विष्णु० 8.18
166. व्यवहारप्रकाश, पृ० 124; याज्ञ० 2.15 पर मिताक्षरा
167. क्रिमिनल पोसीजर कोड (1973), से० 280
168. आप०ध०सू० 2.11.29, 8-9; गौतम०, 13.7 एवं 23
169. कौटिल्य, 4.4
170. मनु०, 8.118
171. मनु०, 8.120, 121 एवं 123
172. याज्ञ०, 2.82
173. मनु०, 8.108
174. मनु०, 8.117
175. गौतम०, 13.14
176. गौतम०, 13.15
177. मनु०, 8.104
178. याज्ञ०, 2.83
179. मनु०, 8.105-106, विष्णु० 8.16.17, याज्ञ० 2.85
180. महा०; शांतिपर्व, 165.30
181. वशिष्ठ०; 16.31
182. मनु०, 8.112
183. श्रद्धाकर सुपकार : दी ला ऑफ एविडेन्स इन ऐन्सियन्ट इण्डिया, पृ०103
184. वशिष्ठ०, धर्मकोश (पृ० 244 में उद्धृत)
185. कात्यायन, धर्मकोश (पृ० 342 में उद्धृत)

186. मनु०, 8.107, याज्ञ०, 2.78
187. याज्ञ०, 2.177
188. याज्ञ०, 2.82
189. नारद०, 4.187
190. बृह०, धर्मकोश (पृ० 328 में उद्धृत)
191. साक्षिभेदे यतो बहवः शुचयोऽनुमता वा ततो नियच्छेयुः। मध्यं वा गृह्णीयुः। – कौटिल्य०, 3.11
192. मनु०, 8.173
193. याज्ञ०, 2.82
194. नारद०, 4.229
195. बृह०, स्मृतिचन्द्रिका 3, पृ० 221
196. नारद०; 4.233
197. कात्यायन (धर्मकोश पृ० 340 में उद्धृत)
198. याज्ञ०, 2.20
199. शुक्र०, 2.292
200. ऋणादिकेऽपि समये भ्रान्तिः सञ्जायते यतः।
छात्राऽक्षराणि सृष्टानि पत्रारुढ़ान्यतः पुरा॥ – बृह०, व्य०का०, 6.2
201. प्रमाणं लिखितं भुक्तिः साक्षिणश्चेति कीर्तितम्।
एषामन्यतमाभावे दिव्यान्यतममुच्यते॥ – याज्ञ०, 2.22
202. देशकालफलद्रव्यप्रमाण विधि निश्चये।
सर्वसन्देहविच्छेदि लिखितं चक्षुरुत्तमम्॥ – नारद०, 4.71
203. प्रज्ञापनाज्ञापरिदानलेखास्तथा परिहारनिसृष्टिलेखौ।
प्रावृत्तिकश्च प्रतिलेख एव सर्वत्रगश्चेति हि शासनानि॥ – कौटिल्य०, 4.10
204. कौटिल्य०, 4.10
205. विष्णु०, 7.2
206. तत्रलेख्यं द्विविधं शासनं जानपदं चेति। – याज्ञ० 2.84 पर मिताक्षरा
207. पी०वी०काणे: धर्मशास्त्र का इतिहास, भाग-2 पृ० 728
208. तच्च द्विविधं स्वहस्तकृतमन्यकृतं चेति। तत्र स्वहस्तकृतम साक्षिकम् अन्यकृतं ससाक्षिकम्। – याज्ञ० 2.84 पर मिताक्षरा

209. तत्र लिखितं द्विविधं शासनं चिरकं चेति। - याज्ञ० 2.22 पर मिताक्षरा
210. पी०वी०काणे, तत्रैव
211. शासनं प्रथमं ज्ञेयं जयपत्रं तथाऽपरम्।
आज्ञाप्रज्ञापनपत्रं राजकीयं चतुर्विधम्॥ - वशिष्ठ० (स्मृतिचन्द्रिका 2, पृ०55 में उद्धृत) प्रज्ञापना पत्र के विषय में वशिष्ठ की व्याख्या कौटिल्य से पृथक् है।
212. सरस्वती विलास, पृ० 113-118
213. बृह०, व्य०का०, 6.4
214. लेख्यं तु द्विविधं ज्ञेयं स्वहस्ताऽन्यकृतं तथा।
असाक्षिमत्साक्षिमच्च सिद्धिर्देश स्थिस्तेस्तया॥। - नारद०, (याज्ञ० 2.84 पर मिताक्षरा द्वारा उद्धृत)
215. शुक्र० 4.5.170-171। एक स्थल मर वशिष्ठ ने 'लौकिक' का उल्लेख किया है- 'लौकिकं राजकीयं च लेख्यं विद्याद् द्विलक्षणम्' - वशिष्ठ०; (स्मृतिचन्द्रिका 3, पृ० 125 में उद्धृत)
216. शुक्र०, 4.5.172
217. भागदानक्रयाधीनां संविद्दा स ऋणादिभिः।
सप्रधा लौकिकं लेख्यं त्रिविध राजशासनम्। - बृह०, व्य०का०, 6.5
218. चिरकं च स्वहस्तं च तथोपगत संज्ञकम्।
आधिपत्रं चतुर्थं च पञ्चमं क्रयपत्रकम्॥
षष्ठं तु स्थिति पत्राख्यं सप्तमं सन्धिपत्रकम्।
विशुद्धिपत्रकं चैवमष्ठधा लौकिकं स्मृतम्॥ - व्यास, स्मृतिचन्द्रिका 3, पृ० 125
219. भ्रातरः संविभक्ता ये स्वरुच्या तु परस्परम्।
विभागपत्रं कुर्वन्ति भागलेख्यं तदुच्यते॥ - बृह०, व्य०का०, 6.11
220. भूमिं दत्वा यस्तु पत्रं कुर्याचन्द्रार्ककालिकाम्।
अनाच्छेदामनाहार्यं दानलेख्यं तु तद्विदुः॥ - बृह०, व्य०का०, 6.12
221. गृहक्षेत्रादिकं क्रीत्वा तुल्यमूल्याक्षरान्वितम्।
पत्रं कारयते यत्तु क्रयलेख्यं तदुच्यते॥ - बृह०, व्य०का०, 6.13
222. जङ्गमं स्थावरं बन्धं दत्वा लेख्यं करोति यत्।
गोप्यभोग्यक्रियायुक्तमाधिलेख्यं तु तत्स्मृतम्॥ - बृह०, व्य०का०, 6.14

223. नारद० (स्मृतिचन्द्रिका 3, पृ०137 में उद्धृत)
224. ग्रामो देशश्च यत्कर्यान्मत्तलेख्यं परस्परम्।
राजाविरोधि धर्मार्थे संवित्पत्रं वदन्ति तत्॥ - बृह०, व्य०का०, 6.15
225. वस्त्रान्नहीनः कान्तारे लिखिते कुरुते तु यत्।
कर्माहं ते करिष्यामि दासपत्रं तदिष्यते॥ - बृह०, व्य०का०, 6.16
226. धनं वृद्ध्या गृहीत्वा तु स्वयं कुर्याच्च कारयेत्।
उद्धारपत्रं तत्प्रोक्तमृणलेख्यं मनीषिभिः ॥ - बृह०, व्य०का०, 6.17
227. सीमाविवादे निर्णीते सीमापत्रमिति स्मृतम्। - बृह०, व्य०का०, 6.6
228. कात्यायन (स्मृतिचन्द्रिका 3, पृ० 137 में उद्धृत)
229. पी०वी० काणे, धर्मशास्त्र का इतिहास, भाग 2, पृ० 729
230. याज्ञ०, 2.93
231. प्रजापति (धर्मकोश भाग एक, पृ० 373)
232. प्रजापति, उपर्युक्त
233. पी०वी० काणे, पूर्वोक्त पृ० 729
234. हारीत (स्मृतिचन्द्रिका 3, पृ० 131 में उद्धृत)
235. उत्तमर्णाधमर्णौ च साक्षिणौ लेखकस्तथा।
समावायेन चैतेषां लेख्यं कुर्वीत नान्यथा॥ - हारीत (उपर्युक्त)
236. याज्ञ०, 2.86
237. याज्ञ०, 2.85
238. याज्ञ०, 2.89
239. काल निवश्य राजान निवसति तथा।
दायकं ग्राहकं चैव पितृनाम्ना च संयुतम्॥ - वशिष्ठ (स्मृतिचन्द्रिका 3, पृ० 133 में उद्धृत)
240. देशाचाराविरुद्धं यद् व्यक्ताधिविधि लक्षणम्।
तत्प्रमाणं स्मृतं लेख्यमविलुप्तं क्रमाक्षरम्। - नारद०, 4.136
देशाचारविरुद्ध व्यक्ताधिलक्षणम् लुप्तक्रमाक्षरं प्रमाणम् - स्मृतिचन्द्रिका 2, पृ० 59
241. मत्ताभियुक्तस्त्रीबालबलात्कारकृतं च यत्।
तदप्रमाणं करणं भीतोपधिकृतं तथा॥ - नारद०, ऋणादान, 114

242. मुमुर्षहीनलुप्तार्थैरुन्मत्तव्यसनातुरैः।
विषापधिबलात्कारकृतं लेख्यं न सिध्यति॥ - बृह०, व्य०का०, 6.30

243. देशान्तरस्थे दुर्लेख्ये नष्टोन्मृष्टे हते तथा।
भिन्नेदग्धेऽथवा छिन्ने लेख्यमन्यतु कारयेत्॥ - याज्ञ०, 2.91
छिन्नभिन्नहतोन्मृष्ट नष्टदुर्लिशितेषु च।
लेख्यमन्यद्धि कर्तव्यमेष लेख्यविधिः स्मृतः ॥ - नारद०, ऋणादान 123

244. नारद०, ऋणादान 119

245. दर्पणस्य यथार्बिम्बमसत्सदिव दृश्यते।
यथा लेखस्य विम्बानि कुर्वन्ति कुशलाः जनाः॥ - कात्यायन (स्मृतिचन्द्रिका 3, पृ० 148 में उद्धृत)

246. लेख्यमालेख्यवत्के चिल्लिखन्ति कुशलाः नराः।
तस्मान्न लेख्य सामर्थयात् सिद्धिरैकान्तिकी मता॥ - व्यास (स्मृतिचन्द्रिका 3, पृ० 148 में उद्धृत)

247. संदिग्धलेख्यशुद्धिः स्यात्स्वहस्तलिखितादिभिः।
युक्ति प्राप्तिक्रियाचिह्न संबन्धागमहेतुभिः॥ - याज्ञ०, 2.92

248. पुरुषाः सन्ति ते लोभात्कार्य ये ब्रूयुरन्यथा।
सन्ति चान्ये दुरात्मानः कूटलेख्य कृतो जनाः॥
परीक्ष्यमेतदुभयं स्वयं राज्ञा विशेषतः।
लेख्याचारेण लिखितं साक्ष्याचारेण साक्षिणः॥ - नारद०, (स्मृतिचन्द्रिका 3, पृ० 148 में उद्धृत)

249. कात्यायन (स्मृतिचन्द्रिका 3, पृ० 150 में उद्धृत)

250. यच्चान्यस्य कृतं लेख्यमन्यहस्ते प्रदृश्यते।
अवश्यं तेन वक्तव्यं पत्रस्यागमनं ततः॥ - व्यास० (अपरार्क, पृ० 690 पर उद्धृत)

251. मृताः स्युः साक्षिणो यत्र धनिकर्णिकलेखकाः ।
तदप्यार्थं लिखितं न चेदाधिःस्थिराश्रयाः॥ - नारद०, ऋणादान-115

252. कात्यायन (स्मृतिचन्द्रिका 3, पृ० 151 पर उद्धृत)

253. व्यास (उपर्युक्त)

254. आढ़यस्य निकटस्थस्थ यच्छक्तेन न याचितम्।
शुद्धं न शङ्कया तत्र लेख्यं दुर्बलतामियात् ॥ - बृह०, व्य०का०, 6.51

255. उन्मत्त जड़वालानां राजभीत प्रवासिनाम्।
अप्रगल्भभयार्तानां न लेख्यं हानिमाप्नुयात्॥ - बृह०, व्य०का०, 6.52
256. कात्यायन (स्मृतिचन्द्रिका 3, पृ० 146 में उद्धृत)
257. कात्यायन (उपर्युक्त, पृ० 143)
258. कात्यायन (उपर्युक्त, पृ० 144)
259. कात्यायन (उपर्युक्त, पृ० 143)
260. कौटिल्य, 2.10
261. नारद०, 4.71
262. मरीचि (स्मृतिचन्द्रिका 3, पृ० 138 में उद्धृत)
263. न दिव्यैः साक्षिभिर्वाऽपि हीयते लिखितं क्वचित्।
लेख्यः धर्मः सदा श्रेष्ठो हयतो नान्येत् हीयते॥ - कात्यायन (स्मृतिचन्द्रिका 3, पृ० 151 में उद्धृत)
264. स्वामीरिक्थक्रय संविभाग परिग्रहाधिगमेषु- गौतम०, 10.39
265. ब्राह्मणोस्याधिकं लब्धं क्षत्रियस्य विजितं निर्विष्टं वैश्य शूद्रेयोः - गौतम०, 10.41
266. नारद०, ऋणादान 40
267. नारद०, ऋणादान 41
268. नारद०, ऋणादान 43
269. नारद०, ऋणादान 42
270. बृह०, व्य०का०, 7.23
271. वशिष्ठ०, 16.16
272. नारद०, 4.85, बृह०, स्मृतिचन्द्रिका, पृ० 270 पर उद्धृत
273. याज्ञ०, 2.27, नारद०, 4.84
274. नारद०, 4.87
275. नारद०, 4.77, 86-87
276. आगमेन विशुद्धेन भोगोयाति प्रमाणताम्।
अविशुद्धागमो भोगः प्रामाण्यन्नैव गच्छति॥ - नारद०, ऋणादान 85
277. सम्भोगं केवलं यस्तु कीर्तयेन्नागमं क्वचित्।
भोगच्छलोपदेशेन विज्ञेयः स तु तस्करः॥

अनागमन्तु यो भुङ्क्ते बहून्यब्दशतानि च।
चौरदण्डेन तं पापं दण्डयेत पृथिवीपतिः॥ - नारद०, ऋणादान, 86-87

278. सम्भोगो दृश्यते यत्र न दृश्येतागमः कुतः।
आगमः कारणः तत्र न भोगस्तत्र कारणम्॥ - मनु०, 8.200

279. सागमो दीर्घकालश्च विच्छेदोपरवोज्झितः।
प्रत्यर्थिसन्निधानश्चय परिभोगोऽपि पञ्चधा॥ - व्यास (व्यवहारप्रकाश, पृ० 153-154 पर उद्धृत)

280. याज्ञ०, 2.27

281. पी०वी० काणे : धर्मशास्त्र का इतिहास, भाग दो पृ० 73

282. याज्ञ०, 2.23

283. याज्ञ०, 2.23 पर मिताक्षरा

284. अजडाऽपोगण्डधनं दशवर्षभुक्तं परैः संनिधौ भोक्तुः। - गौतम०, 10.34

285. कौटिल्य, 3.16

286. मनु०; 4.147-148

287. याज्ञ०, 2.25

288. नारद०, 4.79-80

289. वशिष्ठस्मृति, 16.16

290. कौटिल्य, 3.16

291. याज्ञ०, 2.24

292. याज्ञ०, 2.27

293. बृह०, व्य०का०, 7.35

294. पितापितामहो यस्य जीवेच्च प्रपितामहः।
त्रिंशत्समा तु या भुक्ता भूमिराव्यहता परैः॥
भुक्तिः सा पौरुषी ज्ञेया द्विगुणा च द्विपुरुषी।
त्रिपुरुषी च त्रिगुणा परतः स्याचिरन्तना॥ - बृह०, व्य०का०, 7.36-37

295. याज्ञ०, 2.27 पर मिताक्षरा

296. स्मृतिचन्द्रिका 2, पृ० 72

297. याज्ञ० 2.27 पर मिताक्षरा

298. पी०वी० काणे : धर्मशास्त्र का इतिहास, भाग दो, पृ० 733

299. त्रिभिरेतैरविच्छिन्ना स्थिरा षष्ठयाब्दिकी मता। - कात्यायन, धर्मकोश, पृ० 417
300. नारद (अपरार्क, पृ० 636)
301. त्रिंशद्वर्षाण्यविच्छिन्ना तस्य तां न विचालयेत्। - बृह०, व्य०का०, 7.28
302. वर्षाणि विंशतिर्भुक्ता स्वामिनाऽव्याहृता सती। - व्यास (व्यवहारप्रकाश, पृ० 155)
303. पी०वी० काणे: धर्मशास्त्र का इतिहास, भाग दो, पृ० 733-734
304. कौटिल्य 3.16
305. आधिः सीमा बालधनं निक्षेपोपनिधिः स्त्रियः।
राजस्वं श्रोतियस्वं च न भोगेन प्रणश्यति॥ - मनु०, 8.149
306. मनु० 8.146
307. धेनुवाह्यालंकरणं याचितं प्रीतिकर्मणि।
चतुः पञ्चाब्दिकः देयमन्यथा हानिमाप्नुयात्॥ - मरीचि (स्मृत्ति चन्द्रिका 3, पृ० 157 पर उद्धृत)
308. गौतम०, 12.35
309. याच्चाधर्मेण यद्भुक्तं श्रोत्रियैः राजपुरुषैः ।
सुहृदभिर्वान्धवैर्वाऽपि न तद्भोगेन हीयते॥
धर्मक्षयः श्रोत्रिये स्याद् भयं स्याद्राजपुरुषे।
स्नेहः सुहृदवान्धवेषु भुक्तमेतैर्न हीयते॥ - व्यास (स्मृतिचन्द्रिका, 3, पृ० 157 पर उद्धृत)
310. बृह० (व्यवहारप्रकाश, पृ० 166 पर उद्धृत)
311. सनाभिभिर्बान्धवैश्च भुक्तं यत् स्वजनैस्तथा।
भोगात्तत्र न सिद्धिः स्याद्भोगमन्येषु कल्पयेत॥ - कात्यायन (व्यवहारप्रकाश, पृ०166 पर उद्धृत)
312. नारद०; 4.241
313. प्रक्रान्ते साहसे वादे पारुष्ये दण्डवाचिके।
बलोद्भूतेषु कार्येषु साक्षिणो दिव्यमेव वा॥ - कात्यायन (मिताक्षरा, याज्ञ० 2.22)
314. तत्र मानुष प्रमाणानिर्णेयस्यापि निर्णायकं यत्तदिव्यमिति लोकप्रसिद्धम्। - दिव्यतत्व (पृ० 574)

315. हेस्टिग: एनसाइक्लोपीडिया आफ रिलिज़न एण्ड इथिक्स, कीथ, आर्डीयल्स
316. पंचविंश ब्राह्मण, 14.6.6
317. मनु०, 8.116
318. पी०वी० काणे : धर्मशास्त्र का इतिहास, भाग दो, पृ० 747
319. छान्दोग्य उप०; 6.16.1
320. आप०ध०सू०, 2.11.29.6
321. आदित्यचन्द्रावनिलोऽनलश्च द्यौर्भूमिरापो हृदयं यमश्च अहश्च रात्रिश्च उभे च संध्ये धर्मश्च जानाति नरस्यवृतम्॥ - महा०, आदिपर्व, 74.30
322. अग्निं वाहारयेदैनमप्सु चैनं निमज्जयेत। - मनु० 8.114
323. तुलाग्नायापो विषं कोशो दिव्यानीह विशुद्धये। - याज्ञ० 2.95, विष्णु० 9.14
324. नारद० 4.252, 343, 337 एवं कात्यायन (411-461)
325. घटोऽग्निरुदकं चैव विषं कोशश्च पञ्चकम्।
षष्ठं च तण्डुलाः प्रोक्तं सप्तमं तप्तभाषकः ॥
अष्टमं फालभित्युक्तं नवमं धर्मकं तथा।
दिव्येनायाति सर्वाणि निर्दिष्टानि स्वयम्भुवा॥ - बृह०, व्य०का०, 8.3-4
326. पितामह (अपरार्क, पृ० 694)
327. राबर्ट लिंगत : दी क्लासिकल ला आफ इण्डिया, पृ० 129
328. श्रद्धाकर सुपकार : दी लॉ आफ एविडेंस इन ऐन्सियन्ट इण्डिया, पृ० 188-189
329. श्रद्धाकर सुपकार, उपर्युक्त पृ० 186-187
330. याज्ञ०, 2.98
331. ब्राह्मणस्य घटोदेयः क्षत्रियस्य हुताशनः।
वैश्यस्य सलिलं देयं शूद्रस्य विषमेव तु॥
साधारणं समस्तानां कोशः प्रोक्तो मनीषिभिः। - नारद०, 4.234
332. बृह०, व्य०का०, 8.12-13
333. कात्यायन (422)
334. कात्यायन (322)
335. सव्रतानां भृशार्तानां व्याधितानां तपस्विनाम्।
स्त्रीणां न भवेद दिव्यं यदि धर्ममवेक्ष्येत॥ - नारद०, 4.256

336. याज्ञ०, 2.98 पर मिताक्षरा
337. स्त्रीणां न विषं प्रोक्तं न चापि सलिलं स्मृतम्।
घटकोशादिभिस्तासामंतस्त्व विचारयेत॥ - नारद०, (स्मृतिचन्द्रिका 3, पृ० 240 पर उद्धृत)
338. पी०वी० काणे: धर्मशास्त्र का इतिहास, भाग दो, पृ० 749
339. न लोह शिल्पिनामग्निं सलिलं नाम्बुसेविनाम्।
मन्त्रयोगविदा चैव विषं दद्याच्च न क्वचित्॥
तण्डुलैनं नियुञ्जीत प्राणिनं मुखरोगिणम्। - कात्यायन (स्मृतिचन्द्रिका 3, पृ० 240 पर उद्धृत)
340. कुष्टिनां वर्जयेदग्निं सलिलं श्वासकासिनाम्।
पिचश्लेष्मवतां नित्यं विषं तु परिवर्जयेत्॥
मद्यपस्त्रीव्यसनिनां कितवानां तथैव च।
कोशः प्राज्ञैर्न दातव्यो ये च नास्तिकवृत्तयः ॥ - पितामह (स्मृतिचन्द्रिका 3, पृ० 241 पर उद्धृत)
341. कात्यायन (स्मृतिचन्द्रिका 3, पृ० 241 पर उद्धृत)
342. श्रद्धाकर सुपकारः, पूर्वोक्त पृ० 194
343. कात्यायन (स्मृतिचन्द्रिका 3, पृ० 242 पर उद्धृत)
344. वर्षासु वहनरियुक्त शिशिरेषु घटः स्मृतः।
ग्रीष्मे सलिलमित्युक्तं विष काले तु शीतले॥ - नारद०, 4.254
345. न शीते तोयशुद्धिः स्यान्नोष्णकालेऽग्निशोधनम्।
न प्रावषिविषं दधात्प्रवाते न तुलां नृपः॥ - नारद०, 4.259
346. चैत्रो मार्गशिराश्चैव वैशाखश्च तथैव च।
एते साधारणा मासा दिव्यानामविरोधिनाम्॥ - पितामह (स्मृतिचन्द्रिका 3, पृ० 243 पर उद्धृत)
347. याज्ञ०, 2.97
348. पितामह (धर्मकोश, पृ० 435 पर उद्धृत)
349. याज्ञ०, 2.97 पर मिताक्षरा
350. प्रजापति (धर्मकोश, पृ० 468 पर उद्धृत)
351. नारद०, (धर्मकोश, पृ० 435 पर उद्धृत)

352. पितामह, (स्मृतिचन्द्रिका 3, पृ० 244 पर उद्धृत)

353. इन्द्रस्थानेऽभिशस्तानां महापातकिनां नृणाम्।
नृपद्रोहप्रवृत्तानां राजद्वारे प्रयोजयेत्॥
प्राक्तिलोभ्यप्रसूतानां दिव्यं देयं चतुष्पक्षे।
अतोऽन्येषु च कार्येषुसभामध्ये विदुर्बुधाः ॥ - कात्यायन (स्मृतिचन्द्रिका 3, पृ० 244 पर उद्धृत)

354. पितामह (स्मृतिचन्द्रिका 3, पृ० 249 पर उद्धृत)

355. याज्ञ० 2.97 एवं 99 पर मिताक्षरा, व्यवहारमयूख (पृ०52-55), व्यवहारप्रकाश (पृ०183-188), व्यवहार निर्णय (पृ० 148-153)

356. पितामह (व्यवहारमयूख, पृ० 34 पर उद्धृत)

357. तुलितो यदि वर्धेत विशुद्धः स्यान्न संशयः।
समो वा हीयमानो वा न विशुद्धो भवेन्नरः॥ नारद०, 4.283, विशेष द्रष्टव्यः व्यवहारप्रकाश, पृ० 186-193

358. कात्यायन (स्मृतिचन्द्रिका 3, पृ० 259)

359. याज्ञ०, 2.98

360. अग्नेर्विधिं प्रवक्ष्यामि यथावच्छास्त्रचोदितम्।
कारयेन्मण्डलान्यष्टौ पुरस्तान्नवमं तथा॥
आग्नेयं मण्डलं त्वाद्यं द्वितीयंवारुणं तथा।
तृतीयं वायुदैवत्यं चतुर्थं यमदैवतम्॥
पञ्चमं त्विन्द्रदैवत्यं षष्ठं कौबेर मुच्यते।
सप्तमं सोमदेवत्यमष्टमं शर्वदैवतम्॥
पुरस्तान्नवं यत्तु तन्महस्पार्थिवं विदुः।
गोमयेन कृतानि स्युदद्भिः पर्युक्षितानि च॥ - पितामह (व्यवहारप्रकाश पृ० 193-194 पर उद्धृत)

361. याज्ञ०, 2.106

362. विष्णु०, 11.5

363. याज्ञ०, 2.7

364. पितामह (याज्ञ० 2.108 पर मिताक्षरा द्वारा उद्धृत)

365. नारद०, 4.305 एवं विष्णु०, 10.2

366. पितामह (याज्ञ० 2.109 पर मिताक्षरा द्वारा उद्धृत)
367. स्मृतिचन्द्रिका 2, पृ० 116
368. विषाणि अदेयानि सर्वाणि। ऋते हिमालयेद्भवात् शाङ्गीत।
तस्य च यव सप्तकं धृतप्लुतमभिशास्तय दद्यात्॥ - विष्णु०; 8.14
369. श्रृंगिणो वत्सनाभस्य हिमजस्य विषस्य वा - पितामह (याज्ञ० 2.3 पर मिताक्षरा द्वारा उद्धृत)
370. नारद० (व्यवहारप्रकाश, पृ० 209 पर उद्धृत)
371. कात्यायन (व्यवहारप्रकाश, पृ० 210 पर उद्धृत)
372. वर्षे चतुर्यवा मात्रा ग्रीष्मे पञ्चयवाः स्मृताः ॥
हेमन्ते सप्तवाऽष्टौ वा शरद्यत्पास्ततोऽपि हि ॥ - नारद०, 4.324
373. पितामह, (व्यवहारप्रकाश, पृ० 211 पर उद्धृत)
374. छाया निवेशितो रक्ष्यो दिनशेशमभोजनः।
विषवेगक्तमातीतः शुद्धोऽसौ मनुरब्रवीत्॥ - नारद०, व्यवहारप्रकाश पृ० 212
375. पंचतालशतं कालं निर्विकारो तदाभवेत्।
तदाभवति सशुद्ध स्ततः कुर्याच्चिकित्सितम्॥ - याज्ञ० 2.3 पर मिताक्षरा द्वारा उद्धृत नारदवचन, व्यवहारप्रकाश, पृ० 212
376. बील: बुद्धिस्ट रीकार्ड्स आफ दी वेस्टर्न वर्ल्डस, बुक 11, पृ० 84-85
377. याज्ञ०, 2.112
378. याज्ञ०, 2.108
379. याज्ञ० 2.112 पर मिताक्षरा द्वारा उद्धृत पितामह वचन
380. विष्णु०, 14.4-5, कात्यायन (स्मृतिचन्द्रिका 3, पृ० 273 पर उद्धृत), बृहस्पति (उपर्युक्त, पृ० 274 पर उद्धृत), नारद० 4.331, शुक्र० 4.5.240
381. पितामह (स्मृतिचन्द्रिका 3, पृ० 275 पर उद्धृत)
382. पितामह (स्मृतिचन्द्रिका 3, पृ० 276 पर उद्धृत)
383. बृह० (धर्मकोश, पृ० 518 पर उद्धृत)
384. पितामह (उपर्युक्त)
385. पितामह (उपर्युक्त पृ० 520 पर उद्धृत)
386. व्यवहारतत्व, पृ० 608
387. व्यवहारप्रकाश, पृ० 218

388. द्रष्टव्य, व्यवहारप्रकाश, पृ० 318-319
389. व्यवहारतत्व, पृ० 579
390. पी०वी० काणे : धर्मशास्त्र का इतिहास, भाग 2, पृ० 750
391. उक्तप्रकार रुपेण स्वमत्तस्थापिता क्रिया।
राजा परीक्ष्य सभ्यैश्च स्थाप्यौ जय पराजयो॥ - संग्रहकार (स्मृतिचन्द्रिका 2, पृ०120 पर उद्धृत)
392. नारद०; 2.42
393. नारद०; 2.41 एवं 2.43
394. वशिष्ठ०, 19.10
395. विशेष द्रष्टव्यः अपरार्क पृ० 684, याज्ञ० 2.91 पर मिताक्षरा, कात्यायन (259-265), व्यास (स्मृतिचन्द्रिका 2, पृ० 57)
396. याज्ञ० 2.91 पर मिताक्षरा
397. विवादचन्द्र, पृ० 146
398. यत्र तु हीनता - "अन्य वादी क्रियाद्वेषी नोपस्थाता निरुत्तरः । आहूत प्रप्रलापी च हीनः पञ्चविधः स्मृतः ॥" इति। तत्र न जयपत्रकमस्ति अपितु हीनपत्रकमेव। - याज्ञ०; 2.91 पर मिताक्षरा (नारद के कथन के संदर्भ में)
399. निरस्तातु क्रिया यत्र प्रमाणे नैव वादिना।
पश्चात्कारो भवेत्तत्र न सर्वासु विधीयते॥ - कात्यायन (स्मृतिचन्द्रिका 2, पृ० 57-58 पर उद्धृत) - घातिमयोगमप्रतिभुवस्मतदहरेव पश्चात्कारः - कौटिल्य, 3.19
400. कलकत्ता वीकली नोट्स, 25 एवं जे०बी०ओ०आर०एस० (जिल्द 7, पृ० 117)
401. जे०बी०ओ०आर०एस० (जिल्द 6, पृ० 246-258)
402. पी०वी०काणे : धर्मशास्त्र का इतिहास, भाग 2 में जयपत्र के स्वरूप, प्राप्तिस्थान तथा अन्य संदर्भित तथ्यों का संकलन किया गया है।
403. प्रमाणैर्हेतुचरितैः शपथेन नृपाज्ञया।
वादिसम्प्रतिपत्या वा निर्णयोऽष्टविधः स्मृतः॥
लिखितं साक्षिणो भुक्तिः प्रमाणं त्रिविधिं स्मृतम्॥
अनुमानं विदुर्हेतुस्तर्कश्चेति मनीषिणः॥

देशस्थितिः पूर्वकृतां चरितं समुदाहृतम्।
अर्थानुरूपाः शपथाः स्मृताः सत्यघाटादयः॥
तेषामभावे राजाज्ञां निर्णयं तु विदुर्बुधाः॥ इति, – व्यास (व्यवहारप्रकाश, पृ० 86-87 पर उद्धृत)

404. शुक्र०, 4.5.265-267, पितामह (स्मृतिचन्द्रिका 2, पृ० 26, पराशरमाधवीय 3, पृ० 93; व्यवहारसार पृ० 43)
405. एविडेन्स एक्ट 44
406. व्यवहारप्रकाश, पृ० 90
407. मनु०, 9.233
408. मनु०, 9.234
409. तीरितं चानुशिष्टं च यो मे मन्येत विधर्मणा।
द्विगुणं दण्डमास्थाय तत्कार्यं पुनरुद्धरेत्॥ – नारद०, व्य०दं०वि० 56
410. याज्ञ०, 2.306
411. हानिनिमित्तं जयपत्रं उद्वात् एवं कृते यदि प्रतिवाद्या गच्छति पुनरपि व्यवहारदर्शनं कर्तव्यम्। – कात्यायन (100 एवं 101 पर व्यवहारनिर्णय)
412. साक्षिसभ्यावसन्नानां दूषणे दर्शनं पुनः।
स्कवर्य्यावसितानां तु नोक्तः पौनर्भवो विधिः॥ – नारद० (व्यवहारप्रकाश, पृ०90)
413. नारद० 1.65, याज्ञ० 2.306, कात्यायन एवं बृहस्पति (व्यवहारप्रकाश द्वारा उद्धृत, पृ० 91)
414. नारद० 1.43, याज्ञ० 2.31-32
415. मनु०, 8.105-106
416. याज्ञ०, 2.306
417. कुलादिभिर्निश्चितेऽपि संतोषं न गतस्तु यः।
विचार्य तत्कृतं राजा कुकृतं पुनरुद्धरेत्॥ – बृहस्पति एवं कात्यायन (व्यवहारप्रकाश, पृ०91 पर उद्धृत)
418. याज्ञ०, 2.30
419. कुलनिर्णीते तु श्रेण्यादिगमनं भवति। श्रेणिनिर्णीते पूगादि गमनम्। पूगनिर्णीते नृपाधिकृतगमनं भवतीति। – याज्ञ०, 2.30 पर मिताक्षरा
420. याज्ञ०, 2.30 पर मिताक्षरा द्वारा उद्धृत

421. याज्ञ०, 2.30 पर विश्वरूप
422. 'हीनवादी दण्डेन पुनर्वादाधिकारः' - पराशर माधवीय धर्मकोश पृ०107 में उद्धृत कात्यायन, 265
423. हरिहरनाथ त्रिपाठी : प्राचीन भारत में राज्य और न्यायपालिका, पृ० 300
424. बृह०, व्य०का०, 1.93-95
425. ग्रामे दुष्टः पुरं यायात्पुरे दुष्टस्तु राजनि।
राज्ञा दृष्टः कुदृष्टो वा नास्ति तस्य पुनर्भवः॥ - पितामह (स्मृतिचन्द्रिका 2, पृ० 19)
426. द्रष्टव्य : प्रस्तुत ग्रन्थ का अध्याय 2 - 'विधि के स्रोत'

संदर्भ-ग्रंथ सूची

संस्कृत भाषा

वैदिक साहित्य

अर्थर्ववेद संहिता - डब्लू०डी० ह्विटनी- मोतीलाल बनारसीदास, दिल्ली, 1996 ई०

अथर्ववेद संहिता (सायण भाष्य) - निर्णय सागर प्रेस, बम्बई, 1958 ई०

अथर्ववेद संहिता - (सं०, श्रीपाद दामोदर सातवलेकर) स्वाध्याय मण्डल; पारडी, 1958 ई०

अष्टादश उपनिषद (भाग एक) (सं०, - वी०पी० लिमये एवं आर०डी० वाडेकर) - वैदिक संशोधन मण्डल, पूना, 1958 ई०

इशादि नौ उपनिषद - (सं०, हरिकृष्ण गोयन्दका), गीता प्रेस, गोरखपुर, 1953 ई०

ऐतरेय आरण्यक - (सं०, कीथ), ऑक्सफोर्ड यूनिवर्सिटी प्रेस, 1909 ई०

ऐतरेय ब्राह्मण (सायण भाष्य) - आनन्दाश्रम संस्कृत सीरीज, पूना, 1931 ई०

काठक संहिता (दो खण्डों में) - (सं०, एल० श्रोयडर्स) - दिल्ली, 1900-1911 ई०

गोपथ ब्राह्मण - निर्णय सागर प्रेस, बम्बई 1932 ई०

छान्दोग्य उपनिषद - जीवानन्द विद्यासागर, कलकत्ता

ताण्ड्य ब्राह्मण - एशियाटिक सोसायटी, बंगाल, चौखम्भा संस्कृत सीरीज, वाराणसी

तैत्तिरीय आरण्यक - आनन्दाश्रम संस्कृत सीरीज, पूना, 1926 ई०

तैत्तिरीय ब्राह्मण - (सं०, आर० शाम शास्त्री), मैसूर 1921 ई०

तैत्तिरीय संहिता (तीन खण्डों में) - (सं०, टी०एन० धर्माधिकारी), वैदिक संशोधन मण्डल पूना (1972-1985 ई०)

पंचविंश ब्राह्मण - एशियाटिक सोसायटी, बंगाल

बृहदारण्यक उपनिषद - निर्णय सागर प्रेस, बम्बई, 1932 ई०

मैत्रायणी संहिता - (सं०, ए०डी० सातवलेकर), आन्ध्र०, 1942 ई०

यजुर्वेद संहिता (संस्कृत भाष्य उव्वट महीधर) - निर्णय सागर प्रेस, बम्बई 1958 ई०

वाजसनेयी संहिता - (सं०, ए०डी० सातवलेकर), ओध 1927 ई०

शतपथ ब्राह्मण - (सं०, ए० वेवर), चौखम्भा प्रकाशन, वाराणसी 1964 ई०

ऋग्वेद - (सं०, श्रीराम शर्मा) - संस्कृत संस्थान, बरेली, 1962 ई०

ऋग्वेद संहिता (सायण भाष्य), पाँच भागों में, (सं०, एन०एस० सोनट्टके एवं जी०सी० कांसीकर)- वैदिक संशोधन मण्डल पूना, प्रथम भाग-1995 ई०, द्वितीय भाग-1976 ई०, तृतीय भाग-1978 ई०, चतुर्थ भाग-1983 ई०, पंचम भाग-1951 ई०

सूत्र साहित्य

आपस्तम्ब गृह्य सूत्र - सैक्रेड बुक आफ दी ईस्ट, जिल्द 30, मैसूर गवर्नमेंट संस्कृत लाइब्रेरी सीरीज़

आपस्तम्ब धर्मसूत्र - (सं०, एम०जी० शास्त्री) - भण्डारकर ओरिएण्टल इन्स्टिच्यूट, पूना, 1932 ई०

आश्वालायन गृह्य सूत्र (नारायण की टीकासहित) - निर्णय सागर प्रेस, बम्बई, 1894 ई०

आश्वालयन श्रौत सूत्र - (सं०, आर० विद्यारत्न) - कलकत्ता, 1864-1874 ई०

गौतम धर्मसूत्र (मिताक्षरा सहित) - (सं०, डॉ० उमेश चन्द्र पाण्डेय), चौखम्भा संस्कृत सीरीज़ आफिस, वाराणसी, 1966 ई०

बौधायन गृह्य सूत्र (सं०, आर०शाम शास्त्री) मैसूर, 1920 ई०

बौधायन धर्मसूत्र (गोविन्द स्वामी की टीका सहित) (सं०, म०म० अचिन्नास्वामी), चौखम्भा संस्कृत सीरीज़, वाराणसी, 1972 ई०

वशिष्ठ धर्मसूत्र-(सं०, ए०ए०फ्यूरर) बाम्बे संस्कृत एण्ड प्राकृत सीरीज, बम्बई, 1916 ई०

विष्णु धर्मसूत्र - (सं०, जे० जाली), कलकत्ता, 1811 ई०

पुराण साहित्य

अग्नि पुराण - (सं०, बलदेव उपाध्याय), वाराणसी, 1966 ई०

आदिपुराण - चौखम्भा संस्कृत सीरीज आफिस, वाराणसी, 1998 ई०

कूर्म पुराण -(सं०, नीलमणि मुखोपाध्याय) - बिब्लियोथिका इण्डिका, कलकत्ता, 1890 ई०

गरुड़ पुराण - क्षेमराज श्रीकृष्णदास, बम्बई, 1906 ई०

पद्म पुराण - (सं०, विष्णुनारायण, पूना, 1893 ई०)

ब्रह्म पुराण - गायकवाड़ ओरिएण्टल सीरीज, बड़ौदा, 1941 ई०

ब्रह्माण्ड पुराण - क्षेमराज श्रीकृष्णदास, बम्बई, 1907 ई०

भविष्य पुराण - वैंकटेश्वर प्रेस, बम्बई, 1912 ई०

भागवत पुराण - चौखम्भा संस्कृत सीरीज ऑफिस, वाराणसी 1993 ई०

मत्स्य पुराण - जीवानन्द विद्यासागर, कलकत्ता, 1876 ई०

वायु पुराण - आनन्दाश्रम संस्कृत सीरीज, पूना, 1905 ई०

विष्णु पुराण - निर्णय सागर प्रेस, बम्बई, 1912 ई०

विष्णु धर्मोत्तर पुराण - क्षेमराज श्रीकृष्णदास प्रेस, बम्बई, 1936 ई०

स्मृति साहित्य

कात्यायन स्मृति - (सं०, नारायण चन्द्र बन्दोपाध्याय) कलकत्ता, 1917 ई०

गौतम स्मृति - सैक्रेड बुक ऑफ दी ईस्ट, वाल्यूम 33

देवल स्मृति - आनन्दाश्रम संस्कृत सीरीज, पूना

नारदीयमनुसंहिता (भवस्वामी का भाष्य) - (सं०, के० शामशास्त्री) त्रिवेन्द्रम, 1929 ई०

नारद स्मृति - (सं०, जे० जॉली), कलकत्ता 1885 ई०

पराशर स्मृति - बम्बई संस्कृत सीरीज, बम्बई 1911 ई०, चौखम्भा संस्कृत सीरीज आफिस, वाराणसी 1998 ई०

बृहस्पति स्मृति - (सं०, श्री रंगस्वामी शर्मा) गायकवाड़ ओरिएण्टल सीरीज, बड़ौदा, 1941 ई०

मनुस्मृति - (सं०, रामेश्वर भट्ट) चौखम्भा संस्कृत प्रतिष्ठान, दिल्ली 1987 ई०

मनुस्मृति (कुल्लूक भट्ट की टीका) - (सं०, आचार्य जगदीश लाल शास्त्री) मोतीलाल बनारसीदास, वाराणसी, 2000 ई०

मनुस्मृति. (मेधातिथि की टीका, दो भागों में) - (सं०, गंगानाथ झा), परिमल पब्लिकेशन्स, दिल्ली 1998 ई०

याज्ञवल्क्य स्मृति (मिताक्षरा सहित) - (सं०, डॉ० उमेशचन्द्र पाण्डेय) चौखम्भा संस्कृत सीरीज ऑफिस, 1967 ई०

याज्ञवल्क्य स्मृति (विज्ञानेश्वर की मिताक्षरा सहित) - (सं०, वासुदेव लक्ष्मण शास्त्री पंसीकर) निर्णय सागरप्रेस, बम्बई, 1936 ई०

याज्ञवल्क्य स्मृति (अपरार्क की टीका) - आनन्दाश्रम संस्कृत सीरीज, पूना, 1903 ई०

याज्ञवल्क्य स्मृति (विश्वरूप की टीका) - त्रिवेन्द्रम संस्कृत ग्रंथमाला, चौखम्भा संस्कृत सीरीज़ ऑफिस, वाराणसी

व्यास स्मृति - धर्मशास्त्र संग्रह, खण्ड दो, कलकत्ता, 1876 ई०

अष्टाविंशति स्मृति संग्रह - (सं०, हरिप्रसाद) भागीरथ प्रेस, बम्बई

बीस स्मृतियाँ (दो खण्डों में) - (सं०, श्रीराम शर्मा), संस्कृत संस्थान, बरेली, 1993 ई०

स्मृति प्रकाश - (सं०, निहालचन्द्र राय) मुजफ्फरनगर, 1890 ई०

स्मृतानां समुच्चयः - (सं०, वी०जी० आप्टे) आनन्दाश्रम मुद्रणालय, पूना, 1863 ई०

स्मृति संदर्भ - (सं०, मनसुख राय मोर) कलकत्ता (भाग एक) 1952 ई०

महाकाव्य साहित्य

महाभारत (खण्ड एक से छः) - गीता प्रेस, गोरखपुर, 1999 ई०

महाभारत (क्रिटिकल संस्करण) - (सं०, सुपथाङ्कर तथा अन्य) पूना

रामायण - (सं०, विश्वबन्धु भारती) लाहौर, 1935 ई०

वाल्मीकि रामायणम् (दो खण्डों में) - गीता प्रेस, गोरखपुर, 1997 ई०

श्रीमद्भागवतगीता - गीता प्रेस, गोरखपुर, 1999 ई०

व्याकरण / मीमांसा साहित्य

अष्टाध्यायी (पाणिनि) - चौखम्भा संस्कृत सीरीज, वाराणसी, 1997 ई०

जैमिनीसूत्रम् - (सं०, सुरेशचन्द्र मिश्र) रंजन पब्लिकेशन, नई दिल्ली, 1998 ई०

जैमिनि सूत्रवृत्ति - चौखम्भा संस्कृत सीरीज, वाराणसी

तन्त्रवार्तिक (भट्टपाद कुमारिल) - चौखम्भा संस्कृत सीरीज, वाराणसी

तर्क संग्रह - चौखम्भा संस्कृत सीरीज, वाराणसी, 2000 ई०

पातञ्जल योग प्रदीप - श्री स्वामी योगानन्दतीर्थ - गीता प्रेस, गोरखपुर, 1997 ई०

ब्रह्म सूत्र (शांकर भाष्य) - चौखम्भा संस्कृत सीरीज, वाराणसी, 1998 ई०

महाभाष्य (पतंजलि) भाग एक से छः - चौखम्भा संस्कृत सीरीज, वाराणसी, 1998 ई०

मीमांसा दर्शन (शाबर भाष्य) - चौखम्भा संस्कृत सीरीज, वाराणसी

अर्थशास्त्र

कामन्दकीय नीति सार - (सं०, एम०एन० दत्त) कलकत्ता, 1896 ई०

कौटिलीय अर्थशास्त्रम् - (सं०, आर० शामशास्त्री) मैसूर, 1919 ई०

कौटिलीय अर्थशास्त्रम् - (सं० जे० जॉली) पंजाब संस्कृत सीरीज, लाहौर, 1923 ई०

कौटिलीय अर्थशास्त्रम्-(सं०, वाचस्पति गैरोला) चौखम्भा विद्याभवन, वाराणसी, 1984 ई०

कौटिलीय अर्थशास्त्रम् - (सं०, टी० गणपति शास्त्री) इण्डोलाजिकल बुक हाउस, दिल्ली, 1984 ई०

कौटिलीय अर्थशास्त्रम् (दो भाग) - (सं०, आचार्य विश्वनाथ शास्त्री) सम्पूर्णानन्द संस्कृत वि०वि० प्रकाशन, 1991 ई०

नीतिकामन्दकीय (शंकरार्य टीकासहित)-(सं०, टी० गणपति शास्त्री) त्रिवेन्द्रम्, 1912 ई०

नीतिवाक्यामृत - (सं०, एन०एस० बेंकटनाथाचार्य) मैसूर वि०वि०

बार्हस्पत्य सूत्र - (सं०, पं० भगवद्दत) पंजाब संस्कृत सीरीज, लाहौर, 1921 ई०

शुक्रनीति - वैंकटेश्वर प्रेस, बम्बई, 1955 ई०

शुक्रनीति - (सं०, पं० ब्रह्माशंकर मिश्र) चौखम्भा संस्कृत सीरीज, वाराणसी, 1998 ई०

शुक्रनीति सार - सैक्रेड बुक आफ दी हिन्दूज, वाल्यूम 13, इलाहाबाद, 1919 ई०

शुक्रनीति सार - (सं०, स्वामी जगदानन्द सरस्वती) ऋषिदेवी रूपलालकपूर धर्मार्थ ट्रस्ट, सोनीपत, हरियाणा, 1997 ई०

निबन्ध ग्रन्थ/ टीकाएँ

कृत्यकल्पतरु (व्यवहारकाण्ड एवं राजधर्म) - गायकवाड़ ओरिएण्टल सीरीज, बड़ौदा, 1941 ई०

दायभाग - तोन्दरिया प्रेस धारवाड़, बिब्लियोथिका इण्डिका, चौखम्भा संस्कृत सीरीज, वाराणसी

दायतत्व - जीवानन्द विद्यासागर, कलकत्ता

निर्णय सिंधु - चौखम्भा संस्कृत सीरीज, वाराणसी, 1998 ई०

पराशर माधवीय - बम्बई संस्कृत सीरीज, बम्बई

मदन परिजात - बिब्लियोथिका इण्डिका, कलकत्ता

मानसोल्लास - गायकवाड़ ओरिएण्टल सीरीज, बड़ौदा

विवादचन्द्र - चौखम्भा संस्कृत सीरीज, वाराणसी

विवाद चिन्तामणि - बैंकटेश्वर प्रेस, बम्बई

वीर मित्रोदय - परिभाषा प्रकाश (सं०, श्री विष्णु प्रसाद शर्मा) - चौखम्भा संस्कृत सीरीज, वाराणसी, 1987 ई०

वीर मित्रोदय - व्यवहार प्रकाश (सं०, श्री विष्णु प्रसाद शर्मा) - चौखम्भा संस्कृत सीरीज, वाराणसी, 1983 ई०

व्यवहार चिन्तामणि - (सं०, प्रभुनारायण शर्मा तथा अन्य) दरभंगा संस्कृत विश्वविद्यालय, दरभंगा, 1985 ई०

व्यवहार निर्णय - अड्यार लाइब्रेरी प्रकाशन

व्यवहार मयूख - (सं०, एम०जी० वक्रे तथा बी०आर० लेले) गुजराती प्रिन्टिंग प्रेस, बम्बई, 1923 ई०

व्यवहार मातृका - एशियाटिक सोसायटी, कलकत्ता

सरस्वती विलास - आर० शाम शास्त्री, मैसूर, 1927 ई०

स्मृतिचन्द्रिका (तीन भाग में) - गवर्नमेंट ओरिएण्टल लाइब्रेरी सीरीज, मैसूर, 1918 ई०

स्मृतिचन्द्रिका, व्यवहारकाण्ड (वाल्यूम 1-3) - जगन्नाथ रघुनाथचन्द, धामपुर बम्बई, 1918 ई०

विविध संस्कृत ग्रंथ

अभिज्ञान शाकुन्तलम् - चौखम्भा संस्कृत सीरीज, वाराणसी, 1998 ई०

कादम्बरी - चौखम्भा संस्कृत सीरीज, वाराणसी, 1998 ई०

कुमारसम्भव - चौखम्भा संस्कृत सीरीज, वाराणसी, 1998 ई०

दशकुमारचरितम् - (सं०, काले) बम्बई, 1917 ई०

मृच्छकटिकम् - चौखम्भा संस्कृत सीरीज, वाराणसी, 1999 ई०

मालविकाग्निमित्रम् - चौखम्भा संस्कृत सीरीज, वाराणसी, 1999 ई०

रघुवंशम् - चौखम्भा संस्कृत सीरीज, वाराणसी, 1998 ई०

विक्रमोर्वशीयम् - चौखम्भा संस्कृत सीरीज, वाराणसी, 1999 ई०

समराङ्गणसूत्राधार - (सं०, ढुण्ढिराज शास्त्री) चौखम्भा संस्कृत सीरीज, वाराणसी, 1930 ई०

हर्षचरितम् - चौखम्भा संस्कृत सीरीज, वाराणसी, 1998 ई०

पालि / प्राकृत ग्रंथ

अंगुत्तर निकाय - (सं०, भिक्षु जगदीश काश्यप) नालन्दा देवनागरी-पालि-सीरीज अंग्रेजी अनुवाद - ग्रेजुअल सेइग्स, पालि टेक्ट्स सोसायटी, लन्दन

आचारांग सूत्र - (सं०, एच० जैकोबी) लन्दन, 1882 ई०

कल्प सूत्र - जैन सूत्राज भाग एक, सैक्रेड बुक आफ दी ईस्ट, जिल्द 22

चुल्लवग्ग - (सं०, भिक्षु जगदीश काश्यप) नालन्दा देवनागरी पालि सीरीज

दीघ निकाय - (सं०, रीज़ डेविड्स एवं कार्पेन्टर), पालि टेक्ट्स सोसायटी, लन्दन 1932 ई०, हिन्दी अनुवाद, राहुल सांकृत्यायन, सारनाथ, वाराणसी, 1936 ई०

महावग्ग - (सं०, भिक्षु जगदीश काश्यप) नालन्दा देवनागरी पालि सीरीज

मिलिन्द पञ्हो - (सं०, आर०डी० वाडेकर) बाम्बे यूनिवर्सिटी पब्लिकेशन, बाम्बे

संयुक्त निकाय - (सं०, एम० फ्यरोर लियोन एवं मिसेज़ रीज़ डेविड्स), पालि टेक्ट्स सोसायटी, लन्दन, 1904 ई०

विविध कोश

अमरकोश - (सं०, पं० शिवदत्त) बम्बई, 1929 ई०

उपनिषद वाक्य महाकोश (दो वाल्यूम में) - (सं०, गजानन शम्भु शघणे शास्त्री) के०सी० पब्लिकेशन, दिल्ली, 1990 ई०

धर्मकोश (व्यवहारकाण्ड) - सं०, लक्ष्मणशास्त्री जोशी
वाल्यूम I. I - प्रज्ञा पाठशाला मण्डल सतारा, 1937 ई०
वाल्यूम I. II - प्रज्ञा पाठशाला मण्डल सतारा, 1938 ई०
वाल्यूम I. III - प्रज्ञा पाठशाला मण्डल सतारा, 1941 ई०

धर्मशास्त्र संग्रह - (सं०, बाबू साधू चरण प्रसाद) - खेमराज श्रीकृष्णदास प्रकाशन, बम्बई, 1995 ई०

निरुक्त (दुर्गाचार्य की टीकासहित) - (सं०, बी०के राजवाड़े) पूना, 1921-26 ई०

भारतीय इतिहास कोश - (सं०, सच्चिदानन्द भट्टाचार्य) हिन्दी समिति उत्तर प्रदेश, लखनऊ, 1976 ई०

वैदिक कोशः - (सं०, पं० भगवद्दत एवं हंसराज) विश्व भारती अनुसंधान परिषद ज्ञानपुर, वाराणसी, 1992 ई०

वैदिक निघण्टु संग्रह-धर्मवीर विद्यावारिधि, प्राच्य विद्या अनुसंधान केन्द्र, अजमेर, 1989 ई०

शब्दकल्पद्रुम - (सं०, राधाकान्त देव) चौखम्भा प्रकाशन वाराणसी, 1991 ई०

संस्कृत शब्दार्थ कौस्तुभ-(सं०, द्वारिका प्रसाद शर्मा एवं तरणीश झा) इलाहाबाद, 1977 ई०

An Index to the names in the Mahabharata - S. Sorension, Varanasi 1963.

Encyclopaedia Britanica - Ed. W.E. Preise - America, 1968.

A Dictionary - English and Sanskrit - M. Monier Williams, Motilal Banarasi Das, Delhi, 1999.

The Practical English Sanskrit Dicitionary - V.S. Apte, Motilal Banarasi Das, Delhi, 1995.

Vedic Index of Names and Subjects - (Two Vol.) - A.A. Macdonell and A.B. Keith, Motilal Banarasi Das, Delhi, 1958.

सहायक ग्रन्थ

अंग्रेजी ग्रन्थ

A Grammer of Politics - H.J. Laski, Allan and Uwin Ltd. 1941

A History of Hindu Political Theories - U.N. Ghoshal, Calcutta 1923

A History of Indian Political Ideas - U.N. Ghoshal, Calcutta, 1959

A History of Sanskrit Literature - A.A. Macdonell, London 1917

A History of English Law - W. Holdsworth, Methveu 1927

A History of Law of Nations - T.W. Walker, Cambridge, 1899

A Study in the Economic Condition of Ancient India - Pran Nath, London 1924

A Treatise of Hindu Law and Usage - J.D. Maine, Madras, 1912

A Text Book of Jurisprudence - G.W. Paton, Clarendon Press

Administration of Justice in Ancient India - S.D. Sharma, New Delhi, 1988.

Ancient Law - Sir Henry Maine, London, 1937.

Ancient Indian Law and Justice - R.K. Chaudhari, Motilal Banarasidas, Delhi, 1953.

Ancient Indian Political Though and Institutions - B.A. Salatore, Asia Publishing House, Delhi, 1963.

Ancient India as described by Megasthnes and Arrian - M.C. Crindle, Calcutta, 1906.

Ancient Indian Social Hostory - Romila Thaper, Delhi, 1978.

Ancient India according to Manu - R.N. Sharma, Nag Publications, Delhi, 1980.

Aspects of the Social and Political system of Manusmriti - K.V.R. Aiyanger, Lucknow University 1949.

Aspects of Ancient Indian Polity - N.N. Law, Oxford, 1921.

Aspects of Political Ideas and Institutions in Ancient India - R.S. Sharma, Moti Lal Banarasi Das, 1999.

Aspects of Ancient Indian Economic Thought - K.V.R. Aiyanger, Varanasi, 1924.

Ancient Society - Morgan, New York, 1907
Buddhist India - T.W. Rhy Davids, Motilal Banarasi Das, Delhi 1987.
Buddhist Records of the Western World - Samual Beel, London, 1884.
Brahmin through the Ages - R.N. Sharma, Delhi 1977.
Customary Law - Paras Diwan, Allahabad, 1984.
Cambridge History of India Vol.I - E.J. Rapson, S. Chand and Company, 1962.
Caste and Clans in India - G.S. Ghurye, Bombay, 1950.
Crime and Punishment in Ancient India - Ram Prasad Das Gupta, Calcutta, 1930.
Chandragupta Maurya and His Times - R.K. Mookharji, Raj Kamal Publication, Delhi, 1953.
Corporate Life in Ancient India - R.C. Majumdar, Calcutta, 1922.
Common sense in Law - Vinogradoff, Oxford University Publication, 1947.
Collected Works of Sir R.G. Bhandarkar - Sir R.G. Bhandarkar, Poona, 1929.
Charmichael Lectures - D.R. Bhandarkar, 1919.
Catalogue of the coins of the Gupta Dynasties and Sasanka of Gaud - John Allan, Oriental Book Reprint Corporation.
Catalogue of the coins in British Museum, Ancient India - John Allan.
Catalogue of the coins in the Punjab Museum - Part-I - R.B. Whitedeal.
Development of Hindu Polity and Political Theories - N.C. Bandopadhyay, Calcutta, 1927.
Development of Indian Polity - H.N. Sinha, Bombay, 1963.
Dialectics of Hindu Ritualism - B.N. Dutta, Calcutta, 1952.
Elements of Political Science - Leacock, London, 1924.
Essays on the laws of the Nature - John Lock, Von Ladenexford, 1954.
Essays in Classical and Modern Hindu Law. Vol. I and Vol. IV - J. Duncan, M Derrett - Universal Book Traders, Delhi, 1995.
Epic Mythology - Hopkins, Bombay 1915.
Epic Mythology and Legends of India - P. Thomas, London.
Epocs in Hindu Legal History - U.G. Sarkar, Hosiyarpur, 1958.
Evolution of Hindu Moral Ideas - P.S. Shivaswami Aiyar, Calcutta, 1935.
Evolution of Ancient Indian Law - N.C. Sengupta, Calcutta, 1953.
Evolution of Smriti Law - Shivaji Singh, Bharatiya Vidya Prakashan Varanasi, 1972.

Evolution of Hindu Administrative Institutions in South India - S.K. Aiyangar, Madras, 1931.
Evolution of Indian Polity - R. Sham Shastri, Calcutta, 1920.
General Principles of Hindu Jurisprudence - Priyanath Sengupta, Tagore Law Lectures, 1918.
General Principles of Indian Law - R.S. Davar and K.D.P. Madan, Bombay, 1950.
Hindu Law and Customs - J. Jolly Tr : by B.K. Ghosh, Calcutta, 1928.
Hindu Administrative Insitutions - V.R.R. Dikshitakar, Madras, 1929.
Hindu Polity (2 Vols.) - K.P. Jaiswal, Calcutta, 1924.
Hindu Law of Inheritance - B.N. Dutta, Calcutta, 1957.
Hindu View of Life - S. Radhakrishnan, London, 1927.
Hindu Social Institution - P.N. Valakalkar, Baroda, 1942.
Hindu Social Organization - P.N. Prabhu, Bombay, 1958.
Hindu Judicial System - S. Varadachariar, Madras, 1929.
History of Dharmashastra (5 Vols.) - P.V. Kane, Poona, 1946.
History of Indian Literature (Vol. I) - Winternits, Calcutta, 1927.
History of the Village Communities in Western India - A.S. Altekar, Bombay, 1926.
History of Hindu Public Life in Ancient India, Vol. I - U.N. Ghoshal, Calcutta, 1944.
History of Political Theories - G.S. Sabain, New York, 1937.
History of Indian Philosophy - S.N. Sengupta, Calcutta, 1932.
History of Agriculture in Ancient India - Lallanji Gopal, Varanasi, 1980.
Indo-Aryan Polity - P.G. Basu, Lucknow, 1925.
India, as Known to Panini - V.S. Agrawal, Varanasi, 1963.
India from Primitive Communism to Slavery - A.S. Donge, Bombay, 1949.
India of the age of Brahamanas - Jogiraj Basu, Calcutta, 1969.
Indian Political Theories - C.P. Ramaswami, Aiyer, Madras, 1937.
Ideals of Ancient Indian Hindu Politics - B.B. Naik, Dharwar, 1932.
Indian Philosophy - S. Radhrakrishnan, London, 1948.
Indian Usage and Judge made by Law - J.H. Nelson, Kegal Paul, London 1887.
Introduction to Political Science - J.W. Garner, New York, 1910.
International Law and Customs in Ancient India - P.N. Banerji, Calcutta, 1920.

Interpretation of Legal History - Pound Roscol, Harward University, 1946.
Introduction to Jurisprudence - Lyoids, 1985.
Indian Thought through the Ages - G.K. Gokhale.
Kalidas and Kautilya - V. Raghavan, Nagpur, 1946.
Kenny's outlines of Criminal Law - Ed. J.W.C. Turner, Cambridge, 1962.
Kingship - A.W. Hocart, London, 1927.
Kingship and Community in Early India - Charles Dreckmorier, Oxford, 1962.
Kingship and the Gods - Henary Franfort, The University of Chicago Press, 1948.
Kshatriya Clans in Buddhist India - B.C. Law, Calcutta, 1972.
Law in the making - C.K. Allan - Oxford University Press, 1958.
Law of Crime in India - R.C. Nigam, New York, 1965.
Law of Procedure and Justice in Ancient India - Shraddhakar Supkar, New Delhi. 1986.
Law in a changing society - W. Friedmaan, Delhi, 1970.
Law towards stable Marriages - Ed. by Paras Diwan and Virendra Gupta, New Delhi, 1984.
Law of Evidence - ed. by B. Malik, Law Book Company Alld. 1958.
Lectures on Jurisprudence - John Austin, London, 1920.
Lectures on the principles of Political Obligation - T.H. Greek, Lonmans, 1941.
Legal Theories - W. Friedman, London, 1953.
Life in Ancient India - M.P. Singh, Viswavidyalay Prakashan, 1981.
Local Government in Ancient India - R.K. Mookarji, Delhi, 1989.
Life in Ancient India as described in join Canon - J.C. Jain, Bombay, 1947.
Manu Dharmashastra - A Study Manusmriti, The Ideal Democratic Republic of Manu - M.V. Patwardhan, 1968.
Manu and Yagyavalkya - K.P. Jaiswal, Calcutta, 1930.
Man Makes Himself - B. Gorden Child, London, 1948.
Mauryan Polity - V.V.R. Dikshitakar, Madras, 1955.
Metaphysical Theory of the State - L.T. Hobhouse, George Allan and Unwin Ltd. 1926.
Mimansa Jurisprudence - Nataraj Aiyer, Ganga Nath Research Institute, Allahabad, 1952.

Miscellaneous Essays - Ed. E.B. Cowell, London, 1873.
Myths and Symbols in Hindu Mythology - A Legal Interpretation, D.C. Varshneya, New Delhi, 1990.
Natural law and theory of Society - Trns. E. Barker, Cambridge U.P. 1958.
Outlines of Criminal Procedure - R.V. Kelakar, Lucknow, 1977.
Outlines of Indian Legal History - M.P.Jain, Bombay, 1966.
Origin and Growth of Caste in India - N.K. Dutta, Calcutta, 1931.
Political Theories in Ancient India - J.W. Spellman, Oxford 1964.
Political Thought in Puranas - Jagadish Lal Shastri, Lahore, 1944.
Political Thought in England from Baccon to Halifax - Gooth, London, 1950.
Politics and Ethics in Ancient India - Manorama Jauhari, Varanasi, 1968.
Philosophies of Indian Politics - Zimmer, Aristotle, Trans. B. Jowett, Oxford, 1905.
Principles of Hindu Law - J.C. Ghosh, Calcutta, 1906.
Principles of the Law of Crimes - Shamshul Huda, Lucknow, 1982.
Problem of Indian Polity - A. Pratapgiri, Bombay, 1935.
Public Administration in Ancient India - P.N. Banarji, London, 1916.
Rajadharma - K.V.R. Aiyanger, Adyar, 1941.
Races and Cultures of India - D.N. Majumdar, Bombay, 1958.
Readings in Political Philosophy - F.W. Cokeer, New York, 1938.
Rigved - Brahamanas - A.B. Keith, Motilal Banarasi Das, 1998.
Rigvedic India - S.K. Das, Calcutta, 1921..
Religion of India - E.W. Hopkins, Bosten, 1895.
Religion of India - A. Barth, New Delhi, 1969.
Religion of Veda - M. Bloomfield, New York, 1972.
Religion and Society - S. Radhakrishnan, London, 1947.
Religion in Vedic Literature - P.S. Deshmukh, London, 1933.
Sacred Books of the East - G. Bukler, Oxford, 1879-1882.
Sense of Injustice - An anthropomorphic view of Law - Edmund, N. Calin, N.U.U., 1949.
Sexual Life in Ancient India (Two Vols.) - J.J. Moyar, London, 1930.
Some aspects of Ancient Indian Polity - K.V.R. Aiyanger, Madras, 1933.
Some aspects of Ancient Indian Polity - D.R. Bhandarakar, B.H.U. 1929.
Some aspects of the Earlier Social History of India - S.C. Sarkar, London, 1927.

Some aspects of Indian Society (From Second Century B.C. to Fourth Century A.D.) - S.C. Bhattacharya, Calcutta, 1978.
Some Reflections on Jurisprudence - W.W. Buckland, Cambridge U.P. 1945.
Social Life in Ancient India - H.C. Chakaladar, Calcutta, 1929.
Sources of Hindu - Dharma in its Socio-Religious aspects - A.S. Altekar - Sholapur, 1952.
Sources of Law and Society in Ancient India - N.C. Sengupta, Calcutta, 1954.
Social and Religious life in Grhyasutras - V.M. Apte, Bombay, 1954.
Society and Culture in Northern India - V.N.S. Yadav, Allahabad, 1973.
Studies in Ancient Indian Political Thought - A.K. Sen, Calcutta, 1926.
Studies in Ancient Hindu Polity - N.N. Law, London, 1914.
Studies in Social Polity - B.N. Dutta, Calcutta, 1944.
Studies in Indian History and Culture - U.N. Ghoshal, Calcutta, 1957.
Studies in Kautilya - M.V. Krishna Rao, Mysore, 1953.
Studies in the origins of Buddhism - G.C. Pandey, Allahabad, 1957.
Studies in Hindu Political Thought - A.K. Sen, Calcutta, 1926.
State and Government in Ancient India - A.S. Altekar, Moti Lal Banarasi Das, Delhi, 1958.
Tagore Law Lectures - J. Jolly, Calcutta, 1883.
The Agrarian System in Ancient India - U.N. Ghoshal, Calcutta, 1960.
The Classical Law of India - Robert Lingat, 1985.
The Evolution of Indian Polity - R. Sham Shastri, Calcutta, 1920.
The Concept of Law - L.F. Fuller, 1969.
The Elementary Principle of Jurisprudence - Koetan, Pitman, 1929.
The Great Epic of India - E.W. Hopkins, New York, 1901.
The General Principle of Hindu Jurisprudence - P.N. Sant, 1929.
The Gupta Polity - V.R.R. Dixitikar - Calcutta, 1918, Madras, 1952.
The History - Herodotus, Trans. Rawlinson, New York, 1947.
The History of Hindu Law - Radha Vinod Pal, Calcutta, 1958.
The History of the Hindu Law in the Vedic Age and in the Post-vedic Times Down to the Institute of Manu - R.A. Narayan Aiyer, Madras, 1925.
The Indian Penal Code - R.D. Gaur, New Delhi, 1975.
The Law of Evidence in Ancient India - Shraddhakar Supakar, Calcutta, 1990.

The Hindu Ideal of Life - B.K. Ghosh, Calcutta, 1947.
The Hymns of the Rigveda - T.H. Griffith, Trans. J.L. Shastri, Motilal Banarasidas, 1995.
The Mauryan Polity - V.R.R. Diikshitar - Madras, 1952.
The Morality of Law - L.F. Fuller, 1969.
The Nature and Grounds of Political Obligations in Hindu State - J.J. Anjaria, Longman's Green and Company, 1935.
The Origin and Evolution of Kingship in India - K.M. Pannikar, Baroda, 1938.
The Origin of family, Private Property and the State - F. Angels, Moscow, 1948.
The Political Institutions and Theories of the Hindus - B.K. Sarkar - Leipzig, 1922.
The Philosophical Basis of Indian Legal and Social System - C.P. Rangaswami Aiyer, Madras, 1949.
The Philosophy of the Upanishads - S. Radhakrishnan, London, 1924.
The Position of Women in Hindu Civilization - A.S. Altekar, New Delhi, 1962.
The Ramayan Polity - P.C. Dharma, Madras, 1941.
The Rural-Urban Economy and Social Changes in Ancient India - Jaimal Rai, New Delhi, 1974.
The Religion and Philosophy of Veda and Upanishad (2 Vols.) - A.B. Keith, Moti Lal Banarasi Das, Delhi, 1998.
The State in Ancient India - Beni Prasad, Allahabad, 1928.
The Sukraniti, a Nineteenth Century Texts - Lallanji Gopal, Varanasi, 1979.
The Theory of Government in Ancient India - Beni Prasad, Allahabad, 1927.
The Indica of Megasthenes, its comment and Reliability - S.R. Goyal, Kusumanjali Prakashan, Jodhpur, 2000.
Village Communities in Western India - A.S. Altekar, Bombay, 1927.

हिन्दी ग्रंथ

अशोक और मौर्य साम्राज्य का पतन - रोमिला थापर (अनु०- डी०आर० चौधरी तथा अन्य), ग्रन्थ शिल्पी, 1997 ई०

आधुनिक हिन्दू विधि - पारस दीवान, इलाहाबाद, 1992 ई०

उत्तरवैदिक समाज एवं संस्कृति - विजय बहादुर राव, वाराणसी, 1962 ई०

कौटिल्यकालीन भारत - आचार्य दीपङ्कर, उ०प्र० हिन्दी संस्थान, लखनऊ, 1989 ई०

कौटिल्य की राज्य व्यवस्था - श्यामलाल पाण्डेय, लखनऊ ,1956ई०

गुप्तकालीन मुद्राएँ - ए०एस० अल्टेकर, पटना 1954 ई०

गुप्त सम्राट और उनका काल-उदयनारायण राय, लोकभारती प्रकाशन,इलाहाबाद, 1971 ई०

धर्मशास्त्र का इतिहास - पी०वी० काणे, अनु० - अर्जुन चौबे काश्यप, हिन्दी समिति उ०प्र०, लखनऊ, भाग एक, 1980 ई०, भाग दो, 1973 ई०, भाग-तीन 1975 ई०, भाग 4-1973 ई०, भाग 5, 1973 ई०

धर्मशास्त्र का समाज दर्शन - जी०आर० अग्रवाल, वाराणसी, 1986 ई०

प्रमुख स्मृतियों का अध्ययन - लक्ष्मीदत्त ठाकुर, लखनऊ ,1965 ई०

प्राचीन भारतीय अभिलेख संग्रह (भाग एक) - श्रीराम गोयल, राजस्थान हिन्दी ग्रंथ अकादमी, 1982 ई०

प्राचीन भारतीय शासन पद्धति - ए०एस० अल्टेकर, भारती भण्डार, इलाहाबाद, 1969 ई०

प्राचीन भारतीय अभिलेख (प्रथम भाग) - वासुदेव उपाध्याय, प्रज्ञा प्रकाशन, पटना, 1970 ई०

प्राचीन भारतीय राजनीतिक विचार - एस०एन० मित्तल, अविनाश प्रकाशन, 1995 ई०

प्राचीन भारतीय राजनीतिक विचार एवं संस्थाएँ - हरिश्चन्द्र शर्मा, कालेज बुक डिपो, मुंबई, 1998 ई०

प्राचीन भारतीय राजतन्त्र - शैलेन्द्र नाथ कपूर, विश्व प्रकाशन, दिल्ली, 1995 ई०

प्राचीन भारतीय इतिहास का वैदिक युग - सत्यकेतु विद्यालंकार, श्री सरस्वती सदन, दिल्ली, 1998 ई०

प्राचीन भारतीय समाज, अर्थव्यवस्था एवं धर्म - रमानाथ मिश्र, भोपाल, 1991 ई०

प्राचीन भारतीय समाज एवं शासन - ओम प्रकाश सिंह, शारदा पुस्तक भवन, इलाहाबाद, 1996 ई०

प्राचीन भारत का आर्थिक एवं सामाजिक इतिहास - राम शरण शर्मा, हिन्दी भाषा कार्यान्वयन निदेशालय, नई दिल्ली, 1997 ई०

प्राचीन भारत का राजीनीतिक इतिहास (600 ई०पू० से 320 ई०) - आर०एन० पाण्डेय, प्रामाणिक पब्लिकेशन, इलाहाबाद, 1993 ई०

प्राचीन भारतीय विधि व्यवस्था, (मनुस्मृति के विशेष संदर्भ में) - मुरलीधर चतुर्वेदी, लखनऊ, 1995 ई०

प्राचीन भारतीय विधि व्यवस्था : याज्ञवल्क्य स्मृति के विशेष संदर्भ में - राजमणि मिश्र (अप्रकाशित शोध प्रबन्ध)

प्राचीन भारत का सामाजिक इतिहास - जयशंकर मिश्र, बिहार हिन्दी ग्रंथ अकादमी, 1983 ई०

प्राचीन भारत के प्रमुख अभिलेख - परमेश्वरी लाल गुप्त,भाग एक, 1996 ई०, भाग 2,1992 ई०, विश्वविद्यालय प्रकाशन, वाराणसी

प्राचीन भारत में अपराध और दण्ड - हरिहरनाथ त्रिपाठी, चौखम्भा विद्या भवन, वाराणसी, 1964 ई०

प्राचीन भारत में आर्थिक जीवन – श्याम मनोहर मिश्र, प्रमाणिक पब्लिकेशन, इलाहाबाद, 1997 ई०

प्राचीन भारत में ग्राम एवं ग्राम्य जीवन–सच्चिदानन्द मिश्र, पूर्वा संस्थान, गोरखपुर, 1984 ई०

प्राचीन भारत में दास प्रथा – देवराज चानना, हिन्दी माध्यम कार्यान्वयन निदेशालय, दिल्ली, 1989 ई०

प्राचीन भारत में धर्म एवं राजनीति – राजवंत राव, साहित्य संगम, इलाहाबाद, 1995 ई०

प्राचीन भारत में नगर तथा नगर जीवन–उदयनारायण राय, लोक भारती प्रकाशन, 1998 ई०

प्राचीन भारत में राजनीतिक विचार एवं संस्थाएँ – रामशरण शर्मा, राजकमल प्रकाशन, दिल्ली, 1992 ई०

प्राचीन भारत में राज्य और न्यायपालिका – हरिहरनाथ त्रिपाठी, मोतीलाल बनारसीदास, वाराणसी, 1965 ई०

प्राचीन भारत में राज्य और शासन व्यवस्था – मनोरमा जौहरी, गणेश प्रकाशन, वाराणसी, 1972 ई०

प्राचीन भारत में साम्पत्तिक उत्तराधिकार एवं विभाजन सम्बन्धी कानून – केशव प्रसाद सिंह, सुमन प्रकाशन, फैजाबाद, 1988 ई०

प्राचीन भारत में लोकधर्म – वी०एस० अग्रवाल, ज्ञानोदय ट्रस्ट, अहमदाबाद, 1964 ई०

प्राचीन हिन्दू विधि – अच्छेलाल यादव, इण्डोलाजिकल बुक हाउस, वाराणसी, 1981 ई०

ब्राह्मण ग्रंथ, एक अनुशीलन – डॉ० रंजना, इलाहाबाद, 1988 ई०

बौद्ध धर्म के विकास का इतिहास – गोविन्दचन्द्र पाण्डेय, हिन्दी समिति उ०प्र०, लखनऊ, 1976 ई०

बार्हस्पत्य राज्य व्यवस्था - राघवेन्द्र वाजपेयी, चौखम्भा संस्कृत सीरीज, 1966 ई०

भारतवर्ष का बृहद् इतिहास - पं० भगवद्दत, लाहौर

भारतीय दर्शन - बलदेव उपाध्याय, वाराणसी, 1945 ई०

भारतवर्ष में विवाह एवं परिवार - मनोरमा जौहरी, मोतीलाल बनारसीदास, वाराणसी, 1963 ई०

भारतीय राज्य, उत्पत्ति एवं विकास - सुषमा यादव, राम अवतार शर्मा, आकार पब्लिकेशन, दिल्ली, 2000 ई०

भीष्म का राजधर्म - श्यामलाल पाण्डेय, लखनऊ, 1955 ई०

महाभारत राज्य व्यवस्था - प्रेम कुमारी दीक्षित, लखनऊ, 1970 ई०

रामायण में राज्य व्यवस्था - प्रेम कुमारी दीक्षित, लखनऊ, 1971 ई०

वैदिक राजनीति शास्त्र - विश्वनाथ प्रसाद वर्मा, बिहार हिन्दी ग्रंथ अकादमी, पटना, 1975 ई०

शुंगकालीन भारत - सच्चिदानन्द त्रिपाठी, वि०वि०प्र० वाराणसी, 1996 ई०

शुंग राजवंश एवं उनका काल - सुरेशचन्द्र राय, दिल्ली, 1989 ई०

शुक्र की राजनीति - श्यामलाल पाण्डेय, लखनऊ, 1952 ई०

शूद्रों का इतिहास - रामशरण शर्मा, राजकमल प्रकाशन, दिल्ली, 1992 ई०

हिन्दू परिवार मीमांसा - हरिदत्त वेदालंकार, सरस्वती सदन, दिल्ली, 1973 ई०

हिन्दू सभ्यता - राधाकुमुद मुकर्जी, अनु० वासुदेवशरण अग्रवाल, राजकमल प्रकाशन, दिल्ली, 2000 ई०

हर्षचरित : एक सांस्कृतिक अध्ययन - वासुदेवशरण अग्रवाल, वाराणसी

जर्नल / शोध पत्रिकायें

Calcutta Weekly Notes
Indian Historical Quarterly
Journal of Indian History
Journal of U.P. Historical Society
Journal of Bihar Research Society
Journal of Bihar and Orissa Research Society
Journal of Royal Asiatic Society
Jounal of Bengal Research Society
Journal of Bombay Branch Research Society
Journal of Ganga Nath Jha Research Society
Journal of Ancient Indian History, Calcutta University
Journal of Ancient Indian History, Sagar University
Proceedings of Indian History Congress
Bharati, B.H.U.
A.I.R., 1936, 1964
The Indian Evidence Act
Civil Procedure Code of India
Criminal Procedure Code.

शब्दानुक्रमणिका